Karl-Heinz Berck

Biologiedidaktik

Grundlagen und Methoden

2., korrigierte und erweiterte Auflage

unter Mitarbeit von
Anke Fischer und Dittmar Graf

Quelle & Meyer Verlag Wiebelsheim

Prof. Dr. Karl-Heinz Berck
Institut für Biologiedidaktik
Justus-Liebig-Universität
Karl-Glöckner-Str. 21C
D-35394 Gießen

Die Deutsche Bibliothek - CIP-Einheitsaufnahme

Berck, Karl-Heinz:
Biologiedidaktik : Grundlagen und Methoden / Karl-Heinz Berck. –
2., korrig. und erweit. Aufl. – Wiebelsheim : Quelle und Meyer, 2001
ISBN 3-494-01312-8

2., korrigierte und erweiterte Auflage 2001

Umschlaggestaltung: Klaus Neumann
Satz: DTP-Service & Verlag GmbH, Nierstein/Rh.
Druck: Media-Print Informationstechnologie, Paderborn
Printed in Germany/Imprimé en Allemagne

ISBN 3-494-01312-8

Inhaltsverzeichnis

Vorwort

Dem Anwenden muß das Erkennen vorausgehen (Max Planck).

Kürzer kann man den Zweck dieses Buches nicht zusammenfassen.

– Es möchte allen Leserinnen und Lesern eine Hilfe für die Praxis ihres Biologieunterrichts sein.

– Für sie Probleme darstellen und nach Möglichkeit lösen;

– angeben, warum mit Hilfe einer bestimmten Theorie Probleme besser gelöst werden können als mit einer anderen;

– Wissen so vermitteln, daß es dazu hilft, Probleme selbst zu lösen;

– geeignete Quellen zur weiteren Beschäftigung mit einer Frage angeben;

– Vorstellungen, Wissen und Gefühle entstehen lassen, wie Biologieunterricht sein sollte.

– Es versucht, darauf zu verzichten, selbstverständlich erscheinende Sachverhalte breit darzustellen. Allerdings läßt es sich schwerlich vermeiden, daß dieselben Argumente oder Unterrichtsstrategien unter verschiedenen Stichworten angegeben werden; Wiederholungen sind beabsichtigt. Die vielfach gewählte listenartige Darstellung, ist einerseits nicht immer angenehm zu lesen, andererseits erleichtert sie Überblick und Lernen.

– Es wurde zu vermeiden versucht, unrealistische und illusionäre Aussagen sowie Vorschläge für Unterricht zu machen. Dennoch wird mancher Leserin oder manchem Leser, das was vorgeschlagen wird, als eine hohe Anforderung erscheinen. Aber Unterrichten ist nun einmal schwierig und komplex – besonders aber Biologieunterricht.

Über lange Zeit hinweg beruhte Biologiedidaktik vorwiegend auf subjektiver Erkenntnis. Sie hat aber in den letzten Jahrzehnten erhebliche Fortschritte gemacht. Es sollte also immer mehr möglich sein, subjektive Erfahrungen durch Forschungsergebnisse zu ergänzen oder zu ersetzen. Weil diese Forschungsergebnisse zudem immer differenzierter werden, muß man auch wegkommen von globalen Aussagen wie z. B.: „Freilandunterricht ist motivierender und lerneffektiver als anderer Unterricht“; er ist es nur unter ganz bestimmten Bedingungen; oder: „Im Biologieunterricht wird Beobachten gelernt“.

Dies ist der Grund, warum auf die Darstellung empirischer Befunde sowie die Beurteilung von Aussagen im Lichte solcher Forschungsergebnisse großer Wert gelegt wird. Allerdings muß eingeräumt werden, daß dies bislang in vielen Feldern der Biologiedidaktik noch nicht oder nur unzulänglich möglich ist. Solche Forschungsergebnisse zwingen dazu, manche verbreiteten Tendenzen und Hoffnungen in bezug auf Biologieunterricht zu relativieren. Dies mag manchen, der sie vertritt, wenig erfreuen. Aber Biologiedidaktik darf sich nicht an Zeitströmungen und mehr oder minder subjektiven Vorstellungen orientieren – sondern wo immer möglich an Fakten. Wer von der Notwendigkeit „biologischer Bildung“ für den Einzelnen und die Gesellschaft überzeugt ist, kann schwerlich die Ergebnisse der TIMS-Studien (International Mathematics and Science Study) 1997 und 1998 außer acht lassen. Deutsche Schüler haben dabei in bezug auf naturwissenschaftliche Kenntnisse wenig rühmlich abgeschnitten. Folglich muß man auch manche bisher für den Biologieunterricht vorgeschlagenen oder dort verwendeten Methoden neu bedenken.

Eine Darstellung grundlegender Themen der Biologiedidaktik hat sich auch um Klärung und Entwicklung biologiedidaktischer Begriffe zu bemühen. Eine klare Terminologie ist eine Grundlage jeder Wissenschaft. Deshalb wird die allgemeine Verwendung dieser Begriffe erörtert.

Notwendig ist weiterhin eine verstärkte Berücksichtigung internationaler Befunde und Aussagen. Literaturverzeichnisse einschlägiger Darstellungen weisen in aller Regel einen beachtlichen Mangel entsprechender Angaben auf (einerlei ob sie in deutscher, englischer oder französischer Sprache verfaßt sind; so kann man in dem 1998 erschienenen „International Handbook of Science Education“ unter Hunderten von Literaturangaben nicht eine deutschsprachige biologiedidaktische Arbeit finden).

Dieser Mangel führt nicht nur dazu, daß Forschungsergebnisse unbekannt bleiben, sondern auch zu jeweils eigenständigen Terminologien – und damit zu Verständnisschwierigkeiten. Deshalb werden vielfach englische Begriffsnamen angegeben. Lehrerinnen und Lehrer können in Zukunft grundsätzlich überall in der Europäischen Union unterrichten.

Da es noch keine umfassende internationale Bibliographie biologiedidaktischer Publikationen gibt und die Literatur oft an schwer zugänglichen Stellen publiziert wird, ist es leicht möglich, wichtige Veröffentlichungen zu übersehen.

Mancher mag ein Kapitel über Entwicklungspsychologie, vor allem die Theorie PIAGETs vermissen. Aufgrund ausführlicher Diskussionen mit EBERHARD TODT (dessen Spezialgebiet „Lernen im naturwissenschaftlichen Unterricht“ ist), dem ich herzlich dafür danke, ergab sich u. a.: Die von PIAGET verwendeten Test-Aufgaben aus Mathematik und Physik, die Grundlage für seine „Stufen der Denkentwicklung“ waren, lassen sich nicht auf Biologie übertragen, ohne seine Aussagen zu verändern. Weiterhin kann man aufgrund biologischer Erkenntnisse schwerlich umhin, den für PIAGET zentralen Begriff der „Struktur“ heute in anderer Weise zu fassen; damit würde man aber ebenfalls die Vorstellungen, die PIAGET damit verbunden hat – wesentlich verändern. Diese Gründe führten zu dem Entschluß, ein solches Kapitel nicht aufzunehmen.

Die heute übliche Schreibweise „Lehrer/ Lehrerin“ bzw. „LehrerIn“, entsprechend „Studentin/Student“, „Schülerin/Schüler“ usw. führt zu einem auf Dauer schwer lesbaren Text. Nur deshalb konnte sich der Autor dazu nicht entschließen – ebensowenig wie für Ersatzlösungen („Lehrende“). Als Alternative wird abwechselnd in einzelnen Kapiteln „Lehrerin“ bzw. „Lehrer“ verwendet. Der Autor bittet dafür um Verständnis.

Der Quelle & Meyer Verlag hat eine lange und erfolgreiche Tradition in der Herausgabe biologiedidaktischer Lehrbücher:

WALTHER SCHOENICHEN: Methodik und Technik des naturgeschichtlichen Unterrichts, 1914

PAUL BROHMER: Methodik der Naturgeschichte, 1917

WALTHER SCHOENICHEN: Der Biologieunterricht in der neuen Erziehung, 1919

FRITZ STEINECKE: Methodik des biologischen Unterrichts an höheren Lehranstalten, 1932

FRITZ STEINECKE: Methodik des biologischen Unterrichts an höheren Lehranstalten, (Neubearbeitung) 1950

WERNER SIEDENTOP: Methodik und Didaktik des Biologieunterrichts, 1964

GERHARD MOSTLER – DIETER KRUMWIEDE – GÜNTER MEYER: Methodik und Didaktik des Biologieunterrichts, 1975

Es ist dankenswert, daß „Quelle & Meyer“ jetzt einen neuen Versuch wagt. ANDREAS KOHL, Lektor des Verlags, sei für die vielseitige und nachhaltige Hilfe beim Zustandekommen dieses Buches herzlich gedankt!

Eine wichtige, vielleicht die wesentliche Grundlage dieses Buches sind lange Erfahrungen als Lehrer, Fachleiter an einem Studienseminar und Hochschullehrer für Biologiedidaktik; schließlich als langjähriger Schriftleiter für Biologie einer Zeitschrift für Didaktik der Naturwissenschaften. Eine große Anzahl von Schülerinnen und Schülern, Studentinnen und Studenten, Lehrerinnen und Lehrer, Autorinnen und Autoren sowie Hochschulkollegen hat den Autor dazu angehalten, seine Vorstellungen immer wieder zu überprüfen, gegebenenfalls neu zu formulieren – sie in der Unterrichtspraxis bestätigen oder auch widerlegen zu lassen. Ihnen dankt er auf das allerbeste!

Sehr danken möchte ich DITTMAR GRAF und ANKE FISCHER, die – trotz der üblichen Arbeitsüberlastung – jeweils ein Spezialthema in diesem Buch bearbeitet haben. Über viele Jahre hinweg hatte ich zudem in DITTMAR GRAF einen ständigen Diskussionspartner, der mir in vielerlei Hinsicht den besonderen Dienst erwiesen hat – Irrwege möglichst zu vermeiden. Dafür danke ich ihm herzlich.

Dank gilt auch dem langjährigen Kollegen RAINER KLEE für Gespräche und Frau H. RUPPERT für wertvolle technische und andere Hilfe. WOLFGANG WEIERSHAUSEN war eine wertvolle Hilfe bei der Anfertigung der Druckvorlage. Mehrere Studentinnen und Studenten haben sich einzelne Kapitel unter dem Gesichtspunkt vorgenommen, ob man denn daraus auch etwas lernen könne; dies war ebenfalls eine wichtige Hilfe.

Ausbildung und Forschung in Biologiedidaktik befinden sich in einer Situation, die man fast schon als prekär bezeichnen möchte: Fachleiter werden zum Teil nicht mehr auf Dauer für diese Funktion ernannt – wie sollen sie dann die dafür erforderliche hohe und steigende Qualifikation erwerben? Referendare werden mit Unterrichtsstunden überlastet – so daß sie kaum mehr Zeit haben, über ihren Unterricht nachzudenken. Verbesserung der biologiedidaktischen Ausbildung an den Universitäten kommt nicht im notwendigen Umfang voran – manche Fachbiologen meinen noch immer, eine fachliche allein reiche aus.

Die seit über hundert Jahren vorgetragenen Argumente über Wert und Notwendigkeit biologischer Bildung scheinen an vielen Bildungspolitikern abgeprallt zu sein. Alle, die von diesem Wert überzeugt sind, die Strategien zu seiner Realisierung kennen – sollten gemeinsam diesen Wert begründet darstellen und verteidigen.

Das größte und folgenschwerste Problem des menschlichen Wissens liegt wohl dort, wo es um seine Anwendung auf die Erziehung der Kinder geht, schreibt MONTAIGNE 1580 in seinem Essay „Über die Erziehung der Kinder". Auf diese Leistung können und sollen alle Lehrerinnen und Lehrer stolz sein.

Und auch darauf, daß sie die noch viel ältere Forderung CICEROS erfüllen: Wir haben nicht die Aufgabe, Weisheit in uns anzuhäufen, sondern etwas mit ihr anzufangen.

Karl-Heinz Berck
Institut für Biologiedidaktik der Universität Gießen, Februar 1999

Vorwort zur zweiten Auflage

Werte Leserin, werter Leser!

Besten Dank allen, die die erste Auflage der „Biologiedidaktik" gelesen haben – und allen, die auch diese neue Auflage freundlich aufnehmen.

Besonders zu danken habe ich Kollegen, die keine Mühe gescheut haben, mir ausführliche Hinweise, Ergänzungsvorschläge, Ermutigungen und Kritik zu übermitteln. Erwähnen darf ich unter nicht wenigen die Herren J. Bretschneider, O. Düll, Kl. Dylla, M. Hesse, W. Lerchner, G. Schaefer, K. Schilke, E. Schmidt, E. Voland, H. Werner und G. R. Witte. – Auch weiterhin freue ich mich über jede Art von Anregungen und Verbesserungsvorschlägen.

Leider können viele der Vorschläge, in einer neuen Auflage dieses oder jenes Thema aufzunehmen oder ausführlicher zu behandeln, vorerst nicht berücksichtigt werden. Es ist verständlich, dass ein Verlag auf finanzielle Effektivität achten muss – sonst können Bücher wie das vorliegende in Zukunft nicht mehr gedruckt werden oder nur für einen sehr hohen Preis. Also musste aus Kostengründen der bisherige Seitenumbruch erhalten bleiben, und es waren nur einige wichtig erscheinende Ergänzungen zu einzelnen Themen als Anhang möglich. Dort wird auf die Seiten, auf die sich die Ergänzungen beziehen mit „[...]" hingewiesen.

Lehrerinnen und Lehrer tragen die Hauptlast für einen guten naturwissenschaftlichen Unterricht (2001 gedenkt die Bundesregierung 850 Millionen Mark für Gentechnologie auszugeben; wie viel aber zur Erforschung und Unterstützung der naturwissenschaftlichen Unterweisung, von deren Qualität jeden Schulmorgen Hunderttausende junger Menschen direkt betroffen sind?). Für diese Arbeit wünsche ich allen viel Erfolg!

Diese Auflage ist der Erinnerung an

Dr. A n d r e a s K o h l
gewidmet, allzu früh gestorbener Lektor des Quelle & Meyer Verlags, der dieses Buch auf den Weg gebracht hat.
Karl-Heinz Berck Sommer 2001

1 Lehren von Biologie erfordert Biologiedidaktik

1.1 Grundlagen

Biologiedidaktik hat die Aufgabe, allen Lehrenden und an Entscheidungen über Biologieunterricht Beteiligten ein wissenschaftlich möglichst gut begründetes Handeln zu ermöglichen.

Biologiedidaktik ist eine junge Wissenschaft. Lange Zeit hat man es weithin versäumt oder nicht für notwendig gehalten, Vorgänge, die mit Biologieunterricht jeglicher Art zusammenhängen, wissenschaftlich zu untersuchen. Deshalb gibt es auf diesem Gebiet vielfach noch zu wenig empirisch gesicherte Kenntnisse. Viele Aussagen beruhen bisher auf „informierter Willkür", also begründeten persönlichen Erfahrungen, die durchaus nützlich, wichtig und oft zutreffend sind. Biologiedidaktik muß jedoch durch intensive Forschung gesicherte Erkenntnisse gewinnen, die bei der Planung, Strukturierung und Durchführung biologischer Unterweisung jeglicher Art begründete Entscheidungen ermöglichen (s. auch Krumwiede 1982a).

Die Geschichte des Biologieunterrichts zeigt zudem, daß es Inhalte und Methoden gab und gibt, die eher durch Zeitumstände, Moden oder den Einfluß bestimmter Persönlichkeiten bedingt wurden als durch begründete Urteile oder empirisch belegte Erkenntnisse. Dies wird sich wahrscheinlich auch in Zukunft nicht völlig vermeiden lassen; solche Abhängigkeiten vom Zeitgeist sollten jedoch deutlich bewußt gemacht werden.

So hatten zum Beispiel die Ideen Schmeils von etwa 1900 bis 1965 (mit Ausnahme der NS-Zeit) großen Einfluß auf den Biologieunterricht. Er sah Biologieunterricht als „Handlanger der Wissenschaft" an und betonte folglich die Vermittlung von Kenntnissen der biologischen Systematik. Auf diesem Gebiet lag zu Beginn seiner Aktivitäten auch ein Schwerpunkt der Biologie. Man unterrichtete jedoch Biologie in der Schule weiterhin nach den Prinzipien Schmeils, als längst andere Fragestellungen im wissenschaftlichen Bereich vorherrschten. Ähnlich verhält es sich mit der Abfolge der Themen zur Menschenkunde in der Klasse 10. Praktisch alle Schulbücher folgten dabei jahrzehntelang den medizinischen Lehrbüchern – ohne daß es dafür einleuchtende Gründe gab.

Auch die Kultusbehörden folgen bei Entscheidungen, besonders bei der Abfassung von Lehrplänen, vielfach eher politischen und ideologischen Vorstellungen. Dagegen bleiben Erkenntnisse der Biologiedidaktik oftmals unberücksichtigt. Dies geschieht vielfach wahrscheinlich auch deshalb, weil sie unbekannt sind.

Biologieunterricht betrifft täglich Hunderttausende von Schülern. Die zur Verfügung stehende Zeit ist knapp, zu knapp bemessen. Sie beträgt Mitte der 90er Jahre in der Bundesrepublik für die Klassen 5 bis 10 im Mittel insgesamt 300 Unterrichtsstunden. Deshalb müssen Auswahl der Inhalte und andere Entscheidungen über den Unterricht genau begründet werden – um eine grundlegende und fundierte biologische Bildung zu erreichen. Dies erscheint nur möglich, wenn dabei biologiedidaktische Erkenntnisse beachtet werden.

Auch Selbstbewußtsein und Ansehen der Lehrenden dürften sich verbessern, ihnen bei der Erfüllung ihrer wichtigen und oft nicht leichten Aufgabe helfen, wenn sie sich als Unterrichts- oder Vermittlungswissenschaftler im Bereich Biologie verstehen.

Die Notwendigkeit von Biologiedidaktik kann (vereinfacht) in einem Satz zusammengefaßt werden: Weil es eine Auswahl von Inhalten unter bestimmten Zielsetzungen und eine Optimierung von Unterricht geben muß.

1.2 Biologiedidaktik als Wissenschaft

Wissenschaft soll und will den Menschen bei der rationalen Weltbewältigung helfen. Sie sucht nach Fixpunkten im Kontinuum der Welt, mit deren Hilfe begründetes Handeln besser möglich ist; z. B. wenn sie aus der unübersehbaren Fülle von Stoffen in unserem Körper den „Fixpunkt Insulin" herausfindet oder wenn man weiß, in welchem Alter die Vermittlung von Artenkenntnissen den besten Erfolg hat.
Mindestens drei grundlegende Merkmale kennzeichnen eine Wissenschaft (Abb.1):

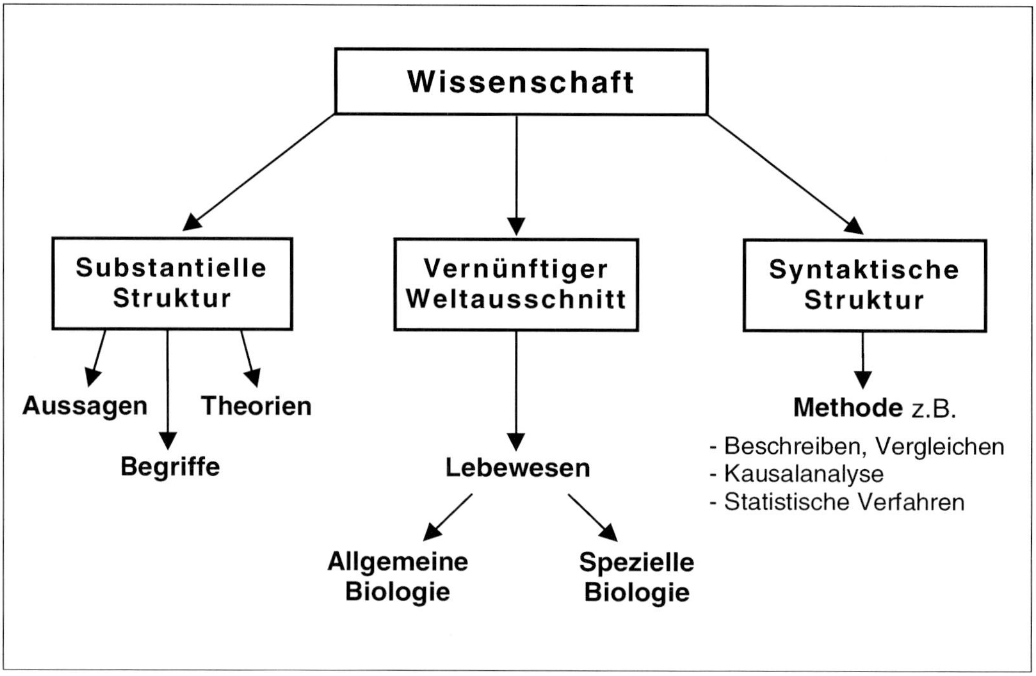

Abb. 1: Struktur von Wissenschaft – angewandt auf Biologie.

- Sie bearbeitet einen für das Verständnis der Welt wichtigen Weltausschnitt: Inhaltliche Struktur.
- Sie stellt ein System von Theorien, Aussagen und Begriffen auf: Substantielle Struktur.
- Sie gewinnt ihre Erkenntnisse mit bestimmten Methoden: Syntaktische Struktur.

An dieser Stelle sei angemerkt: Um zusammengesetzte Begriffsnamen, die aus einem Adjektiv und einem Substantiv bestehen, deutlich als Bezeichnung für einen Begriff zu kennzeichnen, werden beide stets groß geschrieben (gemäß Duden-Regel R 75), also Substantielle Struktur, Formales Lehrziel, Biologische Exkursion, Außerschulischer Lernort. Dies entspricht auch der Tradition in der Biologie, z. B. Roter Milan, Weiße Taubnessel.

Diese Unterteilung von Wissenschaft (s. SCHWAB 1964) ist keineswegs theoretische Spielerei. An mehreren Stellen wird darüber berichtet werden, daß Biologieunterricht mehr die substantielle (Wissen) oder mehr die syntaktische Struktur (Methodenkenntnis) in den Vordergrund stellen kann.

In bezug auf die inhaltliche Struktur von Biologiedidaktik darf, ja muß man das Lehren und Erlernen biologischen Wissens als einen wesentlichen Weltausschnitt bezeichnen. Die große Bedeutung biologischer – und damit auch medizinischer – Kenntnisse für alle Bereiche unseres Lebens bedarf heute wohl keiner weiteren Begründung. Dem widerspricht der viel zu geringe Anteil von Biologieunterricht an öffentlichen Schulen. Biologisches Wissen trägt zudem zu einer wesentlichen Kategorie unseres Menschseins bei: der Selbsterkenntnis (mehr dazu s. Kap. 19.3.1). Zugleich ist Lernen und damit Lehren ein wesentlicher Aspekt des Weltausschnittes „Mensch“. Lernen ist die zentrale Tätigkeit, die den Menschen im eigentlichen Sinn erst zum Menschen macht. Darin liegt allgemein die besondere Bedeutung von Unterricht.

Zu dem zweiten Merkmal (Bestimmungsstück) von Wissenschaft, der Entwicklung von Theorien, liegen in bezug auf Biologiedidaktik bisher kaum systematische Publikationen vor. Hier werden vorab fünf grundlegende Theorien der Biologiedidaktik angegeben, die sich aus einer Fülle von Einzelbefunden ergeben.

- Biologische Kenntnisse sind für ein begründetes Selbstverständnis des Menschen (heute) unerläßlich.
- Biologische Kenntnisse sind für das Verständnis der natürlichen Umwelt und der Gesellschaft (heute) unerläßlich.

• Biologische Kenntnisse beeinflussen und verändern unser Handeln.
• Es gibt Kriterien, die eine begründete Auswahl biologischer Inhalte ermöglichen, die nach Maßgabe der vorhandenen Lernzeit vermittelt werden können.
• Es gibt Kriterien, deren Anwendung eine möglichst optimale Vermittlung biologischer Kenntnisse bei bestimmten Lerngruppen ermöglichen.

Theorien sind belegte Grundaussagen einer Wissenschaft (mehr zur Bewertung und zu Kennzeichen von Theorien in Kap. 19.2., Punkt 1). Sie dienen als Leitlinien weiterer Forschung. So ist die umfassendste Theorie der Biologie die Evolutionstheorie. Erst mit ihrer Hilfe können Einzelbefunde, die für sich allein wenig Sinn ergeben, zusammengefaßt und interpretiert werden.

Mancher mag bezweifeln, ob man die angegebenen biologiedidaktischen Theorien bereits als solche bezeichnen darf. Sie entsprechen jedoch grundlegenden Anforderungen, die Vollmer (1980: 107 ff.) an Theorien gestellt hat, wie z. B. innere Widerspruchsfreiheit, Prüfbarkeit, Erklärungswert und „prognostische Kraft".

Die genannten Theorien sind eine Grundlage dafür, was im weiteren Verlauf dargestellt werden soll. Vorerst werden nur Beispiele für die erste dieser Theorien angegeben. Es kann die wohlbegründete Behauptung aufgestellt werden, daß ohne bestimmte biologische Kenntnisse ein zutreffendes Menschenbild heute nicht mehr möglich ist (s. auch Kap. 19.3.1).

Hatte sich Darwin (1900:124) in seinem grundlegenden Werk – wohl notgedrungen und entgegen seiner Überzeugung – noch vorsichtig in bezug auf die Herkunft des Menschen geäußert, so ist inzwischen durch zahlreiche Fakten belegt: Der Mensch hatte nichtmenschliche Vorfahren; er hat sehr lange Zeit in einer „biologischen Phase" gelebt; d. h., unter Bedingungen, denen auch Tier- und Pflanzenarten unterliegen.

Unser Selbstverständnis muß vor diesem Hintergrund, mit Blick auf unsere Evolution erfolgen. Viele Komponenten unseres Verhaltens, wie z. B. Sexual-, Rollen- und Eltern-Kind-Verhalten, individuelle Fähigkeiten sind auch von biologischen Gegebenheiten in uns abhängig. Sie sind zum Teil angepaßt an Bedingungen dieser biologischen Phase, so daß sie heute auch negative Auswirkungen haben. Diese gilt es mit Hilfe von Kenntnissen nach Möglichkeit zu vermeiden.

Auch die Art und Weise, wie wir die Welt erkennen, ist aus evolutionären Notwendigkeiten entstanden und an diese angepaßt (s. Kap. 19.2).

Aufgrund der gemeinsamen Evolution ergibt sich: Die anderen Lebewesen um uns herum sind wirklich unsere „Brüder und Schwestern". Diese Erkenntnis sollte uns dazu anhalten, sie nicht unserem Bedürfnis nach immer mehr Luxus willkürlich zu opfern (s. Kap. 19.3.3, z. B. Wilson 1977, Birnbacher 1980).

Eine an Grundsätzen ausgerichtete Erziehung ist ohne ein begründetes Menschenbild kaum möglich. Deshalb müssen sich alle, die Biologie unterrichten, intensiv mit den vielfältigen Aspekten biologischer Themen beschäftigen, die einen Beitrag zu diesem Menschenbild leisten. Und sie sollten solches Wissen auch ihren Schülern vermitteln.

Eine Zeitlang ist diskutiert worden, ob Biologiedidaktik eher eine pädagogische oder biologische Disziplin ist (z. B. Schaefer 1972, Rüther 1978, allgemein Timmermann 1972). In bezug auf die inhaltliche und substantielle Struktur ist Biologiedidaktik, wie wohl gezeigt werden kann, eigenständig. Dabei besteht jedoch eine enge Verbindung zu ihrer zentralen Bezugswissenschaft, der Biologie. Was die syntaktische Struktur betrifft, hat sie Forschungsmethoden mit mehreren Wissenschaften aus verschiedenen Bereichen gemeinsam. Organisatorisch erscheint Biologiedidaktik am besten der Biologie zuzuordnen, da ihr Spezifikum nun einmal die Vermittlung biologischen Wissens und von Handlungsmöglichkeiten in diesem Bereich ist.

Spezifikum und Eigenständigkeit der Biologiedidaktik ergeben sich u. a. auch aus folgenden Überlegungen (s. Heintel 1978):
• Sie hat immer das Dreigestirn Fach–Schüler–Lehrerin zu bedenken; keine dieser drei Komponenten kann vernachlässigt werden oder unberücksichtigt bleiben.
• Ihre Fragestellungen und deren Lösungen können nicht vom Fach abgelöst werden.
• Sie setzt keine Traditionen und Fachsystematiken bei der Wissensvermittlung ungeprüft voraus. Vielmehr unterwirft sie biologisches Wissen einer Rekonstruktion in notwendige und überprüfbare Lernprozesse. Der Fachbiologe verfügt dazu in der Regel nicht über die notwendige Wissenschaftsmethodik; deshalb kann er auch nicht automatisch der „beste Didaktiker" sein, wie manchmal vermutet wird.
• Didaktische Forschungen, die sich nicht auf bestimmte Inhalte beziehen, reduzieren sich auf

allgemeine, weitgehend unverbindliche Ergebnisse. Diese bleiben meist unbefriedigend. Sie müssen fast immer an spezifische Bedingungen eines Faches angepaßt werden. – Aus solchen Argumenten ergibt sich auch die grundlegende Bedeutung von Fachdidaktik gegenüber den Erziehungswissenschaften.

Begriffe: Inhaltliche Struktur, Substantielle Struktur, Syntaktische Struktur von Wissenschaft, Theorie, Menschenbild, Spezifika von Biologiedidaktik

1.3 Definition von Biologiedidaktik

Biologiedidaktik untersucht mit Hilfe empirischer und hermeneutischer Methoden, welche Erkenntnisse der Biologie und welche Möglichkeiten der Wechselwirkung mit Lebewesen bestimmten Gruppen von Menschen mit möglichst optimalen Methoden zu vermitteln sind – zum Zweck der besseren Weltbewältigung.

Dies ist eine mögliche Definition. Es gibt auch andere (z. B. WERNER 1980: 64). Diese Definition bedarf der Erläuterung.

1. Empirische Methoden werden sowohl in der Biologie als auch in anderen Wissenschaften angewandt. Empirie in den Naturwissenschaften soll hier nur kurz definiert werden als eine Methode der Erkenntnisgewinnung mit Hilfe genau geplanter Experimente. Erst eine Vielzahl gleicher Ergebnisse führt zu einer allgemeinen Aussage oder Theorie. Methoden dieser Art benutzt Biologiedidaktik z. B., wenn Eignung und genaue Durchführung eines bestimmten Experiments im Biologieunterricht untersucht werden soll. Dazu drei Beispiele: Lernversuche im Y-Lauf mit Zwerghamstern; Nachweis der Wirkung von Salzsäure auf Hefepilze; Nachweis der starken Erhöhung der Temperatur der Laubschicht im Frühjahr als Modellversuch im Klassenraum (KLEE & VOGEL 1978).

Typische Untersuchungen in der Biologiedidaktik bedienen sich jedoch meist Methoden der empirischen Sozialforschung, wie sie auch in Psychologie, Pädagogik und Soziologie verwendet werden (Zusammenstellung und Einzelheiten bei KLAUER 1978). Man bezeichnet dieses Verfahren auch als Didaktisches Experiment. Es soll hier nicht diskutiert werden, ob die Bezeichnung „Experiment“ in diesem Zusammenhang wirklich benutzt werden darf. Allgemein wird jedoch von „experimenteller Pädagogik“ gesprochen (z. B. SCHORB o. J.). Auch zu dieser Methode der Biologiedidaktik drei, stark vereinfacht dargestellte Beispiele:

– Welche gesundheitsbezogenen Interessen haben Schüler und Schülerinnen in der Sekundarstufe I (TODT, SCHÜTZ & MOSER 1978)? Schüler beantworten eine Liste mit Fragen zum Thema. Dabei geben sie auf einer Skala, die Wahlmöglichkeiten zwischen „sehr gern“ und „sehr ungern“ ermöglicht, ihr Interesse für jede Frage an.

– Führen Schüler- oder Demonstrationsexperimente im Biologieunterricht zu einem höheren Lernzuwachs (FÜLLER 1992)? Vor und nach dem Didaktischen Experiment wird das Wissen mit Hilfe von Multiple-choice-Tests gemessen.

– Wie viele biologische Begriffe lernen Schüler im 5. und 6. Schuljahr im Mittel auf Dauer in einer Unterrichtsstunde bei den Themen „Ernährung und Verdauung“ sowie „Photosynthese (GRAF 1989a)? Nach einem standardisierten Unterricht zu diesem Thema verbinden die Schüler vorgegebene Begriffe zu Aussagen und diese zu Begriffsnetzen (s. Kap. 10.8), aus denen die Anzahl der richtig gelernten Begriffe ermittelt werden kann. Die Befragung erfolgt unmittelbar nach dem Unterricht und dann erneut nach acht Wochen.

Wie bei allen Experimenten dieser Art müssen sie mit einer genügend großen Anzahl von Schülern durchgeführt und die Ergebnisse statistisch abgesichert werden.

2. Auch hermeneutische Methoden werden in der Biologiedidaktik verwendet. Hermeneutik bedeutet (ausführlich z. B. bei GROOTHOFF & STALLMANN 1971) Interpretation, Erklärung und Verstehen eines Sachverhaltes, z. B. eines Textes oder eines historischen Vorgangs. Auch hierzu drei Beispiele:

– Ein Leitziel oder Oberstes Ziel für den Biologieunterricht kann wohl kaum empirisch gefunden werden. Vielmehr wird es nach derzeitiger Einschätzung am besten auf der Grundlage eines Menschenbildes, allgemeiner Bildungsziele und von Zeitumständen entwickelt. Weil dies so ist, wurde oben bereits darauf hingewiesen, daß Biologiedidaktik stets auch vom Zeitgeist mitbestimmt wird.

– Untersuchung der Auswirkungen, die die ideologischen Verfälschung biologischen Wissens in der nationalsozialistischen Epoche auf den Biologieunterricht hatte.

– Sexuelles Verhalten in unserer heutigen Gesellschaft ist Folge einer ganzen Reihe wissenschaftlicher und gesellschaftlicher Ereignisse. Sexualerziehung muß von der heutigen Situation ausgehen und zugleich Bedeutung und Auswirkungen der einzelnen Faktoren kennen, die zu ihr geführt haben (z. B. KEIL 1974).

3. An dieser Stelle erscheint eine Anmerkung zum in der Definition enthaltenen Begriff „Biologie“ angebracht. Man kann in dieser Wissenschaft zwischen einer Allgemeinen und einer Speziellen Biologie unterscheiden – oder wie KONRAD LORENZ einmal ironisch, aber einprägsam formulierte: zwischen „Problembiologen“ und „Viechsbiologen“. Die großen Fortschritte in der Entwicklung dieser Wissenschaft wurden ganz überwiegend durch übergeordnete, allgemeine Fragestellungen erreicht; es sei nur an MENDEL, DARWIN und WATSON erinnert.

Beim Unterrichten ist es bedeutsam, sich zu vergegenwärtigen, ob man Inhalte vermittelt, die sich auf Allgemeine Biologie oder Spezielle Biologie beziehen. Auch in welcher Weise man die beiden Bereiche verknüpft (etwa die Mitbehandlung einer allgemeinen Frage bei der Darstellung einer Pflanzenart, s. Kap. 5.3), muß genau bedacht werden.

4. Nach der verwendeten Definition ist es auch Aufgabe von Biologiedidaktik, Beziehungen eines einzelnen oder Gruppen von Menschen zu Tieren oder Pflanzen zu untersuchen. Es gibt keine andere Wissenschaft, die diesen Zusammenhang systematisch erforscht und zugleich solche Erkenntnisse für den Unterricht benötigt; z. B. welchen subjektiven Wert die Vermittlung von Artkenntnissen im Biologieunterricht für die Schüler hat.

Auf den in der Definition enthaltenen Begriff „Didaktik“ wird hier nicht eingegangen. Es gibt recht unterschiedliche „Modelle der Didaktik“, mit denen jeweils verschiedene Vorstellungen von Unterricht verbunden sind. Als Einführung in diese Fragen erscheint das Buch von BLANKERTZ (1970) noch immer lesenswert.

Begriffe: Biologiedidaktik, Empirie, Hermeneutik, Didaktisches Experiment, Allgemeine Biologie, Spezielle Biologie

1.4 Acht Hauptaufgaben der Biologiedidaktik

Aufgrund der Definition und der weiteren genannten Aspekte lassen sich mindestens acht Hauptaufgaben biologiedidaktischer Forschung angeben (s. dazu auch TIMMERMANN 1972:20). Deren Ergebnisse sollten bei jeder Art von Lehre berücksichtigt werden (siehe Abb. 2).

1. Überprüfung, ob heute vorgetragene Ziele von Erziehung und Bildung mit Erkenntnissen der Biologie übereinstimmen oder durch dieses Wissen modifiziert werden müssen; z. B: Ist das Rollenverhalten von Frauen und Männern nur eine Frage der Erziehung oder auch von biologischen Dispositionen abhängig ?

2. Bestimmung des Beitrags, den Biologieunterricht zur allgemeinen, grundlegenden Erziehung leisten kann und muß; z. B: Biologieunterricht hat die Aufgabe, die Einsicht zu vermitteln, daß der Mensch Teil der natürlichen Umwelt ist, daß und wie er von ihr abhängt. Oder es gilt, Handlungsbereitschaft zum Schutz der Umwelt zu fördern und zu erreichen.

3. Entwicklung einer Theorie, mit deren Hilfe begründete Lehrpläne für verschiedene Formen biologischer Unterweisung entwickelt werden können (z. B. TIMMERMANN 1972, VDBIOL.1973, 1987, BERCK 1975a).

4. Mit Hilfe einer Lehrplantheorie spezifische Lehrpläne für bestimmte Bezugsgruppen entwickeln (Beispiele für begründete Lehrpläne: VDBIOL 1973, 1987, HESSISCHER KULTUSMINISTER: Rahmenrichtlinien Biologie für die Sekundarstufe 1972). Fähigkeiten, Interessen u. a. der jeweiligen Bezugsgruppen müssen dabei berücksichtigt werden.

5. Realisierung von Lehrplänen durch überprüfte Ausarbeitung von Unterrichtseinheiten, in denen Auswahl und Abfolge der Inhalte, Experimente, Medien, für bestimmte Inhalte besonders geeignete Unterrichtsformen, psychologische Voraussetzungen der Schüler (z. B. spezifische Interessen) usw. erforscht werden.

Zu diesem Bereich gibt es zahlreiche Publikationen; beispielhaft sollen die vom IPN (Institut für Pädagogik der Naturwissenschaften) zu zahlreichen Themen publizierten „Unterrichtseinheiten für den Biologieunterricht“ genannt werden.

6. Untersuchung des notwendigen biologischen Anteils an fachübergreifenden Projekten, dem Integrierten Naturwissenschaftlichen Unterricht (s. Kap. 18.5) sowie der Effektivität dieses Unterrichts. Besonders bedeutsam ist diese Fra-

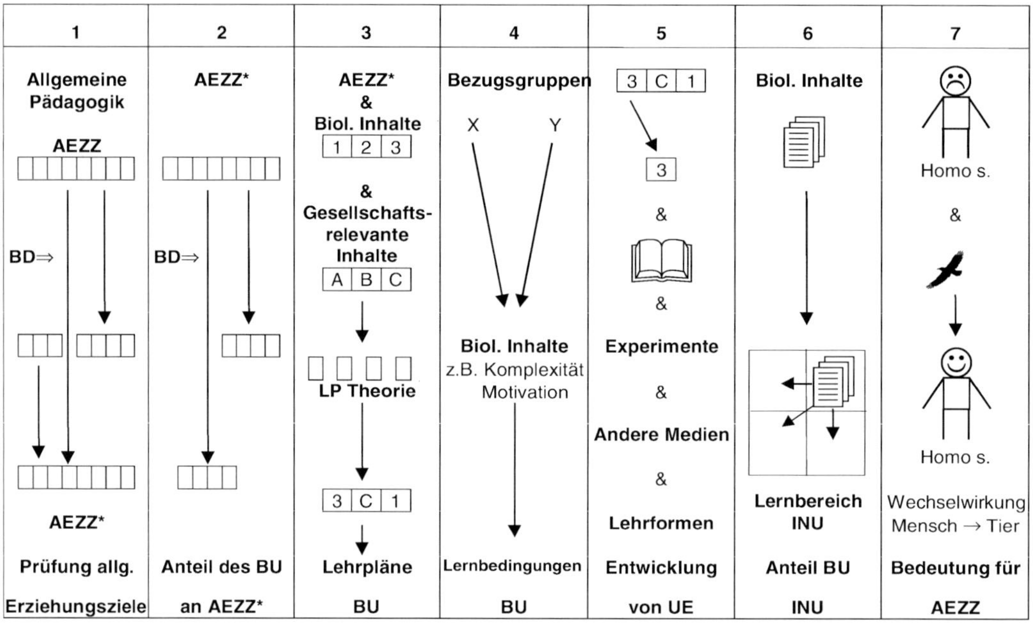

Abb. 2: Schematische Darstellung von Hauptaufgaben der Biologiedidaktik; AEZZ – Allgemeine Erziehungsziele; AEZZ* – modifizierte Erziehungsziele, BD – Biologiedidaktik, BU – Biologieunterricht, 1,2,3 – bestimmte biologische Inhalte, A,B,C – gesellschaftsrelevante Inhalte, die im Biologieunterricht behandelt werden sollten, INU – Integrierter Naturwissenschaftlicher Unterricht

ge heute z. B. für den Sachunterricht in der Primarstufe.
7. Überprüfung der Bedeutung, die die Beschäftigung mit Tieren und Pflanzen für einzelne Menschen hat; z. B. für sogenannte Hobby-Biologen, Menschen, die sich für Naturschutz einsetzen, Kinder und Jugendliche, aber auch bei der Pflege von Pflanzen und Tieren (z. B. Plötz 1970, Berck & Klee 1992). 8. Weiterhin ist bedeutsam (worauf die Abbildung nicht hinweist): Aus dem Studium der Geschichte des naturwissenschaftlichen, speziell des biologischen Unterrichts können sich Einsichten ergeben, was an historischen Erfahrungen heute effektiv zu übernehmen oder abzulehnen ist.

Ein Versuch, die Aufgaben von Physikdidaktik zusammenzustellen (Jörg 1982) kommt – man möchte sagen: fast zwangsläufig – zu entsprechenden Ergebnissen. Allerdings darf man wohl sagen, daß diese Aufgaben in der Biologiedidaktik, bedingt durch die komplexen Beziehungen des Menschen zu Lebewesen (und damit für sein Selbstverständnis) vielfältiger sind.

Aus dieser Darstellung ergibt sich nebenbei auch eine Aufgliederung der Biologiedidaktik in zwei Teilbereiche:

- Allgemeine Biologiedidaktik beschäftigt sich mit Fragen, die grundsätzlich alle Bereiche des Biologieunterrichts betreffen (diese Aufgabe hat sich dieses Buch gestellt).
- Spezielle Biologiedidaktik beschäftigt sich mit Inhalt und Methodik bestimmter Themen des Biologieunterrichts, z. B. Gesundheitserziehung, Naturschutzerziehung, auch mit Teilelementen solcher Themen oder Einzelthemen (Darstellung der Dinosaurier, der Photosynthese). Über manche dieser Gebiete (z. B. Umwelterziehung) liegen umfangreiche Erkenntnisse vor, die man beim Unterrichten benötigt.

Begriffe: Forschungsgruppen Biologiedidaktik, Allgemeine Biologiedidaktik, Spezielle Biologiedidaktik

2 Theorie dient der Praxis

2.1 Theorie ist die Leiter zu den Früchten am Baum der Praxis

Was du nicht verstehst, das besitzest du auch nicht. — Diese Meinung aus GOETHES *„Maximen" wird in bezug auf den „Besitz" von Eigenschaften eines effektiven Lehrers unterschiedlich beantwortet.*

Es gibt die Vorstellung, daß es ausreicht, wenn Lehrende gute Fachkenntnisse in Biologie und gewisse „handwerkliche" Kenntnisse und Fähigkeiten besitzen, wie man unterrichtet. Es ist die Vorstellung von der Meisterlehre: Anfänger gehen bei einem erfahrenen Schul-Meister in die Lehre. Auf diese Weise läßt sich ohne Zweifel viel lernen. Unterrichten von Anfängern unter Aufsicht eines erfahrenen und in Zusammenarbeit mit einem theoretisch geschulten Lehrer dürfte denn auch zu den effektivsten Wegen gehören, wie man am besten Unterrichten lernt (s. ROTH 1998, s. Kap. 8.3).

Es hat sich jedoch gezeigt, daß so auch Unterrichtsverfahren über lange Zeit tradiert werden, die durch effektivere ersetzt werden können bzw. müssen. So führte z. B. STEINECKE (1951) den Begriff „Zelle" erst in der 11. Klasse ein; SPANNER (1960/1964) in der 8. Klasse. Eine Wissensüberprüfung von 872 Schülern zu Beginn der 5. Klasse zeigte jedoch, daß etwa 70 Prozent den Begriff bereits beherrschten (ECKERT 1980). Eine Tradition der „Meisterlehre", den Begriff „Zelle" erst sehr spät im Biologieunterrichts zu behandeln, entsprach weder inhaltlichen Notwendigkeiten noch den Lernmöglichkeiten der Schüler.

Grundsätzlich gilt: Die Geschichte der Wissenschaften zeigt, daß bedeutende Fortschritte nicht erreicht werden durch reines, vom Zufall bestimmtes Ausprobieren, sondern erst durch Theorien, die durch empirische Prüfung von Hypothesen gewonnen werden. Dies soll mit einem Beispiel aus der angewandten Biologie illustriert werden. Bierbrauen erfolgte lange Zeit ausschließlich durch Versuch und Irrtum. Dabei gab es immer wieder Verluste und Rückschläge, die nicht erklärt werden konnten. Erst durch PASTEURS Theorie, daß die Gärung durch Mikroorganismen hervorgerufen wird, wurden die „Störenfriede" identifiziert und die Herstellung u. a. von Bier auf ein neues Niveau gehoben.

Weiterhin findet sich die Meinung, zum Lehrer müsse man „geboren" sein; Lehren sei „Naturbegabung". In ähnlicher Weise äußerte sich HIGHET (1956): *I believe that teaching is an art, not a science.* Der Kritik von HEINTEL (1978: 21) an einer solchen Aussage ist nichts hinzuzufügen: *Immer, wo Menschen zur Begründung von Erscheinungen in dieser Weise die Natur herangezogen haben, hat diese Scheinauszeichnung der Natur eigentlich nur die Unfähigkeit der Menschen bezeichnet, ein Problem in den Griff zu bekommen.*– Einzuräumen ist, daß es eine Reihe für das Unterrichten nützlicher Eigenschaften gibt, die der eine schneller und besser, der andere nur mühsam erwirbt, z. B.: Intellektuelle Beweglichkeit und ein hohes Maß an Kreativität; lebenslang anhaltende Neugier, die sich auf viele Bereiche der Kultur und Umwelt erstreckt; Schlagfertigkeit und gutes Sprachvermögen; Bereitschaft, andere Menschen zu verstehen; Fähigkeit zum Zuhören. Wer unterrichten will, sollte bedenken, ob er über solche Eigenschaften verfügt und sie bereits vor dem Studium überprüfen, z. B. durch ein Sozialpraktikum.

Das alles reicht aber nicht aus, um Unterricht so zu halten, daß er gut begründet ist. Dazu benötigt man Theorien, denn: eine Theorie ist die empirisch geprüfte Verallgemeinerung der Erfahrung. Umfängliche vermittlungswissenschaftliche Kenntnisse sind erforderlich; Lehrer sind Vermittlungswissenschaftler. Dazu nur einige Beispiele:

– Die Beurteilung eines Biologie-Lehrplans ist ohne eine Lehrplantheorie nicht möglich: Welcher Grundansatz bei der Auswahl der Inhalt wurde gewählt, bauen die Themen aufeinander auf, gibt es ein Ableitungssystem für die Auswahl der Themen usw.?

– Die Beurteilung eines Biologie-Schulbuchs erfordert die Kenntnis eines Kriterienkatalogs mit dessen Hilfe eine solche Beurteilung erst möglich ist: Prinzipien der Stoffauswahl, Länge der Sätze, Anzahl der Begriffe pro Textmenge, Verwendung von Datenmaterial usw. (s. Kap. 13.2).

– Regelmäßig wird der Anspruch erhoben, daß im Biologieunterricht viel experimentiert werden soll. Ohne eine Theorie, wozu solche Experimente dienen und unter welchen Bedingungen sie im Vergleich mit anderen Methoden einen hohen Lerneffekt haben, bleibt ein solches Unternehmen „blind“ (s. Kap. 13.3).

– Die Vermittlung von Arten-Kenntnissen kann auf sehr verschiedene Weise erfolgen. Bei der Wahl der Methoden ist zu prüfen, welche aufgrund empirischer Prüfung überhaupt und für eine gewisse Altersstufe am effektivsten sind, welche begründete Entscheidungsmöglichkeiten es für die Auswahl der Arten gibt usw. (s. Kap. 11.3). Zusätzlich ist eine Theorie erforderlich, warum und wozu Artenkenntnisse überhaupt nützlich sind (s. z. B. MAYER 1992).

Diese Beispiele lassen erkennen, daß Unterrichten ohne umfängliche Kenntnis einschlägiger Theorien in aller Regel wenig effektiv ist und vielfach die Schüler „nicht erreicht“. Oder anders gesagt: Wer an einer Wissenschaft teilhaben will, muß die grundlegenden Theorien, die die Scientific Community akzeptiert, kennen.

Zusammenfassend kann festgestellt werden:
- Theorien sind für effektives und sinnvolles Unterrichten unumgänglich;
- Theorien sind zeitlich und inhaltlich vorrangig vor der Praxis;
- Theorien müssen an der Unterrichtspraxis gemessen und in ihr erprobt sein und werden;
- oder ganz kurz: Praxis ohne Theorien ist blind.

Begriffe: Meisterlehre, Lehren als Naturbegabung, Lehren als Vermittlungswissenschaft, Theorie

2.2 Grundregeln zum Lehrerverhalten im Biologieunterricht

However much the class like you, they will loathe your boring lessons.
What makes you think you can shout louder than twenty-five kids (DALLAS 1980)?

Lehrende, vor allem Anfänger, werden folgerichtig fragen, ob sich aufgrund von Theorien und Hypothesen, aber auch subjektiver Erfahrung mit „bei Schülern erfolgreichen und weniger erfolgreichen Lehrern“ so etwas wie Grundregeln ergeben, an die man sich beim Unterrichten von Biologie halten kann. An dieser Stelle ist weniger an methodische Einzelvorschläge gedacht, sondern an Grundlagen des Lehrerhandelns; wegen ihrer Bedeutsamkeit kommt dieses Buch an vielen Stellen immer wieder auf solche Kriterien zurück (vorab s. dazu besonders KELLOUGH, 1994: 153ff., mit der Angabe von 50 Fehlern, die Lehr-Anfänger häufig machen).

Zum Thema Lehrer-Schüler-Interaktionen gibt es sehr viele Publikationen (Beispiele: TAUSCH & TAUSCH 1977, TODT 1977, GRELL 1981, HOFER 1981, DRUVA & ANDERSON 1983, BONNSTETTER* 1984, BROPHY & GOOD* 1986, WHITE & TISHER 1986) mit einer Vielzahl von hinlänglich abgesicherten Erkenntnissen und Vorschlägen. Eine ausführliche Darstellung und kritische Würdigung von Forschungsergebnissen über mehrere Faktoren des „Lern-Umfeldes“ bietet die Arbeit von FRASER (1998).

Die in der Literatur angegebenen Befunde beziehen sich auf unterschiedliche Schülergruppen. Die Befunde sind zum Teil auch nicht immer identisch. Demnach kommt eine überschaubare und begrenzte, dafür aber eher praktikable Auswahl an subjektiven Entscheidungen kaum vorbei. Dennoch sollen einige grundlegende Voraussetzungen angeführt werden, die bei Schülern Wissen, positive Einstellungen, Interesse und wohl auch Persönlichkeitsentwicklung fördern (s. auch Kap. 9.3, 9.4). Dies sind z. B.:
- Vorbereitung: Gründliche Vorbereitung einer Unterrichtseinheit – und jeder einzelnen Stunde; eine nur „skizzenhafte“ Stundenvorbereitung führt u. a. zu langweiliger methodischer Routine.
- Kenntnisse: Gute Fachkenntnisse und die Bereitschaft, sich ständig weiterzubilden, z. B. fachdidaktische Zeitschriften zu lesen und Fortbildungskurse zu besuchen – zeichnen erfolgreiche Lehrer aus.
- Klarheit: Der Unterricht ist klar, übersichtlich und folgerichtig gegliedert, hat einen erkennbaren roten Faden, Wesentliches wird deutlich herausgestellt; die Schüler können stets Fragen zur Klärung stellen.
- Wissens-Anspruch: Von den Schülern etwas fordern, lieber etwas zu viel als zu wenig, so daß diese in jeder Stunde etwas hinzulernen.
- Disziplin-Anspruch: Allgegenwärtigkeit des Lehrenden, nicht ablenken lassen von Nebensächlichkeiten oder dafür viel Zeit verwenden; Schwung und Spannung sowie Abwechslung, Mobilisierung und Aktivierung (statt gelangweiltem Herumsitzen) möglichst

vieler Schüler, Forderung nach verantwortlichem und sorgfältigem Arbeiten.

- Tadel: Es macht wenig Sinn, eine ganze Klasse global zu tadeln – niemand fühlt sich so recht angesprochen; aber „Unverschämtheiten" eines Schülers keinesfalls auf sich beruhen lassen; mit einzelnen Schülern nach dem Unterricht allein sprechen.
- Langeweile: Wenn einem Lehrenden der eigene Unterricht langweilig wird, ist dieser es schon längst für die Schüler. Schüler haben verschiedenartige Taktiken, der Langeweile zu entgehen, die Lehrer als Störung empfinden (müssen).
- Wärme: Vielfach belegt ist, daß ein Lehrender zwar einerseits eine Führungsrolle in der Klasse übernehmen, daß er andererseits den Schülern mit Achtung und Wärme sowie mit Aufrichtigkeit begegnen muß (s. besonders Reed 1961); sich nach dem Ergehen einzelner Schüler erkundigen.
- Sozialklima: Zum Wohlfühlen in der Klasse und damit auch zur Anteilnahme am Unterricht trägt ein positives Sozialklima erheblich bei; Lehrende können darauf Einfluß nehmen.
- Heiterkeit: Unterricht ist eine ernste Angelegenheit – aber der Lehrer muß auch heiter, vergnügt sein, die Schüler zum Lachen bringen (sie wollen oder müssen „entspannend" Lachen; wenn es der Lehrer nicht tut, dann eben ein Mitschüler – auf seine Weise).
- Lob: Der Lehrende setzt sich gezielt mit den Sachäußerungen der Schüler auseinander, gibt positive Informationen über spezifische Fähigkeiten der Schüler, greift Schüleräußerungen auf und verwendet sie in seinem Unterricht. Also: Wo immer möglich, Positives betonen, loben – und nicht vor allem negatives Schülerverhalten tadeln.
- Verhalten: Nonverbales Auftreten eines Lehrers, wie er die Klasse im Blick behält, er sie durch sein Verhalten gleichsam zwingt, sich alle zu beteiligen, auch seine Kleidung spielen eine große Rolle.
- Unterrichtsstil: Drei Typen von Lehrern der Naturwissenschaften werden von manchen unterschieden (White & Tisher 1986): Vorwiegend informierende, problemlösende und fragende. Obwohl es sicher schwer ist, seinen Unterrichtsstil zu ändern, sollten Lehrende dies gegebenenfalls doch anstreben. So kann man Anfängern im Bereich Biologie schwerlich effektiv etwas beibringen, indem man mit ihnen diskutiert. Andererseits werden überdurchschnittlich intelligente Schüler am besten durch Problemlöse-Strategien gefördert; bei unterdurchschnittlichen ist keine der drei Methoden erfolgreicher. Jedenfalls ist ein Wechsel der Methoden, je jünger die Lernenden sind, um so dringender geboten.
- Diskussionen: Ist in einer Klasse eine Diskussion über ein Thema zustande gekommen, muß man sich dafür Zeit lassen, sie nicht abbrechen, weil man meint, man müsse mit dem „Stoff" vorankommen.
- Kritikbereitschaft: Lehrende sollten Fehler zugeben, sich nicht so leicht persönlich betroffen fühlen oder gar beleidigt sein, nicht kleinlich sein, aber andererseits (um dies zu wiederholen) bei schwereren Verstößen auch keine Mühe scheuen, um die Schüler dafür zur Rechenschaft zu ziehen.
- Variabilität: Lehrende zeigen Spontaneität, Glaubwürdigkeit, vor allem müssen sie in der Lage sein, sich auf unterschiedliche Klassen einzustellen und ihre Unterrichtsmethoden entsprechend zu variieren.

Als bestätigende Wiederholung werden besonders wichtige Ergebnisse einer anderen Studie referiert (Tobin, Treagust & Fraser 1988). In Australien wurden 20 Lehrer und Lehrerinnen der Naturwissenschaften, die als besonders erfolgreich bekannt waren, längere Zeit beobachtet, um typische Kennzeichen ihres Unterrichts zu erkennen. Dies waren vor allem:

- Genaue Beachtung, ob die Schüler alles verstanden hatten;
- Förderung der Zusammenarbeit der Schüler und der gegenseitigen Hilfeleistung bei der Lösung von Problemen;
- Aufgaben stellen, die die Schüler zum Denken anregen; sie dazu anhalten, Probleme mit Hilfe von Literatur selbst zu lösen;
- positive Reaktion auf Antworten von Schülern, auch wenn diese u. U. falsch sind;
- alle Schüler am Unterricht beteiligen, sich nicht nur auf gute Schüler stützen;
- die Lehrenden hatten sehr gute Fach- und Fachdidaktikkenntnisse.

Dies sind nur einige ausgewählte, aber wohl besonders wichtige Aspekte. Eine Reihe weiterer entsprechender Untersuchungen über Zusammenhänge zwischen dem Verhalten von Lehrern der Naturwissenschaften und den Reaktionen der Schüler wird im „Handbook of Research on Teaching" dargestellt (Craig 1963, auch in Übersetzung bei Bödeker et al. 1974; mehr dazu auch in Kap. 8.2).

Die angegebenen Vorschläge mag oder sollte gerade der Anfänger beherzigen. Für ihn sind sie vor allem gedacht. Der Fortgeschrittene wird dagegen (wie die „Meisterschafts-Forschung" zeigt, Trotter 1986) über Regeln hinausgehen, Einsicht in größere Zusammenhänge gewinnen und danach handeln.

Begriffe: Lehrer-Schüler-Interaktion

3 Ohne Ziel(e) kein sinnvoller Biologieunterricht

3.1 Vorüberlegungen

Mögliche Situationen: Man kann leicht in Diskussionen verwickelt werden, ob und wozu überhaupt Biologieunterricht in der Schule notwendig und nützlich ist („die Schüler lernen ja sowieso nicht mehr, wie man eine Eiche und eine Buche unterscheiden kann"). Vielleicht sollten die Schüler besser mehr Englisch und Französisch lernen?

Im Jahr 1996 diskutieren die Kultusminister darüber, ob naturwissenschaftliche Fächer Teil des schriftlichen Abiturs sein sollen; wie würde man für das Fach Biologie begründen können, daß dies so wichtig ist wie z. B. Mathematik?

Zentraler Aspekt von Biologieunterricht ist die „Zielfrage" (SCHAEFER 1971), also wozu und mit welchem Ergebnis Biologie unterrichtet werden soll. Eine begründete Auswahl der Inhalte ist ohne Klärung über ein anzustrebendes Leitziel nicht möglich. Öffentlicher Unterricht, in welchem Bereich er immer erfolgt, ist zudem kein Privatunternehmen, bei dem jeder Lehrende seine eigene Stoffauswahl vornehmen könnte.

In diesem Zusammenhang erscheint eine gewisse Wiederholung erlaubt:

• Die Wissenschaft Biologie kann dieses Ziel nicht angeben oder setzen (dazu auch SCHAEFER 1973), auch wenn früher nicht selten die Meinung vertreten und im Unterricht realisiert wurde, die man als Abbilddidaktik oder Scientismus bezeichnen kann: Biologieunterricht sei ein „Abklatsch", eine verkürzte Darstellung seiner Bezugswissenschaft. Damit wird verkannt, daß Biologieunterricht einen Beitrag zur Bildung und Erziehung leisten muß, wenn er sich nicht als Schulfach überflüssig machen will. „Bildung und Erziehung" sind aber Begriffe, die in der Biologie nicht explizit vorkommen.
• Es ist selbstverständlich, daß Biologieunterricht die Aufgabe hat, Kenntnisse in Biologie zu vermitteln. Dabei trifft die Formulierung eines Leitziels Vorentscheidungen darüber, welche ihrer Erkenntnisse ausgewählt und wie sie strukturiert werden.
• Ein Leitziel für den Biologieunterricht muß folglich vor dem Hintergrund dieses Auftrags im Einklang mit anthropologischen Vorstellungen gesucht werden. Daß dabei der jeweilige Zeitgeist Einfluß auf die Formulierung eines solchen Leitziels hat, erscheint fast unvermeidlich. Zugleich ist dieser Einfluß, zum Beispiel in bezug auf eine jeweils fragwürdige Modernität, nicht unbesehen hinzunehmen.
• Diese Anfälligkeit des Leitziels hat ihren Grund darin, daß es stets nur als Wertentscheidung, hermeneutisch, aber nicht empirisch zu bekommen ist. Es ist eine Setzung, die allerdings anthropologisch begründbar sein muß.
• Die Formulierung eines Leitziels ist keine theoretische Spielerei. Vielmehr sollte eine Lehrerin jede ihrer Biologiestunden daran messen, ob sie zum Erreichen dieses Leitziels beiträgt.

Neben der Bezeichnung „Leitziel" gibt es für denselben Begriff noch die Bezeichnungen „Oberstes Lernziel", „Richtziel" u. a. In der Literatur ist eine Festlegung auf einen dieser Namen nicht eindeutig erkennbar; und auch sonst gibt es offenbar keine Argumente, die für einen bestimmten Namen sprechen. Deshalb ist die Auswahl dieser Bezeichnung willkürlich.

Begriffe: Leitziel (Oberstes Lernziel, Richtziel), Abbilddidaktik (Scientismus), Zielfrage

3.2 Mögliches Leitziel für den Biologieunterricht

Biologieunterricht soll Schülern solche Kenntnisse, Fertigkeiten und Fähigkeiten vermitteln, die sie in die Lage versetzen, sich selbst besser zu verstehen und in gegenwärtigen und zukünftigen Situationen, die biologische Qualifikationen erfordern, begründet zu handeln.

Im Zusammenhang mit einer grundlegenden Revision des Biologieunterrichts Anfang der

70er Jahre im Rahmen der Curriculumreform (Kap. 5.1, 17.3) ist wohl erstmals von MEMMERT (1970) und dann in den „Hessischen Rahmenrichtlinien Sekundarstufe I Biologie" (HESS. KULTUSMINISTER 1972, weiterhin VDBIOL 1973) dieses Leitziel formuliert worden. In leicht veränderten Variationen ist es bis heute weithin anerkannt (s. jedoch Kap. 3.3–3.7). Eine ganze Anzahl älterer Leitziele für den Biologieunterricht findet sich z. B. bei KECKSTEIN (1981).

Ein solches Leitziel bedeutet vorab für jeden Unterrichtenden und für alle, die auf dieser Grundlage Lehrpläne oder Schulbücher verfassen, eine Situationsanalyse durchzuführen. Das heißt, solche für viele Menschen wichtigen Fragen und Probleme ausfindig zu machen, deren Beantwortung bzw. Lösung biologisches Wissen erfordert. Zugleich muß aufgezeigt werden, welches biologische Basiswissen erforderlich ist, um solche Fragen zutreffend beantworten zu können. Es wird unterschiedliche Antworten geben, welche dieser Fragen so wichtig sind, daß sie bei geringer Unterrichtszeit in jedem Fall im Biologieunterricht behandelt werden sollten. Einen konkreten Niederschlag von Bemühungen, diese Themen ausfindig zu machen, findet sich sowohl im „Rahmenplan des VDBiol für das Schulfach Biologie" aus dem Jahr 1973 wie aus dem Jahr 1986 (VDBIOL 1973, 1987; Themen s. Anhang).

In diesem Leitziel ist enthalten, was man als die drei Determinanten eines Lehrplans (Curriculum-Determinanten) bezeichnet. Er sollte stets die Gesichtspunkte Schüler-, Wissenschafts- und Gesellschaftsrelevanz eines Themas bedenken, gegeneinander abwägen und berücksichtigen. In welchem Ausmaß eine dieser drei Determinanten bei der Vermittlung eines Inhalts beachtet werden kann, ist von Thema zu Thema verschieden. So wird man beim Thema „Rauchen" andere Schwergewichte setzen als beim Thema „Zelle".

Es erscheint nützlich, etwas über die historische Einordnung dieses Leitziels zu wissen (s. auch Kap. 6). Daraus ist auch erkennbar, daß das angeführte Leitziel inzwischen eine große Akzeptanz hat.

Eine grundlegende Revision u. a. des Biologieunterrichts erfolgte zuerst, und zwar bereits 1950–1960, in den USA (s. Kap. 17.2, Punkt 7). Dabei wurde jedoch anfangs die (substantielle und/oder syntaktische) Wissenschaftsstruktur in den Mittelpunkt von Biologieunterricht gestellt. So weit bekannt, gab es in Deutschland nach der Curriculumreform für dieses Fach keinen Lehrplan, der eine solche überwiegende Wissenschaftsorientierung auswies – sieht man von einigen frühen am IPN entwickelten „Unterrichtseinheiten für den Biologieunterricht" (und Lehrplänen der DDR) ab. Wenn dennoch immer wieder einmal eine angeblich zu starke Wissenschaftsorientierung der Curriculumreform kritisiert wird, kann sich diese Kritik in bezug auf Biologieunterricht wohl nur auf diese frühen Wurzeln in den USA beziehen.

Dort wird ungefähr ab 1980 eine neue Reform propagiert (STEWART 1986, TAMIR 1991), die in etwa mit den Aussagen des oben angegebenen Leitziels übereinstimmt; z. B. aus HURDS Thesen (1985, in TAMIR 1991: 901): *Inhalte sollen so ausgewählt werden, daß sie persönliche und soziale Bedeutung sowie wissenschaftlich/technische Bedeutsamkeit haben; die intellektuellen Fähigkeiten sollen dazu dienen, verantwortliche Entscheidungen zu treffen ...*; ähnlich schon vorher YAGER (1984). Dabei erweist sich u. a., daß das angeführte Leitziel inzwischen eine große Akzeptanz hat.

Begriffe: Leitziel (Oberstes Lernziel), Situationsanalyse, Curriculum-Determinante, Wissenschaftsrelevanz, Schülerrelevanz, Gesellschaftsrelevanz

3.3 Alternativen

Es darf wiederholt werden: Aufgrund des genannten Leitziels werden für den Biologieunterricht Situationen ausgesucht, 1. zu deren Lösung biologisches Wissen erforderlich ist, 2. in die voraussichtlich viele Menschen kommen, 3. bei denen die Vermittlung von Basiswissen und spezifischem biologischem Wissen im Mittelpunkt steht und 4. die mit dem Training von Handlungsmöglichkeiten verbunden sind.

Dieses Leitziel ist grundsätzlich als ausgewogen anzusehen, auch wenn im konkreten Fall (in einem Lehrplan, Schulbuch oder Unterricht), das Verhältnis zwischen den drei Curriculum-Determinanten in die eine oder andere Richtung verschoben sein kann.

Alternativen zu dem hier vorgestellten Leitziel sind vorhersehbar (Abb. 3). Sie ergeben sich, wenn eine der drei Curriculum-Determinanten – oder auch ein Aspekt einer dieser Komponenten – überbetont oder gar verabsolutiert wird, und zwar nach folgendem Muster:

- Überbetonung des Fachwissens, also der substantiellen Struktur von Wissenschaft: Verfechter der Abbilddidaktik;
- Überbetonung formaler und/oder methodologischer Kenntnisse, also der syntaktischen

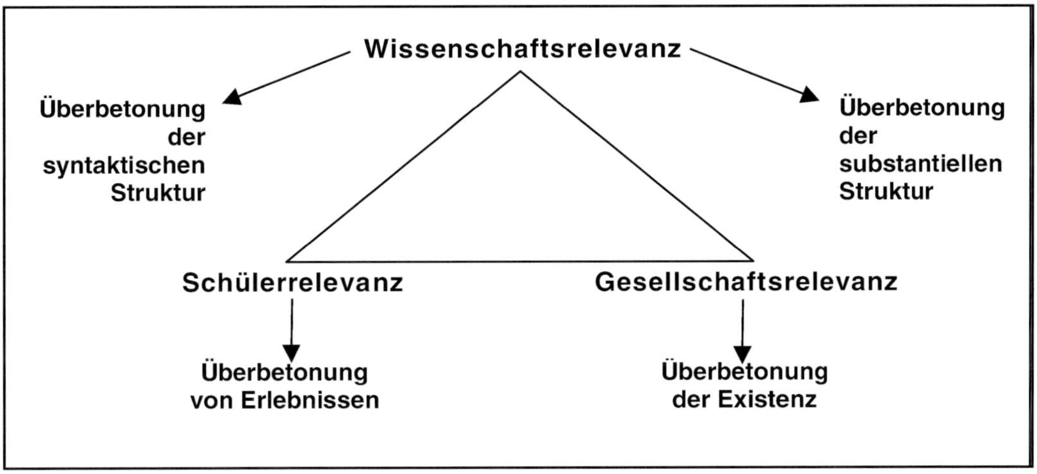

Abb. 3: Faktoren (Curriculum-Determinanten) für die Auswahl eines Leitziels für den Biologieunterricht

Struktur von Wissenschaft: Verfechter der Formalen Bildung;

- Überbetonung des gesellschafts- und schülerbezogenen Wissens: Verfechter der Existenzbiologie;
- Überbetonung subjektiver Erfahrungen und Bedürfnisse: Verfechter der Erlebnis-Biologie.

3.4 Betonung der Fachorientierung

Die Position eines vorwiegend fachlich ausgerichteten Biologieunterrichts (s. auch Kap. 15.2), der über Jahrzehnte vorherrschte, wird heute eher selten vertreten. Beispielhaft sollen hier Anmerkungen LIEBS (1986) sein. Seine Bedenken gegen das oben genannte Leitziel werden mit mehreren Befürchtungen begründet: Die Vermittlung biologischer Kenntnisse komme zu kurz, fachfremde Inhalte würden dagegen zunehmen; es erfolge eine Politisierung des Biologieunterrichts; die Lehrer seien nicht dafür ausgebildet und folglich nicht in der Lage, gesellschaftsrelevante Themen zu unterrichten (als Beispiel nennt er das Thema „Zusammenhang zwischen Nahrungsproduktion, Gesundheitszustand und Bevölkerungszahl"). Letztlich läuft diese Kritik darauf hinaus, Biologieunterricht (wieder) ausschließlich – und dies ist daran das Problematische – an Struktur und Inhalt der Biologie zu orientieren; dies wird, wie bereits betont, als Abbilddidaktik (s. Kap. 3.1) bezeichnet. Warum dies ohne Aufgabe seines Bildungsauftrags nicht möglich ist, wurde bereits zu zeigen versucht (eine ausführliche Kritik an LIEBS Äußerungen s. BERCK 1987a). Zudem existiert eine vorgegebene Fachstruktur von Biologie, die etwa für den Biologieunterricht übernommen werden könnte, gar nicht.

Ernst zu nehmen an dieser Kritik ist, daß Biologielehrerinnen während des Studiums vielfach nicht in notwendigem Umfang allgemeines und spezielles biologiedidaktisches Wissen vermittelt wird, das sie später benötigen. So sind z. B. Kenntnisse in Sexual-, Umwelt- und Gesundheitserziehung unabdingbar. Deshalb muß eine spezifische Ausbildung in bezug auf solche Themen erfolgen.

Es ist eine allgemein bekannte Tatsache, daß im Biologieunterricht der Oberstufe vieler Gymnasien – bedingt durch allgemeine Lehrpläne, Schul-Lehrpläne und die weithin ausschließlich fachliche Ausbildung von Biologielehrerinnen – noch immer rein biologische, zum Teil „extrem fachwissenschaftliche" Themen dominieren; dazu eine ausführliche Erörterung in Kapitel 18.4.

Begriffe: Abbilddidaktik, Fachorientierung, Biologiedidaktik

3.5 Betonung der Formalen Bildung

In den USA und Deutschland ... fragen sich Bildungspolitiker, ob die generelle Tendenz weg vom leistungsorientierten Fachunterricht hin zu einer eher auf die Förderung von Schlüsselqualifikationen gerichteten Pädagogik ein verhängnisvoller Irrtum gewesen ein könnte (KERSTAN 1998, Beurteilung der Ergebnisse der TIMS-Studie).

Ein ... Gesichtspunkt mit dem wir einen besonderen Bildungsbeitrag [des Fachs Biologie] hervorheben möchten, ist die Beobachtungsfähigkeit, die wir unvergleichbar gründlich zu schulen vermögen. Ist das wahr? Sehr oft verlängern wir diese Fähigkeit in die menschliche Mitte hinein, wenn wir sagen, daß damit gebildet werde zu Exaktheit, Zuverlässigkeit, Verantwortlichkeit. Aber nicht immer zeigt ein auf biologischem Gebiet äußerst unbestechlich beobachtender Mensch diese Eigenschaft auch auf anderen Gebieten. Biologie macht den Menschen nicht besser (KLUMPP 1953: 105).

Betrachtet man die Geschichte des Biologieunterrichts und des Naturwissenschaftlichen Unterrichts, so wird immer wieder diskutiert, ob es wichtiger sei, ein bestimmtes inhaltliches Wissen, Materiale Bildung, oder allgemeine intellektuelle Fähigkeiten zu erwerben: „Formale Bildung". Das heißt, nicht Inhalte und deren „objektive Aussagen" sind primär von Bedeutung, sondern die Förderung allgemeiner Fähigkeiten eines Menschen. Als solche Fähigkeiten werden zum Beispiel genannt: selbständiges und kritisches Denken, intellektuelle Beweglichkeit, Problemlösefähigkeit, Leistungsfreude usw. – Eine ausführliche Darstellung über die Geschichte der Forderung nach „Formaler Bildung" findet sich bei LIND (1992).

Unter den Forderungen nach Formaler Bildung kann man zwei Richtungen oder Schwerpunkte ausfindig machen: Die eine betont die Ausbildung der genannten sehr allgemeinen Fähigkeiten; nennen wir sie Allgemeine Formale Bildung. Die andere wendet sich eher der syntaktischen Struktur der jeweiligen Bezugswissenschaft zu, also dem Erlernen ihrer Methoden; bezeichnen wir sie als Syntaktische Formale Bildung.

Betrachtet man, was z. B. Biologielehrerinnen oder -didaktiker bewegen mag, Formale Bildung in den Mittelpunkt von Unterricht zu stellen, findet man u. a. folgende Gründe:

- Wissen veraltet schnell, ist speziell – formale Fähigkeiten sind dem Wissen „übergeordnet".
- Eng damit verbunden ist „Transfer-Hoffnung": Formale Fähigkeiten sind auf verschiedenes Wissen und verschiedene Gebiete anzuwenden, auch überall im täglichen Leben.
- Mancher ist sich offenbar nicht sicher, ob Inhalte, die in der Schule vermittelt werden, allein als „Wissen", „Materiale Bildung" so wichtig sind, daß man sie benötigt.

So fällt auf, daß für Schulfächer, bei denen Zweifel in bezug auf die Notwendigkeit ihrer Inhalte geäußert werden, besonders oft deren Bedeutung für die Schulung allgemeiner formaler Fähigkeiten betont wird. So wird Philosophieunterricht als „Schule der Logik" bezeichnet; Lateinunterricht mit der „Förderung der Denkfähigkeit" begründet. Und auch für den Mathematikunterricht wurde und wird die Entwicklung solcher Fähigkeiten in besonderem Maße hervorgehoben (GRIESEL 1980 – und in bekannter Wiederholung, aber wieder ohne Belege bei KOLLOTSCHEK 1995).

Viele Behauptungen über die Bedeutsamkeit Formaler Bildung gehen demnach von Hoffnungen auf Transfer aus. Sie müssen sich freilich empirischen Untersuchungen zur Transferforschung stellen. Erste Forschungen schon kurz nach der Jahrhundertwende (z. B. THORNDIKE 1924 mit 14000 Schülern) haben gezeigt, daß intensives Lernen z. B. von Mathematik oder Latein „Denkfähigkeiten" oder andere allgemeine Fähigkeiten kaum mehr fördern als das Erlernen von „Buchhaltung oder Kochen". ELLIS (1965) hat Ergebnisse der Transferforschung zusammengestellt. Daraus ergibt sich ein sehr eingeschränkter allgemeiner, nur unter bestimmten begrenzten Voraussetzungen wirkender Transfer, ohne daß hier auf dort dargestellte Einzelheiten eingegangen werden soll.

Was zum Beispiel die Schulung der Fähigkeit zum „Problemlösen" betrifft, hoffen manche, daß ein „taktisches Training", d. h. Aneinanderreihung einzelner Operationen, den gesamten Prozeß verbessert. Andererseits betonen Lernpsychologen, daß eine Anwendung von Erkenntnissen in diesem Bereich – noch verfrüht sei (s. LIND 1992).

HARLEN (1998:183ff.) referiert Vorstellungen, die auf einer UNESCO-Konferenz 1980 über mögliche Wirkungen naturwissenschaftlichen Unterrichts in der Primarstufe (Pre-Secondary Science) zusammengestellt wurden; z. B.: Er hilft Kindern, logisch zu denken, Probleme zu lösen; solche Kenntnisse können dazu beitragen, das Leben der Menschen zu verbessern; die intellektuelle Entwicklung kann dadurch gefördert werden; solcher Unterricht kann Fähigkeiten besonders in Mathematik und Sprachen positiv beeinflussen usw. HARLEN muß jedoch feststellen: *Bis zum heutigen Tag kennt der Autor keine Untersuchungen, die schlüssig nachweisen, daß die Ziele der UNESCO-Liste zutreffen, bestätigt werden können.* Eine solche Aussage wird schwerlich ein Anreiz dafür sein, der Formalen Bildung (Syntaktischen Struktur, Formalen Lehrzielen) eine dominierende Rolle im Biologie- bzw. Sachunterricht einzuräumen.

Problematisch ist der verwendete, häufig in der Literatur angegebene Begriff „Kreativität". Selbst Kreativitäts-Forscher haben sich nicht auf eine allgemein anerkannte Definition geeinigt. Nur so viel ist sicher, daß großes Wissen und dessen Neukombination dazu gehört, außergewöhnliche „kreative Einfälle" zu produzieren (so sei etwa auf DARWIN, WATSON oder KEKULÉS hingewiesen). Und welcher Lehrende könnte schon mit einiger Sicherheit sagen, daß er durch kreative Fragen, Experimente oder andere Aktionen wirklich die Kreativität eines Schülers geförderte hätte.

In jüngster Zeit versucht man, Ursachen für geringen Transfer zu finden. In diesem Zusammenhang wird von „Trägem Wissen" (inert knowledge) gesprochen: Wissen das offenbar – oder scheinbar? – vorhanden ist, aber nicht eingesetzt wird, wenn es gilt, anstehende Probleme zu lösen, also Transfer zu erreichen. Zur Begründung wurde eine Reihe von Modellen entwickelt, die bislang kaum überprüft und unsicher sind (Zusammenfassung bei RENKL 1996) – die jedoch von Lehrenden der Biologie weiter verfolgt werden sollten. Ausführlich hat DÖRNER (1992) im Zusammenhang mit Fähigkeiten zum Lösen „komplexer Situationen" Aussagen zum Wechselspiel von inhaltlichem und formalem Wissen gemacht. Doch auch er kann keine Patentrezepte angeben, wie dieses erfolgt; oder positive Belege nennen, wie es am besten erreicht wird. Es kommt, so meint er (S. 306), *nicht darauf an, daß man irgendwelche exotischen 'Denkfähigkeiten' schult ... Es kommt eigentlich nur auf eines an, nämlich die Schulung des 'gesunden Menschenverstandes'.*

Einer grundsätzlichen Kritik hat bereits BLANKERTZ (1970: 40) die Überbetonung von Formaler Bildung unterzogen: *Formale Bildung unterstellt der Didaktik also einen ungeschichtlichen, mithin wirklichkeitsfremden Ansatz. Bildungsinhalte können nicht frei, d. h. allein unter Ansehung ihres formalen Wertes gewählt werden ... Die Inhalte wirken im Prozeß der geistigen Aneignung ja nicht nur mit ihrer formalen, sondern ebenso auch mit ihrer inhaltlichen Kraft, so daß die Inhaltlichkeit der Bildung durchaus nicht gleichgültig bleiben kann.*

Zwei Autoren sollen erwähnt werden, die sich ausführlich mit dem Wert des naturwissenschaftlichen und biologischen Unterrichts und seiner Bedeutung für die Formale Bildung auseinandergesetzt haben – zumal sie für Biologiedidaktik zugleich von allgemeinem Interesse sind.

Anlaß für KERSCHENSTEINERS Hauptwerk (zuerst 1914, hier 1963) war die Behauptung, gegen die er sich wehrte, daß vor allem durch das Erlernen der alten Sprachen Formale Bildung möglich sei. Er sagt z. B.: *Da zweifellos die formale Bildung oder ... die Erziehung zum logischen Denken die wesentliche Aufgabe ... des höheren Unterrichts ... ist und bleiben muß, so wäre es unverantwortlich, dieses Instrument mehr und mehr außer Gebrauch zu setzen* (S. 34). Mit einer Fülle von Beispielen, die auch heute noch von Interesse sind, versucht er zu belegen, wie im naturwissenschaftlichen Unterricht durch Übungen, Experimente, Entwicklung von Begriffen u. a. eine Schulung im Denken, zur „geistigen Zucht" möglich ist. Zugleich betont er aber die Bedeutung von Wissen.

Während also KERSCHENSTEINER dem „Wissen" neben der Formalen Bildung große Bedeutung zumißt, begründet LITT (1954) den Bildungswert der Naturwissenschaften vor allem, man kann auch sagen ausschließlich mit der Methode, durch die der Mensch zum „Objektivieren" befähigt wird: Man sieht, *welches groteske Mißverständnis es ist zu glauben, das geistige Geschehen, in dem diese [Natur]Wissenschaft samt ihrer Anwendungen sich bildet, sei ohne eigentliche bildende Wirkung. Wir sehen hier eine geistige Leistung sich vollziehen, die dem Menschen ... die ungeheuerlichste Anspannung denkerischer Energien zugemutet hat ...* (LITT 1955/56). Vorstellungen, wie LITT sie vorgetragen hat, können erhebliche Auswirkungen auf den naturwissenschaftlichen Unterricht haben. Das zeigen die „Saarbrücker Rahmenvereinbarungen der Kultusministerkonferenz" aus dem Jahr 1959 (s. HÖFLING 1960/61). Danach reicht es aus, daß die Schüler in der Oberstufe in einer Naturwissenschaft unterrichtet werden, weil eben eine zum Erlernen von Methoden und Prinzipien genügt.

Zusammenfassend muß – nach allem, was man bis heute darüber weiß – gesagt werden, daß Transfer nur bedingt, nur in einem engen Bereich möglich ist. D. h. zum Beispiel, wenn man im Biologieunterricht „Beobachtung" schult und damit Erfolg haben sollte, gilt dies wohl nur für bestimmte biologische Phänomene – nicht aber etwa für den Straßenverkehr. Zudem sind solche Vorstellungen insofern problematisch, weil man bei einer Überbetonung dieses Aspekts – auf viele Inhalte des Biologieunterrichts verzichten könnte.

Für Biologieunterricht wird immer wieder in Anspruch genommen, daß er globale, allgemeine Fähigkeiten trainiert (s. auch Kap. 5.8); z. B. Schulung des folgerichtigen Denkens, der sittlichen Entscheidungsfähigkeit; Biologieunterricht *leitet zu gewissenhafter Arbeit, zu Ordnung, Sauberkeit und Pünktlichkeit an* (SIEDENTOP 1968:11f.). Auch das „Pflegerische" wurde als „Leitidee des Biologieunterrichts" bezeichnet (WINKEL 1978a).

Entsprechend liest man als mögliche formale Ziele von Sportunterricht: Sport kann ... als Spiel auf anschauliche Weise Lebenserfahrung vermitteln und bei entsprechender Reflexion die Werte Tapferkeit und Maßhaltung, der Fairneß und verantwortlichen Kameradschaft verdeutlichen (HAINZ 1983).

Dazu aber noch ein konkreteres, gleichsam eingeschränktes Beispiel. SUTTON & TOMLEY (1980) untersuchen die Frage, wie „Dinge, die in der Schule getan werden, von den Schülern mit Problemen des Alltags verknüpft werden". D. h., wie im Unterricht allgemeines biologisches Wissen so trainiert werden könnte, daß es auch im späteren Leben benutzt wird.

Es geht dabei nicht vor allem um den Transfer allgemeiner Fähigkeiten, sondern um den von Wissen. Mehrere Untersuchungen werden referiert. Danach beziehen sich Äußerungen von Schülern in Diskussionen (biologische Themen, ohne Eingreifen von Lehrern) etwa zu 10–20 Prozent auf biologische Aussagen; und zwar ganz überwiegend dann, wenn es um „biosoziale" Fragen geht. Die Autoren kommen unter anderem zu dem Schluß: *Ob wir es gerne hören oder nicht, Lehrer sind zum Teil dafür verantwortlich, ob Schüler in der Schule gelerntes biologisches Wissen bei ihren Entscheidungen auch im Alltag verwenden.* Bislang gibt es aber noch kaum geeignete Untersuchungsinstrumente, um dergleichen zu messen; ebenso keine abgesicherten Unterrichts-Strategien, wie solche Verknüpfungen (connection-making) am besten erreicht werden können.

Grundsätzlich gilt, daß Transfer allgemeiner Fähigkeiten, die im Biologieunterricht erworben werden sollen, gezielt geschult werden muß – und nicht nebenbei erfolgt. So sollte z. B. das richtige „Bedienen eines Mikroskops" bei jeder Benutzung dieses Geräts mit einer Kontrollliste, die die einzelnen Schritte auflistet, geübt werden. Ebenso müssen die einzelnen Schritte, die bei der Auswertung und Interpretation eines biologischen Textes erforderlich sind, immer wieder gezielt geübt werden.

Nun kann es keine Zweifel geben, daß es auch Ziel von Biologieunterricht sein muß, formale Fähigkeiten zu schulen. Er ist unter bestimmten methodischen Bedingungen (s. Kap. 14, 15) und nach Maßgabe der Einschränkungen, die Transferforschung aufgezeigt hat, dazu auch in der Lage. Problematisch wird es aber immer dann, wenn Inhalte, also die Substantielle Struktur der Biologie, zweitrangig oder gar beliebig werden; wenn also Formale Bildung dominiert und kein auf wohlbegründeter Auswahl beruhendes Wissen vermittelt wird. Und zwar deshalb, weil durch zahlreiche Untersuchungen gezeigt werden kann, daß ohne Wissen qualifiziertes Denken nicht möglich ist (weitere Ergebnisse der Kognitionsforschung über die Bedeutung von Wissen s. Kap. 9.1). Wissen ist auch eine Voraussetzung für Interesse (s. z. B. WEINERT 1986, 1997).

Es sollte vielmehr umgekehrt vorgegangen werden: Zuerst werden Inhalte festgelegt und dann geprüft, welche allgemeinen Fähigkeiten gezielt bei bestimmten Themen geschult werden können. Denn Biologieunterricht ist gehalten, eine Vielzahl von Themen zu vermitteln, deren Kenntnis bedeutsam ist.

Die Ergebnisse einer Studie (LAUDENBACH 1983) über die Verwendung von Lehrerinnen in der Industrie dürften gerade heute von Interesse sein. Die befragten Arbeitgeber legten einerseits auf Fachwissen großen Wert, andererseits auf formale Fähigkeiten wie z. B.: Sich im Selbststudium in ein Gebiet einarbeiten zu können; Texte, Diskussionen mündlich und schriftlich wiedergeben zu können, Schlüssigkeit und Bedeutung von Argumenten beurteilen zu können.

Begriffe: Formale Bildung, Materiale Bildung, Allgemeine Formale Bildung, Syntaktische Formale Bildung, Transfer, Träges Wissen, Bildungswert der Naturwissenschaften

3.6 Betonung von „Erlebnis“

3.6.1 Äußerungen zum Biologieunterricht

Mögliche Situation: Häufig hört man die Äußerung: „Ich unterrichte vor allem das, was meinen Schülern Spaß macht“. Ist „Spaß an etwas“ der entscheidende [!] Grund, um ein Thema zu unterrichten? Besteht nicht die Leistung eines Lehrenden gerade darin, alle Themen interessant zu gestalten?

Noch folgenschwerer als die im vorhergehenden Abschnitt besprochene erscheint eine Tendenz, die sich mit Stichworten wie Dominanz der Schülerbedürfnisse (STAECK 1982: 95, ELLENBERGER 1993) und Erlebnispädagogik (bis hin zu esoterikartigen Betrachtungen) beschreiben läßt. In bezug auf den Biologieunterricht bezieht sich Erlebnispädagogik vor allem auf „Naturbegegnung“ oder „Offenen Unterricht“, der vielfach mit solchen Ansätzen verknüpft wird (s. Kap. 5.9).

Besonders im biologischen Anteil des Sachunterrichts der Primarstufe wurde und wird von manchen Autoren die Schulung von „Erlebnis“ betont; z. B.:

– *Da der eigentliche Biologieunterricht in der Schule mit guten Gründen erst im 5. Schuljahr einsetzt, kommt für eine biologisch orientierte Natur- und Umweltkunde in der Grundschule nur eine erste Einführung, im wesentlichen eine Bioästhetik in Frage* (KLAUSING 1968).

– *Hier nun steht das Bemühen, das Kind erlebnishaft an Pflanzen und Tiere heranzuführen und emotional für die Natur aufzuschließen, am Anfang aller unterrichtlichen Arbeit in der Biologie. Es beherrscht vorrangig die Arbeit im biologischen Sachunterricht der Grundschule* (STICHMANN 1970). Zur Lernfähigkeit von Schülern dieses Alters siehe dagegen z. B. Kap. 10.8.3.

– Als obersten Grundsatz für Unterricht gibt CORNELL (1991) an: *Lehre weniger und teile mehr von deinen Gefühlen mit.*

Es soll auf den Zusammenhang solcher Tendenzen mit der derzeitigen gesellschaftlichen Situation hingewiesen werden, die z. B. der Philosoph und Soziologe SCHULZE (1992) aufgrund zahlreicher Untersuchungen als „Erlebnisgesellschaft“ bezeichnet. Einige Stichworte aus seinem Buch deuten an, was er damit meint: Der seiner kulturellen Eigenständigkeit und seines sozialen Kontextes beraubte Mensch ist fest im Griff der Kommerzgesellschaft; es geht meist nicht darum, das Leben, die Gesellschaft, die Welt zu erkennen, sondern an Gefühle heranzukommen; das Genußmotiv hat Karriere; es gibt eine Entkollektivierung von Wirklichkeitsmodellen; Narzißmus ist populär; der homo ludens spielt mit zunehmender Verbissenheit; „wie Medikamentenabhängige sich an ihren Stoff gewöhnt haben, ... so der Erlebniskonsument an die tägliche Ration psychophysischer Stimulation“.

Weitere Beispiele sollen extreme Positionen dieser Art aufzeigen. In einer Schrift mit dem Titel „Lebenswirklichkeit und Biologieunterricht“ charakterisiert KÜHNEMUND (1993) einen Biologiedidaktiker als jemanden, der „primär vom Erleben“ ausgehen soll. GEBHARD (1994:51) schlägt vor, bei der Behandlung von Tieren das „anthropomorph-animistische Denken“ zu berücksichtigen. Nach einem Beitrag in der Zeitschrift „Umwelt-Erziehung“ (AMESBERGER et al. 1995) soll *Naturerfahrung ... beispielsweise Möglichkeiten zur Begegnung mit den Archetypen des kollektiven Unbewußten bieten, ... die Integration des Körpers [ist] in Form einer Einheit von Selbst und Körper und die Konstitution der Beziehung zur äußeren Natur in Form komplexer dialektisch verschränkter Prozesse ineinander verwoben.* Naturbegegnung, wie sie im letzten, verwirrenden Beispiel verstanden wird, wird nur noch zu einem egoistischen Prozeß. Man liest sogar den Satz: *Der Mensch wird sich der Güte des Lebens generell bewußt* (ELLENBERGER 1993:19) – der für einen Biologen schwerlich nachvollziehbar ist.

Für den Biologieunterricht dürften die Ideen von CORNELL (1991: 10) ein wichtiger Ausgangspunkt für solche Ansätze sein. Er will zum Beispiel „...durch die Natur zu freudigen, erhellenden Einsichten und Erfahrungen ...“ kommen und so „den Frieden der eigenen Seele“ (CORNELL 1989: 61) finden. – U. a. hat HORNEMANN (1993) solche Vorstellungen kritisiert, weil ein fast ausschließlich positiv gefaßter Begriff von „Natur“ die Gefahr in sich birgt, daß eine heile Welt vorgegaukelt und Bedrohungen nicht mehr gesehen werden. Ganz abgesehen davon, daß niemand weiß, ob und wie solche Wirkungen zustande kommen (s. u.).

Besonders schwerwiegend sind solche Äußerungen auch deshalb, weil derzeit der Begriff „Natur“ im Bereich der Alternativmedizin, Esoterik, moderner Mythologien und der Technikfeindlichkeit in bestimmter Weise benutzt wird (s. z. B. COWARD 1995, Kap. 20.3). „Natur“ ist verknüpft mit Sinn- und Glaubensvorstellungen, sie ist „gut und wohltätig“, „rein und gesund“. „Natürliche Behandlungsweisen“ werden empfohlen, die jedoch menschliche Erfindungen sind. In großer Anzahl werden Waren angeboten, die uns verheißen, die „gütige Natur“ ins Haus zu bringen und die als „biologisch“ bezeichnet werden. Dies mag bei bestimmten Nahrungsmitteln zutreffen; insgesamt ist hier aber eine Ideologie am Werk, die man wohl als problematisch, weil unrealistisch bezeichnen muß. Der „Welt des nicht vom Menschen Gemachten“ werden Absichten unterlegt, die wir nicht in ihr erkennen können.

Bei der Erlebnispädagogik handelt es sich, wie aus den Zitaten hervorgeht, um eine differenzierte „Bewegung“ mit unterschiedlichen Ansätzen. Immerhin dominiert die Hoffnung, durch Naturerlebnis und -begegnung werde zu einem Interesse an der Umwelt und zu verantwortungsvollem Handeln für die Natur angeregt (z. B. TROMMER 1989). Es sind jedoch bislang keinerlei empirische Befunde bekannt, daß solche Hoffnungen belegbar sind. Vielmehr kommt eine umfangreiche Untersuchung an Erwachsenen (n=1200; ausführliche Darstellung durch FISCHER 1995) zu dem Ergebnis, *daß sich erlebnispädagogisches Handeln automatisch in veränderten Individual-konstellationen* (also einem geänderten Bewußtsein, Verhalten) *niederschlägt, bleibt auch nach diesen Untersuchungen völlig unbelegt.*

Es stellt sich also die Frage, ob sich Biologieunterricht in diesem Zusammenhang zu schnell und unbedenklich, ohne ausreichende empirische Befunde an die „moderne Erlebnisgesellschaft“ anpaßt. Sollte in der geschilderten Situation *die Antwort der Erziehung [nicht eher] den Charakter einer Gegenwirkung gegen Schäden haben, die von der Gesellschaft her drohen* (KROH 1956)?

Es muß zudem mehr als bedenklich stimmen und zur Vorsicht mahnen, daß solche Vorstellungen – wenn auch ohne Zweifel unbeabsichtigt – lebhaft an bestimmte Äußerungen in der NS-Zeit und kurz danach (!) erinnern: *Der bisherige Biologieunterricht kann getrost als lebensfremd bezeichnet werden, denn er erarbeitete wohl Erkenntnisse über Lebensvorgänge, ... zog aber das Eigenleben des Kindes kaum oder mindestens nicht genügend in den Kreis seiner Betrachtung ein ... Die rein intellektualistische Einstellung des Biologie- wie des menschenkundlichen Unterrichts in der liberalistischen Periode packte das Kind nicht im Innern ... Es genügt nicht, daß individualhygienische Belehrungen gegeben werden, sondern darüber hinaus müssen Rassenhygiene und der Rassegedanke zu ihrem Recht kommen ... Auch diese Gebiete dürfen nicht intellektualistisch gestaltet werden, sondern müssen das Herz des Schülers ergreifen, müssen in ihm das unverlöschbare Wollen entzünden, dem Vaterland im Sinne der Reinhaltung der Rasse und der Eugenik zu dienen* (BROHMER 1935:7/9). Weiterhin: *Ich meine einen Biologieunterricht, der dem Herzen des Volkes entspricht und daher allen intellektualistischen Ballast abstreift, der die Bedürfnisse des Volkes berücksichtigt ... und die dem Deutschen eingeborene Naturverbundenheit weckt und fördert ...* (BROHMER 1952: 7).

Nachdrücklich ist zu betonen, daß Biologieunterricht keineswegs auf Erlebnisse verzichten kann und soll. Die ausgewählten Zitate werden nicht angegeben, um gegen „Erlebnisse im Biologieunterricht“ zu sprechen, sondern nur gegen eine Überbetonung, Verabsolutierung dieses Aspekts – oder gar eine Mystifizierung von Naturerlebnissen.

Gute und erfolgreiche Lehrer haben schon immer kognitives Lernen mit affektivem verknüpft, wo immer dies nötig und möglich war (z. B. SIEDENTOP 1968). „Erlebnis“ als Anregungsfaktor für „naturfern“ aufgewachsene Schüler, auch als Zugang zu biologischen Fragen, ist notwendig. Solche erlebnishaft-affektiven Komponenten waren jedoch stets dem Wissenserwerb zu- bzw. untergeordnet.

Begriffe: Erlebnispädagogik, Erlebnisgesellschaft, Dominanz der Schülerbedürfnisse, „Natur“

3.6.2 Exkurs zum Thema „Naturerleben”

A Forderung und Beschreibung

Wie schon im vorhergehenden Abschnitt dargestellt, wird immer wieder dazu aufgefordert, daß im Biologieunterricht so etwas wie eine Fähigkeit zu „Naturerlebnis“ entsteht. So der allgemein verwendete Terminus (z. B. zusammenfassend bei JANSSEN 1988, TROMMER 1988). In neuerer Zeit hat als einer der ersten ZIMMERLI (1970: 18) wieder eine verstärkte Beachtung von Naturerleben eingefordert: *Wir trachten danach, die Kinder an die Natur ... und die Natur an die Kinder ... heranzubringen. So wecken wir Anteilnahme und Interesse unserer Zöglinge.*

Wer solche Forderungen erhebt, sollte zumindest versuchen, den Versuch zu machen, sie theoretisch oder gar empirisch zu begründen. Dieser Gesichtspunkt hat heute in der Biologiedidaktik einen so hohen Stellenwert, daß etwas ausführlicher auf allgemeine Hintergründe eingegangen werden muß. Bei diesem komplexen und weithin ungeklärten Thema können aber nur einige Facetten angesprochen, manche Aspekte müssen vernachlässigt werden. Zudem sind solche Aussagen notwendigerweise zum Teil spekulativ.

Die Forderung nach Erziehung zu „Naturerleben" tritt in zwei Versionen auf, wie schon die Zitate in Abschnitt 3.6.1 zeigen:

- „Reines Naturerleben" steht im Vordergrund; die Verknüpfung mit biologischem Wissen ist kein essentieller Bestandteil.
- Betrachtung biologischer Objekte wird mit Erlebnis, Emotionen verknüpft.

B Biologen und emotionale Betrachtung von Naturobjekten

Auf die Angabe von zwei geradezu euphorischer Äußerungen von Biologen über die Verbindung ihrer wissenschaftlichen Arbeit mit Emotionen soll nicht verzichtet werden. Sie unterstützen einerseits Forderungen nach solchen Verknüpfungen und helfen andererseits, weiter unten vorgetragene Vorstellungen zu untermauern. Bei solchen Aussagen bleibt offen, was zuerst da war: Eine allgemeine Emotion, die zu Interesse an bestimmten Objekten geführt hat, oder Beschäftigung mit bestimmten Objekten, die dann mit Emotion verknüpft wird.

Welche Mühsal, welches Forschen und Suchen könnte ermüdender, beschwerlicher sein als die Botanik. Welch ein Zauber, den ich nicht zu erklären vermag, uns dazu hindrängt, so daß die Liebe zu den Pflanzen sogar die Liebe zu uns selbst übersteigt. Wenn ich das Los der Botaniker überdenke, so weiß ich wahrhaftig nicht, ob ich ihre Verzückung angesichts der Pflanze als die Entzückung des Weisen oder die des Verrückten bezeichnen soll (Linné in der „Lappländischen Reise", 1964).

Und so beschreibt Darwin seinem Freund Hooker die Befruchtung der Orchidee Orchis pyramidalis: Ein sattelförmiges Organ ergreift ein Haar in wunderbarer Art, dann vollzieht sich eine weitere Bewegung in den Pollinien, diese veranlassen die beiden Seitenflächen die Narbe zu verlassen. Nie habe ich etwas so Schönes gesehen (in Wichler 1963).

C Erster theoretischer Hintergrund: Evolutionäre Ästhetik (s. auch Kap. 20.2)

Es ist wahrscheinlich oder zumindest möglich, daß bei der ästhetischen Wirkung von Natur auch biologische Strukturen wirksam werden. Auf ihrer Grundlage könnten Naturerscheinungen nach positiven und negativen Überlebensfaktoren emotional bewertet werden.

Aufgrund zahlreicher Versuche geht Rensch (1965) davon aus, daß auch bei höheren Wirbeltieren ästhetische Vorstellungen bestehen. Und Morris (1963) stellt eine Reihe ästhetischer Prinzipien auf, die von Menschenaffen (wie in der Kunst) beim Malen von Bildern verwendet werden. Wie in Kapitel 20.2 (Punkt 9) ausführlicher dargestellt wird, gibt es in der Vorstellung vieler Menschen „idealtypische Wälder", die sie am liebsten aufsuchen möchten. Männer empfinden bestimmte Frauen als besonders schön usw. Solchen Einstellungen könnten angeborene „ästhetische Urteile" zugrunde liegen: Schön ist, was dem Überleben der Art dient.

Falls es eine phylogenetische Disposition für die Erfahrung von „Naturschönheit" gibt, wäre dies eine der möglichen Erklärungen für die Intensität dieser Erscheinungen. Da wir dergleichen, falls vorhanden, jedoch nicht im einzelnen kennen, kann man z. B. im Biologieunterricht schwerlich konkret daran anknüpfen.

D Zweiter theoretischer Hintergrund: persönliche Erfahrung

Nachhaltige persönliche emotionale Erfahrungen sind als weiterer Faktor oder als Hauptfaktor der individuellen Wertschätzung von „Naturschönheit" sehr wahrscheinlich bzw. vorauszusetzen.

Hier ist z. B. das Erlebnis einer bestimmten Landschaft in der Jugendzeit (in der geborgenen Gemeinsamkeit mit Eltern oder einem anderen Menschen, den man besonders schätzt) zu nennen. Dies könnte dazu führen, daß man gerade eine solche Landschaft immer wieder aufsuchen möchte, sie besonders schön findet. Ein Musikstück, ein Geruch werden als besonders angenehm, „schön" empfunden, wenn man sie unter einem starken emotionalen Eindruck erlebt hat.

Dies dürfte auch auf die aus irgendeinem Grund besonders emotional erlebte Begegnung mit einer Tier- oder Pflanzenart zutreffen; ebenso auf die mit anderen gemeinsam „glückhaft" erlebte Beschäftigung mit einer Gruppe von

Lebewesen (s. Kap. 11.4). Ein solches Beispiel ist, wenn ein Liebhaber-Botaniker eine Pflanze findet, die er schon lange gesucht hat oder er gar in einem Gebiet den Nachweis für eine Art erbringen kann, die von dort noch nicht bekannt war. Entsprechend sind wohl die wiedergegebenen Äußerungen von Biologen einzuordnen. D. h., die kenntnisgeleitete und erfolgreiche Beschäftigung mit biologischen Objekten ruft Emotionen hervor.

Insgesamt dürfte der „Einnerungswert" eines Ereignisses einen Einfluß darauf haben, ob etwas als angenehm oder schön eingestuft wird. Dies hat in vielen Fällen auch so etwas wie einen „Überlebenswert": Es werden solche Situationen bevorzugt aufgesucht, die ein Individuum in einen – zumindest einst – positiven Zustand versetzen.

Trifft diese Annahme zu – wofür viel spricht – kann im Biologieunterricht versucht werden, solche Beziehungen herzustellen. Es ist jedoch zu fragen, ob dabei überhaupt so nachhaltige emotionale Erfahrungen entstehen können, wie durch Erlebnisse im täglichen Leben, durch persönliche Beziehungen. Jedenfalls bedarf es dazu besonderer Fähigkeiten und Anstrengungen eines Lehrenden. Sonst ist die Gefahr groß, daß solche emotionalen Ereignisse „konstruiert" und damit weitgehend wirkungslos bleiben – im Gegensatz zum „natürlichen Leben". Daß dabei stets auch Wissen vermittelt wird, dürfte dagegen kein Hinderungsgrund sein.

E Dritter theoretischer Hintergrund: Problematik des „reinen Naturerlebens"

Von Verfechtern eines „reinen", von Wissen abgelösten Naturerlebens wird vorgeschlagen – um nur ein Beispiel anzugeben – „Wasserspiele" (bei denen verschiedene Wasser-Geräusche erzeugt werden) durchzuführen, wobei offenbar nur das Erlebnis der Geräusche angestrebt wird (Noack & Winkel 1988; Beispiele für entsprechende Hausaufgaben s. Kap. 13.10.4). Eine Pflanze soll im Biologieunterricht gerade nicht benannt werden, sondern man verharrt im „Wahr-zu-Nehmenden", in einer subjektiven Beschreibung (Trommer 1988).

Oder wenn zum Beispiel Haug et al. (o. J.) meinen: *Das höchste Ziel des Naturkunde-Unterrichts ist, dem Schüler die Liebe zur Natur ins Herz zu pflanzen* – muß man sich fragen, was dies wohl bedeuten könnte. „Liebe" ist ein besonders subjektiver Ausdruck, und zu welchen Auswüchsen „Naturliebe" führen kann, ist hinlänglich bekannt (s. auch Kap. 4.3.4). Nach Kellerts (1980) Untersuchungen sind Menschen, die Tiere „besonders lieben", wenig an deren Biologie oder Schutz interessiert. Wenn Schreier (1986) versucht hat, Schülern „Wege zum Naturschönen" z. B. durch Sammeln, „Sich sammeln" und Betrachten zu weisen, so bleibt er jede Auskunft darüber schuldig, zu welchem Effekt dies geführt hat.

Sollte mit „Liebe zur Natur" dagegen gemeint sein, bei den Schülern aufgrund von Wissen eine positive Einstellung zu bestimmten Naturobjekten hervorzurufen, ist dies zu befürworten. Sollte jedoch „Natur" zum Subjekt erhoben werden, erscheint dies problematisch. Denn über „Sinn" oder „Bedeutung" von „Natur" können wir nichts aussagen; es bleibt bei einem „als ob", wie schon Kant (1949: 333) darlegt hat:

> *Auch Schönheit der Natur, das ist ihre Zusammenstimmung mit dem freien Spiele unserer Erkenntnisvermögen ... kann ... als objektive Zweckmäßigkeit ... betrachtet werden. Wir können sie als eine Gunst, die die Natur für uns gehabt hat, betrachten, daß sie über das Nützliche noch Schönheit und Reize so reichlich austeilt, und sie deshalb lieben ... und uns selbst in dieser Betrachtung veredelt fühlen, gerade als ob* [!] *die Natur ganz eigentlich in dieser Absicht ihre herrliche Bühne aufgeschlagen und ausgeschmückt habe.*

F Vierter theoretischer Hintergrund: Naturerleben als ästhetisches, nicht-instrumentelles Ereignis

Wer die Schulung von Naturerleben im Biologieunterricht einfordert, sollte auch folgende Aussagen bedenken, die unter dem Gesichtspunkt einer philosophischen Ästhetik vorgetragen werden; dazu beispielhaft Seel (1991).

Naturerleben im strengen Sinn ist ein ästhetischer Vorgang. Ein solcher kann er aber nur sein, wenn man dabei von einer theoretischen, instrumentellen Betrachtung von Natur absieht (Seel 1991: 25).

In diesem Zusammenhang erscheint es nützlich, auf drei mögliche Grundmodelle von Naturerleben, von Gefallen an der Natur hinzuweisen, die Seel (1991) ausführlich dargestellt hat:

1. Kontemplation: Schöne Natur wird zum Ort beglükkender Distanz zum tätigen Handeln; ein Ort der kontemplativen Abwendung von den Geschäften des Lebens; sie ist Schau eines harmonischen Naturganzen.
2. Korrespondenz: Schöne Natur wird zum Ort des anschaulichen Gelingens menschlicher Praxis, der

korresponsiven Vergegenwärtigung der eigenen Lebenssituation, zu einem „paradiesischen Ort", der einem Bedürfnis des Menschen entgegenkommt.
3. Imagination: Die schöne Natur wird zum Spiegel der menschlichen Welt, zu einer imaginativen Deutung des Seins der Welt; Natur steht im Zeichen der Kunst ihres eigenen Schaffens oder der göttlichen Welt.

Hinweise auf eines oder mehrere dieser „Grundmodelle" finden sich auch in biologiedidaktischen Darstellungen zum Thema Naturerleben (s. z. B. Beispiele bei TROMMER 1988). Gewiß mögen sie als subjektive Vorstellungen ihre Berechtigung haben. Ob sie jedoch als Aspekte von Biologieunterricht verwendet werden dürfen, muß zweifelhaft bleiben.

Aufgabe von Biologieunterricht als einer wissenschaftsorientierten Einrichtung ist es gerade, Wissen zu vermitteln. Wer im Biologieunterricht dem von SEEL vorgetragenen Modell von Naturerleben als einem rein ästhetischen, nichtinstrumentellen Vorgang zustimmt, sollte die Frage beantworten können: Wie kann der Übergang geleistet werden, ohne daß sich so verstandenes „Naturerleben" verflüchtigt, wenn es mit Wissen verknüpft wird?

G Gefahr der Ideologisierung

Es sei noch einmal auf die Gefahr der Ideologisierung bei diesem Thema hingewiesen. Sie liegt z. B. nahe, wenn Naturbetrachtung zur „harmonischen Schau der Welt" wird, wenn bei der Behandlung von Lebewesen auch für „anthropomorph-animistisches Denken" plädiert wird (GEBHARD 1994), wenn durch Naturerleben ein „fast magischer Zugang" zu Naturwissenschaften (TROMMER 1988) als Möglichkeit angenommen wird. Mit Recht weist SCHAAL (1959) darauf hin, daß ein Kind Tiere erst dann *richtig verstehen kann, wenn es sich von der animistischen Auffassung löst* – also Tiere so zu betrachten lernt, wie sie sind.

In der (älteren) biologiedidaktischen Literatur finden sich zahlreiche „Begründungen" für „Erziehung zur Naturverbundenheit", die man in etwa als theologisch-christlich, theosophisch, auf einem irrationalen Heimatbegriff beruhend, apologetisch („Biologieunterricht ist mehr"), psychokompensatorisch bis antirational bezeichnen kann.

H Biologieunterricht

Es eine leichte Aufgabe, im Biologieunterricht sei es in der Schulstube oder im Freiland Objekte so darzustellen, daß Fakten zu einem „spannenden" und emotionalen Naturerlebnis werden.

Beispiele dazu sind fast beliebig (s. z. B. auch SIEDENTOP 1968, STICHMANN 1970); die folgenden ergeben sich aus Erfahrungen: Die Betrachtung des Klappmechanismus von Staubblättern einer Wiesensalbeiblüte durch Grundschüler; zum erstenmal bei Nacht Stimmen von Fledermäusen mit einem Bat-Detector hören; das Balzverhalten von Stockenten an einem Parkteich beobachten; sich in die Lebensweise des Haussperlings vertiefen; die Entdeckungsgeschichte der Mendel-Regeln oder der DNS verfolgen usw.

Naturerlebnisse im Unterricht können demnach unmittelbar mit biologischen Aussagen verknüpft werden. Biologieunterricht hat kein „reines Naturerlebnis" nötig, die Fakten sprechen für sich. *Man findet niemals ein affektives Stadium ohne kognitive Elemente, noch das Umgekehrte* meint PIAGET (zit. nach SCHMITT 1987:1) – wobei „niemals" aus der Sicht der Evolutionären Ästhetik aber wohl zu relativieren ist.

I Zusammenfassung

Dieser lange und zum Teil sicher auch nicht einfach lesbare Abschnitt war notwendig – eben weil das Thema von manchen heute sehr in den Vordergrund gestellt wird. Es ergibt sich als möglicher Ertrag:

- Der theoretisch Hintergrund dafür, was „Naturerlebnis" ist, welche Wurzeln es hat, was es bewirkt, ist noch weithin ungeklärt.
- Dennoch sollte jeder Lehrende versuchen, solche Erlebnisse seinen Schülern zu vermitteln.
- Ein solches Unternehmen muß gut bedacht und geplant werden, sonst bleibt es „konstruiert".
- Ideologische Vorstellungen über „Natur" sind dabei zu vermeiden – sie widersprechen der Forderung nach Wissenschaftlichkeit des Biologieunterrichts.
- Naturerleben als Aufgabe von Biologieunterricht bedeutet in aller Regel, Wissen über Lebewesen mit ästhetischen und emotionalen Bezügen zu verknüpfen. Diese Forderung ist nicht nur so alt wie „Naturgeschichtlicher Unterricht", sie wurde von guten Lehren schon immer beachtet und nüchtern realisiert.

Nebenbei: Es ist die vielfach aufgestellte These zu hinterfragen, ob es heute mehr als früher an einer positiven Einstellung zur „Natur" fehlt, an der Fähigkeit zu „Naturerlebnis". Letztlich ist diese Frage nicht zu beantworten; siehe dazu Kapitel 11.1.6. Gewiß gibt es in Großstädten genug Menschen, die nur wenig Kontakt zur „Natur" haben. Aber es gab noch nie eine so erfolgreiche Naturschutzbewegung, getragen von mitgliederstarken Verbänden, wie seit Anfang der achtziger Jahre. Der Absatz von sogenannten „Naturführern" ist hoch. Weiterhin ist zu fragen, ob z. B. Landwirte, deren Haupttätigkeit sich in der „Natur" abspielt, in der Regel die Fähigkeit zu intensiven Naturerlebnissen haben. Vielleicht ist bei ihnen der instrumentelle Umgang mit „Natur" (s. o., SEEL 1991) zu dominierend, als daß daraus intensives Naturerleben werden könnte.

Begriffe: Naturbegegnung, Evolutionäre Ästhetik

3.7 Betonung der Existenzbiologie

Eine weitere Gegenposition ist eine reine „Existenzbiologie". Ihre Prinzipien sollen am Beispiel der Äußerungen von DRUTJONS (1982) erörtert werden. Dieser Autor versucht zu belegen, daß das oben vorgestellte Leitziel (Kap. 3.2) mit der Berücksichtigung der drei Curriculum-Determinanten dazu geführt habe, daß die Fachsystematik der Biologie und biologische Themen in Lehrplänen und Schulbüchern vorherrschen. Gerade der „Rahmenplan des VDBiol" von 1973 „suggeriere" den Adressaten nur (DRUTJONS 1982:55), eine Analyse von Lebenssituationen durchgeführt zu haben. Den Fachdidaktikern wird *die vorbehaltlose Orientierung an der korrespondierenden Fachwissenschaft als Subjektivität in der Unterrichtsplanung vorgeworfen* (S.150). Dieser Vorwurf von DRUTJONS setzt voraus, daß er vor allem oder ausschließlich Gesellschafts- und/oder Schülerrelevanz als Auswahlkriterien für Unterrichtsinhalte akzeptiert.

Weitere Voraussetzungen dieser Kritik werden am besten verständlich, wenn man Beispiele und Grundannahmen der „Existenzbiologie" von DRUTJONS (1982) anschaut. Das von ihm für den Biologieunterricht vorgeschlagene Thema „Hundehaltung" soll in 61 (!) Punkten abgehandelt werden (Beispiele sollten genannt werden: Häufigkeit des Harnens und Kotens pro Tag; es gibt lebhafte und weniger temperamentvolle Hunderassen ...; mietrechtliche Voraussetzungen für die Hundehaltung usw.). Man fragt sich schon, ob einem solchen Vorschlag auch Erfahrungen im konkreten Unterricht gegenüberstehen.

Eine solche thematische Aufschlüsselung ergibt sich aus dem Prinzip, wonach Biologieunterricht eine a*usschließliche Ausrichtung auf die Handlungs- und Entscheidungsfelder der unmittelbaren Daseinsbewältigung* haben soll (S.67). Weitere von DRUTJONS (1973) entwickelte Beispiele für den Biologieunterricht (etwa: Schädlingsbekämpfung und Giftrückstände in der Nahrung, Gesundheitsgefährdung durch Müll) weisen praktisch keine Lehrziele auf, die sich auf biologisches Wissen beziehen.

Das angegebene Leitziel (S. 11) betont zwar ebenfalls den Aspekt „Gesellschaftsrelevanz", verabsolutiert ihn aber nicht, sondern setzt ihn in ein rechtes Verhältnis zum Erwerb von Wissen. Man kann sich dagegen schwer vorstellen, wie die Schüler, wenn sie nach dem Ansatz von DRUTJONS unterrichtet werden, zukünftige und neue Situationen – also Fragen ihrer Existenz – ohne grundlegendes biologisches Wissen bewältigen sollen.

Begriffe: Existenzbiologie, Daseinsbewältigung

4 Lehrziele – pro und contra

4.1 Grundposition

Mögliche Situation: Das Thema „Wald als Lebensgemeinschaft" soll in einer 6. Klasse unterrichtet werden. *Fängt man an, darüber nachzulesen, so erhält man einen Wust an Informationen. Was davon soll man den Schülern vermitteln? Was sollen die Schüler am Ende wissen?*

Jeder, der in irgendeiner Weise Biologie unterrichtet, muß sich auf bestimmte Themen vorbereiten. Orientiert er sich dabei an der Vermittlungswissenschaft, sind mindestens drei Gesichtspunkte wichtig:

- Er mißt die Auswahl der Inhalte an einem Leitziel.
- Es stellt sich für den Unterrichtenden die Frage, was die Lernenden im einzelnen behalten sollen.
- Dies ist verknüpft mit der weiteren Frage, was man bei einer Lehrzielkontrolle verlangen kann.

Je globaler die Vorbereitung ausfällt, desto unsicherer muß die Beantwortung dieser Fragen ausfallen – entsprechend schlecht können sich die Lernenden orientieren. Deshalb gibt es die Aufforderung, vor dem Unterricht genaue Lehrziele zu formulieren. Sie beschreiben, was der Lernende nach einem bestimmten Unterrichtsabschnitt können soll (s. Mager 1994) – und welche Themen der Lehrer zu unterrichten gedenkt.

Für diesen Begriff gibt es zwei verbreitete Bezeichnungen: „Lehrziel" und „Lernziel". Obwohl man dazu verschiedener Meinung sein kann, wird der Begriffsnamen Lehrziel hier bevorzugt. Wer unterrichtet, kann sich zwar Lehrziele vornehmen, ob der Lernende sie auch zu seinen Lernzielen macht, ist dagegen unsicher. Da Grobziele oder Globalziele (s. u.) fast nur als Lehrziele, dagegen kaum als Lernziele formuliert werden können, ergibt sich ein weiteres wichtiges Argument für die Auswahl des Begriffsnamens „Lehrziel".

Hierzulande hat sich die Verwendung des Begriffs „Lehrziel" seit Ende der sechziger Jahre (mit der sogenannten Curriculumreform, s. Kap. 6.1, 6.2) eingebürgert. Bemühungen um Lehrziele und Lehrzielkataloge gehen jedoch bis in die zweite Hälfte des vergangenen Jahrhunderts zurück (s. dazu Eraut 1991). In den USA wurde besonders ab 1948 an der Systematisierung von Lehrzielen (Lehrzieltaxonomie – Taxonomy of Educational Goals) gearbeitet. Damit wollte man u. a. erreichen, daß Überprüfungsmethoden verglichen und Beziehungen zwischen Unterricht und Leistungskontrolle hergestellt werden können (Bloom 1974:4).

Auch wenn die explizite Formulierung von „Lehrzielen" noch vergleichsweise jung ist, so gab es schon früher analoge Aussagen, vor allem in sogenannten „Handbüchern für den Unterricht". Sie ergaben sich schon daraus, daß sehr detailliert dargestellt wurde, welche Inhalte vermittelt werden sollten. Dazu drei Beispiele:

– *Der Sperling: Hier zeige ich euch zwei Sperlinge. Wie wird der Sperling noch genannt? Sprecht: Der Sperling wird auch noch Spatz genannt. Was ist der Sperling? Vogel. Gib mir an, was jeder Vogel haben muß! Federn, zwei Beine, zwei Flügel ...* Es folgen vier Seiten mit weiteren Fragen zu diesem Thema (Zimmermann 1891).

– *Der Schädel des Menschen: Die 8 Schädelknochen; sie schließen das Gehirn und den Gehörapparat ein, sind durch Nähte verbunden und heißen ... a. Das Stirnbein, welches noch die obere Decke der Augenhöhle bildet* usw. (Schilling 1852).

– Die Bezeichnung „Lehrziel" benutzt z. B. Spanner (1960/64) schon um 1960 (Bd.1): *Die Gartentulpe: Lehrziel: Beschreibung einer Pflanze nach Vorkommen, Verbreitung, Wuchsform, Blütezeit, Wurzelregion, Sproß- und Blattgestaltung ... Vom Aufbau einer Blüte.*

Der Befund, daß es in irgendeiner Form „schon immer" Lehrziele gegeben hat, legt den Schluß nahe, daß rationaler Unterricht ohne Lehrziele schwerlich möglich ist. Lehrziele haben also mindestens folgende Funktionen (s. auch Schröder 1985:176):

- Schwerpunktsetzung: Wenn keine Lehrziele gesetzt werden, übersehen Lehrer und Lernende, was mit den Inhalten eigentlich bezweckt werden soll; Lehrziele dienen der besseren Gewichtung von Inhalt und Ziel.
- Orientierung: Ohne Lehrziele läuft der Unterricht Gefahr, sich in Nebensächlichem zu verlieren, auszuufern.
- Zwischenschritte: Ohne Lehrziele werden notwendige Zwischenschritte und vorhersehbare Schwierigkeiten leichter übersehen.

• Kontrolle: Lehrziele ermöglichen es am Ende einer Unterrichtssequenz festzustellen, ob diese auch effektiv war; zudem wird mit ihrer Hilfe Unterricht für Schüler und Eltern transparenter.

Aus dem letztgenannten Aspekt ergibt sich zugleich die Forderung, daß ein Lehrziel überprüfbar – oder nach verbreitetem Sprachgebrauch: operationalisierbar – sein soll. Es wird weiter unten deutlich (s. Kap. 12.1), daß einer solchen Forderung nicht immer entsprochen werden kann.

Daraus ergibt sich, wie Lehrziele konkret formuliert werden sollten, damit sie die Absicht des Unterrichts möglichst gut zum Ausdruck bringen (s. auch MAGER 1994):

- Tätigkeit: Genaue Angabe, was die Lernenden tun sollen (schreiben, an einem Modell erkennen und benennen usw.);
- Bedingungen: Lernleistungen sollen unter bestimmten Bedingungen gezeigt werden (eine schematische Darstellung beschriften, von einem Experiment ein Protokoll anfertigen usw.);
- Maßstab: Umfang des Wissens, der erwartet wird, damit eine Leistung positiv bewertet werden kann (wie viele Teile eines Organs sollen mindestens benannt werden, wie viele Tierarten des Lebensraums x sollen bekannt sein usw.).

Was diese Kennzeichen von Lehrzielen im einzelnen bedeuten und was sie für einen konkreten Nutzen haben, kann man am besten verstehen, wenn man ein Beispiel durchdenkt. Angenommen, es soll in einer Klasse 5 das Thema „Hörvorgang und Ohr" behandelt werden.

Zuerst ist das Thema zu analysieren, das Wissen zusammenzustellen, das in diesem Zusammenhang wichtig und für die Lerngruppe bedeutsam ist. Dann kann als Lehrziele z. B. festgelegt werden: Welche Teile des Ohrs die Schüler an einem Modell erkennen und begrifflich benennen sollen; zu welchen Teilen sie eine zutreffende Aussage über die Funktion machen sollen, und zwar in welcher Form; welche Maßnahmen zum Schutz des eigenen Gehörorgans und dem anderer sie mündlich oder schriftlich beschreiben und begründen sollen.

Begriffe: Lehrziel (Lernziel), Lehrziele und Biologieunterricht: Kontrolle, Operationalisierbarkeit, Lehrzieltaxonomie

4.2 Kritik

Die ersten beiden der oben angegebenen historischen Beispiele über Analogien für Lehrziele wurden auch deshalb ausgewählt, um eine Art der Kritik an der Verwendung von Lehrzielen verständlich zu machen. Unterricht kann mit so kleinschrittigen Lehrzielen geplant werden, daß er dadurch weitgehend festgelegt wird. Dadurch könnte es in der Tat zu einem starren Ablauf kommen. Solche Kritik ist aber heute doch wohl eine Scheinkritik. Seit langem sind keine Vorschläge oder Entwürfe aus dem Bereich des Biologieunterrichts bekannt, die einen solchen Weg gehen. Zudem stehen dem die genannten Leitsätze für Lehrerverhalten (Kap. 2.2) entgegen.

Unter ganz anderen Gesichtspunkten wurden auf der Grundlage detaillierter Lehrziele sogenannte Unterrichtsprogramme entwickelt. Dieser Programmierte Unterricht dient dazu, daß sich Schüler ohne Lehrer selbständig Kenntnisse erwerben können. Er soll und kann aber Unterricht durch Lehrerinnen nicht ersetzen, sondern eine Möglichkeit zum Eigenstudium bieten. – Es ist darauf hinzuweisen, daß eine Untersuchung an 497 dreizehnjährigen (und älteren) Gymnasiasten in München ergab, daß ein Lernprogramm zum Thema „Photosynthese" einen wesentlich höheren Lerneffekt hatte als ein durch einen Lehrer durchgeführter Unterricht (PLOSS 1987). Es gilt demnach, die Effektivität von Programmiertem Unterricht weiter zu erforschen; besonders welche Themen u. U. in dieser Form effektiver unterrichtet werden (ausführlich dazu in Kap.13.11).

Die Verwendung von Lehrzielen wird vor allem von solchen Autoren kritisiert, die sich aus unterschiedlichen Gründen gegen eine ausführliche Unterrichtsplanung oder eine (vermeintlich) zu starke Orientierung an einer Fachwissenschaft (Kap. 3.4) wenden. So wird z. B. befürchtet:

• Es komme dadurch zu einer *Funktionalisierung aller Unterrichtsabläufe im Hinblick auf äußerliche Verhaltensziele, eine einseitige Ausrichtung auf kontrollierbares Leistungsverhalten und die Ablösung des Lernprozesses vom subjektiven Erfahrungs- und Bedürfnishintergrund der Schüler* (MESSNER 1979).

• E*s sei nicht möglich, aber auch nicht wünschenswert, die Lehrer-Schüler-Interaktionen im Unterricht vollständig zu verplanen* (JANK & MEYER 1993: 307 ff.). Diese Kritik berücksichtigt jedenfalls nicht die Intentionen solcher Bestrebungen (vielleicht mit Ausnahme von MAGER 1994), wie bereits dargelegt wurde.

Mit ähnlichen Argumenten wendet sich ELLENBERGER (1993: 57) gegen einen Biologieunterricht, *dessen einzelne Sequenzen stringent im Rahmen einer festgesetzten Lernzielhierarchie aufeinander bezogen sind, so daß die Inhalte und die Gestaltung des Unterrichtsprozesses bereits vor Beginn der Unterrichtsreihe festliegen.* Intention und Problematik dieser Kritik werden am besten an einem Beispiel dieser Autoren (S. 302) deutlich: „Gesundheit ist kein Wissensgegenstand." Es wäre besser zu formulieren: „Gesundheit ist nicht nur, aber auch ein Wissensgegenstand." So ist doch offensichtlich, daß man auf genaue biologische Kenntnisse etwa über die Ursachen von Zahnfäule oder Herzinfarkt wohl schwerlich verzichtet kann und zugleich entsprechende Verhaltensmaßnahmen gezielt gelernt werden. Es ist also erforderlich, zu beiden Bereichen vorab inhaltliche Ziele zu bestimmen – zumal die Unterrichtszeit knapp ist.

Kritik an der Formulierung von Lehrzielen wird u. a. auch damit begründet, daß Lehrer, auch wenn die Schüler Fragen stellen, möglichst schnell zu ihrem lehrzielbestimmten Unterrichtsplan zurückkehren wollen und Schülerbeiträge nicht als vollwertigen Teil des Unterrichts ansehen.

Diese Kritik richtet sich aber an Lehrer, die Schülerfragen zu wenig beachten. Es hat schon immer Lehrende gegeben, die wenig oder nicht auf Schüleräußerungen eingehen, da sie ein anderes Vorgehen nicht trainiert oder sachliche Schwierigkeiten mit einem Thema haben.

Bislang liegen offenbar keine Befunde vor, daß in einem Unterricht, der auf Lehrzielen basiert, sozusagen zwangsläufig weniger kreativ, problem- oder schülerbezogen gearbeitet wird. Demnach überwiegen die genannten Vorteile, die Lehrziele für den Unterricht haben.

Begriffe: Kleinschrittiges Lehrziel, Programmierter Unterricht

4.3 Typen von Lehrzielen

4.3.1 Allgemeines

Es gibt eine ganze Reihe von Versuchen, Unterrichtsziele zu kategorisieren, zusammenzufassen (z. B. DEUTSCHER BILDUNGSRAT 1970a). Eine Beschränkung auf Aussagen, die für Biologieunterricht von besonderem Interesse sind, erscheint notwendig. Zuerst wird ein Überblick über allgemein verwendete Lehrziel-Typen gegeben (Tab. 4–1); Einzelheiten zu jedem dieser Typen in den folgenden Abschnitten.

Lehrziele können sich auf unterschiedlich umfangreiche oder komplexe Themen beziehen. So dient das Leitziel (Kap. 3.2) als Richtschnur für den gesamten Biologieunterricht. Weiterhin kann man Grobziele, auch Globalziele genannt, also übergeordnete Lehrziele, für eine umfassendes Thema formulieren. Sie sind so umfangreich, daß die oben für Lehrziele genannten Bedingungen kaum erfüllt werden können; denn erst mit der Formulierung von Lehrzielen auf der untersten Ebene, den Feinzielen, können die genannten Forderungen erfüllt werden. Diese Feinziele beziehen sich dann auf bestimmte konkrete Lernprozesse.

Beispiele von Grobzielen zum Thema „Wald" (s. auch HESS. KULTUSMINISTER 1967) sollen dies verdeutlichen. Die Lernenden sollen die Bedeutung begründen können, die
– der Wald für eine Landschaft und für den Menschen hat,
– der Wald für das Überleben zahlreicher Tier- und Pflanzenarten hat,
– der Wasserkreislauf im Wald für Klima und Vegetation hat.

Es geht also beim Lernen im Biologieunterricht um recht unterschiedliche Leistungen BLOOM et al. haben deshalb (1974: 7) aufgrund umfänglicher Untersuchungen eine weithin akzeptierte Typisierung und Charakterisierung von Lehrzielen vorgenommen:

- Kognitive Lehrziele beziehen sich auf Wissen und die Entwicklung intellektueller Fähigkeiten und Fertigkeiten.
- Affektive Lehrziele beziehen sich auf Änderung der Interessen, Einstellungen und Werte sowie die Entwicklung von Werthaltungen.
- Psychomotorische Lehrziele beziehen sich auf manuelle Fertigkeiten und andere körperliche Tätigkeiten.

Daß sich diese Lehrziel-Typen nicht immer eindeutig voneinander trennen lassen, spricht nicht gegen sie, ist kein Einwand gegen Lehrziele. Nicht nur in der Biologiedidaktik, sondern auch in der Biologie gibt es zahlreiche Bereiche, denen sich nicht alle Phänomene eindeutig zuordnen lassen; dies gilt zum Beispiel für viele Begriffe (HASSENSTEIN 1967a, s. Kap. 10.3).

Nun gibt es einen weiteren, vielfach erwähnten Typ von Lehrzielen, der sozusagen quer zu

Tab. 4-1: Übersicht über eine mögliche Einteilung von Lehrzielen; Erklärungen im Text (die Bezeichnungen Koordinatives und Materiales Lehrziel bleiben wegen ihrer begrenzten Verwendung unberücksichtigt).

Leitziel (~ Oberstes Lehrziel, Richtziel)

- Grobziel (Globalziel)
- Feinziel
  - Kognitives Lehrziel
  - Formales Lehrziel
    - Kognitiv-Formales Lehrziel
    - Psychomotorisch-Formales Lehrziel
  - Affektives Lehrziel

den aufgezählten liegt: Formale Lehrziele. In Kapitel 4.3.3 wird versucht, eine Einordnung dieses Begriffs vorzunehmen.

Mit den Bemühungen, Lehrziele zu formulieren und in Typen einzuteilen, gingen Versuche einher, Lehrzieltaxonomien (auch als Lehrziel-Hierarchien bezeichnet) aufzustellen.

Dies bedeutet, Lehrziele nach dem Grad der Komplexität des Wissens oder Handelns einzuteilen, den Lernende zeigen sollen. Es ist deutlich, daß z. B. die Definition eines Begriffs (in der Regel) weniger komplexes Wissen erfordert als die genaue Begründung und Ableitung einer Theorie.

Besonderen Einfluß hatten und haben die Taxonomien von Bloom et al. (1974). Inzwischen gibt es eine ganze Reihe solcher Taxonomien mit leider sehr unterschiedlichen Bezeichnungen (Zusammenstellung bei De Landsheere* 1991). Für die drei Typen von Lehrzielen sind jeweils eigene Taxonomien entwickelt worden.

Begriffe: Grobziel, Feinziel, Kognitives Lehrziel, Affektives Lehrziel, Psychomotorisches Lehrziel, Formales Lehrziel, Lehrzieltaxonomie (Lehrziel-Hierarchie)

4.3.2 Kognitive Lehrziele

Ein Kognitives Lehrziel bezieht sich auf einen konkreten biologischen Wissensinhalt. Grundsätzliches dazu, welche Anforderungen an seine Formulierung zu stellen sind, wurde bereits in Kapitel 4.1 erörtert. Ein solches Lehrziel sollte der Intention des Leitziels entsprechen, sonst muß man es als überflüssig bezeichnen. Zum anderen kann das Fehlen bestimmter Kognitiver Lehrziele verhindern, daß bestimmte Aspekte des Leitziels erreicht werden (s. dazu auch Schaefer 1973).

Beispielhaft sollen einige Kognitive Lehrziele zu einem zentralen Thema angeführt werden: der Evolution; und zwar zum Beleg oder Faktum dieser wichtigsten Theorie der Biologie:
– Durch Vergleich eines Affen- mit einem Menschenskelett 10 Übereinstimmungen finden und benennen können.
– Die vier möglichen Gründe für diese Übereinstimmungen angeben und begründen können, ob sie als biologisch relevante Ursachen für diese Übereinstimmungen anerkannt werden können oder abzulehnen sind.
– Mit drei Beispielen begründen können, warum Verwandtschaft der einzige zutreffende Grund für diese Übereinstimmungen ist.
– Die drei wichtigsten Kriterien nennen können, mit deren Hilfe Biologen aufgrund des Verwandtschaftsprinzips solche Übereinstimmungen genau beschreiben (Homologie-Kriterien) und sie als homolog bezeichnen.
– An drei (bislang nicht behandelten) Beispielen entscheiden und begründen, ob es sich um homologe Strukturen handelt.
– Zwei experimentelle Beispiele nennen können, die das Prinzip belegen „je näher verwandt, desto mehr und desto eindeutigere Homologien" usw.

Entsprechend kann bzw. sollte man schon für die Grundschule Kognitive Lehrziele aufstellen;

willkürlich seien dazu drei Beispiele genannt:
– Die vier Hauptteile einer Blüte an einem Modell benennen können.
– Jeweils drei Kennzeichen (einer bestimmten Anzahl) auf dem Schulgelände häufiger Pflanzen angeben können.
– Zwei Unterschiede zwischen einem Laubbaum und einem Nadelbaum angeben können.

Um es zu wiederholen: Man erkennt an diesen Lehrzielen deren Nutzen für die Vorbereitung des Unterrichts, die wichtigsten Ziele, die man bei einem Thema erreichen will, sowie das, was die Lernenden wissen sollen. Daß ebenso – wo immer erforderlich – auf das eingegangen wird, wonach die Schüler fragen, gehört zu den Prinzipien eines guten Unterrichts.

Zwar gibt es eine ausführliche Taxonomie Kognitiver Lehrziele von Bloom et al. (1974), die nach der Stufe des Wissens gegliedert ist (von der Kenntnis einer Einzelheit wie „ein Amsel ist in Vogel" bis zur vergleichenden Beurteilung von Theorien: „Lamarckismus versus Darwinismus"). Sie hat aber offenbar wenig konkreten Einfluß auf Biologieunterricht oder Biologiedidaktik gehabt. Deshalb wird hier nicht weiter auf sie eingegangen. Siehe jedoch ihre Anwendung zur Beurteilung der Qualität von Fragen in Kapitel 14.4.

Es gibt bislang, soweit erkennbar, vor allem inhaltlich-sachliche und logische Begründungen für den Nutzen Kognitiver Lehrziele für das Lernen im Biologieunterricht. Dagegen sind keine empirischen Befunde bekannt, die gezielt belegen, daß solcher Unterricht effektiver ist, als ein Unterricht ohne Kognitive Lehrziele. Auch internationale Übersichten, z. B. White & Tisher (1986) oder Tamir (1991), enthalten dazu relativ wenig Aussagen. Eine vergleichende Betrachtung von 150 Untersuchungen zur Effektivität von älteren Lehrplänen im Vergleich mit neueren lehrzielorientierten Lehrplänen zeigt jedoch: Letztere rufen bei Schülern einen höheren Lernerfolg in bezug auf Leistung und eine Reihe anderer Fähigkeiten, wie etwa Einstellungen, experimentelle Fertigkeiten usw. hervor (Shymansky et al. 1983). Ähnlich äußert sich Eraut (1991: 316): Als ein allgemeines Ergebnis kann man festhalten, daß klare Direktiven den Lernerfolg erhöhen, aber Kognitive Lehrziele sind dafür nur ein Faktor. – Es gibt demnach in diesem Bereich von Biologiedidaktik ein beachtliches Forschungsdefizit.

Begriffe: Kognitives Lehrziel, Taxonomie Kognitiver Lehrziele

4.3.3 Formale Lehrziele

Dieser Abschnitt steht in enger inhaltlicher Verbindung mit den Kapiteln 3.5 und 5.8. Einige Wiederholungen erscheinen nützlich.

Abbildung 4 soll zeigen, daß sich biologisches Wissen auf unterschiedlich große Bereiche beziehen kann. Wissen über den Maikäfer beschränkt sich auf einen vergleichsweise kleinen Inhalt, über Aufbau und Funktion der Zelle auf einen großen, betrifft es doch alle Lebewesen. Entsprechend beziehen sich auch Lehrziele auf unterschiedlich große, in den meisten Fällen könnte man auch sagen unterschiedlich wichtige Wissensbereiche.

Noch globaler und über Biologie hinausgehend sind z. B. folgende Lehrziele:
– Die typischen Schritte eines Experiments (Kap. 13.3) kennen und bei dessen Durchführung und Beurteilung beachten.
– Aus einem Experiment gewonnene Werte in einem geeigneten Graphen darstellen können.
– Aus einer wissenschaftlichen Arbeit die wichtigsten Inhalte darstellen können.
– Klärung von Begriffen verlangen und selbst vornehmen.
– Die Anwendung kausalen Denkens bei der Interpretation bestimmter Aussagen verlangen.

Solche Aussagen werden allgemein als Formale Lehrziele bezeichnet. Sie sind dadurch charakterisiert, daß sie allgemeine Fähigkeiten und Fertigkeiten schulen (s. Kap. 3.5), die über das Fach hinausgehen und/oder in der Biologie in vielen Bereichen benötigt werden.

Zur Verdeutlichung einige weitere Beispiele für Formale Lehrziele, die sich vorwiegend auf bestimmte Fertigkeiten beziehen, die man beherrschen sollte:
– Ein Mikroskop richtig bedienen können.
– Beim Experimentieren Grundregeln der Unfallverhütung beachten.
– Mit einfachen Methoden ein mikroskopisches Präparat herstellen können.
Es wird aus den Beispielen aber auch deutlich, daß man Formale Lehrziele in zwei Gruppen einteilen kann oder muß:
• Kognitiv-Formale Lehrziele, die sich auf übergeordnetes, von einem konkreten Inhalt abgelöstes Wissen beziehen,

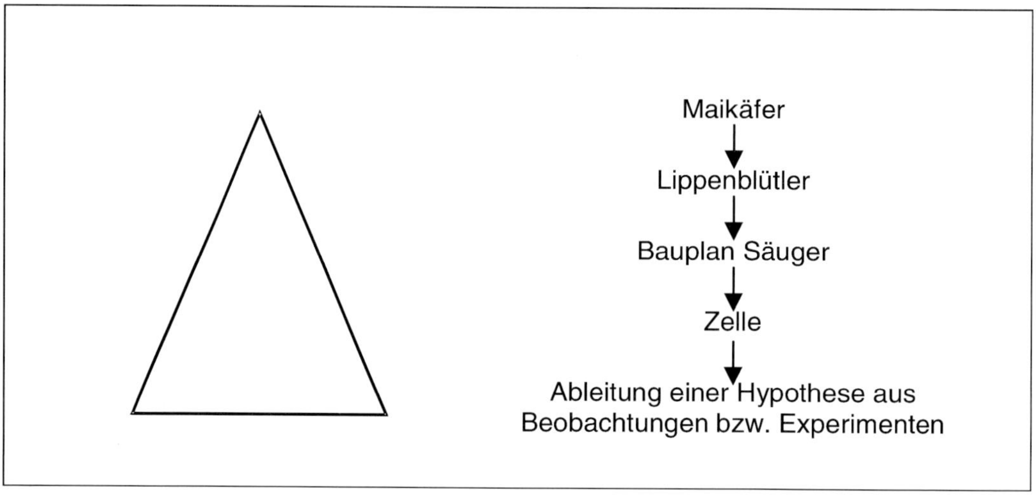

Abb. 4: Komplexität biologischer Aussagen.

- Psychomotorisch-Formale Lehrziele, die sich auf allgemeine Fertigkeiten und Fähigkeiten beziehen.

Auch wenn sich diese beiden Typen von Lehrzielen vielfach überschneiden, ist es doch erforderlich, sich im Biologieunterricht deutlich zu machen, welche Art von Wissen angestrebt wird, weil sie unterschiedliche Leistungen der Lernenden erfordern.

Da zudem der Begriff „Formales Lehrziel“ unterschiedlich benutzt wird, drei weitere Anmerkungen zu seiner Klärung: 1. Dieser Begriff wird vielfach synonym mit „Psychomotorischem Lehrziel“ verwendet. Da es auch Formale Lehrziele gibt, die sich nicht unmittelbar auf körperliche Fertigkeiten beziehen, sollte dies aus Gründen der Klarheit vermieden werden. 2. Wie dargelegt wurde (Kap. 3.5), gibt es den Begriff Formale Bildung, der sich auf allgemeine intellektuelle Fähigkeiten bezieht. Es erscheint deshalb erforderlich, entsprechende Lehrziele zu formulieren und sie auch mit einem eigenen Begriff zu belegen. 3. Die Erklärung Blooms zu seinem Begriff „Kognitives Lehrziel“ (s. o.) zeigt, daß er diesen nicht nur auf konkretes Einzelwissen bezieht, sondern auch allgemeine intellektuelle Fähigkeiten einschließt. Es ist demgegenüber sinnvoll, eine Trennung zwischen diesen beiden Bereichen vorzunehmen. Denn es ist ein Unterschied, ob man die Mendel-Regeln kennen oder das Bestimmen einer Pflanze lernen soll. Dies alles spricht für die vorgenommene Differenzierung des Begriffs „Formales Lehrziel“.

In Kapitel 3.5 wurden Möglichkeiten und Grenzen der Realisierung Formaler Lehrziele bereits diskutiert. Dort wurde auch dargelegt, daß viele Biologiedidaktiker deren große Bedeutung für den Biologieunterricht betonen. Zur Erinnerung soll noch ein Beispiel, in dem ihnen besonders großer Wert beigemessen wird, erwähnt werden. Es findet sich in dem früher in den USA verbreiteten Unterrichtswerk „BSCS – Biological Sciences Curriculum Studies“ (1968): *There are two major aims in studying any natural science. One aim is to become acquainted with scientific facts … The second aim … is even more important: to understand what science is, to recognize it's spirit and to appreciate is methods.* [Beim Erlernen von Naturwissenschaften gibt es zwei Hauptziele: Mit wissenschaftlichen Fakten vertraut zu werden … und, was fast noch wichtiger ist, zu verstehen, was Naturwissenschaft ist, ihren Sinn, ihre Bedeutung zu erkennen und ihre Methoden zu beherrschen.]

Diese Überlegungen über Formale Lehrziele sind nicht nur „graue Theorie“, sondern nützliche Voraussetzungen für guten und effektiven Unterricht. So muß man sich deutlich die spezifischen Bedingungen bewußt machen, wenn man Formale Lehrziele angehen will. Auf Transfer kann man nur hoffen, wenn dieser gezielt geschult wird – er stellt sich keineswegs „so nebenbei“ ein (s. Kap. 3.5). So sollte z. B. die „Einstellung eines Präparats bei Anwendung eines starken Objektivs“ möglichst anhand einer Kontrolliste, die die einzelnen Schritte auflistet, geübt werden.

Das gilt in gleicher Weise für das Training Kognitiv-Formaler Lehrziele. Sollen Lernende aus einer wissenschaftlichen Arbeit die wichtigsten Ergebnisse darstellen, müssen sie z. B. lernen (ausführlicher in Kap. 13.10.2): Den Text in Sinn-Abschnitte zu gliedern, diesen eine Überschrift zu geben, die wichtigsten Begriffe zu erkennen und sich deren Bedeutung klar zu machen usw. Nur wenn der Unterrichtende klare Vorstellungen über die jeweiligen Ziele hat, besteht „Transfer-Hoffnung".

Es darf an dieser Stellen angemerkt werden, daß vielfach in sogenannten Lehrprobenentwürfen von Referendaren Formale Lehrziele zur Begründung von Inhalten angegeben werden, ohne daß irgend etwas geschieht, um diese Lehrziele dann auch zu realisieren. Dazu zwei Beispiele: In einem solchen Entwurf zum Thema „Photosynthese und Ernährung des Menschen" (Klasse 8) steht: *Das Kapitel Photosynthese ist ein interessantes Beispiel, mit dem naturwissenschaftliches Denken geübt werden kann;* bei dem Thema „Verdauung und ihre Organe" (Klasse 5) fand sich: *Die Schüler können sich so in logischem Denken üben.*

Zusammenfassung der wichtigsten Befunde zum Thema „Formale Lehrziele":

- Es gibt eine verbreitete Forderung, daß es wichtiger sei, Formale Lehrziele zu schulen als Kognitive Lehrziele – dafür gibt es keinen sicheren Beweis.
- Berufung auf die Schulung formaler Fähigkeiten ist kein Ersatz für die genaue Begründung der ausgewählten Inhalte.
- Für die Annahme, im Biologieunterricht komme es schon „durch die Sache" zur Schulung formaler Fähigkeiten, spricht wenig.
- Es gilt, jeweils zu überlegen, mit welchen Inhalten welche formalen Fähigkeiten am besten geschult werden können.
- Es erscheint nützlich, zwischen Kognitiv-Formalen Lehrzielen und Psychomotorisch-Formalen Lehrzielen zu unterscheiden: Mit ihnen werden den Schülern jeweils unterschiedliche Leistungen abverlangt.
- Transfer ist um so wahrscheinlicher, je bewußter Formale Lehrziele trainiert werden und
- je begrenzter, spezifischer die angestrebten Fähigkeiten sind.
- Je allgemeiner, umfassender die angestrebte Fähigkeit ist, desto weniger besteht Aussicht auf Erfolg.

Begriffe: Formales Lehrziel, Kognitiv-Formales Lehrziel, Psychomotorisch-Formales Lehrziel, Transfer

4.3.4 Affektive Lehrziele

Mögliche Situationen: Ein Schüler wirft während eines Ausflugs eine Glasflasche in den Wald oder zertrampelt Pilze; ein Schüler macht rassistische Äußerungen

[Der Lehrer muß] vorerst für sich den Stoff daraufhin prüfen, ob er in der Lage ist, auch die Affektivität der Schüler zu wecken und zu befriedigen. Es zeigt sich dabei sogleich, daß die Präsentation des Stoffes darüber entscheidet, ob der Schüler ihn als eine Herausforderung zu einem persönlichen Engagement empfindet oder nicht (KUBLI 1981:156)[1].

Biologie beschäftigt sich mit Lebewesen. Diese können nicht nur als Objekte untersucht werden; ihnen wird ein Eigenwert zugeschrieben (s. Kap. 19.2). Daraus folgt eine mehr oder minder große affektive Beziehung zu ihnen. Insofern hat Biologie unter den Naturwissenschaften eine Sonderstellung. – Dieser „Eigenwert von Lebewesen" mag für manche Biologiedidaktiker Anlaß sein, ihn im Biologieunterricht zu sehr zu betonen, in dessen Mittelpunkt zu stellen oder ihn sogar zu ideologisieren; diese Problem wurde ausführlich in den Kapiteln 3.5 und 3.6 erörtert.

Es gibt eine allgemeine Übereinstimmung, daß Biologieunterricht heute mehr denn je Einstellungen, Werturteile, affektive Verhaltensweisen gegenüber Lebewesen sowie ihrer und unserer Umwelt schulen muß (s. Kap. 3.6, 3.7). Während es nicht primär Aufgabe eines Biologen als Fachwissenschaftler ist, sich mit solchen Fragen zu beschäftigen, kann sie ein Biologielehrer nicht ausklammern. Er würde sonst einen wesentlichen Bereich menschlicher Erfahrung außer acht lassen; dies wurde bei der Definition von „Biologiedidaktik" (Kap. 1.3) bereits berücksichtigt.

---

[1] In dem zitierten Buch mit dem anscheinend „abgelegenen" Titel findet sich auch ein sehr lesenswerter Abschnitt über den Bildungswert der Naturwissenschaften.

Damit die Schulung solcher Eigenschaften, die man am besten als Persönlichkeitsmerkmale bezeichnet – möglicherweise! – gelingt, sind Affektive Lehrziele erforderlich; z. B. sollen die Schüler lernen
– beim Skilaufen die Pisten nicht zu verlassen, da bestimmte Tiere ein Mindestmaß an Ruhe benötigen;
– Tiere nicht zu quälen oder ohne vernünftigen Grund zu töten;
– keine geschützten Tiere oder Pflanzen oder Teile von ihnen aus ihrem Lebensraum zu entnehmen;
– eine positive emotionale Beziehung zu Lebewesen zu bekommen, gerade auch gegenüber solchen, die im allgemeinen eher Abneigung hervorrufen;
– sich für den Schutz der Sinnesorgane anderer Menschen einzusetzen, wenn man für sie Verantwortung hat (z. B. als Betriebsingenieur).

Schon aus diesen Formulierung ist erkennbar, daß Affektive Lehrziele mindestens zwei Probleme mit sich bringen, die bei den beiden anderen besprochenen Lehrziel-Typen nicht auftreten:
• Die sonst an Lehrziele gestellte Forderung nach Überprüfbarkeit (Operationalisierbarkeit) ist nicht oder kaum zu erfüllen. Jedermann kann zustimmen, daß man Lebensräume für bedrohte Tierarten erhalten soll. Ob er dies (später) auch tut, besonders wenn er dadurch Nachteile hat, ist im Biologieunterricht nicht oder kaum überprüfbar. Bei der öffentlichen Zustimmung zu einem Affektiven Lehrziel liegt die Gefahr der „Kulturheuchelei" nahe.
• Unterrichtende sind in Gefahr, Affektive Lehrziele anzustreben, durch die den Lernenden bestimmte, unter Umständen subjektive Wertvorstellungen vermittelt werden. Man kann z. B. eine bestimmte Meinung zu Fragen der „Abtreibung" oder der Nutzung von Atomenergie haben, die von anderen nicht geteilt wird. Bei der Vermittlung von Wertvorstellungen ist „Indoktrination", der bewußte oder unbewußte Versuch, andere von eigenen Wertvorstellungen zu überzeugen, tunlichst zu vermeiden. Eine solche Gefahr erscheint um so größer, je jünger die Schüler sind.

Dies alles bedeutet nicht, auf die Vermittlung allgemein anerkannter Wertvorstellungen zu verzichten. Andererseits sollte in strittigen Fällen das Für und Wider verschiedener in der Gesellschaft vorhandene Meinungen dargestellt und mit den Schülern diskutiert werden. Lehrende sollten in solchen Fällen nur auf ausdrückliche Aufforderung durch die Schüler ihre private Meinung sagen und sie als persönliches Urteil kennzeichnen. Dies entspricht nicht nur dem, was man als „Pädagogische Ethik" bezeichnen möchte, es dient auch dem Schutz des Lehrenden.

Wie man Affektive Lehrziele am besten realisiert, ist eine schwierige Frage und ein vielfältiges Thema. Dazu hier nur der Hinweis auf zwei Aspekte. Erfolgreiche Lehrer haben schon immer kognitive Inhalte, das Lernen von Wissen, mit affektiven verknüpft. Emotionen bei einem Thema zu erreichen, ist das „Salz in der Suppe". Ein Unterrichtsthema kann noch so gut vorbereitet und dargestellt werden, wenn Emotionen fehlen, bleibt es vielfach langweilig. Es gehört demnach zu den kreativen Fähigkeiten eines Lehrenden, solche emotionalen Beziehungen aufzufinden – und sich ein entsprechendes Affektives Lehrziel vorzunehmen. Beispiele mögen dies verdeutlichen.
– Das Thema „Knochen und Knochenbrüche" beginnt man in der Grundschule besser nicht mit einem „Knochen", sondern mit der Frage: Wer von Euch fährt beim Skilaufen am liebsten ganz wild über die Piste?
– Im Zusammenhang mit Naturschutzfragen, Seen als Rastgebiete für Zugvögel: Windsurfer segeln auch im Herbst und Winter auf Seen herum, sie scheuchen dabei ständig Wasservögel auf. Diese kommen aus dem Norden und benötigen tagelang Ruhe, um Nahrungsreserven für die Wanderung aufzubauen. Man weiß, daß viele dieser Tiere sterben, wenn sie ständig aufgescheucht werden, von einem zum anderen See fliegen müssen; „sie werden zu Tode gehetzt". Mögliches Affektives Lehrziel: Seen und andere Wasserflächen nutzen wir zum Vergnügen, viele Lebewesen benötigen sie dagegen, um leben zu können. Deshalb muß man sich dafür einsetzen, daß ein Teil unserer Seen als Naturschutzgebiete ausgewiesen wird.
– Thema Ethologie oder Humangenetik in Klasse 10, Behauptung: „Psychische Unterschiede zwischen Frauen und Männern entstehen nicht nur durch Erziehung, sondern haben auch biologische Wurzeln". Diese noch immer kontroverse Aussage führt aufgrund der subjektiven Betroffenheit in aller Regel zu intensiven Diskussionen. Dieses Affektive Lehrziel hat Einstellungen zum Inhalt, die sich auf das eigene Selbstverständnis beziehen: Die Schüler sollen lernen, daß es zum Wesen des Menschen gehört, ein kritisches Selbstverständnis zu entwik-

Tab. 4-2: Taxonomie Affektiver Lehrziele nach Krathwohl – angewandt auf das Beispiel „Ornithologie und Naturschutz".

Stufe	Hauptstufen der KRATHWOHLschen Taxonomie	Beispiele
1	Wahrnehmen	
	Gewahrwerden	Vögel überhaupt sehen und hören
	Bereitschaft zur Wahrnehmung	Bereitsein, Vögel zu hören
	Selektive Aufmerksamkeit	Unter verschiedenen Umweltreizen, gerade auf Vögel schauen, hören
2	Beantworten	
	Antwortbereitschaft	Bereitschaft, aktiv Vögel zu beobachten
	Befriedigung	Beim Beobachten Befriedigung empfinden
3	Bewerten	
	Akzeptieren eines Wertes	Beschäftigung mit und Schutz von Vogelarten als persönlich wichtig ansehen
	Bevorzugung eines Wertes	Diese Beschäftigung der Teilnahme an einem Fußballspiel vorziehen
	Verpflichtung gegenüber einem Wert	Geld dafür ausgeben
		Vogelarten schützen helfen
4	Organisieren	
	Konzeptualisierung	Vogelschutz auf seine ökologischen und ethischen Begründungen prüfen
	Einordnen in ein Wertesystem	Bedeutung von Vogel-/Naturschutz im Vergleich mit dem Bau einer Straße bewerten
5	Charakterisierung durch einen Wert	Erhaltung von „Natur" als Teil einer „Lebensphilosophie", ethisch/moralischen Einstellung ansehen

keln und Aussagen über den Menschen auch unter biologischen Gesichtspunkten zu beurteilen.

– Das scheinbar so trockene Thema „Versorgung eines Muskels mit energiereichen Stoffen" kann zur emotionalen Erfahrung werden, wenn es mit der Frage verknüpft wird: „Wann wird ein Läufer beim schnellen Laufen 'sauer'?"

Ein wichtiger Gesichtspunkt bei jeder Unterrichtsvorbereitung ist also stets, emotionale Gesichtspunkte des Themas aufzuspüren. In diesem Zusammenhang soll auf ein allgemein bekanntes Phänomen hingewiesen werden: Durch zu intensive rein kognitive Behandlung von Themen kann eine ursprünglich vorhandene positive emotionale Einstellung auch „kaputtgeredet" werden. Die sich über viele Schulklassen hinziehende Beschäftigung mit Tier- und Pflanzengruppen zu Zeit des sogenannten SCHMEILschen Biologieunterrichts (s. Kap. 17.3) hat kaum dazu geführt, bei den Schülern positive Beziehungen zu Lebewesen hervorzurufen.

Ein eher unsicheres Verfahren dürfte es sein, emotionale Aspekte zu sehr zu betonen und dabei die Vermittlung von Wissen zu vernachlässigen (s. Kap. 3.6). So hat es zum Beispiel wenig Sinn, sich emotional für den Schutz unserer Wälder einzusetzen, wenn man nicht weiß, warum dies geschehen soll und was dabei geschehen muß. Die mehrfach erwähnte Untersuchung von KELLERT (1980) ergab: „Schöne" und emotional ansprechende Tiere rufen bei vielen Menschen große Zuneigung hervor. Menschen, die vorwiegend eine emotionale Beziehung zu Tieren haben, wissen aber über diese in der Regel wenig und haben kaum ökologische Einstellungen. Eine „schützende Einstellung" zu Pflanzen konnte SCHERF (1986) in gewißem Umfang bei Grundschulkindern (4. Klasse) gerade durch intensive kognitive Beschäftigung erreichen (mehr dazu s. Kap. 11.2).

Es ist demnach nach den bisherigen Befunden davon auszugehen, daß die Vermittlung von Wissen in Verbindung mit affektiven Komponenten die größte Chance hat, bei den Lernenden eine Veränderung von Einstellungen und Werthaltungen zu bewirken. Dazu ist aber die bewußte Beachtung Affektiver Lehrziele erforderlich.

Krathwohl et al. (1973, 1964), denen wir eine grundlegende Darstellung über Affektive Lehrziele verdanken, haben darauf hingewiesen, daß diese häufig zu global formuliert waren bzw. sind. Dies hat meist zur Folge, daß ihre Realisierung erfolglos blieb – ganz zu schweigen von Versuchen, sie zu überprüfen. Als Beispiel für ein solches globales Ziel kann man nennen: „Schüler zu Naturverbundenheit zu erziehen".

Aufgrund empirischer Befunde schlagen Krathwohl et al. demgegenüber vor, Stufen affektiver Anteilnahme zu berücksichtigen. Sie entsprechen einer Zunahme der Internalisierung (Verinnerlichung) von Werthaltungen. Da Krathwohls Taxonomie (Hierarchie Affektiver Lehrziele) auch für den Biologieunterricht bedeutsam ist, werden die Hauptstufen hier wiedergegeben; zugleich verbunden mit entsprechenden Aussagen zum Thema „Ornithologie und Naturschutz" (s. Tab. 4.–2).

Folgende Erkenntnisse oder auch Handlungsanweisungen kann man aus dieser Taxonomie gewinnen:

- Will man eine bestimmte Einstellung fördern, dürfte dies wenig effektiv sein, wenn man bei den oberen Stufen einsetzt.
- Vielmehr sollte man bei einem Schüler oder einer ganzen Klasse gezielt von Stufe zu Stufe voranschreiten.
- Man kann Schüler am besten fördern, wenn man weiß, auf welcher Stufe sie sich in bezug auf eine bestimmte Einstellung befinden.
- Für wichtige Themen der Biologie (z. B. Gentechnik, Evolution und Selbstverständnis, Manipulationen des menschlichen Erbguts, s. dazu Kap. 19) sollte jeder Lehrer eine klare „Lebensphilosophie" haben. Wie kann er seine Schüler sonst von der Notwendigkeit entsprechender Werthaltungen überzeugen?

Begriffe: Affektives Lehrziel, Indoktrination, Pädagogische Ethik, Taxonomie Affektiver Lehrziele: Wahrnehmen, Beantworten, Bewerten, Organisieren, Charakterisieren

5 Strukturansätze – oder Biologieunterricht kann auf sehr verschiedenen Grundlagen beruhen

5.1 Grundsätzliches

Mögliche Situation: Der Kultusminister erläßt einen neuen Lehrplan, oder ein neues Biologiebuch ist erschienen – welches sind die Grundideen dieser Dokumente?

Es soll ein Lehrplan für die Schule oder eine bestimmte Klassenstufe entwickelt werden – nach welchen Grundprinzipien soll dies geschehen?

Im Jahr 1933 veröffentlichte STEINECKE (S. 37) seinen „Ideallehrplan" für den Biologieunterricht, der im wesentlichen folgenden Inhalt hat:

– Unterklassen: Einzelbetrachtung von Blütenpflanzen und Wirbeltieren, Vorbereitung systematischer und ökologischer Gruppenbildung, System der Wirbeltiere;

– Mittelklassen: Nacktsamer, Sporenpflanzen, wirbellose Tiere, System der Pflanzen und Tiere, Vorbereitung der Genetik;

– Oberklassen: Zelle, Leben als Gesamterscheinung, Reizerscheinungen und Sinnesleben, Stoff- und Kraftwechsel, Genetik (Fortpflanzung, Ontogenie, Deszendenz, Vererbung).

Diese Auswahl macht deutlich: Es gibt den „idealen Lehrplan" für den Biologieunterricht nicht. Veränderungen biologischer Erkenntnis, gesellschaftliche Bedingungen und Notwendigkeiten der Ausbildung erfordern es, daß Lehrpläne angepaßt werden. Es soll beispielhaft auf Umwelterziehung, Drogenproblematik und Selbstverständnis des Menschen hingewiesen werden.

Auch lernpsychologische und biologiedidaktische Erkenntnisse sollten bzw. müssen sich in der Neugestaltung von Lehrplänen auswirken. Wie schon dargelegt (Kap. 2.1), kann man keinen vernünftigen Grund dafür angeben, z. B. das Thema „Zelle" nicht bereits in der Unterstufe zu behandeln.

Schließlich gibt es bislang (wenn dies überhaupt möglich sein sollte) keine empirisch abgesicherten Kenntnisse dafür, welche Leitideen, die zur Konstruktion eines Lehrplans verwendet werden, zu dem besten Unterrichtserfolg führen. Deshalb ist es an sich möglich, von

- unterschiedlichen Aspekten der Biologie,
- gesellschaftlichen Bedürfnissen,
- das Fach Biologie übergreifenden Gesichtspunkten
- und sogar von Lernprozessen

bei der Konstruktion von Lehrplänen auszugehen.

Im Zusammenhang mit der Diskussion eines bestimmten Leitziels für den Biologieunterricht (Kap. 3.2) wurden grundlegende Alternativen dazu (Kap. 3.3) bereits ausführlich besprochen.

Die einem Lehrplan oder Lehrplan-Vorschlag zugrundliegenden Prinzipien werden als dessen Strukturansatz bezeichnet. Es lassen sich typische, immer wieder verwendete Strukturansätze erkennen, die mit einem Namen belegt werden, z. B. „Strukuransatz Lebensgemeinschaften"; d. h., die Leitidee liegt darin, Lebensgemeinschaften in den Mittelpunkt des Unterrichts zu stellen.

Neben der hier gewählten Bezeichnung werden auch noch „Strukturierungsansatz", „Strukturierungsprinzipien", „Curriculumansatz", „Ansatz", „Konzeption", „Konzeptfindung", „Anordnungsprinzip", „Stoffanordnung" bzw. "Anordnung der Unterrichtsinhalte" u. a. verwendet (s. dazu auch KATTMANN & ISENSEE 1975). „Strukturansatz" wird der Vorzug gegeben, weil er auch in allgemeinen Darstellungen verwendet wird (z. B. FREY 1980). Zudem besteht keine sprachliche Notwendigkeit, etwa den komplizierteren Namen „Strukturierungsansatz" zu verwenden. Der gewählte Namen sagt das aus, was er soll: welcher Ansatz für die Strukur eines Lehrplans verwendet wird.

In diesem Kapitel geht es darum, einige dieser Strukturansätze, ältere und neuere, vorzustellen (Tab. 5–1). Seit der Curriculumreform (Kap. 6) gibt es eine ganze Reihe neuer Vorschläge; daraus wird eine Auswahl getroffen. Sie orientiert sich unter anderem daran, ob diese Vorschläge realisiert wurden, d. h., irgendwo Schulwirklichkeit geworden sind.

Vor allem muß das Für und Wider dieser Strukturansätze oder Lehrplan-Vorschläge er-

Tab. 5–1. Auswahl von Strukturansätzen für den Biologieunterricht; zum Teil in Lehrplänen verwirklicht, zum Teil Vorschläge (dann dazu Literaturangaben).

- Taxonomischer Ansatz
- Monographischer Ansatz
- Jahreszeitenorientierter Ansatz
- Allgemeinbiologischer Ansatz
- Situationsanalytischer Ansatz
- Prozeßorientierter (Methodenorientierter) Ansatz
- „Offener Unterricht"
- Humanbiologischer Ansatz (KATTMANN 1980a)
- Ökologischer Ansatz (s. KATTMANN & ISENSEE 1975)
- Existenzbiologischer Ansatz (s. Kap. 3.7, DRUTJONS 1982)
- Erlebnis-Ansatz (s. Kap.3.6)
- Systemtheoretischer (Kybernetischer) Ansatz (in KATTMANN & ISENSEE 1975)
- Gesellschaftskritischer Ansatz (EWERS 1974)

örtert werden. Dient doch ihre Darstellung nicht einem theoretischen Bedürfnis, sondern sie möchte eine Hilfe für alle Lehrenden sein. Bei der Beurteilung eines neuen Lehrplans oder auch eines Lehrbuchs erscheinen solche Kenntnisse notwendig, man kann auch sagen unabdingbar, um deren Leitideen besser erkennen und bewerten zu können. Wenn für eine bestimmte Klasse oder Klassenstufe in einer Schule ein Lehrplan entwickelt wird (eine heute vielfach zu hörende Forderung), ist eine kenntnisreiche Diskussion dazu erforderlich, welcher Strukturansatz dafür gewählt wird.

Ein ausgearbeiteter Strukturansatz für einen Lehrplan sollte heute eine Reihe von Kriterien enthalten, die darin verwendete grundlegende Annahmen und Entscheidungen erkennen lassen (s. auch EULEFELD et al. 1975); die folgende Liste muß vorerst sehr abstrakt erscheinen:

- Leitziel;
- Wertentscheidungen (z. B. welche Kenntnisse als besonders wichtig angesehen werden, politisch bestimmte Entscheidungen);
- Kriterien für die Auswahl der Fachinhalte und ihre Zuordnung zu Klassenstufen;
- Aussagen, wie der Anteil der fachlichen, persönlich und zum Verständnis der Gesellschaft wichtigen Themen gewichtet wird – und warum dies so geschieht;
- Prinzipien, wie einzelne Unterrichtsinhalte zu Themen verknüpft werden und wie man weitere Unterrichtseinheiten konstruieren kann;
- ob allgemeine Prinzipien (z. B. lerntheoretischer Art) berücksichtigt werden oder dominieren, welche dies sind und warum sie ausgewählt wurden.

Es muß jedoch betont werden, daß nur wenige Lehrpläne auf solche Fragen klare Antworten geben. Als bedauerlich – oder geradezu als Rückschritt – ist es zu bezeichnen, daß besonders in letzthin veröffentlichten Lehrplänen für den Biologieunterricht weithin auf eine (stringente) Begründung ihres Strukturansatzes und der Themenauswahl verzichtet wird. Und dies, obwohl Didaktiker der Naturwissenschaften umfangreiche Untersuchungen gerade zum Thema „Curriculum-Entwicklung" vorgelegt haben (etwa von KATTMAN & ISENSEE 1975 bis HOPMANN & RIQUARTS 1995).

Im folgenden Abschnitt werden zuerst drei eher traditionelle Strukturansätze vorgestellt, gefolgt von solchen, die im Zusammenhang mit oder nach der Curriculumreform entwickelt wurden.

Begriffe: Strukturansatz, Lehrplan, Strukturansatz-Kriterien

5.2 Strukturansatz Taxonomie

Über einen langen Zeitraum, bis zum Ende der sechziger Jahre, war vor allem der Biologieunterricht in den Klassen 5–9 vorwiegend an den Gruppen der Lebewesen (der biologischen Systematik, Taxonomie) ausgerichtet. Der bereits erwähnte „Ideallehrplan" von STEINECKE (1933) ist dafür ein Beispiel. Dabei wurde meist mit den am „höchsten entwickelten Gruppen", Säugetieren und Blütenpflanzen, begonnen. Auch wenn SCHMEIL (dessen Schulbücher lange den Biologieunterricht beeinflußt haben) ursprünglich zumindest auch andere Vorstellungen hatte, könnte man vereinfacht in diesem Zusammenhang vom Schmeilschen Biologieunterricht sprechen (s. Kap. 17.3).

Ihren Ursprung hatte diese Betrachtungsweise sehr wahrscheinlich in der Dominanz der Systematik in der Biologie. Auch in der Ausbildung der Biologielehrer war Systematik vorherrschend und wurde nur langsam und mühsam verändert. Es ist deshalb kaum verwunderlich, wenn Lehrende diesen Aspekt auch in der Schule betonten.

Befürworter einer exzessiven Behandlung systematischer Gruppen sind heute wohl kaum mehr zu finden. In der Schulwirklichkeit kann man jedoch feststellen, daß nicht selten noch immer die Neigung besteht, auf diesem Weg zu verharren. Unterrichtstradition, Vorbildung und scheinbare Leichtigkeit mögen der Grund dafür sein.

Dieser Strukuransatz hat den Vorteil, daß die Abfolge der Themen klar vorgegeben ist, eben durch die biologische Systematik der Lebewesen. Und es ist in der Tat ein bis heute kaum gelöstes Problem, wie eine möglichst sinnvolle Abfolge von Themen erfolgen kann (Sequenzierungs-Problem, ausführlich in Kap. 6.4), wenn man diesen Weg verläßt.

Mit diesem Strukuransatz war die Hoffnung verbunden, daß die so Unterrichteten eine möglichst positive Beziehung zu Tieren und Pflanzen, zur „belebten Natur" entwickeln. Es gibt jedoch keine Hinweise darauf, daß dieser Erfolg auch eintrat. Vielmehr fallen in die Zeit des Schmeilschen Biologieunterrichts ganz erhebliche Naturzerstörungen, ohne daß die so ausgebildeten Verantwortungsträger dagegen nachdrücklich vorgegangen wären.

Einwände gegen diesen Strukturansatz:

– Systematik ist nur ein und heute nicht gerade der wichtigste Zweig der Biologie;

– allgemeinbiologische Kenntnisse werden auf diesem Weg kaum, zumindest nicht systematisch vermittelt;

– lernpsychologisch ist dieses Verfahren, die jahrelange Aneinanderreihung von Gruppen von Lebewesen, kaum vertretbar;

– zwar können auf diesem Weg Kenntnisse über bedrohte Arten und Naturschutz vermittelt werden, aber im Vergleich zum gesamten notwendigen Wissen ist der Beitrag zum Welt- und Selbstverständnis eher gering.

Begriffe: Strukturansatz Taxonomie, Sequenzierungs-Problem

5.3 Strukturansatz Monographien

Im Grunde genommen ist dies ein Spezialform des vorhergehenden Ansatzes. Besonders in der Unterstufe und Grundschule werden/wurden typische, häufige oder bekannte Arten einer Gruppe ausführlich dargestellt. Ironisch wird dieses Verfahren auch als „Kopf-Schwanz-Methode" bezeichnet. Dabei wurden auch Kenntnisse über typische Merkmale der betreffenden Gruppe (sogenannte „Baupläne") und verwandte Formen vermittelt.

Zum Beispiel enthält das dreibändige „Lehrerhandbuch Botanik" von Spanner (1960/ 1964) vorwiegend Monographien, die aber immer noch lesenswert sind. Auch die „Handreichungen für den Unterricht in der Förderstufe" in Hessen (Juli 1969) sind weitgehend an diesem Prinzip ausgerichtet. Bei einer Befragung von Biologielehrern und -lehrerinnen zum Unterricht in den Klassen 5 und 6 nannten noch 75 Prozent „Monographien" als wichtigste Themen (Dylla 1972). – Man kann auch von „Organ-Monographie" sprechen, wenn ein Organ mehr oder minder isoliert dargestellt wird.

Heute werden Monographien vielfach unter dem Stichwort „exemplarisch" verwendet, allerdings ohne daß sich dadurch an dem herkömmlichen Verfahren viel ändert; das sogenannte „exemplarische Prinzip" (Kap. 7) stellt jedenfalls komplizierte Anforderungen an die Vermittlung eines Themas.

Die Einwände gegen Lehrpläne, die sich zu sehr oder vorwiegend an Monographien ausrichten, entsprechen etwa denen, die gegen den vorhergehenden Strukturansatz vorgebracht wurden. Es kommt hinzu, daß oft viele Stunden lang Einzelheiten über eine Art ausgebreitet wurden; dies ist auf jeden Fall zu vermeiden.

Stichmann (1970: 116f.), der die Nützlichkeit von Monographien betont, kannte den Einwand, daß dadurch zu wenig allgemeinbiologisches Wissen vermittelt wird. Er schlug deshalb vor, jede Artmonographie mit einzelnen allgemeinbiologischen Akzenten zu verknüpfen (z. B. Raben- und Nebelkrähe mit Artbegriff, Rassenbildung; Dohle mit Sozialverhalten und Rangordnung). Dies ist ein nützlicher Vorschlag, könnte jedoch nur dann zu einem verbindlichen Wissen für alle Schüler führen, wenn jeder Monographie festliegende Aspekte zugeordnet werden – ein weder praktikables noch wünschenswertes Verfahren.

Indessen haben Monographien, als Illustrationen, Ergänzungen und zur Vermittlung von Artenkenntnissen in begrenzter Anzahl eingesetzt, nach wie vor eine wichtige Funktion. Vor allem in der Grundschule, aber auch in Klasse 5 (und möglicherweise 6) kommen sie offenbar dem Bedürfnis entgegen, bestimmte Tiere und Pflanzen genauer kennenzulernen. So hat Hannig schon 1971 (zit. nach Werner 1973) durch empirische Untersuchungen gezeigt, daß das Interesse an Tieren im 3. Schuljahr am größten ist, aber auch noch im 6. relativ hoch liegt; dies wurde seitdem mehrfach bestätigt.

Der Lernerfolg bei der Verwendung von Monographien, bei denen eine Lehrererzählung in der Form eines „Artensteckbriefes" und ein Arbeitsblatt benutzt wurden, liegt relativ hoch (s. Kap. 11.3). Weitere Untersuchungen müssen zeigen, ob sich diese Befunde verallgemeinern lassen. Bei der (immer wieder zu beklagenden) Zeitknappheit für Biologieunterricht bedarf es jedenfalls einer genauen Begründung dafür, welche Monographien für den Unterricht ausgewählt werden.

Begriffe: Strukturansatz Monographien, Monographie, Artensteckbrief, „Kopf-Schwanz-Methode"

5.4 Strukturansatz Lebensgemeinschaften

Mit dem Ausdruck „Lebensgemeinschaft" wird besonders im Unterricht großer Mißbrauch getrieben (Beiler 1949).

Mit der Entwicklung der Ökologie am Ende des vergangenen Jahrhunderts bot sich ein neue Möglichkeit auch für den Biologieunterricht an, und zwar Lebensgemeinschaften als Themen aufzunehmen, ja diese als Strukturansatz zu wählen. Gefördert wurde solches Vorgehen durch einen weitgehend an der Systematik der Lebewesen ausgerichteten Biologieunterricht, der wegen seiner Einseitigkeit schon früh Gegenreaktionen ausgelöst hat (mehr dazu im Kapitel über die Geschichte des Biologieunterrichts, Kap. 17.3). Besonders für die Volksschule (Hauptschule) bot sich mit der Darstellung von Lebensgemeinschaften eine anscheinend einfachere und der Anschauung besser zugängliche Alternative an.

In dem zu Recht berühmten Buch von Junge (1885) werden bereits fast alle Gründe genannt, die bis heute für die Behandlung von Lebensgemeinschaften angeführt werden; z. B. soll jeder Schüler erkennen, *Du bist ein Glied in dem Ganzen, du empfängst und giebst, du bist abhängig und wirkest ein.* Es gibt Möglichkeiten zum Erleben, Anschauen, Beobachten, Experimentieren – und Erkennen von Gesetzmäßigkeiten; der Lehrer *muß aus der Natur unterrichten* usw.

Schon bald nach Junges Versuch, Lebensgemeinschaften zu einem wichtigen, wenn nicht dem wichtigsten Thema von Biologieunterricht zu machen, finden sich in Lehrerhandbüchern (z. B. Busemann 1905) Vorschläge, wie dies zu realisieren sei. Seitdem spielen „Lebensgemeinschaften" bis heute im Biologieunterricht aller Schulformen eine mehr oder minder große Rolle. Vor allem nach dem Zweiten Weltkrieg gab es Lehrpläne und Schulbücher für den „Naturkundeunterricht" in der Hauptschule, die sich fast ausschließlich an diesem Strukturansatz ausrichteten (z. B. Lehrplan Bayern für die Volksschule von 1949 und 1955). Es ist offensichtlich, daß mit der sogenannten „Ökologie- und Umweltbewegung" sowie der „Freilandbiologie" ab Mitte der 80er Jahre des 20. Jahrhunderts Themen dieser Art erneut stark betont werden.

Seit Beginn der Bearbeitung von Lebensgemeinschaften im Biologieunterricht haben sich sowohl Befürworter (s. o.) wie Gegner nachdrücklich zu Wort gemeldet (ausführliche Darstellung bei Stichmann 1970; dort auch eine Liste von Sachinhalten, die vermittelt werden können).

Gegenargumente hat z. B. Siedentop (1968: 204) zusammengestellt: *Die Lebensgemeinschaft umfaßt ein im Fließgleichgewicht befindliches System ... Das Netzwerk der Beziehungen ist auch für die Wissenschaft nur an einigen Stellen durchschaubar ... Diese Überlegungen zeigen, daß die Lebensgemeinschaften kein brauchbares Anordnungsprinzip für den biologischen Unterrichtsstoff liefern können. Ein Beispiel macht das klar. Man kann in Sexta aus der Lebensgemeinschaft des Teiches wohl eine Reihe von Blütenpflanzen und die Säuger sowie die Vögel behandeln. Es wäre ... völlig unmöglich, Algen, Einzeller zu besprechen ... Daß die sonstigen Beziehungen dem Verständnis gar nicht zugänglich sind, ist sicher.* Nun wird heute kaum jemand einen Hinderungsgrund darin sehen, auch sogenannte niedere Tiere in einer 5. Klasse zu behandeln. Aber noch immer gilt: Biologieunterricht, der vorwiegend einem solchen Strukturansatz folgt, dürfte wegen der Komplexität einer Lebensgemeinschaft mit erheblichen Verständnisschwierigkeiten nicht nur bei Schülern, sondern auch bei Lehrern zu rechnen haben.

Weitere Argumente gegen eine unterrichtliche Behandlung von Lebensgemeinschaften stellt Hörmann (1965: 28ff.) anhand vieler Beispiele zusammen; z. B.: *Erfahrene Biologielehrer lehnen die Behandlung der Lebensgemein-*

schaften ... ab, da bei den Schülern eine ganz gediegene Formenkenntnis vorhanden sein muß, bevor man überhaupt die Wechselbeziehungen einer echten Lebensgemeinschaft unterrichtlich verarbeiten kann.

Es ist zudem wohl auch kaum möglich, mit der Behandlung von Lebensgemeinschaften mit einiger Sicherheit einen Überblick über allgemeinbiologische Themen und die Schüler unmittelbar betreffende Themen zu erreichen.

Man macht die – nach diesem Befund fast zu erwartende und doch auch wieder erstaunliche – Feststellung, daß man in der Literatur fast keine ausgearbeiteten Unterrichtseinheiten über Lebensgemeinschaften im strengen Sinn findet. Es zeigt sich vielmehr:

– In frühen Entwürfen dieser Art werden unter der Bezeichnung „Lebensgemeinschaft" einzelne Tier- oder Pflanzenarten vorgestellt, aber kaum ökologische Zusammenhänge. Auch jüngere Darstellungen verfahren nach demselben Muster, ergänzt durch andere Aspekte; etwa: „Der Mensch arbeitet und erholt sich im Wald".

– In neuen Darstellungen werden „Lebensgemeinschaften" in einzelne Aspekte bzw. Themen aufgelöst; z. B. „Lebensraum Auen": „Rettung aus der Aue, Eroberung der Auen – der Bisam, jedem Wasser gewachsen" usw.; „Fließgewässer": „Lebenslauf eines Baches, Bachforelle, Rhein – Kloake der Nation" usw. (Themenhefte UB[2] 205, 1995; 59, 1981).

– In Entwürfen von Strukturansätzen nach dem „Ökologischen Konzept" (die jedoch offenbar in keinem Lehrplan realisiert worden sind) werden Themen zur Ökologie weit aufgeschlüsselt. Und zugleich darauf hingewiesen, daß beispielhaft ein Ökosystem (Gewässer, Wälder, s. z. B. RODI 1975) behandelt werden soll. Dabei wird eine Verschiebung von der Bezeichnung „Lebensgemeinschaft" zu „Ökosystem" deutlich.

– In zahlreichen Publikationen zu „Ökologie und Umwelterziehung" findet man nur wenige ausführlichen Darstellungen über Lebensgemeinschaften oder dann eben unter dem Begriff „Ökosystem" (s. z. B. EULEFELD 1981, 1981b, KNIRSCH 1986, ESCHENHAGEN et al. 1993). Dort angegebene Unterrichtsvorschläge beziehen sich – man möchte sagen: wegen der Komplexität fast zwangsläufig – meist auf Teilaspekte.

Einige ausgearbeitete Beispiele (weitere werden in Kap. 14.8.2.5 angegeben) für den Unterricht über Ökosysteme sollen erwähnt werden. Ihre Lektüre vermittelt eine Vorstellung von der Komplexität solcher Themen und den Zeitbedarf; sie erscheinen vorwiegend für die Sekundarstufe II geeignet: REICHELT (1974): Ökologie exemplarisch – der Bodensee; SCHMIDT (1991): Beispiel Stadtparkteich; RÜTHER (1991): Ökosystem Wald.

Trotz der genannten Bedenken und thematischer Verlagerungen sollte prinzipiell an der Bearbeitung der einen oder anderen Lebensgemeinschaft auch in der Sekundarstufe I festgehalten werden. Zumal dies viele Lehrpläne fordern. Leider fehlen offenbar empirische Erhebungen, ob und in welcher Form dies erfolgreich ist. Lehrende sollten dabei beachten:

– Will man wirklich die Beziehungen in einer Lebensgemeinschaft darstellen, so erfordert dies gründliche Kenntnisse, die Voraussetzung zur Auswahl der wesentlichen Aspekte sind.

– Es sollte ein Beispiel gewählt werden, das über längere Zeit gut erreichbar ist, in dem die Lernenden selbst arbeiten können; für eine Schule ist es günstig, wenn mehrfach dasselbe Gebiet bearbeitet wird.

– Für die Schüler ist dies ein anspruchsvolles Thema; eine öffentliche Darstellung der Ergebnisse (z. B. in Form einer Ausstellung) fördert die Aktivitäten.

Begriffe: Strukturansatz Lebensgemeinschaften, Ökologisches Konzept, Ökosysteme im Biologieunterricht

5.5 Strukturansatz Allgemeinbiologie

Biologie sucht wie andere Wissenschaften nach dem Allgemeinen, das den Lebewesen zugrunde liegt, stellt Theorien auf und formuliert Begriffe. Dies ist der Bereich der Allgemeinen Biologie (s. Kap. 1.3). Man kann dazu einige Grundfragen formulieren: Wie funktionieren Lebewesen? Wie wird die Information über Aufbau und Funktion eines Lebewesens von Generation zu Generation weitergegeben? Welches sind die biologischen Grundlagen des Verhaltens? Wie verändern sich Lebewesen (Arten) im Lauf der Erdgeschichte? usw.

Solche Grundfragen der Biologie wurden schon mit Einführung von Biologieunterricht in der Oberstufe Höherer Schulen (aufgrund der Kulturhoheit der einzelnen deutschen Länder zu

[2] Abkürzungen von Zeitschriften s. Literaturverzeichnis.

unterschiedlichem Zeitpunkt – um den Ersten Weltkrieg) zur Strukturierung des Unterrichts verwendet. Welche Gebiete der Biologie dabei jeweils betont wurden, war unterschiedlich und hing auch vom Forschungsstand ab. Nach dem Zweiten Weltkrieg wurde in Deutschland in der gymnasialen Oberstufe überall dieser Strukturansatz angewandt, wobei anfangs die sogenannten „Baupläne" von Lebewesen noch einen großen Raum einnahmen. Als Beispiel sei auf den „Curricularen Lehrplan Biologie in der Kollegstufe" vom 10.3.1975 (Amtsblatt Bayr. Staatsm. für Unterricht und Kultus 1975: 281–364) hingewiesen.

Es gibt wohl vier Gründe dafür, daß mit Ende der sechziger Jahre allgemeinbiologische Themen auch in der Mittelstufe/Sekundarstufe I bis hin zur Primarstufe (s. FAHRENBERGER 1972) wenigstens vorübergehend eine große Rolle spielten. Diese Gründe sind zum Teil bis heute von Interesse, z. B. wenn man entscheiden muß, ob man solche Themen aufnimmt.
– Viele Lehrer sind der Ansicht, daß auch Schüler, die mit der 10. Klasse die Schule verlassen, wenigstens einen gewissen Überblick über die „moderne Biologie" erhalten sollten. Solche Vorstellungen verstärkten sich durch die sogenannten „Saarbrücker Rahmenvereinbarungen", nach denen auf der Oberstufe nur noch ein naturwissenschaftliches Fach gewählt werden mußte.
– Es verbreiteten sich die Vorstellungen BRUNERS (1966), wonach alle Stoffgebiete auch jüngeren Schülern vereinfacht, aber im Kern zutreffend, vermittelt werden könnten.
– Unterrichtsforschungen zeigten, daß in der Tat viele allgemeinbiologische Themen auch in niedrigeren Klassen als bisher meist angenommen, effektiv unterrichtet werden können (s. z. B. DYLLA 1972; verschiedene „Unterrichtseinheiten" des IPN, KETTLING 1987: Untersuchung mit 935 Schülern der 5./6. Klasse, differenzierte Aussagen wie Darstellung allgemeinbiologischer Themen vor allem in möglichst konkreter Form).
– Es gab Einflüsse aus anderen Ländern. In England wurde mit dem seinerzeit verbreiteten Schulbuch „Nuffield Biology Texts" (1966) ebenso wie in USA mit dem „BSCS – Biological Sciences Curriculum Study" (1959) ein Schwerpunkt auf allgemeinbiologische Themen gelegt. Im „Nuffield Biology Text I" wird diese Absicht besonders deutlich: *Der Kurs wurde auf der Grundlage einer Reihe grundlegender biologischer Themen entwickelt; zum Beispiel der Frage nach der Wechselwirkung zwischen Bau und Funktion, Anpassung und den Beziehungen zwischen den Lebewesen und ihrer Umwelt.*

Eine „Übersicht über die Inhalte der Biologie-Lehrpläne (Klassen 5–10) der Länder der Bundesrepublik Deutschland" (Beilage MNU 37, Heft 5, 1984) zeigt, daß inzwischen neben der Behandlung von Tier- und Pflanzengruppen allgemeinbiologische Themen eine große Rolle spielen.

Es ist noch einmal deutlich herauszustellen: Mit diesem Strukturansatz sollen die Schüler einen Einblick in moderne Gebiete der Biologie erhalten, mit den Grundzügen von Biologie vertraut gemacht werden (Strukturlernen). Man hofft, Schüler dadurch auch in die Lage zu versetzen, daß sie neue biologische Erkenntnisse besser einordnen, verstehen und behalten können. Auch die traditionelle Einteilung von Biologieunterricht in Zoologie – Botanik – Anthropologie kann damit aufgegeben werden.

Schon bald haben sich zahlreiche Autoren gegen diesen Strukturansatz in seiner absoluten Form gewandt; dabei sind die Hauptargumente (s. auch Kap. 4.2):
– Die Gefahr ist groß, daß damit Biologieunterricht von einer reinen Abbilddidaktik (s. Kap. 3.4), also einem „Abklatsch" der Wissenschaft Biologie, bestimmt wird.
– Schüler und Gesellschaft betreffende Themen werden überhaupt nicht berücksichtigt oder kommen jedenfalls zu kurz.
– Schüler der Unterstufe sind auch intensiv an Einzelphänomen, z. B. Tier- und Pflanzenarten, interessiert.
– Lernpsychologische Schwierigkeiten ergeben sich, wenn vorwiegend globale, abstrakte Themen unterrichtet werden (so kann man vielleicht Themen zur Genetik bereits in 5. Klassen behandeln, DYLLA 1972, ob dies aufgrund der Interessenslage dieser Schüler sinnvoll ist, ist eine andere Frage).

Allgemeinbiologische Themen sind inzwischen dennoch auch in der Sekundarstufe I fast überall vorgesehen. Zu gewichtig ist das Argument, daß die Schüler sonst über wichtige Aspekte dieser Wissenschaft nie systematisch etwas lernen. Sie werden aber meist mit anderen Gesichtspunkten kombiniert – wie der folgende Abschnitt zeigt.

Begriffe: Strukturansatz Allgemeinbiologie, Allgemeine Biologie, Abbilddidaktik, Strukturlernen, Nuffield Biology, BSCS

5.6 Strukturansatz Situationsanalyse

Mindestens vier Gründe führten dazu, daß man Anfang der siebziger Jahre die bestehenden Strukturansätze als unzulänglich empfand:
– Bereits Ende der fünfziger Jahre stellte WAGENSCHEIN (z. B. 1961/62) mit seinem „exemplarischen Prinzip" (s. Kap. 7) den „linearen Unterricht" in Frage. Vielmehr sollten ins Zentrum von Biologieunterricht rücken: die Bedeutung der Phänomene; der repräsentative Modellfall, den die Schüler erschließen; elementare Erkenntnisse der Biologie, die möglichst auch für das Selbstverständnis der Schüler bedeutsam sind. Seine Vorstellungen waren zwar Anregung, führten jedoch nicht zu einer nachhaltigen Veränderung des Unterrichts.
– Die „Saarbrücker Rahmenvereinbarungen" von 1959 hatten zu einer erheblichen Kürzung des naturwissenschaftlichen Unterrichts geführt (s. Kap. 3.5). Dem mußte durch neue Ideen entgegengetreten werden.
– Den größten Einfluß hatte ROBINSOHN ([Erstauflage 1967] 1971), der mit seiner Schrift „Schulreform als Revision des Curriculum" eine Veränderung des gesamten Unterrichts in Deutschland einläutete. Er forderte darin u. a. (mehr dazu in Kap. 6.2), daß die drei Curriculum-Determinanten Wissenschafts-, Schüler- und Gesellschaftsrelevanz (Kap.3.2) gleichermaßen bei der Themenauswahl für einen Lehrplan (Curriculum) zu beachten sind. Dies begründet er u. a. mit der veränderten Situation in unserer hochindustrialisierten Gesellschaft.
– Davon ist Biologieunterricht wegen der steigenden Bedeutung biologischer Erkenntnisse für den Einzelnen und die Gesellschaft besonders betroffen. Deshalb müssen die Situationen ausfindig gemacht werden, in die mit hoher Wahrscheinlichkeit viele Menschen kommen können – und in denen sie biologisches Wissen benötigen, um entscheiden zu können: Situationsanalyse.

Die ersten beiden Dokumente, in denen der „Strukturansatz Situationsanalyse" entwickelt wurde und die nachhaltigen Einfluß auf eine Veränderung des Biologieunterrichts hatten, waren die „Hessischen Rahmenrichtlinien Biologie für die Sekundarstufe I" (HESS. KULTUSMINISTER o. J. [1972], Ausführungen dazu: DYLLA et al. 1974) und der „Rahmenplan des Verbandes Deutscher Biologen für das Schulfach Biologie" (VDBIOL 1973).

Diese beiden Lehrpläne weisen eine Reihe wichtiger Gemeinsamkeiten auf:
– Grundlage der Stoffauswahl ist die Analyse gegenwärtiger und zukünftiger Lebenssituationen des Menschen.
– Die Themen müssen deshalb der Forderung nach der in etwa gleichmäßigen Beachtung der genannten Curriculum-Determinanten entsprechen.
– Der Mensch steht im Mittelpunkt des Biologieunterrichts der Sekundarstufe I.
– Es wird ein Leitziel formuliert, das dem in Kapitel 3.2 dargestellten entspricht.
– Zur Auswahl der Inhalte wird ein ausführliches Ableitungssystem vorgestellt.
– Es werden Grobziele und zum Teil auch Feinziele für die einzelnen Unterrichtseinheiten formuliert.
– Die Unterrichtung formaler Fähigkeiten zur Erschließung biologischer Inhalte ist wesentlicher Teil des Unterrichts, aber der Auswahl von Inhalten nachgeordnet.
– An Stelle einer Vielzahl von Einzelthemen sind Unterrichtseinheiten vorgesehen, mit denen wichtige Gesichtspunkte zusammengefaßt werden (z. B. „Nahrung und Ernährung beim Menschen, Angeborenes und erlerntes Verhalten, Gefährdung unserer Umwelt").
– Die Inhalte sind so ausgewählt, daß sie mehrmals, einer höheren Erkenntnisebene entsprechend (Spiralprinzip) behandelt werden.
– Die Pläne sind so konzipiert, daß sie grundsätzlich in allen Schulformen verwendet werden können.

In der Folge wurden über 20 neue Lehrpläne für den Biologieunterricht der Bundesländer veröffentlicht, in denen in unterschiedlichem Ausmaß Gedanken dieser beiden Dokumente übernommen wurden. Der Verband Deutscher Biologen legte 1985 eine revidierte und weiterentwickelte Fassung des „Rahmenplans für das Schulfach Biologie" vor (VDBIOL 1987, Kurzfassung 1988). Sie folgt denselben Prinzipien wie der Plan von 1973; die 1985 vorgeschlagenen Themen sind im Anhang abgedruckt.

Dieser Strukuransatz, löst – wie alle Vorschläge, die nicht von der Taxonomie der Lebewesen ausgehen – ein Problem nicht zufriedenstellend: eine gut begründete Abfolge der Themen (Sequenzproblem). Allgemeine Biologie kann dazu keine Hilfe geben, da sie keine logisch begründete „Systematik" aufweist. Bislang wurde so vorgegangen, daß sich Experten aufgrund ihrer Kenntnisse und Erfahrungen auf eine möglichst logische Abfolge einigen. Eine andere Lösung könnte sein, daß ein System oder Netz aufeinander aufbauender biologischer Grundbegriffe entwickelt wird, das als Grundlage für die Reihenfolge der Themen verwendet werden könnte (s. Kap. 6.4).

Als fragwürdig kann man auch ansehen, daß ein einheitlicher Lehrplan für alle Schulformen in den beiden besprochenen Plänen vorgeschlagen wird – wie dies 1970 im „Strukturplan für das Bildungswesen" vom Deutschen Bildungsrat gefordert wurde. Auch die Differenzierung in „Aufbau-, Ziel- und Zusatzunterrichtseinheiten" (letztere vor allem für Gymnasien gedacht) dürfte die Schwierigkeiten, die sich durch ein unterschiedliches Lern-Niveau ergeben, kaum beheben. Empirische Untersuchungen zur Klärung der Frage, ob sich solche „Global-Lehrpläne" bewährt haben, sind nicht bekannt.

Eine ganze Reihe von Autoren hat Kritik an diesem Strukturansatz geübt. Häufig vorgebrachte Einwände wurden bereits erörtert (s. Kap. 3.3–3.7). Einerseits wird befürchtet, daß die Grundaussagen der Biologie zu kurz kommen; während andererseits eingewandt wird, daß trotz aller Beteuerungen Existenzfragen der Schüler nicht zum Ausgangspunkt der Themenauswahl gemacht werden. Auch der geringe Anteil biologischer Taxonomie und der Vermittlung von Artenkenntnissen ist von manchen kritisiert worden; Erziehung zur Naturverbundenheit sei damit gefährdet.

Die anfänglich zu geringe Berücksichtigung von Arten-Kenntnissen (als Gegenposition gegen deren jahrzehntelange Überbetonung) ist in den neueren Lehrplänen zum Teil korrigiert worden.

Neben den an verschiedenen Stellen ausführlich diskutierten Argumenten, die gegen den Situationsanalytischen Strukturansatz vorgebracht wurden, wird er aus den und jenen Gründen kritisiert und vermutet, warum er sich nicht recht durchgesetzt habe. Dazu ist jedoch zu sagen:

- Bis heute liegt (so weit bekannt) keine schlüssige Alternative auf der Grundlage des allgemein anerkannten Leitziels vor.
- Viele Lehrerinnen und Lehrer waren und werden nicht entsprechend ausgebildet, um die vielfältigen und hohen Anforderungen erfüllen zu können, die Biologieunterricht nach einem solchen Ansatz mit sich bringt (s. z. B. Entrich 1994).
- Untersuchungen zeigen, daß es im wesentlichen auf den einzelnen Lehrenden ankommt, ob schüler- und gesellschaftsrelevante Bezüge im Biologieunterricht im notwendigen Umfang hergestellt werden (s. z. B. H. U. Graf 1994:464).
- Die Kultusminister haben in aller Regel nicht dafür Sorge getragen, daß die von ihnen erlassenen Pläne auch tatsächlich in dem beabsichtlichen Sinn praktiziert wurden.
- Die Kultusminster haben weiterhin nicht in dem erforderlichen Umfang für die unabdingbare Weiterbildung der Lehrenden gesorgt.
- Und auch dies muß gesagt werden: Es besteht die Neigung, neue Lehrpläne aufgrund noch unsicherer oder gar unbelegter pädagogischer Hypothesen zu erlassen. Wenn solche Pläne zudem auf begründete Ableitungssyteme verzichten, entziehen sie sich damit auch der Kritik.

Begriffe: Strukturansatz Situationsanalyse, Situationsanalyse, Exemplarisches Prinzip, Rahmenplan des Verbandes Deutscher Biologen für den Biologieunterricht, Sequenzproblem, Spiralprinzip

5.7 Exkurs: Lernen nach konstruktivistischen Prinzipien

Es ist schwer zu entscheiden, in welchem Zusammenhang Vorstellungen über „Lernen mit Hilfe konstruktivistischer Prinzipien" am besten dargestellt werden. Nahe liegt jedoch, eine Beziehung zum „Situationsanalytischen Strukturansatz" herzustellen (s. dazu jedoch auch Kap. 7.4). Und zwar erscheint dies dann möglich, wenn dieser (vergleichbar mit Wagenscheins „Exemplarischem Prinzip") nicht nur als Prinzip der Auswahl von Inhalten, sondern zugleich auch als deren konkrete bzw. sinnvolle Vermittlung verstanden wird.

Was also ist Lernen nach „konstruktivistischen Grundsätzen"? Beispielhaft sollen Aussagen Yagers (1995: 53) zu diesem Thema herangezogen werden. *Wie können Lehrer der Naturwissenschaften konstruktivistische Vorstellungen realisieren? Das ist kein prinzipieller Wechsel im Vergleich mit existierenden Verfahren, sondern eher deren Neuorganisation mit anderen Schwerpunkten. In der Tat verwenden viele hervorragende Lehrer instinktiv* [!] *viele Gesichtspunkte konstruktivistischer Praxis.* Entsprechend weist Yager (1995) daraufhin, daß „Konstruktivismus nahezu 300 Jahre alt ist" – man könnte auch sagen, er ist noch viel älter, wenn man an die „sokratische Methode“ des Entstehens von Erkenntnissen denkt (dazu auch GIORDAN 1998).

YAGER gibt eine Reihe von Kennzeichen dieser Form des Lernens an, von denen einige wiedergegeben werden:

– Benutze die Fragen und Ideen von Schülern als Leitlinien von Unterrichtsstunden und Unterrichtseinheiten.
– Unterstütze Zusammenarbeit, Informationsbeschaffung und Handlungen von Schülern, die sich aus dem Unterricht (Lernprozeß) ergeben.
– Verwende Gedanken, Erfahrungen und Interessen der Schüler, um den Unterricht voranzubringen, zu strukturieren (das bedeutet häufig, daß der Plan des Lehrers geändert werden muß).
– Benutze Impulsfragen (open-ended questions).
– Ermutige die Schüler, ihre eigenen Ideen zu überprüfen usw.

Weiterhin macht YAGER Vorschläge, wie Lehrerinnen überprüfen können, ob sie diese Prinzipien im Unterricht verwirklichen; z. B.:

– Benutze das Interesse von Schülern an (bedeutsamen) örtlichen Problemen zur Gestaltung des Unterrichts.
– Beteilige die Schüler daran, Informationen zu suchen, die zur Lösung von Problemen des täglichen Lebens beitragen.
– Dehne das Lernen auf Situationen außerhalb der Klasse, der Schule usw. aus.
– Gehe häufig auf wissenschaftliche, technische Tätigkeiten ein, besonders solche, die als Quelle von Informationen dienen.
– Mache deutlich, daß Naturwissenschaften und Technik unser Leben heute und in Zukunft nachhaltig beeinflussen usw.

Man kann YAGER (und anderen, die ähnliche Aussagen machen) in doppelter Hinsicht zustimmen:

1. Biologieunterricht, der solche Grundsätze beachtet, ernst nimmt, dürfte in vielerlei Hinsicht wesentlich effektiver sein als Unterricht, der dies eben nicht tut. YAGER gibt dafür nicht nur empirische Befunde an, sondern erwähnt auch, daß 85–90 Prozent selbst guter Schüler bei „herkömmlichem Unterricht“ nicht in der Lage sind, zu dem im Unterricht Gelernten Alltagsbezüge (Transfer, s. Kap. 3.5) herzustellen.
2. Diese Form des Lernens ist aber nun tatsächlich keineswegs neu. Etwa seit den Anfängen der Reformpädagogik wird sie für den Biologieunterricht immer wieder gefordert (s. z. B. GRUPE 1921) – aber sicher keineswegs immer realisiert. Erfolgreiche Lehrerinnen dürften jedoch stets „konstruktivistische“ Prinzipien im Sinne YAGERS berücksichtigt haben. In diesem Buch wird an vielen verschiedenen Stellen auf die Nützlichkeit, ja Notwendigkeit der Beachtung solcher Grundsätze hingewiesen; z. B.: WAGENSCHEINS „Genetisches Prinzip (s. Kap. 7.3) geht von ähnlichen Vorstellungen aus. Auch „Entdeckendes Lernen (Kap. 7.4) und „Interessensbildung“ (Kap. 9.1) hat einen entsprechenden Hintergrund. Bereits im Abschnitt über „Grundregeln des Lehrerverhaltens“ (Kap. 2.2) werden vergleichbare Grundsätze zusammengestellt, die sich aus vielen lernpsychologischen Untersuchungen ergeben. Selbst richtig formulierte „Impulsfragen“ (Kap. 14.4) sind zumindest ein wesentliches Element solcher Formen des Lernens (die sich sogar von GAUDIGS um 1920 vorgetragenen Prinzipien „freies Unterrichtsgespräch“, „Familienschule“ kaum unterscheiden dürften).

Man könnte sich auch der Kritik von MATTHEWS (zit. nach FRASER & TOBIN 1998:77) anschließen, wonach Konstruktivismus im wesentlichen ein Wiederbelebung des Empirismus [und des Sensualismus] ist, ohne den Symbolcharakter naturwissenschaftlicher Kenntnisse zu berücksichtigen. GIORDAN (1996; 1998: 244) nennt das „Konstruktivistische Model“ zu einfach, um die vielfältigen Prozesse des Lernens zu beschreiben; zudem werde der Lernende isoliert, er könne nicht alles selbst erfragen, finden.

Aussagen des sogenannten „Radikalen Konstruktivismus“ (s. z. B. SCHMIDT 1991), mit denen u. a. die sichere Existenz von Umwelt, Objekten bezweifelt (s. dazu auch Kap. 19.2), damit auch der Unterschied zwischen Wissenschaft und Nichtwissenschaft aufgehoben werden soll, sind für den Biologieunterricht zumindest ungeeignet.

Gewiß beruhen konstruktivistische Erkenntnisse auf nützlichen neuen Theorien, auch die empirische Basis über die genannten Phänomene ist dadurch breiter geworden. Es fällt aber nicht leicht – zumindest konkret für den Biologieunterricht – das „Neue“ an dieser Form des Lernens zu entdecken[3]. Es sei denn, man sieht darin eine Zusammenfassung vorhandener Einsichten, die dazu auffordert, solche Vorstellungen im Unterricht verstärkt anzuwenden.

Biologieunterricht und Biologiedidaktik könnten sich (wieder einmal) zu sehr an ein begrenztes Modell anschließen. In den Kapiteln 3.1 3.7 wurde untersucht, daß es eine „Überbetonung“ einzelner Gesichtspunkte der Auswahl von Unterrichtsinhalten geben kann. Es erscheint nicht ausgeschlossen, daß nunmehr ein lernpsychologisches Modell eine ähnliche Rolle spielt (s. auch TANNER 1991).

Etwa seit Anfang der 90er Jahre wird auch ein anderer Begriff in diesem Zusammenhang benutzt: „Situiertes Lernen“ (Überblick s. z. B. PRENZEL 1997, Anwendung BUND-LÄNDER-KOMMISSION 1997). Dessen zentrale Prinzipien (zum Teil als Wiederholung und Ergänzung zu den oben genannten) sind u. a.: Die Bedeutung schulischen Lernens muß dem Schüler deutlich werden, indem er für Situationen kompetent wird, die ihn betreffen; authentische Situationen müssen sich auf die Lebenswelt der Schüler beziehen; Schüler sollen das erworbene Wissen „fexibel“ in unterschiedlichen Situationen anwenden können; weitere Stichworte: Wissen wird kontexualisiert erworben, es sollte „erfahrungsgesättigtes Handlungswissen“ sein, die „soziale Interaktion des Erwerbszusammenhangs“ betont werden. Forderungen also, die z. B. in dem Begriff „Situationsanalyse“ bereits weitgehend enthalten sind. Aus solchen Modellen sind jedoch für die Umsetzung des Situationsanalytischen Strukturansatzes methodische Hilfen zu erwarten.

Zugleich stellt sich die Frage, ob eine solche Bezeichnung mit weitgehend gleichem Inhalt von der Biologiedidaktik übernommen oder parallel verwendet werden soll, obwohl es bereits seit etwa 1975 den Begriff „Situationsanalyse“ gibt.

Begriffe: Konstruktivismus, Lernen nach konstruktivistischen Prinzipien, Situiertes Lernen

5.8 Strukturansatz Prozeßorientierung

Die Bezeichnung „Prozeßorientierung“ wie das Synonym „Methodenorientierung“ (gelegentlich auch allgemein „Verfahrensorientierung“ genannt) weist darauf hin, daß die Lernenden Verfahren lernen und einüben sollen, die in den Naturwissenschaften verwendet werden, wie z. B. Beobachten, Ordnen, Vergleichen, Experimentieren, Messen. Da die Auswahl der Methoden nicht auf Biologie beschränkt bleibt, kann man auch von einem fachübergreifenden Unterricht (s. Kap. 18.5) sprechen.

Der theoretische Ort dieses Strukuransatzes ist, daß eine Komponente von Wissenschaft, die Syntaktische Struktur (s. Kap. 1.2), in den Mittelpunkt des Unterrichts gestellt wird. Es wird als Hauptaufgabe angesehen, Formale Bildung (und zwar Syntaktische Formale Bildung) zu vermitteln. Alles inhaltliche Wissen wird diesem Aspekt untergeordnet. Es geht also wohlgemerkt nicht darum, daß einfache Methoden dieser Art geschult werden – sondern um eine Verabsolutierung dieses Aspekts. – Da das Für und Wider einer solchen Betrachtungsweise bereits in Kapitel 3.5 ausführlich erörtert wurde, kann hier darauf verwiesen werden.

Neben der notwendigen Betonung dieses Aspekts in fast allen neueren, aber auch älteren Lehrplänen gibt es einzelne Pläne, die durchgängig nach dem Strukturansatz „Prozeßorientierung“ ausgerichtet sind. Ab etwa 1970 wurden besonders in vielen Lehrplänen für die Grundschule Vorstellungen dieser Art betont (NEFF, 1975, stellt dazu sieben Beispiele vor; s. auch SOOSTMEYER 1988). – Zwei solcher Entwürfe werden hier etwas ausführlicher dargestellt, um zu zeigen, daß dieser Strukturansatz für Schüler sehr unterschiedlichen Alters vorgeschlagen wird bzw. wurde.
In den von 1976 bis 1996 gültigen „Hessischen Rahmenrichtlinien für den Sachunterricht in der Primarstufe, naturwissenschaftlich-technischer Aspekt“ (HESS. KULTUSMINISTER 1976) werden *allgemeine Lernziele – methodenorientierte Verhaltensweisen – formuliert und den Lerneinheiten vorangestellt. Dabei handelt es sich um grundlegende kognitive Verhaltensweisen des Erfahrens, Erkennens und Bewirkens. Sie müssen in der Grundschulzeit entwickelt werden ... und bilden somit die Basis des erst später anzusetzenden systematischen und fachspezifischen Lernens.*

Grundlegend hat SCHIETZEL (1973) die Anwendung dieses Verfahrens in der Grundschule u. a. am Beispiel der Induktion (die ja in den genannten Verfahren des Experimentierens, Erkennens usw. sozusagen versteckt ist) kritisiert: *Die Induktion gewinnt nur dann wissenschaftlichen Rang, wenn die Frage logisch scharf gestellt und die (experimentelle) Antwort kritisch analysiert wird ... Die vorliegenden Zeugnisse ... lassen uns zu dem Schluß kommen: eine einigermaßen den Anforderungen angemessene Handhabung des induktiven Schlußverfahrens, und damit naturwissenschaftliche Erkenntnis ist in der Grundschule unmöglich.*

---

[3] In der angegebenen Literatur über „Konstruktivistisches Lernen“ fehlen Bezüge oder Vergleiche zu früheren Beschreibungen ähnlicher Art; offenbar ist die deutschsprachige Literatur dazu völlig unbekannt – jedenfalls wird sie nicht zitiert.

Für Schüler der 7. bis zur 12. Klasse („junior- und senior-high-school biology courses") ist ein Schulbuch kombiniert mit einem „Experimentierbuch" von Hancock (1988a, 1988b) gedacht, das durchgängig prozeßorientiert strukturiert ist. Es wird dabei von der Prämisse ausgegangen, daß keine andere Form von Unterricht Schülern ein besseres Verständnis von Naturwissenschaft vermitteln könne als eigene Untersuchungen (zur Bedeutung des Experimentieren s. Kap. 13.3). Leider werden keine Befunde angegeben, die diesen geradezu absoluten Anspruch begründen.

Begriffe: Strukturansatz Prozeßorientierung (Methodenorientierung), Syntaktische Struktur von Wissenschaft, Formale Bildung

5.9 Strukturansatz – Offener Unterricht

Mögliche Situation: Zu kaum einem Unterrichtskonzept gibt es so unterschiedliche Meinungen wie zu diesem. So könnte ein Gespräch lauten, das man hören kann: „Machen Sie auch Offenen Unterricht?" – „Offener Unterricht macht meinen Schülern Spaß!" – „Ich halte viel von Offenem Unterricht." – „Und ich halte nichts davon !"

Zuerst muß mit Kasper (1980) deutlich festgestellt werden: Es wird *unterstellt, es gäbe den offenen Unterricht als Bezeichnung einheitlicher, strukturgleicher unterrichtlicher Phänomene, Ereignisse, Handlungen. Dem wird die These gegenübergestellt, daß der Begriff „Offener Unterricht" als Oberbegriff zur Bezeichnung eines deutlich differenzierten Spektrums von Handlungsformen angesehen wird.* Ähnlich hatte sich schon Lenzen* (1976) geäußert: *Ein „Konzept" im Sinne einer auch nur programmatischen Theorie existiert überhaupt nicht ... Durchgängige gemeinsame Vorstellungen liegen kaum vor ...*

Weil dies so ist, muß betont werden, daß im folgenden nicht von (einer selbstverständlichen) „Offenheit im Unterricht" die Rede ist, sondern von „Offenem Unterricht im strengen Sinn". Empirische Erhebungen zu diesem Thema grenzen vielfach nicht in dieser Weise ein, so daß man nicht genau weiß, worauf sich die Ergebnisse beziehen. Offenheit in Organisationformen (z. B. Arbeits- und Sozialformen), im inhaltlichen Bereich (z. B. Berücksichtigung fakultativer Inhalte, von Schülern eingebrachter Themen), Offenheit gegenüber der Umwelt der Schule usw. – sind schon lange typische Kennzeichen vor allem, aber nicht nur des Unterrichts in der Primarstufe (Grundschule). Offenheit im Unterricht kann man demnach fast als Synonym für „guten Unterricht" bezeichnen.

Definitionen oder Beschreibungen von Offenem Unterricht im engeren Sinne sind z. B.:
– *Curricula, die durch alle am Lernprozeß Beteiligten gestaltet und in denen aufgrund demokratischer Verfahren Entscheidungen über Handlungsmöglichkeiten getroffen werden, sind offene Curricula* (Höbel-Mävers et al. 1976:14).
– *Bereits auf der Ebene der Unterrichtsplanung heißt Offenheit, die Lernvoraussetzungen der Schüler nicht spekulativ ... durch das Planungsmonopol des Lehrers vorwegzunehmen, sondern in einem freien und flexiblen Unterrichtsprozeß selbst ... zur Wirkung kommen zu lassen* (Groddeck 1983).
– *Zum Unterrichtsgegenstand kann eigentlich nur* [!] *werden, was dazu auffordert, Hypothesen zu bilden, Daten zu sammeln, Ergebnisse zu analysieren* (Klassen 1981: 56).

Strukturansatz „Offener Unterricht" bedeutet demnach im strengen, man mag einwenden im überspitzten Sinn, daß es keinen Lehrplan gibt, sondern die Inhalte jeweils „von allen Beteiligten" ausgesucht werden. Man kann also eigentlich gar nicht von einem Strukturansatz im oben verwendeten Sinn sprechen. – Die Bezeichnung „Offener Unterricht" bzw. „Offene Curricula" wurde wohl erstmals 1971 in England (open education) verwendet (s. Brügelmann 1972).

Obwohl es Offenen Unterricht inzwischen seit etwa 25 Jahren gibt, ist nicht bekannt, daß die genannte theoretische Lücke geschlossen wurde. Die Legitimation, die Lenzen (1976) einforderte, steht noch immer aus. Aber es gibt eine Reihe amerikanischer Zusammenfassungen von „open education". Da keine Untersuchungen zum naturwissenschaftlichen oder gar biologischen Anteil eines solchen Unterrichts bekannt sind, muß auf diese allgemeinen Aussagen zurückgegriffen werden.

Horwitz (1979) faßte etwa 200 empirische Erhebungen über „open education" zusammen. Es waren entweder keine signifikanten oder nur unsichere Vorteile in den Bereichen Wissen, Selbstkonzept, Ängstlichkeit, Angepaßtheit und Selbstkritik (locus of control) zu erkennen. Dagegen gibt es in bezug auf Einstellung zur Schule, Unabhängigkeit, Neugier und Kooperationsbereitschaft eine Anzahl von Untersuchungen, die zeigen, daß Offener Unterricht diese Parameter besser fördert. HEDGES, GIACONIA & GAGE (1981) haben 153 Publikationen analysiert und kommen zu ähnlichen Befunden. Sie sind der Meinung, daß positive Auswirkungen des Offenen Unterrichts auf Schüler bislang nicht deutlich bewiesen werden konnten. Daß diese Lehrmethode also nicht entscheidend besser ist als eher traditionelle Methoden. (Es ist nicht erkennbar, wieso SCHEERER-NEUMANN, 1989, in einer Darstellung der Arbeit von HEDGES et al. zu einem anderen Ergebnis kommen kann.) Es kommt hinzu, daß diese Untersuchungen sich wohl nur zum Teil auf einen Unterricht beziehen, der im oben genannten strengen Sinne als Offener Unterricht bezeichnet werden kann.

WALBER* (1986: 226) faßt die bis dahin vorliegenden Ergebnisse etwas verschlüsselt mit folgenden Worten zusammen: *Schüler aus Klassen mit 'open education' sind nur wenig oder gar nicht schlechter in bezug auf allgemeines Wissen und etwas oder wesentlich besser in bezug auf einige Ergebnisse, die Pädagogen, Eltern und Schüler für sehr nützlich halten.* Zugleich erwähnt er, daß „open education" inzwischen (in den USA) weithin abgelehnt wird. In England sind entsprechende Versuche in öffentlichen Schulen für die naturwissenschaftlichen Fächer ab 1988 durch das „National Curriculum of Science" beendet worden. Dem ging eine Studie, ein Appell der ROYAL SOCIETY (1985) voraus: Es wurde darin dringend eigenständiger und umfangreicher naturwissenschaftlicher Unterricht für alle Schüler in der Primarschule (die Primary School umfaßt die Klassen 1–6) bis zum Alter von 16 Jahren gefordert; auch ältere Schüler sollten naturwissenschaftlichen Unterricht nicht mehr abwählen dürfen.

Im Zusammenhang mit Offenem Unterricht wird der Begriff „Schülerzentrierung" des Biologieunterrichts verwendet. Wenn damit (s. o.) ausgesagt werden soll, daß vor allem die Schüler über seine Inhalte und Themen (auch Methoden, Lehrformen, Medien) entscheiden, dann ergibt sich der Widerspruch, daß es Aufgabe des Biologieunterrichts ist, einen Kanon grundlegenden biologischen Wissens zu vermitteln. Und dies muß er gegebenenfalls auch gegen die scheinbaren Interessen der Schüler tun. In bezug auf Methoden und Medien muß der Lehrer aufgrund seines biologiedidaktischen Wissens die optimalen Entscheidungen treffen.

Die Bezeichnung „Schülerorientierung" geht dagegen von einer Selbstverständlichkeit des heutigen Unterrichts aus: Berücksichtigung der Erfahrungen, Interessen, Alltagsvorstellungen und Emotionen der jeweiligen Schülergruppe (s. auch Kap. 5.7, 9.3).

Unabhängig von empirischen Befunden über die Effektivität von Offenem Unterricht ist aus der Sicht biologischer Unterweisung folgendes zu bedenken:

- Es gibt (auch für die Grundschule) verbindliche biologische Inhalte zum Weltverständnis, die gelernt werden sollten bzw. müssen (s. Kap. 18. 1).
- Aufbauender Unterricht ist nicht möglich, wenn es keinen verbindlichen Lehrplan gibt.
- Lehrer sind überfordert, wenn sie situativ jeweils neu ausgewählte Themen inhaltlich und didaktisch gut unterrichten sollen (dies gilt besonders für den zahlreiche Gebiete umfassenden Sachunterricht).
- Die „geheimen Miterzieher", vor allem Fernsehprogramme, dürften einen erheblichen Einfluß auf eine vorwiegend von Schülern bestimmte Themenauswahl haben; Interessen der Schüler kann ein Lehrer auch berücksichtigen, indem er sie befragt.
- Und, wie gesagt, eine Theorie von Offenem Unterricht gibt es offenbar nicht.

Begriffe: Offener Unterricht, Offenheit im Unterricht, open education, Schülerzentrierung, Schülerorientierung

6 Anmerkungen zur Curriculumreform – und ein Ableitungsschema für Lehrpläne

Bei der Entwicklung von Lehrplänen müssen (a) die Psychologie der Schüler, (b) Basiswissen [kodifiziertes Wissen] und (c) Belange der Gesellschaft berücksichtigt werden. Alle Lehrplan-Reformen, die gescheitert sind, haben die unerläßlichen Wechselwirkungen zwischen diesen Faktoren nicht berücksichtigt (TANNER 1991: 109).

6.1 Zur Geschichte

Mögliche Situationen: Diskussionen über Sinn oder auch „Unsinn" der sogenannten Curriculumreform sind zwar seltener geworden – aber es gibt sie immer noch. Man sollte dazu ein begründetes Urteil fällen können.

Vieles von dem, was in den Kapiteln 3 bis 6 dargelegt wurde, ist Ergebnis der Curriculumreform. Im vorhergehenden Text wurde dieser Begriff zudem schon oft erwähnt. Es erscheint notwendig, den historischen Bezug dieses wichtigen Ereignisses und seine Auswirkungen auf Biologieunterricht noch einmal geschlossen darzustellen. – Einen Überblick über die Entwicklung von Curricula in den USA, England und dem „Rest der Welt" [!] seit etwa 1950 gibt VAN DEN AKKER 1998.

In der Tat handelte es sich bei der „Curriculumreform" um eine echte Reform. „Curriculum" ist eine Bezeichnung für „Lehrplan", die in der Barockzeit (erstmals um 1550 erwähnt) verwendet wurde. Dieses lateinische Wort bedeutet in diesem Zusammenhang die Summe aller Lehrstoffe, die im „Lauf" der Schulausbildung gelernt werden sollten. In seiner heutigen Bedeutung ist der Begriff erweitert und meint etwa: Zweck, Inhalt und Organisation eines Lehrplans.

Im angelsächischen Raum hat der Begriff „Curriculum" weithin eine etwas andere, in der Regel umfaßendere Bedeutung als die hier verwendete (s. HOPMANN & RIQUARTS* 1995). Oftmals wurde oder wird er dort gleichbedeutend mit „Didaktik" oder auch „Fachdidaktik" verwendet. Sowohl die gewöhnliche Verwendung im deutschsprachigen Raum als auch die ursprüngliche Bedeutung rechtfertigen jedoch das hier gewählte Vorgehen. Bei der Lektüre englisch-sprachiger Literatur ist die Beachtung dieses semantischen Unterschieds nützlich.

Nach dem Ende des Zweiten Weltkrieges wurden im Biologieunterricht weithin Verfahren der Themenauswahl und des Unterrichts aus der Zeit vor der NS-Diktatur aufgegriffen. So standen z. B. in den Klassen 5–9 vor allem Tier- und Pflanzengruppen (s. Strukturansatz Taxonomie, Kap. 5.2) im Mittelpunkt des Unterrichts, in der gymnasialen Oberstufe Themen der Allgemeinen Biologie. Inhalte, die die Schüler unmittelbar betreffen, blieben – zumindest in den offiziellen Lehrplänen – fast völlig ausgespart. So folgt auch das von 1970 bis 1979 in mehreren Bänden publizierte „Handbuch der praktischen und experimentellen Schulbiologie" (FALKENHAN 1970/79) weithin dieser Sichtweise. Zusammenfassend kann man die Situation des Biologieunterrichts vor der Curriculumreform in folgender Weise charakterisieren (STICHMANN 1981): *Die anschwellende Stoffülle, die allgemein zu wenig konkreten Lernziele und die den Bedürfnissen der Schüler nur unzureichend Rechnung tragenden Inhalte waren neben der zu geringen Nutzung der modernen Erkenntnisse der Biologie die wichtigsten Mängel der Biologie-Lehrpläne in allen Schulformen.*

Es gab jedoch in der Zeit nach dem Zweiten Weltkrieg (auch) im deutschsprachigen Raum eine Reihe von Versuchen, diese Situation zu ändern. Dazu sollen nur einige Beispiele genannt werden. Wichtig waren die Bemühungen WAGENSCHEINS (s. Kap. 7) ab Ende der fünfziger Jahre. SIEDENTOP (1965) schlug vor, den Menschen zum Leitmotiv des Biologieunterrichts zu machen (wobei ihm bezeichnender Weise vorgehalten wurde, der „Lehrer soll bei seinem Fach" bleiben). BEILER (1965) legte einen Plan vor, der von dem Prinzip der „Bedeutung der Einzelthematik für die Lebenswirklichkeit des Kindes" und „Grundsachverhalten der Biologie" ausging. Weitere Gründe, die in diesem Zeitraum für eine Veränderung von Biologieunterricht, für neue Lehrpläne sprachen, wurden in Kapitel 5.6 bereits dargestellt.

Begriffe: Curriculum /Lehrplan, Curriculumreform, Reformbemühungen

6.2 ROBINSOHN-Modell

Die genannten und weitere Versuche von Didaktikern der Naturwissenschaften, Unterricht zu verändern, bereiteten vielleicht den Boden, es war ihnen aber kein durchschlagender Erfolg beschieden (ebensowenig wie z. B. Appellen auf dem „Pädagogischen Hochschultag" in Trier 1962). Offensichtlich bedurfte es dazu einer allgemeinen, von den Schulbehörden getragenen Schulreform.

Auslöser dafür war ROBINSOHNS (1971) Schrift „Schulreform als Revision des Curriculum", die 1967 erschien. Viele seiner Vorstellungen waren nicht (völlig) neu, sondern gingen auf eine Reihe angloamerikanischer Vorschläge zurück, auf die hier nicht eingegangen werden soll (z. B. BRUNER 1966, KRATHWOHL et al. 1964, MAGER 1965).

ROBINSOHN gibt eine Reihe von Gründen an, warum es an der Zeit sei, Lehrpläne grundsätzlich zu ändern. Diese Gründe sind keineswegs nur historisch von Interesse, sondern sie gelten – zum Teil sogar verschärft – bis heute; deshalb sollen die wichtigsten wiedergegeben werden:

– Wissensexplosion: Sie erfordert neue Formen der Auswahl von Inhalten für den Unterricht. Eine weitere Addition zu traditionell vorhandenen Themen ist schon wegen der festliegenden, ja zum Teil abnehmenden Unterrichtszeit nicht mehr möglich. – Biologieunterricht ist davon wie kaum ein anderes Fach betroffen.

– Verwissenschaftlichung: Immer mehr Menschen müssen eine intellektuelle (Allgemein) Bildung haben, anderenfalls haben sie in der technisierten Welt z. B. kaum Berufschancen. – Biologische Erkenntnisse spielen im Vergleich zu früher heute in vielen Lebensbereichen eine beachtliche Rolle.

– Ausweitung des Schulbesuchs: Als Folge der Veränderungen in unserer Gesellschaft hat sich die Ausbildung quantitativ und qualitativ verändert. – Der Anteil von Biologieunterricht ist dagegen eher geringer geworden; dies erfordert sehr genau begründete Überlegungen, welche Kenntnisse vordringlich vermittelt werden müssen.

– Berufsvorbereitung: Teilnahme an der modernen Produktion erfordert spezifische Kenntnisse, die Unterricht zu berücksichtigen hat. – Es gibt einige Bereiche (z. B. Kenntnisse und Handlungsbereitschaft im Zusammenhang mit Umwelt- und Gesundheitsfragen, Biotechnologie, Computer) in denen auch Biologieunterricht dieser Forderung entsprechen kann.

– Berufsmobilität: Heute ist der Zwang, in einem anderen als dem erlernten Beruf arbeiten zu müssen, größer als wohl je zuvor. – Wie Biologieunterricht dieser Herausforderung begegnen soll, wie er Menschen zu einer „intellektuellen Mobilität" verhelfen kann, ist – nüchtern betrachtet – noch weithin ungeklärt.

– Objektivierung von Lehrplänen: ROBINSOHN forderte dazu auf, zur Entwicklung von Lehrplänen unabhängige Fachleute zu berufen, die dazu möglichst intersubjektive Kriterien und wissenschaftliche Erkenntnisse verwenden. Zugleich sollte damit eine Demokratisierung der Arbeit an Lehrplänen erreicht werden. – Solche Vorstellungen mögen in gewisser Hinsicht zu optimistisch sein, da Lehrplanentscheidungen wohl kaum völlig ohne subjektive Wertentscheidungen geschehen (s. Kap. 1.3; s. auch BLANKERTZ 1970:19ff.). Es liegen aber für den Biologieunterricht Lehrpläne vor (s. VDBiol 1973, 1987, HESS. KULTUSMINISTER 1972), die zumindest alle Entscheidungskriterien offenlegen und von einer Vielzahl von Fachleuten beurteilt wurden.

Aufgrund solcher Einsichten hat ROBINSOHN Vorschläge gemacht, welche Kennzeichen grundsätzlicher Art einen Lehrplan auszeichnen sollten; diese wurden dann vielfach und vielfältig weiterentwickelt. Die meisten sind in Kapitel 5.6 schon dargestellt worden. Sie sind auch bis heute – etwa durch neue biologiedidaktische Erkenntnisse – nicht überholt. Ihre erneute Aufzählung kann der Erinnerung und Zusammenfassung dienen, welche typischen Kennzeichen viele Lehrpläne für den Biologieunterricht etwa ab 1972 haben, hatten – oder welche ohne erkennbare Gründe in neuen Lehrplänen aufgegeben wurden.

– Beachtung der drei Kriterien Wissenschafts-, Schüler- und Gesellschaftsrelevanz bei der Auswahl von Inhalten (Kap. 5.6);

– Formulierung eines Leitziels und dessen konkrete Beachtung bei der Ausarbeitung von Themen (Kap. 3.2);

– Formulierung von Lehrzielen (Lernzielen) zu

den einzelnen Themen bzw. Unterrichtseinheiten (Kap.4);
– biologische Themen werden mit anderen Inhalten zu Unterrichtseinheiten zusammengefaßt;
– Themen sollen nicht nur einmal unterrichtet, sondern nach dem Spiralprinzip auf höherer intellektueller Ebene erneut aufgegriffen werden. Ein für Biologieunterricht besonders wichtiger Gesichtspunkt, da viele seiner Inhalte von der rein beschreibenden bis zur kausalanalytisch/molekularen Ebene eine sich ständig differenzierende Betrachtung zulassen.
– Im Zuge der Veränderung der gesamten Schulstruktur schlug ROBINSOHN, aber ebenfalls der „Deutsche Bildungsrat" vor, einheitliche Lehrpläne für alle Schulformen zu entwickeln. Einige Bundesländer folgten diesem Vorschlag, aber es ist, so weit bekannt, bis heute nicht untersucht worden, ob Schüler verschiedener Schulformen auf diese Weise genügend gefordert und gefördert werden.

Kritik an ROBINSOHN wurde vor allem von den Vertretern eines vorwiegend an der Struktur der Wissenschaft Biologie oder an der Taxonomie der Lebewesen ausgerichteten Biologieunterrichts vorgetragen (s. dazu vor allem Kapitel. 5.6). Verfechtern eines Strukturansatzes „Existenzbiologie" gingen dagegen ROBINSOHNS Vorschläge nicht weit genug (s. Kap. 3.7).

Weitere Kritik an der Curriculumreform und auf dieser Basis entwickelter Lehrpläne gibt es reichlich; in verschiedenen Kapitel, besonders in 5.6, wurde auf sie eingegangen. Diese Kritik beruht wohl zum Teil auch darauf, daß man zu große Hoffnungen auf eine Verbesserung des Unterrichts durch neue „Curricula" gesetzt hatte – die schon deshalb scheitern mußte, weil sich die äußeren Bedingungen nicht oder kaum geändert hatten.

Es wird aber schwerlich jemand bezweifeln, daß ein Lehrplan aufgrund gut bedachter, möglichst intersubjektiver Prinzipien entwickelt werden sollte – und nicht „intuitiv", nach den subjektiven Vorstellungen einer kleinen Personengruppe.

Begriffe: ROBINSOHN-Modell, Objektivierung von Lehrplänen, Spiralcurriculum

6.3 Ein mögliches Ableitungsmodell für einen Lehrplan

Auch wenn man eine Übereinkunft über ein Leitziel voraussetzt, ist es bei der Vielzahl der notwendigen Entscheidungen einerseits und die Vielfalt der Themen andererseits nicht möglich, daraus Lerninhalte stringent und somit verbindlich abzuleiten (z. B. BLANKERTZ 1970: 19). Zugleich muß man es als unbefriedigend bezeichnen, wenn Verfasser von Lehrplänen heute meist nur wenige Anmerkungen machen, wie sie zu ihren Lehrplanentscheidungen und -inhalten gekommen sind. Es ist vielmehr erstrebenswert, ja notwendig, Verfahren zu suchen, bei denen die einzelnen Setzungen und Entscheidungen erkennbar und nachprüfbar sind. Denn *ein solches Schema oder ein solches Konzept ... ist Voraussetzung für jegliche theoretisch begründete Curriculumarbeit* (ROBINSOHN 1969: 635). Ohne ein Ableitungssystem ist ein Lehrplan kaum zu beurteilen; man weiß nicht, mit welcher Absicht eine bestimmte Themenauswahl getroffen wurde.

Ausgehend von den beiden Lehrplänen, die bislang die (im deutschsprachigen Raum) ausführlichsten und am genausten begründeten Ableitungs-Schemata aufweisen (s. DYLLA 1974), dem schon mehrfach erwähnten „Rahmenplan des Verbandes Deutscher Biologen für das Schulfach Biologie 1973" und den „Hessischen Rahmenrichtlinien Biologie für die Sekundarstufe I" soll ein mögliches, modellhaftes Ableitungsschema vorgestellt werden (BERCK 1975a), das nach seiner Publikation u. W. keinen Widerspruch gefunden hat. Es hat folgende Elemente (die folgenden Ziffern beziehen sich auf entsprechende Angaben in Abb. 5):
1. Es wird ein Leitziel formuliert.
2. Es werden für die folgende Auswahl von Inhalten die drei Entscheidungsfelder (W) Wissenschafts-, (I) Schüler- und (G) Gesellschaftsrelevanz berücksichtigt.
3. Es werden die Themen als besonders wichtig vorausgesetzt, die möglichst alle drei Bereiche grundsätzlich enthalten, im Überschneidungsbereich dieser drei Felder liegen.
4. Es wird davon ausgegangen, daß zu so gewonnenen Themen die Situationen ausgesucht werden, in die Schüler und zukünftige Erwachsene kommen können, in denen sie biologisches Wissen benötigen (Situationsanalyse).
5. Da die Anzahl solcher Situationen groß und damit unüberschaubar ist, werden sie zu Situa-

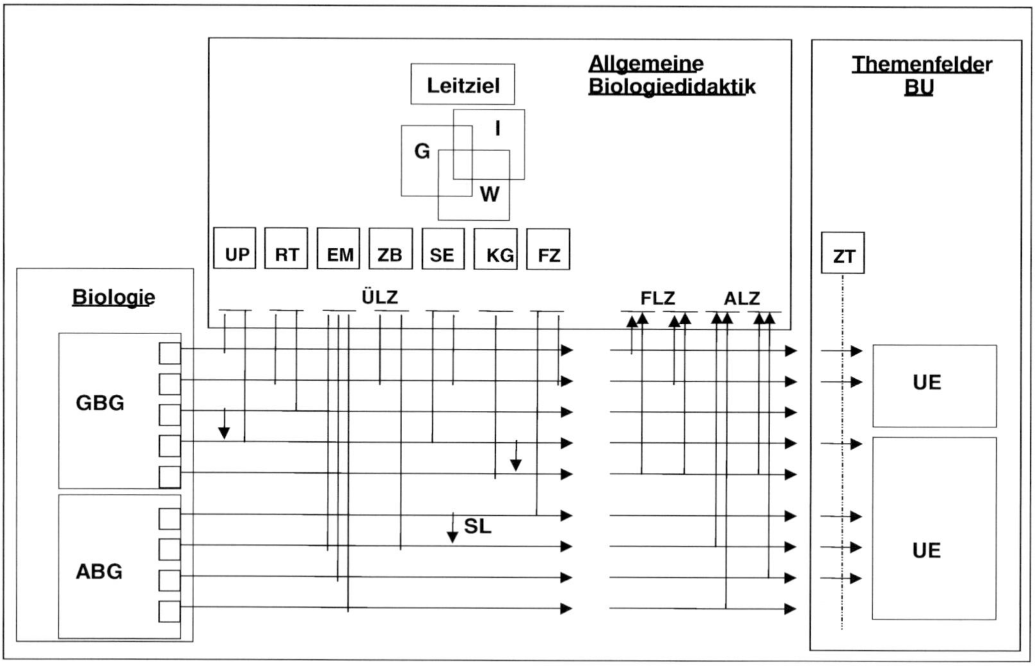

Abb. 5: Mögliches Ableitungs-Schema für einen Biologie-Lehrplan; Einzelheiten und Abkürzungen s. Text.

tionsfeldern zusammengefaßt; dabei kann deren inhaltliche Überschneidung in Kauf genommen werden. Folgende Situationsfelder sind bisher gefunden worden: (UP) Umweltplanung, (RT) Rückwirkungen der Technik auf den Menschen, (EM) Auswirkungen der Zivilisation und Entwicklung der Menschheit, (ZB) zwischenmenschliche Beziehungen, (SE) Sexualität, (KG) körperlich-seelische Gesundheit, (FZ) Freizeit.

6. Zu jedem Situationsfeld wird eine Anzahl übergeordneter Lehrziele oder Grobziele (ÜLZ, auch als Globalziele bezeichnet) formuliert.

7. Zu jedem Grobziel wird eine Anzahl von Kognitiven Lehrzielen formuliert, die dann im Unterricht behandelt werden (falls sie nicht wegen zu geringer Unterrichtszeit wegfallen müssen).

8. Diesen Kognitiven Lehrzielen stehen grundlegende Wissensgebiete (GBG) der Allgemeinen Biologie gegenüber, wie z. B. Zellenlehre, Genetik, Ökologie, Abstammungslehre, mit ihren wesentlichen Begriffen und Aussagen.

9. In einem Raster wird ermittelt, welche der biologischen Begriffe und Aussagen benötigt werden, um die vorher festgelegten Kognitiven Lehrziele zu erreichen.

10. Dabei ist die Aufnahme weiterer, von der Biologie her gesehen unter Umständen eher peripherer Themen (ABG) erforderlich (z. B. Gesundheit am Arbeitsplatz, gesellschaftliche Aspekte der Biotechnologie).

11. In vielen Fällen müssen biologische Inhalte aus sachlogischen Gründen (SL) aufgenommen werden, ohne daß sie unmittelbar zum Erreichen von Kognitiven Lehrzielen erforderlich sind – da ohne ein solches Basiswissen die Schüler die ausgewählten Themen nicht verstehen können. Daraus können auch selbständige Unterrichtseinheiten resultieren, die ohne unmittelbaren Bezug zu Grobzielen sind.

12. Eine Wichtung der ausgewählten Inhalte ergibt sich daraus, daß manche für die unterrichtliche Realisierung mehrerer Kognitiver Lehrziele benötigt werden (man denke nur daran, in wie vielen Fällen ökologische Kenntnisse benötigt werden) oder als Basiswissen unabdingbar sind. Das heißt, Inhalte (Begriffe, Aussagen) mit hoher Gewichtung sind unverzichtbar.

13. Damit bestimmte Lehrziele und Inhalte erreicht werden können, ist die Schulung spezieller formaler (FLZ) oder psychomotorischer Fähigkeiten wichtig. Es sollte eine Liste solcher Fähigkeiten aufgestellt werden, die im Biologieunterricht geübt werden müssen. Anschließend wird geprüft, bei welchen Inhalten sie am besten geschult werden können. – Da Formale Lehrziele bei unterschiedlichen Themen trainiert

werden können, dienen sie folglich nicht als primäre Kriterien der Themenwahl.
14. Entsprechend muß bei allen Inhalten geprüft werden, auf welche Affektiven Lehrziele (ALZ) zugleich eingegangen werden sollte.
15. Die so ausgewählten Inhalte werden schließlich zu (UE) Unterrichtseinheiten zusammengefaßt – wobei der durch die Unterrichtszeit vorgegebene (ZT) „Zeitfilter" das schwerwiegendste Auswahlkriterium ist.
16. Das Problem der Abfolge (Sequenzierung) der Unterrichtseinheiten ist auch mit diesem Ableitungsmodell nicht gelöst. Dazu könnte ein System aufeinander aufbauender biologischer Begriffe (Kap. 6.4) dienen – das es jedoch noch nicht gibt.

Zum besseren Verständnis soll an einem Beispiel für den Biologieunterricht in einer 5. Klasse gezeigt werden, wie bei der Anwendung dieses Ableitungssystems vorgegangen werden kann. Die genannten ersten vier Punkte sind allgemeine Voraussetzungen, so daß sich ihre Ausführung am Beispiel erübrigt.
5. Aus den sieben angegebenen Situationsfeldern wird als Beispiel „Körperlich-seelische Gesundheit" gewählt.
6. Zu diesem Situationsfeld läßt sich unter mehreren möglichen übergeordneten Lehrzielen oder Grobzielen z. B. formulieren: Grundregeln einer gesunden Ernährungsweise angeben und begründen können.
7. Dazu Beispiele für konkrete Kognitive Lehrziele: Den Unterschied zwischen verschiedenen Nahrungsmitteln und den in ihnen enthaltenen Nahrungsstoffen sowie Nährstoffen angeben können; die Gruppen der Nährstoffe mit Beispielen nennen können; wissen, daß Vitamine in geringen Mengen in Nahrungsmitteln enthalten sind, daß das Fehlen von Vitaminen Mangelerkrankungen hervorrufen kann; Beispiele für Speisen nennen können, die notwendige Nährstoffe und Vitamine enthalten; Beispiele für Werbung angeben können, die unsere Eßgewohnheiten beeinflussen können bzw. möchten.
8. Grobziel und Kognitive Lehrziele erfordern die Berücksichtigung des biologischen Bereichs „Ernährung und Verdauung"
9. Die biologische Begriffe, die zum Verständnis der Lehrziele zu diesem Thema z. B. in der Primarstufe erforderlich erscheinen, werden auf Seite 205 angegeben.
10. „Werbung", „Beeinflußbarkeit durch Werbung", „Werbesprüche" sind zum Beispiel außerbiologische Sachverhalte, die aber Biologieunterricht an dieser Stelle wohl kaum außer Acht lassen kann, wenn er eine Änderung der Ernährungsgewohnheiten erreichen möchte.
11. Eine Gewichtung der Inhalte kann an dieser Stelle nicht vorgenommen werden, da dazu eine vollständige Auflistung aller Lehrziele, der zugehörigen Begriffe und Aussagen erforderlich ist. Deutlich ist jedoch, daß Begriffe wie Nährstoff, Vitamin, Kohlenhydrat, Fett, Eiweiß in mehreren Zusammenhängen benötigt werden.
13. Von möglichen Formalen bzw. Psychomotorischen Lehrzielen können in diesem Zusammenhang „Nachweismethoden" angewandt und geübt werden, z. B. Fehlingsche Probe, Jodlösung-Probe, Fettfleck-Methode.
14. Anzustrebende Affektive Lehrziele sind z. B.: Ein Bewußtsein für den Zusammenhang zwischen einer bestimmten Ernährungsweise und der eigenen Gesundheit/Krankheit entwikkeln; ein kritisches Bewußtsein gegen beabsichtigte Verführungen zum Konsum bestimmter Süßigkeiten, Getränke usw. entwickeln.
15. Ob man in diesem Zusammenhang eine eigene Einheit „Nahrung und Ernährung des Menschen" im Unterricht vorsehen kann oder die eher globale „Ernährung und Verdauung" muß nach Maßgabe der vorhandenen Zeit entschieden werden.

Das vorgestellte Modell eines Ableitungssystems für einen Lehrplan ist kompliziert. Aber eine solche Arbeit ist auch schwierig und langwierig, wenn ein begründeter Lehrplan entwikkelt werden soll.

Begriffe: Ableitungssystem, Situationsfeld, Grobziel (Globalziel, übergeordnetes Lehrziel), Unterrichtseinheit, Sequenzierung

6.4 Sequenzierung von Inhalten für den Biologieunterricht

Mögliche Situation: Immer häufiger wird von Schulen bzw. von Lehrern verlangt, daß sie einen eigenen Schul-Lehrplan für den Biologieunterricht aufstellen, der einen landeseinheitlichen Plan ersetzen oder zumindest ergänzen soll. U. a. stellt sich dabei die Frage, auf Grund welcher Prinzipien die Abfolge der Inhalte festgelegt wird. Ähnliches gilt aber auch immer dann, wenn man eine Unterrichtseinheit (s. Kap. 10.2) entwickelt.

1. Einleitung

Die wichtigste und erste Entscheidung bei der Entwicklung eines Lehrplans ist die Auswahl des zugrundeliegenden Strukturansatzes (Kap. 5.1), also die Verwendung eines grundlegenden Filtersystems. Dann müssen die ausgewählten und aufgeteilten Inhalte in eine zeitliche Reihenfolge gebracht werden (Sequenzierungssystem). Hier wird der Terminus „Sequenzierung" gegenüber dem ebenfalls möglichen Terminus „Stoffanordnung" vorgezogen, weil letzterer bereits anders besetzt ist (s. Kap. 5.1). Erstaunlicherweise beschäftigen sich die Autoren von Strukturansätzen ausführlich mit Filtersystemen, dagegen kaum mit der Frage nach der Sequenzierung.

Bis zur Curriculumreform bzw. im Biologieunterricht, der sich vorwiegend an OTTO SCHMEILS Ideen orientierte, war die Festlegung der Reihenfolge relativ unproblematisch. Die Logik der Abfolge wurde durch die Taxonomie (weitgehend) vorgegeben (Kap. 5.2): Der Biologieunterricht der Klassen 5–9 folgte im wesentlichen der biologischen Systematik. Bei menschenkundlichen Themen wurde die Struktur der medizinischen Lehrbücher zur Sequenzierung herangezogen.

Bei allen Strukturansätzen, die sich nicht an der biologischen Taxonomie orientieren, ist die Frage, nach welchen Prinzipien die Themen aufeinander folgen sollen, ungleich schwerer zu beantworten. Diese „willkürliche Abfolge der Themen" wurde in den 70er Jahren als Kritikpunkt an den neuen Lehrplänen vorgebracht. Es handelt sich hierbei um ein wichtiges Problem, dessen Lösung dringend gesucht werden muß, denn:

- Eine hinlänglich einheitliche Sequenzierung (wenigstens zu einem Strukturansatz) wäre in Hinsicht auf Einheitlichkeit von Biologieunterricht und Schulbücher notwendig.
- Vor allem aber ist eine einheitliche Sequenzierung Voraussetzung für einen aufbauenden Biologieunterricht, dessen wir dringend bedürfen (s. Kap. 18.2.6). Nicht umsonst wird das schlechte biologische Wissen von Schulabgängern immer wieder beklagt.

2. Lösungsansätze

In den gängigen deutschsprachigen Lehrbüchern der Biologiedidaktik findet man so gut wie nichts über die Behandlung des Sequenzierungsproblems. Wegen seiner Bedeutung sollen Vorschläge, die es dazu gibt, ausführlicher erörtert werden.

Schon 1964 hat sich SIEDENTOP (1965) mit „Grundsätzen der Stoffanordnung" auseinandergesetzt. Er benennt dabei einige Prinzipien: „Vom Leichten zum Schweren", „vom Nahen zum Fernen", „vom Besonderen zum Allgemeinen", „an die geistige Stufe der Entwicklung angepaßt ...".

Ausführlicher mit der Sequenzierung der Themenabfolge nach der Phase der Orientierung an der Taxonomie hat sich im deutschen Sprachraum wohl zuerst MÜLLER (z. B. 1973) beschäftigt. Seine sogenannten „Oberprogramme mit Netzplancharakter" (die man heute wohl als Begriffsnetze bezeichnen würde, Kap. 10.8) beziehen sich jedoch stets auf Einzelthemen (etwa "Honigbiene", „Verdauung beim Menschen"), da die staatlich vorgegebenen Themen und deren Abfolge in der früheren DDR nicht in Frage gestellt werden durften. Zu jedem dieser Themen sucht er zentrale Begriffe, Fakten, Gesetze aus und bringt sie in Netzwerke, aber Begriffe spielen dabei die Hauptrolle. Stets ist für ihn dabei die „Sachlogik des Biologiestoffes" zentrales Anliegen. Zusätzlich spielen Fachverbindungen, materielle Bedingungen, methodische Realisierbarkeit, psychogenetische Bedingungen u. a. eine Rolle. In der konkreten Realisierung ist allerdings von diesen Kriterien neben der „Sachlogik" wenig zu erkennen. Ob die von ihm und seiner Arbeitsgruppe entwickelten „Oberprogramme" für den Biologieunterricht geeignet sind, wurde durch Überprüfung im Unterricht ermittelt.

Die Ähnlichkeit des Vorgehens in anderen Ländern zeigt folgendes Beispiel: In den Lehrplänen für die achtjährige Schule 1970/71 des Ministeriums für Volksbildung der UdSSR findet sich folgende Passage: *Die Auswahl des Materials in allen Abschnitten der Schulbiologie ist unter Berücksichtigung der allmählichen Bildung der biologischen Grundbegriffe durchgeführt worden* (KUCHENBECKER 1978: 132). Wie dies im einzelnen geschieht, wird allerdings nicht deutlich.

Der „Rahmenplan des Verbands Deutscher Biologen für das Schulfach Biologie 1987" (BERCK & GRAF 1987c:9) richtet sich an folgendem Prinzip aus: *Die Vermittlung grundlegender biologischer Kenntnisse, die für ganz bestimmte Lebenssituationen von Bedeutung sind, erfordert ... einen weithin von der Sachlogik der Biologie bestimmten Aufbau des Unterrichts.* Es bleibt offen, was diese denn wohl sein könnte.

Es ist zudem fraglich, ob es diese, so allgemein formuliert, überhaupt gibt.

KLAUTKE (1974b: 543) nennt einige Grundsätze für die Stoffanordnung im Biologieunterricht. Zunächst stellt er fest, daß die wissenschaftliche Systematik bei der Sequenzierung nur begrenzt Impulse geben kann. Er nennt neben der Systematik physiologische Grundphänomene (wie Atmung oder Gärung) als für höhere Klassen geeignete Leitlinien. Darüber hinaus sollten entwicklungspsychologische Gegebenheiten berücksichtigt werden. Seiner Auffassung nach ist die entscheidende Frage: *Welche Stoffe müssen bzw. sollten zweckmäßigerweise vorausgegangen sein, um darauf aufbauend das jetzige Gebiet ökonomisch 'durchzunehmen' und optimal verständlich zu machen, welche Stoffgebiete sollten sich anschließen, um rationell und effektiv unterrichten zu können?*

Ausführlicher besprechen RABINOWITZ & SCHUBERT (1991) das Problem. Ähnlich wie schon SIEDENTOP (s.o.) diskutieren sie die Möglichkeit, Kriterien wie „vom Einfachen zum Komplexen", „vom Konkreten zum Abstrakten", „Vorwissen der Schüler" und im Anschluß an BRUNER „Sachlogik des Faches" (structure of discipline) für die Sequenzierung zu verwenden. Sie kommen zu dem Ergebnis, daß keines dieser Kriterien bislang eine befriedigende Lösung bietet.

Fünf verschiedene Möglichkeiten schlagen POSNER & RUDNITSKY (1994) vor: Orientierung an der Struktur der Welt, den Begriffen einer Wissenschaft, den Forschungsmethoden, am Lernprozeß der Schüler, an der Anwendung des Wissens. Im wesentlichen schlagen sie als Schlußfolgerung vor, daß jeder Lehrer die für seine Schüler und seinen Stoff geeignete Methode herausfinden muß. Ein solcher Vorschlag muß jedoch für die Konstruktion eines Lehrplans und aus den weiteren genannten Gründen unbefriedigend bleiben.

Zusammenfassend kann gesagt werden: Sofern es überhaupt Versuche gibt, sich mit der Sequenzierung zu befassen, geschieht dies bislang eher kursorisch, in der Regel mit dem Hinweis auf die „biologische Sachstruktur". Diese kann es neben der biologischen Taxonomie, wenn überhaupt, wohl nur in zweierlei Hinsicht hinlänglich objektivierbar geben (GRAF & BERCK 1998):

– Ausgehend von der Kompartimentierung von Lebewesen (Zelle, Organ, Organsystem etc.) zu ihrer Sozialisierung (inklusive Umwelt);

– oder unmittelbar (was mit dem Vorherigen eng verknüpft ist) über eine „Begriffsorientierte Sequenzierung".

Es ergibt sich die Erkenntnis: Offenbar gibt es nach heutigem Wissen für den Biologieunterricht (falls er nicht dem System der Lebewesen folgt) überhaupt nichts anderes an logischen Prinzipien, begründbaren Kriterien für die Sequenzierung von Unterrichtsinhalten als ein aufbauendes Begriffssystem.

3. Sequenzierung von Inhalten im Biologieunterricht

Die „Begriffsorientierte Sequenzierung" kann sowohl bei der Festlegung der Unterrichtsinhalte eines Unterrichtsthemas („Feinsequenzierung") als auch der eines Lehrplans („Grobsequenzierung") hilfreich sein. Die Festlegung der Grobsequenzierung, so theoretisch sie zuerst einmal klingen mag, ist vor allem eines, eine Hilfe für die Schüler, und zwar bei Lehrerwechsel, bei Schulwechsel oder Klassenwechsel eines Schülers, aber auch als Orientierungslinie für Schulbuchverlage etc. Wie weiter unten deutlich wird, muß jedoch die Fein- der Grobsequenzierung vorhergehen.

Dieser Vorschlag zur Sequenzierung wirft wahrscheinlich die „alte" Frage auf (s. Kritik an Lehrzielen. Kap.4.2), ob mit solcher vorgegebener Grob- und erst recht Feinsequenzierung der Lehrende nicht zu sehr festgelegt, der Unterricht in eine Zwangsjacke gepreßt wird. Hierzu muß man erneut feststellen: Die Verbindlichkeit in bezug auf die Behandlung biologischer Themen ist derzeit objektiv und subjektiv gering; vulgo: Jeder kann fast machen, was er will. Dies kann nicht im Interesse der Verbreitung biologischen Wissens und einer sinnvollen biologischen Bildung der Schüler sein.

Mögliche Feinsequenzierungen (Abb. 6) sind immer nur Vorschläge; es gibt stets verschiedene Wege, Ergänzungen sind möglich. Der individuelle Unterrichtsverlauf wird nicht festgeschrieben, sondern nur die Art und Reihenfolge der Begriffseinführung.

Wenn die hier erörterte Art der Feinsequenzierung allgemein angewandt werden würde, könnte dies vermutlich auch ein guter Weg zur Verbesserung des Lernens sein – und zwar ein uralter (s.o.): vom Einfachen zum Komplizierten. Hierzu müssen jedoch in Zukunft empirische Untersuchungen durchgeführt werden.

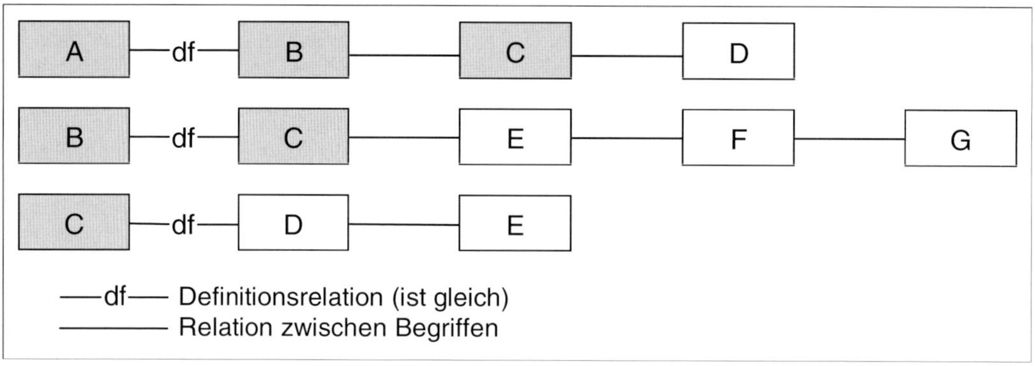

Abb. 6: Modell zur Feinsequenzierung von Begriffen im Biologieunterricht; A – G: Begriffe; graue Hinterlegung: Begriff den Schülern bislang unbekannt; ohne Hinterlegung: Begriff den Schülern bereits bekannt (aus GRAF & BERCK 1998)

4. Feinsequenzierung

Voraussetzung für sinnvolles Lernen biologischer Inhalte ist eine sachgerechte und das Vorwissen der Schüler berücksichtigende Begriffsauswahl (s. Kap. 10.2). Bei der Auswahl der Begriffe innerhalb eines vorgegebenen Strukturansatzes und seiner Unterrichtsinhalte kann nach folgenden Filterkriterien vorgegangen werden (Abb. 6):
– Vorkommen eines Begriffs in Grundbegriffslisten (s. Zusammenstellung bei GRAF 1989a, 1998b).
– Häufigkeit der Begriffe in biologiedidaktischen Materialien (Lehrplänen, Schulbüchern, Unterrichtshilfen etc. (Kap. 10.6).
– Ist der Begriff zum Verständnis der Inhalte notwendig? Bei der Feststellung ist die Verwendung des Mapping-Verfahrens nützlich (s. Kap. 10.8.1, GRAF 1989b).
– Ist der Begriff notwendig, um andere als wichtig angesehene Begriffe verstehen zu können?

Alle ausgewählten Begriffe werden definiert:
1. Definitionen erfolgen in Übereinstimmung mit der Begriffsverwendung in der Biologie. D. h., die Inhalte werden zwar didaktisch auf das den Schülern entsprechende Niveau reduziert, die Begriffe müssen aber sachlich zutreffend sein.
2. Es werden in der Definition nur Begriffe verwendet, die den Schülern mit hinreichender Wahrscheinlichkeit bereits bekannt sind. Dabei werden, so weit möglich, nur Alltagsbegriffe und bereits eingeführte biologische Fachbegriffe benutzt. Alltagsbegriffe sind solche, die besonders häufig außerhalb der Schule vorkommen. Selbstverständlich ergibt sich hierbei immer eine gewisse Unschärfe.
3. Sollte es sich nicht vermeiden lassen, daß in der Definition ein noch unbekannter Begriff auftaucht, so muß dieser ebenfalls definiert werden.
4. Es wird darauf geachtet, daß nach Möglichkeit immer wieder die gleichen Begriffe verwendet werden, um insgesamt mit einer möglichst geringen Anzahl auszukommen (s. Kap. 10.7).
5. Auch Begriffe, die in der Unterrichtseinheit neu eingeführt werden, sollen, wenn möglich, zur Definition nachfolgender biologischer Begriffe herangezogen werden. So werden die neuen Begriffe wiederholt.

Aus den Definitionen ergeben sich mögliche Reihenfolgen bei der Begriffseinführung, in der Regel mehrere.

Im Abgleich mit didaktischen Überlegungen muß daraus im Anschluß eine definitive Reihenfolge der Begriffseinführung festgelegt werden (Abb. 6). Aus dem Beispiel ergibt sich eine eindeutige Reihenfolge. Zuerst sollte Begriff C eingeführt werden, dann B und schließlich A.

5. Grobsequenzierung

Zur Grobsequenzierung kann man folgende Kriterien heranziehen:
– Je höher in einer Unterrichtseinheit der Anteil an Alltagsbegriffen bzw. biologischen Begriffen in Alltagsverwendung, desto früher kann die Einheit unterrichtet werden. Diese Aussage kann auch einfach als Faustregel verwendet werden, wenn ein Lehrer die Abfolge von Unterrichtseinheiten in einem Schuljahr festlegt.
– Müssen in einer Unterrichtseinheit mehrere (viele) biologische Begriffe verwendet werden,

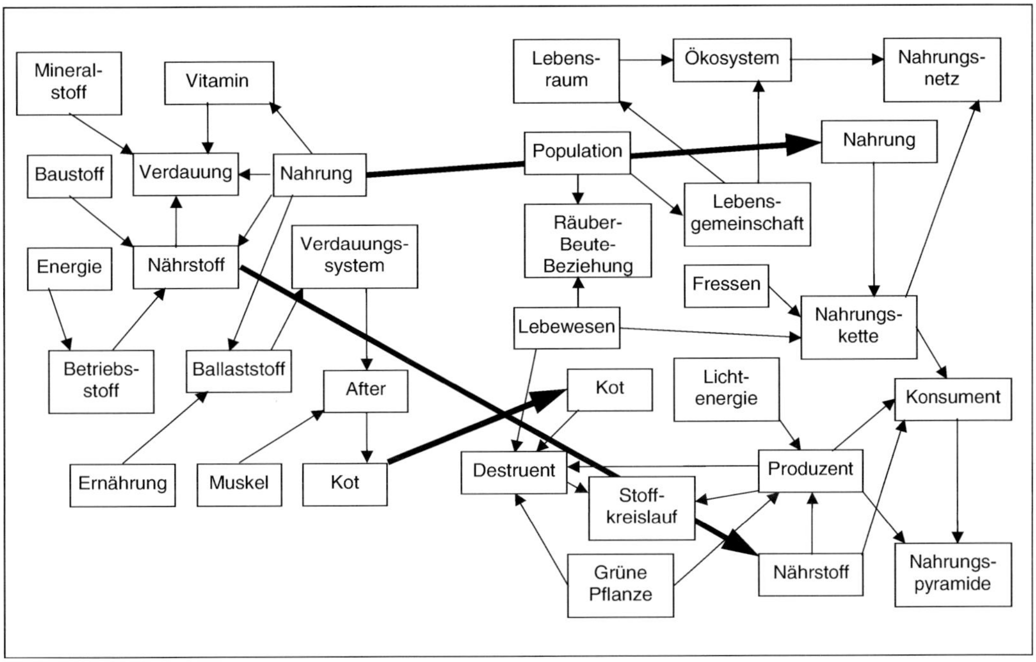

Abb. 7: Teile von Begriffsnetzen zu den Themen „Verdauung und Ernährung" sowie „Ökologie"; drei Begriffe aus dem ersten Themenbereich werden im zweiten wieder verwendet (dicke Pfeile); die dem Begriffsnetz zugrundeliegenden Definitionen finden sich bei GRAF (1989b); aus GRAF & BERCK (1998).

die zu einem nicht zentral von dieser Unterrichtseinheit berührten biologischen Thema gehören, so muß dieses Thema vorher unterrichtet werden.

Ein Beispiel zeigt Abbildung 7. Drei Begriffe, die zum Themenbereich „Ernährung und Verdauung" gerechnet werden können, werden im Bereich „Ökologie" verwendet. Daraus folgt, daß man sinnvollerweise zunächst den Themenbereich „Ernährung und Verdauung" behandeln sollte. Begriffe, die über Definitionen verbunden sind, werden durch Pfeile verknüpft. Der Begriff an der Pfeilbasis wird zur Definition des Begriffs an der Pfeilspitze verwendet. Die dicken Pfeile weisen auf die Verknüpfung mit dem zweiten Themenbereich hin.

6. Ausblick

Die praktische Umsetzung der „Begriffsorientierten Sequenzierung" für den Biologieunterricht steckt in den Anfängen. U. a. sind Empirische Untersuchungen notwendig, ob damit Lernleistungen erhöht werden können. Lehrer können auch (noch) nicht auf genügend Unterrichtsthemen mit ausgearbeiteten Definitions- und Feinsequenzierungsvorschlägen zurückgreifen, um damit eine abgesicherte Grobsequenzierung der Unterrichtsinhalte für die Sekundarstufe I vornehmen zu können. Aber sie können mit Hilfe dieses Instrumentariums immerhin überprüfen, ob die von ihnen gewählte Abfolge von Unterrichtseinheiten sinnvoll ist.

Auch dieses Verfahren mag manchem zu kompliziert, „zu weit weg vom konkreten Unterricht" erscheinen – aber Biologieunterricht ist kompliziert und erfordert großes biologisches und biologiedidaktisches Wissen und dessen sinnvolle Anwendung. Zugleich sind solche Verfahren zur Verbesserung des Biologieunterrichts früher oder später unumgänglich, damit Biologielehrer ihre Entscheidungen – genau wie Physiker oder Mediziner – wissenschaftlich möglichst gut begründen können.

Begriffe: Sequenzierung von Inhalten, Begriffsorientierte Sequenzierung, Feinsequenzierung, Grobsequenzierung

7 Das Exemplarische Prinzip Wagenscheins

Mögliche Situationen: Schüler unterschiedlichen Alters können z. B. folgendes äußern, was hier in der Originalfassung wiedergegeben wird:
– Naturschutz ist doch alles Mist, so lange Leute in den Kliniken noch auf den Gängen liegen müssen.
– Wieso haben Pornos eigentlich so einen Erfolg?
– Eben habe ich gehört, daß der Mensch geschaffen wurde, aber er stammt doch vom Affen ab.
– Das ist doch eine Bankrotterklärung für die Naturwissenschaften, wenn sie nur Modelle der Welt finden können.

Wie könnte man mit solchen Äußerungen umgehen?

7.1 Das Exemplarische Prinzip – Parameter und Definition

Es geht bei den Zitaten um Grundaussagen zum Verständnis des Menschen und der Welt. Lehrende sollten deren Bedeutung für die Schüler erkennen. Mehr noch: Sie sollten bei der Planung von Unterricht solche Grundaussagen besonders beachten, ihnen viel Zeit widmen und dafür ein eigenes Unterrichtsverfahren wählen. Zudem kann an solchen Beispielen auch eine Grundlage zum Verständnis von Biologie gelegt werden. Dazu kann das Exemplarische Prinzip dienen.

Nach dem Zweiten Weltkrieg wurde Biologie ohne wesentliche Veränderungen so weiter unterrichtet, wie man es vor der Zeit des Nationalsozialismus getan hatte (s. Kap. 17.2). Die Situation hatte sich jedoch in vielerlei Hinsicht geändert. Einer der ersten Versuche am Ende der fünfziger Jahre, dies im Unterricht zu berücksichtigen, war das „Exemplarische Prinzip“.

Eine ganze Reihe von Autoren (wie z. B. Scheuerl 1958, Newe 1963, Gerner 1966, Klafki 1971) hat sich ausführlich zu diesem Thema geäußert. Sie bleiben hier jedoch unberücksichtigt: Biologischen Unterricht haben, wenn überhaupt, vor allem Wagenscheins Vorstellungen beeinflußt. Er war der Ansicht (1962: 6), „das Feld der Biologie könnte geradezu ein Tummelplatz des Exemplarischen sein“. Jedoch: während das Wort „exemplarisch“ bis heute in einer Vielzahl von Aufsätzen und fast unvermeidlich in Lehrprobenentwürfen auftaucht – für den Gesamtkomplex dessen, was Wagenschein als Exemplarisches Prinzip beschreibt, gilt nach wie vor sein Diktum: Es wurde eher ein Begriff als Anlaß zu ernster Erprobung (Wagenschein 1970:6).

Manchem mögen die Vorstellungen Wagenscheins inzwischen als weniger wichtig, gar durch die Curriculumreform als überholt erscheinen. Vergleicht man sie jedoch etwa mit dem „konstruktivistischen Lernen“ (s. Kap. 5.7), erkennt man schnell, daß sie heute nicht nur aktuell, sondern bedeutsam sind. Deshalb werden sie hier ausführlich erörtert.

Zuerst soll versucht werden darzustellen, wie das Exemplarische Prinzip in der Biologiedidaktik zu umschreiben ist. Freilich könnte es darüber unterschiedliche Meinungen geben, da Wagenschein seine Prinzipien oder Parameter im Lauf der Entwicklung seiner Vorstellungen keineswegs einheitlich benutzt hat – ohne daß dies hier im einzelnen belegt werden soll. Mindestens vier Komponenten kann man erkennen:

- das Elementare
- das Genetische
- die Begegnung mit Phänomenen
- das Fundamentale

Der Begriff „Exemplarisches Prinzip“ wird hier definiert, auch wenn Wagenschein (z. B. 1970 : 11f.) selbst äußerst vorsichtig mit einer präzisen Festlegung war. Es wird darunter ein Verfahren der Themenauswahl und des Unterrichtens verstanden, das (möglichst) die vier Komponenten des Elementaren, Genetischen, Fundamentalen und der Begegnung mit Phänomenen zugleich berücksichtigt.

Im folgenden werden zuerst die vier Parameter erörtert und mit zwei (stets erneut aufgegriffenen) Beispielen illustriert.

7.2 Das Elementare

Werden Themen im Biologieunterricht wirklich nach dem Exemplarischen Prinzip unterrichtet, so sollten sie „elementar" sein. D. h., sich auf für eine Wissenschaft wesentliche, grundlegende Aussagen, Erkenntnisse oder Einsichten beziehen (s. den Begriff Wissenschaftsrelevanz). Dazu also die zwei angekündigten Beispiele:

1. Der Artbegriff ist grundlegend für das Verständnis der Einteilung von Lebewesen, der Systematik und der Evolution von Organismen. Bei der Behandlung dieses Begriffs darf seine Problematik, d. h., daß er in vielen Fällen nur bedingt gilt, nicht unterschlagen werden.
2. Ohne eine gründliche Kenntnis des Homologiebegriffs (Berck 1970) erscheint ein Verständnis des „Das" der Evolution – also der Beweis, daß es sie gibt – nicht möglich. Bemerkenswert ist, daß dieser Begriff in vielen Schulbüchern unzulänglich, mit der Gefahr des Zirkelschlusses dargestellt wird.

Eine Analyse, welches die grundlegenden Begriffe der Biologie sind (s. Kap. 10), erscheint gut geeignet, die wichtigsten elementaren Themen und Aussagen aufzuspüren (Graf 1989a). Die so häufig zu findende Bezeichnung, etwa die Kirschblüte sei „exemplarisch" für den Bau einer Blüte, ist in diesem Sinn unzutreffend und sollte besser durch „beispielhaft" ersetzt werden. Freilich kann man niemanden daran hindern, so zu verfahren, da „exemplarisch" für „beispielhaft" offenbar schon länger verwendet wird, als es das Exemplarische Prinzip gibt. Auch die in diesem Zusammenhang oft zu lesende Aussage, wonach das Exemplarische Prinzip mit „Mut zur Lücke" mehr oder minder gleichgesetzt wird, trifft den Kern der Sache nicht.

7.3 Das Genetische

Es ist eine alte Erkenntnis, daß Themen möglichst „genetisch" unterrichtet werden. Nicht immer völlig, aber in etwa synonym hierzu sind: forschend-entwickelndes oder fragend-entwikkelndes, induktives-deduktives, problemlösendes Verfahren, didaktische Induktion (s. Memmert 1970), kreatives Lernen, in etwa auch: Entdekkendes Lernen. Es erscheint dringend geboten angesichts dieser Bezeichnungsvielfalt, sich auf einen Namen für denselben Begriff festzulegen – schon um Verwirrungen zu vermeiden. Die Bezeichnung „genetisch" erscheint besonders geeignet, da sie die Inhalte der anderen und weiterer Synonyme (s. u.) weitgehend umfaßt.

Man kann den Vorgang des genetischen Lernens mit dem Satz beschreiben: Die Lernenden sollen die Wahrheit vor ihren Augen wachsen sehen. Oder: Wann immer möglich, sollen die Schüler biologische Erkenntnisse selbst herausfinden. Wenn Wagenschein (1970: 77) in diesem Zusammenhang auch die Bezeichnung „sokratisch" benutzt, so mag dies seinen Ursprung darin haben, daß z. B. im Mathematikunterricht genetisches Vorgehen vor allem mit Hilfe der provozierenden, kreativen Frage erfolgen kann. Diese Möglichkeit gibt es durchaus auch im Biologieunterricht (s. z. B. Impulsfrage, Kap. 14.4). „Genetisch" sollte hier jedoch in der Regel bedeuten, daß von Beobachtungen, Experimenten, Quellen u. a. ausgegangen wird. Naturwissenschaftler setzen voraus, daß man keineswegs alles mit Hilfe einer Frage „aus dem Kopf herausholen" kann, sondern daß man zur Lösung von Fragen der Beobachtung, des Experiments bedarf. In Kapitel 13.3.3 werden Befunde erörtert, die die Effektivität des genetischen Lernens durch Experimentieren zum Inhalt haben; s. ebenfalls Kapitel 13.7.

Genetisches Lernen läßt sich auf die bereits angegebenen Beispiele „Art" und „Homologie" etwa folgendermaßen anwenden:

– Artbegriff: „In der Natur" finden wir nur Individuen, einzelne Pflanzen und Tiere. Das Erstaunliche ist, daß sich (fast) alle zu Gruppen zusammenfassen lassen, die wir Arten nennen. Anhand nahe verwandter Pflanzenarten (z. B. etwa Glockenblumen oder Ahornarten) läßt sich das Charakteristikum einer Art von den Schülern finden. Es bedarf dann der Untersuchung und Reflexion, warum es Arten überhaupt gibt und welche adaptive und evolutionäre Bedeutung ihnen zukommt.

– Homologiebegriff: Auch die Beschäftigung mit Evolution kann bzw. sollte von einer Beobachtung ausgehen. Vergleicht man z. B. ein Menschen- und ein Affenskelett (man kann dies durch die Betrachtung von Modellen von Cytomchrom-a-Molekülen verschiedener Tierarten ergänzen), so springt die große Übereinstimmung ins Auge. Fast immer findet eine Gruppe von Lernenden selbst die Frage, welche denkbaren Erklärungsmöglichkeiten es dafür gibt. Daraufhin ist zu untersuchen, welche davon biologisch akzeptiert und welche widerlegt werden können.

Es gibt wohl kaum einen Lehrenden oder Biologiedidaktiker, der nicht genetischen Unterricht fordern würde. Warum diesem Postulat manchmal eine andere Realität gegenübersteht, hat verschiedene Ursachen. Erwähnt sei, daß schon WAGENSCHEIN darauf hingewiesen hat, daß es bereits im Studium erforderlich wäre, mehr „genetisch ausgerichtete" Veranstaltungen anzubieten. Studierende sollten nicht nur „fertiges Wissen" erwerben, sondern auch eine Vorstellung davon haben, wie man zu diesem Wissen gekommen ist.

WAGENSCHEIN hat erkannt, daß bei geringer Unterrichtszeit (eine Situation, die sich immer mehr verschärft) ein durchgehend genetischer Unterricht nicht möglich ist, wenn ein gewisser Überblick über notwendiges Wissen nicht auf der Strecke bleiben soll (s. z. B. SIEDENTOP 1968: 47). Davon ist Biologieunterricht besonders betroffen, da er eine Fülle von für die Schüler wesentlichen Inhalten zu vermitteln hat.

Dafür hat WAGENSCHEIN neben anderen Vergleichen das Bild von der Brücke benutzt: Einerseits ist es erforderlich, daß eine Brücke Pfeiler hat, die sie tragen, andererseits müssen diese miteinander durch die Brückenauflage verbunden werden. Dieses Bild entspricht dem Wissen, das durch das Exemplarische Prinzip vermittelt und dem weiteren Grundwissen, das durch andere, „herkömmliche" Verfahren des Unterrichts erworben wird. Wer den Biologieunterricht in seiner Zeitnot betrachtet, kann nicht umhin, dort diese Art des Erkenntnisgewinns für die realistische zu halten. Zugleich möchte man die Berufung auf die geringe Unterrichtszeit doch eher als problematisch bezeichnen, wenn auf die Beachtung des Exemplarischen Prinzips völlig verzichtet wird. Es fehlt dann das Fundament.

7.4 Exkurs: Entdeckendes Lernen

Es ist sehr die Frage, ob zwischen dem „Genetischen" im Sinne WAGENSCHEINS, „Entdeckendem Lernen", auch „Konstruktivistischem Lernen" (und einer weiteren Vielzahl oben bereits angeführter Begriffe) – überhaupt wesentliche Unterschiede bestehen. Alle Verfahren wollen jedenfalls Ähnliches: Schüler aktiv an der Erarbeitung von Wissen beteiligen und Wissen mit Alltagsbezügen verknüpfen. Wenn dennoch die Argumente für Entdeckendes Lernen ausgebreitet werden, dann vor allem wegen der häufigen Verwendung dieses Begriffs.

In der Lernpsychologie und im Anschluß daran auch in der Biologiedidaktik gibt es etwa ab 1960 (BRUNER 1966, [deutsch 1970], 1973) eine viele Jahre andauernde Diskussion über Vor- und Nachteile des „Entdeckenden Lernens".

BRUNER stellt u. a. folgende Vorteile des Entdeckenden Lernens heraus: Alles wirkliche Wissen des Menschen ist selbstentwickelt; nur solches Wissen ist persönlich bedeutsam und wird folglich besser behalten; dadurch entsteht Motivation, Interesse und Befriedigung; intellektuelle Fähigkeiten, Problemlösefähigkeiten u. a. werden gefördert.

AUSUBEL (1973) u. a. stellen Gegenargumente zusammen, die gegen Entdeckendes Lernen sprechen; z. B.: Zeitmangel; Tests zeigen nicht die Ergebnisse, die erwartet werden; das meiste, was man weiß, stammt aus Erkenntnissen, die andere bereits gefunden haben; Hauptziel der Ausbildung ist der Erwerb von Wissen; es existiert kein Beweis, daß selbstentdeckte Einsichten besser behalten werden als von anderen erlernte.

SCHWAB (1962: 71) vertritt aufgrund umfangreicher eigener Erfahrungen die Meinung: *Entdeckendes Lernen ist nicht die einzige Methode des Unterrichtens und nicht notwendigerweise die wünschenswerte für alle Klassen und alle Schüler. Von den zwei möglichen Verfahren sollte dem ersten der Vorrang eingeräumt werden.*

In jedem Fall ist entsprechendes Hintergrundwissen erforderlich – dessen Umfang die Lehrerin kennen muß – sonst wird Entdeckendes Lernen uneffektiv und führt zu schlichtem Raten.

In der angloamerikanischen Literatur wird zwischen zwei Verfahren des Entdeckenden Lernens unterschieden (s. SCHWAB 1962: 71, COLLETTE & CHIAPETTA 1994: 86): 1. „Science as inquiry" (auch „enquiry"); dem entspricht weitgehend „discovery learning"; d. h., Forschungsstrategien der Wissenschaft erkennen und nachvollziehen; lernen wie naturwissenschaftliche Erkenntnis zustande kommt. 2. „Activity of inquiring", selbst forschungsanaloge Untersuchungen anstellen.

Eine weitere spezifische Form des Entdeckenden Lernens wird vor allem in den USA verwendet und erforscht (Zusammenfassung bei ABRAHAM 1998): die Methode des „learning cycle approach" mit den Schritten *„E>I>A"* (E – Exploration, I – Invention, A – Application). Fast genau das entsprechende Verfahren haben FREYTAG et al. (1974) schon früher vorgeschlagen.

Dies bedeutet: Schüler sammeln zuerst Erfahrungen über einen Sachverhalt, der eingeführt werden soll, und zwar anhand von Experimenten oder anderen Materialien; dann werden vom Lehrer und den Schülern die gesammelten Daten besprochen und mit deren Hilfe neue Inhalte eingeführt; schließlich werden die so gelernten Inhalte an Beispielen trainiert. Viele Variationen dieses Verfahrens wurden überprüft; vor allem hat sich die Aufnahme einer einleitenden „Vermutungsphase" bewährt. Zahlreiche empirische Untersuchungen ergaben zwar unterschiedliche Ergebnisse über die Effektivität dieser Methode; es überwiegen aber positive Befunde. Deshalb wird Lehrerinnen empfohlen, Material bzw. Experimente zu verwenden, die einen solchen „learning cycle" ermöglichen.

Obwohl abschließende empirische Befunde (s. z. B. Sonderheft des Journals of Research in Science 1983, WHITE & TISHER 1985, Kap. 5.7) trotz zahlreicher Untersuchungen kaum vorliegen, kann man davon ausgehen, daß Genetisches Lernen, Entdeckendes Lernen in bezug auf Behalten von Wissen, Motivation und Interesse, Problemlösefähigkeit und Erlernen von Forschungsstrategien erhebliche Vorteile hat. Zumindest einfache Versionen dieser Lehrform verwenden Biologielehrer schon lange, sie dürften heute die Regel sein. Dabei kann die Beachtung der von SUCHMAN vorschlagenen Schritte (nach COLLETTE & CHIAPETTA 1994) im konkreten Unterricht nützlich sein (ähnlich auch Kap.13.3.3):

- Fordere die Schüler auf, Fragen zu stellen, die der Lehrer mit „ja oder nein" beantwortet.
- Die Schüler sollen zu einem Problem möglichst viele Fragen stellen.
- Ihre Fragen selbst überprüfen, dazu genug Zeit haben.
- Dazu steht den Schülern (je nach Problem unterschiedliches) Material zur Überprüfung ihrer Fragen bzw. Hypothesen zur Verfügung.

Man erkennt leicht, daß das Prinzip, „die Schüler sollen die Wahrheit vor ihren Augen wachsen sehen" (um WAGENSCHEIN zu zitieren) oder auch „sie sollen die Wahrheit selbst vor ihren Augen wachsen lassen" immer wieder in ähnlicher oder gleicher Weise vorgetragen wird. Wenn es – fast redundant – mehrmals erörtert wird, hat dies seinen Grund darin, daß es unter verschiedenen Bezeichnungen in der Biologiedidaktik verwendet wird, die nicht unbeachtet bleiben können. Zugleich wird dafür plädiert, die schon früh eingeführte Bezeichung „Genetisches Lernen" dafür zu verwenden.

Begriffe: Genetisches Lernen (forschend-entwickelndes, fragend-entwickelndes, induktives-deduktives, problemlösendes, kreatives Lernen, didaktische Induktion), handlungsorientierter Unterricht, Entdeckendes Lernen (teaching science as inquiry, teaching science through inquiry), Learning-cycle-approach

7.5 Begegnung mit Phänomenen

Neben dem Aspekt des Genetischen hat WAGENSCHEIN den der „Begegnung" mit den Realobjekten, den Ausgangssituationen, den Phänomenen besonders und immer wieder betont – gegenüber der vorschnellen Verwendung komplizierter Fachbegriffe, von Apparaten und Mathematisierungen. Die beiden Parameter „Genetisch" und „Begegnung" sind bei ihm eng miteinander verknüpft, aber keineswegs identisch; man kann auch genetisch unterrichten, indem man von relativ komplexen fachwissenschaftlichen Aussagen oder Quellen (s. Kap. 13.9) ausgeht.

Im Biologieunterricht vor allem der Unterstufe ist die Gefahr einer verfrühten Benutzung fachwissenschafticher Abstraktionen im Gegensatz zu Physik und Chemie kaum gegeben (dies könnte auch zu der Überlegung Anlaß geben, ob es Sinn macht, diese beiden Fächer zu früh zu unterrichten; eine Frage, die sich auch bei der Lektüre des Buchs „Kinder auf dem Weg zur Physik", WAGENSCHEIN et al. 1973, stellt). Dagegen ist die Verführung durch wohlfeile Medien, die man „nur aus dem Schrank" holen muß, groß und verhindert vielfach die aufwendigere Anwendung von Objekten, den Bezug zu Phänomenen.

Eine erhebliche Gefahr besteht heute in der Oberstufe. Viele Biologielehrerinnen versuchen, die Wissenschaftlichkeit ihres Faches – auch im Vergleich mit Physik und Chemie – dadurch zu beweisen, daß sie möglichst abstrakte, von den Phänomenen weithin abgekoppelte Themen auswählen.

7.6 Das Fundamentale

Ein zentraler Aspekt des Exemplarischen Prinzips ist der Parameter des „Fundamentalen". WAGENSCHEIN (1970: 22, 24) nennt „solche Erfahrungen" fundamental, „welche die gemeinsame Basis des Menschen mit der Sache [mit der er sich auseinandersetzt] erzittern lassen"; und: *Ich möchte aber glauben, daß auch gewisse Endergebnisse nahezu fundamental genannt werden können, insofern sie die Stellung des Menschen in der Welt in einem neuen Licht zeigen.* Davon ausgehend sollen hier solche Ergebnisse biologischer Forschung als fundamental bezeichnet werden, die unser Selbstverständnis in Frage stellen, entscheidend verändern oder erweitern.

Die Beachtung der angeführten vier Parameter des Exemplarischen Prinzips als einzelne wird für den Biologieunterricht schon lange gefordert, ist kaum neu. Das Fundamentale wurde und wird jedoch vergleichsweise am wenigsten berücksichtigt. Auch ist das, was WAGENSCHEIN dazu gesagt und es sind die Beispiele, die er verwendet hat, genauer zu betrachten, zumal sie zu Mißbrauch geführt haben.

Fundamentale Themen für den Biologieunterricht im oben definierten Sinn dürften sich in drei Gruppen aufteilen lassen:
– Solche, die die Grenzen unserer Erkenntnis markieren;
– solche, die unsere Stellung innerhalb der Lebewesen klären;
– solche, die unsere Abhängigkeit und Gefährdung, unsere Verpflichtungen und Freiheiten in besonderem Maße deutlich werden lassen.

Es ist offensichtlich, daß es sich bei den ersten beiden Komplexen um biophilosophische Fragestellungen (dazu mehr in Kap. 20) handelt; der dritte Komplex bezieht sich eher auf grundlegende Orientierungshilfen für unser Verhalten. Dies stellt die Lehrenden vor die nicht endende Aufgabe, Fachwissenschaft und „Welt" immer wieder daraufhin zu überprüfen, welche (neuen) Fragen dieser Art als Teil ihres Unterrichts zu bearbeiten sind. – Obwohl dies selbstverständlich zu sein scheint, ist offenbar vor allem bei Fachbiologen und Studierenden die Notwendigkeit einer entsprechenden Schulung noch nicht allgemein erkannt. WAGENSCHEIN (1970: 20) wußte es besser: *Kein von seinem Fach benommener Lehrer, kein philosophisch nicht angerührter Lehrer ist imstande, Physik allgemeinbildend zu unterrichten* – und Biologie erst recht nicht.

Wieder soll an den oben genannten Beispielen etwas zur Möglichkeit oder Notwendigkeit der Beachtung des Fundamentalen gesagt werden.
– Beim Artbegriff kann es um Schwierigkeiten und Grenzen biologischer Begriffsbildung gehen. Einerseits ist dessen typische Definition auf manche konkreten Fälle nicht anwendbar, wobei die grundlegende Erkenntnis sich bilden kann, daß biologische Begriffe vielfach nur „im Zentrum" ihres Bedeutungsbereiches gelten (s. HASSENSTEIN 1954). Dies ist so, weil durch Evolution überall bei Organismen Wandel und Vielfalt besteht. Besonders auf fossile Formen ist der übliche Artbegriff nicht anwendbar; es bedarf weiterer Kriterien, um überhaupt von Arten sprechen zu können. Auch die Erkenntnis, daß wir in der Lage sind, die Fülle der Lebewesen zu ordnen und nicht etwa einem Chaos gegenüberstehen, dürfte als fundamental bezeichnet werden.
– Homologiebegriff: Vergleicht man Menschen- und Affenskelett, so ergeben sich vier denkbare (!) Gründe für deren Übereinstimmung: Zufall, Schöpfung, funktionale Notwendigkeit und Verwandtschaft. Drei dieser Gründe können die Lernenden als für eine biologische Betrachtung nicht relevant erkennen. Es bleibt nur „Verwandtschaft" (genetische Kontinuität) als begründete Ursache für solche Übereinstimmung und als Basis für die Entwicklung des Homologiebegriffs (mehr dazu BERCK 1970, BECKER & BERCK 1992). Dies ist wohl als eine wirklich fundamentale Erkenntnis zu bezeichnen, die u. a. dazu führt, daß man nicht umhin kann, den Menschen als Teil der Evolution zu verstehen.

Weitere Beispiele für den Biologieunterricht, die es neben der Beachtung der anderen Parameter in besonderem Maße ermöglichen, Fundamentales anzusprechen, sollen angedeutet werden. In aller Regel sind diese oder ähnliche Beispiele nicht in Schulbüchern zu finden.
– Farben, Töne und andere Empfindungen (und erst recht Wahrnehmungen) kommen in der physikalischen Welt und folglich auch in der Physik „nicht vor", sondern entstehen in unserem Nervensystem; zu diesem Thema hat sich WAGENSCHEIN (1961/62) bereits ausführlich geäußert. Demnach erschließen unsere Sinnesorgane uns nicht die Welt an sich, sondern eine unserem Aufnahme- und Verarbeitungsvermögen gemäße „Umwelt" (s. Evolutionäre Erkenntnistheorie, Kap. 19.2, Punkt 8). Schüler der Klasse 7 zum Beispiel versuchen sozusagen mit

allen Mitteln, die provozierende Behauptung zu widerlegen, daß „zwei Menschen eine Farbe nicht gleich sehen".

– Menschliches Verhalten wird mitbestimmt durch darin enthaltene „vormenschliche Komponenten". Wir werden dadurch „unterhalb" der Bewußtseins- bzw. Willensschicht beeinflußt (wobei das Ausmaß dieses Einflusses noch immer unbekannt ist) – vor allem dann, wenn wir diese Abhängigkeit nicht kennen. Zum Beispiel ist die Vorstellung, daß jeder Mensch aufgrund seiner Mimik, Gestik und Gestalt ein Signalgeber ist und unser Verhalten ihm gegenüber mitbestimmt, „unsympathisch".

– Man geht in der Biologie grundsätzlich davon aus (mit Einschränkungen), daß die Vorgänge in der Welt kausal verlaufen. Von Studierenden der Biologie bejahen etwa zwei Drittel die Frage, ob es „Willensfreiheit" gibt (s. dazu RENSCH 1963).

– Aufgrund der Zufallsfaktoren der freien Kombination der Chromosomen, Selektion und Mutation, eingeschränkt durch funktionelle Möglichkeiten und Notwendigkeiten, ergibt sich die biologische Aussage, daß die Arten zufällig[4] entstanden sind. Die Einsicht, daß dies auch für den Menschen gilt, bringt das Bewußtsein mancher Menschen in der Tat „zum Erzittern".

Das „Fundamentale" ist in der Biologiedidaktik und im Unterricht nicht nur mißverständlich verwendet, sondern gelegentlich auch mißbraucht worden. Deshalb müssen dazu einige Anmerkungen gemacht werden. Es ist nicht auszuschließen, daß WAGENSCHEIN solche Mißverständnisse gefördert hat. Seine (1962, 1970: 27f.) mehrmalige Zitation von PORTMANN kann leicht zu diesem Mißbrauch führen. Zwar findet man bei WAGENSCHEIN u. W. keine eigenen Aussagen, die eine nicht-phylogenetische oder gar vitalistische Tendenz zum Ausdruck bringen. Aber schon die Zitation des Satzes von PORTMANN, wonach „Form, Gestalt und Gebaren als 'Kundgabe von Innerlichkeit in der Erscheinung'" verstanden werden sollen, könnte dazu führen. Auch die ständige Verwendung von Begriffen wie „Innerlichkeit, Sinn, Selbstdarstellung" usw. durch PORTMANN (1961) macht bei diesem eine entsprechende Tendenz deutlich. Es ist klar, daß man sich im Biologieunterricht, wenn es um fundamentale Themen geht, auf vitalistische Aussagen nicht einlassen darf (s. Kap. 19.2., Punkt 5). Dies widerspräche der Grundaussage der Biologie: der Evolutionstheorie.

Um es erneut zu sagen: Biologieunterricht muß sich bei der Erarbeitung fundamentaler Themen an die drei oben angegebenen Bereiche (Grenzen der Erkenntnis, Stellung des Menschen, seine Abhängigkeiten und Freiheiten) halten. Andere Vorgehensweisen müssen als im Unterricht nicht erlaubte Ideologie bezeichnet werden.

Begriffe: das Fundamentale, Biophilosophie, Vitalismus

7.7 Fazit zum Exemplarischen Prinzip

Viele Darstellungen des Exemplarischen Prinzips in der biologiedidaktischen Literatur erscheinen verkürzt, nicht so, daß sie seiner Realisierung im strengen Sinn förderlich sind; z. B.:

– MEMMERT (1970) handelt unter dem Stichwort „Exemplarische Biologie" eine ganze Reihe von Verfahren ab, die – vereinfacht dargestellt – dem möglichst eigenständigen Lernen der Schüler dienen und eine geeignete Stoffauswahl ermöglichen. Bei ihm bleibt sowohl der Aspekt des Fundamentalen als auch die Verklammerung der vier Parameter (weitgehend) unberücksichtigt; das Exemplarische Prinzip wird so ausgeweitet, daß es mit dem ursprünglichen Ansatz nur wenig zu tun hat und seiner Spezifika entkleidet wird.

– ESCHENHAGEN et al. (1985: 101) meinen: *Obgleich der Begriff in der Literatur nicht ein-heitlich verwendet wird, versteht man darunter doch allgemein ein Verfahren der Stoffauswahl, das geeignet ist, die Stoffülle zu beschränken ... Kennzeichnend ist, daß nach dem exemplarischen Prinzip der Unterricht nicht linear erfolgt, sondern an bestimmten erschließenden Problemen orientiert wird.* Auch diese Darstellung läßt wesentliche Merkmale des Exemplarischen Prinzips vermissen.

– Erneut soll darauf hingewiesen werden: Die in diesem Zusammenhang oft zu lesende Aussage, wonach das Exemplarische Prinzip mit „Mut zur Lücke" mehr oder minder gleichgesetzt wird, trifft den Kern der Sache ebenfalls nicht.

---

[4] Vorsichtshalber soll hinzugefügt werden: Zwischen der im vorhergehenden Punkt erwähnten Annahme von Kausalität und dem Bezug zu Zufall besteht kein Widerspruch. Es kann empfohlen werden, im Anschluß an die Bearbeitung dieser Art von Zufall im Unterricht von Oberstufenklassen über MARQUARDS Aufsatz (1986) „Apologie des Zufälligen" zu sprechen.

WAGENSCHEIN war bzw. ist mit seinem Verfahren zwar in Einzelfällen in bezug auf Biologieunterricht erfolgreich, sein Aufruf zur Veränderung von Unterricht als „Erledigungsmaschinerie“ hat sich ausgewirkt – aber das Exemplarische Prinzip hatte vergleichsweise wenig konkreten Nachhall. Dafür gibt es mehrere Gründe, zum Beispiel:

Die meisten seiner Forderungen werden in der Biologiedidaktik als einzelne schon lange erhoben, entbehrten also des Neuigkeitswertes. Als Beleg für diese Aussage sollen einige Zitate aus der einflußreichen Schrift von PREUSS aus dem Jahr 1860 angegeben werden: *Das Einigende hat entschieden einen höheren Wert: Die specielle Betrachtung kann in der Schule immer nur als Mittel zum Zweck angesehen werden* (S. 37); *ohne Veranschaulichungsmittel ist der naturgeschichtliche Unterricht Larifari* (S. 62), *... giebt dem Kinde jeden Augenblick das Recht und die Gelegenheit der Frage, die Kinder also nicht bloß passive Empfänger sind* (S.126).

Man kann WAGENSCHEINS Ideen (auch) als einen vorcurricularen (s. Kap. 6.2) Versuch werten, naturwissenschaftlichen Unterricht nachhaltig zu verändern, und zwar vor allem in Hinsicht auf die Verwendung der vier Parameter. Inwieweit sie unmittelbar Einfluß auf die Curriculumreform hatten, bedarf der genaueren Untersuchung. Diese Reform kommt jedenfalls auf viele Vorstellungen zurück, die WAGENSCHEIN vorgetragen hat. Die ähnlichen Prinzipien der Curriculumreform haben wohl das eher komplexe System des Exemplarischen Prinzips zum Teil verdrängt.

Nur ein Teil der biologischen Themen läßt sich nach dem Exemplarischen Prinzip im strengen Sinne unterrichten. Ob es (nicht allein der Aspekt des Genetischen oder der Begegnung) im Biologieunterricht der Unterstufe überhaupt angewandt werden kann, bleibt unsicher. Ein Lehrplan läßt sich wohl nicht nach diesen Grundsätzen konstruieren.

WAGENSCHEIN selbst hat durch eine zum Teil wechselnde Darstellung seiner Ideen vielleicht nicht genügend für deren Klarheit gesorgt und so deren Realisierung erschwert.

Was kann man aus alledem für Schlußfolgerungen ziehen?

– Zwar werden die Parameter des Exemplarischen Prinzips als einzelne vielfach in der Biologiedidaktik besprochen und im Unterricht angewandt, als Komplex stellt dieses jedoch ein eigenständiges Verfahren dar – das mehr als bisher Beachtung finden sollte.

– Notwendig wäre es, daß mehr geeignete Unterrichtsbeispiele entwickelt und vor allem Auswirkungen des Exemplarischen Prinzips empirisch überprüft werden – nur so kann letztlich das Ausmaß seiner Bedeutung erkannt werden.

– Alle Lehrerinnen sollten so ausgebildet werden, daß sie genügend biophilosophisches und wissenschaftstheoretisches Wissen besitzen, um fundamentale Themen zu erkennen und dann auch zu unterrichten.

– Jedem Lehrenden kann man empfehlen, die Unterrichtsinhalte für ein Schuljahr, etwa ab Klasse 7 – und erst recht die eines Semesters – daraufhin zu überprüfen, welche sich mit dem Viererkomplex Exemplarisches Prinzip unterrichten lassen und

– in je nach Klassenstufe unterschiedlicher Anzahl einige dieser Themen – im eigentlichen Sinne dieser Bezeichnung – exemplarisch zu unterrichten, „sie als Pfeiler einer Brücke tief in den Boden zu rammen“.

– Die (leider nur subjektive) Erfahrung verspricht, daß es nicht nur ein nachhaltiger, sondern auch ein interessanter Unterricht werden kann, wenn man das Exemplarische Prinzip beachtet.

Begriffe: Exemplarisches Prinzip, das Elementare, das Genetische, (fragend-entwickelndes, forschend-entwickelndes Verfahren), das Fundamentale, Wissensvermittlung als „Brückenbau“, Bedeutung von Phänomenen

8 Was Schüler und andere von einer Biologielehrerin/einem Biologielehrer erwarten

8.1 Warum man (keine) Biologielehrerin, (kein) Biologielehrer werden sollte

Reale Situation: Sie haben sich entschieden, Biologielehrerin/Biologielehrer zu werden – oder sind es bereits. Haben Sie gute Gründe und welche, gerade dieses Fach zu wählen? Gibt es besondere Fähigkeiten und Eigenschaften, die man benötigt, wenn man Biologie lehren möchte?

Über einige allgemeine Fähigkeiten, die Lehrer – besonders Lehrer der Naturwissenschaften – benötigen, wurde bereits in Kapitel 2.2 berichtet (viele Angaben zu diesem Thema findet sich im „Handbook of Research on Teaching", Wittrock 1986). Die Frage ist, ob Biologielehrer darüber hinaus spezifische Fähigkeiten und Eigenschaften haben sollten bzw. müssen, wenn sie erfolgreich – und dies heißt ja letztlich auch für sie befriedigend unterrichten wollen.

Solche Lehrer müssen zwar viel über Biologie wissen, aber sie sind keine Biologen, sondern Vermittlungswissenschaftler für Biologie. D. h., sie müssen Fachleute für Biologieunterricht sein; über sichere, auf Wissen gegründete Urteile in diesem Bereich verfügen. Dies ist allerdings kaum anders möglich, als daß sie während des Studiums eine entsprechende Ausbildung erhalten. Aufgrund ihres wissenschaftlichen Urteils sind sie berechtigt, ja gehalten, gegenüber Anordnungen von Kultusbehörden Kritik zu üben.

„Jeder ist einmal in die Schule gegangen": Es besteht eine beachtliche Neigung, in pädagogischen Fragen mitreden zu können. Dem ist eine große Professionalität gegenüberzustellen, die erkennen läßt, daß auch in diesem Bereich nur mit Hilfe von gründlichem Wissen begründet geurteilt werden kann.

Es ist allgemein bekannt und wurde schon erwähnt: Biologie ist eine explodierende Wissenschaft; man bezeichnet sie vielfach als „Jahrhundertwissenschaft" (Vollmer 1995). Das hat für alle Lehrenden die unausweichliche Konsequenz, im fachlichen Bereich ständig hinzuzulernen. Andernfalls veraltet ihr Wissen schnell. Viele Gebiete der Biologie können ohne solches Weiterlernen nach einer gewissen Zeit eigentlich überhaupt nicht mehr richtig gelehrt werden.

Es ist wohl einfacher, ein anderes Fach zu wählen, da das Wissen vieler Fächer sich nicht in dem Ausmaß wie das der Biologie erweitert. Dieses Fach zu wählen bedeutet demnach, sich zu ständigem Weiterlernen bereit zu finden, es zum Lebensprinzip zu machen, gleichsam dazu verdammt zu sein.

Die meisten Themen oder Probleme im öffentlichen und privaten Bereich enthalten heute neben anderen auch biologische Aspekte. Biologielehrer müssen solche Themen rechtzeitig erkennen und über sie informiert sein. Deshalb kommen sie auch nicht umhin, intensiv am „Zeitgeist" teilzunehmen, ein ausgearbeitetes, aber neuen Ideen zugängliches Weltbild zu besitzen und eine persönliche Philosophie (Kramer 1975). Man kann dafür einen Begriff verwenden, und zwar „Aufgeschlossenheit für Biologie" (Biological Awareness, s. Vlijm et al. 1981). Er bedeutet, daß man als Lehrender Biologie nicht nur als „Schulfach" betrachtet, sondern mit biologischen Fragen „lebt".

Schließlich erfordert Biologieunterricht es vielfach, daß ein Lehrender sich auch außerhalb der eigentlichen Unterrichtszeit seinen Schülern widmet, mit ihnen etwas unternimmt, zum Beispiel Exkursionen, Teilnahme an Naturschutzaktivitäten, Durchführung von Ausstellungen (s. dazu besonders Kap. 11.2, Punkt 5).

Es ist sicher bedauerlich, wenn Schüler bei einem Mathematiklehrer nicht genug lernen. Viel bedeutsamer aber kann es z. B. sein, wenn Unterricht in Sexualerziehung für die Schüler keine zuverlässige Hilfe ist, Drogenerziehung ihr Verhalten nicht beeinflußt hat oder sie nichts über weitere biologische Faktoren erfahren, die das Leben jedes Einzelnen beeinflussen.

Empirische Befunde biologiedidaktischer Forschungen ermöglichen es in vielen Fällen, wissenschaftlich begründete Urteile zu fällen und den Unterricht danach auszurichten. Es gibt kaum noch ein Thema oder ein Unterrichtsvorhaben, zu dem keine Literatur vorliegt (so wurden z. B. bis etwa 1970 ca. 4000 Arbeiten zum Thema „Experimentieren im Biologieunterricht" veröffentlicht; GRÖNKE 1991). Literatur sollte deshalb stets zu Rate gezogen werden. Leider gibt es noch keine internationale biologiedidaktische Bibliographie, so daß die Literaturauswertung oft nicht einfach ist. Die CD-Rom „Datenbank Schulpraxis" (Landesinstitut für Schule und Weiterbildung, Soest 1998) erleichtert die Suche nach geeigneter Literatur.

Es gibt demnach eine Reihe von Gründen, weshalb man gut bedenken sollte, ob man gerade Biologielehrerin/Biologielehrer werden will. Dieses Fach erfordert jedenfalls besonderes Engagement. Ist man bereit, dies zu akzeptieren, und hat man zudem auch noch intensives Interesse an Tier- und Pflanzenarten, ist Biologieunterricht eines der Fächer, das sich interessant unterrichten läßt.

Zusammenfassend und allgemeiner kann man feststellen: Unsere spezialisierte Welt kommt in vielen Bereichen ohne den Fachmann nicht aus. Lehrer müssen in ihrem Berufsfeld Fachleute sein; nur dann können sie auch mit Anerkennung bei Schülern und Eltern rechnen. Fachmännisches Tun als Lehrer bedeutet wissenschaftliche Analyse und Begründung möglichst aller seiner Tätigkeiten (s. dazu WITTE 1974). Man muß zudem seine Rolle als Lehrer annehmen (s. Kap. 8.2). Dergleichen Aussagen mögen vielleicht für manchen nicht sehr ermutigend klingen. Es erscheint jedoch nützlich, sie vor einer weitreichenden Berufsentscheidung zu bedenken.

Begriffe: Aufgeschlossenheit für Biologie (Biological Awareness), Vermittlungswissenschaft

8.2 Beispiele für notwendige Fähigkeiten

Es ist allgemein bekannt, daß Qualität und Wirksamkeit jedes Erziehungsprogramms weitgehend durch Qualität und Effektivität der Lehrenden bestimmt wird. Gute Lehrer können zum Lernen anregen und den Einzelnen dazu bringen, seine Fähigkeiten maximal zu entwickeln. Schlechte Lehrer können Lernen behindern (MEYER 1988: 81).

1. Expertenwissen von Lehrern

Der Lernpsychologe BROMME (1995) hat zahlreiche empirische Untersuchungen zum Experten-Wissen von Lehrern (wisdom of practice) durchgeführt: Was Lehrer tun oder wissen oder tun müssen, wenn sie unterrichten. Eines seiner wichtigsten Ergebnisse ist: *Das Experten-Wissen von Lehrern besteht aus zwei Komponenten: Der Kognitiven Integration von Wissen verschiedener Fachgebiete und deren Verknüpfung mit der jeweiligen Unterrichtssituation: Kontextualisierung des Wissens ... Nach unseren Erkenntnissen besteht die Kognitive Integration darin, die Grundaussagen einer Fachwissenschaft zu transformieren. So werden pädagogische Konzepte auf ein Fach bezogen angewandt. In bezug auf Mathematikunterricht etwa bekommen pädagogische Konzepte ... (wie Motivation, problemorientiertes Lernen und genetischer Unterricht) einen spezifischen Sinn, eine spezifische Funktion – die sich von der im Fremdsprachenunterricht unterscheidet.* Ähnlich schon ZACHARIAS (1981): *Es ist die Aufgabe der Fachdidaktiken, die allgemeinen Modelle [der Allgemeinen Didaktik] fachspezifisch zu konkretisieren.*

Danach besteht die entscheidende Leistung eines Biologielehrers (s. dazu auch Kap. 1.4) u. a. darin,

- sein biologisches Wissen mit seinem allgemeinen Wissen („Aufgeschlossenheit für Biologie") zu verknüpfen;
- zu bedenken, welche Kenntnisse anderer Fachgebiete zugleich unterrichtet werden müssen bzw. sollten, damit biologisches Wissen überhaupt oder besser verstanden wird (Kognitive Integration);
- solches Wissen auf eine bestimmte Altersstufe bzw. Klasse zu beziehen (Kontextualisierung);
- über gute Kenntnisse in Biologiedidaktik zu verfügen, mit deren Hilfe solches Wissen am besten umzusetzen ist.

Sowohl Kognitive Integration wie Kontextualisierung sind biologiedidaktische Leistungen, die an spezifische Inhalte gebunden sind. Pädagogik sowie Psychologie dienen dabei vorwiegend als notwendige Hilfswissenschaften, da sie die biologischen Inhalte „nicht kennen".

2. Grundkenntnisse eines Biologie-Lehrers

In einer ganzen Reihe von Publikationen (z. B. KRAMER 1975, DALLAS 1980, VIJM et al. 1981, SEKTION FACHDIDAKTIK IM VDBIOL 1978, MEYER 1988) werden die genannten grundlegenden Fähigkeiten ausdifferenziert. Daraus ließe sich eine lange Liste notwendiger Eigenschaften aufstellen. Hier sollen nur die wohl wichtigsten wiedergegeben werden, die sich nicht auf allgemeine Fähigkeiten von Lehrern, allgemein zu erwartende biologische und biologiedidaktische Kenntnisse und bereits erwähnte Leistungen beziehen. Vor allem Studierende sollen so darauf aufmerksam gemacht werden, was sie sinnvollerweise lernen müssen – und was zugleich in der Ausbildung vorgesehen werden sollte.

- Auseinandersetzung mit der praktischen, der intellektuellen und der übergreifenden Bedeutung der Biologie (als Brücke zwischen Wissenschaften, Vorkommen in Kunst, Literatur, Religion).
- Entwicklung von ethischen Normen zum Umgang mit der belebten Umwelt (s. Kap. 19.2, Punkt 10); Kenntnisse in Biophilosophie und Erkenntnistheorie (s. Kap. 19); Kenntnisse über die Geschichte biologischer Forschung (weil sich durch Beispiele aus der Genese biologischer Probleme und Befunde manche heutigen besser verstehen und erklären lassen).
- Bereitschaft, die Schüler zu Amateur-Biologen zu erziehen, besonders zu „Freiland-Biologen" (s. Kap. 11.1, Punkt 4), d. h., zu Menschen, die sich in ihrer Freizeit (auch) mit biologischen Objekten beschäftigen.
- Erwerb grundlegender Kenntnisse vor allem in Chemie, Physik und Geologie; sowie in anderen Bereichen (die zum Unterrichten von Gebieten wie z. B. Gesundheits-, Umwelterziehung, Biotechnik, Freilandarbeit erforderlich sind).
- Training von Fähigkeiten für die praktische Laborarbeit und somit zur Durchführung von Experimenten; dazu gehören z. B. auch Kenntnisse über für den Unterricht geeignete Geräte sowie andere Anschauungsmittel und wo man sie erhält; Regeln kennen zur Unfallverhütung im Biologieunterricht (s. z. B. FLÖRKE 1967).
- Lokale Kenntnisse über das Vorkommen von Tier- und Pflanzenarten erwerben, auch zur Beschaffung geeigneter Materialien; Kenntnisse und Fertigkeiten in der Schulgarten-Arbeit sind heute nützlich.

Als eine besondere Fähigkeit wird heute oft „Biologisches Denken" von Lehrern erwartet. Ein Begriff, der offensichtlich schwer zu definieren ist; in der Literatur konnte jedenfalls dergleichen nicht gefunden werden. Ausführlich hat sich mit dem „Denken in der Biologie" bereits ARBER (1960: 86) auseinandergesetzt. Ihr erschien dafür die Bezeichnung „Bipolarität" gut geeignet. Heute wird dieses spezifische Denken oft damit beschrieben, daß es sich durch Beachtung von Vernetzung, Vielfach-Kausalität, Integration (d. h., Denken in Zusammenhängen, Systemen, hierarchischen Strukturen, z. B. DIETRICH 1976) usw. auszeichnet. Besonders SCHAEFER hat sich mit diesem Problem beschäftigt (z. B. 1980b, 1984). Er bezeichnet dieses Spezifikum als inklusives Denken, das *in offenen Grenzen und überlappenden Bereichen* geschieht. Ihm wird exklusives Denken gegenübergestellt, Denken *in geschlossenen Grenzen und disparaten Bereichen* (1984; s. auch Seite 324). Zweck des Trainings im inklusiven Denken ist es z. B., *unsere exklusiv gespaltene Welt wieder zu einem Ganzen zusammenzufügen ... Naturwissenschaftlicher Unterricht, der dieses Denken übt, wird wieder praktische Lebenshilfe sein.*

Es ist wichtig, daß Lehrer über diese Denk-Art verfügen, um sie in ihrem Unterricht anwenden zu können. Sie deckt sich im Prinzip sowohl mit den Grundforderungen des Situationsanalytischen Strukturansatzes (s. Kap. 5.6) als auch mit dem Befund, daß Biologie die Wissenschaft von komplexen Vorgängen ist. Die Fähigkeit, vielseitige Bezüge herzustellen, gehörte jedoch (eigentlich) schon immer zu den Grund-Eigenschaften eines guten Biologielehrers und entspricht damit weitgehend der Forderung nach inklusivem Denken.

An zwei Beispielen soll die Probe aufs Exempel gemacht werden. Unterwirft man z. B. den Begriff „Blüte" inklusiver Betrachtung (SCHAEFER 1984), so wird man sich neben biologischen Befunden wie Definition, Metamorphose, Funktion etc. eine Vorstellung von einer Vielzahl konkreter Blüten und praktischer Anwendungen von Blüten und Blütenteilen machen, sich vielleicht Darstellungen von Blüten in der Kunst anschauen etc. Beschäftigung mit der Frage nach der „Sonderstellung des Menschen" (s. Kap. 19.3.1) macht sowieso nur Sinn, wenn man über vielfältige Begriffe und Aussagen aus verschiedenen Bereichen Bescheid weiß.

3. Lehrerfolg – Lehrereigenschaften – empirisch

Es liegt eine Reihe empirischer Untersuchungen über die Abhängigkeit des Lernerfolgs im naturwissenschaftlichen Unterricht von Lehrereigenschaften, Unterrichtsmethoden, Unterrichts-Management etc. vor. WHITE & TISHER (1986)

Tab. 8–1: Bedingungen im Biologie-Unterricht, die mehr als 75 Prozent von Schülern/Schülerinnen „oft" bzw. „sehr oft" realisiert haben möchten (m = ca. 1000, TODT & HÄNDEL-MATTES, Forschungsbericht 1996); L-Lehrer/ Lehrerin; Angaben in Prozent.

Rang	Jungen	Mädchen	Item
1.5	84	83	L gab gerechte Noten
1.5	84	84	L ließ mir genügend Zeit zum Überlegen, wenn er (sie) mich drannahm
3.5	83	83	Unterricht war abwechslungsreich gestaltet
3.5	83	85	L erklärte den Stoff gut
7	80	83	L hatte Geduld, wenn ein Schüler etwas nicht verstanden hatte
7	80	80	Es wurden Themen behandelt, deren Bearbeitung ich mir zutraute
7	80	78	Der Unterricht war locker und L machte auch einmal einen Scherz
7	80	81	Es herrschte ein gutes Verhältnis zwischen L und Schülern
7	80	81	Ich hatte die Gelegenheit, meine Meinung offen zu äußern
10	79	82	L beherrschte das Thema gut
11	78	81	L ging bereitwillig auf meine Fragen ein
12	77	76	Ich merkte, daß ich von Stunde zu Stunde etwas Neues hinzugelernt habe
14	76	79	Ich hatte im Unterricht Gelegenheit, mich aktiv zu beteiligen, selbst etwas zu tun
14	76	70	L gab uns am Anfang einer Stunde einen Überblick darüber, was wir in der Stunde behandeln werden
14	76	82	L informierte uns vor Lernkontrollen, was er (sie) von uns erwartete

neuere Zusammenstellung bei FRASER & TOBIN 1998: 643ff.), die solche Befunde zusammengefaßt darstellen, kommen jedoch zu dem Ergebnis, daß es schwer ist, diese zu verallgemeinern. Deshalb sollen in eher subjektiver Auswahl nur einige Arbeiten über besonders positive Auswirkungen von Lehrereigenschaft und Lehrerleistungen im naturwissenschaftlichen Unterricht vorgestellt werden, die das bereits Gesagte (s. auch Kap. 2.2) im wesentlichen untermauern.

REED (1961) untersuchte die Abhängigkeit des Interesses von Schülern (9. Klasse, n=1045) an Naturwissenschaften von drei Lehrereigenschaften: der Freundlichkeit des Lehrers (teachers warmth), dem Leistungsanspruch und der Fähigkeit intrinsische Motivation hervorzurufen („zu begeistern, mitzureißen"). Die höchste Korrelation (bei r=0,7) bestand zur „Begeisterungsfähigkeit", gefolgt von der „Freundlichkeit"; zum Leistungsanspruch gab es keinen absicherbaren Zusammenhang. In etwa schließen sich daran die Ergebnisse von TODT & HÄNDEL-MATTES (1990) an, die sich ausschließlich auf Biologieunterricht beziehen; sie sind in Tabelle 8–1 wiedergegeben. Daraus lassen sich weitere Kennzeichen eines von Schülern als positiv empfundenen Unterrichts entnehmen.

Eine umfangreiche Untersuchung (BONNSTETTER 1984), in der „normale" Naturwissenschafts-Lehrer mit nach bestimmten Kriterien ausgesuchten „besonders guten Lehrer" (Excellent Science Teachers, n=231) verglichen wurden, ergab: Letztere haben längere Unterrichtserfahrung, beteiligen sich in großem Umfang an Fortbildung, lesen einschlägige Zeitschriften in größerer Anzahl („life-long" learning), beteiligen sich an der Entwicklung von Projekten, arbeiten oft mit Kollegen in und außerhalb der Schule zusammen, führen mehr Experimente im Unterricht durch, diskutieren mit Schülern mehr und dozieren weniger, halten mit Schülern auch Veranstaltungen außerhalb des eigentlichen Unterrichts ab, organisieren alle ihre mit Unterricht zusammenhängenden Arbeiten gut.

Die Grundlage für Erfolge von Lehrenden der Biologie ist also keineswegs geheimnisvoll, „naturgegebene Kunst", die man „kann oder nicht kann" (s. Kap. 2.1). Wer etwa am Anfang beim Unterrichten Schwierigkeiten hat, sollte getrost sein: Man kann viel hinzulernen.

Begriffe: Experten-Wissen, Kognitive Integration, Kontextualisierung, Biologisches Denken, Exklusives – Inklusives Denken

8.3 Biologiedidaktik im Studium und Referendariat

Dieser Abschnitt dürfte vor allem für Ausbilder von Interesse sein, aber nicht nur für diese; denn zukünftige Biologielehrer müssen ihre Ausbildung selbst in die Hand nehmen, selbst bestimmen, wie sie sich auf ihren Beruf vorbereiten wollen. – Zu diesem Thema werden nur wenige Anmerkungen und einige, möglicherweise idealtypische, Vorschläge gemacht.

Die Situation in der sogenannten ersten Phase der Ausbildung an der Universität ist derzeit (auch) im Bereich der Biologielehrer-Ausbildung noch immer heterogen, so daß dazu kaum allgemeine Aussagen möglich sind. Eine gewisse Vereinheitlichung wäre im Interesse der Studierenden nützlich, etwa wenn sie die Universität wechseln. Noch bedeutsamer wird dies dadurch, daß in der Europäischen Union in Zukunft Lehrende im Land ihrer Wahl tätig sein können. Dies ist wichtig für die Betroffenen und vergleichbaren guten Unterricht.

Allgemein wird die Forderung erhoben und begründet, daß diese Ausbildung für alle Lehramtsstudiengänge adäquat nur an Universitäten (bzw. vergleichbaren wissenschaftlichen Hochschulen) erfolgen kann. Nur dort ist die Kombination von Forschung und Lehre im notwendigen Umfang gewährleistet, ohne die ein wissenschaftlich begründetes Handeln der Lehrenden (s. Kap.1.1) nicht möglich ist. Nur dort sind die vielfältigen Fachrichtungen vertreten, die Lehrer (mehr als dies für andere Studierende erforderlich ist) das notwendige Wissen vermitteln können. Auch eine entsprechende Spezialisierung der Hochschullehrer ist vorwiegend an Universitäten möglich.

Dazu sind auch reduzierte Diplom- oder Magisterstudiengänge nicht in der Lage, sondern nur eine grundständige spezifische Ausbildung, in der Fachdidaktik eine zentrale Rolle spielt (wie schon in Kap. 8.2. begründet wurde). Vielmehr sollte auch bei der fachlichen Ausbildung zukünftiger Lehrer mehr als bisher darauf geachtet werden, daß vor allem solche Inhalte vermittelt werden, die für den Biologieunterricht bedeutsam sind. Die Klage ist alt, aber weithin immer noch nicht überholt: *An den meisten Hochschulen erhalten die „Nebenfächler" keine ihnen gemäße Sonderausbildung, sondern einfach Bruchstücke dessen, was für das „Hauptfach" gelehrt wird* (STEINER 1937, 12). Besonders die vor allem im Zeitraum zwischen etwa 1970 und 1975 in vielen Bundesländern erlassenen Lehrpläne, die neue Anforderungen stellten, haben dazu geführt, daß über die inadäquate Ausbildung der Biologielehrer geklagt wurde. Befragungen von Referendaren spiegeln diesen Mangel – etwa in bezug auf Humanbiologie – überaus deutlich wider (z. B. SCHRÖER 1973, LENTKE 1974). Geändert hat sich an dieser Situation jedoch wenig.

Aus den genannten Gründen sollte auch Lehrerfortbildung vor allem an Universitäten erfolgen. Wobei man es als einen erheblichen Mangel bezeichnen muß, daß Biologielehrer nicht regelmäßig die Gelegenheit haben, in speziellen Veranstaltungen neues Wissen zu erwerben (in keinem anderen Beruf wäre dies heute bei ständiger Ausweitung des Wissens möglich).

Aus einer Studie, die von der „International Union of Biological Sciences" im Auftrag der UNESCO durchgeführt wurde (MEYER 1988), ergeben sich einige Hinweise zur Situation der Ausbildung von Biologielehrern (s. auch Darstellung der Situation in Deutschland in der Mitte der siebziger Jahre in EULEFELD & RODI 1978; DE JONG et al. 1998):

- Viele Studierenden haben zu wenig Interesse an ihrem zukünftigen Lehrberuf; sie werden nur dann Lehrer, wenn sie nicht in einem Beruf, der sich unmittelbar auf Biologie bezieht, unterkommen. – Dem ist durch eine grundständige Ausbildung als Lehrer entgegenzuwirken.
- An Universitäten wird zwar dem Studium der Biologie bei bestimmten Lehrergruppen große Bedeutung eingeräumt, nicht aber der berufsbezogenen, also auch der biologiedidaktischen Ausbildung. – Entsprechend sollten die Studienpläne geändert werden (s. u.).
- Umgekehrt wird bei der Ausbildung von Primarstufenlehrern auf die Vermittlung biologischer Kenntnisse zu wenig Wert gelegt, so daß sie auf diesem Gebiet keinen fundierten Unterricht halten können. – Dies erfordert entsprechende Studienpläne.
- Berufsbezogenes Studium kann nicht so vor sich gehen, daß nach ausschließlichem Studium eines Faches dann ein „pädagogischer Teil" angehängt wird; vielmehr sollten diese Elemente von Anfang an Teil des Studiums sein. Dies wird unterstützt durch eine Studie über die Lehrerausbildung in Europa, wonach Lehrer in Gefahr sind, unbewußte oder „Allerweltsvorstellungen" in ihrem Unterricht zu verwenden, wenn sie sich nicht mit Beginn ihres Studiums mit der Vermittlungswissenschaft ihres Faches auseinandersetzen (s. DE JONG et al. 1998).

• Die Vermittlung von Kenntnissen zur Wissenschaftstheorie, Philosophie ihres Faches muß für zukünftige Biologielehrer ebenso essentieller Teil des Studiums sein wie die Betrachtung der gesellschaftlichen Bedeutung von Biologie.
• Es zeigt sich, daß dort die gesamte Ausbildung in der ersten und zweiten Phase am effektivsten ist, wo wissenschaftlich bestens ausgebildete, schulerfahrene und spezialisierte Dozenten diese Arbeit leisten.

Die folgende Aussage ist nach ROTH (1998: 178) durch zahlreiche Untersuchungen belegt, und er bezeichnet sie ausdrücklich als Theorie: *Das Erlernen grundlegender Prinzipien des Unterrichtens muß durch eine Art Führung und Training erfolgen, die [dem Lehranfänger] Sicherheit und Rückkoppelung ermöglichen, ihn anhand von Beispielen korrigieren und voranbringen, und zwar in konkreten Unterrichtssituationen und anhand ganz bestimmter Unterrichtsbeispiele – dergleichen kann durch nichts ersetzt werden.* Dies beinhaltet auch, daß Ausbilder Anfängern durch eigene Unterrichtsstunden zeigen, wie Biologieunterricht sein sollte; weiterhin daß gemeinsam Unterricht gehalten wird. Diese Theorie zum Erlernen von Unterrichtspraxis bürdet allen, die Lehrer ausbilden, in welcher Phase immer, eine beachtliche Verantwortung auf. Gerade entgegengesetzt ist die Entscheidung wohl der meisten Kultusminister, Referendaren bereits kurz nach Beginn ihrer Ausbildung an der Schule in erheblichem Umfang eigenständigen Unterricht abzuverlangen.

In einer „Empfehlung“ deutscher Verbände, die verschiedene Naturwissenschaften vertreten (DEUTSCHER VEREIN FÖRDERUNG MATHEMA.-NATURW. UNTERR. 1989) werden für die Ausbildung von Gymnasiallehrern an der Universität für das Fach Biologie „mindestens 70–80“ Semesterwochenstunden gefordert. Davon soll der Anteil der Biologiedidaktik 15 Prozent betragen, also etwa 12 Semesterwochen. Hinzu kommen Schulpraktika in Verbindung mit Seminaren im Umfang von zusätzlich 6 Semesterwochenstunden, was eigentlich zu wenig ist. Für die Ausbildung von Real- und Hauptschullehrern sind mindestens 50 Semesterwochenstunden vorzusehen, wobei jedoch der genannte Anteil von Biologiedidaktik an der Gesamtstundenzahl gleich hoch sein soll. Inzwischen wurde und wird in verschiedenen Bundesländern (vorwiegend aus finanziellen Gründen) das Studium verkürzt; eine den zukünftigen Erfordernissen entsprechende Ausbildung ist damit kaum mehr gewährleistet.

Berliner Lehramtsanwärter (n=ca. 150, alle Fächer) gaben folgendes Urteil zur Frage nach dem Stand der fachdidaktischen Ausbildung ab: „Befriedigend“ 30 Prozent, „unzureichend“ 30, „gar nicht“ 40 Prozent (MELCHERT 1985). Weiterhin stellt der Autor eine Reihe von Untersuchungen zusammen, die sich mit dem Urteil von Lehrern über ihre Ausbildung auseinandersetzen. Sowohl der pädagogische als auch der berufsbezogene Anteil des Studiums erfährt dabei eine durchweg erheblich negative Beurteilung (über 50 Prozent „unzureichend“, „schlecht“ etc.). Es muß offen bleiben, welches die Ursachen sind, die zu so negativen Urteilen führen.

Die Ausbildung für den Sachunterricht erfolgt derzeit nach unterschiedlichsten Lehrplänen und mit unterschiedlicher Stundenzeit (ausführliche Darstellung in SCHMITT 1994). Allgemeine Aussagen zur Struktur dieses Studiengangs sind deshalb kaum möglich. Aufgrund des belegbaren großen Interesses von Grundschülern an biologischen Fragen (s. Kap. 18.1) ist es jedoch erforderlich, daß zukünftige Lehrer in diesem Bereich genügend biologisches Wissen erwerben – besonders auch Kenntnisse über einheimische Tier- und Pflanzenarten

Studiengänge für den Sachunterricht, die eine „Ausbildung“ in allen in diesem Zusammenhang bedeutsam erscheinenden Fächern vorschreiben, führen wegen der geringen zur Verfügung stehenden Stundenzahl zwangsläufig zu dilettantischem Wissen in allen Bereichen. Viel sinnvoller wäre es, ein Hauptfach „Sachunterricht – Naturwissenschaftlicher Aspekt“ (und analog: „Gesellschaftlicher Aspekt“) einzuführen.

Der biologiedidaktische Anteil der Studiums von Gymnasiallehrern könnte sich, wie dies vielfach schon geschieht, in folgende Veranstaltungen aufgliedern:
– Vorlesung „Grundlagen der Biologiedidaktik“ (2 Semesterwochenstunden),
– Seminar „Grundlagen der Biologiedidaktik“ (2 Semesterwochenstunden),
– Seminar/Übung „Methodik des Biologieunterrichts“ (2 Semesterwochenstunden),
– Seminar/Übung „Fachübergreifende Themen“, z. B. „Sexualerziehung“, „Umwelterziehung“, „Stellung des Menschen unter den Lebewesen“, „Drogenproblematik“ usw. (mindestens 2, möglichst 4 Semesterwochenstunden),

– Seminar „Entwicklung einer Unterrichtseinheit zu einem auswählbaren Thema“ (2 Semesterwochenstunden),
– Seminar „Biophilosophie“ (2 Semesterwochenstunden).
– Schulpraktikum (mindestens 6 Wochen) mit vorbereitendem Seminar (2 Semesterwochenstunden).

Der Veranstaltungstyp „Fachübergreifende Themen“ bezieht sich auf Unterrichtsinhalte, die praktisch in jedem Lehrplan vorkommen, jedoch in der fachlich-biologischen Ausbildung in aller Regel unberücksichtigt bleiben. An sich müßten alle wichtigen dieser Themen studiert werden, dafür fehlt jedoch die Zeit. Veranstaltungen zum Erlernen und Erproben von „Schulversuchen im Biologieunterricht“ sind sehr erstrebenswert; wegen der geringen Studienzeit für Biologiedidaktik muß erwartet werden, daß solche Kenntnisse und Fertigkeiten von zukünftigen Gymnasiallehrern bei der fachbiologischen Ausbildung erworben werden.

Der Studienplan für Haupt/Realschullehrer in Biologiedidaktik kann analog gegliedert sein. Jedoch sollten hierbei statt des Seminars „Biophilosophie“ vier Semesterwochenstunden „Schulversuche im Biologieunterricht“ vorgesehen werden.

Es wird gelegentlich die Meinung vertreten, daß die biologiedidaktische Ausbildung während der zweiten Phase, der Referendarzeit, eine entsprechende während des Studiums überflüssig mache. Überschlägt man die während des Referendariats dafür zur Verfügung stehende Zeit, so zeigt sich, daß sie bei höchstens drei Semesterwochenstunden liegt, also viel zu gering ist. Zudem kommt diese Ausbildung zu spät, um eine Basis für wissenschaftlich begründetes Handeln der Lehrenden zu schaffen (s. o.). An manchen Studienseminaren gibt es z. B. keine speziellen Veranstaltungen und Ausbilder für den Sachunterricht.

Vielfach wird darüber geklagt (nicht zuletzt von Referendaren), daß die Ausbildung in der ersten und zweiten Phase nicht miteinander verknüpft, aufeinander bezogen ist. Dies gilt verstärkt für die Verzahnung von Allgemeiner Didaktik und Fachdidaktik, die noch nicht überall erfolgt ist. Bei (verordneter) abnehmender Studienzeit wäre eine solche Koordination noch mehr als bisher eine dringende Aufgabe. Die Berichte über die „Fachleitertagungen für Biologie“ (1.–10. Tagung, 1957 – bis 1993, in: Schriften Deutscher Verein z. Förderung d. mathem. u. naturw. Unterrichts) enthalten zwar anregende Vorschläge zu Ausbildung der Referendare (vor allem Heft 22, 1977), aber keine Versuche zur Koordination biologiedidaktischer Ausbildung in den beiden Phasen (s. Berck et al. 1975). Während z. B. der Hessische Kultusminister 1983 diese enge Verzahnung inhaltlich im einzelnen ausweist, so daß sie als Muster dienen könnte, ist 1994 nur noch global von „aufbauen auf früher erworbenen Qualifikationen“ die Rede. Allgemein zur Koordination von Fachdidaktik und Allgemeiner Didaktik im Studienseminar liegen mehrere Vorschläge vor (Zacharias 1981), es ist jedoch nicht bekannt, daß dergleichen institutionell auch nur versucht wurde.

Zusammenfassend ist festzuhalten, daß die Ausbildung von Biologielehrern (wie von Lehrern allgemein) sowohl in der ersten wie in der zweiten Phase dringend der Verbesserung bedarf. Jeder Studierende des Lehramtes für Biologie muß aus den dargelegten Befunden seine eigenen Konsequenzen ziehen, in welcher Weise er dabei Schwerpunkte setzt – damit er später zu seiner Zufriedenheit unterrichten kann.

9 Wie man Schüler (vielleicht) für Biologie interessiert – Lernprozesse im Biologieunterricht 1

9.1 Die Interessensdoktrin und die Bedeutung von Wissen

Mögliche Situation: Die Lehrerin bemüht sich vor der Klasse mit aller Kraft, das Thema, das sie vermitteln will, möglichst „interessant" darzustellen – aber nur wenige hören richtig zu (oder werfen im schlimmsten Fall mit Papierkügelchen). Beim Abfragen in der nächsten Stunde wird noch deutlicher, wie wenig die Schüler behalten haben.

Man kann behaupten: Interesse der Schüler an Biologie ist für das Lernen im Biologieunterricht von großer Bedeutung. Dies wird auch mit der sogenannten „Interessensdoktrin" ausgesagt: Mehr Interesse bewirkt ein besseres schulisches Lernen und damit höheren Lernerfolg (Todt 1978). Dennoch mag es gegenüber der Interessensdoktrin Vorbehalte geben. Verschiedene empirische Studien (Schiefele 1994: 229; Wild, Krapp & Winteler 1992: 279) lassen jedoch erkennen, daß Interesse „tiefergehendes Lernen", die Verwendung besserer Lernstrategien fördert und die Betroffenen aktiver lernen.

Wo Interesse letztlich „herkommt", wie es entsteht, ist in vielerlei Hinsicht noch immer unklar (s. u.). Es ist eine der zugleich faszinierendsten wie betrüblichen Erfahrungen jedes Lehrenden, daß er kaum weiß, eher durch Zufall einmal erfährt, wodurch er bei einem Schüler möglicherweise Interesse hervorgerufen hat: Was von alledem, was man als Lehrerin sagt oder tut, eine nachhaltige Wirkung hat oder hatte. Sie muß stets hoffen und intensiv wollen, daß bei ihren Schülern Interesse entsteht. Eine entscheidende Voraussetzungen dafür ist, daß man sich als Lehrender selbst für Biologie interessiert und daß man etwas darüber weiß, wie man Interesse fördern – oder eben auch vernichten kann.

Wenn es einer Lehrerin gelingt, bei einigen ihrer Schüler Interesse an einem Bereich der Biologie zu wekken, mag sie zufrieden sein. Man sollte stets bedenken, wie viele Bereiche unserer Kultur um das Interesse junger Menschen konkurrieren. Auch eine Biologielehrerin hat die Aufgabe, ihre Schüler auf dem Gebiet zu fördern, auf dem sie bei ihnen besondere Fähigkeiten erkennt. Es gibt keine Veranlassung zur „Frustration" oder gar zum „Burnout-Syndrom" für eine Lehrerin, wenn es ihr über eine längere Zeit nicht gelingt, Schüler für Biologie zu interessieren.

Es gibt grundsätzlich zwei unterschiedliche Vorstellungen davon, woher bei Schülern Interesse kommt bzw. kommen könnte, und zwar:

Schüler haben es „irgendwoher". Entwicklungsbedingt oder durch das kulturelle Umfeld angeregt, treten allgemeine Interessen auf; etwa „eine natürliche Zuneigung zu Tieren". Wichtig sind auch Identifikation mit der Geschlechtsrolle, höheres Interesse der Jungen an technischen Problemen, spezifische Anregungen im Elternhaus oder durch Lesen. Man könnte dies die „Interessensgenesehypothese I" nennen. Oder anders ausgedrückt: Es gibt vorhandene Interessen, auf die man eingehen, die man ausnutzen muß.

Wie noch gezeigt wird, ist dieser Aspekt durchaus bedeutsam. Man hört deshalb auch nicht selten von Lehrerinnen: Ich behandele vor allem das, was meine Schüler interessiert. Andererseits kann man nachdrücklich die Meinung vertreten, daß eine Lehrerin die Fähigkeit haben muß, fast alle Themen des Biologieunterrichts so zu gestalten, daß die Schüler sich ihnen widmen. Daß Schüler „Spaß, Freude" an Themen haben, kann also nicht oberster Maßstab für deren Auswahl sein.

Die Kognitionspsychologie hat inzwischen genug Befunde zusammengetragen (z. B. Resnick 1987, Weinert 1986, Todt 1989, Löwe 1992a), wonach Wissen eine wesentliche Voraussetzung für Interesse ist. D. h., ohne sachbezogenes Wissen im weiteren Sinn kann kein Interesse an der Sache entstehen: Interessensgenesehypothese II.

Man kann demnach davon ausgehen, daß durch Wissen Interesse entsteht. Das trifft auch für gute Leistungen zu (Wilson 1983). Zudem gilt es, Schüler, die schon über spezifische oder gar umfangreiche Kenntnisse in einem biologischen Gebiet verfügen (und solche Schüler kennt fast jede Lehrerin) intensiv zu fördern; etwa indem sie diesen Bereich im Unterricht vorstellen dürfen oder ihnen Literatur zur Verfügung gestellt wird. Schüler sollten auch dahingehend beraten werden, ob sie die für ein Interessensgebiet erforderlichen Fähigkeiten besitzen (Behalten von Formen oder Vogelstimmen, Geschick beim Experimentieren); wohl nur dann wird sich auf Dauer Befriedigung – diese zentrale Kategorie von Interesse – bei dieser Beschäftigung einstellen.

Schon weil desinteressierte Schüler meist passiv, müde, teilnahmslos, oft sogar „störend“ im Unterricht sind, dürften die meisten Lehrerinnen ein Erklärungsmodell für eine solche unbefriedigende Situation suchen. Einige Aspekte, die sich aus verschiedenen Untersuchungen ergeben (z. B. SOLOMON 1986, LEHRKE et al. 1985, COMBER & KEEVES 1973, BERCK 1987) erscheinen bedenkenswert:

- Zuerst ist erneut auf grundlegende, von Schülern als positiv empfundene Eigenschaften von Lehrerinnen hinzuweisen, die u. a. in Kapitel 8.2 dargestellt wurden. Falls Schüler wenig Anteilnahme am Unterricht zeigen, erscheint es nicht unbillig, daß sich Lehrerinnen zuerst fragen, was sie an ihrem Verhalten ändern können oder müssen.
- Naturwissenschaftlicher, auch biologischer Unterricht muß vorwiegend den Verstand der Schüler ansprechen. Er tut dies vielfach in einem Ausmaß, das andere, ebenfalls wichtige psychische Bedürfnisse der Schüler nicht ausreichend berücksichtigt: etwa nach Emotionen oder Eigentätigkeit.
- Schüler verstehen biologische Aussagen vielfach als „Autorität“, die als nicht hinterfragbar angesehen wird. Entsprechend ist nach ihren Vorstellungen in diesem Unterricht die eigene Meinung, Stellungnahme nicht gefragt – zumal, wenn sie die Lehrerin nicht ermöglicht oder einfordert.
- In diesem Zusammenhang sollte auch bedacht werden, daß Schüler mit hohem „Autoritätsbedürfnis und weniger eigenen persönlichen Ansichten“ (SOLOMON 1986) möglicherweise besonderen Gefallen am biologischen Unterricht finden könnten.
- Bei Schülern der Sekundarstufe I besteht ein besonderes Interesse an personenbezogenen Problemen, Erfahrungen und Orientierungen („personal orientations“, SOLOMON 1986). Nicht selten fehlen vielen Schülern solche Themen in ausreichendem Maße im Biologieunterricht – und sie wenden sich anderen, für sie sinngebenderen Bereichen zu.
- Gerade Mädchen vermissen vielfach den genannten Bezug. Ihre zunehmende Abkehr von naturwissenschaftlichem Unterricht kann durch die Aufnahme personenbezogener Themen umgekehrt werden (NOLL 1984, TODT et al. 1978).

Insgesamt gilt, daß die Entwicklung von Interessen nicht nur ein Mittel zum Zweck des Lernens, des Aneignens von Wissen ist, sondern ein bedeutsames affektives und kognitives Persönlichkeitsmerkmal. Viel wird über die „Bildungsaufgabe“ des Biologieunterrichts geschrieben; dies ist eine, der sich jede Lehrerin widmen sollte. Schrieb doch HERBART schon 1818: *Das Lernen soll dazu dienen, daß Interesse aus ihm entstehe. Das Lernen soll vorübergehen, und das Interesse soll während des ganzen Lebens verharren.* Entsprechend KRAPP (1989): *Zudem gehört die Interessens-Förderung zum Bildungsauftrag der Schule: Fehlt das Interesse, kann von Bildung nicht die Rede sein.*

Begriffe: Interesse, Interessensdoktrin, Interessensgenesehypothese I, Interessensgenesehypothese II

9.2 Interesse – Interessiertheit – Motivation

Wer nun davon überzeugt ist, daß man auch im Biologieunterricht Interesse anregen, fördern muß, sollte eine Vorstellung oder besser eine Theorie haben, die zu erklären versucht, was Interesse ist. Es gibt allerdings mehrere Definitionen dieses Begriffs (z. B. TODT 1978, LÖWE 1992a). Hinzu kommen weitere Begriffe wie z. B. „allgemeines Interesse“, „spezifisches Interesse“, auf die hier jedoch nicht eingegangen wird. Es gibt weiterhin nahe verwandte Begriffe oder Konstrukte, die sich zum Teil nicht ganz einfach voneinander unterscheiden lassen.

Interesse definiert TODT (1978: 14) als *Verhaltens- und Handlungstendenzen, die relativ überdauernd sind, ... die gerichtet sind auf verschiedene Gegenstands-, Tätigkeits- oder Erlebnisbereiche ... [Dabei] können zu verschiedenen Zeiten und unter verschiedenen Bedingungen die kognitiven oder die affektiven ... Komponenten im Vordergrund stehen.* Sie sind ein Persönlichkeitsmerkmal. SCHIEFELE (1994) und KRAPP

(1992) verstehen unter Interesse eine *herausgehobene, subjektiv bedeutsam erlebte Beziehung zwischen einer Person und einem Gegenstand ihrer erfahrbaren Umwelt.*

Demnach steht für Psychologen die Person im Mittelpunkt: Sie hat Interessen. Für Biologiedidaktik (wie für die Pädagogik) ist die Wechselwirkung zwischen der Person und dem Gegenstand bedeutsam. Ein Gegenstand ist nicht als solcher bedeutsam, sondern er wird es durch das Interesse, das jemand ihm entgegenbringt.

Daraus wird deutlich, daß Lehrerinnen nach diesen Definitionen zuerst einmal gar nicht auf eine Verbesserung des Interesses der Schüler, also eine überdauernde, anhaltende positive Einstellung abzielen, sondern auf deren Aufmerksamkeit und Teilnahme am Unterricht. Für diesen Sachverhalt gibt es einen anderen Begriff.

Interessiertheit ist eine positive emotionale Befindlichkeit als Gegensatz zu Langeweile und Abneigung. Sie ist gekennzeichnet durch das Gefühl der Sympathie, der Aufmerksamkeit, des Verstehens, des sinnvollen Tätigseins und des Dazulernens. Sie ist (1) situationsabhängig, (2) nicht notwendigerweise abhängig von Interessen, (3) aber eine mögliche Voraussetzung für Interessen (TODT 1990).

Auch wenn die Lehrerin das Ziel nicht aus den Augen verlieren sollte, Interesse bei ihren Schülern zu wecken, wird sie sich vorab mit Strategien beschäftigen, die Interessiertheit an ihrem Unterricht hervorrufen können bzw. könnten. Dazu ist ein weiterer Begriff zu bedenken.

Motivation *ist die momentane Bereitschaft eines Menschen, seine sensorischen, kognitiven und motorischen Funktionen auf die Erreichung eines ... Zieles zu richten,* wie HECKHAUSEN (1968) formuliert. Dieser Autor hat auch versucht, eine „Formel“ für die momentane Lernbereitschaft – der eben Motivationen zugrunde liegen – aufzustellen (s. Tab. 9–1). Bei aller Vorsicht und Bedenken (etwa gegenseitige Abhängigkeit und Hierarchie der genannten einzelnen Motive) gegenüber einer solchen „Formel“, lassen sich daraus jedoch unterrichtspraktische Schlußfolgerungen ziehen, die z. B. bei TODT* (1977) dargestellt sind. Sie sind so wichtig, daß sie an mehreren Stellen erörtert werden (Grundregeln zum Lehrerverhalten, Kap. 2.2; notwendige Fähigkeiten eines Biologielehrers, Kap. 8.2; Einstieg, Kap. 14.2).

Tab. 9–1. Faktoren der Momentanen Lernbereitschaft nach HECKHAUSEN.

Momentane Lernbereitschaft =
Leistungsmotiv
+ sachbezogener Anreiz
+ Bedürfnis nach Zustimmung
+ Bedürfnis nach Abhängigkeit
+ Bedürfnis nach Geltung
+ Bedürfnis nach Strafvermeidung
+ Bedürfnis nach optimaler Stimulation

Das Leistungsmotiv geht davon aus, daß es dergleichen bei jedem oder jedenfalls den meisten Menschen gibt. Ein weiterer wichtiger Aspekt, der mit dem Leistungsmotiv zusammenhängt, ist die Anpassung der Schwierigkeit des Lehrstoffs an die Leistungsfähigkeit der Schüler, nach Möglichkeit sogar des einzelnen Schülers. Dies setzt genaue Kenntnisse über das Wissen der Lernenden voraus: So wird z. B. im Zusammenhang mit der Vermittlung von Begriffen (Kap.10.2) auf die notwendige Auswahl und deren mengenmäßige Begrenzung hingewiesen; chemische Kenntnisse kann man heute kaum mehr voraussetzen, dies trifft ebenso auf Artenkenntnisse im Zusammenhang mit der Behandlung ökologischer Themen zu.

Umgekehrt muß dagegen ein bestimmter Anspruch an die Schüler bestehen, sonst wird Unterricht langweilig. So sollte sich eine Lehrerin nach jeder Stunde fragen: Welches biologische Wissen haben die Schüler heute neu erworben? Auf welches neue Niveau habe ich sie gehoben? Vor allem im Sachunterricht der Grundschule dürften Schüler derzeit in vielen Fällen unterfordert werden. Ihr Wissen und ihr Interesse sind zum Teil beachtlich (s. dazu Kap. 18.1).

Sachbezogener Anreiz als Motiv für Interessiertheit beinhaltet unter anderem eine klare Gliederung des Unterrichts, so daß Zusammenhänge und Ablauf erkennbar werden; weiterhin Anschaulichkeit und Verwendung geeigneter Beispiele (s. auch Tab. 8–1); Eigenaktivitäten der Schüler sowie „besondere Ereignisse“ (wie Exkursionen, Freilandarbeit, Durchführung eines Naturschutzprojekts).

Schließlich muß in diesem Zusammenhang der schon mehrfach erwähnte Begriff „Einstellungen“ erläutert werden. Es sind nach SCHIEFELE & KRAPP (1981) *positive, neutrale oder negative Urteile über einen bestimmten Gegenstandsbereich.* COLLETTE & CHIAPETTA (1994: 71) meinen: *Einstellungen beziehen sich auf die Grund-*

haltungen eines Menschen zu einer Idee. Das Konstrukt weist auf die positiven oder negativen Gefühle hin, die jemand gegenüber einer Sache hat. So kann eine Person eine positive Einstellung dazu haben, Tiere und Pflanzen zu schützen – ohne es je zu tun.

Der Begriff wird in der englischsprachigen Literatur (attitude) vielfach synonym mit Interesse verwendet. Dort werden auch Untersuchungen über „Einstellungen“ durchgeführt, während in der deutschsprachigen Literatur vor allem „Interessen“ untersucht werden (Forschungsergebnisse bei Olson & Zaana 1993).

Gelegentlich wird der Begriff auch in der biologiedidaktischen Literatur unter dem Gesichtspunkt der „Erziehung zu Einstellungen“ verwendet (z. B. Bereitschaft zu Kritik, Offenheit zum sinnlichen Erleben; s. Eschenhagen et al. 1985: 88). Dabei handelt es sich jedoch vorwiegend um formale Fähigkeiten nicht dagegen um Einstellungen zu einem bestimmten Thema oder einer Wertvorstellung (s. Kap. 3.5).

Für eine Biologielehrerin könnte es bedeutsam sein, positive oder negative Einstellungen (z. B. Angst vor Spinnen, Engagement im Umweltschutz, Ablehnung der Evolution) und deren Ursachen zu erkennen; also auch Gefühle und Neigungen der Schüler, und sie bei der Auswahl und Ausgestaltung ihrer Unterrichtsthemen zu beachten. Dies erscheint besonders bedeutsam, wenn Schüler z. B. grundsätzlich negativ zu Ergebnissen naturwissenschaftlicher Forschung eingestellt sind, sie sich gegenüber Aussagen von „Esoterikern“ (s. Kap. 19.3) unkritisch verhalten.

Von unmittelbarem Nutzen für den Biologieunterricht könnte der Befund sein (s. Olson & Zaana 1993), daß man Informationen, die zur eigenen Einstellung passen, leichter lernt und behält als solche, die ihr widersprechen. Informationen, die eine Einstellung ändern möchten, müssen demnach intensiv behandelt und immer wieder abgefragt werden, falls sie einen Effekt haben sollen.

Begriffe: Interesse, Interessiertheit, Motivation, Momentane Lernbereitschaft (Heckhausen-Formel), Leistungsmotiv, Sachbezogener Anreiz, Einstellung

9.3 Einige empirische Befunde der Interessensforschung

Im Gegensatz zu anderen biologiedidaktischen Bereichen ist „Interesse“ vielfach an einer größeren Anzahl von Schülern untersucht worden, und zwar nicht nur von Biologiedidaktikern (umfangreiche Zusammenstellung der Literatur bei Löwe 1992a: 15ff.), sondern auch von Psychologen (z. B. Todt 1978, 1990, Krapp & Prenzel 1992). Aus solchen Untersuchungen gewonnene Erkenntnisse zeigen, daß man in bezug auf das Interesse von Schülern an Biologie und Biologieunterricht keine globalen, sondern vielmehr für verschiedene Gebiete differenzierte Aussagen machen muß, wie „Interesse“ im Biologieunterricht gefördert werden kann. Es ist vielmehr erforderlich, aus der Vielzahl der Ergebnisse Beispiele für einzelne Elemente von Interesse und für einzelne Gebiete des Biologieunterrichts zu betrachten. Daß die Befunde verschiedener Autoren nicht immer völlig übereinstimmen, ist bei einem vergleichsweise neuen und auch schwierigen Untersuchungsgebiet kaum verwunderlich.

Konkrete Werte im folgenden Text (wobei im wesentlichen signifikant belegte Beispiele erörtert werden) beziehen sich stets auf die Auswertung einer „fünfstufigen Beantwortungsskala“ von „gar kein Interesse“ bis „sehr großes Interesse“, also mit einem erreichbaren Maximalwert von 5,0.

9.3.1 Stellenwert des Faches Biologie

In der Grundschule besteht relativ hohes Interesse an biologischen Themen; im Verlauf der Sekundarstufe I nimmt es für viele Gebiete kontinuierlich ab. Dies ist eine Erscheinung, die bemerkenswerterweise offenbar überall, unabhängig von der Schulform oder dem Lehrplan eintritt. Die Motivierung wird also im Lauf der Schulzeit schwieriger. Biologie nimmt aber dennoch in der Rangfolge der Fächer einen der ersten Plätze ein.

Diese Abnahme des Interesses an Biologie geht einher mit der allgemeinen Abnahme des Interesses am Unterricht. Zugleich konnte gezeigt werden (s. u.), daß dies nicht für alle Gebiete der Biologie in gleicher Weise gilt.

Löwe (1992c, Manuskript) vertritt die Meinung, daß der mit der 5. Klasse einsetzende Fachunterricht zur „Interessenserosion“ führt, z. B. mit der wissenschaftlichen Begriffsbildung, dem

„Knochenzählen“, dem „Zählen der Kronblätter“ – während ein Blumenstrauß vorher vorwiegend ein ästhetisches Objekt war. Man kann diese Begründung wohl für überspitzt halten. Zu bedenken ist sie. Zumal mehrfach belegt werden konnte (z. B. Löwe 1992a: 54), daß Schüler der Sekundarstufe I in ihrer Freizeit durchaus Interessen an Biologie nachgehen, aber weniger Interesse am Biologieunterricht haben. Dieser Meinung steht die verbreitete Ansicht gegenüber, daß die Abnahme des Interesses an Biologie im Lauf der Sekundarstufe I (auch) bedingt ist, durch die Zuwendung zu stärker personenbezogenen und anderen kulturellen Bereichen.

Zum allgemein hohen Interesse an Biologie vor allem bei jüngeren Schülern gibt es mehrere Untersuchungen; dazu nur ein Beispiel. Eine Studie (England, n=3400, 12 Jahre alt, Qualter 1993) bei der zahlreiche Fragen zu naturwissenschaftlichen Themen gestellt wurden (z. B. warum manche Zwillinge sich weitgehend gleichen; wie unsere Lungen funktionieren; warum das Meer salzig ist), zeigt deutlich, daß biologische Themen weitaus bevorzugt werden. Vor allem Mädchen interessieren sich für Themen, die einen unmittelbaren Bezug zu ihrem Leben haben, dagegen kaum für physikalische und chemische Probleme.

9.3.2 Unterrichtsmethoden

Über allgemeine und methodische Bedingungen, die Interessiertheit an Unterricht fördern, wurde schon in Kap. 8.2 (s. besonders Tab. 8–1) berichtet. Viele Untersuchungen (Talton & Simpson 1987, Finke 1998) bestätigen diese Erkenntnisse, die wegen ihrer Bedeutsamkeit erneut in Tabelle 9–2 angeführt werden. Man kann sie mit folgenden Stichworten zusammenfassen: Gutes Klassenklima; auf die Schüler eingestellte, gerechte, kompetente Lehrerin; Themen werden klar dargestellt, anspruchsvoller Unterricht; subjektive Anwendbarkeit des Gelernten.

Setzt man voraus, daß durch Anwendung dieser Prinzipien positive Einstellungen zu Naturwissenschaften entstehen, ist dagegen bemerkenswert, daß es nur schwache Korrelationen zwischen solchen positiven Einstellungen und entsprechenden Leistungen gibt (Collette & Chiapetta 1994).

In bezug auf die Anwendung einiger spezieller Methoden im Biologieunterricht konnte z. B. gezeigt werden:

– Das Interesse der Schüler an Schülerversuchen ist deutlich größer ist als an Demonstrationsversuchen. Grundsätzlich fällt jedoch das Interesse am Experimentieren von Klasse 5–9 stark ab (Löwe 1992a, Hesse 1984).

– Ebenfalls nimmt Interesse an Tierhaltung und am Mikroskopieren im Verlauf der Sekundarstufe I besonders bei Mädchen erheblich ab (Hesse 1984, Löwe 1992a: 44).

– Ähnliches gilt für das Sammeln biologischer Objekte und das Anlegen eines Herbars (Hesse 1984).

– Allgemein gilt die kaum verwunderliche Erkenntnis, daß Methodenvielfalt der Interessiertheit an Biologieunterricht förderlich ist.

9.3.3 Interesse an zoologischen und botanischen Themen im Verlauf der Sekundarstufe I

Das Interesse der Schüler der 10. Klasse an der Beschäftigung mit Arten ist erheblich geringer als das von Schülern der 5. Klasse oder der Grundschule. Um einen konkreten Wert anzugeben: Hesse (n=1276, 1984) fand für die Klasse 5 einen Mittelwert für zoologische Themen von 2,62, für die Klasse 9 von 1,94. Stets ist zudem Interesse an Tieren höher als an Pflanzen (z. B. Berck & Klee 1992) und in der Regel bei Mädchen größer als bei Jungen. Die Werte für botanische Themen liegen im Mittel um etwa 0,5 Punkte niedriger und fallen im Lauf der Sekundarstufe I stärker ab. Dieser Interessensabfall geht auch aus Abbildung 8 hervor. Sie beruht auf einer vergleichenden Untersuchung von Löwe (1992c) an Schülern der 3. bis 10. Klasse in Baden-Württemberg (n=635) und Brandenburg (n=497). Offensichtlich hatten in diesem Fall weder regionale Unterschiede noch unterschiedliche Schul- und Gesellschaftssysteme (die Brandenburger Schüler haben Biologieunterricht vorwiegend zur DDR-Zeit erlebt) wesentlichen Einfluß auf die Entwicklung der Interessen an Biologie bzw. an den Teilgebieten Botanik und Zoologie.

Da dem Thema „Interesse an Tieren und Pflanzen“ ein eigenes Kapitel gewidmet ist, hier vorab nur einige für Biologieunterricht besonders wichtig erscheinende Befunde:

– Interesse für Tier- und/oder Pflanzenarten entwickelt sich vorwiegend zwischen dem 9. und 12. Lebensjahr (Abb. 9). Dazu gibt es in der Literatur weitgehend übereinstimmende Angaben. Daraus folgt für den Biologieunterricht: Tiere und Pflanzen (und man muß heute solchen Kennt-

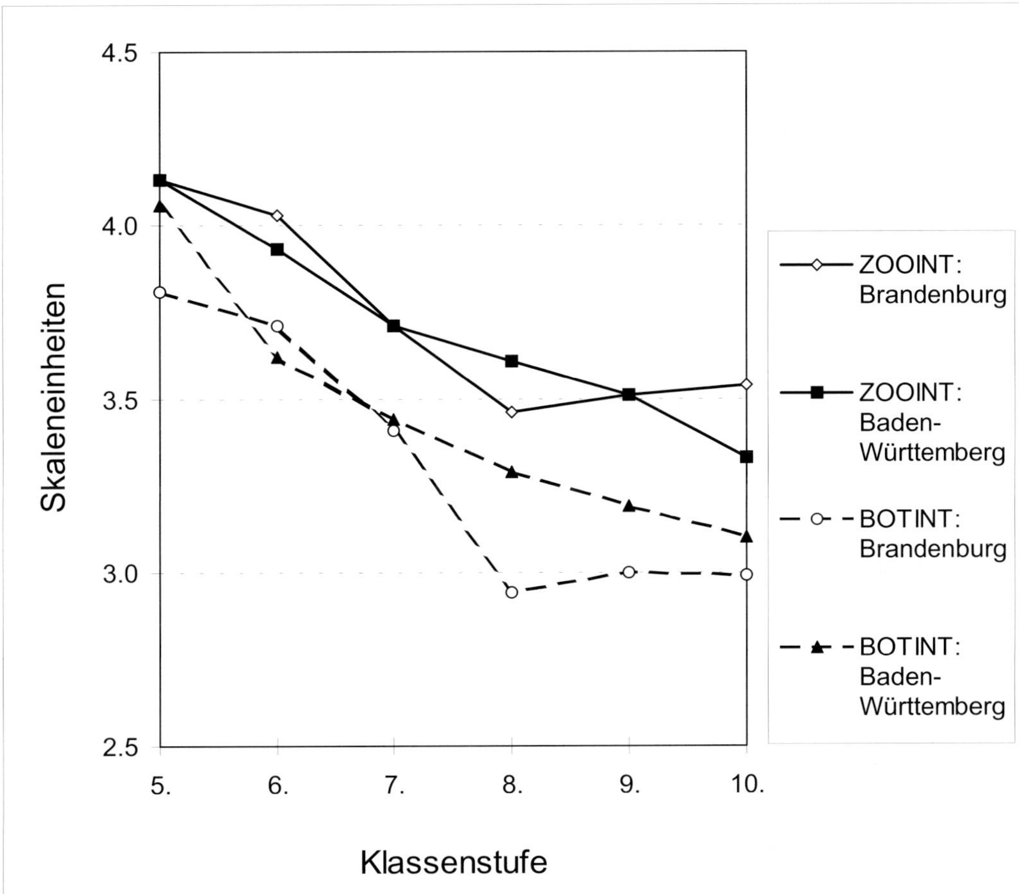

Abb. 8: Verlauf der pflanzenkundlichen (BOTINT) und tierkundlichen (ZOOINT) Interessen brandenburgischer (BR) und baden-württembergischer (BW) Schüler; Fragen zu den Teilgebieten zu Mittelwerten zusammengefaßt; SkE – Skaleneinheiten (aus LÖWE 1992c).

nissen in bezug auf Umwelt- und Naturschutz sowie Freizeitverhalten Bedeutung beimessen) sollten vor allem in der 3./4. sowie in der 5. Klasse behandelt werden. Lehrerinnen der Grundschule tragen deshalb eine besondere Verantwortung für das Zustandekommen gerade solcher Interessen. Bei der Darstellung von Pflanzen ist zudem die Bedeutung solcher Kenntnisse für das tägliche Leben herauszustellen. Die Entscheidung einer Lehrerin, in höheren Klassen die Schüler dennoch mit dieser Thematik zu beschäftigen, sollte verbunden sein mit besonderer Beachtung der Schülerrelevanz.

– Erwachsene, die sich in ihrer Freizeit intensiv mit Arten beschäftigen, interessieren sich keineswegs unterschiedslos für alle Arten, sondern betont für bestimmten Gruppen von Lebewesen (Abb. 10). Vielleicht erscheint es deshalb sinnvoller, Schülern die Einarbeitung in eine selbstgewählte Gruppe zu ermöglichen, anstatt allgemein Arten-Kenntnisse vermitteln zu wollen.

– Mehrmals (Literatur in Kap. 11) wurden Anregungsfaktoren untersucht, die zu Interesse an Arten führen. Dominierend sind dabei „eigene Naturbegegnungen und Erlebnisse", ohne daß man genau weiß, was diese Aussage im einzelnen beinhaltet. Gefolgt wird dieser Faktor vom Lesen einschlägiger Bücher und Anschauen von Filmen (wobei jedoch das Interesse für „Tierbücher" von Klasse 3 bis 8 ganz erheblich abfällt). Auch die Mitarbeit in „Naturschutzverbänden" spielt als Anregungsfaktor für Arteninteresse eine große Rolle; eine vergleichsweise geringe dagegen Eltern und der Biologieunterricht (in neuen Untersuchungen und in den USA, s. KLEE 1997, werden die beiden letzten Faktoren besser eingestuft).

Tab. 9–2: Rangfolge der Wichtigkeit allgemeinder Bedingungen der Interessiertheit im Biologieunterricht; 5.–10. Klasse, n = ~ 1550 (Finke 1998).

Rang	Item	Mittelwert
1.	Zu meinen Mitschülern hatte ich ein gutes Verhältnis	4,0
2.	Den Erklärungen des Lehrers konnte ich gut folgen	3,8
3.	Wenn ich etwas nicht verstanden hatte, konnte ich den Lehrer nochmals fragen	3,8
4.	Ich fand den Unterricht interessant	3,8
5.	Den Anforderungen im Unterricht konnte ich gut folgen	3,7
6.	Ich fühlte mich im Unterricht wohl	3,7
7.	Ich merkte, daß ich von Stunde zu Stunde etwas hinzugelernt hatte	3,7
8.	Ich fand den Unterricht abwechslungsreich	3,7
9.	Ich fand den Unterricht anschaulich	3,6
10.	Ich habe eigene Meinungen und Ideen im Unterricht einbringen können	3,6
11.	Es wurden Themen behandelt, über die ich zu dieser Zeit etwas wissen wollte	3,5
12.	Was im Unterricht behandelt wurde, war auch außerhalb der Schule anwendbar	3,5

9.3.4 Interesse an Humanbiologie im Verlauf der Sekundarstufe I

Zu dieser Thematik gibt es leicht unterschiedliche Ergebnisse. Im Vergleich mit dem Interesse an Tieren und Pflanzen ist das an Humanbiologie in den ersten Klassen allgemein geringer. Nach einigen Untersuchungen (Kelly 1985, Arbinger et al. 1976) steigt es dann mit zunehmendem Alter kontinuierlich an, nach anderen fällt es von der 5. bis 7. Klasse etwas ab, um erst dann stärker anzusteigen. Stets sind Schülerinnen signifikant höher interessiert als Jungen. Die Pubertät könnte für den Verlauf dieser spezifischen Interessen verantwortlich sein.

Entscheidend (Finke 1998) für die Entstehung von Interesse an diesem Bereich ist die Angst davor, selbst zu erkranken (1. Rang unter den Anregungsfaktoren). Entsprechend bedeutsam ist das Thema „Gesundheitsrisiken“ für den Biologieunterricht. Demnach sollte auch bei humanbiologischen Themen verstärkt auf Ich-Bezug geachtet und Ängste der Schüler vor Krankheiten aufgegriffen werden. Als Informationsquellen werden Printmedien und in etwas geringerem Maß „Filme im Fernsehen“ genannt. Beachtenswert ist auch, daß der Biologieunterricht als Anregungsfaktor bei dieser Thematik einen hohen Stellenwert einnimmt (3. Rang); dagegen sind personenbezogene Einflüsse (den Lehrer eingeschlossen) gering.

9.3.5 Interesse an Natur- und Umweltschutz

Arbinger et al. (1976) konnten in der Sekundarstufe I noch ein fast konstantes und relativ hohes Interesse an Natur- und Umweltschutz ermitteln. Bei einer weiteren Untersuchung 1995 (Finke 1998) fiel es ab Klasse 7 deutlich ab. Dies könnte ein Beispiel dafür sein, daß die häufige Behandlung eines Themas (zudem in verschiedenen Schulfächern) und die vermehrte öffentliche Diskussion zu einer Gewöhnung oder sogar Abstumpfung führt. Umwelterziehung spielt in den letzten Jahren im Biologieunterricht verständlicherweise eine große Rolle. Vielleicht weist dieser Befund aber auf die Ambivalenz einer zu starker Betonung eines Themas hin.

Die wichtigsten Anregungsfaktoren für aktive Mitarbeit im Natur- und Umweltschutz, also tatsächlich in Handeln umgesetztes Interesse (n=995, Mitglieder von Naturschutzverbänden, Kontrollgruppe; Berck & Klee 1992), sind: eigene Naturbegegnung, Beschäftigung mit Arten, Lesen, Informationen aus anderen Quellen zum Thema. Schüler der Sekundarstufe I, die nach ihrem Interesse in diesem Bereich gefragt wurden (Finke 1998) nennen: Aktivitäten in Natur-Umweltschutzgruppen, Verantwortungsgefühl für Umweltzerstörungen, Informationen aus Printmedien, Besuch eines Naturschutzgebietes. Trotz einiger Unterschiede zwischen beiden befragten Gruppen zeigen sich viele Gemeinsamkeiten. Zu ähnlichen Ergebnissen kommen auch Untersuchungen in den USA (s. KLEE 1997; BOGNER 1997).

Relativ deutlich ergeben sich daraus für eine Biologielehrerin spezielle Aufgaben: Es ist nützlich, wenn sie eine Verbindung zu entsprechenden Jugendgruppen herstellt; auch die Bearbeitung eines „vor der Haustür" liegenden Natur-Umweltschutzthemas und die intensive Beschäftigung mit Tier-/Pflanzenarten erscheinen besonders effektiv.

Ob und in welchem Ausmaß Interesse z. B. an Tier- und Pflanzenarten und an „Naturbegegnung" zu andauerndem Engagement für Naturschutz und Handeln im Umweltschutz führt, ist unsicher. Während der Umgang mit Lebewesen vor allem in der Jungendzeit in dieser Hinsicht positiv bewertet werden kann, gibt es bisher wenige Hinweise darauf, daß einschlägiges Wissen zu entsprechenden Effekten führt (s. KLEE 1997).

9.3.6 Interesse an Allgemeinbiologischen Themen in der Sekundarstufe I

Zu dieser Thematik gibt es vergleichsweise wenige und unsystematische Untersuchungen. HESSE (1984, entsprechend LÖWE 1992a: 38) fand, daß abstrakte Fragen (z. B. „Zellen und ihre chemischen Leistungen", „Zellen als Grundbausteine ...") sehr niedrig bewertet wurden. Zugleich stießen angewandte Themen (z. B. „Weinherstellung") vor allem bei Jungen auf eine wesentlich höhere Zuwendung. Interesse an dem Thema „Vererbung" nimmt, bei dennoch vergleichsweise niedrigen Werten (Jungen Kl. 5 1,1; Kl. 9 1,5; Mädchen Kl. 5 1,4; Kl. 9 2,0) im Laufe der Sekundarstufe I zu. HESSES wenige Fragen zur Evolution (wie „Entwicklung der Lebewesen", „Versteinerungen") ergaben hohe Werte zwischen 2–3 Punkten; Ähnliches gilt für „Verhaltensbiologie". In diesem Zusammenhang zeigt z. B. Abbildung 9, wie das Interesse an Gentechnologie und zugehörigen ethischen Fragen im Laufe der Schulzeit ansteigt.

Es wiederholt sich bei Themen zur Allgemeinen Biologie, daß „Ich-Bezug" und „Anwendung", auch wenn beide von den Schülern nur vermutet werden, auf wesentlich höheres Interesse stoßen als anscheinend abstrakte. Folglich liegt es nahe, daß Lehrerinnen versuchen (worauf ja immer wieder hingewiesen wird), allgemeinbiologische Fragen nach Möglichkeit mit Aspekten zu verbinden, die Schüler für sich für bedeutsam halten. So kann man etwa das Thema „Zelle" am Beispiel einer Krebserkrankung einführen; „Immunbiologie" mit „Organtransplantation" (s. Kap. 16.3) verbinden, von der jeder betroffen sein könnte; „Mendel-Genetik" an Erbgängen des Menschen und nicht der „Erbsen" darstellen.

Begriffe: Interessenserosion, Interesse am Fach, Interessen und Unterrichtsmethoden, Interesse an spezifischen Gebieten

9.4 Vorschläge zur Förderung von Interessiertheit

Zusammenfassend lassen sich aus diesen Befunden einige „Regeln" aufstellen, wie sie ähnlich schon in anderen Kapitel formuliert wurden. Mit ihrer Hilfe kann man versuchen, Interessiertheit – vielleicht sogar Interesse – bei Schülern zu erreichen.

- Besonders bedeutsam und günstig ist es, wenn eine Beachtung der empirisch belegten zeitlichen Verteilung der Interessensschwerpunkte an bestimmten Themen möglich ist; dies erleichtert es, die Schüler zu interessieren.
- Lehrerinnen können sich durch Befragung ihrer Schüler ein Bild davon machen, was diese (an einem Thema) besonders interessiert.
- Wesentliche Voraussetzung: intensives Interesse der Lehrerin an Biologie.
- Sachlich genug wissen und kreative Einfälle haben.
- Wann immer möglich, den Unterricht mit einem bemerkenswerten Problem („Provokation", „Überraschung"), einem geeigneten Einstieg beginnen; Einzelheiten dazu s. Kap. 14.2.; und zwar
- solchen mit Ich-Nähe, Praxisbezug, die besonders bei Mädchen Emotionen hervorrufen.
- Eine Lehrerin sollte sich immer wieder auch außerhalb des eigentlichen Unterrichts Zeit nehmen für die Schüler.
- Ein klar und logisch aufgebauter, „durchsichtiger" Unterricht ist als Motivation notwendig. *Gute Lehrerinnen arbeiten hart daran, ihren Unterricht verständlich zu gestalten* (COLLETTE & CHIAPETTA 1994: 74).
- Unterricht muß dem Wissensniveau der Schüler entsprechen und zugleich Anforderungen stellen, auch in bezug auf Hausaufgaben; Mangel an Anforderungen schafft keine Interessiertheit.

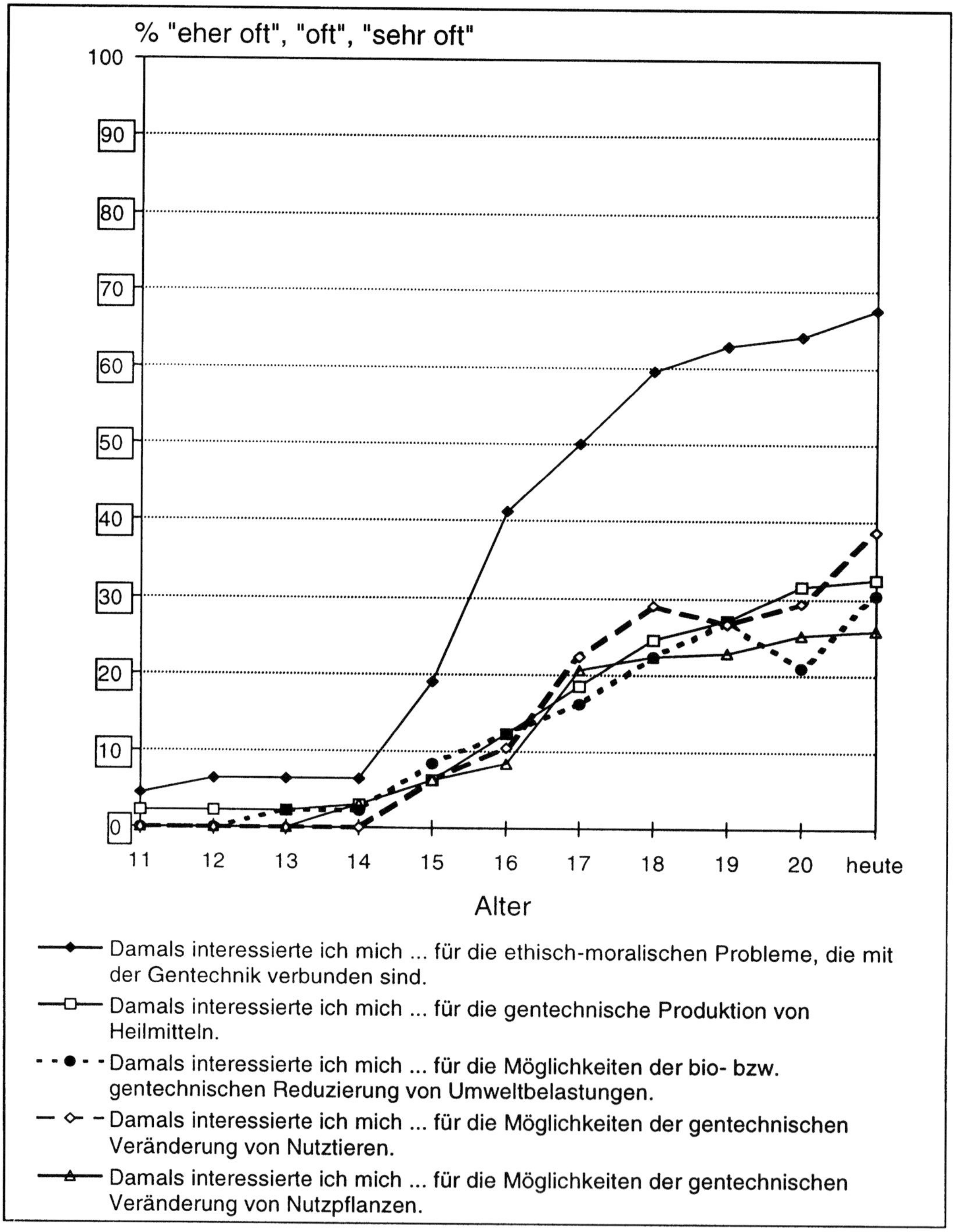

Abb. 9: Retrospektivbefragung zu verschiedenen Items zu Fragen der Gentechnologie (n = 50 Studentinnen, die Werte für Studeten sind weitgehend analog; TODT, Forschungsbericht 1996).

- Wo und wie immer möglich, die Schüler selbst etwas herausfinden lassen („Rätselstruktur“, Finden von Hypothesen).
- Gruppenarbeit impliziert (meist) das Wettbewerbsprinzip – und damit Interessiertheit.

Jeder Lehrende weiß, wie unterschiedlich die Reaktionen von Schülern sind, wie variabel er auf sie eingehen muß. „Regeln“ dazu, wie man Interessiertheit hervorrufen kann, sind deshalb vor allem Möglichkeiten zur Orientierung – aber dies eben doch.

10 Begriffe und Begriffslernen – Lernprozesse im Biologieunterricht 2

Mephisto: Im ganzen – haltet euch an Worte! Dann geht ihr durch die sichere Pforte zum Tempel der Gewißheit ein. – Schüler: Doch ein Begriff muß bei dem Worte sein. – Mephisto: Schon gut! Nur muß man sich nicht allzu ängstlich quälen. Denn eben wo Begriffe fehlen, da stellt ein Wort zur rechten Zeit sich ein (J. W. GOETHE: Faust).

Mögliche Situation: Lehrende, welche Menschengruppe sie immer unterrichten, vermitteln gleichsam ständig Begriffe. Geeignete bzw. notwendige Begriffe auszuwählen und mit möglichst optimalen Strategien zu vermitteln, ist eine grundlegende Aufgabe von Unterricht.

10.1 Bedeutung von Begriffen

Begriffe sind die Bausteine der geistigen Welt des Menschen ... Wo immer Wirklichkeit betrachtet, analysiert, kategorisiert, verglichen wird, laufen Prozesse der Begriffsbildung ab (HUBER 1970:9).

Es dürfte schwer sein, die Bedeutung des Begriffslernens zu überschätzen (GAGNÉ 1973).

Es gibt mindestens sieben Gründe, der Vermittlung von Begriffen im Biologieunterricht größte Aufmerksamkeit zu schenken:

• Orientierung in der Welt ist ohne Begriffe kaum möglich. Unendlich viele Ereignisse treffen unseren Sinnesapparat. Müßten alle diese Ereignisse einzeln gespeichert werden, so wäre wohl unsere Fähigkeit überfordert, Informationen zu speichern und zu verarbeiten.

• Die Kognitionspsychologie geht heute allgemein davon aus, daß Begriffe und Aussagen die Grundeinheiten der Informationsspeicherung im menschlichen Gedächtnis sind (HOFFMANN 1986, ANDERSON 1988).

• Begriffe (und Aussagen) sind grundlegende Elemente von Wissenschaft. Die Ergebnisse biologischer Forschung werden in Begriffe gefaßt. Biologische Begriffe beschreiben Einsichten, die vorher unbekannt waren; so gab es z. B. vor MENDELS Forschungen weder den Begriff „Gen“ noch „Diploidie“.

• Ohne in die Begriffswelt der Biologie einzudringen, kann man diese nicht verstehen – dies gilt auch für einfachste Formen des Lernens.

• In der Biologie gibt es eine unüberschaubare Anzahl von Begriffen; z. B. 30000 im „Lexikon Biologie“ (früher Herder-Verlag, jetzt Spektrum-Verlag). Die Biologen *haben das umfänglichste Begriffssystem unserer Kultur entwickelt: mehrere Millionen empirisch geprüfter Begriffe ... Eine Begriffswelt, welche den Begriffsumfang der großen Sprachen um eine Größenordnung übertrifft* (RIEDL 1987: 9). Wie wohl bei keiner anderen Wissenschaft nehmen die Erkenntnisse der Biologie zu. Auswahl der wichtigsten Begriffe ist deshalb unabweisbar. Sonst wird eher zufälliges Wissen vermittelt.

• Man muß wissen, daß durch neue Forschungsergebnisse manche Begriffe ihre Bedeutung ändern können. Ständiges Weiterlernen ist deshalb notwendig.

• Grundsätzlich gilt: Ein Lehrer, der keine völlig klare Kenntnis der Begriffe hat, die er vermitteln will und muß, kann wohl kaum guten Unterricht halten.

Von mehreren Autoren wird das Verhältnis von natürlicher Weltbetrachtung und wissenschaftlicher Welterkenntnis diskutiert (z. B. HILLS 1982, KÜNZLI 1988, BERCK & GRAF 1992; weitere Aussagen dazu in Kap. 19.2, Punkt 8). Es gibt keinen bruchlosen Übergang von der bloßen Naturbetrachtung zu ihrer theoretischen Konstruktion – z. B. in Form von Begriffen. Vielmehr ist jeweils ein Perspektivenwechsel erforderlich. Ohne gründliche Kenntnis von Begriffen ist ein solcher Wechsel kaum möglich. Man kann sich das leicht an einem Beispiel klar machen: Die Betrachtung einer Pflanze allein reicht nicht aus, wenn man etwas für ihren Schutz tun will. Erst muß man sie als bedroht erkennen, sie in naturschutzrelevante Kategorien einordnen.

Eine Tagung von Physikdidaktikern war dem Thema gewidmet (LAUTERBACH 1990), ob beim Erkennen der Welt und damit beim Lernen naturwissenschaftlicher

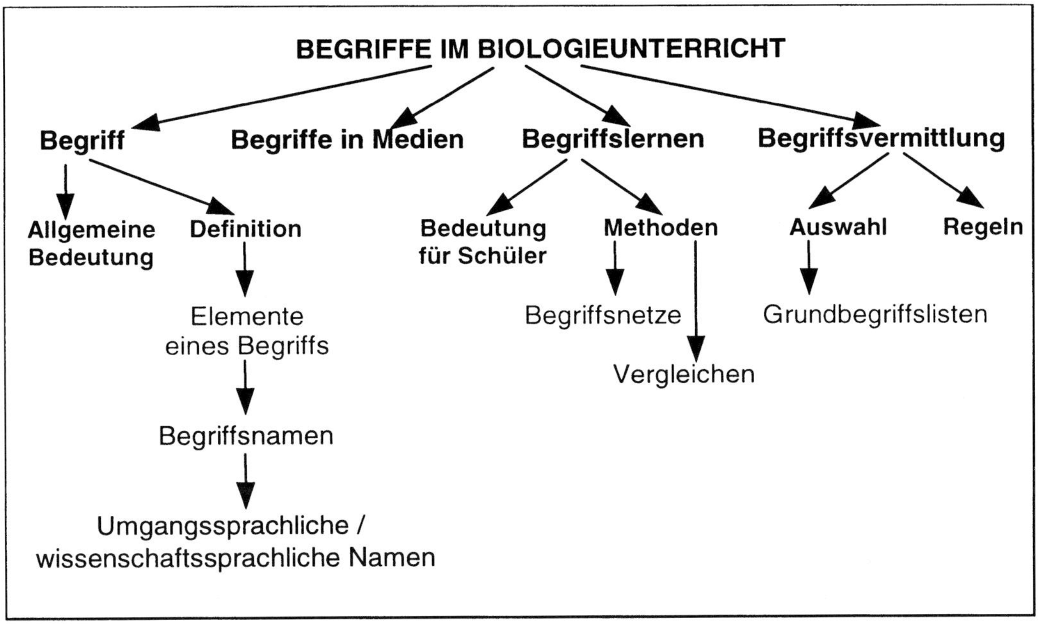

Abb. 10: Begriffe im Biologieunterricht – Überblick über in Kapitel 10 behandelte Themen.

Inhalte ein „Kontinuum“ oder „Diskontinuität“ vorliegt. Fazit war, daß es „schnelle und einfache Urteile“ nicht gibt. Da offenbar vorher nicht definiert worden war, was denn unter „Kontinuität versus Diskontinuität“ zu verstehen sei, konnte schwerlich ein anderes Ergebnis erwartet werden.

Begriffe: Grund-Vokabular, Begriff, Weltbetrachtung – Welterkenntnis

10.2 Gezielte Auswahl statt Begriffsüberfrachtung

Es soll ausdrücklich darauf hingewiesen werden, daß eine bewußte Vermittlung ausgewählter Begriffe nichts mit einer Vernachlässigung anderer Aspekte des Biologieunterrichts zu tun hat. Sie will weder noch darf sie zur „Begriffshuberei“ führen. Das Gegenteil ist der Fall. Gezielte und beschränkte Auswahl von Begriffen soll gerade den nötigen Freiraum schaffen für alle die Aktivitäten, die notwendig zum Biologieunterricht gehören wie Experimentieren, Freilandarbeit, Diskussionen usw.

Wagenschein (1977) hat einst den Einwand vorgetragen, daß bei einer zu schnellen und verfrühten Einführung von Begriffen, die „Phänomene“ und deren intensive Betrachtung zu kurz kommen könnten. Gezielte Auswahl und gründliche Vermittlung weniger Begriffe soll gerade Zeit lassen für die Beschäftigung mit den ihnen zugrundeliegenden Phänomenen.

Zugleich sollte bei jedem Begriff bedacht werden – darauf wird schon hier hingewiesen – ob er zum Grund-Vokabular biologischer Begriffe gehört. Und dieses sollte immer wieder präzise vermittelt und geübt werden.

10.3 Was ein Begriff ist

Der Leser mag versuchen, bevor er weiterliest, eine eigene Definition von „Begriff“ zu formulieren. – In der Tat gibt es zu diesem Konstrukt in der Literatur viele verschiedene Definitionen. Zwei in unserem Zusammenhang nützlich erscheinende sind:

Begriffe sind unanschauliche kognitive Strukturen, in denen die für einen Gegenstand oder mehrere Gegenstände wesentlichen Merkmale zusammengefaßt werden (Huber 1970: 159).

Ein Begriff ist eine kognitive Einheit, die rezipierte Ereignisse nach kritischen Attributen sowie Regeln ihrer Verknüpfung zusammenfaßt. Ein Begriff wird mit einer Lautfolge und/ oder

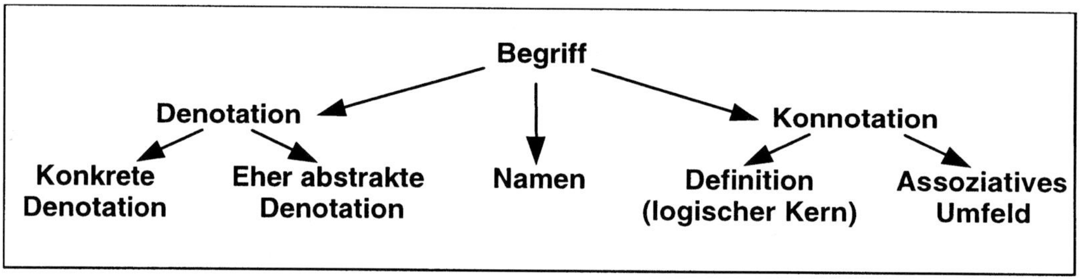

Abb. 11: Schema eines Begriffs.

einer Zeichenkombination benannt und steht damit der Kommunikation zur Verfügung (GRAF 1989a, leicht verändert).

Daraus ergeben sich mehrere Einsichten über Begriffe:

- Es gibt sie immer nur als Denkvorgänge. In unserer Umwelt sind Begriffe nicht vorhanden, sondern immer nur eine Vielzahl von Einzelereignissen. So gibt es in der Umwelt nur einzelne Individuen von Bäumen eines bestimmten Aussehens; wir fassen sie etwa zur Art „Weißbirke" zusammen.
- Der Terminus oder Name eines Begriffs ist nicht der Begriff – sondern sein Stellvertreter; dies ist ein weit verbreitetes Mißverständnis. Nur wenn man von „Biotop" eine genaue kognitive Vorstellung besitzt, „hat" man diesen Begriff. Einen Begriff verwenden zu können ist also etwas anderes, als nur ein Wort zu beherrschen; es kann sinnleer als Worthülse gebraucht werden. – Der einem Begriff zugeordnete Namen wird als Prädikator bezeichnet, wenn es um eine eher „im Alltag" vorgenommene Zuordnung handelt, wissenschaftlich genau definiert dagegen als Terminus.
- Begriffe sind Einheiten, weil man mit ihrer Hilfe alle Vertreter dieses Begriffs zusammenfassen und von anderen unterscheiden kann. Damit man dies mit Sicherheit vermag, muß man die Definition eines Begriffe beherrschen. Wenn man die Begriffe „Homöostase" und „Art" nicht genau definieren kann, besitzt man sie nicht, sondern hat nur eine vage Vorstellung von ihnen. – GARDNER (1975: 9) gibt fünf Funktionen an, die Begriffsdefinitionen haben können: Vokabeln kennenlernen, Unklarheiten beseitigen, Bedeutungen klären, theoretische Zusammenhänge verstehen, Einstellungen beeinflussen.
- Jedem Ereignis oder jeder Gruppe von Gegenständen, die man zu einem Begriff zusammenfaßt, kann man eine Vielzahl von Merkmalen, Eigenschaften zuordnen: dies sind die Attribute eines Begriffs. Z. B. sind Attribute des Begriffs „Insekt": Sechsbeinigkeit, Außenskelett, Chitinskelett usw.
- Bei der Definition wird von den Attributen abgesehen, die nur ein Teil der Gegenstände besitzt, die zu einem Begriff zusammengefaßt werden. Die allen gemeinsamen Merkmale werden zu kritischen Attributen, die Teil der Definition sind. So haben zum Beispiel nicht alle Insekten vier Flügel; Vierflüglichkeit ist demnach kein kritisches Attribut des Begriffs „Insekt", wohl aber „Sechsbeinigkeit".
- Oft ist es in der Biologie nicht leicht, eindeutige kritische Attribute für einen Begriff zu finden (HASSENSTEIN 1967a). So kommt man z. B. beim Begriff „Pflanze" in Schwierigkeiten, wenn man als kritisches Attribut „Autotrophie" benutzt und die Pilze in diesen Begriff einschließt.

Man kann sich weitere Eigenschaften von Begriffen an einem Schema (Abb. 11) klar machen und bedenken, welche Einsichten man daraus für die Vermittlung von Begriffen gewinnt:

- Alle Ereignisse oder Gegenstände der Umwelt, die zu einem Begriff zusammengefaßt werden, kann man als dessen Denotation bezeichnen (über eine andere Sinngebung dieser Bezeichnung s. KAMINSKI 1965). Man kann dafür auch die Bezeichnung „Begriffsumfang" benutzen. Demnach machen alle Säugetiere die Denotation des entsprechenden Begriffs aus. Es ist aber deutlich, daß man verschiedene Typen von Säugetieren kennen muß, um eine zutreffende Denotation zu gewinnen.
- Viele Begriffe der Biologie haben eine konkret anschauliche Denotation, zum Beispiel „Baum". Andere dagegen sind die Zusammenfassung kaum oder nicht unmittelbar sichtbarer Ereignisse. Sie haben eine mehr oder weniger abstrakte Denotation. „Auslese" oder „Homologie" sind solche Begriffe.

In der Umgangssprache werden Begriffe ohne konkrete Denotation auch als abstrakte Begriffe bezeichnet. Dies ist im strengen Sinn falsch. Alle Begriffe sind Abstraktionen einer Gruppe von Ereignissen. Beim scheinbar konkreten Begriff „Blüte“ muß man von allen realen Objekten dieser Art absehen, um zum Begriff zu kommen.
Das Erlernen von Begriffen mit eher abstrakter Denotation ist meist schwer. Deshalb muß man sich beim Lehren für sie viel Zeit nehmen, sie u. U. mit Hilfe von Modellen veranschaulichen.

• Konotation ist alles das, was eine Person von einem Begriff im Kopf hat, weiß, gelernt bzw. erfahren hat. Konotation beinhaltet zwei Komponenten:
Das Lernen einer Definition, auch Logischer Kern genannt, ist zum Verständnis eines Begriffs wichtig oder unabdingbar. Zugleich müssen eher subjektive Vorstellungen entstehen oder vorhanden sein, sonst bleibt ein Begriff in der Regel „tot“. Es muß also zu einem Begriff auch ein Assoziatives Umfeld (Schaefer 1980a) entstehen. Dies ist z. B. beim Begriff „Fisch“ leicht möglich, bedarf aber einiger Bemühungen etwa beim Begriff „Genmutation“.

Begriffe: Begriff (Definition), Terminus/Begriffsname/Prädikator, Attribut eines Begriffs, Kritisches Attribut eines Begriffs, Denotation, Konotation, sogenannter „abstrakter Begriff“, Assoziatives Umfeld

10.4 Zur Problematik der Begriffsnamen

Mag es im alltäglichen Umgang durchaus wünschenswert sein, bestimmte Synonyma zu verwenden ..., so ist es im wissenschaftlichen Bereich unter Umständen sehr gefährlich, in ähnlicher Weise zu diskutieren ... Ganz zu schweigen davon, daß damit Anfängern der Zugang zu wissenschaftlichen Fakten erschwert oder gar unmöglich gemacht wird (Preuss 1987).

In der Biologie, vor allem aber im Biologieunterricht werden bedauerlicherweise für einen Begriff vielfach mehrere Namen (Termini, Symbole) benutzt. Hinzu kommt der Unterschied zwischen wissenschaftlichen und eher umgangssprachlichen Termini (s. u.). Schon 1965 bemerkte Spanner: *Das Begriffsdurcheinander war mir ein Ärgernis, da es die Kinder verwirren mußte;* wobei Spanner eigentlich das Durcheinander von Begriffsnamen meint. Dazu Beispiele:
– Für Spermium finden sich in Schulbüchern und vergleichbaren Schriften: Samenzelle, Samenfaden, Samen, Spermienzelle, männliche Geschlechtszelle;
– für Imago erwachsenes, fertiges, geschlechtsreifes, fortpflanzungsfähiges Insekt, Vollinsekt, nur die Bezeichnung Imago selbst wird gänzlich vermieden (Erber 1983);
– für die Petalen, also die typischen bunten Blätter einer Blüte, finden sich: Blumen-, Blütenkron-, Blumenkron-, Blüten- und Kronblatt; selbst bei Strasburger (31. Aufl., 1983) findet man für diesen Begriff drei verschiedene Namen: Kron-, Blumenkron- und Blütenblatt;
– welche vielfältigen Überlegungen erforderlich sind, um zu begründeten Begriffsbenennungen zu kommen, hat Puthz (1987) am Beispiel der Bennenungen für Mitose und Meiose ausgeführt.

Diese Beispiele, denen sich viele hinzufügen ließen, sollen die Verwirrung verdeutlichen, in die Lernende kommen müssen, wenn sie in einem Buch diese, in einem anderen jene Bezeichnung für denselben Begriff lesen. Auch in vielen Biologiestunden und -vorlesungen kann man diesen heterogenen Gebrauch von Begriffsnamen erleben.

In bezug auf Namen von Arten und andere Bezeichnungen der Systematik sind Schüler zur Vermeidung von Unklarheiten (die sehr häufig vorkommen) darauf hinzuweisen, daß dies meist typische „Eigennamen“ sind, die weder Eigenschaften der betreffenden Art noch ihre Stellung im System widerspiegeln müssen. So ist ein Meerschweinchen eben kein Schwein, ein Silberfischchen kein Fisch, ein Rainfarn kein Farn usw. Andererseits kriecht ein Wurm zwar, aber er ist kein Kriechtier; eine Rabenkrähe singt nach allgemeiner Vorstellung nicht, sie ist aber ein Singvogel. D. h., Arten können typische Eigenschaften anderer Gruppen von Lebewesen aufweisen, ohne daß sie zu dieser Gruppe gehören. Es können ihnen aber auch (anscheinend) typische Merkmale der Gruppe fehlen, zu der sie gehören.

Leider ist es bisher nicht gelungen, wenigstens für die biologischen Begriffe, die grund-legend für den Biologieunterricht sind, einheitliche Namen festzulegen (dagegen gibt es in England einen solchen Versuch; s. Institute of Biology London 1989). Dies ist jedoch eine wichtige Aufgabe von Biologiedidaktik.

Auf die Frage von Lehrenden, was man tun soll, wenn in Schulbüchern unterschiedliche Namen für einen Begriff vorkommen, gibt es zur Zeit keine angemessene Antwort. Vorerst bleibt nur festzuhalten: Lehrer sollten sich der hier erörterten Problematik bewußt sein und in ihrem Unterricht auf eine einheitliche Verwendung von Namen für einen biologischen Begriff achten. Unter Umständen erscheint es auch nützlich, die Schüler auf diesen Sachverhalt aufmerksam zu machen.

10.5 Wissenschaftssprache – Umgangssprache

Im Biologieunterricht muß fast immer entschieden werden, ob eine fachlicher (Fachterminus) oder „deutscher“ Namen, Alltagsnamen, für einen Begriff gewählt wird: Chlorophyll oder Blattgrün, Gen oder Erbanlage, Vakuole oder Zellsaftraum.

Zur Entscheidung der Frage, ob zur Benennung eines Begriffs ein Fachterminus gewählt wird oder nicht, gibt es bislang keine allgemein anerkannten Grundsätze (BRETSCHNEIDER 1992, fordert eine Festlegung für den Biologieunterricht). Es sollen jedoch dazu einige Vorschläge gemacht werden:

• Fachtermini für biologische Begriffe werden benutzt, falls sie bereits allgemein verwendet werden, z. B. Gen, Mutation, Biotop, Antibiotikum. Auskunft darüber erhält man zum Beispiel durch die Analyse der in regionalen Tageszeitungen verwendeten Begriffe. Aus dem Bereich Genetik wurden z. B. 51 Prozent der dort verwendeten Begriffe mit Fachtermini benannt (SCHIMPF 1980).

• Umgekehrt gilt Entsprechendes für umgangssprachliche Termini, z. B. Zellkern, Sproß.

• Deutsche Bezeichnungen sollten in den Fällen vermieden werden, wo es leicht zu Verwechslungen oder Fehlvorstellungen kommen kann, z. B. nicht Schmarotzer sondern Parasit, nicht Samen sondern Spermium.

• Es gibt Bereiche, in denen es für alle nützlich ist, beide Bezeichnungen zu beherrschen, um z. B. ärztliche Angaben, Beipackzettel von Arzneimitteln, Aufschriften auf Nahrungsmitteln zu verstehen oder intersubjektiv mit anderen reden zu können, etwa zum Thema Sexualität.

Gegen die weitgehende Verwendung von Fachtermini auch in unteren Klassen wird vielfach angeführt, daß die sprachlichen Wurzeln dieser Termini nicht oder nur schwer verständlich sind. Dafür sprechen jedoch mehrere Argumente:

– Die Verwendung eines deutschen Terminus, Namens aus der Alltagssprache, in Anfangsklassen und eines Fachterminus in höheren Klassen für denselben Begriff erfordert Umlernen. Dies sollte bei der für den Biologieunterricht geringen Unterrichtszeit möglichst vermieden werden.

– Fachtermini sind (oder sollten sein) eindeutig, situationsunabhängig und vor allem international verständlich – eine heute sicher besonders wichtiger Aspekt.

– Auch im Biologieunterricht müssen Vokabeln gelernt werden. Das Erlernen von Fachtermini ist sicher nicht immer leicht. Es müßte aber überprüft werden, ob es z. B. viel schwerer ist, „Imago“ statt „Vollinsekt“ zu lernen.

Es wäre gewiß wünschenswert, wenn die Schüler im Biologieunterricht den wissenschaftlichen und den umgangssprachlichen Terminus für einen Begriff beherrschen würden. Dies erscheint aber unter den heutigen zeitlichen Vorgaben wenig realistisch.

10.6 Begriffsverwendung in Schulbüchern und Lehrplänen – verwirrend

Aufgrund der dargelegten Fülle biologischer Begriffe ist eine gezielte Auswahl erforderlich, welche Begriffe gelernt werden sollen. Sonst kommt es zu einem völlig heterogenen Wissen (worüber auch in den USA geklagt wird, s. WANDERSEE 1985, YAGER 1984).

Diese Verwirrung wird besonders deutlich, wenn Begriffauswahl und Begriffsverwendung in Schulbüchern und Lehrplänen analysiert werden. Dazu nur einige Ergebnisse aus dem deutschen Raum (H. BERCK 1986, GRAF 1989a, BINGER & BERCK 1993); sie dienen u. a. dazu, die Notwendigkeit einer kritischen Prüfung solcher Materialien zu demonstrieren:

– In 26 Schulbüchern für die Primarstufe wurden 1304 verschiedene (!) biologische Begriffe, und zwar ohne Artnamen, gefunden.

– Nur etwa ein Prozent dieser Begriffe kommt übereinstimmend in allen diesen Büchern vor; d. h., es gibt fast keinen Konsens über die Begriffe, die gelernt werden sollen. – Die Spanne

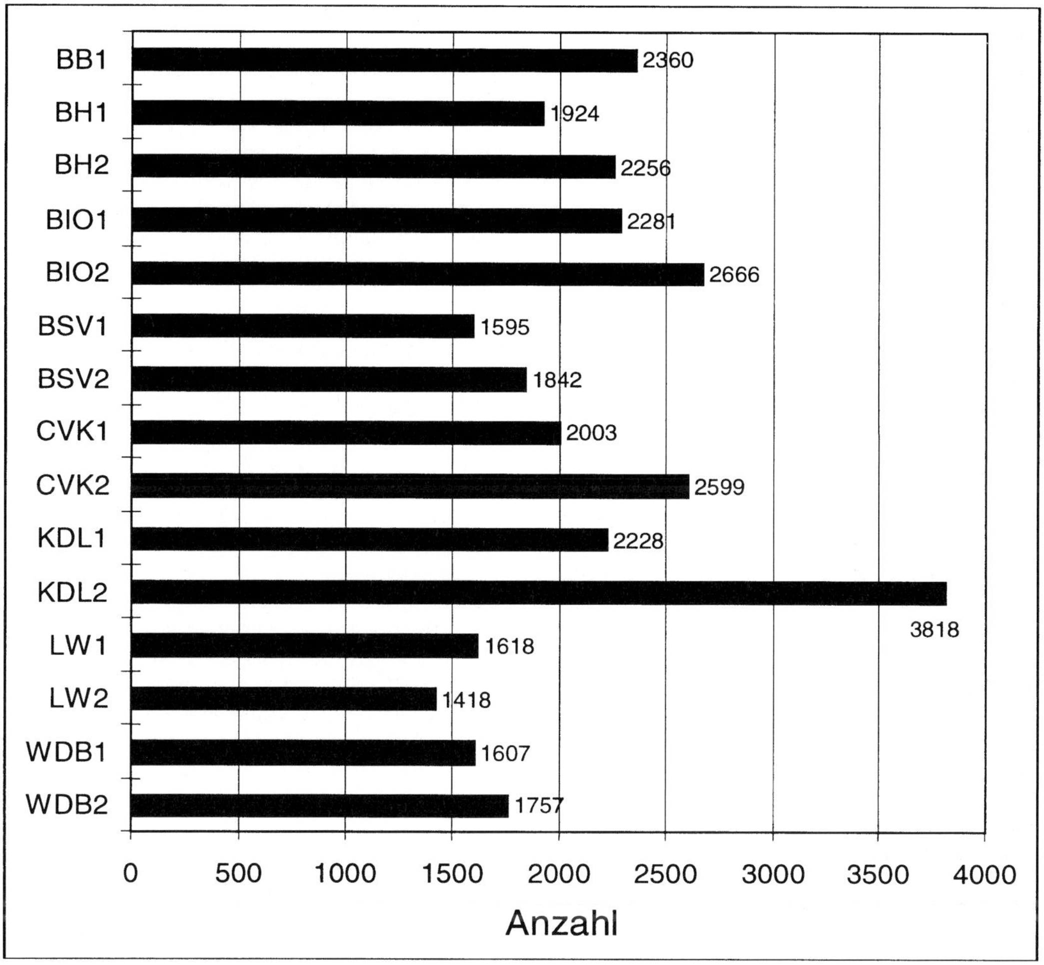

Abb. 12: Anzahl verschiedener biologischer Begriffe in Schulbüchern für die Klassen 5–6 bzw. 7–10; die Ziffern 1 bzw. 2 neben dem Kürzel für ein Biologieunterrichtswerk (deren genauer Titel absichtlich nicht angegeben wird, s. jedoch angegebene Quelle) beziehen sich jeweils auf den Band für die Klassen 5/6 bzw. 7/10 (aus Graf 1989a).

der Anzahl verschiedener biologischer Begriffe in diesen Büchern für die Klassen 1 bis 4 reicht von 1015 bis 206.

– In 15 analysierten Schulbüchern für die Sekundarstufe I findet man als geringste Anzahl 1 595 verschiedene biologische Begriffe. Das Maximum erreicht ein Buch für die Klassen 7 bis 10 mit 3818 verschiedenen biologischen Begriffen! In Schulbüchern für Oberschulen in Polen, vier Klassen, zählte Cichy (1992: 336) 8964 verschiedene Begriffe. – Im Vergleich dazu kam Gottfried Benn in seinen Gedichten mit 2700 verschiedenen Wörtern aus; auch Rainer Maria Rilke benötigte nur 5 000 verschiedene Wörter (Zimmer 1988).

– Nur etwa 5 Prozent der insgesamt in acht Schulbüchern für die Klassen 5 bis 6 verwendeten biologischen Begriffe kommen in allen diesen Büchern vor.

– Für die Klassen 7 bis 10 ist die Übereinstimmung noch geringer – wo sie doch noch notwendiger wäre, damit ein gewisser Kanon von Wissen gelernt wird. Nur etwa 4 Prozent der darin verwendeten biologischen Begriffe kommen übereinstimmend in sieben, weit weniger als 20 Prozent übereinstimmend in mehr als drei Büchern vor.

– In drei verbreiteten Unterrichtsfilmen werden 167 biologische Begriffe verwendet. Davon 60 Prozent nur einmal pro Film. Passagenweise

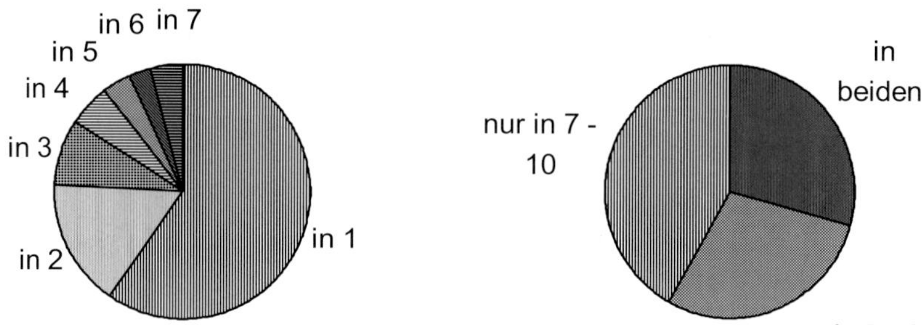

Abb. 13: (links) Anzahl biologischer Begriffe (n = 7 776) in Schulbüchern für die Klassen 7–10; (rechts) Vergleich der Begriffe, die in Schulbüchern für die Klassen 5–6 und 7–10 übereinstimmend vorkommen (aus GRAF 1989a).

werden die Zuschauer alle vier Sekunden mit einem neuen Begriff konfrontiert (BINGER & BERCK 1993).

– In den überprüften „Unterrichtseinheiten" zu biologischen Themen des IPN für die Klassen 4 bis 6 finden sich für jede Unterrichtsstunde im Durchschnitt etwa sechs neue biologische Begriffe; es wird (s. u.) zu prüfen sein, ob dies der Lernfähigkeit der Schüler entspricht.

– Eine erste Untersuchung (drei 4. Klassen, 8 Stunden; HAPPEL 1997) zur tatsächlichen Begriffsverwendung im Unterricht ergab: Pro Stunde wurden durchschnittlich 117 Begriffe genannt, darunter 23 verschiedene biologische. Schüler verwendeten im Mittel 1,3 Begriffe pro Stunde, alle anderen entfielen auf den Lehrer.

Sind schon die meisten Schulbuchautoren der Flut biologischer Begriffe ausgeliefert, so sind es die meisten Lehrer noch mehr. Aber sie müssen so unterrichten, daß die Schüler weder verwirrt noch überfordert werden. Lehrende sollten nur solches Unterrichtsmaterial benutzen, das sie anhand eines Kriterienkatalogs (s. Kap. 13.2.2) auf eine möglichst gute Auswahl und Darstellung von Begriffen geprüft haben.

Neben der Benennung und Menge der Begriffe gibt es weiterhin – selbstverständlich – ein inhaltlich-definitorisches Problem. Dies wird am besten anhand von Beispielen aus der biologischen Fachliteratur aufgezeigt. Dort werden Begriffe vielfach ungenau oder unterschiedlich dargestellt. Untersuchungen biologischer Lehrbücher zu den Themen „Ernährung und Verdauung" sowie „Zelle" (GRAF 1986, BERCK & GRAF 1987a) in bezug auf die Verwendung von Begriffen, die meist in Klasse 9/10 vermittelt werden, ergaben erstaunliche Unschlüssigkeiten, ja Widersprüche.

So definiert z. B. PENZLIN (1977): Die Vorgänge der Nahrungsaufnahme, Verdauung, Resorption und Defäkation bezeichnet man zusammenfassend als Ernährung. FALLER (1976) meint dagegen: Ernährung – die Aufnahme von chemischen Stoffen in die Zellen; was ja bedeuten würde, daß die Aufnahme von Sauerstoff, Giften u. a. auch zur „Ernährung" gehört. Bei CLEFFMANN (1979) wiederum besteht Verdauung aus den Teilvorgängen Nahrungsaufnahme, enzymatische Spaltung, Passage, Resorption und Defäkation.

Zu ähnlichen Befunden kommen BROMME & BÜNDER (1994) in bezug auf die Verwendung der Begriffe „Säure" und „Base" durch verschiedene Experten.

Solche Unklarheiten mögen vielleicht für Fachleute weniger bedeutsam sein. Für die Entwicklung eines Grundwissens bei Schülern sind sie ein beachtliches Hindernis. Lehrer können einen biologischen Begriff vielfach nicht unbesehen übernehmen, sondern sie müssen zuerst prüfen, welche der in der Fachliteratur vorgeschlagenen Version am besten dem Begriffsinhalt entspricht. Es gehört gegebenenfalls zur Sachanalyse für eine Unterrichtsstunde (s. Kap. 16.3) darzustellen, mit welcher Bedeutung ein biologischer Begriff Schülern eines bestimmten Alters zu vermitteln ist.

10.7 Bedeutung des Begriffslernens für die Schüler

Kognitionspsychologische Untersuchungen zeigen, daß spezifisches Wissen eine zentrale

Rolle beim logischen Denken und jedem Lernen spielt. Allgemeine Fähigkeiten, wie das Analysieren und Lösen von Problemen, ... kann man gar nicht einsetzen, wenn man nicht viele Kenntnisse und Wissen über ähnliche Fragen hat (RESNICK 1987).

Der Lernerfolg im Biologieunterricht ist vielfach wenig befriedigend. Dies ist aber wohl kaum ein Spezifikum und gilt wohl ebenso für andere Fächer. Untersuchungen zeigen dies und machen damit die Notwendigkeit zur Verbesserung dieser Situation deutlich:

– DIETRICH (1962) erfragte in 10 Klassen des 7. und 8. Jahrgangs (ehemalige DDR), welche Kenntnisse die Schüler noch vom Stoff der 5. und 6 Klassen besaßen. Der Wert lag bei 13 Prozent.

– ESCHENHAGEN & SCHILKE (1973; s. auch ENTRICH & GRAF 1984) legten Studenten am Anfang ihres Biologiestudiums (!) 90 Fragen zur Allgemeinen Biologie vor, deren Behandlung im Biologieunterricht vorausgesetzt werden konnte. Nur 10 Prozent der Befragten fanden mehr als 25 % richtige Lösungen und etwa 50 Prozent dieser Studienanfänger nur 0–15 %.

– Von Studierenden (Ausbildung als Pädagogische Assistenten, n=86, Schulabschluß Realschule oder Gymnasium) in München konnten z. B. 78 % nicht angeben, was Hefe ist; 63 % wußten nicht, was ein Gen ist; 99 % machten keine richtige Aussage zum Begriff Dissimilation; 92 % konnten nicht sagen, wie Fotosynthese verläuft; 62 % wußten nichts über DARWIN (STIEREN 1973). Analoge, zum Teil noch schlechtere Ergebnisse fand WERNER (1971) bei Studenten für das Lehramt mit dem Fach Biologie in Bamberg.

– Auch für den Biologieunterricht der achtziger Jahre hat OEHMIG (1990a) nachgewiesen, wie unbefriedigend weithin die Kenntnis auch scheinbar einfacher Begriffe bei Schülern ist; weiterhin wie schlecht sie zum Teil in Schulbüchern dargestellt werden.

– Zum Verständnis biologischer Aussagen notwendige chemische Kenntnisse sind „überaus niedrig" (LUMER 1996: 160); es bedarf einer gezielten Auswahl und eines gezielten Trainings.

Ganz gewiß bedeutet Lernerfolg im Biologieunterricht nicht allein, Kenntnisse über Begriffe und Aussagen zu besitzen. Dennoch geben die erwähnten Befunde genug Anlaß, sich die Bedeutung des Begriffslernens für die Schüler vor Augen zu führen (s. auch LUMER 1996: 85ff.). Dazu ist mindestens anzumerken:

• In Begriffen fixiertes, gebundenes Wissen wird besser behalten als diffuses Wissen (AUSUBEL et al. 1981). HURD (in TÜTKEN & SPREKKELSEN 1970) geht noch weiter und behauptet: *Es ist Zeitverschwendung, Fakten zu lehren, die nicht an einen bedeutungsvollen Begriff gebunden sind.*

• Schüler können ein neues Thema besser lernen, wenn sie grundlegende Begriffe kennen.

• *Wenn wir die ganze Psychologie des Unterrichts auf ein einziges Prinzip reduzieren müßten, würden wir sagen: Der wichtigste Faktor, der das Lernen beeinflußt, ist das, was der Lernende bereits weiß* (AUSUBEL et al. 1981). Kenner eines bestimmten Gebietes weisen sich durch den Besitz zahlreicher klarer Begriffe und Begriffsnetze (s. u.) aus. Jeder kann an sich ausprobieren, daß er neues Wissen an bekanntes leicht anknüpfen kann. Aber dort, wo man wenig weiß, hat man Mühe mit dem Behalten und Einordnen von Wissen. AUSUBEL hat deshalb den Unterschied zwischen „unsinnigem Lernen" (rote learning) und „sinnvollem Lernen" (meaningful learning) gemacht. Letzteres besteht eben darin, Neues an Vorhandenes anzuknüpfen.

• Je konsequenter Unterricht von Anfang an grundlegende biologische Begriffe verwendet und auf einheitliche Namensgebung achtet, desto weniger wird Umlernen erforderlich.

• Damit kann eine Hoffnung verbunden werden: Die übereinstimmende Vermittlung grundlegender Begriffe könnte zu einem aufbauenden Biologieunterricht führen, der u. a. den Schülern einen Wechsel von Schule zu Schule erleichtert.

Begriffe: Lernerfolg, Unsinniges Lernen (rote learning), Sinnvolles Lernen (meaningful learning)

10.8 Begriffslernen

10.8.1 Begriffslernen mit Begriffsnetzen

Die Ausführungen in den Kapiteln 10.1–10.7 sollten Überlegungen zur Folge haben, wie Begriffslernen im Biologieunterricht verbessert werden kann. GRAF* (1995) hat dazu eine umfassende Literaturübersicht vorgelegt, der hier weithin gefolgt wird.

Unter den Forschungsaktivitäten zur Frage „Wie lernt man Begriffe am besten?" ragt eine seit Beginn der siebziger Jahre heraus. Das Lernen mit Hilfe von Begriffsnetzen, Concept-Maps,

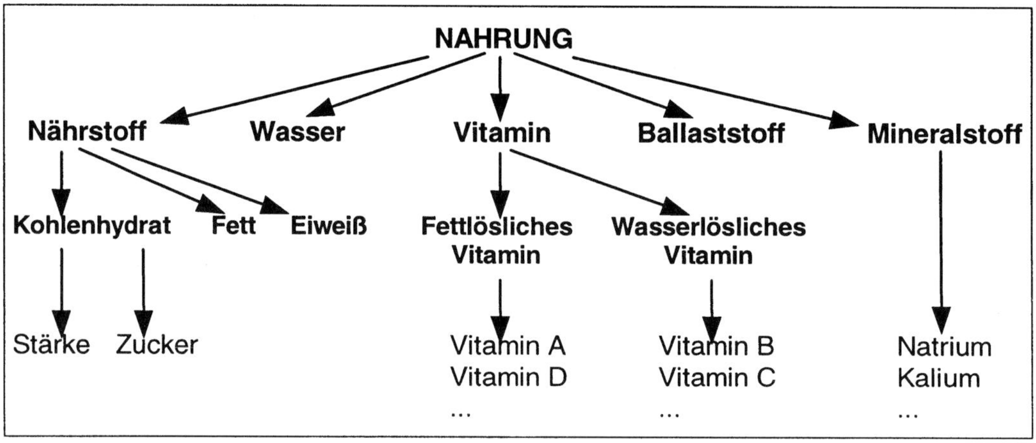

Abb. 14: Begriffsnetz zum Thema „Nahrung“ – erweiterbar.

vielfach auch kurz Maps genannt. Deshalb soll dieses Verfahren hier zuerst ausführlicher dargestellt werden. – Hervorzuheben sind an dieser Stelle die Arbeitsgruppen von MÜLLER (z. B. 1964, ausführliche Literaturliste in LEPEL & KATTMANN 1991) und HEINZEL (HEINZEL & SCHUBERT 1969) mit zahlreichen biologiedidaktischen Arbeiten, die neben theoretischen Untersuchungen schon ab 1965 Begriffsnetze zum Lehrplan der früheren DDR entwickelt haben. Neuerdings werden vermehrt Vorschläge für Concept-Maps zu einzelnen Themen publiziert; so – um nur ein Beispiel zu nennen – zum Thema „der Weg von der DNA zum Merkmal“. Die Arbeit mit diesem Map hat bei den Schülern zu einem „äußerst positiven Echo“ geführt (LUMER et al.1998). In angelsächsischen Schulbüchern werden Begriffsnetze heute schon vielfach verwendet.

Sachverhalte werden schon lange in Fließdiagrammen, Netzwerken dargestellt. Die kognitionspsychologischen Theorien AUSUBELs und anderer gaben dazu neue Anstöße: Wie schon erwähnt (Kap. 10.1), liegt Wissen weithin in Netzen vor; zudem wird „sinnvolles Lernen“ vor allem dadurch erreicht, daß neues Wissen an vorhandenes angeknüpft wird; s. dazu auch LUMER (1996: 81ff.).
Für dieses „Aneinanderknüpfen“ von Begriffen eignen sich Begriffsnetze besonders gut. Ausgangspunkt ist, daß zwei oder mehr Begriffe durch Relationen, z. B. ein Verb, zu einer Aussage (Proposition) verknüpft werden. Etwa wenn die Begriffe Polyploidie und Chromosomensatz zur Aussage verbunden werden: Polyploidie ist eine Vervielfachung eines (einfachen) Chromosomensatzes. Mehrere solcher Aussagen lassen sich zu Netzen miteinander verbinden (ausführliche Darstellung der Theorie von Begriffsnetzen z. B. bei TERGAN 1986, NOVAK 1990). Dabei lassen sich zwar gut begründete Netze zu einem Thema entwickeln, aber es gibt keine definitiven, sozusagen idealen Netze.

Ein Beispiel für ein solches Begriffsnetz stellt Abbildung 14 dar. Es zeigt, daß man bei der Entwicklung eines solchen Netzes darauf achten muß und erkennt, welches übergeordnete, untergeordnete und nebengeordnete Begriffe sind. Zudem kann sich der Lehrer in ein solches Netz eintragen, in welcher Reihenfolge die Begriffe im Unterricht behandelt werden sollen.

NOVAK (1990) kommt auf der Grundlage vorliegender empirischer Befunde u. a. zu folgenden Aussagen zur Anwendung von Begriffsnetzen im Unterricht:

- Lehrer, die vor dem Unterricht zu einem Thema dazu ein Begriffsnetz entwerfen, unterrichten klarer, mit größerem Lehrerfolg.
- Begriffsnetze sind vom 4. Schuljahr an verwendbar.
- Schüler müssen in der Anwendung von Begriffsnetzen gut trainiert werden.
- Ein besserer Lernerfolg von Schülern, die mit Begriffsnetzen unterrichtet werden, ist vielfach belegt.
- Man erkennt mit Hilfe dieser Methode gut, mit welchen Begriffen die Schüler besondere Schwierigkeiten haben.
- Es ist bemerkenswert, daß Schüler, die längere Zeit mit Begriffsnetzen gearbeitet haben, anderen auch beim Lösen biologischer Probleme überlegen sind.
- Begriffsnetze können zur Leistungsüber-

prüfung benutzt werden, indem man das Begriffs-Wissen der Schüler während bzw. nach dem Unterricht in solche Netze eintragen läßt.

10.8.2 Weitere Verfahren zum Begriffslernen

Beim Lernen eines Begriffs sollten mehrere Beispiele verwendet werden, die den Begriffsumfang (also die Gesamtheit der Begriffsvertreter) möglichst gut repräsentieren, deutlich werden lassen. Es ist besser etwa bei der Entwicklung des Begriffs „Reptil“ nicht nur eine Eidechse, sondern auch eine Schlange und eine Schildkröte zu demonstrieren. Die Beispiele dienen dazu, gemeinsame und unterschiedliche Merkmale zu erkennen, um so die kritischen Attribute, also zur Begriffsbildung notwendigen Merkmale zu erkennen. – Sula (1968) hat dazu ein Verfahren entwickelt. Er schlägt u. a. vor: Begriffe sollten niemals nur an einem Beispiel eingeführt werden, sonst bleibt unklar, welches die kritischen (spezifischen) und welches die allgemeinen Attribute (Merkmale) sind. Falls möglich, sollten aus dem gleichen Grund immer auch Beispiele nebengeordneter Begriffe aufgezeigt werden, und zwar jeweils die gleiche Anzahl an Beispielen. Durch Vergleich der verschiedenen Beispiele kann dann von den Schülern auf die kritischen Attribute des zu lernenden Begriffs geschlossen werden. Dies alles ist sicher aufwendig; man erkennt aber schnell, daß (nur) auf einem solchen Weg genetisches Lernen möglich ist.

Soll z. B. der Begriff „Steinfrucht“ eingeführt werden, vergleicht man zunächst mehrere Vertreter dieser Fruchtform miteinander (Mirabelle, Pflaume, Pfirsich) – wobei sicher eine Schwierigkeit darin besteht, alle diese Früchte gleichzeitig zur Hand zu haben. Im zweiten Schritt wird die gleiche Anzahl von Beispielen eines dem Begriff „Steinfrucht“ nebengeordneten Begriffs vorgestellt, z. B. „Beeren-Frucht“ (Weinbeere, Stachelbeere, Tomate). Im dritten Schritt werden Vertreter der Steinfrüchte mit solchen der Beerenfrüchte miteinander verglichen. So können die Schüler das beiden Begriffen gemeinsame Attribut „äußere Teile der Fruchtwand fleischig“ und das kritische Attribut „Anzahl der Samen“ erschließen.

Besonders wichtig erscheint die Verwendung vieler Beispiele oder auch von Modellen beim Erlernen sogenannter abstrakter biologischer Begriffe (genauer: ohne konkrete Denotation), wie zum Beispiel Erregungsleitung, Selektion, Homöostase.

Die Frage liegt nahe, ob Genetisches Lernen (ausführlich schon in Kap. 7.3) eines Begriffs besonders effektiv ist. Bei manchen Begriffen erscheint dies einleuchtend. So kann man den Begriff „Samen“ anhand von Objekten genetisch gewinnen. Aber schon beim Begriff „Blüte“ ist dies problematisch. Zwar können die Schüler die Bestandteile einer Blüte finden, aber das Spezifikum einer Blüte (umgewandelte Blätter, die phylogenetisch veränderte Sporangien als Fortpflanzungsorgane tragen) dürfte kaum selbst gefunden werden können.

Huber* (1970) hat acht Studien verglichen, die sich mit induktiven (genetischen) und deduktiven (darstellenden) Methoden des Begriffslernens beschäftigen. Danach fanden die meisten Autoren einen höheren Lernerfolg der deduktiven Methode beim unmittelbaren, kurzfristigen Behalten. Für das längerfristige Behalten sind beide Methoden gleichwertig. Ausubel et al. (1981) schlagen deduktives Vorgehen vor. Sie empfehlen, zu Beginn einer Unterrichtseinheit „Schlüsselbegriffe“ (advance organizers) vorzugeben. Die zugehörigen speziellen Begriffe werden im Verlauf des Unterrichts ergänzt.

Bislang konnte demnach nicht eindeutig geklärt werden, ob ein eher genetisches oder darstellendes Verfahren beim Erlernen von Begriffen vorteilhafter ist. Möglicherweise gibt es Begriffe, bei denen die eine oder die andere Methode überlegen ist.

Es erscheint selbstverständlich, daß eingeführte Begriffe regelmäßig wiederholt werden. Dies ist vermutlich im Biologieunterricht nicht in dem erforderlichen Ausmaß der Fall. Daß Wiederholen keine Selbstverständlichkeit ist, zeigt z. B. die Untersuchung von Schulbüchern für die Sekundarstufe I: Etwa die Hälfte aller dort aufgeführten Begriffe wird nur einmal verwendet (Graf 1989a). Auch die Übereinstimmung der Begriffsinventare für verschiedene Teilgebiete der Biologie, die Wiederholung ermöglichen könnte, ist gering. Im Mittel stimmen nur etwa 23 Prozent der Begriffe zweier Teilgebiete – etwa: Blut und Blutkreislauf, Ernährung und Verdauung – überein (Graf 1995).

In den meisten Unterrichtsstunden sollten etwa in Form einer „Fünf-Minuten-Begriffsübung“ biologische Begriffe wiederholt werden; bei der Einführung neuer Begriffe möglichst früher eingeführte verwendet werden.

10.8.3 Was Schüler lernen

Schulbücher und Lehrpläne könnte man sinnvollerweise erst schreiben, wenn man wüßte, wie viele biologische Begriffe Schüler einer bestimmten Altersgruppe durchschnittlich pro Unterrichtsstunde lernen und behalten. Dieses „Lernvermögen" kann mit mehreren Methoden untersucht werden.

In einem Versuch (21 Klassen von Gesamtschulen, n=460) wurden zuerst Unterrichtseinheiten zu den Themen „Ernährung und Verdauung" und „Fotosynthese" für 5./6. Klassen nach kritischen Verfahren entwickelt. Diese Unterrichtseinheiten wurden möglichst gleich unterrichtet. Die Schüler fertigten Begriffsnetze an, in denen die richtig eingesetzten Begriffe und Relationen ausgezählt wurden (Nachtest nach ca. sechs Wochen). Es ergab sich, daß diese Schüler im Mittel nur 1,0–1,1 biologische Begriffe auf Dauer pro Stunde behalten hatten (Graf 1989a). Vergleichbare Untersuchungen mit Schülern der Klassen 5 bis 7 zu den Themen „Sinnesorgane" und „Immunologie" ergaben ähnliche Ergebnisse (Uihlein in Vorber.). In diesem Fall wurden vorwiegend schriftliches Formulieren von Begriffen und Aussagen zur Überprüfung verwendet.

Dies mag enttäuschend wenig und zudem für den Biologieunterricht mit einer Vielzahl von Begriffen kaum realistisch erscheinen. Wenn jedoch von den Schülern im Biologieunterricht von Klasse 5 bis 10 in jeder Stunde etwa 1,5 Begriffe gelernt werden würden, sollten sie am Ende der Sekundarstufe I ungefähr 500 Begriffe beherrschen. Dies dürfte derzeit in aller Regel nicht der Fall sein. – Vergleichsweise wird davon ausgegangen, daß im Fremdsprachenunterricht pro Stunde 2–3 neue Vokabeln – bei denen ja nicht ein neuer Begriff, sondern nur ein Namen behalten werden muß – gelernt werden.

Auf der anderen Seite sind Schüler der Primarstufe durchaus in der Lage, eine Vielzahl biologischer Begriffe exakt zu lernen, wie Untersuchungen ergeben haben. Engel & Kasbohm (1988) testeten unvorbereitete Schüler von 4. Klassen (n=297) schriftlich und fanden einen hohen Lernerfolg (ca. 73 Prozent richtige Aussagen) zu zahlreichen grundlegenden biologischen Begriffen. Eckert (1980) testete Schüler (n=872) am Anfang der 5. Klasse mit Multiple-Choice-Aufgaben, mit denen jeweils nach einem biologischen Begriff gefragt wurde. Da es sich um neu aus verschiedenen Grundschulen zusammengesetzte Klassen handelte, lag das Ergebnis mit ca. 54 Prozent richtiger Antworten erstaunlich hoch. Vorschläge, wonach im Biologieunterricht (bzw. biologischen Anteil des Sachunterrichts) der Primarstufe vorwiegend oder gar ausschließlich „erlebensorientiert" (s. Kap. 3.6) vorgegangen werden soll, lassen sich schwerlich mit solchen Befunden in Einklang bringen. Zu fragen ist auch, warum die Kenntnis biologischer Begriffe bei älteren Schülern (und Studenten) offenbar viel unbefriedigender ist (s. o.).

10.8.4 Vorerfahrungen mit Begriffen

Schon seit etwa 30 Jahren werden sogenannte „Alltagsvorstellungen", „Vorerfahrungen", „Fehlvorstellungen" von Schülern zu Begriffen und Aussagen untersucht; neuerdings auch „Konzeptwechsel" genannt. Solches Vor-Wissen kann das Erlernen naturwissenschaftlich zutreffender Begriffe erschweren.

Bislang gibt es offenbar keinen weithin anerkannten deutschen Terminus für diesen Sachverhalt. Im angelsächsischen Bereich wird von misconception, alternative conception, alternative framework, preconception gesprochen. Eine Bibliographie zu diesem Thema von Pfundt & Duit* (1991) weist allein 225 Arbeiten zum Biologieunterricht aus. Einen Überblick über dieses Forschungsgebiet geben auch Helm & Novak (1983), Koballa & Crawley (1990).

In Deutschland hat vor allem Schaefer (z. B. 1976) schon früh Vorstellungen und Assoziationen von Schülern und anderen zu verschiedenen biologischen Begriffen, wie z. B. Wachstum, Gesundheit, „Leben", untersucht. Er fand, daß diese Vorstellungen meist einen viel größeren Raum ausfüllen, anders strukturiert sind als zugehörige Begriffe der Biologie. Einen Überblick über theoretische, kognitionspsychologische Annahmen über „Vorstellungen", „mentale Repräsentationen" usw. gibt z. B. Sumfleth (1991).

Echte „Fehlvorstellungen" beim Verständnis von Begriffen spielen möglicherweise in der Biologie eine geringere Rolle als in Physik und Chemie. Dafür sprechen einige Befunde von Lawson (1988, s. auch Berck & Graf 1992); dazu einige weitere Argumente:

– Einige Untersuchungen (s. z. B. Brinkmann 1997; weitere in Bayrhuber & Brinkmann 1998) legen die Vermutung nahe, daß „Verwirrungen" in bezug auf biologisches Wissen eher durch tatsächliches „Nichtwissen" als durch hinderliches „Alltags-Vorwissen" zustande kommen; dies zeigen auch von LAWSON (1988) veröffentlichte Interviews mit Schülern.

– So stellen denn auch GERHARDT & PIEPENBROCK (1992: 260) im Zusammenhang mit Untersuchungen über Schüler-Vorstellungen zum Begriff „Energie" fest: *Viele dieser Fehlvorstellungen kommen dadurch zustande, daß die Wissensgrundlagen ..., die im Unterricht vermittelt werden müßten, zu gering sind.* Aus umfangreichen Untersuchungen über mangelnde chemische Kenntnisse z. B. zum Thema „vom Gen zum Enzym" bei Schülern der Sekundarstufe II und Lehramtsstudenten schließt LUMER (1996: 160f.): Die Kenntnis chemischer Grundlagen ist überaus niedrig, statt Grundlagen werden spezifische Details vermittelt. Aufbauender Biologieunterricht (s. Kap. 10.8.5) könnte wahrscheinlich dazu beitragen, manche dieser Wissens-Lücken und „Fehlvorstellungen" zu beheben.

– Wenn 14–15jährige englische Schüler zwar „wissen, daß es innerhalb einer Art Variationen gibt, sie aber nicht deren genetische Ursache kennen" (WOOD-ROBINSON, 1995: 120, mit vielen ähnlichen Angaben), oder viele Lehramtsstudenten der Biologie nichts über „die biologische Bedeutung von Sexualität" wissen, dann muß man dies wohl schlicht als mangelndes Wissen bezeichnen.

– Wie schnell jüngere Schüler „Fehlvorstellungen" – oder besser: fehlendes Wissen – z. B. über die Funktion ihres Skeletts verändern können, ergab eine Untersuchung von GUICHARD (1996, ausführlich in Kap. 14.8.2.4).

Es gibt aber offenbar auch typische bzw. verbreitete Fehlvorstellungen für bestimmte biologische Begriffe und Aussagen. WOOD-ROBINSON* (1995) hat dazu eine umfangreiche Sammlung zusammengetragen; z. B.: Pflanzen ernähren sich, indem sie Bodenbestandteile aufnehmen; Evolution geschieht nach lamarckistischen Prinzipien; Anthropomorphismen bleiben (lange) bestehen.

Wichtig ist es in jedem Fall, was hier immer wieder betont wird, daß Lehrer in Erfahrung bringen, welches biologische Wissen ihre Schüler haben. Sie sollten zudem typische Fehlvorstellungen und weitere Vorstellungen, die Schüler aus ihrem Alltag übernehmen, kennen. – Eine einfache Möglichkeit, sich dazu einen Überblick zu verschaffen, ist beispielsweise das wiederholende „Begriffstraining" (s. Kap.12.3.4).

Einige Ergebnisse zahlreicher Untersuchungen (z. B. DUIT et al. 1981, KOBALLA & CRAWLEY 1990, GIL-PEREZ & CARRASCOSA 1990) über „Misconceptions" dürften für den Versuch, diese zu verändern, nützlich sein.

• Man sollte wissen, daß sie nur schwer veränderbar sind, auch bei richtiger Darstellung der Begriffe im Unterricht.
• Auch mit zunehmendem Alter gibt es kaum Veränderungen (z. B. Begriff „Diffusion").
• Bei Begriffen mit fehlender Denotation (s. o.) sind Fehlvorstellungen besonders häufig.
• Forderung an die Schüler nach Sachwissen ruft Veränderungen hervor.
• Lehrer haben oft ähnliche Fehlvorstellungen wie Schüler.
• Es gibt bislang offenbar keine sicheren Strategien zur Veränderung von Fehlvorstellungen. Als erfolgreiche Methoden werden angegeben: Darstellung der Wissenschaftsgeschichte eines Begriffs; vorhandenes Wissen rekonstruieren; man muß zuerst den neuen richtigen Begriff haben, bevor der alte ausgelöscht wird; Beobachtungen und Erfahrungen machen lassen, aus denen sich ein Widerspruch zu Fehlvorstellungen ergibt.

10.8.5 Auswahl grundlegender biologischer Begriffe

Die dargestellten Befunde zwingen geradezu dazu, das Prinzip der „Begriffs-Ökonomie" anzuwenden (s. auch Kap. 10.2). D. h., eine sachgerechte Auswahl wesentlicher Grundbegriffe der Biologie vorzunehmen. Dabei ist aufgrund der geringen Behaltensleistung auf größtmögliche „Sparsamkeit" in bezug auf die Gesamtzahl der Begriffe zu achten.

Strebt man einen aufbauenden Biologieunterricht an, so ist auch dazu die Entwicklung eines Grundkanons biologischer Begriffe erforderlich – etwa jeweils für die Primarstufe und Sekundarstufe I (Beispiel für die Hauptschule s. Kap. 18.3). Welche Begriffe in einen solchen Kanon aufgenommen werden, darüber dürfte es sicher unterschiedliche Meinungen geben. Eine Methode, einen solchen Kanon zu entwickeln, besteht z. B. darin, die in Schulbüchern am häufigsten verwendeten Begriffe auszuwählen und eine solche Liste aufgrund sachlogischer Notwendigkeiten zu ergänzen. Denn bei jedem so gewonnenen Begriff muß geprüft werden, ob er wirklich notwendig ist, um ein Thema sachlich zutreffend darzustellen, oder ob er Voraussetzung zum Verständnis weiterer Begriffe ist.

GARDNER (1969), BARRASS (1979) und PEARSON & HUGHES (1986) haben ebenso wie H. BERCK (1986) ähnliche Prinzipien zum Auffinden der wichtigsten biologischen Begriffe verwendet; z. B. kann man dabei folgendermaßen vorgehen: Gebrauch der Begriffe in publiziertem Material; Befragung von Experten zur Korrektheit der Begriffe, die Häufigkeit der so gewonnenen Begriffe wird bestimmt, Wichtigkeit der Begriffe wird von Experten bestimmt, Begriffe werden nach Wichtigkeit geordnet.

Im englischsprachigen Raum sind einige Listen mit Grundbegriffen für den Biologieunterricht mit 400 bis 900 Begriffen entwickelt worden. EVANS (1976, 1975) legte eine Minimalliste biologischer Begriffe für das O-Level-Examen (entspricht etwa dem Abschluß der Sekundarstufe I) und für den Unterricht in Humanbiologie vor. Das INSTITUTE OF BIOLOGY (1989) hat eine Liste mit 900 biologischen Grundbegriffen und 1000 weiteren Begriffen für den Biologieunterricht in der Oberstufe entwickelt.

Für den deutschsprachigen Raum fehlen bislang für einzelne Schulstufen gut begründete Listen biologischer Grundbegriffe. GRAF (1998b) hat jedoch eine Zusammenstellung der häufigsten Begriffe in Schulbüchern für die Sekundarstufe I und ihre Zuordnung zu einzelnen Themenbereichen erarbeitet. Sie kann von Lehrern als Hilfe für ihre Auswahl benutzt werden und als Grundlage für weitere Arbeiten. H. BERCK (1986) publizierte eine (wohl noch immer zu umfangreiche) Liste biologischer Begriffe für den Sachunterricht in der Primarstufe.

Dort werden zum Beispiel für das Thema „Blüte“ nach umfangreicher Diskussion folgende Begriffe vorgeschlagen (weiteres Beispiel s. Kap. 18.1): Blüte, Kelchblatt, Kronblatt, Staubblatt, Pollenkorn, Fruchtblatt, Narbe, Griffel, Fruchtknoten (männliche und weibliche Geschlechtszelle), Frucht, Same, Embryo, Bestäubung, Befruchtung, Keimung. Dem stehen etwa 160 verschiedene Begriffe entgegen, die in Schulbüchern verwendet werden.

Die für Biologieunterricht notwendigen biologischen Grundbegriffe zusammenzustellen, darf man als wichtige biologiedidaktische Forschungsarbeit bezeichnen – dies zeigen die angegeben Bemühungen in England. Bislang ist es den Lehrenden überlassen, für einzelne Themen diese Begriffe auszusuchen. Eine Arbeit, die von einem einzelnen kaum zu leisten ist.

Begriffe: Begriffsnetz (Concept-Map, Map), Kritisches Attribut, Genetisches Lernen, Schlüsselbegriff (advance organizer), Begriffs-Ökonomie, Alltagsvorstellungen (Vorerfahrungen, Fehlvorstellungen)

10.9 Regeln zur Begriffsvermittlung

Manchem mögen „Regeln für den Unterricht“ problematisch erscheinen. Es gibt jedoch solche Vorschläge für das Vermitteln von Begriffen. Nach HEINZEL & SCHUBERT (1969) sollte man dabei folgende Stufen beachten:
1. Kennenlernen vieler und vielerlei Einzelgegenstände, die zu einem Begriff gehören; 2. Feststellen der Gemeinsamkeiten und Unterschiede (prinzipiell gemäß dem induktiven bzw. genetischen Verfahren); 3. Abstraktion der wesentlichen Merkmale und Unterschiede; 4. nennen des Fachterminus; 5. Definition.

Die Lernpsychologen KLAUSMEIER & RIPPLE (1975) empfehlen die Beachtung folgender sieben Prinzipien, mit deren Hilfe Begriffslernen verbessert werden kann:
1. Beachtung von Ähnlichkeiten und Unterschieden bei Dingen und Vorgängen; 2. Aneignung von Begriffsnamen und Merkmalen; 3. Lernen verbaler Definitionen; 4. Erkennen der begriffsdefinierenden Merkmale; 5. induktive (genetische) oder deduktive Herleitung des Begriffs auf der Grundlage verfügbarer Informationen; 6. Erkennen anderer Begriffe als nebengeordnet, übergeordnet und untergeordnet, wenn sich der Begriff in eine Hierarchie (ein Begriffsnetz) einordnen läßt; 7. die Angemessenheit eines (eigenen) Begriffs überprüfen.

Faßt man diese beiden Vorschläge u. a. sowie die in diesem Kapitel dargestellten Befunde zusammen, so kann man für den Biologieunterricht vor allem folgende Regeln für das Unterrichten von Begriffen empfehlen:

- Prüfen, welche Begriffe notwendig, essentiell für das Thema, zum Erlernen grundlegender biologischer Kenntnisse sind.
- Vor Beginn einer Unterrichtseinheit ein Begriffsnetz aus diesen Begriffen aufzeichnen und sich damit vertraut machen.

- Abfolge der Begriffe im Unterricht in etwa festlegen.
- Den geeignetsten Begriffsnamen aussuchen.
- Die wesentlichen Merkmale eines Begriffs, vor allem die kritischen Attribute erarbeiten.
- Prüfen, ob ein Begriff besser genetisch (z. B. durch ein Experiment) oder darstellend eingeführt werden kann.
- Wo immer möglich, eine Definition verwenden; diese sollte auf höherer Kenntnisstufe ebenfalls zutreffend sein und erweitert werden können.
- Wo eine Definition nicht oder nur schwer möglich ist, möglichst umfängliches Anschauungsmaterial verwenden.
- Bei Begriffen ohne konkrete Denotation (sogenannte abstrakte Begriffe) viel Zeit und Anschauungsmaterial vorsehen.
- Nebengeordnete, zumindest typische nebengeordnete Begriffe gleichzeitig einführen; überprüfen, ob zuerst ein zugehöriger übergeordneter Begriff eingeführt werden muß.
- Ein Assoziatives Umfeld zu einem Begriff durch Beispiele entwickeln.
- Im Durchschnitt in einer Unterrichtsstunde (in Klasse 5–7) nur ein bis zwei Begriffe neu einführen.
- Mit den Schülern ein Begriffsnetz zum Thema anfertigen; die in einer Stunde neu eingeführten Begriffe in dieses Netz einfügen.
- Begriffe häufig wiederholen!

Es ist weiterhin nützlich, bei der Vermittlung von Begriffen zusätzlich noch folgende Gesichtspunkte zu beachten:

– Es werden in einer Definition möglichst nur Begriffe verwendet, die den Schülern mit hinreichender Wahrscheinlichkeit bereits bekannt sind. Dabei werden, so weit möglich, nur Alltagsbegriffe und bereits eingeführte biologische Fachbegriffe benutzt. Alltagsbegriffe sind solche, die besonders häufig außerhalb der Schulsituation vorkommen.

– Sollte es sich nicht vermeiden lassen, daß in einer Definition ein noch unbekannter Begriff auftaucht, so muß dieser ebenfalls definiert werden.

– Es wird darauf geachtet, daß nach Möglichkeit immer wieder die gleichen Begriffe verwendet werden, um insgesamt mit einer möglichst geringen Anzahl auszukommen.

– Begriffe, die in einer Unterrichtseinheit neu eingeführt werden, nach Möglichkeit bei der Definition nachfolgender biologischer Begriffe verwenden. So werden die neuen Begriffe wiederholt.

– Die Definitionen sollten sich nicht an einem vorgegebenen Schema orientieren müssen. Vielmehr bestimmen Zweckmäßigkeitsüberlegungen die Art und Weise der Begriffsfestlegung.

11 Interesse an Tieren und Pflanzen – nicht nur ein Spezialfall – Lernprozesse im Biologieunterricht 3

Mögliche Situation: Eine Biologielehrerin, ein Biologielehrer, die bzw. der nicht eine gewisse Artenkenntnis hat, kann leicht in Schwierigkeiten kommen. Nicht selten bringen Schüler Pflanzen oder Teile von Tieren mit (vor allem von Reisen) und fragen, wie die Arten heißen. Bei Wanderungen fragen Schüler häufig von sich aus nach dem Namen und der Lebensweise von Arten. Kein Lehrender kann auch nur einen Bruchteil aller Arten kennen, aber wenn er nie oder fast nie eine Art zu benennen weiß …

Weiterhin sollte jeder Lehrende beurteilen können, wie und wann er Kenntnisse über Tiere und Pflanzen interessant und möglichst effektiv vermitteln kann.

Und schließlich: Kann man dem folgenden Satz von Wagenschein (1961) zustimmen? *Ich glaube, daß der biologische Unterricht nie bis zur Wesensmitte des Schülers vordringen kann, wenn er nicht einen vertrauten Umgang mit einigen Wesen der ungestörten Natur voraussetzt oder schafft.*

11.1 Grundlagen und Begründungen

11.1.1 Situation

Die Beschäftigung mit Pflanzen und Tieren ist kein spezielles Gebiet des Biologieunterrichts (wie etwa Ethologie). Man kann es vielmehr als eines seiner Grundthemen bezeichnen, das den Unterricht in vielfältiger Weise durchzieht. Auch bei vielen Themen der Allgemeinen Biologie – man denke nur an Ökologie – müssen zugleich Kenntnisse über Arten entstehen oder sind Voraussetzung zum Verständnis solcher Fragen. – Wie viele verschiedene Fragen es zu diesem Thema gibt, deutet Abbildung 15 an.

In der Biologie war über lange Zeit hinweg Taxonomie (Systematik der Tier- und Pflanzenarten) das zentrale Thema oder zumindest eines der zentralen Themen (s. Kap. 5.3). Zudem wurden Artenkenntnisse als Teil der Allgemeinbildung angesehen oder waren für bestimmte Menschengruppen von praktischem Nutzen. Folglich bestand ein großer Teil des Biologieunterrichts in dem Versuch, solches Wissen zu vermitteln. Daran wurde noch immer intensiv, man könnte fast sagen anachronistisch festgehalten, als andere biologische Themen in der Wissenschaft bedeutsam wurden. Als Folge dieses Beharrungsvermögens erfolgte mit der Curriculumreform (s. Kap. 6.1) eine Gegenbewegung: Das Thema „Kennenlernen von Arten“ kam in vielen Lehrplänen nicht mehr vor. Die zunehmende Bedeutung von Naturschutz und dessen Darstellung im Biologieunterricht, „Biologie im Freien“ (s. Kap. 14.8) und veränderte Unterrichtsformen führten dazu, daß ab Mitte der achtziger Jahre eine Rennaissance einsetzte, die zu einer erneuten starken Beachtung von Artenkenntnissen im Biologieunterricht führte.

In der Biologiedidaktik gibt es zwei Bezeichnungen für einen ähnlichen Sachverhalt: „Artenkenntnis“ und „Formenkenntnis“ (entsprechend: Formenkunde). Die letztere Bezeichnung wird manchmal gewählt, weil es gelegentlich sinnvoll oder nicht möglich erscheint, eine bestimmte Art kennenzulernen. Es scheint auszureichen – und muß dies wohl auch in Einzelfällen bei artenreichen Taxa – wenn Schüler die „Form“ Wasserfloh oder Grünalge kennen und erkennen. Bei Insekten wird man sich z. B. darauf u. U. beschränken müssen, wenn Schüler ein Tier der Gruppe „Heuschrecken“ oder „Laufkäfer“ zuordnen können. Man spricht dann wohl am besten von Gruppenkenntnissen (auch als Sippenkenntnis bezeichnet, Zabel 1965, ausführlich 1995). Wer jedoch nur eine „Form“ (etwa einen „Farn“) kennt, kann z. B. gefährdete und damit schützenswerte Arten nicht von anderen unterscheiden. Die Biologie auch nahe verwandter Arten ist zudem oft recht unterschiedlich (etwa von Haussperling und Feldsperling). Deshalb erscheint es notwendig, in aller Regel Kenntnisse über eine bestimmte Art zu vermitteln. Zudem: besser wenige Arten gründlich behandeln

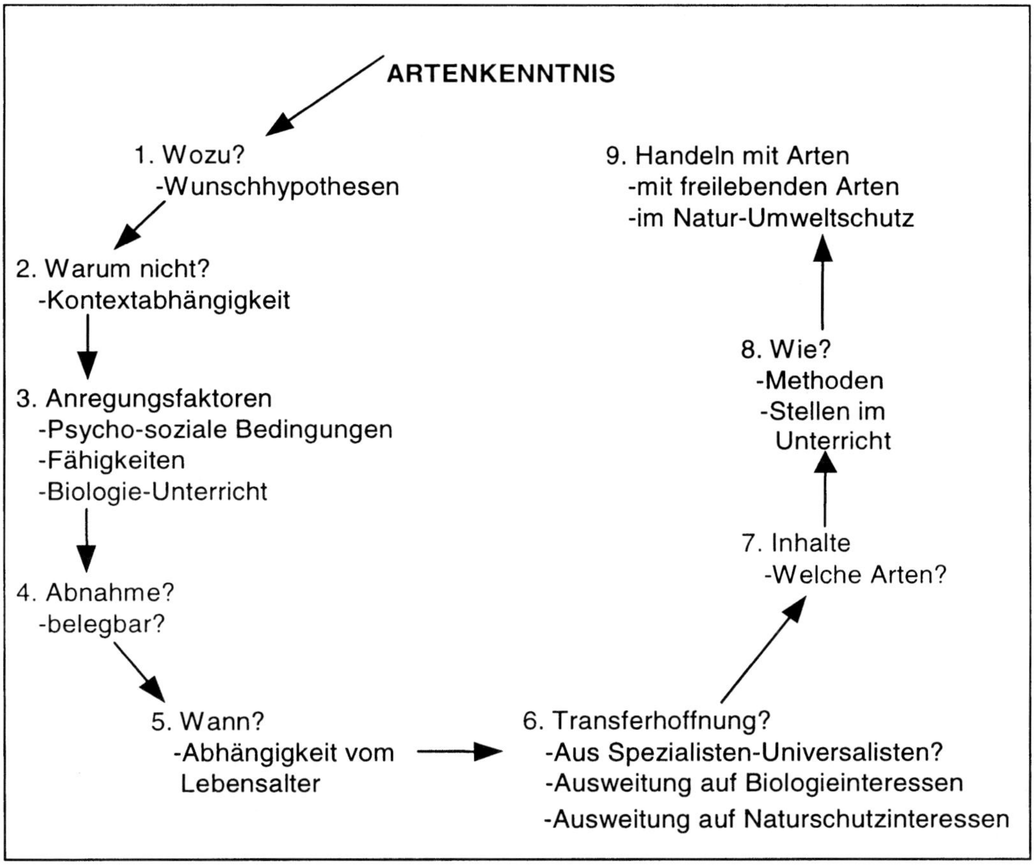

Abb. 15: Fragen zum Themen Artenkenntnisse.

als viele nur andeutungsweise. Folglich wird hier der Bezeichnung „Artenkenntnis" der Vorzug gegeben.

Es gibt sogar Schulbuch-Autoren, die offenbar der Ansicht sind, daß es ausreicht, von einem „Specht" oder einer „Ameise" zu sprechen. Dies sollte jedoch aus den genannten Gründen vermieden werden. Vergleichsweise wird auch niemand im Geschichtsunterricht von einem „Frankenkönig" sprechen; wohlwissend, daß jeder dieser Herrscher eine Einmaligkeit darstellt – wie Arten eben auch.

Einigkeit besteht darüber, daß man mehr über eine Art wissen muß als nur den Namen, wenn man sagen will, daß jemand ein Tier oder eine Pflanze kennt. Neben typischen Merkmalen und Angaben zur Lebensweise, dürfte ein interessanter „Aufhänger", „eine beeindruckende Erfahrung" (Löwe 1992a) wichtig dafür sein, daß eine Art behalten wird (s. u.).

11.1.2 Wozu Artenkenntnisse?

Es gibt eine Vielzahl von Begründungen, wozu Artenkenntnisse dienen könnten (Mayer 1993, Mayer & Horn 1993, Berck & Klee 1992). Mit Mayer & Horn (1993) u. a. kann man die wichtigsten dieser Begründungen zusammenfassen:
– Sie können eine emotionale, intellektuelle und ästhetische Bereicherung für den einzelnen sein und zu sinnvollen Freizeitaktivitäten führen.
– Sie dienen einem rationalen Verständnis der uns umgebenden Natur.
– Sie tragen zum besseren Verständnis biologischer Themen bei.
– Sie sind ein Beitrag zum besseren Verständnis von Naturschutz- und Umweltschutzfragen und dazu, die Bereitschaft zum Handeln in diesem Bereich zu fördern.
– Bei vielen Menschen dienen sie der praktischen Lebensbewältigung; aufgrund der großen Reiseaktivitäten sind heute Kenntnisse über

bestimmte Arten (z. B. Parasiten) wieder bedeutsam geworden.

Es muß darauf hingewiesen werden (um dergleichen heute im Biologieunterricht zu vermeiden), daß vor allem in früheren Epochen auch eine Vielzahl an ideologischen Begründungen für Artenkenntnis angegeben wurde. So gibt es theologische, nationalistische und übertrieben psychische Begründungen. Dazu drei Beispiele: *Naturbeschäftigung ruft Freude und Glück hervor; dazu gehört der Hinweis auf den Schöpfer* (Petersen 1928: 6); *Naturliebe ist die Mutter jener echten Heimatliebe, die dem neuen Deutschland die besten Wurzeln seiner Kraft geben wird* (Guenther 1919: V); *wer Tiere liebt, kann kein schlechter Mensch sein* (Brohmer 1932: 31). Siehe dazu auch entsprechende Zitate in Kapitel 3.6.1.

11.1.3 Belege für die Effektivität dieser Begründungen

Inzwischen liegen einige Untersuchungen dazu vor, inwiefern diesen Begründungen neben positiven subjektiven Erfahrungen auch allgemein Realität zukommt. Bei der empirischen Aufklärung muß eine ganze Reihe unterschiedlicher Parameter gemessen werden. Deshalb sind bisher nur bestimmte Tendenzen erkennbar. Vor allem ist zu belegen, ob positive Wirkungen, die sich in relativ kurzen Unterrichtsversuchen erkennen ließen, auch andauern. – Im folgenden wird mehrfach eine Untersuchung (Berck & Klee 1992) zitiert, bei der Mitglieder von Naturschutzverbänden (n=626, Kontrollgruppe n=382) befragt wurden; sie werden als „Freilandbiologen" bezeichnet.

– Scherf (1986) konnte nur sehr bedingt belegen, daß sich nach einem etwa zweimonatigen Unterricht über Pflanzenarten in 4. Klassen (n=228) die schützende Einstellung gegenüber Pflanzen erhöhte. Es mußte zudem offen bleiben, ob ein Zusammenhang zwischen dem Umfang der Artenkenntnisse und schützender Einstellung besteht (ähnlich Starosta 1990).
– Bei Freilandbiologen ist das Interesse an Natur-, aber auch an Umweltschutz und an entsprechenden Maßnahmen sehr hoch. Eine „Pfadanalyse" (die die Richtung von Korrelationen zu erklären versucht) zeigt, daß dieses Interesse tatsächlich in nicht geringem Umfang vom Interesse an Arten ausgeht.
– Intensive Beschäftigung mit Arten ist eine sinnvolle Freizeitaktivität für viele Menschen. Dies belegt die große Zahl von Mitgliedern einschlägiger Verbände. Diesen wird nach der zitierten Befragung auch die größte Kompetenz in Naturschutzfragen unter allen gesellschaftlichen Gruppen zugeschrieben.
– Das Interesse von Freilandbiologen, die sich intensiv mit Arten in irgendeiner Form beschäftigen, ist in hohem Maße auf eine Organismen-Gruppe konzentriert. Sie sind keine Globalisten, sondern eher Spezialisten (Abb. 16). So interessieren sich „Botaniker" (die einer botanischen Vereinigung angehören) vorwiegend für Blütenpflanzen, aber weniger als eine Kontrollgruppe (die keiner naturbezogenen Vereinigung angehören) z. B. für Vögel und Säuger. Entsprechendes gilt für Vogel-Beobachter (Werte bei Berck & Klee 1992). Dies entspricht auch den Erfahrungen in Verbänden. – Dem Versuch, durch Kennenlernen einzelner Arten ein allgemeines Interesse an Arten zu erreichen, muß man also wohl skeptisch gegenüberstehen. Vielmehr sollte Biologieunterricht versuchen, neben der Vermittlung eines begrenzten „Grundkanons" wichtiger Arten, Schüler für eine bestimmte Artengruppe zu interessieren. Eine Möglichkeit wäre, daß sich Schüler über einen längeren Zeitraum mit einer Gruppe von Lebewesen ihrer Wahl beschäftigen.

Zu der Annahme, daß Artenkenntnisse und Beschäftigung mit Arten sich auf das Interesse an allgemeinen biologischen Fragen auswirken, gibt es offenbar bislang keine sicheren Belege. Vielmehr ist erkennbar: Entsprechendes Interesse von Freilandbiologen ist nach der genannten Untersuchung nicht besonders hoch (und nur etwas größer als das einer Kontrollgruppe). Es gibt jedoch offenbar ein Bedürfnis nach solchem Wissen, um Arten besser zu verstehen (Berck & Klee 1992). Weitere Untersuchungen sind wichtig; z. B. um zu erfahren, in welchem Ausmaß allgemeine Aspekte bei der Darstellung einzelner Arten auch im Biologieunterricht betont werden sollten; so schon Stichmann (1970).

Zusammenfassend kann man also feststellen: Auswirkungen von Artenkenntnissen, Wissen über Arten verknüpft mit emotionalen Komponenten, sind am besten für die Bereiche Naturschutz und Umweltschutz sowie Freizeit belegt. Deshalb sollten im Biologieunterricht entsprechende Bezüge hergestellt werden. Dagegen muß man einen „rein emotionalen Bezug" eher

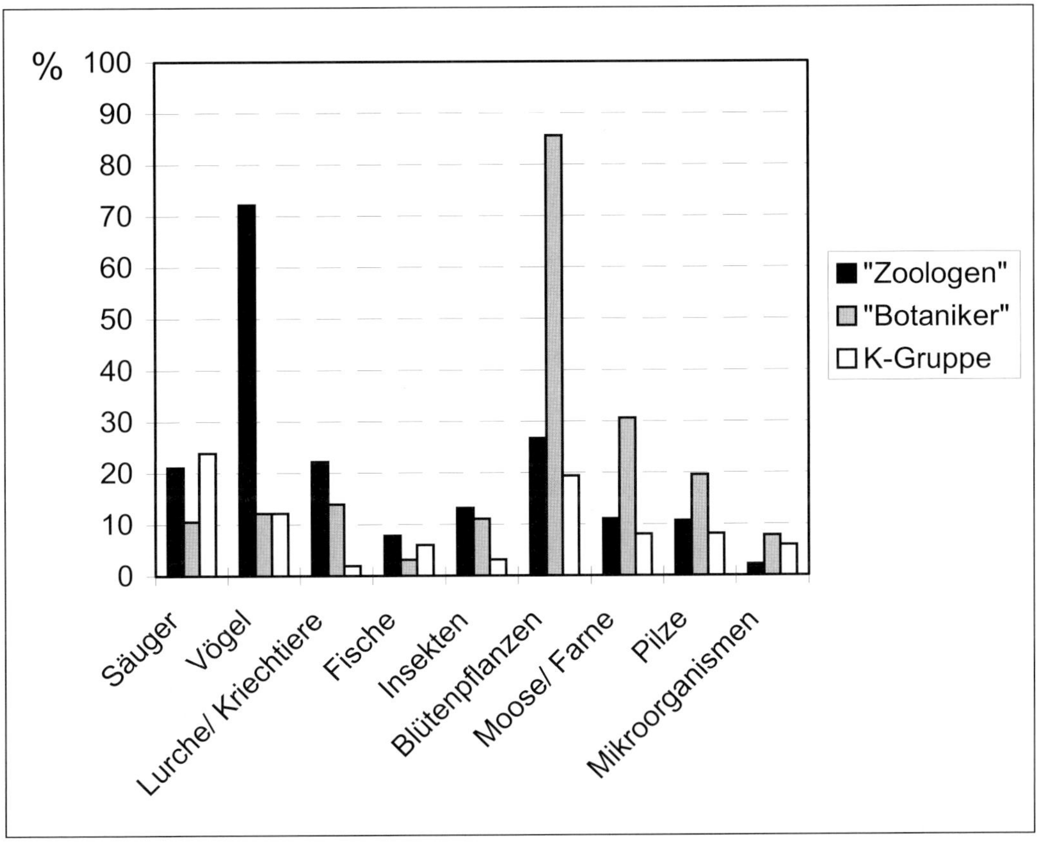

Abb. 16: Beschäftigung mit Pflanzen- und Tiergruppen von „Freilandbiologen"; „Zoologen": gehören einer Vereinigung an, die vorwiegend Aktivitäten mit einer Tiergruppe pflegt (z. B. „Naturschutzbund Deutschland": Vogelarten); „Botaniker" entsprechend; K-Gruppe-Kontrollgruppe; Wahl der Maximalwerte auf einer fünfstufigen Antwortskala in Prozent (aus Berck & Klee 1992).

skeptisch beurteilen (s. Kap. 3.6). Ähnlich äußern sich auch Bolscho & Seybold (1996: 86): *So überzeugend die Annahme ist, daß durch das emotionale Erlebnis Einstellungen und Werthaltungen von Jugendlichen beeinflußt werden, so wenig ist belegt, daß zwangsläufig daraus auch ein umweltbewußtes Handeln werde.*

Begriffe: Artenkenntnis (Formenkenntnis), Taxonomie (als Thema von Biologieunterricht), Artenkenntnis: positive Einstellung zu Naturschutz, Freizeitaktivitäten, Interesse für Allgemeine Biologie

11.1.4 Warum kein Interesse an Arten?

Oft sind Lehrende darüber enttäuscht, wie wenig Interesse an Tieren und/oder Pflanzen sie trotz intensiver Bemühungen bei ihren Schülern hervorrufen können. Für eine Biologielehrerin ist es deshalb wichtig, darüber nachzudenken, was Jugendliche davon abhalten kann, sich mit Arten nachhaltig zu beschäftigen. Vielleicht ist dies eine Voraussetzung, Mißerfolge eher zu vermeiden.

Kinder und Jugendliche können zwischen einer Vielzahl von „Erlebnisräumen" wählen. Viele ihrer Bedürfnisse werden durch andere Aktivitäten besser befriedigt als durch die Beschäftigung mit Arten. Dabei erhalten sie in der Regel wenig Anerkennung und soziale Bestätigung in einer Gruppe; sie können kein „Werk" vorzeigen oder handwerklich tätig sein (wie etwa beim Basteln, Musikspielen); das so erworbene Wissen ist im täglichen Leben oder bei Gleichaltrigen kaum zu verwerten; das Sammeln von Naturobjekten bleibt meist unbefriedigend, wenn es niemanden gibt, mit dem man sich austauschen kann; Artenkenntnisse sind bei Gleichaltrigen kein „Prestige-Objekt“. Beim ernsthaften Umgang mit Arten (nicht bei dem mit Haustieren, s. u.) lassen sich Emotionen schlechter befriedigen als etwa beim Sport, Spielen von Musik etc. GRUPE (1952: 9) – gewiß ein begeisterter Verfechter von Artenkenntnissen – hat wohl recht gesehen, wenn er schreibt: *... jedes einzelne in der Natur steht dem Kind stumm gegenüber. Von dort her spricht nichts zu ihm.*

Es muß auch bedacht werden, daß zum Erwerb genauerer Artenkenntnisse oftmals spezielle Fähigkeiten erforderlich sind (wie für andere Tätigkeiten auch). Viele Menschen können sich z. B. Vogelstimmen nur schwer merken. Das gilt auch für das Speichern der Merkmale von Pflanzenarten. „Erfolg“ bei einer solchen Tätigkeit ist aber eine der Voraussetzungen dafür, daß sie weiter und intensiv betrieben wird. Auch in dieser Hinsicht sind demnach dem Biologieunterricht in dem Bemühen, Schüler für Arten zu interessieren, Grenzen gesetzt.

Biologielehrerinnen können Strategien entwikkeln, mit denen den genannten negativen Voraussetzungen begegnet werden kann; dazu gehören: Verbindung mit der Jugendgruppe eines Naturschutzverbandes herstellen (s. auch VERFÜRTH 1984); die Leistungen von Schülern in diesem Bereich betont anerkennen; gemeinsame Veranstaltungen planen (Ausstellung, Naturschutzaktionen); Exkursionen unter Einschluß „emotionaler Bedingungen“ durchführen (Wanderung am frühen Morgen, Teilnahme an einer nächtlichen Zählung wandernder Kröten; wenn es Sport- und Musikfreizeiten gibt, warum sollte es keine Arten-Freizeiten geben?).

Es wird in der Literatur häufig davon gesprochen, daß Jugendliche, besonders aber Kinder, ein unmittelbares, sozusagen ursprüngliches Interesse an Lebewesen haben (s. dazu vor allem PLÖTZ 1970, GRUPE 1952, MAYER 1992). Solche Aussagen sind aufgrund entsprechender Untersuchungen zu differenzieren. Im folgenden werden die empirischen Befunde von STÜCKRATH (1952), ZILLIG (1961), CONDORET (1973) und KLEMM (1974) zusammengefaßt. Danach hat das intensive „Interesse“ von Kindern und Jugendlichen an Tieren und Pflanzen vor allem folgende Ursachen:

– Langeweile, Spiel-, Pflege- und Streichelbedürfnis;
– jemanden haben, der immer für einem da, der „treu“ ist;
– gewisse ästhetische Bedürfnisse: die „goldigen Tiere“, das eigene Zimmer mit Pflanzen und Sträußen schmücken;
– Analogiebeobachtungen machen zum besseren eigenen Verständnis (Sexualität, Jungenpflege);
– auf sich aufmerksam machen durch Außergewöhnliches (mit einem Hund ausgehen, ein Pferd reiten);
– Pflanzen werden vor allem unter Nützlichkeitsgesichtspunkten, aber auch unter ästhetischen Aspekten wie Duft und Schönheit (s. SCHERF 1986) betrachtet.

Andere Motive mögen hinzukommen. Die genannten weisen jedenfalls daraufhin, daß sie sich vorwiegend auf die Gefühlswelt der Kinder und Jugendlichen beziehen; MAYER (1992: 55) spricht davon, daß bei der Beschäftigung mit Arten vor allem die „subjektive Bedeutung von Lebewesen eine Rolle spielt“. Dagegen ist das Interesse an den Arten selbst oder gar an eigentlichen biologischen Fragen in der Regel als gering einzustufen.

Untersuchungen an großen Gruppen von Erwachsenen in den USA (KELLERT 1980, n= ca. 3000) und Deutschland (SCHULZ 1985, n=1468) zeigen, daß diese sich nicht prinzipiell von Kindern und Jugendlichen unterscheiden. Der Großteil der Bevölkerung ist positiv gegenüber Tieren, auch Wildtieren eingestellt. Dabei handelt es sich vorwiegend um eine emotionale, gefühlsbetonte Anteilnahme; wobei eine reziproke Beziehung erkennbar ist: je mehr Emotion, um so weniger Wissen. Echtes Interesse an Arten und Artenkenntnis, sieht man von Gruppen wie Tierschützern und Tierzüchtern ab, gibt es dagegen kaum.

Dies alles ist keine Abwertung der eher emotionalen Einstellungen bei Kindern und Jugendlichen. Aber solche Erkenntnisse weisen darauf hin, daß es genauer Überlegungen bedarf, um einen Übergang aus der Gefühlswelt in die Welt des Wissens zu erreichen – Voraussetzung für die Entwicklung eines nachhaltigen Interesses an Arten. Dies dürfte vor allem dadurch möglich sein, daß bemerkenswerte Fakten über einzelne Arten vermittelt und gegen reine Emotionen „ausgetauscht“ werden. Dies ist im Biologieunterricht gut möglich (s. z. B. BERCK & ERBER 1993).
Viele Erfahrungen – besonders mit Grundschülern – weisen darauf hin, daß eine Möglichkeit zur persönlichen Verwertung oder ein erstaun-

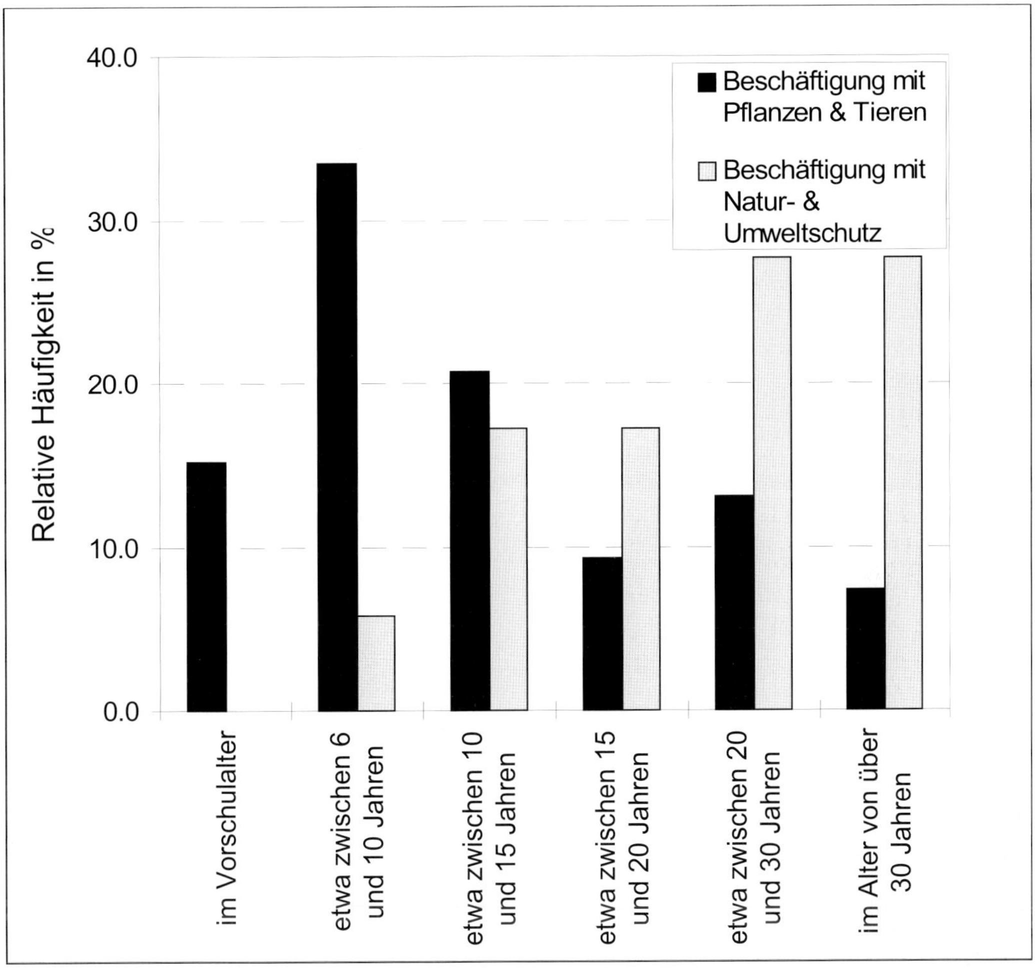

Abb. 17: Beginn der intensiven Beschäftigung mit Tieren/Pflanzen bzw. Natur-/Umweltschutz bei „Freilandbiologen“ (Mitgliedern von Naturschutzverbänden); prozentuale Häufigkeit des Beginns (aus WEISS 1984, Retrospektivbefragung).

liches Phänomen zur Aufmerksamkeit führt. So kennen Grundschüler schon am Anfang der Schulzeit Roßkastanie und „Eiche“ (mit den Früchten/Samen kann man basteln), nicht aber die „Linde“. Eine Untersuchung des Klapp-Mechanismus der Staubblätter des Wiesensalbeis führt dazu, daß diese Art Interesse erweckt.

11.1.5 Artenkenntnisse heute (zu) gering?

Oben wurden bereits Gründe für eine erneute Betonung von Artenkenntnissen genannt. Hinzu kommt, daß davon ausgegangen wird, heute sei es um solche Kenntnisse besonders schlecht bestellt.

Dazu hat MAYER (1992: 44) 23 Untersuchungen über Artenkenntnisse von Schülern und Studenten zusammengestellt, und zwar seit fast hundert Jahren. Diese Arbeiten werden von ihm hinsichtlich der dabei angewandten, sehr unterschiedlichen Methodik ausführlich diskutiert. Er kommt zur Erkenntnis, daß „sich keine exakte Aussage über die Quantität der Formenkenntnis“ machen läßt; im Mittel dürfte sie bei 10 bis 60 Arten liegen. Dem muß man hinzufügen: Es läßt sich auch keine sichere Aussage über eine Ab- oder Zunahme solcher Kenntnisse über längere Zeiträume machen; *abgesicherte Aussagen zu der angeblich seit Jahrzehnten zu beobachtenden Abnahme der Formenkenntnisse bei Kindern und Jugendlichen sind nicht möglich* (ESCHENHAGEN 1984: 156). Schon 1919 beklagte sich z. B. GUENTHER: *Die geradezu grenzenlose Unwissenheit über die gewöhnlichsten Tiere, Pflanzen und Lebenserscheinungen ... wäre lächerlich, wenn sie nicht zugleich so ärgerlich wäre* (weitere Beispiele bei BERCK & KLEE 1992).

Klagen über schlechte Artenkenntnisse sind also alt. Der Umfang solcher Kenntnisse ist bislang offenbar unabhängig vom jeweiligen Lehrplan bzw. Strukturansatz (LÖWE 1992c). Wenn man versuchen will, diesen Mangel im Biologieunterricht zu beheben, muß man neben wohlüberlegter Bemühungen der einzelnen Lehrerinnen bessere Methoden zur der Vermittlung solcher Kenntnisse erforschen.

Andererseits kommt man wohl kaum an der Erkenntnis vorbei, daß immer nur ein geringer Prozentsatz der Schüler (und Erwachsenen) für dieses Gebiet echtes Interesse entwickeln wird.

Begriffe: Artenkenntnis: Hinderungsgründe, spezielle Fähigkeiten, persönliche Erfahrungen

11.2 Entstehung der Arteninteressen

1. Zeitpunkt

In der schon mehrfach genannten Untersuchung wurden Mitglieder von Naturschutzverbänden nach dem Beginn ihrer gezielten Beschäftigung mit Tieren und Pflanzen befragt. Von diesen gaben 47 Prozent an (s. Abb. 17), daß sie dies bereits vor dem 10. Lebensjahr getan haben; also schon vor dem Ende der Grundschulzeit. Bis zum 15. Lebensjahr sind dies insgesamt 67 Prozent. Auch andere (z. B. HENDEE et al. 1968) kommen zu einem ähnlichen Ergebnis. TODT (1990), LÖWE (1992c) u. a. konnten zudem zeigen, daß Interesse an Tieren und Pflanzen nach einem gewissen Höhepunkt in der 5. Klasse im Verlauf der Sekundarstufe I mehr oder minder stark abnimmt.

Dies sollte Konsequenzen für den biologischen Anteil des Sachunterrichts in der Primarstufe und den Biologieunterricht in der 5./6. Klasse haben: Dort ist genug Zeit erforderlich und in Lehrplänen vorzusehen, um Tiere und Pflanzen ausführlich zu behandeln. Dergleichen ist aber nur möglich, wenn Lehrerinnen genügend Artenkenntnisse erwerben.

2. Einbindung in heutige Curricula

Unterricht über Arten kann und sollte sich aber nicht nur auf die Primarstufe und die ersten Klassen der Sekundarstufe I beschränken. Deshalb sind Überlegungen angestellt worden (zusammenfassend bei HEDEWIG 1995, weiterhin MAYER 1992, ZABEL 1995, GERHARDT-DIERCKSEN 1995), wie dieses Thema bei Zeitmangel im Biologieunterricht und vorwiegend Allgemeinbiologischem Strukturansatz (s. Kap. 5.5) eingefügt werden kann.

Als beste Möglichkeit wird vorgeschlagen, bei (allen) allgemeinen Themen zugleich Arten zu behandeln und an ihnen allgemeinbiologische Sachverhalte darzustellen. Dies setzt Verständnis bei den Lehrenden für die Notwendigkeit von Artenkenntnissen und eine gut begründete Auswahl voraus.

3. Anregungsfaktoren

Mehrmals (z. B. PETERSEN & HUNGERFORD 1981, PALMER 1993, BERCK & KLEE 1992, FINKE 1998, zusammenfassend KLEE 1997) wurden Anregungsfaktoren untersucht, die zu Interesse an Arten führen.

Dominierend (bis zu 90 Prozent als „wichtig/sehr wichtig“ eingestuft) sind dabei „eigene Naturbegegnungen und Erlebnisse“, ohne daß man genau weiß, was diese Aussage eigentlich beinhaltet. HUNGERFORD & VOLK (1990) schließen aus einer Reihe von Untersuchungen (die sich jedoch nicht alle ausschließlich auf das Interesse an Arten beziehen), daß Aufgeschlossenheit für die belebte Umwelt durch länger andauernde Kontakte mit einer relativ ursprünglichen Natur entsteht. In mehreren Untersuchungen (z. B. BRAUN 1983, RAMSEY et al. 1981, BOLSCHO 1990) wird gezeigt, daß Umgang bzw. längere Beschäftigung mit Tieren einen positiven Effekt auf Einstellungen und Interessen, zum Teil auch auf Wissen hat. Andererseits fand BAUHARDT (1990) bei Schülern (n=371) der 6. Klasse, die sich intensiv mit Gliedertieren beschäftigt hatten, zwar einen guten Lernerfolg, aber „nur schwach ausgeprägte Zusammenhänge“ zwischen Wissen und Einstellungen.
Weitere hochrangige Anregungsfaktoren sind „Lesen von Büchern über Tiere/Pflanzen“, Anschauen von „Natur-Filmen“ (wobei jedoch das Interesse für „Tierbücher“ von Klasse 3 bis 8 ganz erheblich abfällt). Auch „naturkundliche Wanderungen“ und „Mitarbeit im Naturschutz“ spielen als Anregungsfaktoren für Arteninte-

resse eine große Rolle, dagegen kaum Sammeln von Naturobjekten. Dies gilt auch für die Eltern und den Biologieunterricht (in neuen Untersuchungen und in den USA, s. KLEE 1997, werden die beiden letzten Faktoren besser eingestuft).

Daraus ergeben sich Konsequenzen: Es ist nützlich, wenn Biologielehrerinnen mit ihren Schülern Exkursionen durchführen. Eine Biologiesammlung sollte Bücher mit (literarisch und inhaltlich guten) Tiergeschichten und ausreichend Bilder-Bestimmungsbücher enthalten, die Schülern ausgeliehen werden können. Schüler können angeregt werden, ein „Natur-Tagebuch" zu führen, das die Lehrerin liest.

Begriffe: Artenkenntnis: Vermittlungszeitpunkt, Anregungsfaktoren

11.3 Vermittlung von Artenkenntnissen

Eine Vielzahl von Methoden wird vorgeschlagen, mit denen Schüler etwas über Arten lernen sollen. Jedoch: *Wie man Artenkenntnisse am besten vermittelt, harrt noch der empirischen Untersuchung* (STICHMANN 1970: 108); und diese Situation hat sich bis heute bedauerlicherweise kaum geändert. Bei den vorliegenden empirischen Erhebungen sind die Verfahren (Forschungsdesigns) zudem sehr unterschiedlich. Deshalb kann man nur bedingt Anregungen geben, welche Methoden für welche Altersstufe besonders gut geeignet erscheinen. Im folgenden werden verschiedene Wege zur Vermittlung von Artenkenntnissen kurz dargestellt, ergänzt durch einige Angaben, was man über ihre Effektivität weiß.

– Monographische Darstellung von Arten im Klassenunterricht kombiniert mit darauf folgenden Unterrichtsgängen sind offenbar erfolgreich in bezug auf Wissen und Einstellungen bei jüngeren Schülern (SCHERF 1986, HOWI 1974).

– Reiner (!) Freilandunterricht ist nach REXER & BIRKEL (1986) „mit Sicherheit nur für jüngere Schüler" effektiver gegenüber Klassenunterricht beim Erlernen von Arten. Zwei Klassen eines 6. Schuljahrs lernten beim Klassenunterricht wesentlich mehr Arten als beim Freilandunterricht (BROCKHAUS nach SCHERF 1986: 8); PFLIGERSDORFFER (1984) fand „bedeutende Effekte hinsichtlich des kognitiven, affektiven und sozial-emotionalen Aspekts" bei 92 Schülern der 5. Klasse beim Kennenlernen von Arten durch eine Kombination von 11 Stunden Klassenunterricht (welcher Art?) gefolgt von einer sechstündigen Exkursion. Zunahme des Interesses an Arten fanden HENDEE et al. (1968) in den USA bei 15–18jährigen durch einen einjährigen (!) Biologiekurs ohne jede Freilandarbeit. Diese Befunde ergeben demnach noch kein sicheres Bild über den Effekt von Unterricht, der ausschließlich im Freiland stattfindet. Und so harren Annahmen wie die folgende noch immer der Überprüfung: *Es ist klar ersichtlich, daß der Hauptteil des Biologieunterrichts in der freien Natur abgehalten werden muß* (LEMKE 1948).

– Die sogenannte „Fünf-Minuten-Biologie", bei der vor allem in der Grundschule und den Klassen 5/6 einzelne Arten zusätzlich zu einem Thema vorgestellt werden, ist offenbar positiv zu bewerten (s. z. B. STICHMANN 1970). Eine Kombination aus Lehrererzählung und Arbeitsblatt hat sich bei über 500 Schülern als erfolgreich in bezug auf längerfristiges Wissen über die behandelten Arten erwiesen (GUTH 1990, FISCHBACH 1991, BERCK & ERBER 1992, 1996).

– Über verschiedene Möglichkeiten, Bestimmungsübungen durchzuführen, gibt es zahlreiche Arbeiten. Hilfreiche Darstellungen finden sich, um nur einige Beispiele zu nennen, für Pflanzen bei PALM (1964/65), SAUERLAND (1966/67), Insekten bei SCHMIDT (1971), Kleinsäuger aus Gewöllen bei ROTFUCHS (1982); zusammenfassende Darstellung verschiedener Methoden bei STURM* (1975). Dieser muß jedoch feststellen, daß es keine „quantitativen Ergebnisse" darüber gibt, welches besonders gut geeignete Bestimmungsschlüssel sind und wie effektiv das gesamte Verfahren ist; auch an diesem Kenntnisstand hat sich offenbar bis heute nichts geändert. Bei einer Überprüfung von Lernergebnissen (n=171, Arbeit vor allem mit dichotomen Schlüsseln) von Schülern der Klassen 4–7 wurde etwa die Hälfte der Fragen eines anschließenden Tests gelöst (ROTFUCHS 1982). IWON (1992) fand bei einer kleinen Gruppe von Schülern der 9. und 10. Klasse einen etwa zehnprozentigen Wissensvorsprung bei den Schülern, die mit Bestimmungsschlüsseln im Klassenraum gearbeitet hatten; ihnen standen andere gegenüber, denen Artenkenntnisse mit Hilfe eines Dia-Vortrags vermittelt wurden. Es wird u. a. auch vorgeschlagen, daß Schüler selbst einen Bestimmungsschlüssel entwerfen (KUHN et al. 1986). – An dieser Stelle sei vermerkt, daß LAZAROWITZ (1981, n=365, 12–14 Jahre) die sehr hohe Korrelation von 0.7 zwischen der Fähigkeit zur „Klassifikation von Lebewesen, Arten" und der allgemeinen Intelligenz von Schülern fand; wichtig waren auch verschiedene Vorkenntnisse.

– Über weitere typische, häufig vorgeschlagene Methoden der Vermittlung von Artenkenntnissen liegen sehr wenige empirische Befunde vor; dazu gehören zum Beispiel: Ausstellung von Pflanzen im Klassenraum, der sogenannte „Pflanzentisch"; Anlegen eines Herbars oder anderer Sammlungen (z. B. Federn, Funden aus Gewöllen, Rindenstücke u. a.); Spiele, die Arten darstellen, wie Quartett, Memory, Puzzles, Ratespiele; Besuch von Museen, Zoos, Botanischen Gärten usw.

Zusammenfassend läßt sich feststellen:

- Einerseits wird gerade in jüngster Zeit die Forderung nach „Artenkenntnis" verstärkt wieder erhoben. Andererseits sind unsere Kenntnisse darüber, welches die besten Wege zur effektiven Vermittlung solcher Kenntnisse sind, gering.
- Die monographieartige Behandlung von Arten im Klassenunterricht verknüpft mit anschließender Freilandarbeit hat nach derzeitiger Erkenntnis besonders positive Auswirkungen auf Wissen und Einstellungen.
- Dies gilt offenbar auch für Klassenunterricht mit anschließender Unterrichtung im Freiland;
- weiterhin für die in andere Themen eingeschobene sogenannte „Fünf-Minuten-Biologie" über Arten.
- Über die Wirksamkeit aller anderen genannten, seit altersher in der Literatur vorgeschlagenen Methoden liegen vor allem positive subjektive Aussagen vor. Bislang spricht jedenfalls nichts gegen ihre Anwendung im Biologieunterricht.

Welche Arten so wichtig sind, daß sie im Biologieunterricht besprochen werden sollten, ist eine kaum zu beantwortende Frage. MAYER (1992) erhielt bei einer entsprechenden Befragung einer Vielzahl von Personen (Biologen, Biologiedidaktiker und -lehrerinnen) sehr divergierende Antworten. Selbst auf der Basis einer etwa sechzigprozentigen Übereinstimmung wurden noch immer ca. 280 Arten genannt (Liste bei MAYER 1992). Aber niemand wird davon ausgehen können, daß der Großteil der Schüler am Ende der Schulzeit so viele Arten wirklich kennt. Man kann empfehlen: 1. Arten, die in der Umgebung der Schule vorkommen und also auch gezeigt werden können, 2. Beispiele für Arten, die wirtschaftlich und persönlich wichtig sind (hierzu können z. B. auch Krankheitserreger gehören, denen man bei Reisen in tropische Länder ausgesetzt sein kann), 3. häufige landschaftsbestimmende Arten, 4. Beispiele für einheimische besonders bedrohte Arten, 5. eher Verzicht auf Arten, die Schüler aus dem Alltag kennen („Hase und Igel").

Begriffe: Methoden der Vermittlung von Artenkenntnis: Monographien, Freilandunterricht, Kombination Freiland-Klassenunterricht, Bestimmungsübungen, Fünf-Minuten-Biologie, Herbar, Pflanzentisch, „Arten-Spiele"

11.4 Ein Modell zur Genese von Arteninteressen

Man kann den Versuch machen, aus den besprochenen und weiteren Befunden (vor allem TODT 1990, AJZEN & FISHBEIN 1980, KRATHWOHL et al. 1973) ein Modell zu entwickeln, wie Interesse an und Handeln mit freilebenden Arten zu entstehen vermag. Lehrerinnen können daraus entnehmen, welche Möglichkeiten es neben anderen gibt, solche Aktivitäten zu fördern. In diesem Modell (Abb. 18) werden nur die wichtigsten Beziehungen dargestellt, und zwar ohne die sicher bestehenden zahlreichen Wechselwirkungen.

Irgendeine Form von „Faszination" ist offenbar die erste Stufe von Arteninteresse: eine ein- oder mehrmalige nachhaltige emotionale Begegnung mit Lebewesen. Dies können z. B. (s. o.) eigene Naturbegegnungen – besonders gemeinsam mit persönlich bedeutsamen Menschen, Naturfilme und interessante Bücher über Tiere und Pflanzen sein. Es ist nicht bekannt, ob es eine spezifische Form von Emotionalität gibt, aufgrund derer einzelne Menschen auf solche Erlebnisse besonders nachhaltig ansprechen (s. Anmerkungen über „Evolutionäre Ästhetik" in Kap.3.6.2).

Eine solche faszinierende Begegnung kann als befriedigend erlebt werden, und zwar emotional und/oder kognitiv (Freude am Wissen). Dann verstärkt sich die Tendenz, sie mit zunehmender „Interessensstufe" wieder aufzusuchen Diese Befriedigung bei der Beschäftigung mit Lebewesen ist in der Phase der „Universalinteressen", zwischen dem 6. und 10. Lebensjahr (TODT 1998), besonders hoch.

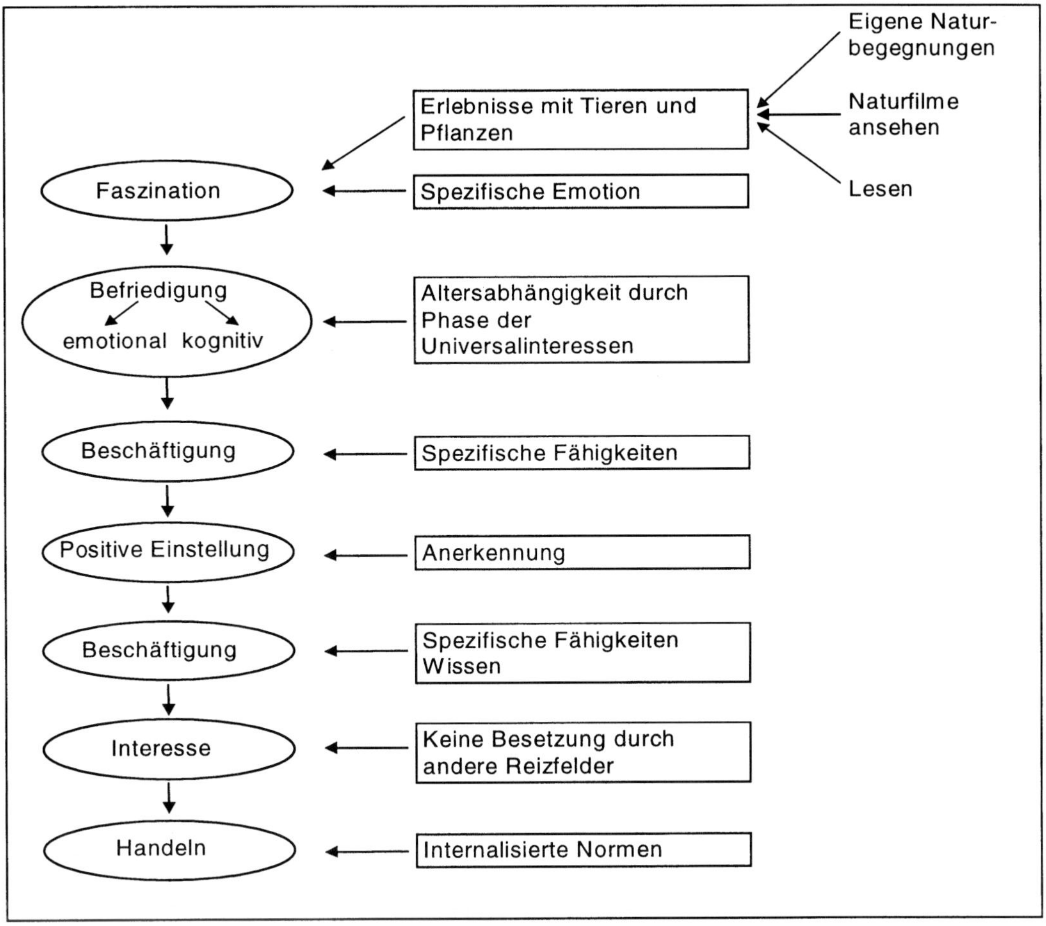

Abb. 18: Modell zur Genese von Arteninteressen; Siebenschrittmodell – von der Faszination zum Handeln; Pfeile: „führt zu" (aus Berck & Klee 1992).

Ob die Befriedigung bei der Beschäftigung mit Lebewesen verstärkt wird, hängt entscheidend auch von spezifischen Fähigkeiten (s. o.) ab, die guten Lernerfolg ermöglichen.

Insgesamt entsteht, sozusagen als erstes Plateau, eine positive Einstellung gegenüber Tier- oder Pflanzenarten; diese werden zu einem subjektiven oder objektiven Wert. Vor allem für Kinder und Jugendliche dürfte es notwendig sein, daß diese Beschäftigung in irgendeiner Form anerkannt wird (s. o.).

Damit eine andauernde positive Einstellung erreicht wird, erscheint die intensive weitere Beschäftigung mit Lebewesen erforderlich. Hierbei sind spezifische Fähigkeiten verstärkt von Bedeutung, ebenso daraus resultierendes Wissen, das allgemein als eine wesentliche Grundlage für das Zustandekommen von Interessen angesehen wird (s. auch Kap. 9.1).

Der Übergang zwischen positiver Einstellung und Interesse ist ebenso wie der zwischen Interesse und Handeln gleitend. Eine zentrale Voraussetzung ist, daß ein Mensch nicht durch andere Interessen bereits „besetzt" ist. Dies ist bei älteren Jugendlichen oft der Fall. Intensiver Umgang mit Tieren und Pflanzen wird Teil der eigenen Identität; ein großer Teil der Freizeit wird dafür verwendet.

Nun erscheint es durchaus möglich, auch im Biologieunterricht den Versuch zu machen, „Vorankommen auf diesen Stufen" – zumindest bei einzelnen Schülern – anzustreben oder zu fördern.

12 Verschiedene Methoden der Leistungsmessung

Ein ungerechtfertigter subjektiver Glaube an die *eigene Fähigkeit, Schulleistungen intuitiv richtig bewerten zu können, und das Fehlen einer ausreichenden Schulung zur Erhöhung der Objektivität und Rationalität von Leistungsbewertungen in der Lehrerbildung gehören zu den spezifischen Mängeln im deutschen Bildungswesen* (DEUTSCHER BILDUNGSRAT 1970a: 86).

Leistungsmessung ist eine der differenziertesten Aufgaben eines Lehrers; daher gibt es eine dringende Notwendigkeit, diesen Prozeß gut zu verstehen (COLLETTE & CHIAPETTA 1994).

12.1 Allgemeines

Mögliche Situation: Ein Biologielehrer will die Leistung eines Schülers in seinem Fach mit „mangelhaft" benoten. Der Schüler muß wegen weiterer schlechter Leistungen die Klasse wiederholen – oder sogar die Schule verlassen. Unter Umständen quält der Lehrer sich mit der Frage ab: Habe ich den Schüler richtig beurteilt, muß ich nicht doch vielleicht „ausreichend" geben?

Beurteilen von Schülern gehört zu den unabdingbaren Aufgaben eines Lehrers neben Unterrichten, Innovation, Beraten (wie der Deutsche Bildungsrat einmal die Aufgaben von Lehrern umschrieben hat). Er entscheidet damit über Schullaufbahn und weitere Lebenschancen eines Menschen. Dieser „Macht" muß eine möglichst gute Fähigkeit zum begründeten Beurteilen gegenüberstehen. Nur wenn Lehrer eine Menge über Leistungsmessung wissen, können sie auch der häufigen „Einrede" anderer Gruppen richtig begegnen.

Viel Literatur, auch speziell zum Biologieunterricht, ist zu diesem Thema veröffentlicht worden, meist mit Beispielen für verschiedene Typen von Aufgaben (z. B. FALKENHAUSEN 1979, MEYER 1972, 1973, RAPP 1970, ZÖLLER 1971, 1974a, 1977, COLLETTE & CHIAPETTA 1989) und allgemeiner Art (z. B. HELLER 1975, RAPP 1975, BÖHMER 1979, INGENKAMP 1985, SACHER 1990, JÜRGENS 1995, BAMBACHER et al. 1996). Dort kann über spezielle Fragen ausführlich nachgelesen werden.

Die folgenden Vorschläge lassen sich bei zunehmender Arbeitsbelastung der Lehrer in der täglichen Praxis sicher oft nur bedingt realisieren. Sie können aber in schwierigen Situationen – auf die man vorbereitet sein sollte – eine Hilfe sein.

Für Schüler ist eine guter Lehrer vor allem auch ein gerechter Lehrer (s. Kap. 8.2). D. h., jemand, der gerechte Noten gibt. Es kommt naturgemäß vor, daß ein Schüler eine durchaus „gerechte" Note als „ungerecht" ansieht. Um so mehr muß ein Lehrender sein Urteil dann mit nachvollziehbaren Kriterien begründen können.

Im Biologieunterricht werden vor allem kognitive Leistungen beurteilt. Für vorwiegend psychomotorische (z. B. richtig Mikroskopieren, Experimentieren, Freiland-Untersuchungen machen, Arten bestimmen) gibt es dagegen bislang kaum befriedigende Kriterien. Werden Einstellungen beurteilt, wird es besonders problematisch. Sie gehören weithin in den affektiven Bereich (s. Kap. 4.3.4), der kaum operationalisierbar ist.

Unter Leistung versteht man eine tatsächlich feststellbare Verhaltensänderung. Leistung ohne Lernen ist nicht möglich. Man kann aber nicht ausschließen, daß ein Schüler, der eine erwartete Verhaltensänderung nicht zeigt, dennoch gelernt hat. Daß bei einer Leistung eigentlich auch die dafür aufgewandte Zeit berücksichtigt werden muß, steht fast schon auf einem anderen Blatt, kann aber im Biologieunterricht durchaus bei einer Klassenarbeit bedeutsam werden.

Jeder, der es schon selbst tun mußte, weiß, daß es einfacher ist, schriftliche Leistungen zu beurteilen als mündliche (s. u.). Schriftliche Arbeiten sind eher „objektivierbar", die Ergebnisse nachprüfbar. Jedoch verhindern viele Kultusminster durch entsprechende Erlasse, daß diese Art der Leistungsmessung überhaupt oder in notwendiger Anzahl im Biologieunterricht durchgeführt werden kann.

Bei diesem Thema sind zuerst einige grundsätzliche Fragen zu bedenken, die jede Form der Leistungsüberprüfung betreffen.

12.1.1 Objektivierte Leistungsmessung

Die Leistungen der Schüler sollen möglichst „objektiv“ bewertet werden. Es ist aber im Biologieunterricht schwer, Maßstäbe zu finden, die einer solchen Anforderung weitgehend entsprechen; subjektive Bewertungen (z. B. Antwort „gerade noch richtig oder doch nicht mehr genügend“?) sind schwer zu vermeiden.

Deshalb spricht man zu Recht von „objektivierter Leistungsmessung“, wenn diese bestimmten, für jeden (weitgehend) einsichtigen Kriterien folgt. – Hier und im folgenden wird auf den schwierigeren, aber eigentlich zutreffenderen Begriff „intersubjektiv“ verzichtet.

12.1.2 Voraussetzung Lehrzielorientierung

Zutreffende Leistungsmessung setzt voraus, daß die Schüler wissen, was von ihnen verlangt wird. Was sie leisten sollen; und zwar auf der Grundlage dessen, was sie im Biologieunterricht gelernt haben oder hätten lernen können bzw. aufgrund von Hausaufgaben, für die allen die notwendigen Arbeitsmaterialien zur Verfügung standen. Am besten erscheint der Zusammenhang zwischen dem Lehr-Lern-Angebot und der erwarteten Leistung gewährleistet, wenn klare Lehrziele (s. Kap. 4.3) vorgegeben werden. Dies ermöglicht eine Lehrzielorientierte Leistungsmessung. Nicht wenige sind sogar der Meinung, daß dies überhaupt nur mit deren Hilfe möglich ist. In jedem Fall schafft ein Lehrer, der zu Beginn etwa einer Unterrichtseinheit klare Lehrziele aufstellt, eine erste Voraussetzung für eine objektivierte Leistungsmessung.

12.1.3 Bewertung unterschiedlicher Lehrziele

Die Anforderungen an die Schüler sind von Aufgabe zu Aufgabe recht unterschiedlich. Neben Lehrzielen, die sich auf einfaches Wissen beziehen (vorwiegend Reproduktion), gibt es eben auch andere – um nur die für den Biologieunterricht wohl am meisten relevanten Stufen zu nennen (s. Bloom 1974; weitere vielfältige Abstufungen bei Klopfer 1971):

- Anwenden (gelernte Verfahren, Regeln, gelerntes Wissen auf neue Situationen übertragen),
- Analyse (mit Hilfe von Richtlinien, Prinzipien, Wissen Materialien analysieren),
- Synthese (neue Lösungen, die ein Schüler finden muß, Hypothesen aufstellen und soweit möglich prüfen).

Solche „höherstufigen“ Leistungen müssen vorher geübt werden, wenn Schüler sie beherrschen sollen. Weiterhin stellt sich die Frage nach deren Bewertung. Reproduzieren ist in der Regel einfacher als Analysieren, erfordert weniger Zusammenschau unterschiedlichen Wissens und sogenannte „Kreativität“.

Um der unterschiedlichen Leistung gerecht zu werden, erscheint es empfehlenswert, bei „höherstufigen“ Aufgaben eine entsprechend größere Punktzahl (z. B. mit dem Faktor 1,5 oder 2,0) vorzusehen. Dieses sicher eher subjektive Vorgehen ist anderen Verfahren (völlig offene Punktzahl bei solchen Fragen) vorzuziehen.

12.1.4 Abdeckungsgrad

Vorab festgelegte Lehrziele haben noch einen Vorteil: Der Lehrer kann sich dann relativ mühelos ein Raster anfertigen, eine Spezifikationstabelle (s. z. B. Falkenhausen 1979), in die er einerseits vertikal die Lehrziele, andererseits horizontal die Inhalte seiner Fragen einträgt. Schnell ist zu erkennen, welche Bereiche eines Themas nicht durch Fragen in einer Arbeit abgedeckt sind.

12.1.5 Allgemeiner Maßstab

Eine allerdings durch die Schulsituation meist vorgegebene Entscheidung ist, ob zum Maßstab der Bewertung einer schriftlichen Aufgabe die Leistung innerhalb einer Klasse oder eine „allgemeine Norm“ verwendet wird. Schon vorgegebene Prinzipien, wonach etwa bei einer Klassenarbeit ein bestimmter „Notenspiegel“ eingehalten werden muß, legen das erste Prinzip nahe. Dies ist ein weiterer subjektiver Faktor von Leistungsmessung. Er dürfte zudem die Regel sein, da es „allgemeine Normen“ für den Biologieunterricht im deutschsprachigen Bereich wohl kaum gibt – mit Ausnahme der Länder mit sogenanntem „Zentralabitur“. Eine gewisse Normierung ergibt sich auch aus den „Einheitlichen Prüfungsanforderungen in der Abiturprüfung“ (Beschlüsse der KMK von 1975 und 1983). Andererseits durchbrechen u. a. Schul-Lehrpläne das Prinzip des „Klassenmaßstabs“. Jeder Biologielehrer tut also gut daran, sich auch auf allgemeinere Bewertungs-Normen einzustellen.

Viele Lehrer klagen über Vorgaben durch ein Zentral-Abitur oder wenden sich grundsätzlich gegen eine „Normierung der Anforderungen“. Dennoch ist zu bedenken, daß innerhalb der Europäischen Union in zunehmendem Maß ein Vergleich stattfindet (etwa bei der Zulassung zum Studium), so daß eine Vereinheitlichung des Biologieunterrichts doch in Erwägung gezogen werden sollte. Dies würde sicher auch jeder Schüler begrüßen, der die Schule wechseln muß. Die „TIMS-Studien“, mathematisch-naturwissenschaftlicher Unterricht im internationalen Vergleich, haben zudem gezeigt, daß die deutschen Schüler in bezug auf ihre Leistungen allenfalls in ein „Mittelfeld“ einzuordnen sind (z. B. mit extremen Streuungen selbst innerhalb einer Schulform, geringem Leistungsfortschritt vom 7. zum 8. Schuljahr usw.; ausführliche Auswertung bei Baumert & Lehmann 1997). – Für die USA liegt z. B. inzwischen ein Vorschlag vor (National Research Council 1990), wie der Biologieunterricht vereinheitlicht werden kann.

12.1.6 Spezieller Maßstab

In aller Regel ist auch der Maßstab für die Benotung einer schriftlichen Arbeit uneinheitlich. Nicht selten und bei vorgegebenen Vorschriften wird sie dem „Klassenspiegel“ angepaßt. Dies ist verständlich.

In der „Vereinbarung der Kultusminsterkonferenz für den Biologieunterricht vom 6.2. 1975“ wird eine bestimmte Punktzahl für die Bewertung vorgeschlagen:

0 bis 20 % = ungenügend,
21 bis 40 % = mangelhaft,
41 bis 55 % = ausreichend,
56 bis 70 % = befriedigend,
71 bis 85 % = gut,
86 bis 100 % = sehr gut

Man kann sich fragen, ob es nicht sinnvoller ist, von 102 % auszugehen und diesen Wert gleichmäßig auf sechs Stufen zu verteilen. Eine solche Einteilung wäre etwas günstiger für die Schüler. Sie macht erneut deutlich, daß es im Biologieunterricht allenfalls um eine objektivierte Beurteilung geht. Diese sollte immerhin in einer Schule einheitlich sein (eine kompliziertere Methode der Bewertung mit Hilfe eines Binomialmodells s. Häfner 1977).

Akzeptiert man eine dieser Einteilungen, ist es schon aus diesem Grund sinnvoll, bei der Konzeption einer Arbeit die mögliche Punktzahl festzulegen. So ist eine geeignete Berechnung durch den Lehrer überhaupt erst möglich. Auch für die Schüler ist es nützlich, wenn bei jeder Aufgabe die maximal erreichbare Punktzahl angegeben ist.

Meyer (1972, 1973, ähnlich Zöller 1971) schlägt zur Bewertung einen bedenkenswerten Index vor, der das Verhältnis der richtigen zu den falschen, einschließlich der fehlenden Antworten berechnet (*schließlich ist ein Test mit 6 Falsch-Antworten und 2 Richtig-Antworten schlechter als ein Test mit 6 Falsch-Antworten und 8 Richtig-Antworten,* Meyer 1972*);* und zwar:

$$\text{Index} = \frac{100 \times \text{Zahl falscher Antworten}}{\text{Zahl richtiger Antw.} + \text{Zahl falscher Antw.}}$$

Eine Beziehung zwischen „Richtig-Falsch-Index“ (I) und Note (N) ist dann in folgender Weise möglich:

I:	0	1–20	21–35	36–55	56–80	81–100
N:	1	2	3	4	5	6

Beispiel: Die Arbeit umfaßt 40 Aufgaben. (a) Bei 40 richtigen und keiner falschen Antwort ergibt sich der Wert: 100×0:40=0, also Note 1; (b) bei 30 richtigen und 10 falschen Antworten ergibt sich der Wert: 100×10:40= 25, also Note 3.

Man sieht übrigens beim Vergleich mit den Werten der KMK-Konferenz, daß die „schlechten Schüler“ bei dieser Bewertung etwas bessere Bedingungen haben.

12.1.7 Quantifizierung

Sehr zu empfehlen ist es, alle Aufgaben so zu formulieren, daß die Ergebnisse quantifizierbar sind. Dieser Versuch sollte auch bei längeren Ausführungen („Aufsatzform“) gemacht werden. Ein Schüler weiß dann, wie viele Teilantworten von ihm auf eine Frage erwartet werden. Der Lehrer kann die Punktzahl aufgrund der vorgegebenen Anzahl an Teilantworten festlegen. Zudem zwingt er sich dazu, ge-nau zu bedenken, was er als Antwort erwartet. Aber dieses Vorgehen erleichtert ihm auch die Korrektur. Schüler neigen in einem solchen Fall dazu, mehr Antworten als verlangt aufzuschreiben, damit der Lehrer sich die richtigen auswählen möge. Dem begegnet man, indem festgelegt wird, daß z. B. nur die ersten fünf Angaben zu einer Frage bewertet werden.

Dazu drei Beispiele (von denen zwei vielleicht übertrieben erscheinen mögen):
– Nicht: *Was weißt du über Anpassungserscheinungen bei Pflanzen?;* sondern etwa: *Definiere den Begriff Anpassung; gib drei Beispiele für Anpassung bei Blütenpflanzen an (z. B. Blattform der Kiefer als Anpassung an geringe Verdunstung); 4 Punkte.*
– Nicht: *Schreibe auf, was du über den Sehvorgang des Menschen weißt;* sondern etwa: *Gib je drei Funktionen von Linse und Retina für den Sehvorgang des menschlichen Auges an; 6 Punkte.*
– *Menschen, die in den ersten beiden Lebensjahren zu wenig Eiweiß erhalten, leiden später häufig unter einer Störung ihrer Körperbewegungen. Erklären Sie den Zusammenhang zwischen Eiweißmangel in der frühen Kindheit und dieser Störung* (Bils & Dürr 1989: 64). Klarer und wohl auch etwas leichter für die Schüler sowie besser quantifizierbar: *Nennen sie fünf Auswirkungen von Eiweißmangel auf das Wachstum des Nervensystems in den ersten beiden Lebensjahren. Nennen sie zwei Argumente, wie dies mit Bewegungsstörungen bei Erwachsenen zusammenhängen könnte; 7 Punkte.*

Gewiß ist eine solche Quantifizierung nicht immer möglich und sinnvoll. Aber sie sollte stets versucht werden; auch z. B. bei folgenden Themen: *Nennen sie drei Modelle, mit denen versucht wird, Naturschutz zu begründen; geben sie jeweils drei Argumente an, die für oder gegen jedes Modell sprechen. Geben sie vier Argumente an, die für oder gegen die in Deutschland bestehende gesetzliche Regelung [die bekannt sein muß] der Organspende sprechen; entwerfen sie ein alternatives „Gesetz“ und begründen sie es mit drei Argumenten.*

Begriffe: Leistungsmessung, Objektivierte Leistungsmessung, Lehrzielorientierte Leistungsmessung, Maßstab (allgemeine Normen, Klassenmaßstab, Notenspiegel, Richtig-Falsch-Index), Quantifizierung

12.2 Funktionen der Leistungsmessung

Über die Funktion, die Leistungsmessung für Schüler und Lehrer haben soll, gibt es viele Informationen (z. B. Jürgens 1990, Meyer 1972, Sacher 1990). Als sicher kann gelten: Daß es eine Bewertung ihrer Leistungen gibt, ist für die (meisten) Schüler wichtiger, als vielfach vermutet wird. Sowohl positive wie negative Rückmeldungen steigern normalerweise die Lernaktivität, dienen zur Selbstkontrolle.

Dazu gibt es so etwas wie einen Großversuch. In England wurden etwa ab 1974 bis zur Klasse 6 keine Noten gegeben (s. Kap. 5.9); das allgemeine Niveau sank so stark, daß diese ab etwa 1994 wieder eingeführt wurden – verbunden mit zentral gestellten Arbeiten.

Anderen (z. B. Sacher 1990) erscheint Leistungsmessung als Anregung zur Leistungssteigerung als pädagogisch fragwürdig; ebenso die Annahme, daß der disziplinierende Effekt von Leistungsbeurteilungen vermehrte Anstrengungen der Schüler bewirke. Vielmehr wäre anzunehmen, daß wiederholte Negativbeurteilungen schnell in Resignation enden und die erhoffte Anreizfunktion damit nur auf ohnehin leistungsstarke Schüler zutrifft.

Insgesamt läßt sich feststellen, daß bisher offenbar kaum sichere Belege über die Funktionen der Leistungsmessung vorliegen. Selbst in dem umfangreichen Heft „Prüfen und Beurteilen“ (Bambach et al. 1996, s. auch Zahorik 1995) findet man ausschließlich subjektiv erprobte Vorstellungen.

So wünschenswert es ist, daß diese Funktionen auch tatsächlich von dem einzelnen Lehrer berücksichtigt und konkretisiert werden, so wenig weiß man, über die tatsächliche Umsetzung solcher Hoffnungen.

Neben der Funktion der Selbstkontrolle für den Schüler (Lernhilfe, Lernkorrektur, Entwicklungsfunktion) führt z. B. Jürgens (1990, s. auch Meyer 1973, Bambach et al. 1996) noch weitere Funktionen an, die hier aus systematischen Gründen angeführt werden sollen. Danach hat Leistungsbeurteilung folgende weitere Aufgaben: 1. eine Curriculare Funktion (pädagogische Funktion): Leistungsbewertung als Anlaß und Hilfe zur Korrektur der Lehr- und Lernplanung für den Lehrer. 2. ihr Ziel ist die Optimierung der individuellen Förderung von Schülern – auch z. B. das Erkennen von Spezialbegabungen – sowie der inhaltlichen Planung und Organisation von Lernprozessen. 3. Allokations- und Klassifikationsfunktion (Selektionsfunktion, Steuerungsfunktion): Leistungsbewertung als Grundlage für Laufbahnentscheidungen; deshalb muß eine objektivierte Leistungsmessung dringend gefordert werden.

Begriffe: Funktionen Leistungsmessung (Selbstkontrolle, Prognose, Curriculare Funktion, Steuerungsfunktion)

12.3 Methoden

12.3.1 Test – Gütekriterien

Möglichst an alle schriftlichen Aufgaben, besonders aber an bestimmte Tests sollten folgende Anforderungen (Gütekriterien) gestellt werden (s. z. B. MEYER 1973: 84, WEIDENMANN et al. 1993):

- Objektivität: Die Testergebnisse sollten von dem untersuchenden Lehrer unabhängig sein; d. h., jeder der eine Aufgabe auswertet, müßte eigentlich zum gleichen Ergebnis kommen.
- Validität: Die Genauigkeit mit der mit Hilfe einer Aufgabe gemessen wird, was gemessen werden soll. D. h., das Ergebnis ist nicht durch einfaches Raten zu erreichen. Wenn bestimmtes Wissen, bestimmte Lehrziele vorgegeben sind, wird davon auch eine repräsentative Auswahl überprüft (s. o.). Ob z. B. ein Test wirklich valide ist, läßt sich am besten ermitteln, wenn dadurch etwas prognostiziert werden kann (etwa: mißt der Test wirklich gute Leistungen in Biologie – wie sich an den weiteren Ergebnissen eines Schülers später zeigt).
- Trennschärfe: Die Aufgaben sollen differenzierungsfähig sein, so daß gute Schüler mehr Punkte, schwächere weniger Punkte bekommen; *Aufgaben sollten so schwer sein, daß um 50% der Schüler die Einzelaufgabe richtig lösen, höchstens aber 80% der Schüler* (MEYER 1973: 84).
- Ökonomie: D. h., kurze Durchführungszeit, wenig Material, wenige Zusatzinformationen, einfach und schnell auswertbar.

Nun kann ein Lehrer normalerweise schwerlich bei allen Aufgaben, die er stellt, alle diese Forderungen erfüllen. Quantifizierbare Aufgaben (s. o.) sind am besten geeignet, solchen Ansprüchen hinlänglich gerecht zu werden.

12.3.2 Situation im Biologieunterricht

Welche Methoden der Leistungsmessung im Biologieunterricht tatsächlich eine Rolle spielen, dazu gibt es kaum Untersuchungen. Es wird davon ausgegangen, daß Informelle Tests (s. u.) seit einiger Zeit am häufigsten verwendet werden (RAPP 1970). Eine Befragung von nur wenigen Lehrerinnen und Lehrern (ORTH 1995, n=31) ergab u. a.: Informelle Tests werden von fast allen Lehrern sowohl in der Grundschule wie in der Sekundarstufe I mit großer Häufigkeit verwendet. Das gilt in gleicher Weise für mündliche Prüfungen. Bemerkenswert erscheint, daß die Kontrolle von Hausaufgaben zur Überprüfung der Leistung zwar von fast allen Lehrern verwendet wird, aber mit sehr unterschiedlicher und zudem in der Sekundarstufe I abnehmender Häufigkeit. Von verschiedenen Aufgabentypen dominieren in der Grundschule Ergänzungsaufgaben (Lückentests), Kurzantwortaufgaben und Zuordnungsaufgaben; in der Sekundarstufe I Aufgaben mit längeren Antworten und Kurzantwortaufgaben. Mulitple-choice-Aufgaben spielen stets nur eine geringe Rolle.

Mit einem speziellen Punktsystem für verschiedene Leistungen – häusliche Arbeiten, schriftliche Testarbeiten, mündliche Leistungen (n=131 Schüler, Klassen 5–10) – hat HEMMER (1979: 174) über ein Jahr hinweg gearbeitet. Er konnte statistisch nachweisen: Zwischen den mit häuslichen Arbeiten und im Unterricht erbrachten Leistungen besteht kein Zusammenhang. Demnach gab es z. B. viele Schüler, die in eigenständiger häuslicher Arbeit höhere Leistungen erbrachten als im Unterricht. *Mit Bewertungsystemen, die nur auf zweien der drei wichtigsten Leistungsnachweise (z. B. Unterrichtsbeteiligung und Test) aufbauen, wird bei einigen Schülern prinzipiell vorhandene hohe Befähigung in der jeweils dritten Richtung (z. B. eigenes fachliches Tun) übersehen, unterbewertet, keinesfalls gefördert.* Bedauerlich ist, daß diese Art der Leistungsmessung offenbar nicht weiter verfolgt oder gar – sollte sie zutreffen – allgemein im Biologieunterricht verwendet wird. Zumal damit auch allseits geforderte eigenständige Schüleraktivitäten (s. Kap. 13.7) besser berücksichtigt werden könnten.

12.3.3 Aufgabentypen und ihre Beurteilung

Es gibt eine Vielzahl möglicher Aufgabentypen, mit deren Hilfe Leistungen überprüft werden können. Je nach Alter der Schüler wird man zudem unterschiedliche verwenden. Auch wenn hier nicht alle diese Typen im einzelnen dargestellt werden können, erscheint es nützlich, sie wenigstens kurz aufzulisten. Grundsätzlich kann man Aufgaben mit gebundenen Antworten und mit freien Antworten unterscheiden.

Standardisierter Test

Sie gelten als das objektivste Verfahren zur Leistungsmessung. Ein solcher Test muß an einer großen Population erprobt werden und bestimmten Gütekriterien entsprechen (s.o.). Dieses Verfahren spielt im Biologieunterricht bisher praktisch keine Rolle, da solche Tests (so weit bekannt) kaum vorliegen. Ältere Beispiele aus dem Deutschen Institut für Internationale Pädagogische Forschung, Frankfurt a. M., sind wohl kaum mehr verfügbar.

Informeller Test

Einige typische Beispiele, die im Biologieunterricht verwendet werden:

- Kurzantwortaufgaben: Auf eine kurze Frage, folgt eine kurze Antwort, z. B. auch eine Begriffsdefinition; für alle Altersstufen geeignet.
- Ergänzungsaufgaben: Meist in Form eines sogenannten Lückentextes entweder ohne oder mit in einer Liste vorgegebener Wörter/ Begriffen; eher für Primar- und Unterstufe geeignet.
- Zuordnungsaufgaben: Aus zwei Listen mit ungeordneten Begriffen/Aussagen oder Abbildungen sollen die zutreffenden einander zugeordnet werden.
- Multiple-choice-Aufgaben: s. u.
- Richtig-Falsch-Aufgabe: Eine Behauptung, Definition oder andere Aussage ist zu beurteilen, ob sie „richtig" oder „falsch" ist, ob sie eine Tatsache oder nur eine Meinung darstellt.
- Aufgaben mit vorgegebenen Konstruktionselementen: Abbildungen oder Symbole müssen in einen sachlogischen Zusammenhang gebracht werden; z. B. Bilder zur Evolution des Menschen, der Pferde; Gruppierung von Arten zu systematischen Einheiten; Zuordnung von Formen zu erdgeschichtlichen Epochen.
- Beschriftung von Abbildungen.

Zur Beurteilung der Aufgaben selbsterstellter Informeller Tests gibt es eine ganze Reihe von zum Teil komplizierten Berechnungverfahren (s. z. B. HELLER 1975, MEYER 1972, 1973, ZÖLLER 1977, HÄFNER 1977). Von diesen sollen hier nur die dargestellt werden, die konkreten, für jeden Lehrer praktikablen Nutzen versprechen.

Hat z. B. bei 20 Schülern eine Aufgabe den Index 5 (nur ein Schüler mit richtiger Lösung), ist sie sehr schwer; Formel (a) s. u. Bei einem Index von 100 (alle Schüler mit richtiger Lösung) ist sie sehr, zu leicht. Es ist deutlich, daß man auch unmittelbar den Prozentsatz der richtigen Lösungen berechnen kann; dann muß man entscheiden, ob man eine Aufgabe, die nur von etwa 5 oder auch 10 Prozent der Schüler gelöst worden ist, als „zu schwer" bewertet. Durch solche Verfahren erhält der Lehrer jedenfalls eine Vorstellung für die Formulierung zukünftiger Aufgaben.

Zur Ermittlung des Trennschärfe-Indexes, Formel (b), s. u. (HELLER 1975: 208), wird zuerst aus den vorliegenden Arbeiten eine Obergruppe gebildet aus 25 % der Arbeiten mit dem höchsten Gesamtwert; entsprechend eine Untergruppe. Anschließend wird für die zu bewertende Aufgabe die Anzahl der richtigen Antworten jeweils der Ober- und Untergruppe ausgezählt und in Formel (b) eingetragen.

Aufgaben mit einem hohen Trennschärfeindex werden als sehr gut bezeichnet, solche mit einem niedrigen als wenig geeignet. Beispiel bei 100 Schülern: (a) von der Obergruppe haben alle die Aufgabe richtig gelöst, von der Untergruppe 24, Index 0,04; (b) aus der Obergruppe haben alle die Aufgabe gelöst, von der Untergruppe keiner, Index 1,0. Aufgaben mit einem sehr niedrigen Index sollte man weglassen oder anders formulieren. Es sei denn, ein Test soll

$$\text{(a)}\quad \text{Schwierigkeitsindex einer Aufgabe} = \frac{\text{Anzahl der Schüler, die die Aufgabe richtig gelöst haben} \times 100}{\text{Gesamtzahl der Schüler}}$$

$$\text{(b)}\quad \text{Trennschärfeindex} = \frac{\text{Zahl richtiger Antworten Obergruppe} - \text{Zahl richtiger Antworten Untergruppe}}{\text{Gesamtzahl der Schüler} : 4}$$

Aufgabentyp	Vorteile	Nachteile
Richtig-Falsch-Aufgabe	leicht formulierbar, schnell zu beantworten, wenig Schreibarbeit, objektiviert zu korregieren	Hohe Ratewahrscheinlichkeit, versteckte Hinweise („jeder, keiner") auf richtige Lösung, vorwiegend einfaches Abfragen von Wissen
Mehrfachwahl-Aufgabe (Multiple-Choice-Aufgabe)	schnelle Durchführung, objektivierte Auswertung, relativ niedrige Ratewahrscheinlichkeit, auch komplexe Lernvorgänge erfaßbar	Schwierigkeit der Konstruktion mehrerer plausibler Distraktoren
Umordnungsaufgabe	einfach konstruierbar, komplexe Inhalte abfragbar, Ordnen von Bildmaterial möglich	Eindeutige Ordnung nicht immer gegeben
Zuordnungsaufgabe	viel in kurzer Zeit abprüfbar: mehrere Mehrfachwahlaufgaben in einem Komplex, besonders Faktenwissen	Aufgaben sind voneinander abhängig (aus Fehlern folgen Fehler), Elemente beider Gruppen müssen gleichwertig sein
Kurzantwort- und Ergänzungsaufgaben	kein Raten möglich, überprüfen neben Fakten komplexere Leistungen	Eindeutige Lösungen oft nicht gegeben, erschwert objektivierte Bewertung, Auswertung zeitraubend

Abb. 19: Vor- und Nachteile einiger Typen von Aufgaben (Böhmer 1979, Heller 1975, Rapp 1975, Orth 1995; verändert), Erklärungen im Text.

für schwächere Schüler absichtlich eine Reihe leichterer Aufgaben enthalten.

Multiple-choice-Test

Diese Testform wird möglicherweise im Biologieunterricht vergleichsweise wenig verwendet. Sie ist jedoch ein besonders gutes Verfahren, um objektivierte Leistungsmessung zu ermöglichen. Zudem wird dem Lehrer die Korrektur erheblich erleichtert. Dem steht entgegen, daß gute Tests dieser Art präziser Vorarbeit bedürfen. Solche Tests, sei es aus der Literatur, seien es eigene, sollte jeder Lehrer sammeln. Sie lassen sich jeweils durch geringe Änderungen auch an neue Schüler-Generationen anpassen.

Distraktorenanalyse: Bei verschiedenen Formen von Multiple-choice-Tests kann man die einzelnen Distraktoren (Einzelaussagen, Items) jeder Aufgabe auf ihre Güte überprüfen. Wie beim Trennschärfe-Index wird eine Ober- und eine Untergruppe gebildet und die Verteilung richtiger Antworten auf z. B. 5 Distraktoren ermittelt.

	A	B	C	D	E
Obergruppe (n = 16)	7	5	0	2	2
Untergruppe (n = 16)	3	4	0	5	4

A soll die richtige Antwort sein; Distraktor C ist ungeeignet; er wird von keinem Schüler gewählt; D ist insofern gut, als er vorwiegend von leistungsschwächeren Schülern angekreuzt wird. Überprüft man eine Reihe eigener Aufgaben dieser Art, lernt man viel darüber, wie geeignete Distraktoren zu formulieren sind.

Bei der Verwendung von Multiple-choice-Tests empfiehlt es sich weiterhin zu beachten:

- Jede Aufgabe sollte (mindestens) fünf Distraktoren aufweisen – dies vermindert die Ratewahrscheinlichkeit.
- Alle Distraktoren sollten in etwa gleiche Wahrscheinlichkeit aufweisen, also keine Aussagen enthalten, die von vornherein herausfallen, unwahrscheinlich sind (s. Distraktorenanalyse).
- Alle Aussagen sollten in etwa gleich lang sein. Die Gefahr ist groß, daß der richtige Distraktor, weil er besonders präzise formuliert wird, mehr Worte enthält als die anderen.
- Bei der Bewertung ist (vor allem im Vergleich mit anderen Aufgaben) zu bedenken, daß eine Aufgabe mit 5 Distraktoren fünf Wissens-Entscheidungen erfordert.
- Besondere Schwierigkeiten treten auf, wenn in einer Aufgabe mehrere richtige oder falsche Distraktoren angekreuzt werden sollen (z. B. zwei richtige Lösungen unter sechs möglichen) oder eine offene Anzahl richtiger Lösungen. Da ein Schüler alle Distraktoren ankreuzen könnte und damit auch dei beiden zutreffenden, müssen die falschen Angaben abgezogen werden (negative Werte kommen dann vor).

Manchmal besteht die Vorstellung, mit Multiple-choice-Tests ließe sich kein differenziertes Wissen abfragen. Zum Beleg dafür, welche genauen Kenntnisse ein Schüler über ein bestimmtes Themengebiet haben muß, um einen guten Multiple-choice-Test zu lösen, sollen Beispiele angeführt werden:

Ein Kind mit Trisomie-21 entsteht, wenn
– bei der Reduktionsteilung einer Ureizelle sich beide Chromosomen Nr. 21 nicht trennen
– eine diploide Eizelle von einem haploiden Spermium befruchtet wird
– eine Eizelle mit drei Chromosomen Nr. 21 von einem haploiden Spermium befruchtet wird
– eine Eizelle mit zwei Chromosomen 21 von einem haploiden Spermium befruchtet wird (aus Daumer 1979; für Sekundarstufe II)

Jedes Chromosom einer embryonalen Körperzelle des Menschen
– besteht stets aus zwei Chromatiden
– ist doppelt vorhanden
– verdoppelt seine Substanz in der Anaphase
– verdoppelt seine Substanz in der Interphase
(aus Daumer 1979; für Sekundarstufe II)

Was ist das allgemein gültige Kreuzungsergebnis nach dem 2. Mendelschen Gesetz?
Spaltung nach dem Verhältnis
1:1 im Phänotyp – 1:3 im Genotyp –
1:1 im Genotyp – 1:2:1 im Phänotyp –
1:3 im Phänotyp – 1:2:1 im Genotyp
(Deutsches Inst. Intern. Päd. Forschung o.J., für Sekundarstufe I)

Hausaufgaben: Dazu und zu entsprechenden Aufgaben wie „Biologischer Aufsatz", „Interpretationsthemen" siehe Kapitel 13.10.

12.3.4 Mündliche Überprüfung

Einerseits dürfte das „mündliche Abfragen" (formative evalution) zu den häufigsten Leistungsmessungen im Biologieunterricht gehören. Zugleich ist es sicher die problematischste. Das beginnt damit, daß der Lehrer eine solche Prüfung meist aus dem Stegreif vornimmt, also die Fragen und Antwortmöglichkeiten vorher nicht bedenkt (quantifiziert). Es beinhaltet weiterhin die Schwierigkeit, daß es für den Prüfenden schwierig ist, positive und negative Antworten zu behalten und zu bewerten (das macht selbst einem Protokollanten Schwierigkeiten). Auch die Reihenfolge der Befragten (erst sehr guter Schüler, an dem der folgende subjektiv gemessen wird) dürfte nicht ohne Einfluß sein.

Patentrezepte für diese Art der Leistungsmessung kann man nicht geben, zumal sich in der Literatur dazu nur wenige Aussagen finden, aber einige Hinweise sind möglich (s. z. B. auch Siedentop 1968, Zahorik 1995, folgenden Abschnitt):

• Eine richtige bzw. falsche Antwort sollte (ohne persönliche Kritik) deutlich mit einer verbalen Äußerung bestätigt werden.
• Bei teilweise richtigen Antworten kann bzw. sollte der richtige Teil angegeben und die Frage wiederholt werden.
• Schüler sollten ermutigt werden, in jedem Fall eine Antwort zu geben, auch wenn sie nur lautet: „Ich weiß keine Antwort".
• Auch umfänglichere, auf ein höheres Niveau bezogene Fragen können gestellt werden, wenn sich der Lehrer die möglichen Inhalte der Aussagen vorher selbst klar gemacht hat. Dazu einige Beispiele: Feldhase und Wildkaninchen haben verschiedene Lebensweise; welche unterschiedlichen Anpassungen kann man bei jeder der beiden Arten erwarten? Wie könnte man überprüfen, ob und in welchem Umfang eine Pflanze für die Herstellung von Nährstoffen Stoffe aus dem Boden aufnimmt? Erkläre, warum man durch Trinken von etwa einem Liter Aqua dest. sterben kann. Gib (z. B.) drei persönlich betreffende Probleme an, die sich aus Wissen über Genetik ergeben.
• Auch wenn dies im strengen Sinn keine mündliche Überprüfung ist: Als Wiederholung können alle Schüler eine Skizze eines biologischen Sachverhalts mit Beschriftung anfertigen; dies hat u. a. den Vorteil, daß die Leistungen mehrerer Schüler in kurzer Zeit beurteilt werden können.
• Eine Skizze des Lehrers an der Tafel oder eine andere Abbildung kann beschriftet, erläutert werden; damit ergeben sich gut quantifizierbare Aussagen; eine solche Vorgabe erleichtert zudem vielen Schülern die Reproduktion von Gedächtnisinhalten.
• Die Note sollte stets angegeben werden, damit der Schüler weiß und auch die Mitschüler wissen, was erwartet wird.

Kurze Referate – mit vorher etwa festgelegter Zeitdauer und Anzahl der Stichworte – zu einem für alle Schüler gleichen Thema können u. a. etwas über die Kreativität eines Schülers aussagen, wenn Fakten unter neuen Aspekten zusammengestellt werden müssen (Beispiele s.o.).

Empfohlen werden soll die Methode des „Begriffstrainings“. Sie hat Ähnlichkeit mit dem Kopfrechnen in Mathematik. Dabei nennt ein beliebiger Schüler einen biologischen Begriff, der von einem anderen erklärt wird. Daraufhin nennt dieser Schüler einen weiteren Begriff. Subjektive Erfahrungen zeigen, daß eine Klasse, mit der ein solches Trainung durchgeführt wird, im Lauf der Zeit über ein beachtliches Inventar biologischer Begriffe verfügt. Es kommt ein Vorteil hinzu: Der Lehrer kann in kurzer Zeit eine Reihe von Schülern (punktuell) beurteilen, was sonst bei der mündlichen Prüfung kaum möglich ist. Dies ist nicht nur ein Verfahren für Primar- und Sekundarstufe I. *Eine unerläßliche Voraussetzung* [für die mündliche Abiturprüfung] ... *ist die Beherrschung der fachspezifischen Sprache. Im Lauf der Oberstufe ist demnach darauf zu achten, daß die Schüler wichtige Fachausdrücke und Definitionen einüben* (BIRKNER 1990).

12.3.5 Schriftliches und mündliches Abitur

In Ländern mit Zentralabitur werden die Themen für die schriftliche Prüfung vorgegeben. Beispiele bzw. Sammlungen möglicher Aufgaben siehe vor allem FALKENHAUSEN et al. (1992), HÜBNER (1993), BILS & DÜRR (1989), weitere Hinweise in Kapitel 18.4.6. Manche Kultusminster publizieren Zusammenstellungen von Abituraufgaben; ebenso der Philologenverband in Baden-Württemberg und Bayern.

Wohl die meisten Bundesländer erlassen eigene Vorschriften für Anforderungen und Benotung dieser Arbeiten, die zudem für Grund- und Leistungskurse unterschiedlich sind. Jeder betroffene Lehrer wird nicht umhin können, sich die jeweiligen Vorschriften zu beschaffen.

Bemerkenswert sind Stellungsnahmen von Kommissionen zu Abituraufgaben. Aus ihnen sind einige grundsätzliche Anforderungen zu entnehmen, die für die Formulierung solcher Aufgaben Hinweise geben können; z. B.:
– Entsprechung von Aufgabe und Lehrplan;
– Beschreibung der unterrichtlichen Voraussetzungen;
– zur Lösung der Aufgaben geeignete Hilfsmittel angeben;
– Anforderungsebenen: Anteil von Reproduktion, Reorganisation und Transfer, Zuordnung von Teilaufgaben zu bestimmten Anforderungsebenen, Schwierigkeitsgrad von Teilaufgaben, vermuteter Zeitaufwand für jede Teilaufgabe;
– Benutzung von Lehrbüchern wird abgelehnt;
– Beurteilungskriterien und Bewertungsmaßstab müssen angegeben werden.

Für das mündliche Abitur hat z. B. BIRKNER (1990) mögliche Bearbeitungsmaterialien, Beurteilungskriterien und Beispiele zusammengestellt. Er empfiehlt unter anderem, dazu Naturobjekte (z. B. Nachbildungen von Schädeln zur menschlichen Stammesgeschichte), Experimente, Texte, Tabellen, Diagramme zu verwenden. In jedem Fall erscheint es günstig, Materialien vorzugeben, die bearbeitet werden. Der Prüfende kann daran vorab auch besser festlegen und quantifizieren, welche Leistungen er erwartet.

Zur Bewertung der Schülerleistungen sind – ähnlich wie beim schriftlichen Abitur (s. dazu Kap. 18.4.6) – zu berücksichtigen:
• Vollständigkeit der Antworten,
• freier Vortrag,
• Exaktheit der Darstellung,
• Fehler und deren Gewichtung,
• Erreichen der geforderten Lehrzielstufen,
• Ausmaß der Selbständigkeit,
• Vertrautheit mit fachspezifischen Arbeits-, Denkweisen,
• Fähigkeit zum Transfer,
• Fähigkeit zur Synthese von Einzelbefunden,
• gegebenenfalls Fähigkeit zur Planung, Durchführung und Auswertung von Experimenten,
• Flexibilität im Prüfungsgespräch.

Ob man alle diese Aspekte gleich gewichten soll oder bestimmte höher bewertet, sei dahingestellt. FALKENHAUSEN (1983) mißt vor allem beim schriftlichen Abitur der Darstellung größerer Zusammenhänge, wobei Verbindungen zu anderern Fächern und der Alltagswelt hergestellt werden sollen, besonderen Wert bei.

Begriffe: Test-Gütekriterien, Objektivität, Validität, Trennschärfe, Ökonomie, Aufgabentypen (Beispiele): Aufgaben mit gebundenen Antworten, Aufgaben mit freien Antworten, Standardisierter Test, Informeller Test, Schwierigkeitsindex, Multiple-Choice-Test, Mehrfachwahlaufgabe, Umordnungsaufgabe, Zuordnungsaufgabe, Ergänzungsaufgabe, Kurzantwortaufgabe, Distraktorenanalyse, Mündliche Überprüfung, Richtig-Falsch-Aufgaben, Abituraufgaben

1. Frage/Hypothese:

Beeinflußt Musik meine Konzentrationsfähigkeit bei Hausaufgaben?
1. Hypothese: *Mit Musik merke ich mir weniger Wörter*
2. Hypothese: *Mit Musik merke ich mir ebenso viele Wörter*

2. Durchführung:

Versuch 1:
(a) Lehrer zeigt ohne Musik 2 Min. lang 20 Wörter an der Tafel
(b) Schüler lernen während dieser Zeit möglichst viele Wörter auswendig
(c) Schüler schreiben aus der Erinnerung die Wörter auf

Folgen die notierten Wörter, z. B. a c h t

Versuch 2:
(a) Lehrer zeigt mit Musik 2 Min. lang 20 Wörter an der Tafel
(b) Schüler lernen während dieser Zeit möglichst viele Wörter auswendig
(c) Schüler schreiben aus der Erinnerung die Wörter auf

Folgen die notierten Wörter, z. B. fünf, auch falsche

3. Auswertung:

	Anzahl meiner richtigen Wörter	Klassen-durchschnitt
Versuch 1	8	7,4
Versuch 2	5	5,7

4. Interpretation:

Musik lenkt offenbar mich und die meisten Schüler ab. Ich kann mich nicht so gut konzentrieren. Hypothese 1 wird bestätigt, so weit dies bei einer geringen Anzahl von Schülern möglich ist.

Abb. 20. Muster für ein Kurzzeitexperiment und ein Versuchsprotokoll; aus Wagener (1992), leicht verändert; dieser Versuch kann zudem dadurch variiert und das Ergebnis deutlicher werden, daß jeweils 20 Wörter nur vorgelesen werden (s. S. 121).

13 Beispiele zur Verwendung und Effektivität von Medien und Biologischer Arbeitsweisen

13.1 Allgemeine Aspekte

Man kann sicher geteilter Meinung sein, ob man „Medien“ und „Biologische Arbeitsweisen“ in einem Kapitel zusammenfügen sollte. Andererseits wird der Begriff „Fachspezifische oder Biologische Arbeitsweisen“ sehr weit gefaßt, z. B.: Unter diesem Begriff werden *in einem weiten Sinn alle Denk- und Arbeitsmethoden verstanden, mit deren Hilfe man zu Erkenntnissen in einem Wissensgebiet gelangt* (KILLERMANN 1995 : 196). Unterricht etwa mit einem Biologiebuch ist nach dieser Definition eine „Arbeitsweise“. Es ist wohl für Leserinnen und Leser nützlicher, wenn bestimmte Arbeitsweisen am Anschluß an verschiedene Themen, die einen engen Bezug zu ihnen haben, behandelt werden; s. z. B. Kapitel 11.3, 14.6–14.8.

Ohne Medien kein Biologieunterricht. Es wird in der Tat niemand auf die vielfältigen Möglichkeiten verzichten, die Medien heute bieten. Die Schwierigkeit besteht im Biologieunterricht vielmehr darin, eine Auswahl der jeweils für ein Thema nützlichen oder nützlichsten Medien zu treffen – und diese Auswahl zu begründen. Die folgenden Aussagen deuten an, wie schwierig eine solche Begründung vielfach ist.

Zwar gilt wohl noch immer grundsätzlich die Aussage von Spezialisten (MÜLLER et al. 1982): *Eine Medientheorie für den Biologieunterricht ist abhängig von den … Zielen und Absichten des Biologieunterrichts, nicht aber von einer allgemeinen Medientheorie.* Andererseits lassen sich aus neueren Befunden einige Erkenntnisse gewinnen.

Eine gute Darstellung zum Stand der „Psychologie des Lernens mit Medien“ findet sich bei WEIDENMANN et al. (1993). Eine Zusammenfassung über Medien-Theorien, aber auch über die Verwendung ausgewählter Medien im Biologieunterricht – wie Naturobjekt, Modell, Wandbilder usw. siehe STAECK* (1980). Einige der dort dargestellten Befunde mögen von Interesse sein und werden deshalb hier wiedergegeben, auch wenn sie bei der folgenden Besprechung einzelner Medien zum Teil wiederholt werden.

Vergleich verschiedener Medien in bezug auf deren Effektivität hat zu keinen eindeutigen Ergebnissen geführt. Es gibt nicht „das“ besonders wirkungsvolle Medium. Ein Medium fördert nicht an sich bestimmtes Lernen, sondern einzelne seiner Eigenschaften ermöglichen spezifisches Lernen bei bestimmten Schülergruppen (s. z. B. CLARK & SALOMON 1986: 473).

- Daraus ergibt sich die triviale Erkenntnis: Man kann mit allen Medien lernen.
- Bei jedem Medium werden die Informationen in einem spezifischen „Symbolsystem“ (Sprache, Ton, Text usw.) übermittelt. Demnach muß jeweils untersucht werden, wie der Schüler das Symbolsystem entschlüsselt, versteht und verarbeitet; zum Beispiel: Schüler einer 5. Klasse behalten am meisten von einem Film (gegenüber anderen filmischen Darstellungen), wenn Nah- und Totaleinstellungen durch Zoom-Aufnahmen verbunden werden. D. h., nicht mit „Hilfe eines Films lernt man am besten“, sondern es kommt auf die Bildsprache des Films an. Die Schüler müssen das Symbolsystem verstehen, dieses spezifische Entschlüsseln erst lernen. Einen mikroskopischen Schnitt kann man nur entschlüsseln, wenn die Symbolsprache „unterschiedliche Färbung verschiedener Zelltypen, Aussehen einzelner Elemente (Zellkerne, Blutgefäße usw.)“ bekannt ist (s. auch Kap. 13.6). Der in dieser Sehweise geschulte Lehrer vergißt diese Schwierigkeiten leicht.
- Der postulierte Vorteil von „Anschaulichkeit“ („Bildvorteil“) besteht demnach nur dann, wenn der *Betrachter die notwendige Fähigkeit besitzt, das bildliche Symbolsystem zu entschlüsseln und sie optimal und intensiv genug einsetzt* (WEIDENMANN 1993: 513).
- Die lange vermutete (und immer wiederholte) Existenz verschiedener Menschentypen, die vorwiegend optisch oder akustisch Reize aufnehmen, ist nicht belegt. Man kann deshalb die Medienauswahl im Biologieunterricht damit schwerlich begründen.
- Medien sollten nicht zu einfach „eingehen“, sondern zur Verarbeitung (Stutzen, Nachden-

ken) anregen. So könnte im Biologieunterricht ein erlebnisorientierter Film unter Umständen von der Sache ablenken; andererseits eine Schemazeichnung, zudem noch eine unvollständige, die zur intensiven Auseinandersetzung zwingt, Lernen verstärken.

• Deshalb sind zu jedem Medium spezifische Fragestellungen erforderlich, die die Lernenden dazu anhalten, sich ernsthaft mit ihm auseinanderzusetzen.

13.2 Schulbuch

Mögliche bzw. unumgängliche Situation: Die Fachkonferenz einer Schule muß die Entscheidung treffen, welches der von dem jeweiligen Kultusminister eines Landes zugelassenen Unterrichtswerke für Biologie eingeführt werden soll. Ein bedeutsamer Entschluß, da die Effektivität von Biologieunterricht wesentlich auch von dieser Entscheidung abhängt. Demnach sollte jeder Lehrer eine Vorstellung davon haben, welche Funktion das Schulbuch in seinem Unterricht hat und welche Kriterien er bei seiner Beurteilung verwenden will.

13.2.1 Funktion

Das Schulbuch ist aus dem Unterricht nicht wegzudenken. Es läßt sich eine Vielzahl von Belegen finden (Zusammenfassung bei Graf* 1989a: 168ff.), die seine Bedeutung bestätigen; dazu einige Beispiele:

– *Es ist anzunehmen, daß die Wirkung des Biologie-Schulbuchs größer ist als die jedes anderen im Biologieunterricht eingesetzten Mediums. Immerhin ist das Schulbuch das einzige Medium, das den Schülern jederzeit und außerhalb der Schule zur Verfügung steht* (Eschenhagen et. al. 1993: 351). Dort wird auch eine Reihe von Funktionen angegeben, die das Schulbuch hat, von denen jedoch die meisten für jeden Lehrer selbstverständlich sind.

– Von Hauptschullehrern benutzen etwa 57 Prozent bei fast jeder Unterrichtseinheit das Schulbuch; 82 Prozent verwenden es zur Unterrichtsvorbereitung und 56 Prozent zur Gliederung ihres Unterrichts (Loidl 1980).

– Eine Umfrage unter Haupt- und Realschullehrern (n=?) in Baden-Württemberg ergab, neben zahlreichen weiteren Daten, daß 70 Prozent das Schulbuch häufig einsetzen, 15 Prozent fast in jeder Stunde, weitere 15 Prozent dagegen nur selten; als Möglichkeit zum eigenen Lernen der Schüler benutzen es 94 Prozent (Weber 1992).

– In Polen wurde in fast 82 Prozent aller Unterrichtsstunden das Schulbuch benutzt (Stawinski 1984).

– Für die USA meint Yager (1982): *Biologie in der Schule kann durch ein Wort charakterisiert werden – Schulbücher.* Von 12 000 befragten Lehrern benutzen sie 90–95 Prozent in etwa 90 Prozent der Unterrichtszeit.

– Entsprechend fassen Collette & Chiappetta (1994: 306) Untersuchungen zusammen: Gedrucktes Material bleibt das am häufigsten verwendete Medium im naturwissenschaftlichen Unterricht.

– Als „zum Leben erweckte Lehrpläne" sehen Marquardt & Unterbruner (1981: 10) die Schulbücher für den Biologieunterricht an.

Aus diesen Befunden ergibt sich die Notwendigkeit, sich mit dem Medium „Schulbuch" intensiv auseinanderzusetzen – selbst wenn ein Lehrer ihm für seinen eigenen Unterricht weniger Bedeutung zumißt.

Schulbücher spiegeln die Geschichte des Biologieunterrichts wider (s. Kap. 17). Aus einem Vergleich von Schulbüchern verschiedener Epochen kann man viele Erkenntnisse gewinnen. Zugleich gibt es etwa in den letzten 40 Jahren entsprechend der Vielzahl von Strukturansätzen (Kap. 5.1) Bücher, die ganz verschiedene Aspekte von Biologieunterricht in den Mittelpunkt stellen; z. B. solche, die vorwiegend an der Wissenschaft, an Schüler und Gesellschaft betreffenden Fragen oder Methoden der Wissenschaft orientiert sind.

Schulbücher sind auch, in einem Ausmaß wie sonst kaum biologiedidaktische Dokumente, Ausdruck jeweils herrschender Ideologien. Eine beeindruckende Analyse entsprechender Themen (z. B. Rassentheorie, Erblehre, Eugenik, Sexualerziehung, Naturschutz) in Schulbücher seit etwa 1870 bis heute haben Klauss & Brilla vorgenommen (1985, dort auch zahlreiche Bilddokumente; s. dazu auch mehrere Beiträge in Busche, Marquardt & Maurer 1978). Einerseits können solche Materialien im Biologieunterricht verwendet werden, um das Ausmaß des Mißbrauchs scheinbar biologischer Aussagen mit Schülern zu besprechen. Andererseits kann man mit ihrer Hilfe besser erkennen, ob noch heute Ansätze solcher Ideologien in Schulbüchern vorkommen.

Es werden auch kreationistische, anti-evolutionäre Vorstellungen in sogenannten „Schulbüchern" ausgebreitet und zu begründen versucht, so in JUNKER & SCHERER (1986). Dort wird – nicht als subjektive Glaubensaussage, sondern als „objektiver Befund" – dem „Evolutionsmodell" ein als zumindest gleichwertig angesehenes „Schöpfungsmodell" gegenübergestellt. Aufgrund biologischer Erkenntnisse ist dergleichen nicht vertretbar (s. Kap. 19.3.3).

Ende der 70er Jahre gab es eine verbreitete „Schulbuchschelte"; s. dazu mehrere Aufsätze bei STEIN (1979). Der Auffassung, die solche Kritik für bedenklich hält, kann man sich schwerlich anschließen. Vielmehr kann bzw. sollte sie zur Verbesserung von Schulbüchern anregen.

Die große Rolle, die dem Schulbuch zukommt, hängt auch damit zusammen, daß gerade Biologieunterricht nicht selten von in diesem Fach nicht Ausgebildeten unterrichtet wird (z. B. waren es in einem Regierungsbezirk Hessens um 1995 fast 50 Prozent). Sie entnehmen ihr einschlägiges Wissen vor allem diesem Medium. Man kann dies, zumal bei der schnellen Entwicklung biologischen und biologiedidaktischen Wissens, nur als bedenklich bezeichnen. Bemerkenswert ist weiterhin, daß Lehrer mit zunehmendem Alter (bis zu 25 Prozent nach zehn Dienstjahren; MARQUARDT & UNTERBRUNER 1981) dazu neigen, das Schulbuch anstelle eigener schriftlicher Vorbereitungen zu nutzen.

Auch unter Lehrenden, die keine Ausbildung als Biologielehrer haben und die dennoch Biologie unterrichten müssen, sollte es heute eigentlich niemanden mehr geben, der seinen Unterricht ausschließlich an dem vorhandenen Schulbuch ausrichtet; im Extremfall die Schüler von Stunde zu Stunde einige Seiten bearbeiten läßt und diese dann im Unterricht bespricht. Dies ist schon deshalb nicht möglich, weil im Biologieunterricht ständig neue aktuelle Themen behandelt werden müssen oder traditionelle Themen mit bedeutsamen neuen Aspekten aus der Umwelt der Schüler verknüpft werden sollten (die u. U. zu dem Zeitpunkt, als die Bücher geschrieben wurden, noch unbekannt waren). Weiterhin ist es sinnvoll, daß sich der Unterricht auch an spezifischen Materialien ausrichtet, die in der Umgebung der Schule zu einem bestimmten Zeitpunkt oder in der Sammlung vorhanden sind. Literaturangaben und Erfahrungen zeigen, daß es in der Regel für die Schüler langweilig ist, wenn ein Lehrer ein Schulbuch Kapitel für Kapitel „durchnimmt".

Biologielehrer sollten mit Schülern trainieren, wie ein Text am besten zu bearbeiten ist; zum Beispiel (s. auch MARTIN 1982): Zuerst ganzen Text, dann Abschnitt für Abschnitt lesen, unbekannte Begriffe klären; für jeden Abschnitt eine Überschrift suchen; die zentrale Aussage oder die wichtigsten Begriffe finden und aufschreiben (s. auch Kap. 13.9). Auch die Bearbeitung von Graphen, Tabellen etc. muß geübt werden; dabei sind folgende Schritte möglich: Werte der Abszisse, Ordinate, inhaltliche Auswertung, wichtige Schlußfolgerungen, Umfang der verwendeten Werte.

13.2.2 Beurteilungskriterien

Zentraler Aspekt im Zusammenhang mit dem Medium „Schulbuch" ist der Anspruch, den ein Lehrer an ein solches Werk stellt und damit die Kriterien seiner Beurteilung (dazu zahlreiche Arbeiten; z. B. BEIER 1971, KLAUTKE 1974a, KOCH 1977, ARMBRUSTER & ANDERSON 1991, COMMITEE ON HIGH-SCHOOL BIOLOGY EDUCATION 1990; allgemein UHE 1979).

1. Grundansatz
Zuerst ist zu klären, welcher Strukturansatz (s. Kap. 5) einem Schulbuch für die Auswahl der Inhalte zugrunde liegt. Es macht zum Beispiel wenig Sinn, wenn an einer Schule überwiegend so unterrichtet wird, daß Forschungsprozesse im Mittelpunkt stehen, das Buch aber vor allem auf Wissensvermittlung ausgerichtet ist. Ungünstig ist auch, wenn das Schulbuch wenig mit dem Lehrplan übereinstimmt.

2. Fachliches
Selbstverständlich ist, daß ein Schulbuch fachlich möglichst wenige Fehler aufweist: Vielfach wird in der Literatur (s. o.), über zahlreiche Ungenauigkeiten geklagt. Das reicht aber nicht aus. Deshalb werden hier Beispiele dafür zusammengestellt, die helfen, verschiedene fachliche Seiten eines solchen Werkes zu beurteilen; z. B.:

• Bereich des Wissens: Ist die Anzahl der Begriffe nicht zu groß (s. dazu ausführlich Kap. 10.2), und zwar im gesamten Buch, auf einer Seite; werden zu viele unwichtige Begriffe eingeführt, auf die man auch verzichten könnte; gegebenenfalls kann man die verwendeten Begriffe mit empirisch gewonnenen Begriffslisten vergleichen; werden bestimmte, vor allem wichtige Begriffe immer wieder verwendet (oder etwa nur ein- oder zweimal), so daß sie durch Lesen wiederholt werden; werden Begriffe klar genug erklärt bzw. definiert (zur Rolle von Begriffen zum Verständnis von Texten s. OEHMIG

1990a, 1990b); werden wichtige Begriffe nicht nur im Text, sondern auch durch Abbildungen erklärt; wird ein einmal gewählter Begriffsnamen im gesamten Werk beibehalten (was bei mehreren Autoren keineswegs selbstverständlich ist); wird die Verwendung von umgangssprachlichen und fachlichen Begriffsnamen genau bedacht. Entsprechendes gilt für die Darstellung von Hypothesen und wichtigen Aussagen der Biologie.

• Bereich biologischer Forschung (s. dazu z. B. KLAUTKE 1974a, CHIAPETTA et al. 1991): Werden (genug) Beispiele dafür angegeben, wie Biologie zu ihren Erkenntnissen kommt; gibt es (genügend) Orignaltexte, Tabellen, Graphen etc., die als Grundlage für die Erarbeitung biologischer Aussagen und Erkenntnisse dienen können, die Gedankenexperimente zulassen (s. Kap. 13.7); gibt es Beschreibungen dazu, wie ein Forscher arbeitet, wie sich bestimmte biologische Probleme und Erkenntnisse entwickelt haben.

• Bereich der allgemeinen Bedeutung von Biologie: Gibt es genug Anwendungsbeispiele biologischer Forschungsergebnisse z. B. aus der Industrie, dem Gesundheitswesen, für das tägliche Leben, einschließlich in der Gesellschaft kontrovers diskutierter Fragen (wie z. B. Gentechnik, Umweltschutz, Artenschutz, Schwangerschaftsabbruch, Drogen); weiterhin Beispiele auch für negative Auswirkungen biologischer Forschungsergebnisse; werden biologische Erkenntnisse dargestellt, die zum Selbstverständnis des Menschen beitragen oder dafür heute wichtig sind.

• Wird zum Verständnis biologischer Aussagen notwendiges Wissen aus Chemie und Physik klar und ausführlich genug dargestellt.

• Sind Merksätze vorhanden, mit denen zentrales biologisches Wissen zusammengefaßt wird.

3. Ideologien

Biologieschulbücher kommen kaum darum herum, Ideologien darzustellen, also Wertvorstellungen und Normen; z. B. zur Rolle von Frau und Mann, Sexualität, Stellung des Menschen unter den Lebewesen, Wirkung von Erbanlagen und Kulturwelt auf die Persönlichkeit, Rassenfrage. Es ist bedeutsam für die Beurteilung eines Schulbuchs, dergleichen zu erkennen und zu prüfen, in welches Weise dies geschieht.

4. Abbildungen

Auch in diesem Zusammenhang stellen sich zahlreiche Fragen; z. B.:

• Erklären und verdeutlichen die Abbildungen Aussagen im Text – oder dienen sie allein der „schönen Illustration“, wie dies oft bei der Verwendung zu vieler Fotos der Fall ist (gute Abbildungen sind für die Verlage teuer);

• wird im Text auf die verwendeten Abbildungen verwiesen;

• hat jede Abbildung eine Legende und ist diese korrekt und aussagekräftig;

• werden in Abbildungen Begriffe benutzt, die im Text nicht auftauchen;

• sind die Abbildungen für Schüler verständlich und lesbar – d. h. auch, ob der Abstraktionsgrad einer Abbildung das notwendige Ausmaß hat;

• werden durchgängig für vergleichbare biologische Strukturen (z. B. arterielles und venöses Blut, Nervensystem) gleiche Farben benutzt;

• sind die dargestellten Objekte nicht zu klein (also größer als ca. 5 cm) oder Seiten mit Bildern überladen.

Für die Verwendung „offener Bilder“, die zur Kommunikation einladen, Diskussionen hervorrufen, auch Emotionen wecken (etwa eine Landschaft, eine Kuh – und nicht nur deren schematische Darstellung) plädiert OTTO (1992); er stellt ihnen „geschlossene Bilder“ (die ausschließlich informieren) gegenüber. Freilich enthalten neuere Schulbücher in der Regel schon zahlreiche „offene Bilder“.

Schwer ist es, Kriterien dafür zu finden, ob Abbildungen „ästhetisch“ sind. Einige sollen versuchsweise genannt werden: Bilder sollten nicht mit zu vielen Einzelheiten überfrachtet werden, nicht zu bunt sein; die zentrale Aussage des Bildes sollte in der Mitte stehen oder leicht nach einer Seite verschoben sein („Goldener Schnitt“).

5. Lesbarkeit

Ein sonst durchaus geeignetes Buch kann wenig brauchbar sein, wenn die Schüler den Text nur schwer verstehen können (s. auch MERZYN 1987). Dies ist naturgemäß vom Alter und dem Vorwissen der Schüler abhängig. Überprüfung der Lesbarkeit ist kein oder zumindest nicht nur ein subjektives Verfahren. Es gibt vielmehr dafür Kriterien, z. B. Länge der Sätze, mittlere Silbenanzahl der Wörter pro Satz, gibt es für jeden Abschnitt einen Leitgedanken, in ihm überflüssige Aussagen.

• Zur Überprüfung der Satzlänge kann man an drei Stellen eines Buches je 10 Sätze auswählen, die Anzahl der Wörter zählen und die mittlere Anzahl der Wörter pro Satz bestimmen. Für Schüler der 4./5. Klasse sollten die Sätze im

Mittel zwischen 8 und 10 (12) Wörter lang sein. Für 10. Klassen können es je nach Sprachniveau 15 bis 25 Wörter sein. – Allgemein gilt auch für Erwachsene: Sätze mit bis zu 13 Wörtern sind sehr leicht, mit 14–18 Wörtern immer noch relativ leicht, mit 19–25 mittelmäßig gut verständlich. Ab etwa 30 Wörtern pro Satz wird das Verstehen schwer (sie lassen sich aber manchmal, wie vielfach in diesem Buch, nicht vermeiden!).

• Die mittlere Silbenanzahl bestimmt man mit Hilfe der ausgewählten Sätze, indem man die Anzahl der Silben durch die Anzahl der Wörter dividiert (so hat der vorhergehende Satz einen Quotienten Silbenzahl/Wortanzahl von 1,9). Für die genannten unteren Klassen sollte der Wert bei 1,4 bis 1,6, für die höheren bei 1,7 bis 2,0 liegen, damit der Text (gut) verständlich ist.

• Ein Verfahren zur unmittelbaren Überprüfung, ob die Schüler einen Text gut verstehen können, schlagen COLLETTE & CHIAPETTA (1994) vor. In einem Text, der etwa 300 Wörter umfaßt, wird jedes 5. Wort durch einen Strich ersetzt. Die Schüler sollen die fehlenden Wörter einsetzen. Werden mehr als 60 Prozent der fehlenden Wörter richtig ergänzt, wird der Text nach Meinung der Autoren gut verstanden, bei 40–60 Prozent mittelmäßig (Hilfen sind erforderlich) und unter 40 Prozent kaum.

• Die „innere Ordnung“ eines Textes kann man z. B. anhand folgender Gegensatz-Parameter überprüfen: gegliedert – ungegliedert, folgerichtig – unzusammenhängend, Wesentliches von Unwesentlichem unterschieden – nicht unterschieden, sinnvolle Reihenfolge der Aussage – „alles geht durcheinander“.

6. Hausaufgaben
Für den Lernfortschritt wirklich nützliche Aufgaben zu formulieren, ist keineswegs einfach (s. auch Kap. 13.10). Dies bedarf beachtlicher Kreativität. Es kann von einem Schulbuch heute erwartet werden, daß es solche Aufgaben enthält. Lehrer sollten beispielhaft solche Aufgaben selbst lösen und den damit verbundenen Lerneffekt prüfen; z. B.: Regen die Aufgaben zur praktischen Arbeit an; sind sie auch wirklich lös- bzw. durchführbar; beziehen sie sich nur auf Reproduktion des Wissens; gibt es für biologisches Verständnis unerhebliche „Rechenaufgaben“.

7. Inhaltsverzeichnis
Ein gutes Stichwortverzeichnis ist vor allem für die Schüler, damit sie Begriffe und Aussagen nachschlagen können, von großem Nutzen. Entsprechend ist zu prüfen, ob es alle wesentlichen Aspekte enthält.

8. Lehrerband
Gerade weniger im Biologieunterricht erfahrene Lehrer sollten bei der Anschaffung eines Schulbuchs prüfen, ob dazu auch didaktisch-methodische Hilfen vorliegen oder geplant sind; z. B. Hinweise auf spezielle Literatur, Experimente, Ideen zum Anwendungsbezug zu einem Thema.

Begriffe: Fachspezifische Arbeitsweise, Biologische Arbeitsweise, Schulbuch, Kriterien zur Schulbuchbeurteilung: Fachliches, Lesbarkeit (Wortanzahl pro Satz, Quotient Silbenanzahl/Wortanzahl), Abbildungen

13.3 Experiment

Wenn man Schüler fragt, ob zu diesem und jenem biologischen Phänomen in ihrem Biologieunterricht ein Experiment gemacht worden ist, erhält man in den meisten Fällen die bedauerliche Antwort: nein. Andererseits kann man feststellen, daß sie über Inhalte, die sie selbst experimentell bearbeitet haben, in der Regel noch einiges wissen.

Es gibt objektive (Zeitmangel, schlechte Ausstattung, ungeeignete Räume) und subjektive Gründe dafür, wenn im Biologieunterricht nicht oder kaum experimentiert wird. Jeder Lehrende sollte sich jedoch fragen, ob die Mühe, die die Vorbereitung von Experimenten ohne Zweifel macht, nicht durch Interesse an und Lernerfolg in seinem Unterricht mehr als wett gemacht wird; oder wie es eine erfahrene Lehrerin zusammenfaßt: „Viel reizvoller würde der Unterricht, wenn mehr experimentiert würde“ (FALKENHAUSEN 1971).

13.3.1 Grundsätzliches

In dem Buch von BOUD, DUNN & HEGARTY-HAZEL (1989)[5] wird das Thema „Experimente im naturwissenschaftlichen Unterricht“ vielseitig und

[5] Das Buch ist in Deutschland nur schwer erhältlich, jedoch in der Niedersächsischen Staatsbibliothek in Göttingen vorhanden.

ausführlich behandelt. Die folgenden Ausführungen schließen sich an die dort mitgeteilten Anregungen und zahlreichen empirischen Befunde zum Teil an und verdanken ihm wesentliche Einsichten. Über neuere, auch deutschsprachige Forschungsergebnisse berichten FÜLLER* (1992) und KLAUTKE (1997); Zusammenfassung auch bei COLLETTE & CHIAPETTA (1994).

Synonym zu „Experiment" (laboratory work) wird häufig aus sprachlichen Gründen zu Recht „Versuch" verwendet. Es gibt allerdings auch Bemühungen (HEDEWIG 1990, FÜLLER 1992), bestimmte Parameter nur dem Begriff „Versuch", andere dem „Experiment" zuzuweisen; so soll „Versuch" gegenüber dem „Experiment" gekennzeichnet sein durch fehlende Kontrollversuche und fehlende Variation der Versuchsbedingungen. Im konkreten Unterricht dürften dagegen beide Verfahren ineinander übergehen und die Trennung beider Begriffe kaum pragmatische Bedeutung haben. Ein Vorteil der Bezeichnung „Experiment" liegt auch in ihrer allgemeinen, auch internationalen Verwendung.

Von Experimentalunterricht (im folgenden kurz „Experimente") im eigentlich Sinn ist hier dann die Rede, wenn Schüler einzeln oder in Gruppen diese Tätigkeit durchführen. Dies wird allgemein als „Schülerexperiment" (auch Realexperiment) bezeichnet; dem steht das „Demonstrationsexperiment" gegenüber.

In der Biologedidaktik wird davon ausgegangen, daß Experimente essentielles Element naturwissenschaftlicher Forschung und Erkenntnis sind und sie deshalb auch Teil des Unterrichts sein müssen. Es ist hier nicht der Ort, um auf wissenschaftstheoretische Aussagen zum Experiment einzugehen (s. dazu z. B. HARTMANN 1956, MOHR 1981, WUKETITS 1981).

Der verbreiteten Forderung nach Durchführung von Experimenten im Biologieunterricht stehen Erhebungen gegenüber, wie häufig dergleichen tatsächlich stattfindet. Einige Autoren (DÜPPERS 1975, ETSCHENBERG 1979: 167, BEISENHERZ 1982 u. a.) gehen davon aus, daß maximal in 20 Prozent des Biologieunterrichts Schülerexperimente und in weiteren 20 Prozent Demonstrationsexperimente durchgeführt werden. Eine neue Umfrage des Verbandes Deutscher Biologen (s. WEIGELT & GRABINSKI 1996: 21) ergab, daß bei etwa 50 Prozent aller Lehrer der Anteil unter 10 Prozent, bei weiteren 40 Prozent der Befragten bei 10–20 Prozent lag. Zu einem ähnlichen Wert kam bereits LÖWE (1990), und zwar für Experimentieren und Mikroskopieren – als Aktivitäten der Schüler – zusammen.

Es ist immerhin zu bedenken, ob es vielleicht eine Wechelwirkung zwischen dem (geringen) Lernerfolg des Biologieunterrichts (s. Kap. 10.7) und dem Umfang des Experimentierens gibt. Dessen Anteil wird sich aber schwerlich ändern, so lange Lehrer dafür nicht intensiv ausgebildet, aber auch entlastet werden.

In aller Regel (mögliche Ausnahme s. u.) wird im Biologieunterricht nur „nachvollziehend" experimentiert. Es sollen (dem Lehrer) bereits bekannte Ergebnisse gefunden werden. MEMMERT (1970) greift dafür die Bezeichnung „Didaktische Induktion" auf, ironisch auch „Mausefalleninduktion" („Kochbuchmethode") genannt, der er die „Wissenschaftliche Induktion" gegenüberstellt. Es kann zweierlei Sinn haben, diesen Unterschied zu erwähnen: Der Lehrer ist in Gefahr, das Ergebnis eines Experiments bereits vorher bekannt zu geben. Weiterhin sollte den Schülern klar werden, daß zur „Beweiskraft" einer gefundenen Aussage eine große Anzahl entsprechender Versuche und verschiedener Kontrollversuche durchgeführt werden muß.

Es gibt „Qualitative Experimente", das heißt solche, die eine Frage nur bestätigen, bejahen oder auch verneinen (z. B. mit Hilfe eines Tonfrequenzgenerators feststellen, daß Menschen nur bestimmte Schallwellen hören). Dem stehen „Quantitative Experimente" gegenüber, bei denen die genauen Bedingungen untersucht werden, bei denen etwas Bestimmtes geschieht (z. B. die Abhängigkeit des Tonumfangs vom Alter bei mehreren Personen ermitteln).

Während Qualitative Experimente oftmals durch Beobachtung (z. B. in der Ethologie) oder mit einfachen Geräten zu lösen sind, erfordern quantitative meist spezifische Geräte. Der Unterrichtende muß, abgesehen davon, ob er überhaupt über spezifische Geräte verfügt, jeweils entscheiden, welche Art von Experiment er zur Klärung eines Sachverhalts benötigt.

Die Bedeutung, die Experimente im Biologieunterricht haben sollen, kann man etwa sechs Gruppen zuordnen:

- Einsichten in naturwissenschaftliche Arbeitsweisen gewinnen und positive Einstellungen dazu entwickeln,
- Erwerb von Fähigkeiten zum Experimentieren (technische Fertigkeiten),
- deduktive und induktive Beweisführungen erlernen,

Tab. 13–1: Die wichtigsten Ziele beim Experimentieren nach Meinung verschiedener Gruppen (aus BOUD, DUNN & HEGAYRTY-HAZEL 1989).

	Schüler	Studenten	Wissenschaftler
1 Training von Schlußfolgerungen aus Messungen, Beobachtungen und Interpretation von Daten	×	×	×
2 Wichtige Geräte und Meßtechniken kennenlernen	×	××	
3 Praktische Fertigkeiten erlernen	×	×	×
4 Beobachtungsfähigkeit trainieren		×	×
5 Kritikfähigkeit fördern		×	×
6 Im Unterricht Gelerntes verdeutlichen	×		
7 Beziehungen zwischen Theorie und Praxis herstellen	×		

- Fähigkeiten zum Lösen von Problemen entwickeln,
- Naturwissenschaftliche Begriffe experimentell überprüfen, dadurch besser lernen,
- Interesse an Biologie fördern.

Es gibt eine fast unübersehbare Anzahl empirischer Untersuchungen (mehr als 4 000 nach GRÖNKE 1991), die belegen oder zu belegen versuchen, daß diese Fähigkeiten durch Experimentalunterricht auch tatsächlich erreicht werden. Schüler dagegen beklagen oft, daß solche Übungen langweilig sind, sie ohne nachhaltige Anregungen bleiben, und zwar u. a. deshalb, weil sie deren Sinn nicht deutlich erkennen.

Daraus ergibt sich, daß der Lehrer klare Vorstellungen davon haben sollte, was das Ziel eines bestimmten Experiments („Experiment-Ziel") ist: Was Schüler bei einem Experiment an allgemeinen Fähigkeiten neben den Sachaussagen wahrscheinlich erwerben sollten bzw. könnten. Bei BOUD et al. (1989) findet sich eine Liste solcher Ziele (Tab. 13–1), die von Schülern, Studenten und Lehrern als besonders wichtig eingestuft werden. So stehen z. B. bei dem häufig durchgeführten Experiment „Nachweis der Sauerstoffproduktion bei der Wasserpest durch Zählen von Gasblasen unter verschiedenen Bedingungen" andere Ziele im Mittelpunkt als etwa bei „Lernversuchen mit Goldhamstern im Y-Lauf". Im ersten Fall dürfte weder (s. Tab. 13–1) Ziel 1 noch 3 sehr bedeutsam sein: die erforderlichen Schlußfolgerungen sind in der Regel durch die vorherige Behandlung der Photosynthese-Gleichung weitgehend festgelegt, die ausgeübten praktischen Tätigkeiten sind recht speziell; dagegen sind die Ziele 6 und 7 wichtig. Beim zweiten Versuch dürften die Ziele 1 und 5 besonders zu beachten sein: Art des Vorgehens und entsprechende kritische Einstellung ist bedeutsam für die Durchführung weiterer Lernversuche und auch deren Interpretation. Entsprechende Anforderungen sind zu planen und an die Schüler zu stellen.

Und zugleich wird in beiden Fällen der „wissenschaftliche Weg" nachvollzogen: *Ein wichtiges Ziel der Wissenschaft sind Erklärungen ... (und zwar sichere, eindeutige und praktikable). Wissenschaftler entwerfen neue, bisher unbekannte Hypothesen, mit denen sie dann Neues oder längst Bekanntes, aber bisher Unerklärtes zu erklären vermögen ... Solche Erklärungen sind also Rückführungen auf bislang Unbekanntes* (VOLLMER 1995: 40). Genau so ist nach Maßgabe des Wissens der Schüler bei beiden Experimenten vorzugehen. Daß es sich dabei um den typischen Weg der Wissenschaft handelt, sollte demnach angesprochen werden.

Die Forschungsmethode zur Aufklärung der Bedeutung des Experiments für die Schüler bestand lange Zeit vor allem darin, diese Lehrform mit anderen (etwa dem Lehrervortrag) zu vergleichen. Damit wollte man – wie auch in anderen Zusammenhängen – feststellen, welche der beiden Formen am effektivsten ist. Es ergab sich (BOUD et al. 1989: 130; entsprechend zahlreiche andere Aussagen): Zur Enttäuschung und Desillusionierung aller Betroffenen waren die Ergebnisse weithin zweideutig. Bei einigen Untersuchungen schnitten Experimente besser ab, bei anderen eine damit verglichene Lehrform; wieder andere fanden keine signifikanten Unterschiede zwischen Experiment und einer anderen Lehrform.

Das kann mit dem Mangel eindeutiger Forschungsansätze begründet werden. Es ist in jedem Fall schwer, zwei unterschiedliche Lehrformen miteinander zu vergleichen. Weiterhin ist mit unsicheren Forschungsergebnissen wegen ungenauer Forschungsdesigns zu rechnen;

vor allem aber auch, weil mit Tests gearbeitet wurde, die sich hauptsächlich auf Wissen bezogen, nicht aber auf Fertigkeiten und Fähigkeiten, die eben mit Experimenten erworben werden könnten. Neuere, speziellere Untersuchungen (s. 13.3.3) kommen jedoch durchaus zu positiven Ergebnissen. D. h., Lehrer, die solche häufig immer noch wiedergegebenen älteren Befunde lesen, dürfen sich dadurch nicht davon abhalten lassen zu experimentieren.

13.3.2 Typen von Schülerexperimenten

Man kann verschiedene Typen von Schülerexperimenten – besonders aber drei – unterscheiden. Für den Unterricht ist es nützlich, sich zu vergegenwärtigen, welchen Typ man in einem bestimmten Zusammenhang anstrebt, sind doch Planung und Durchführung jeweils unterschiedlich.

• Kurzzeitexperimente, auch und eigentlich besser Verifikations-Experimente genannt („deductive laboratory", COLLETTE & CHIAPETTA 1994): Sie werden in der Regel in einer oder zwei Stunden durchgeführt und in bezug auf Ergebnis und Inhalt weitgehend vom Lehrer vorbereitet und vorbestimmt. Vor allem dienen sie dazu, vorher im Unterricht behandelte Begriffe, Sachverhalte usw. zu demonstrieren, zu festigen und zu belegen. Dazu gibt es für den Biologieunterricht sehr viele Beispiele, so daß hier auf Literaturangaben verzichtet werden kann. Ein Beispiel jedoch, das zugleich inhaltlich interessant ist und als Muster für ein „Versuchsprotokoll" dienen kann, sei wiedergegeben (Abb. 20, S. 113).

KILLERMANN (1995) unterscheidet in diesem Zusammenhang noch „Einführendes Experiment", das zu einem Problem hinführt, zur Motivation dient, und „Entdeckendes Experiment", das zur Klärung eines Problems, einer Frage dient. Letztere Bezeichnung erscheint wenig günstig, da ja alle Experimente auch zur „Entdeckung" betragen sollen.

• Langzeitexperimente („inductive laboratory"): Erstrecken sich über einen längeren Zeitraum und verlangen von den Schülern größere Eigenständigkeit in bezug auf Methode, Datengewinnung und Datenauswertung. Das zu untersuchende Problem wird im wesentlichen vom Lehrenden gestellt. Aber die Schüler können oder sollten durch ihre Experimente selbst Prinzipien, Gesetzmäßigkeiten und Hypothesen finden, die erst anschließend diskutiert – und keinesfalls vorher dargestellt werden.

In biologiedidaktischen Zeitschriften finden sich dazu viele Angaben; weiterhin einige willkürlich ausgewählte Beispiele: Versuche mit Bakterien (s. schon STEINECKE 1963, FREYTAG 1973), Erbversuche mit Drosophila (s. z. B. DAUMER 1988), biologische Nachrichtenverarbeitung (BIRETT 1974), Ethologie (BUNK & TAUSCH 1980) usw.

• Forschungsanaloge Experimente: Sie haben ein deutlich umrissenes, von einem einzelnen oder einer Gruppe entwickeltes, unter Umständen neues oder zu einem gelösten analoges Problem zum Inhalt. Dabei werden Detailfragen, Methoden der Durchführung und Auswertungsstrategien in Absprache mit dem Lehrenden von den Schülern weitgehend selbständig gewählt und angewandt; dazu Beispiele:
– Die Untersuchung eines Gewässers in bezug auf darin in einem bestimmten Zeitverlauf vorkommende Stoffe, ebenso auf dort lebende Organismen;
– Erbversuche mit Drosophila unter „offenen" Gesichtspunkten;
– Verhalten einer Vogelart während der Brutzeit, wie sie bestimmte Landschaftselemente nutzt usw.

13.3.3 Einige empirische Befunde über die Effektivität von Experimenten

Inzwischen liegt eine Vielzahl von Untersuchungen vor, die die Fehler zu vermeiden suchen, die durch Vergleich zweier Lehrformen leicht entstehen können (s. 13.3.1). Dies geschieht u. a. dadurch, daß jeweils nur einer oder einige der postulierten „Vorteils-Faktoren" untersucht wurden. Zuerst ist noch auf den starken Abfall des Interesses im Verlauf der Sekundarstufe I an „Versuchen" hinzuweisen, den LÖWE (1990, n=~600) belegen konnte. Er stellt zur Erklärung die Hypothese auf, daß Experimentieren für die Schüler vielfach „nicht erfolgreich" ist, nicht zur „Kompetenzerweiterung" führt.

1. Erwerb von Experimentierfähigkeiten
Schüler, die ausführlich über Fähigkeiten, die zum Experimentieren notwendig sind, verbal unterrichtet wurden, lernten diese ebenso gut wie solche, die experimentierten – aber sie konnten sie nicht kompetent anwenden. Es überrascht auch nicht, daß längeres Training im Experimentieren, der Überblick über verschiedene technische Möglichkeiten und Kenntnis spezifischer Apparate die entsprechende Kom-

petenz der Schüler erhöhten. Ebenso erwies sich die Verwendung von Video-Filmen statt schriftlicher Anleitungen als vorteilhaft.

Schriftliche Anleitungen, mit deren Hilfe die Schritte der geplanten Experimente vorab in Gedanken durchgegangen werden (s. Abb. 21), führten dazu, daß theoretisch in dieser Weise trainierte Lernende ebenso erfolgreich sind wie solche, die diese durch Praxis erworben haben (BEASLEY 1978). Bemerkenswert ist, daß Computersimulationen von Experimenten (s. Kap. 13.11) zwar etwas mehr Zeit benötigten, aber zu denselben Lernergebnissen führen wie reale Experimente. Es wird vorgeschlagen, auf diese Weise vor allem die Schritte zu trainieren, die beim Experimentieren vollzogen werden müssen.

Bei jedem Schülerexperiment im Biologieunterricht ist also vorher zu erwägen, 1. (wie bereits angegeben) welche Ziele man mit welchem Experiment erreichen will, 2. welche Form der Anweisung für die Durchführung eines Experiments besonders geeignet ist – kaum eine mündlich-kursorische.

Insgesamt kann festgestellt werden, daß wohl kein Zweifel daran bestehen kann, daß beim Experimental-Unterricht auch Experimentalfähigkeiten geschult und erworben werden – wobei es unterschiedliche Methoden gibt, um eine möglichst hohe Effektivität zu erreichen.

2. Verbesserung des Begriffs-Lernens durch Experimentieren

Vergleichende Untersuchungen haben gezeigt, daß Experimentieren nicht an sich eine besonders effektive Methode ist, um Fakten und Begriffe zu erlernen. FÜLLER (1992) fand jedoch bei einer Längsschnittuntersuchung (5. bis 7. Klasse; n=605, Gymnasialschüler) einen größeren Wissenszuwachs bei Unterricht mit Schülerexperimenten gegenüber Unterricht ohne Experimente (so schon früher LÖWE 1980) – aber einen noch höheren durch Demonstrationsexperimente. BOUD et al. (1989) referieren Befunde, wonach Begriffe ohne konkrete Denotation (sogenannte abstrakte Begriffe, Kap. 10.3) und Langzeitbehalten von Begriffen durch subjektiv erlebte „Episoden" beim Experimentieren erheblich gefördert werden – vor allem im Vergleich mit Demonstrationsexperimenten. Dies ist aufgrund der Bedeutung eines „Assoziativen Umfelds" (s. Kap. 10.3) nicht verwunderlich und dürfte kaum ein Spezifikum des Experimentierens sein.

3. Einsichten in und positive Einstellungen zu naturwissenschaftlichen Arbeitsweisen

Es wird in vielen Untersuchungen davon ausgegangen, daß Experimentieren wichtig dafür ist, daß Schüler verstehen lernen, wie Forschungsprozesse in der Biologie geplant und durchgeführt werden. Weiterhin sollen sie intellektuelle und praktische Fähigkeiten erwerben, solche Versuche dann auch auf einem mehr oder minder hohen Niveau selbst durchzuführen. Dafür sind drei Voraussetzung besonders wichtig (s. BOUD et al. 1989):

– Die Schüler müssen ausreichendes Wissen zu dem Thema haben, das sie experimentell untersuchen.

– Sie müssen vorher theoretisches Wissen vermittelt bekommen, was biologische Forschung bedeutet (z. B. über Aussagemöglichkeiten und Grenzen des Experimentierens) und solches Wissen mit ihrer konkreten Untersuchungen verbinden können. Hierzu gehören z. B. Informationen über die bekannten Schritte, die zu einem Experiment gehören (s. besonders FALKENHAUSEN 1995): Biologisches Problem – dazu Fragen oder falls möglich Hypothesen aufstellen (s. Abb. 20, S. 113) – Prüfen, welche der Fragen / Hypothesen u. U. mit einem Experiment gelöst werden können – Entwicklung von Versuchsanordnungen – Durchführung des Experiments – Protokollieren der Ergebnisse – Interpretation der Ergebnisse und gegebenenfalls Bestätigung (Verifizierung) oder Ablehnung (Falsifizierung). Weiterhin ist die Erkenntnis zu vermitteln, daß aus wenigen Experimenten nur ein vorläufiger Schluß gezogen werden kann, daß also zu einem „sicheren" Ergebnis eine Vielzahl von Experimenten gehört; u. U. auch, daß aufgrund induktiver Experimente, bei denen ja aus einer begrenzten Anzahl auf etwas Allgemeines geschlossen wird, immer nur mit einer gewissen, freilich in der Regel hohen und durchaus „anwendbaren" Wahrscheinlichkeit auf eine Aussage geschlossen werden kann.

– Spezifische Strategien sollten entwickelt werden, die sich auf Prinzipien wissenschaftlicher Forschung beziehen – was sicher nicht einfach ist. Dies kann man vielleicht am Beispiel „Wirkungsweise der Selektion" verdeutlichen (s. DYLLA 1965/66, STEBBINS & BROKKENBROUGH 1979): Versuch mit offenen Fragestellungen planen; etwa: wie könnte man die Bedeutung und Wirkungsweise von „Selektion" überprüfen? Den Aussagewert verschiedener Experimentalansätze überprüfen; z. B. Freilandversuche zur Selektion versus Eigenversuche mit Hilfe von Selektionsspielen. Keine Vorgaben machen in bezug auf Möglichkeiten der Auswertung von Daten.

4. Förderung des Interesses an Biologie
Da dem Thema „Interesse" Kapitel 9 gewidmet ist, folgt hier nur eine kurze Darstellung. So ermittelten mehrere Autoren (z. B. HESSE 1984, LÖWE 1990, FÜLLER 1992) im Zusammenhang mit Untersuchungen zur Interessensförderung, daß durch Schülerexperimente das Interesse am Fach Biologie oder an dem Teilgebiet Botanik, das experimentell bearbeitet wurde, in geringem Umfang gesteigert werden konnte. Demonstrationsexperimente hatten in dieser Hinsicht dagegen einen eher negativen Effekt.

13.3.4 Demonstrationsexperiment

Über diese Form des Experimentierens im Biologieunterricht, die häufig auch als „Lehrerexperiment" bezeichnet wird, ist vergleichsweise wenig zu berichten: Die Anzahl der empirischen Untersuchungen in diesem Bereich ist begrenzt. Nach FÜLLER (1992: 195, dort auch weitere Literaturangaben) begünstigen Demonstrationsexperimente den Lernzuwachs stärker als Schülerexperimente ... Schülerexperimente erweisen sich bei Jungen, Demonstrationsexperimente bei Mädchen am lernwirksamsten. Andere Autoren (z. B. COULTER 1966, STAWINSKI 1984, 1986) fanden dagegen beim Vergleich von Schüler- mit Demonstrationsexperimenten keinen Unterschied im Wissenszuwachs. Da jedoch mit Hilfe von Schülerexperimenten eine ganze Reihe weiterer Fähigkeiten (s. o.) nachweislich gelernt wird, dürften sie stets dann vorzuziehen sein, wo dies möglich ist.

Die Gründe, die notwendigerweise dazu führen, ein Demonstrations- statt eines Schülerexperiments durchzuführen, sind bekannt (meist: Mangel an Geräten in Klassenstärke, Unfallgefahr). Damit den Schülern vom Lehrer nicht ein „Zauber" vorgeführt wird, den sie nicht durchschauen, sollten bei diesem Verfahren dieselben Schritte gegangen werden wie beim Schülerexperiment. Die Schüler erhalten auch dabei eine möglichst schriftliche „Versuchsanleitung".

Einige weitere Hinweise für die Praxis sind: Alle Schüler müssen bei Demonstrationsexperimenten den Vorgang gut sehen können; alle Geräte und Objekte müssen gut sichtbar sein; klarer, nachvollziehbarer Versuchsaufbau (ohne störende weitere Geräte).

13.3.5 Einige Schlußfolgerungen für die Praxis

Dieses Kapitel ist ein (weiteres) gutes Beispiel für die notwendige Verknüpfung von Theorie und Praxis. Aus ihm ergeben sich konkrete Anwendungsmöglichkeiten für das Experimentieren im Biologieunterricht, unter anderem:

- Ein Lehrender, der nicht von der Effektivität von Experimenten aufgrund der Befunde überzeugt ist – und diese auch vor Schülern und Eltern begründen kann – sollte diese zeitaufwendige Lehrform nicht wählen, auch wenn sie überall empfohlen wird.
- Es kann jedoch festgehalten werden, daß Schülerexperimente den Lernerfolg in verschiedener Hinsicht erhöhen. Solcher Unterricht dient demnach der Verbesserung biologischer Kenntnisse und zugehöriger Fähigkeiten; er macht damit auch den eigenen Unterricht effektiver und befriedigender.
- Schülerexperimente, die „trivial sind, ohne spezifisches Ziel und schlecht geplant, wie es bei vielen der Fall ist" (HODSON 1985: 44, LÖWE 1990: 277) machen wenig Sinn, sind oftmals Zeitverschwendung. Zu jedem Experiment ist deshalb u. a. vorher ein Ziel festzulegen; z. B. welche Fähigkeit vorwiegend trainiert werden soll. Geringen Zuwachs an Kompetenz sieht LÖWE als Hauptursache des Interessensverlusts am Experimentieren an.
- Um diesen „Zuwachs an Kompetenz" zu erreichen, benötigen Biologielehrer die Kenntnis der positiven Aspekte (s. 13.3.1), die für Schülerexperimente belegt sind; es sollte jeweils festgelegt werden, welche Fähigkeiten vorwiegend gefördert werden können.
- Zu bedenken ist, welche Form des Schülerexperiments (Qualitatives oder Quantitatives Experiment; Kurzzeit- oder Langzeitexperiment) zur Erkenntnisgewinnung besonders geeignet ist.
- Gut ausgearbeitete Anweisungen zur Durchführung eines Experiments sind essentiell; dazu können auch Computersimulationen dienen.
- Lehrende müssen sich trainieren, Schülerfragen und -interessen zu erkennen, „herauszuhören", um so Anregungen für Forschungsanaloge Experimente (die unter Umständen nur

Osmometer-Versuch

A Benötigte Materialien

- Filmdose mit durchbohrtem Boden und ausgeschnittenem Deckel
- Gummistopfen mit 1ml-Pipette
- Einmachzellophan
- Becherglas (250 ml)
- Filzstift, Putzlappen
- Osmotisch wirkenden Flüssigkeit z. B. Zuckerlösung, Salzlösung, Fruchtsirup

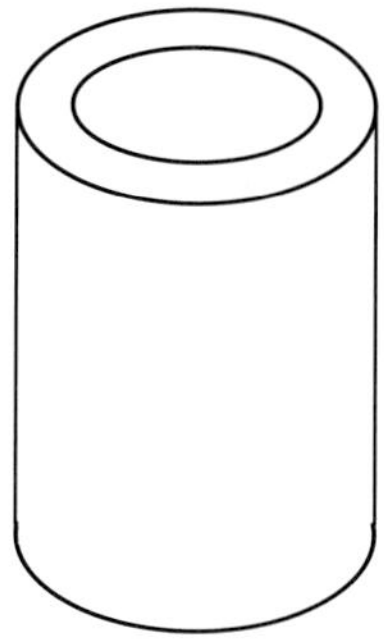

B Vorbereitung der Materialien

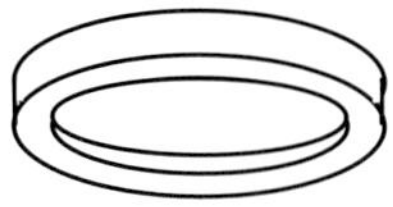

1. In den Boden einer Filmdose wird mit Hilfe eines Korkbohrers (oder einer Bohrmaschine) ein Loch von ca. 2 cm Durchmesser gebohrt. Leere Filmdosen können, wenn nicht vorhanden, in Fotogeschäften kostenlos besorgt werden. Sie sollten möglichst aus hellen Material sein, damit der Inhalt sichtbar ist.
2. Aus dem Deckel der Dose wird das Innenteil (ca. 2,5 cm Durchmesser) mit einer Schere herausgeschnitten, so daß der Verschlußring übrig bleibt.
3. Von einem Bogen Einmachzellophan wird ein ca. 10 x 10 cm großes Stück abgeschnitten.
4. Durch einen durchbohrten Gummistopfen, der in das Loch im Boden der Filmdose paßt, wird eine 1ml-Pipette geschoben. Die Pipette soll ca. 1 – 3 cm aus dem unteren Ende des Stopfens herausragen.
   Zur Vermeidung von Verletzungen (Zerbrechen der Pipette) muß beim Einschieben der Pipette in die Bohrung des Stopfens diese mit einem Tuche umwickelt werden.
   Die Verwendung von Vaseline als Gleitmittel erleichtert den Vorgang.

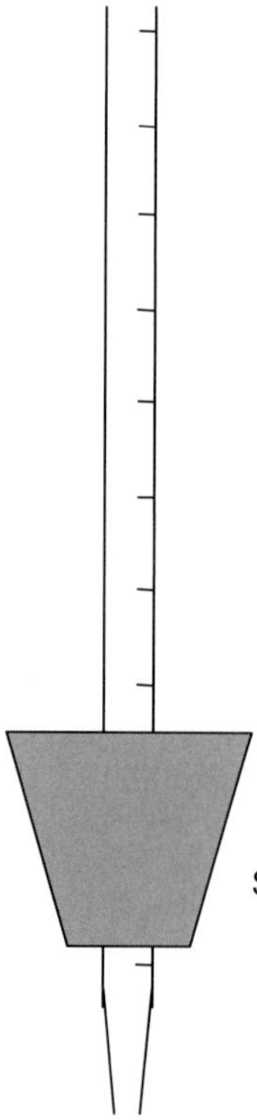

Abb. 21. Beispiel für eine schriftliche Versuchsanleitung zum „Osmometerversuch“ (Klee pers.)

C Durchführung des Osmose-Versuchs

1. Ein ca. 10 x 10 cm großes Zellophanstück wird ca. 5 Min. lang in Wasser eingeweicht. Danach wird es über den Verschlußring gelegt und dieser auf die Öffnung der Filmdose gedrückt. Die straff gespannte Zellphanhaut verschließt jetzt die Dose auf dieser Seite.

2. In die Filmdose wird durch das Loch im Boden eine osmotisch wirksame Flüssigkeit (z.B. Zuckerlösung) eingefüllt. Die Flüssigkeit sollte bis zum oberen Rand stehen.

3. Der Stopfen (in dessen Bohrung sich die Pipette befindet) wird in das Loch eingesetzt. Das sollte nur mit geringem Druck und unter leichter Drehung des Stopfens erfolgen, damit der Flüssigkeitsanstieg in der Pipette kontrolliert werden kann. Der Stopfen ist soweit hineinzudrücken, daß die Flüssigkeit in der Pipette zwischen 1 bis 5 cm hoch steht.

4. Die Filmdose wird in das etwa zu einem Drittel mit Wasser gefüllte Becherglas gestellt; eventuell unter der Zellophanhaut befindliche Luftblasen werden durch leichtes Schütteln der Dose entfernt.

5. Der Stand der Flüssigkeitssäule in der Pipette wird mit einem Filzstift markiert bzw. notiert. In bestimmten Zeitabständen (z.B. drei Minuten) wird die Veränderung der Flüssigkeitssäule erfaßt.

OSMOMETER

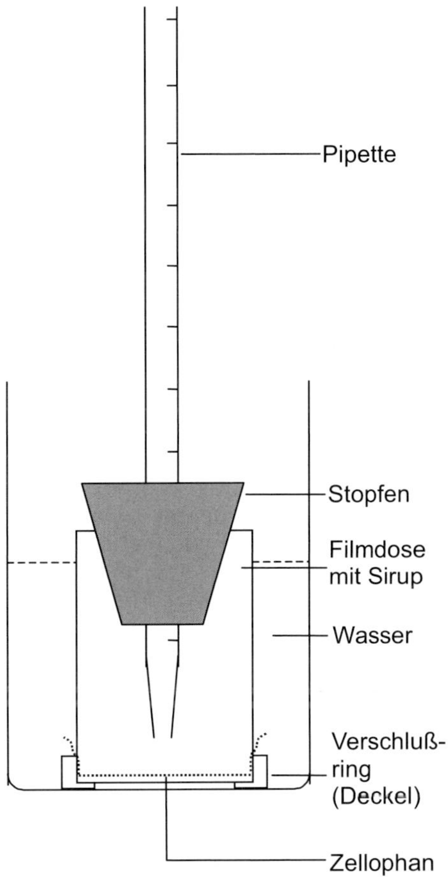

von einem Schüler durchgeführt werden) zu bekommen.

- Die Anmerkung ist fast trivial, daß die Schüler die Phasen eines Experiments vor entsprechendem Unterricht genau kennen sollten.
- Ein Lehrer, der keine guten Fertigkeiten im Experimentieren besitzt, wird seine Schüler schwerlich von der Nützlichkeit solchen Tuns überzeugen können. Deshalb kann empfohlen werden, Angebote zum Training solcher Fertigkeiten wahrzunehmen.
- Dies gilt ebenso für den Erwerb wissenschaftstheoretischer Kenntnisse (s. 13.3.3, Punkt 3).

Eine bemerkenswerte Aussage von Kubli (1981: 144) soll noch hinzugefügt werden: Wenn im Unterricht im Zusammenhang mit Experimenten Fehler gemacht werden, dann sind es meistens die, daß sie zu unvermittelt oder zu rasch vorgeführt werden. Unser Versuch, die Bedingungen eines angemessenen, intersubjektiv geteilten Verständnisses eines Geschehens oder Zusammenhangs freizulegen, sollte ein Gefühl dafür wecken, wie komplex diese Bedingungen sind und wieviel Hilfe einem schwächeren Schüler geleistet werden muß, wenn er von der Mühe des Lehrers, eine intersubjektiv geteilte Erfahrung zu ermöglichen, auch entsprechend profitieren soll.

Begriffe: Didaktische Induktion, Wissenschaftliche Induktion, Qualitatives Experiment, Quantitatives Experiment, Schülerexperiment (Realexperiment), Demonstrationsexperiment (Lehrerexperiment), Experimental-Ziel, Kurzzeitexperiment (Verifikationsexperiment), Langzeitexperiment, Forschungsanaloges Experiment

13.4 Film

Mögliche Situation: Ein biologisches Thema, zum Beispiel „Zelle“, kann mit Hilfe eines Films oder am realen Objekt bearbeitet werden. Wann und unter welchen Bedingungen lohnt sich die Mühe, die die Beschaffung von Naturobjekten in diesem wie in vielen anderen Fällen macht?

Filme werden zu Recht als besonders wichtig für den Biologieunterricht angesehen. Fast alle Biologielehrer benutzen sie (s. schon Herrmann 1969). Darüber hinaus kommt Naturfilmen offensichtlich eine große Beliebtheit (auch Wert bei der Vermittlung von Wissen?) zu, wenn man dies an ihrem Stellenwert in Fernsehprogrammen mißt. Als Anregungsfaktor für „Interesse an Naturschutz“ (s. Berck & Klee 1992) spielen sie eine Rolle. Zugleich kann besonders mit Filmen auch Mißbrauch im Biologieunterricht getrieben werden, wenn sie etwa als Ersatz für mangelnde Vorbereitung verwendet werden.

Unter „Filmen“ werden hier auch Video- und Fernsehfilme verstanden. Die Lern- und Motivationswirkung dieses Unterrichtsmediums wurde vielfach untersucht. Dazu referieren z. B. Reid (1984) und Schmid (1988) zahlreiche Befunde. Es gibt jedoch keine „Modelle“, d. h., überprüfte Standart-Fragestellungen, die von vielen untersucht werden (wie etwa in der Biologie das „Drosophila-“ oder „Coli-Modell“). Vielmehr liegen Einzelergebnisse für vielerlei Fragestellungen vor; etwa: Auswirkung von Schwarzweiß-Film gegenüber Farbfilm, Dia gegenüber Film, erzählender gegenüber dichter Sachinformation, Wirkung einzelner Filmszenen mit zwischengeschalteten Arbeitsphasen.

Erneut sei darauf hingewiesen (s. Kap.13.1, Zusammenfassung von Clark & Salomon 1986: 473), daß Untersuchungen bei denen zwei Medien miteinander verglichen werden, im allgemeinen widersprüchliche Befunde ergeben. D. h., je nach Fragestellung ist einmal das eine, einmal das andere Medium effektiver. Filme haben jedoch von vornherein den Vorteil, daß das Lehrmaterial vielfach besser als bei anderen Medien von Spezialisten aufgearbeitet und dargestellt wird.

Allgemeine Aussagen über den Vorteil von Filmen für den Biologieunterricht sind also wenig aussagekräftig; differenzierte Untersuchungen liegen dagegen nur wenige vor. So enthält z. B. das Heft „Natur- und Umweltfilme“ (UB 192, 1994) keine Hinweise auf empirische Forschungsarbeiten. Wie vielschichtig die Befunde sind, soll an der Arbeit von Wisniewski gezeigt werden (1994, n=511 Realschüler 7./8. Klasse, nur 10 Unterrichts-Stunden, Fernsehfilm über Aids): Beim filmgestützten Unterricht sind im Vergleich mit konventionellem Unterricht die Gedächnisleistungen größer; gute Schüler werden mehr gefördert als weniger gute; emotional gestaltete Filme fördern Mädchen mehr als Jungen; (Fernseh)Filme tragen stärker zur Meinungsänderung und zum Abbau von Vorurteilen bei (mehr bei guten, weniger bei schwachen Schülern) als konventioneller Unterricht.

Bei Einzelbildern, auch Graphen, ist entscheidend, daß der zugehörige Text oder die Erklärung gut verständlich ist; nur dann verstehen

Schüler auch das Bild und behalten seine Aussage (Reid 1984). In einem Fall konnte nachgewiesen werden, daß Dias in bezug auf Lerneffekt einem Film überlegen waren (n=312, 7.–9. Klasse, Leicht & Hochmuth 1979); dies bestätigt die vorhergehende Aussage, denn man kann annehmen, daß der Lehrerkommentar zu den Dias entscheidend zum Behalten beitrug.

Inhaltlich sind „Naturfilme“ (s. z. B. Teutloff 1994) vor allem zur Demonstration biologischer Prozesse nützlich oder unentbehrlich, die sonst kaum erfahrbar sind; z. B. Darstellung räumlich ferner oder schwer zugänglicher Ereignisse (Vorgänge im Inneren unseres Körpers, Nachtaufnahmen, Unterwasseraufnahmen), heute nicht mehr zugängliche Ereignisse, Zeitraffung, Teleaufnahmen und Mikroaufnahmen.

In geringem Ausmaß liegen Inhaltsanalysen für biologische Lehrfilme vor. Die Untersuchung von drei Filmen zum Thema „Blüte und Samenverbreitung“ (Spieldauer 11–15 Minuten; Institut für Film und Bild) in bezug auf Begriffshäufigkeit und Anzahl der Begriffe pro Spielzeit (Binger & Berck 1993) ergab: Insgesamt kommen 167 verschiedene biologische Begriffe in diesen Filmen vor, davon werden 61 Prozent nur einmal, 25 Prozent zweimal verwendet; minimal alle 4 und maximal alle 16 Sekunden wird ein neuer Begriff angegeben (über Informationsdichte in Filmen s. auch Schmid 1988); der Bezug zwischen optischer Darstellung und Text ist oft unklar. Obwohl es sich nur um ein Beispiel handelt, fragt man sich, welchen Lernerfolg solche Filme haben. Bei jedem Film ist also aufgrund eines solchen Befundes zu bedenken, ob es nicht sinnvoller ist, ihn im Unterricht ohne bzw. mit eigenem Kommentar abzuspielen.

Bei der Entscheidung, ob man für die Erarbeitung eines Themas einen Film – auch wenn man einen höheren Lernerfolg als gegeben ansieht – oder ein Naturobjekt einsetzt, sollte stets auch folgendes bedacht werden: Bei einem Film trifft die Auswahl der Gesichtspunkte eines komplexen Systems (etwa einer Pflanzenart) ein anderer; die „Raffung“ eines langen Vorgangs (z. B. das Verhalten einer Tierart) unter dem Aspekt des „Interessanten“ verschleiert viele Aspekte; das fertig Angebotene läßt nicht mehr erkennen, wie mühsam manche Erkenntnisse entstehen. Der „Griff zum Film“ gegenüber anderen Medien sollte demnach gut bedacht werden – auch wenn er müheloser ist.

Die empirischen Befunde über Effektivität und gezielte Verwendung von Filmen im Biologieunterricht sind noch immer weithin unbefriedigend, ergeben keine gesicherten neuen „Anwendungsregeln“. Deshalb können für den konkreten Unterricht nur allgemeine „Faustregeln“ angegeben werden:

• In jeder Schule sollte nicht nur der Film-Katalog des „Instituts für Bild und Film“ (Lichtbildstellen), sondern auch der des „Instituts für den Wissenschaftlichen Film“ in Göttingen mit zahlreichen bemerkenswerten biologischen Arbeiten vorhanden sein.

• Film vorher mehrmals ansehen.

• Prüfen, ob derselbe Sachverhalt nicht besser mit Hilfe von Naturobjekten oder Modellen erarbeitet werden kann.

• Funktion des Films im Unterrichtsgeschehen (s. Schmid 1988: 17) vorher festlegen; dient er als Einstieg (s. Kap. 14.2), zur Problemstellung, Erarbeitung, Zusamenfassung oder Wiederholung.

• Klären, ob die Schüler verschiedene Aufnahmetechniken (etwa Zeitraffer, Vergrößerungen) verstehen.

• Film in geeignete Abschnitte gliedern, die getrennt gezeigt werden können.

• Kommentar in bezug auf Informationsdichte, Begriffsanzahl etc. prüfen; er muß einfach sein, da die Worte u. U. besser behalten werden als die Bilder.

• Prüfen, ob es nicht besser ist, einen Film ohne Ton/Kommentar vorzuführen, wobei der Lehrer Erläuterungen gibt.

• Prüfen, ob und welche sachlichen Unklarheiten der Film enthält und wie sie (vorher) mit den Schülern geklärt werden können.

• Klare Beobachtungsaufgaben, Leitfragen für die Schüler formulieren.

• Die Schüler während des Films Fragen mitschreiben lassen.

• Die filmtechnische und ästhetische Beurteilung dieses Mediums dürfte in aller Regel schwer fallen. Neben bereits in Kapitel 13.2 genannten Kriterien können beachtet werden: Bildmontagen sollten den Inhalt unterstützen, nicht stören; der Wechsel verschiedener Einstellungen sollte nicht zu schnell erfolgen; Personen und Bildobjekte sollten möglich nicht angeschnitten sein; gute Ausleuchtung des Hintergrundes, der Kulissen; Musikuntermalung sollte nicht durch Lautstärke oder durch „Aufdringlichkeit“ stören.

Begriffe: Filmgestützter Unterricht, Informationsdichte

13.5 Naturobjekt

Von der Verwendung von Naturobjekten im Biologieunterricht verspricht man sich nach verbreiteter Meinung unter anderem:
– Originäre Begegnung zwingt – oder sollte zwingen – zum genauen Hinschauen („Anschauungsprinzip").
– Vielfach können die Schüler damit auf Lebewesen aus ihrer unmittelbaren Umgebung aufmerksam gemacht werden.
– Eine Verringerung oder gar ein Abbau von Abneigungen gegenüber bestimmten Tieren läßt sich auf diese Weise anstreben.
– Mit diesem Medium wird die Hoffnung auf eigene Aktivitäten der Schüler und „Schulung der Beobachtungsfähigkeit" am häufigsten verknüpft.

Statt „Naturobjekt" wird auch die Bezeichnung „Realobjekt" verwendet. Jedoch: auch ein Motor, den Lernende studieren sollen, ist ein Realobjekt. Demnach drückt die hier verwendete Bezeichnung Typisches aus. – „Originäre Begegnung" wird heute gerne „multisensorisches Erfahren" genannt. Was damit ausgedrückt werden soll, impliziert auch die hergebrachte Bezeichnung. Man sollte sie deshalb aus Gründen der Priorität beibehalten.

Über weitergehende Tendenzen im Zusammenhang mit der Beobachtung von Tieren (Stichworte: Verstehen, Liebe zum Tier, Entwicklung des Pflegerischen, ästhetische und humanistische Erziehung) s. Kapitel 3.6. Zur „ästhetischen Wechselwirkung", dem „Umgang" mit Pflanzen siehe vor allem auch STICHMANN (1970).

Die genannten Aspekte, Hoffnungen sind kaum genauer in bezug auf ihre tatsächliche Wirksamkeit untersucht; etwa ob Schüler damit wirklich zum „genaueren Hinschauen" angehalten, ob sie dadurch verstärkt auf Lebewesen in ihrer Umgebung aufmerksam werden.

Sieht man von der Beschäftigung mit Arten ab (s. Kap.11.2), so liegen weitere Untersuchungen in bezug auf andere „Naturobjekte" offenbar kaum vor – obwohl in der biologiedidaktischen Literatur betont wird, wie bedeutsam diese ist (ausführlich mit verschiedenen Aspekten z. B. STICHMANN 1970, VERFÜRTH 1987*).

Kaum in Frage zu stellen ist, daß z. B. ein Film leichter eine direkte emotionale Beteiligung und Interessiertheit bewirken kann. Dabei ist jedoch zu fragen, ob eine nachhaltige – und zwar vor allem diese – Beschäftigung mit Naturobjekten nicht eine vielseitigere Wirkung hat.

DUMPERT (1976) stellte aufgrund einer Umfrage bei Lehrern (mit dadurch vielleicht zu optimistischen Werten) fest, daß etwa die Hälfte aller Lehrer lebende Organismen im Biologieunterricht verwenden und/oder halten. Diese Tendenz dürfte sich in den letzten Jahren eher verstärkt haben.

Gerade ältere Publikationen enthalten zahlreiche bis heute nützlicher Beobachtungsaufgaben an Naturobjekten – die weithin nicht mehr beachtet werden. Das gilt schon für das Werk von JUNGE (1885). Einige weitere Literaturangaben sollen beispielhaft genannt werden: LINDER (1950), GRUPE (1951), SPANNER (1960/1964); unübertroffen bis heute ist vermutlich die Sammlung von Beobachtungsaufgaben von C. SCHMITT (o. J. [etwa ab 1925]; s. dazu auch Kapitel 17.3, Punkt 4). Wegen der Vielzahl von Angaben in der Literatur werden hier keine Beispiele genannt.

Die Auswahl der Naturobjekte wird sich stets nach den Lernerfordernissen richten. Deshalb ist der sonst wichtige Aspekt, daß (jüngere) Schüler in der Regel Tiere den Pflanzen vorziehen (s. Kap. 11.1, 11.2) hier weniger zu beachten. Für die Verwendung von Organismen im Biologieunterricht kann man einige Regeln angeben, die sich verständlicherweise mit denen für andere Medien zum Teil decken:
- Wozu dient das Naturobjekt; z. B.: Artenkenntnis; Verständnis des Aufbaus; reale Betrachtung eines Sachverhalts, der vorher an einer Zeichnung, einem Modell studiert wurde; ausschließlich zur Schulung der Beobachtungsfähigkeit; sieht man das, was angestrebt wird, auch (hinlänglich gut).
- Sind geeignete Geräte vorhanden (z. B. Lupe, Binokular) mit deren Hilfe das Objekt von allen untersucht werden kann?
- Wird eine genaue Frage zur Beobachtung, Untersuchung des Objekts gestellt?
- Tiere/Pflanzen sollten nicht geschützt sein.
- Für Verhaltensbeobachtungen keine „giftigen", bissigen Tiere verwenden (schon z. B. mit Goldhamstern, Mäusen sollte nur mit Handschuhen umgegangen werden), die zur Beobachtungszeit auch aktiv sind und das zu erwartende Verhalten während der Unterrichtszeit zeigen.
- Zudem sollte das Verhalten gut bekannt sein, weil Tiere keine Maschinen sind und immer wieder außergewöhnliche Verhaltensweisen vor-

kommen, die der Unterrichtende einordnen muß.

• Der Vorwurf sollte nicht/kaum entstehen, daß solche Tiere durch Umgang mit ihnen leiden.
• Vorwiegend solche Tiere/Pflanzen verwenden, die sich immer wieder leicht beschaffen lassen oder die einfach zu halten sind.
• Anweisungen geben, um das Beobachtete zu fixieren: Zeichnung, Protokoll, Vortrag, Planung von Versuchen, Einordnung in bestimmte Begriffe.
• Pflanzen dürfen nicht giftig, die Bestandteile, die untersucht werden, sollten groß genug sein.
• Häufig bringt erst ein Vergleich (s. Šula 1969) zwischen verschiedenen Formen, Arten richtige oder wichtige Erkenntnisse.

Zwei formale Gesichtspunkte werden regelmäßig und am häufigsten im Zusammenhang mit Naturobjekten genannt: Eigenaktivität der Schüler und Schulung der Beobachtungsfähigkeit. Deshalb erscheint hier der geeignete Ort, etwas auf diese beiden Parameter einzugehen.

13.6 Exkurs: Beobachtung im Biologieunterricht

Die Grundlage alles naturwissenschaftlichen Arbeitens ist die bewußte und planmäßige Beobachtung (Siedentop 1968: 62). Durch Beobachten werden Daten und Informationen gesammelt und zusammengefaßt mit der Absicht, Realitäten zu verstehen (Collette & Chiappetta 1994: 37).

Sturm (1974, ausführliche Erörterung des Themas) definiert „Beobachten“ als ein bewußtes Erfassen von Objekten und deren zeitlicher Veränderung mit Hilfe der Sinnesorgane und unter jeweils bestimmten Gesichtspunkten. Es gibt jedoch Vorschläge, wonach diese Definition nur auf Vorgänge angewandt wird, bei denen Veränderungen studiert werden. Demnach ließe sich eine Reihe von Blättern nur betrachten, nicht aber beobachten.

Es gibt auch zum Thema „Beobachten“, dies muß leider oft festgestellt werden, bis heute kaum Untersuchungen darüber, ob und wie diese Fähigkeit tatsächlich im Biologieunterricht geschult und gefördert werden kann (s. auch Norris 1984). Kramer (1975) referiert – kaum verwunderliche – Befunde, wonach vorherige Unterweisung über die Sachverhalte, die Grundlage des zu Beobachtenden sind, den Effekt wesentlich erhöhen (und den Unterschied zwischen weniger begabten und begabten Schülern verringern).

Diesem Mangel an Empirie stehen Lehrpläne gegenüber (z. B. Hessische Rahmenrichtlinien für den Sachunterricht Naturwissenschaftlicher Aspekt; gültig von 1972–1996), deren zentrales Anliegen nicht Inhalte sind, sondern z. B. „Beobachten im Unterricht“ ist.

Es ist also essentiell, daß die Kenntnis von Kriterien, mit deren Hilfe bestimmte Objekte beobachtet werden, dieses erst sinnvoll und zutreffend ermöglicht. So ist z. B. beim Vergleich verschiedener Arten von Samenpflanzen die vorherige Kenntnis einer ganze Reihe typischer Merkmale erforderlich. Will man Pilzarten durch Beobachtung bestimmen, sind es ganz andere Merkmale. Zum Beobachten von Verhaltensweisen ist es nicht nur erforderlich, allgemeines, sondern jeweils auch spezifisches Wissen über Verhalten zu besitzen. Diese naheliegende Annahme wird durch Befunde bestätigt: Zeichnen Schüler unterschiedlichen Alters Zellen nach mikroskopischen Schnitten, so sind diese Abbildungen meist ungenau und unvollständig – wenn man nicht gründlich geübt hat, was und wie man in einem Mikroskop sieht (Dias De Bustamante & Jiménez Aleixandre 1998). D. h., „naives“ Beobachten dürfte nur in den wenigstens Fällen effektiv sein. Vielmehr müssen dazu bei Schülern bestimmte Kenntnisse vorliegen. Dann dürfte es möglich sein, Beobachtungsfähigkeit für einen bestimmten Bereich (und nur für diesen) zu trainieren.

Für die Hoffnung, „Beobachtungsfähigkeit“ (observational competence) ließe sich im Biologieunterricht global und mit hohem Transfer (s. Kap. 3.5) schulen, gibt es dagegen bislang kaum, man könnte auch sagen keine Belege. Es kann deshalb empfohlen werden, im Biologieunterricht nicht allgemein „Beobachtung schulen zu wollen“ (wie man es nicht selten etwa in Lehrprobenentwürfen liest), sondern z. B. „die Phasen der Entwicklung eines Insekts“.

Um es zu wiederholen: Man kann Schüler nicht vor ein „Naturobjekt“ setzen und sie einfach „beobachten lassen“. Zusätzlich zu den in Tab. 13–2 angegebenen Kriterien für die Schulung der Beobachtungsfähigkeit ist es nützlich, noch folgende zu beachten:

• Es bedarf einer Anleitung zum Erkennen, Registrieren und Darstellen von Merkmalen ei-

Tab. 13–2: Voraussetzungen für gutes Beobachten (aus NORRIS 1984, leicht verändert).

Um gut zu beobachten, sollte der Beobachter
1. Emotionen nicht in seine Urteile einfließen lassen
2. vorsichtig gegenüber der augenblicklichen Situation sein und die Beobachtungen genau abwägen
3. keine eigenen Interessen verfolgen
4. spezifische Fähigkeiten und Wissen besitzen in bezug auf das zu beobachtende Objekt und die von ihm dazu benutzten Geräte gut kennen
5. theoretisches Wissen über den Beobachtungsgegenstand besitzen
6. ohne Vorurteile in bezug auf zu erwartende Ergebnisse sein
7. Untersuchungstechniken präzise und der Sache angepaßt benutzen
8. in Situationen arbeiten, in denen das Untersuchungsobjekt auch tatsächlich gut zu beobachten ist; dies bedeutet: 8a. es gibt genügend Zeit zum Beobachten 8b. man kann das Objekt mehrmals beobachten 8c. die zum Beobachten verwendeten Geräte sind dazu auch geeignet; d. h., sie sind präzise genug, von guter Qualität, man versteht deren Anwendung, sie sind in Ordnung

nes Objekts oder eines Vorgangs – unter Umständen durch Vergleich. Dazu empfiehlt es sich, an einem Vergleichsobjekt vorher die für eine Beobachtung wesentlichen allgemeinen Merkmale gemeinsam zu erarbeiten.

• Anleitung zum Finden von Gesichtspunkten für die Auswahl bestimmter Merkmale; häufig variieren einzelne Merkmale erheblich oder kommen nur bei einzelnen Individuen vor; es müssen demnach mehr oder minder konstante gefunden werden.

• Anleitung, die bei einer Beobachtung gefundenen Einzelheiten sinnvoll zur Lösung einer Fragestellung zu nutzen; zum Formulieren von Hypothesen. Dazu zur Erläuterung einige Beispiele: Welches sind die typischen Merkmale einer Pflanzen- oder Tierart, an denen man sie erkennen kann? Warum haben Pflanzenarten verschiedene Oberflächenstruktur der Blätter? Welches sind typische Merkmale, die verschiedene Insektenarten gemeinsam haben? Wie reagieren Artgenossen auf ein bestimmtes Verhalten eines artgleichen Individuums? Was spricht dafür, daß eine bestimmte Verhaltensweise „angeboren" oder „erlernt" ist?

• Der Lehrer prüft, ob die Genauigkeit der Beobachtungen der Sache entspricht – und ob sie gegebenenfalls wiederholt werden müssen.

NORRIS (1984) geht davon aus, daß zur Beobachtungsfähigkeit eigentlich drei Bereiche gehören: Beobachten, Befunde entsprechend darstellen und Bewertung der Glaubhaftigkeit von Beobachtungen.

„Beobachten schulen" ist ein für den Biologieunterricht typisches Formales Lernziel (Syntaktisches Formales Lehrziel, s. Kap. 3.5). Eine gewisse Wahrscheinlichkeit, eine solche Fähigkeit wirklich zu fördern, erscheint nur möglich, wenn die dabei notwendigen Schritte immer wieder betont, ins Bewußtsein der Schüler gebracht werden. Mit Hilfe der in Tabelle 13–2 zusammengestellten Kriterien erscheint es auch möglich zu überprüfen, ob Schüler wirklich Fortschritte in ihrer spezifischen, auf bestimmte Objekte bezogenen Beobachtungsfähigkeit gemacht haben.

Man muß Abschied nehmen von der (immer wieder vorgetragenen) Hoffnung, eine solche Fähigkeit ließe sich so trainieren, daß sie in beliebigen anderen Feldern anwendbar sei.

13.7 Exkurs: Schüleraktivität

„Eigenaktivität der Schüler" ist eines der häufig verwendeten Schlagworte – nicht nur in bezug auf Biologieunterricht. Man könnte sich auch MILLER & DRESCHER (1995) anschließen, die der Meinung sind, daß „Handlungsorientierung" in etwa gleichzusetzen ist mit „gutem Unterricht". Dieser Exkurs könnte unter vielen biologiedidaktischen Stichworten erscheinen (Experimentieren, Entdeckendes Lernen, wie Interesse entstehen könnte, Exemplarisches Prinzip, Situiertes Lernen usw.).

Da aber Naturobjekte neben Experimentieren wichtiges oder zentrales Medium für Handeln sind, wird auf diesen Sachverhalt hier eingegangen. Unter anderen haben LEHMANN & SCHILKE (1987) wichtige Gesichtspunkte zur Bedeutung von Schüleraktivitäten in diesem Zusammenhang zusammengestellt:

- Über ein Objekt oder einen Vorgang nicht nur sprechen oder schreiben, sondern „Rückmeldungen" von ihm annehmen, berücksichtigen und darauf weitere Aktivitäten einstellen.
- Das beinhaltet auch, Objekt oder Vorgang zu verändern bzw. zu beeinflussen.
- Handeln ist wichtig, weil Wissen (wahrscheinlich) besser erworben werden kann, wenn man seinem Ursprung an einem Objekt oder Vorgang selbst nachvollzieht.
- Lernt man ohne Objekte, ist man dabei also (nur) auf theoretisches Wissen angewiesen, dann benötigt man Begriffe, die oftmals ein Objekt oder einen Vorgang nur unvollkommen abbilden.
- Spricht man nur über Objekte und/oder Vorgänge, dann können nur einzelne seiner Aspekte berücksichtigt werden. Anders ausgedrückt: Wenn Naturobjekte vorliegen, dann drängen sich verschiedene Aspekte auf, wollen bearbeitet werden.

Mit vielen biologischen Objekten und Vorgängen ist eine unmittelbare Realbegegnung im Klassenzimmer nicht möglich. Dann sollten andere Möglichkeiten genutzt werden, die reale Vorgänge hinlänglich deutlich repräsentieren und damit immerhin eine gewisse Form eigenständigen „Handelns" ermöglichen. Hierzu gehören z. B. Simulation von Vorgängen (Selektionsspiele, Zufallsgenerator, Spiele), Quellen, Modelle usw.

Einerseits ist sehr wahrscheinlich, daß jeder „handelnde Umgang" mit Objekten einen besseren Lernerfolg versprechen dürfte als „reines Zuhören". Andererseits ist eine solche Wirkung kaum „global" zu belegen. Vielmehr ergeben sich aus vorliegenden Untersuchungen für spezifische Leistungen positive Befunde (die in mehreren Kapiteln dargestellt werden), zum Beispiel beim Experimentieren, Bestimmen von Arten, bei Freilandaktivitäten, (sinnvollem) Projektunterricht, Rollenspielen, beim Aufbereiten irgendwelchen Wissens für andere usw.

Eigenständige „Handlungsorientierung der Schüler", nimmt man sie ernst, bedarf eines besonderen, jeweils spezifischen Trainings. Es soll an dieser Stelle auf die Schulung des eigenen Lernens der Schüler hingewiesen werden. Dafür erscheinen Unterrichtssequenzen (etwa in einem Wahlpflichtkurs, s. Kap. 18.3) über das „eigene Lernen" geeignet. Wer sonst, wenn nicht Biologieunterricht, hilft den Schülern, ihr Lernen zu verbessern? Dazu haben z. B. Kumericus (1984), Keller (1984), Otto (1984) und Heubgen (1987) Vorschläge gemacht.

Begriffe: Naturobjekt (Realobjekt), Originäre Begegnung, Kriterien z. Verwendung von Naturobjekten, Beobachten, Beobachtungsfähigkeit, Beobachtungskriterien, Transfer

13.8 Modelle

Über Modelle und ihre Anwendung in Biologie und im Biologieunterricht liegt eine ganze Anzahl von Darstellungen vor (s. vor allem Schaefer et al. 1977, Wenk & Trommer 1979, Halbach 1979, Meyer 1990). Weiterhin gibt es viele Vorschläge für die Verwendung von Modellen zu bestimmten Themen (z. B. Liste bei Halbach 1979; Themenheft „Modelle", UB 160,1990, mit vielen Literaturangaben; Themenheft „Biochemische Modellversuche", Prax. Biol. 43, H.5, 1994).

Mit Halbach (1977: 65) kann man als weitest mögliche Definition jedes Analogon eines natürlichen Systems, sei es struktureller oder funktionaler Art als Modell bezeichnen. Alle bestehenden Vorstellungen von Modellen stimmen darin überein, daß Modelle reale Systeme abbilden oder repräsentieren. Mit einer solchen Definition (eine ähnliche bei Meyer 1990) wird allerdings der Unterschied z. B. zu einer Zeichnung, einem Foto unscharf, die ja einerseits auch etwas „abbilden", andererseits allgemein kaum als Modelle bezeichnet werden.

Wenig günstig erscheint die vielfach verwendete Bezeichnung „Denkmodell" im Gegensatz zu „Anschauungsmodell". Jedem Anschauungsmodell, welcher Art immer, lag vorher ein „Denkmodell" zugrunde. Erst wenn dieses „anschaulich" gemacht wird, können andere daran teilhaben, mit ihm arbeiten. Meyer (1990) geht so weit, mathematische Gleichungen, Reaktionsgleichungen, Graphen, chemische Symbole als „Denkmodelle" zu bezeichnen. Dies erscheint nach der angeführten Definition möglich, führt aber zu einer wenig nützlichen Ausweitung des Begriffs „Modell".

Für die Einteilung in Modell-Typen werden verschiedene Begriffe und noch unterschiedlichere Namen verwendet (allein bei Eschenhagen et al., 1993: 326, finden sich dazu 11 Angaben). Eine gut begründete Festlegung ist bis heute nicht erfolgt. Zu komplexe Einteilungen sind für den Biologieunterricht kaum relevant, da man für die meisten dieser Typen keine spezifischen Aussagen in bezug auf ihre Anwendung im Biologieunterricht machen kann. Aus Gründen der Überschaubarkeit und der Priorität kann man der Einteilung von HALBACH (1977, 1979) und REICHART (1979) folgen:

- Realmodell (oder Strukturmodell): möglichst dem Original entsprechend;
- Funktionsmodell: stellt Funktionen dar und ermöglicht es zugleich, diese manipulativ nachzuvollziehen;
- Konzeptionsmodell (Erkundungsmodell; oder vermutlich identisch: Prinzipmodell): Darstellung zum Teil noch hypothetischer Annahmen über funktionale Zusammenhänge.

An einem Beispiel (Beobachtung von Erdkröten mit und ohne Modelle, Atrappenversuche) fanden KILLERMANN & STÖHR (1980, STÖHR & KILLERMANN 1982) einen belegbar höheren Wissenszuwachs beim Unterricht mit Modellen. Weitere Angaben über Untersuchungen zum Lerneffekt der „Modellmethode" konnten in der Literatur nicht gefunden werden.

Wenn Schüler selbst Modelle anfertigen, ist es nützlich, daß sie wissen, in welchen Eigenschaften sich Modelle von der Wirklichkeit, die sie abbilden sollen, unterscheiden:

- Abstraktion von der Fülle der Elemente eines Naturobjekts;
- unter Umständen der Aufnahme theoretischer (in der Realität bislang nicht gefundener, aber vermuteter) Parameter;
- Zweckgebundenheit (Forschungs-, Lehrmodelle, Veranschaulichungsmodelle);
- der Dimension (einer Eigenschaft, die bei Schülern durchaus falsche Vorstellungen hervorrufen kann);
- vom Zeittakt (Zeitlupe, Zeitraffung), der in bestimmten Fällen verändert wird;
- dem Material.

Dem Lehrer können für die Anwendung von Modellen vorwiegend die üblichen, eigentlich für viele Medien geltenden Ratschläge gegeben werden. Vor allem ist genau zu prüfen, ob ein Modell das am besten zur Bewältigung eines Themas geeignete Medium ist und ob die Schüler seine Symbolsprache (s. Kap. 13.1) entschlüsseln können. Auf einige weitere ausgewählte Aspekte sei hingewiesen.

Besonders mit Hilfe von Modellen (die dem Begriff Konzeptionsmodell entsprechen dürften) können Schüler in Form einer „Didaktischen Heuristik" bekannte wissenschaftliche Erkenntnisse selbst finden. Dabei werden die „Modelle" vorgegeben, aber im Lauf der Untersuchung durch neue Elemente ergänzt; z. B.:

– Das Lorenzsche Modell einer Instinkthandlung (so sehr es auch kritisiert worden ist, s. dazu auch MEYER 1990) impliziert das Vorhandensein der Spezialfälle Intentions- und Übersprunghandlung. Sie können aus dem Modell „erfunden" werden.

– Modelle einer Nackt- und einer Bedecktsamerblüte ermöglichen das „Nacherfinden" des entsprechenden Evolutionsvorganges und der daran beteiligten Strukturen.

– Das (von Holstsche) Modell „Reafferenzprinzip" ohne Darstellung der Efferenzkopie erfordert deren „Erfindung".

– Kaum möglich ist es für Schüler, folgendes Problem selbst zu lösen, aber solche Beispiele rufen intensive Diskussionen hervor und bewirken (vermutlich) besseres Behalten der zugrunde liegenden Sachverhalte: Das bekannte Bild „optische Täuschung zur Demonstration der lateralen Inhibition" (kleine schwarze Quadrate von weißem Gitter durchzogen) wird mit einem Modell der möglichen Nervenschaltung verglichen.

Die bei diesem Verfahren den Schülern abverlangte Kreativität und sachliche Zusammenschau lohnt für Lehrer die Mühe, weitere solche Beispiele zu suchen (anspruchsvolle z. B. zur „biologischen Nachrichtenverarbeitung" s. BIRETT 1974, 1979).

Es erscheint weiterhin als eine lohnende Aufgabe, Schüler darin zu trainieren, selbst Realitäten in Modelle umzusetzen, und zwar auf der Grundlage folgender Schritte: Sammlung und Auswertung von Daten, Entwickeln einer Modellvorstellung, konkrete Konstruktion eines Modells (s. auch MEYER 1990), Verteidigung des Modells.

Dies kann bei vielen Themen auf unterschiedlichsten Niveau geschehen, indem man dazu zuerst nur Einzelheiten darstellt oder aufsuchen läßt, und die Schüler dann zusammenfassende Schemata, Skizzen oder sogar räumliche Modelle entwerfen. Beliebige Beispiele sind: Durch Vergleich mehrerer typisch gebauter Blütenpflanzen das Modell einer Sproßpflanze („Urpflanze") entwerfen; nach einem Experiment und der Vermittlung von Fakten ein Modell der Osmose anfertigen; Darstellung von Nahrungsketten (für bestimmte Arten); Ablauf des Balzverhaltens (z. B. der Kreuzkröte).

Entsprechend kann man (anzunehmenden) Wissenserwerb und Bastelneigung jüngerer Schüler kombinieren. Dazu finden sich viele, oft erneut publizierter Beispiele (Blütenstände, Vogelskelett, Mundwerkzeuge von Insekten usw.) schon bei LINDER (1950: 85). Dieser Autor bezeichnet solches Tun sogar als die „eindringlichste Art der Darstellung".

Im Zusammenhang mit dem Thema wird „Denken in Modellen" gefordert. Damit ist u. a. die Schulung der Fähigkeit gemeint, komplexe Phänomene in Modelle umzusetzen: „Modell-Anwendungstraining". Schon im Alltag verwenden wir Denkmodelle (s.o.). Viele Darstellungen oder Symbole sind solche komprimierten Zusammenfassungen von Realitäten. Um so mehr wird das Verständnis (vor allem komplexer) wissenschaftlicher Sachverhalte durch Modelle klarer, weil anschaulicher; durch sie läßt sich zudem Wissen meist besser behalten und auf ähnliche Sachverhalte (Transfer s. Kap.3.5) übertragen.

Schulung der Fähigkeit zur Modellbildung ist keineswegs ein neues, aber zunehmend bedeutsames Thema des Biologieunterrichts. Jeder Lehrer muß sie allerdings bewußt einsetzen. Z. B. indem er entweder zuerst von Fakten oder Originalen ausgeht und den Schülern anschließend zugehörige Modelle abverlangt; oder indem Modelle vorab benutzt werden, um etwas, was Schüler beobachten sollen, überhaupt erst einordnen und verstehen zu können (etwa bei der anatomischen oder morphologischen Betrachtung schwieriger Objekte; s. auch KUBLI 1981: 142).

Begriffe: Modell, Forschungs- und Lehrmodell, Realmodell (oder Strukturmodell), Funktionsmodell, Konzeptionsmodell (Prinzipmodell), „Denkmodell" -"Anschauungsmodell", Didaktische Heuristik, Modell-Anwendungstraining

13.9 Quellen

Mögliche Situation: Im Biologieunterricht muß ein Thema behandelt werden, das sich weder durch direkte Beobachtung noch durch ein Experiment darstellen läßt. Zugleich soll aber möglichst genetisch unterrichtet werden, so daß die Schüler „die Wahrheit vor ihren Augen wachsen sehen". Dies ist in diesem Fall eigentlich nur möglich mit Hilfe von Originalquellen, die die Entstehung biologischer Erkenntnis darstellen.

Die Verwendung von Originaltexten aus biologischen Arbeiten, von Kurven, Tabellen und Diagrammen, also von Quellenmaterial verschiedener Art, nimmt zwar neuerdings in Schulbüchern für die Sekundarstufe II etwas zu. Sie ist aber besonders im Biologieunterricht der Sekundarstufe I offenbar wenig oder gar nicht verbreitet. Die Durchsicht mehrerer neuer deutschsprachiger Biologieschulbücher für beide Schulstufen aus den Jahren 1992–1996 (die hier nicht aufgelistet werden sollen) zeigt, daß in ihnen für die Sekundarstufe I keinerlei Quellen zu finden sind, für die Sekundarstufe II nur gelegentlich. Dagegen enthält z B. das italienische Unterrichtswerk „Il Libro Delle Scienze" (o. J., ca. 1985) zu jedem Kapitel Quellen aus Zeitungen und/oder Zeitschriften, wie z. B. „Wir atmen keine saubere Luft", „Nutzung der Sonnenenergie", „Ergebnisse von Wasseruntersuchungen".

Gerade Biologie hat genug berühmte Wissenschaftler hervorgebracht, die Ergebnisse ihrer Untersuchungen auch vorzüglich und präzise darstellen konnten. Stellvertretend für viele seien hier nur JEAN HENRI FABRE, JAKOB VON UEXKÜLL, KARL VON FRISCH und KONRAD LORENZ genannt.

In der biologiedidaktischen Literatur wird vergleichsweise wenig über dieses Medium berichtet oder unter etwas ungewöhnlichen Stichworten (z. B. „Textanalyse" bei ESCHENHAGEN et al. 1993). Dies gilt auch für neuere Werke (z. B. COLLETTE & CHIAPETTA 1994, KELLOUGH 1994). – Im folgenden werden die Bezeichnungen „Quelle" und „Originaltext" synonym verwendet.

Für die Verwendung von Quellen gibt es eine Reihe von Gründen:

Mit ihrer Hilfe ist entwickelnder, genetischer Unterricht möglich (s. Kap. 7.3). Die Schlüsse, die ein Biologe aus seinen veröffentlichen Forschungsergebnissen gezogen hat, können – gegebenenfalls mit Hilfe zusätzlicher Informationen – von den Schülern nachvollzogen werden. Man kann dabei auch, ähnlich wie bei Experimenten, von „Didaktischer Induktion" (s. Kap. 13.3.1) sprechen.

Ein Sammlung von Quellen (einerlei, ob sie veröffentlicht vorliegen oder ob sie sich ein Lehrer im Laufe der Zeit selbst zusammenträgt) ermöglicht es, jederzeit genetischen Unterricht durchzuführen – besonders dann, wenn einmal für die Vorbereitung wenig Zeit zur Verfügung steht.

Originaltexte lassen sich gut zur Bearbeitung als Hausaufgabe verwenden. Zumal für den Biologieunterricht im Gegensatz zu den meisten anderen Schulfächern (besonders für die Sekundarstufe I) nur wenige Aufgabensammlungen vorliegen. Auch in manchen Unterrichtswerken vermißt man Aufgaben überhaupt oder sie sind wenig befriedigend in bezug auf kreatives Arbeiten der Schüler (Hausaufgaben, s. Kap. 13.10).

Auf die Formulierung geeigneter Fragen zu den Quellen muß man große Sorgfalt verwenden. Sie sind es vor allem, die Quellen zu einem geeigneten Medium der Erkenntnisvermittlung machen. Dabei empfiehlt es sich, neben begrenzten, auf eine bestimmte Aussage bezogenen, auch übergeordnete Fragen, Impulsfragen, zu stellen: Diese sollen einen großen Spielraum an Antworten ermöglichen, unter Umständen sogar über den Text hinausführen, damit sachbezogener Einfallsreichtum, die Fähigkeit auch ausgefallene Lösungen zu finden, im Biologieunterricht berücksichtigt und anerkannt wird. Beispiele für entsprechende Fragestellungen und Textauswertung zum Thema „Infektionskrankheiten“ finden sich z. B. bei ROTTLÄNDER (1992). Im Anschluß an eine Quelle mit Ringfunden von Weißstörchen, die (etwa von Schülern der 5. Klasse) auszuwerten sind, wird die übergeordnete Frage gestellt: „Vögel werden auch mit Buntringen gekennzeichnet; sie bieten die Möglichkeit, einen Vogel individuell zu erkennen. Was kann man zusätzlich durch Buntberingung erforschen?“ Entsprechend im Zusammenhang mit einem Text „Nahrungsspezialist Kleidermotte“: „Die Kleidermotte ist in bezug auf Körperform und äußere Organe, Vorgänge im Körper und Verhalten angepaßt. Stelle für eine andere Insektenart entsprechende Anpassungen zusammen“ (BERCK 1975b).

Notwendig ist die Schulung der Fähigkeit zur Textinterpretation (s. Kap. 13.10.2) und Zahlenauswertung. Es gibt wohl niemanden mehr, der nicht darauf angewiesen ist, auf den Unterschied zwischen Befund und Interpretation zu achten, will er nicht ständig hinters Licht geführt werden. Besonders bei der Auswertung von Quellen stellt sich immer wieder die Frage: Läßt der Text diese Interpretation wirklich zu? Und zwar die des Autors und die eigene.

Erfahrungen zeigen, daß oftmals andere Schüler als sonst bei der Bearbeitung von Quellen besonders aktiv werden.

Folgende Phasen bieten sich bei der Bearbeitung von Quellen an (ROTTLÄNDER 1992): Vorwissen der Schüler klären, das in der Quelle dargestellte „Problem“ herausfinden, Fragen zum Text stellen, gegebenenfalls das angegebene Experiment und die dabei verwendete Methode klären, Ergebnis, Folgerung, Interpretation und Deutung.

Eine interessante Methode zur Bearbeitung von Quellen schlägt ebenfalls ROTTLÄNDER (1992) vor, das sogenannte „Gruppenpuzzle“: Es werden Gruppen von 4–5 Schülern gebildet. Jede Gruppe erhält eine andere das Thema betreffende Quelle. In jeder Gruppe wird der Text ausführlich bearbeitet („Experten“). Anschließend werden neue Gruppen gebildet, an der jeweils ein „Experte“ einer anderen Gruppe teilnimmt. Dort trägt der „Experte“ den anderen die Ergebnisse seiner Quellenbearbeitung vor. Auf diese Weise kann kein Schüler passiv bleiben.

Schon 1976 haben FALKENHAN & MÜLLER-SCHWARZE einen umfangreichen Band mit zahlreichen Quellen publiziert, von denen die meisten heute noch verwendet werden können. Auch z. B. die Reihen des Deutschen Instituts für Fernstudien (Tübingen) „Evolution – fachübergreifend“ (1984ff.), „Evolution der Pflanzen- und Tierwelt“ (1987ff.) und „Evolution des Menschen“ (1990ff.) weisen vorzügliche Quellensammlungen auf, die vor allem für die Sekundarstufe II geeignet sind. Häufiger werden inzwischen Quellen, vor allem Graphen und Tabellen, für Übungsaufgaben in der Sekundarstufe II verwendet (z. B. BILS & DÜRR 1989; Sammlung von Zeitungs- und Zeitschriftenartikeln zu verschiedenen biologischen Gebieten bei BEYER 1995). Solche gut ausgewählten und bereits im Unterricht erprobten Sammlungen stellen für Lehrer eine beachtliche Arbeitsersparnis dar.

Begriffe: Quelle, Textanalyse, Quellen-Bearbeitung (Phasen), Gruppenpuzzle

13.10 Übungsheft – Hausaufgabe – Arbeitsblätter

13.10.1 Übungsheft

Mögliche Situation: Es wird nicht jedem Lehrenden angenehm sein, wenn Besuch in seinen Unterricht kommt und sich z. B. die Haushefte ansieht. Unter Umständen kann ein Gast sich damit schnell ein Bild machen, was und wie intensiv unterrichtet wird. Auch Eltern bekommen einen Eindruck vom Unterricht durch Studium der Übungshefte.

Das sogenannte „Hausheft“ wird nicht nur „zu Hause“, sondern auch in der Schule verwendet. Deshalb erscheint es sinnvoll, die Bezeichnung „Übungsheft“ zu verwenden, und zwar analog zur englischsprachigen Bezeichnung „exercise book“. Synonym werden auch „Arbeitsheft“ (ungünstig wegen der Ähnlichkeit mit „Klassenarbeitsheft“) und „Biologieheft“ verwendet.

Es gibt gewiß verschiedene Meinungen – aber leider eben nur diese – über den Nutzen von Hausarbeiten und damit des Übungsheftes im Biologieunterricht. Es kann jedoch schwerlich Zweifel daran bestehen, daß Wiederholung des Unterrichtsstoffes durch Hausarbeit und Führung eines Übungsheftes in beachtlichem Ausmaß den Lernerfolg der Schüler mitbestimmen.

Demnach erscheint es als eine Aufgabe des Lehrers, dafür Sorge zu tragen, daß das Übungsheft zweckentsprechend geführt wird. Dazu gehört, daß ein Lehrer dieses regelmäßig durchsieht, korrigiert, bespricht und auch benotet; sich weiterhin grundsätzlich „volle“ Hefte anschaut, bevor ein Schüler sie „ablegt“. Dabei muß er zwar einerseits auch auf die formale Darstellung achten (z. B. Rechtschreibung), andererseits seine Beurteilung (ganz überwiegend) aufgrund der im Übungsheft geleisteten biologischen Aussagen treffen. Es gibt auch Schüler, vor allem unterer Klassen, die ein solches Heft mit Bildern vollkleben, ohne daß deren Aussagewert deutlich wird. Aber es lohnt sich in einem solchen Fall, im Gespräch die Motive für einen solchen „Arbeitseifer“ herauszufinden, um ihn in eine geeignete Richtung zu lenken.

Für die Arbeit der Schüler mit dem Übungsheft können einige Hinweise des Lehrers hilfreich sein; z. B.:

- Jeder Text hat eine Überschrift;
- ein Text soll das Wesentliche enthalten und seine Darstellung nicht in eine u. U. unnütze Beschäftigung ausarten;
- eine gute Gliederung des Textes erleichtert Lernen und Verständnis;
- das reine Abschreiben von Texten bringt wenig eigenständige Erkenntnis (s.u.);
- oft sagt eine gut beschriftete Skizze oder ein Bild mehr aus als ein langer Text;
- ein Protokoll eines Experimentes, einer Exkursion etc. sollte sich an den zentralen Fakten ausrichten und diese auch enthalten, Nebensächlichkeiten weglassen;
- Schüler sollten von Anfang an und mit zunehmendem Alter immer mehr dazu angehalten werden, andere Literatur neben dem Schulbuch zu befragen (s. u.)
- und diese Literatur richtig zu zitieren, wobei auch schon in unteren Klassen auf die Problematik von Plagiaten hinzuweisen ist.

Vorwiegend drei Methoden gibt es, wenn Texte für das Übungsheft schon im Unterricht entstehen: Tafeltexte abschreiben, Diktieren von Texten oder Abfassen eigener Texte durch die Schüler.

Auch in Deutschland dürfte bei vielen Lehrern die Neigung groß sein, wie in England belegt (Rock 1985), die ersten beiden Methoden zu favorisieren. Dies wird vor allem mit der „Sicherheit der Information“ und „Zeitersparnis“ begründet. Eine Untersuchung dieses Autors an 13 bis 14jährigen Schülern ergab jedoch: Die Anzahl der formalen und inhaltlichen Fehler war bei den eigenständigen Texten der Schüler nicht größer als bei abgeschriebenen oder gar diktierten Texten (so auch Purves 1991). Dies ist einleuchtend, da Abschreiben oder Mitschreiben kaum zu eigenem Mitdenken führen. Bei eigenen Texten wird dagegen vorwiegend das aufgeschrieben, was die Schüler verstanden haben und wirklich können. Die Formulierung eigener Texte kann u. U. durch Stichworte an der Tafel erleichtert werden.

Ein zusätzlicher Effekt der Formulierung eigener Texte ist, daß ein Lehrer durch deren Analyse Defizite seines Unterrichts bei einzelnen Schülern oder bei der Vermittlung bestimmter Inhalte erkennen kann. Schließlich trägt sie dazu dabei, die Abfassung von Texten überhaupt, besonders aber mit biologischen Inhalten zu trainieren (s. u.) – eine Aufgabe, von der sich Biologielehrer schwerlich suspendieren können. Selbst Hausarbeiten fortgeschrittener Studenten lassen oftmals erkennen, daß sie bei deren Abfassung wenig geeignete Strategien anwenden, sie also auch nicht gelernt haben.

13.10.2 Biologische Texte schreiben

Die soeben genannte F orderung hat auch zur Folge, daß man Schülern Anweisungen an die Hand gibt, wie sie geeignete Texte am besten schreiben können.

Es gibt eine Vielzahl von Publikationen zur „Schreiberziehung“ (writing education), die ein

Nichtfachmann auf diesem Gebiet schwerlich überblicken kann; Zusammenfassung z. B. bei Scardamalia & Bereiter (1986) sowie Purves (1991). Daraus geht u. a. hervor, daß es für jüngere Schüler eine wichtige Hilfe beim Abfassen von Texten ist, wenn sie dafür bestimmte Strategien gelernt haben. Es werden dazu aber sehr unterschiedliche Wege vorgeschlagen. Deshalb wird hier ein Verfahren referiert, das im Biologieunterricht erprobt wurde.

Eine Reihe von Schritten bei der Anfertigung eines Textes durch Schüler schlägt Havel (1995) vor. Die wichtigsten werden verkürzt und zum Teil verändert wiedergegeben.

- Netz: Nachdem das Thema feststeht, wird ein Begriffs- oder Aussagenetz (s. Kap. 10.8) aufgeschrieben mit den Inhalten, die der Schüler zu dem Thema schon kennt.
- Fragen: Anschließend werden einige Grundfragen aufgestellt, z. B.: Genaue Klärung der wichtigsten Begriffe. Wie ist das behandelte Phänomen zu erklären? Gibt es Anwendungsbezüge?
- Informationsbeschaffung: Wo finde ich geeignete Literatur zum Thema, etwa in Lexika? Wie ist ein Inhaltsverzeichnis zu verwenden? Was heißt kritisches Lesen? Wie macht man sich Notizen über die wichtigsten Aussagen eines Textes?
- Skizze: Anschließend wird von jedem Schüler eine vorläufige Skizze des geplanten Textes erstellt. Dabei kommt es vor allem auf die innere Gliederung der Inhalte und Ideen an, die Punkt für Punkt notiert wird. Dies ist offensichtlich besonders wichtig, um einen klaren und logisch aufgebauten Text schreiben zu können. Eine solche Skizze kann beim Schreiben leicht ergänzt und korrigiert werden.
- Anfang: Es ist nachgewiesen, daß viele Schüler (und andere) sich besonders schwer tun mit dem Anfang eines Texts. Deshalb sollen sie z. B. dazu ermuntert werden, mit dem für sie interessantesten Teil zu beginnen. Auch eine der Grundfragen bietet eine gute Möglichkeit für den Anfang; ebenso ein sogenannter „Aufhänger", also ein bemerkenswerter Aspekt von allgemeinem Interesse.
- Endfassung: Mit diesem „Paket" an Unterlagen sollte das Schreiben eines Textes, der mit einer Zusammenfassung endet, einfacher und befriedigender werden.

Es bestehen naturgemäß große Unterschiede bei der Anwendung dieser Liste mit Strategien: Je nachdem ob es dabei um einen relativ kurzen Text für das Übungsheft oder um eine längere Abhandlung geht. Als effektiv hat sich herausgestellt (z. B. Havel 1995), daß der Lehrer längere Texte im Verlauf ihrer Entstehung immer wieder korrigiert. (Manche zu lange, langweilige, wenig verständliche Rede-Texte in Universitätsseminaren bestätigen diese Erfahrung.)

Das Thema „biologische Texte schreiben" ist ein typisches Beispiel für die Schulung formaler Fähigkeiten. Wie immer wieder erwähnt (s. Kap. 3.5), hat man die besten oder überhaupt nur Chancen, dergleichen auch zu erreichen, wenn dies bewußt und gezielt geschieht. Ein Weg dorthin kann auch darin bestehen, ohne bestimmtes Interesse am Fortgang des Unterrichts mit Hilfe eines Themas nach Wahl jedes Schülers ausschließlich „biologische Texte schreiben" zu üben. Dies ist wahrlich keine Verschwendung von Unterrichtszeit.

Der gelegentlich geäußerten Meinung (oder gar entsprechende Vorschriften einzelner Kultusminister), daß schriftliche Arbeiten im Biologieunterricht tunlichst vermieden werden sollen, kann man sich schwerlich anschließen. Schon das erwähnte Argument des Erlernens einer formalen Fähigkeit spricht dagegen. Im Bereich der Naturwissenschaften ist wohl besonders Biologie geeignet, um das Formulieren abwägender Texte zu üben.

13.10.3 Arbeitsblatt

Moderne Kopiergeräte haben es möglich gemacht, für den jeweiligen Unterricht individuell gestaltete Texte technisch ohne Mühe und großen Aufwand herzustellen. Sie können recht verschiedenen Inhalt haben (Quellen, zusammenfassende Texte, Zeichnungsvorlagen, Lückentexte und andere Tests, Vorlagen für Hausaufgaben usw.). Sie sollten aber gezielt zu einem bestimmten Thema, wie der Name eben intendiert, Arbeiten der Schüler ermöglichen.

Viel Literatur liegt zum Thema „Arbeitsblatt" vor (z. B. Hell 1980; Gehlhaar 1980, Hahn 1983) und sogar ein umfangreiches Buch von Wellernhofer (1991), das alle erdenklichen Aspekte darstellt. Anforderungen an Arbeitsblätter sind demnach u. a.:

• Sie müssen in bezug auf Rechtschreibung, Grammatik und – natürlich – Inhalt korrekt sein (sie werden zuhause auch von anderen gelesen!).
• Zu lange Texte sind vor allem für jüngere Schüler zu vermeiden. Gegebenenfalls bietet sich eine Aufteilung des Textes für Gruppenarbeit an.
• Kurze Sätze ohne komplizierte Satzkonstruktionen, nur eindeutige Begriffe aufnehmen (s. auch Wellernhofer 1991: 64).
• Texte mit wohlüberlegten, anspruchsvollen Fragen versehen (s. Kap. 13,7, 14.4).
• Die Anzahl der verwendeten Begriffe sollte nicht zu groß, vielmehr möglichst klein sein und allgemeine Prinzipien der Begriffsvermittlung (s. Kap. 10.9) sollten beachtet werden.
• Auch Zeichnungen sollten allgemeinen Anforderungen genügen (s. Kap. 13.2).
• Anweisungen geben, in welchem Zusammenhang ein Arbeitsblatt in das Übungsheft eingeordnet wird.

Schüler und Eltern klagen oft über eine Flut von Arbeitsblättern. Deshalb gilt es zu bedenken, ob ein Arbeitsblatt an einer bestimmten Stelle des Unterrichts wirklich notwendig und hilfreich ist – oder etwa die Ausführungen im Schulbuch genügen. Eine Notwendigkeit dürfte sich vor allem dann ergeben, wenn man Materialien und Aufgaben für ein spezielles Unterrichtsthema benötigt, die im Schulbuch nicht dargestellt werden; hierzu gehören vorab Quellentexte, Graphen, Tabellen etc. Vor allem ist zu vermeiden, daß Schüler nur noch „ankreuzen und abhaken“ müssen – und so eigenständige schriftliche Darstellungen verhindert werden.

13.10.4 Hausaufgaben

Auf die Debatte, ob Hausaufgaben im Biologieunterricht grundsätzlich sinnvoll sind (s. z. B. schon Siedentop 1968: 83), wird hier nicht eingegangen. Welches Argument könnte es dafür geben, etwa im Mathematik- nicht aber im Biologieunterricht diese Arbeitsweise vorzusehen?

In einem Beitrag allgemein über Hausaufgaben fassen Walberg & Paschal (1995: 268) empirische Befunde zusammen und kommen u. a. zu folgendem Ergebnis: Bei Schülern der 4. bis 9. Klasse ist die Dauer der „Arbeitszeit zu Hause“ positiv korreliert mit der Leistung. Sehr erfolgreiche Schüler arbeiteten zu Hause im Mittel um 64 Prozent länger als leistungsschwache. Mit zunehmendem Alter der Schüler wird dieser Effekt besonders deutlich. Aufgrund dieses Befundes sind Biologielehrer nachdrücklich angehalten, von ihren Schülern die gründliche Beschäftigung mit Hausaufgaben zu verlangen – zu deren eigenem Nutzen. Effektiv sind Hausaufgaben für Schüler dann, wenn Eltern helfen und diese Tätigkeit überwachen. Dies kann jedoch ein Lehrer nicht erwarten.

Hausaufgaben müssen sinnvoll sein. Zwar sollte schlichtes Reproduzieren in der Regel vermieden werden, andererseits ist Wiederholen und Üben – das vielfach im Biologieunterricht sowieso zu kurz kommt – auch eine wichtige Funktion von Hausaufgaben. Es darf nicht vergessen werden, daß ein Großteil der Aufgaben, die in anderen Fächern gestellt werden, ebenfalls vorwiegend der Übung dient.

Weitere Kennzeichen von Hausaufgaben mit positivem Lerneffekt sind (Walberg & Paschal 1995: 270): Sie sollten anregend sein, inhaltlich an den Unterricht anschließen, vernünftige Fragestellungen aufweisen, den Fähigkeiten der Schüler entsprechen. Diese Untersuchung ergab auch, daß es lerneffektiver ist, regelmäßig kürzere Hausaufgaben zu verlangen als gelegentlich lange.

Es wurde schon darauf hingewiesen, daß für den Biologieunterricht vor allem der Primarstufe und Sekundarstufe I wenig „Aufgabensammlungen“ vorliegen (s. jedoch die umfangreichen und effektiven Materialien von Bils 1992, 1994, 1996). Der Lehrer muß solche Aufgaben meist mühsam selbst finden. Allerdings enthalten viele neuere Schulbücher Arbeitsaufträge für die Schüler (und es ist ein wichtiges Kriterium bei der Beurteilung eines Schulbuchs, s. Kap. 13.2, ob dies der Fall ist). Zudem kann man nicht übersehen, daß es in den meisten anderen Fächern leichter ist als im Biologieunterricht, sinnvolle Aufgaben zu stellen.

Einige Aspekte, die der Lehrer im Zusammenhang mit Hausaufgaben demnach beachten sollte, sind:
• Formulierung geeigneter Aufgaben ist wesentlicher Teil der Unterrichtsvorbereitung. Sie können schwerlich intuitiv am Ende einer Stunde gefunden werden. Folglich gehört auch die Angabe einer Hausaufgabe oder eine Begründung, warum sie fehlt, in jede Unterrichtsvorbereitung.
• Sie sollten nicht zu umfangreich sein, ohne daß hier ein Zeitrahmen festgelegt werden kann. Dieser ist von der jeweiligen Belastung der Schü-

ler zu einem bestimmten Zeitpunkt abhängig – über die sich ein Lehrer informieren muß.

• Zeitlichen Umfang, Schwierigkeit und Sinnhaftigkeit seiner Aufgaben kann ein Lehrer eigentlich nur dadurch richtig überprüfen, daß er diese immer wieder einmal selbst löst, und zwar genau so, wie er es von seinen Schülern erwartet.

• Aufgaben sollten so präzise formuliert sein, daß eindeutig ist, was verlangt wird.

• Auch mit Aufgaben sollte grundlegendes biologisches Wissen geübt werden und nicht unerhebliches, peripheres Wissen, das sich zufällig aus dem Schulbuchtext ergibt. (Jede englische Vokabel, die gelernt wird, kann ein Leben lang verwendet werden; verhält es sich mit dem, was mit einer biologischen Aufgabe gelernt werden soll, ebenso?).

• Falls zur Lösung von Aufgaben zusätzliche Informationen erforderlich sind, die nicht im Unterricht vermittelt wurden oder die nicht im Schulbuch stehen, muß der Lehrer Hinweise geben, wie sie zu beschaffen sind (nicht in jedem Elternhaus stehen geeignete Bücher, ja selbst ein Fernsehgerät steht nicht immer zur Verfügung). Dies gilt entsprechend für notwendige Materialien (z. B. eine Waage, Lupe, Objektträger, Thermometer).

• Bei Freilanduntersuchungen sollte jeder Schüler die Möglichkeit haben, entsprechende Örtlichkeiten in der Nähe seiner Wohnung aufzusuchen.

• Entsprechendes gilt bei der Beobachtung bzw. Untersuchung von Haustieren, Stubenpflanzen.

• Aufgaben sollten quantifizierbar sein (s. Kap. 12.1). Das heißt z. B., wie viele Argumente, Beispiele sollen zusammengetragen werden. Hinweise für die Schüler sind also erforderlich, was von ihnen erwartet wird. Diese sind zugleich eine Hilfe für den Lehrer, wenn er solche Leistungen beurteilt. Dazu kann sich ein Lehrer ein Punktesystem aufstellen, das z. B. folgende Kriterien enthält: Anzahl der erwarteten richtigen Antworten, Kreativität bzw. Eigenständigkeit eines Beitrags, zutreffende Begriffsverwendung, geeignete Skizzen bzw. Abbildungen, Länge, logischer Aufbau.

• Ein Bild vom Interesse einer Klasse am Biologieunterricht kann man gewinnen, wenn die Anfertigung einer Hausaufgabe freigestellt wird.

• Und was eigentlich nicht erwähnt werden muß: Hausaufgaben, die nicht kontrolliert und entsprechende Leistungen auch anerkannt werden – stellt man besser nicht. Hat der Lehrer wenig Zeit zur Korrektur, ist gegenseitiges Nachsehen der Schüler untereinander eine mögliche Lösung.

Dazu, wie einige dieser Prinzipien im Biologieunterricht realisiert werden, gibt eine Schülerbefragung Auskunft (n=282, 5./6. Klassen, Völp et al. 1984). Sie ergibt kein sehr positives Bild über die Verwendung von Hausaufgaben – wobei man „Zweckpessimismus" keineswegs ausschließen möchte: Nur 4 Prozent der Befragten fanden Aufgaben „produktiv", immerhin weitere 29 Prozent im „Ansatz produktiv". Für Hausaufgaben im Biologieunterricht sprach sich nur ein Drittel der Schüler aus. Jedoch waren etwa 40 Prozent der Meinung, daß sie dazu beitragen, den Stoff des Biologieunterrichts besser zu verstehen. Nach ihren Wünschen gefragt, wurde angegeben: Eigenständig Experimente durchführen 88%, „produktive Hausaufgaben" 90 % und „Zeichnen" 74 %. Daraus wird deutlich, daß ein Lehrer gut daran tut, den Schülern den Sinn einer bestimmten Hausaufgabe zu erklären.

Es würde zu weit führen, hier alle erdenklichen Aufgabentypen für den Biologieunterricht mit möglichen Vor- und Nachteilen zu erörtern (s. dazu Kap. 12.3, zudem z. B. Wellernhofer 1991). Einige sollen wenigstens genannt werden, damit jeder Lehrer verschiedene Möglichkeiten vor Augen hat und auf Variation bedacht ist: Schüler schreiben Texte, Kurzbeantwortung von Fragen, Tabellen- und Grapheninterpretationen, Abbildungen erklären und beschriften, Zuordnungsaufgaben (z. B. zwei Gruppen von Aussagen durch Linien verbinden, ungeordnete Bilder oder Begriffe in einen sinnvollen Zusammenhang bringen), Multiple-Choice-Tests, Beobachtungsaufgaben, Experimentier-Aufträge.

Weiterhin kann man Hausaufgaben unter dem Aspekt ihrer Funktion kategorisieren (s. Völp et al. 1984), z. B.: Festigung, Erweiterung, Anwendung des Wissens, Vorbereitung eines neuen Themas. Auch dergleichen ist nicht nur „graue Theorie". Der Lehrer sollte bedenken, welche Funktion mit welchem Aufgabentyp am besten zu erfüllen ist.

Anhand einiger willkürlich ausgewählter Beispiele von Hausaufgaben aus Schulbüchern für die Klassen 5/6 (A – C: verschiedene Werke) sollen solche und einige weitere Kategorien noch einmal betrachtet werden.

– A 1.[6] Sammle Blüten und Blütenstände verschiedener Pflanzen und untersuche sie auf ihre Merkmale. – Welche Merkmale sind gemeint?

[6] A – Biologie 2, Cornelsen-Verlag, 1991; B – Umwelt: biologie 5/6, Klett-Verlag, 1995; C – BIO 1, Westermann-Verlag, 1992.

Gehört die Kenntnis verschiedener Blütenstände wirklich zum Grundwissen?
– A 2. Welche Informationen liefert ein Blütendiagramm? – Gehört es zum Grundwissen, etwas über Blütendiagramme aussagen zu können?
– A 3. Wie lassen sich Arten voneinander abgrenzen? – Notwendiges Grundwissen; identisch mit der Aufgabe: Definiere den Begriff Art; Transfer wäre möglich: Gehören alle Menschen zu einer Art?
– B 4. Schneide eine Tomatenblüte vorsichtig durch. Fertige eine Skizze an und beschrifte sie. – Sachlich sinnvoll; Abzeichnen liegt nahe (Skizze im Buch vorhanden); woher nimmt jeder Schüler eine solche Blüte, wenn er das wirklich selbst sehen will?
– B 5. Die Steinfrucht der Kirsche, die Nuß des Haselstrauchs und die Beeren der Tomate werden als Schließfrüchte bezeichnet. Erkläre und vergleiche mit Früchten von Erbse, Mohn und Raps. – So viele verschiedene Begriffe von Frucht-Typen: Ist das sinnvolles biologisches Grundwissen? Wer hat schon alle diese Früchte zugleich zur Hand, wenn er dergleichen am Naturobjekt sehen will? Im Buch werden zu Erbse und Raps nur unklare Aussagen gemacht.
– C 6. Das Pantoffeltierchen besitzt bestimmte Eigenschaften, über die andere Lebewesen ebenfalls verfügen. Es kann sich beispielsweise bewegen. Schreibe weitere solche Eigenschaften auf. Nimm dabei den Text zu Hilfe. – Die Frage bezieht sich auf notwendiges Grundwissen. Im Text werden Eigenschaften von Tieren erörtert; entsprechend hätte vielleicht besser (und allgemeiner) nach deren Eigenschaften gefragt werden können; quantitativer Aspekt fehlt: schreibe n Eigenschaften auf.
– A 7. Mit welcher Berechtigung bezeichnet man Zellen als die kleinsten lebensfähigen Einheiten von Pflanzen, Tieren und Mensch? – Sinnvolles Grundwissen; wie viele Aussagen werden erwartet?
– A 8. Wie stark sind die Zellen in Bild 3 [„Hookes Zeichnungen von Kork"] vergrößert? Wie groß müßten sie bei 300facher Vergrößerung erscheinen? – Dazu Information im Text: „Die Korkzellen ... sind in Wirklichkeit 0,1 mm groß." Wird die offenbar intendierte Größenvorstellung erreicht und wie (Zeichnung einer Strecke)? Sonst ist dies eine reine Rechenaufgabe.
– C 9. Welche Veränderungen erleben Jungen und Mädchen während der Pubertät? – Einfache, aber notwendige Wiederholungsfrage; Forderung nach einer Skizze wäre sinnvoll; quantitativer Aspekt fehlt: nenne n Veränderungen.
– B 10. Weshalb ist ein breites Becken bei Frauen zweckmäßig? – Eine gute Frage, die Zusammenschau erfordert; aber Information im Text zur Geburt kaum ausreichend („Der Geburtskanal ist recht eng. Das knöcherne Becken bildet die Umgrenzung").

Weiterhin hier noch einige Aufgaben aus einem Schulbuch für den Sachunterricht (Beck et al. 1995: 50ff.). Unter dem Stichwort „Unsere Sinne" (2. Schuljahr) werden u. a. folgende Aufgaben gestellt (die wohl auch im Unterricht bearbeitet werden können):
– Ein Hörmemory herstellen: – Filmdosen oder Joghurtbecher besorgen, – immer in zwei Dosen das gleiche einfüllen, – und nun herausfinden, was zusammengehört.
– Fühlbilder herstellen: – Dinge sammeln, die man gut fühlen kann, – ein Bild ausdenken und aufkleben, – das Bild anderen zeigen.

Solche Aufgaben erweitern zwar durch Sammeln zugehöriger deutscher Wörter den Sprachschatz, biologische Kenntnisse werden jedoch schwerlich vermittelt. Es ist zu fragen, inwiefern solche Aufgaben in den Sachunterricht gehören.

Diese Durchsicht geschieht keinesfalls aus Bedarf an Kritik. Vielmehr läßt sich daran die Schwierigkeit der Formulierung geeigneter Aufgaben für den Biologieunterricht ermessen und die Mühe, die man damit hat. Zum Vergleich werden noch drei Aufgaben von Bils (1996) wiedergegeben:
– Beschreiben Sie kurz sechs verschiedene Aufgaben des Blutes.
– Menschen, die hochgelegene Gebiete der Erde bewohnen, ... haben zwar die gleiche Blutmenge wie Tieflandbewohner, aber sehr viel mehr Rote Blutkörperchen. Wie ist das zu erklären?
– Einige Arten von krebsartigen Blutkrankheiten lassen sich heute dadurch behandeln, daß Knochenmark eines gesunden Menschen auf den an Blutkrebs erkrankten übertragen wird. Erläutern Sie bitte, warum diese Behandlungsmethode möglich ist.

Begriffe: Übungsheft, Biologische Texte (Schritte bei der Anfertigung), Arbeitsblatt (Anforderungen), Hausaufgabe (Kennzeichen, Funktionen, Aufgabentypen)

13.11 Computer – Multimedia

Von Dittmar Graf

13.11.1 Allgemeines zur Computernutzung im Biologieunterricht

Keines der herkömmlichen Unterrichtsmedien hat die Gemüter auch nur annähernd so bewegt, hat so polarisiert, hat zu so unrealistischen Zukunftseinschätzungen geführt, wie das Medium „Computer". Die Meinungen reichen von Szenarios, wonach die Schule in den nächsten Jahren überflüssig werden würde, weil die Schüler außerhalb des Klassenraums viel mehr Information erhalten könnten (Perelman, zitiert nach Postman 1997), bis zum Zweifel, ob der Computer überhaupt sinnvoll in der Schule einzusetzen sei (Hentig 1993). Die Wahrheit wird – wie so oft – zwischen den extremen Standpunkten liegen. Wer die Lehrerrolle auf den reinen Vermittlungsexperten (und sie dadurch durch den Computer ersetzbar macht) reduziert, liegt genauso schief wie der Maschinenstürmer, der alle technischen Hilfsmittel im Unterricht verdammt. In diesem Kapitel werden viele Begriffe angegeben, die den nicht mit der Computersprache Vertrauten verwirren können. Die meisten werden zudem international englischsprachig verwendet, so daß es keinen Sinn hat, sie zu übersetzen. Nur an einigen Stellen wurde dies versucht. Zugleich benötigt man sie aber, wenn man mit Computern arbeiten will. Die Begriffe werden in den einzelnen Textabschnitten erläutert. Im folgenden wird für „Computerprogramm", „Software", „Softwareprogramm" stets die Bezeichnung „Programm" benutzt; diese Bezeichnung umfaßt alles, was jemand in einen Computer (Hardware) einspeist mit Ausnahme von Daten.

Computer werden wie andere Medien im Unterricht eingesetzt, weil man sich von ihnen ein verbessertes bzw. schnelleres Lernen verspricht. Diese Verbesserung soll durch größere Anschaulichkeit, durch Erhöhung der Motivation u. ä. erreicht werden. Viele dieser Behauptungen sind allerdings bis zum heutigen Tag kaum durch empirische Untersuchungen belegt (Hasebrook 1995). Darüber hinaus werden Computer vom Lehrer verwendet, weil mit ihrer Hilfe Unterricht effektiver vorbereitet werden kann.

Insgesamt ist man vom Stromnetz abhängig, vom Funktionieren der Technik. Man muß diese bis zu einem gewissen Grad beherrschen. Eine Zusammenfassung der Leistungsfähigkeit des Computers im Vergleich mit traditionellen Medien findet sich in Abbildung 22.

In Abbildung 23 werden verschiedene Möglichkeiten des Einsatzes von Computern als Lehr-Lernmedium nach Nutzern (Lehrer, Schüler) und nach Nutzungsorten (Schule, zu Hause) aufgezeigt.

Computer werden im Biologieunterricht in Deutschland bis jetzt vergleichsweise selten benutzt. In einer Untersuchung Anfang der 90er Jahre stellten Hansen & Lang (1993) fest, daß nur 20 Prozent der Biologielehrer in den Klassen 8, 9 und 12 PCs im Unterricht oder zur Stundenvorbereitung eingesetzt hatten; im Physikunterricht dagegen 52 Prozent. Als Hindernisse für die Computernutzung wurden in erster Linie die zusätzlich notwendige Zeit zur Vorbereitung und fehlender Stundenausgleich genannt. Weiterhin dürfte auch die vielfach immer noch fehlende Kompetenz von Biologielehrern ein Hinderungsgrund sein. An diesen Zahlen dürfte sich bis heute wenig verändert haben. Hinzu kommt eine verbreitete Skepsis, die durch Nutzung von Computern im Biologieunterricht eine Vernachlässigung z. B. von Naturobjekten befürchtet. Darüber hinaus wird allgemein das Fehlen einer genügenden Anzahl für den Unterricht geeigneter Programme beklagt (Pelgrum et al. 1993).

Bestimmte Unterrichtsformen, die einen intensiven Computereinsatz notwendig machen (z. B. Einzelarbeit) sind in Deutschland wegen mangelnder PC-Ausstattung praktisch nicht durchführbar. Im internationalen Vergleich sind die deutschen Schulen ausgesprochen schlecht mit Computern ausgestattet. In den USA und in Großbritannien kommen auf einen Schulcomputer neun Schüler, in Deutschland auf 50 (Gapski 1998). Anfang 1997 besitzen in Deutschland etwa 0,9 % der Schulen einen Internetzugang, in Schweden und Finnland sind es 66 % (Kossel 1997). Durch die Initiative „Schulen ans Netz" dürften sich die Verhältnisse in Deutschland ein wenig verbessern.

Auch auf Seiten der Anbieter von Computerprogrammen ist man bis heute zurückhaltend bei der Veröffentlichung von Lehr-Lernprogrammen mit biologischen Inhalten: Von den 1260 im Jahr 1996 in Deutschland veröffentlichten CD-ROMs hatten gerade einmal 3,8% biologische Inhalte im weitesten Sinn (errechnet aus Angaben in: Anonymus 1997). Zum Ver-

Wandtafel	Kann bedingt vom Computer ersetzt werden, gemeinsame entwickelnde Arbeit an der Tafel ist schwer zu ersetzen
Plakate	Plakate können über Wochen im Klassenraum hängen und so stets von den Schülern eingesehen werden. Computerausdrucke sind in der Regel viel kleiner, insofern nur bedingt Ersatz.
Tageslichtprojektoren	Folien können völlig durch Bildschirmprojektionen ersetzt werden. Mit Hilfe des PCs hat man den problemlosen Zugriff auf das komplette eigene Archiv, in der Regel wird jede Folie schnell gefunden.
Unterrichtsfilme	Filme können völlig durch Bildschirmprojektionen ersetzt werden. Mit Hilfe des PCs können problemlos ungeeignete bzw. nicht benötigte Sequenzen „herausgeschnitten" werden. Man kann schnell auf jede Stelle des Films zugreifen. Lästiges Spulen entfällt. Allerdings sind PC-Videos ohne teure Zusatzhardware bis heute noch sehr kleinformatig.
Diapositive	Diapositive können völlig durch Bildschirmprojektionen z. B. von Photo-CDs ersetzt werden.
Tonbandaufzeichnungen	Tonbandaufzeichnungen können völlig durch Sprachausgabe ersetzt werden (s. bei Unterrichtsfilmen).
Epidiaskope	Epidiaskopbilder können völlig durch die Projektion maschinell (eingelesener) Buchseiten ersetzt werden.
Arbeitsblatt	Arbeitsblätter könnten am Bildschirm bearbeitet werden, sofern jeder Schüler und jede Schülerin einen PC am Arbeitsplatz hat.
Reale Objekte, Naturbegegnung	Können durch den Computer in keiner Weise ersetzt werden.
Simulationen	Bevor PCs Verbreitung fanden, wurden Simulationsspiele teilweise als Brettspiele durchgeführt; diese können vollständig ersetzt werden.

Abb. 22: Leistungsfähigkeit des Computers im Vergleich mit traditionellen Medien – Zusammenfassung.

gleich: Bei etwa jeder sechsten CD-ROM handelte es sich um einen Sprachkurs.

Ein kurzer Blick in die Geschichte des Computereinsatzes im Biologieunterricht mag dessen Schwierigkeiten deutlich machen.

Etwa zeitlich parallel zur Entwicklung der Personal-Computer seit Anfang der 80er Jahre wurden erste Programme entwickelt. Verglichen mit den anderen Naturwissenschaften gab es für den Biologieunterricht davon immer recht wenige. Etwa Mitte der 80er Jahre waren in Deutschland für den Biologieunterricht entwickelte Softwareprodukte verfügbar, die durch einige Gemeinsamkeiten gekennzeichnet waren:

– Themen waren in vielen Fällen ökologische Simulationen (z. B. Koschwitz & Wedekind 1985 oder Bossel 1985). Graphisch einfache, aber durchaus anspruchsvolle Simulationsprogramme können selbst auf leistungsschwachen Computern durchgeführt werden (z. B. das von Forrester 1968 entwickelte sogenannte „Weltmodell").
– Jedes Programm hatte eine eigenständige Art der Bedienung, so daß der Programmeinsatz jeweils mit hohem Lernaufwand verbunden war.
– Die Programme wurden vielfach nicht von professionellen Programmierern erstellt, sondern oft von fortgeschrittenen Laien in der Freizeit. Entsprechend waren viele Programme wenig ausgereift und fehleranfällig. Darüber hinaus blieb die Ausstattung der Schulen mit Computern hinter den technischen Möglichkeiten und oftmals auch hinter den Anforderungen der Programme zurück. Dies ist im Grunde bis heute nicht anders geworden. Die Programme der ersten Generation haben sich im Biologieunterricht nicht durchsetzen können. Inzwischen ist u. W. keines dieser frühen Programme mehr verfügbar.

Seit den neunziger Jahren haben sich folgende Tendenzen durchgesetzt:
– Der Anteil der von Lehrern selbst entwickelten Programme hat kontinuierlich abgenommen. Inzwischen beherrschen aufwendige Programme das Feld.
– Die Bedienung ist einheitlicher geworden, so daß man mit relativ wenig Einarbeitungszeit mit neuen Programmen zurechtkommt.
– Das Themenspektrum der Biologieprogramme ist insgesamt vielfältiger geworden.
– Der Schwerpunkt der Programme hat sich verschoben von solchen, die im Unterricht selbst eingesetzt, zu solchen, die von Schülern zu Hause verwendet werden sollen.

	Im Unterricht	Zu Hause
Lehrer, Lehrerinnen	- Zum Aufzeichnen und Auswerten von Messungen: Messen, Regeln, Steuern - Demonstration von Simulationen - Demonstrationsexperimente im virtuellen Labor - Arbeit mit Bildschirmpräsentationen (als elektronische Folien oder Arbeitsblätter) - Vorführen von Animationen, digitalen Videos - Multimediale Datenbank	- Erstellen von Bildschirmpräsentationen - Recherchen (z. B. im Internet) - Pflege einer multimedialen Datenbank - Notenverwaltung der Schüler - Verwenden elektronischer Nachschlagewerke
Schüler, Schülerinnen	- Aufzeichnen und Auswerten von Messungen: Messen, Regeln, Steuern - Durchführen von Simulationen - Experimente im virtuellen Labor - Bearbeitung von Lernprogrammen - Lernen duch Erstellen eigener Lernprogramme - Recherchen (z. B. im Internet)	- Recherchen (z. B. im Internet) - Bearbeiten von Edutainmet-Programmen - Verwenden elektronischer Nachschlagewerke - Teleteaching

Abb. 23: Einsatzmöglichkeiten von Computern als Lehr-Lernmedium; Erläuerung einzelner Begriffe im Text.

13.11.2 Qualität von Programmen für den Unterricht

Es gibt zahlreiche Versuche, die Qualität der Programme für den Biologieunterricht zu untersuchen. Vielfach wird das mit Hilfe sogenannter Checklisten versucht (z. B. Seibt & Pfligersdorffer 1997). Koschwitz (1985) hat einige wichtige Aspekte diskutiert, wie gute Programme auszusehen haben; sie können dem Lehrer noch immer dazu dienen, entsprechendes Material zu prüfen:

- Bedienung soll auch ohne Kenntnisse im Programmieren möglich sein.
- Das Programm soll keine großen Änderungen im Lehr- und Lernverhalten mit sich bringen.
- Schulsoftware sollte ausführliches Begleitmaterial, wie Dokumentation, Lehrerbegleitheft und Arbeitsmaterial für Schüler beinhalten.
- Das Programm sollte nach wenigen Anweisungen bedienbar sein.
- Nach Möglichkeit sollten alle Anweisungen auf dem Bildschirm ersichtlich sein.
- Das Programm sollte gegen Fehlbedienung tolerant sein.
- Schrift und Graphik sollten so groß sein, daß beide aus Entfernungen von mehreren Metern erkennbar sind.
- Ansteuerung der Programmelemente über ein Menü.
- Die relevanten Parameter sollten bei Simulationen so eingestellt sein, daß ohne Zutun des Benutzers etwas Sinnvolles ablaufen kann.
- Der zeitliche Ablauf der Simulation sollte so eingestellt sein, daß Veränderungen gut wahrnehmbar sind.
- Die Simulation sollte angehalten werden können, damit in Ruhe Erläuterungen gegeben werden können.
- Die zu bearbeitenden Parameter sollten sowohl auf dem Schirm als auch auf dem Drucker ausgegeben werden können.

Insbesondere in bezug auf das Begleitmaterial kann man inzwischen fast von einem Rückschritt sprechen, weil hierauf kaum noch Wert gelegt wird. Vielfach werden Programme heute ohne Handbücher mit Nutzungshinweisen für den Unterricht veröffentlicht.

13.11.3 Nutzung von Computern im Biologieunterricht

Im folgenden werden verschiedene Nutzungsmöglichkeiten von Computern im Biologieunterricht beschrieben. Die Beschreibungen orientieren sich an den Stichworten, die in Abbildung 23 verwendet werden. Empirische Befunde liegen zu einzelnen Teilbereichen vor. Diese sind jeweils kurz beschrieben.

Aufzeichnen (und Auswerten) von Messungen: Messen, Regeln, Steuern

Computer können dazu verwendet werden, verschiedenartige Meßwerte zu erfassen und zu speichern; etwa ökologische Daten (z. B. Sauerstoffgehalt eines Gewässers) oder physiologische Gegebenheiten (z. B. Pulsschlag, Reaktionszeit). Vorteile gegenüber konventionellen Verfahren sind die große Speicherkapazität, die die kontinuierliche Erfassung von Meßreihen erlauben bzw. die weitgehende Automatisierung des Meßvorgangs (z. B. Tagesverlauf des Sauerstoffgehalts eines Gewässers).

Alle großen Lehrmittelhersteller bieten inzwischen Meßsysteme an, die relativ einfach einzurichten und zu bedienen sind. Diese Geräte sind allerdings nicht billig und auf die Aufgaben beschränkt, die der Hersteller vorgesehen hat. Viel preiswerter und flexibler sind selbstgebaute Geräte. Allerdings ist dazu ein gewisses Maß an technischem Wissen notwendig (s. dazu RÖPKE 1990).

Durchführung von Simulationen

Eine typische Aufgabe von PCs ist die Durchführung von Simulationen mit Hilfe spezieller Programme, also die Darstellung bzw. Nachbildung von Prozessen mit Hilfe von Modellen (s. Kap. 13.6). – Solche Programme werden für mehrere grundsätzlich verschiedene Zwecke eingesetzt (s. Abb. 24): Z. B. solchen, deren Ziel die Vermittlung von Wissen über einen biologischen Prozeß ist; oder solchen, bei denen es in erster Linie um die Vermittlung von Entscheidungskompetenz in komplexen, unbestimmten und langsam ablaufenden Prozessen geht (daher auch als „KUL-Prozesse" bezeichnet, DÖRNER 1996). Viele dynamische biologische Prozesse können zu diesem Typus gerechnet werden. Offensichtlich haben Menschen beim Umgang mit solchen Prozessen Schwierigkeiten, korrekte Vorhersagen zu machen bzw. sachgerechte Entscheidungen zu treffen. DÖRNER (1992) hat dazu zahlreiche Studien durchgeführt und dies wiederholt bestätigt. Es stellte sich weiter heraus, daß sich die Fähigkeiten im Umgang mit KUL-Prozessen mit Hilfe geeigneter Simulationsprogramme verbessern lassen.

Mit Hilfe von Simulationen können Experimente ersetzt werden. Dies kann sinnvoll sein, wenn:
- die Durchführung eines Experiments zu teuer ist,
- ein Experiment aus ethischen Gründen bedenklich ist,
- die Zeit für ein Experiment nicht ausreicht,
- es unsicher ist, ob ein Experiment gelingt,
- Gesundheitsgefährdung besteht,
- Wirkungen erst nach langen Zeiträumen sichtbar werden,
- Prozesse zu schnell oder zu langsam ablaufen,
- ein Experiment zu komplex ist,
- zur Durchführung eines Experiments notwendige Geräte nicht vorhanden sind,
- Gedankenexperimente ohne konkreten Realitätsbezug durchgeführt werden (vgl. HIERING 1990),
- die Zahl der Versuchsobjekte zu gering ist, um statistisch signifikante Ergebnisse zu erhalten.

Dem stehen Nachteile der Simulationen im Vergleich mit dem Experiment gegenüber:
- Schüler können das Experiment nur bedingt mitplanen,
- die Eigenaktivität der Schüler beim Durchführen des Versuchs geht verloren,
- auch mißlungene Experimente können wichtige Erkenntnisse bringen.

Man kann zwischen sogenannten Systemanalyse-Programmen unterscheiden und solchen, die zu einem ganz bestimmten Zweck geschrieben wurden (s. Abb. 24). Systemanalyse-Programme ermöglichen es dem Nutzer, flexibel Simulationen verschiedener dynamischer Systeme zu entwickeln (Beispiele für solche Programme sind „Stella", „Modus" oder „Dynasys"[7]). Dynamische Systeme sind solche, die ein zeitabhängiges Verhalten zeigen. D. h., ihr Verhalten hängt nur von der unabhängigen Variablen „Zeit" ab. Beispiele sind Räuber-Beute-Beziehungen oder das Wachstum von Bakterienkulturen. Solche dynamischen Vorgänge können auch mit Standard-Programmen (d. h., solchen, die in den meisten PCs vorhanden sind) simuliert werden. Beispiele unter Verwen-

[7] Bezugsquellen zu allen erwähnten Programme werden am Ende dieses Abschnittes aufgelistet.

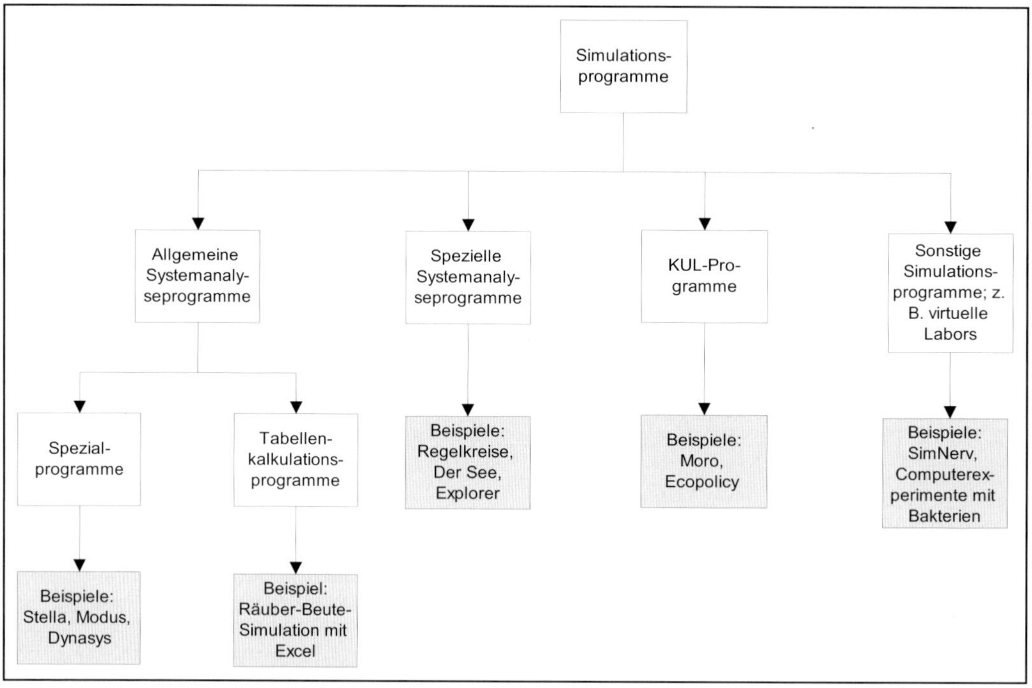

Abb. 24: Verschiedene Typen von Simulationsprogrammen mit Beispielen.

dung des Tabellenkalkulations-Programms EXCEL finden sich bei Mills & Jackson (1997, Bakterienwachstum) und Carsen (1996, „Füchse und Kaninchen").

Darüber hinaus gibt es Programme, die speziell zur Simulation eines oder mehrerer biologischer Phänomene entwickelt wurden (z. B. schon 1982 von Spain). Typische Themen sind: Gendrift, Enzymkinetik oder ökologische Konkurrenz.

Virtuelles Labor

Eine Spezialform der Simulation ist das „Virtuelle Labor": Auf dem Bildschirm wird ein Teil eines Labors dargestellt. Geräte können bedient, Schalter umgelegt werden etc. In solchen „Labors" kann man mit der Maus den Aufgaben virtuell nachgehen, die man in einem wirklichen Labor real durchführt. Solche Simulationen werden z. B. dazu eingesetzt, um Tierversuche zu ersetzen oder um gesundheitlich bedenkliche Untersuchungen durchführen zu können.

Bei Befragungen von Studierenden stellte sich heraus, daß sie im virtuellen Labor im Vergleich zu herkömmlichen Tierversuchen „experimentierfreudiger" waren. Versuche wurden öfter wiederholt und Rahmenbedingungen variiert. Dies wird auf ein Wegfallen der Hemmungen, die durch das Arbeiten mit einem getöteten Tier entstehen, zurückgeführt (Grote 1998). Es stellte sich weiter heraus, daß 75 % der befragten Biologiestudenten die Simulation dem Tierversuch vorziehen. Die Leistungen nach Beendigung der Arbeit im virtuellen Labor entsprachen denen, die mit der Arbeit am Realobjekt erzielt werden konnten (Grote 1998).

So gibt es z. B. ein Programm „SimNerv", mit dessen Hilfe Aktionspotentiale bei einem Frosch abgeleitet werden können. Wie beim wirklichen Versuch muß der Nerv mit Ringer-Lösung „befeuchtet" und zur Ableitung in eine Reizkammer „eingebracht" werden. Das Programm enthält auch eine Praktikumsanleitung, in der acht verschiedene Aufgaben gestellt werden, die im virtuellen Labor durchgeführt werden können. SimNerv ist Teil einer Programmserie „Virtuelles Physiologielabor", das u. a. Module zu Muskeln, Herz und Verdauungssystem enthält.

Mit Hilfe des Programms „Computerexperimente mit Bakterien" (Hiering 1997) können acht mit Bakterien kontaminierte Nahrungsmittel untersucht werden. Es werden Kulturen virtuell angesetzt, Nährböden bebrütet und schließlich die Bakterienarten bestimmt.

	Drill-and-Practice-Programme	Courseware-Programme	Edutainment-Programme
Programmstruktur	Die Programmstruktur gibt die Art der Benutzung und die Reihenfolge der Bearbeitungsschritte vor.	Der Nutzer kann die Bearbeitungsreihenfolge weitgehend selbst bestimmen.	Heterogen, in vielen Programmen werden Unterhaltungselemente auf Kosten der sachlichen Korrektheit eingesetzt.
		Aktiver Umgang mit dem Inhalt, Struktur muß beim Bearbeiten generiert werden	
Texte	Texte werden im Programm als lineare Texte (wie in Printmedien) dargeboten	Programmtexte als Hypertexte	Programmtexte in der Regel als Hypertexte
Verwendung bei:	Sprachen lernen, Wissenserwerb bei inhaltlich eng umgrenzten linear organisierbaren Bereichen, Faktenlernen	Vielfältige Anwendungsmöglichkeiten	Das Lernen steht nicht im Vordergrund, sondern die Unterhaltung. Gelernt wird "nebenbei".
Multimedia	Multimediale Elemente werden selten verwendet	Multimediale Elemente werden oft verwendet	Multimediale Elemente stehen im Vordergrund
Zugehörige Lerntheorie	Behaviorismus	Kognitivismus, Konstruktivismus	keine expliziten Bezüge

Abb. 25: Verschiedene Lehr-Lernprogrammm-Typen, in Ermangelung geeigneter deutscher Termini werden die englischen verwendet.

Lernprogramme

Mit Lernprogrammen soll das Lernen eines bestimmten Sachverhaltes erleichtert werden. Darüber hinaus findet man Aussagen über verkürzte Lernzeiten (s. u.). Auch die freie Einteilung der Lernzeit wird als vorteilhaft angesehen. Einen Überblick über verschiedene Typen von Lernprogrammen bietet Abbildung 25.

Bei den frühesten Lernprogrammen wurde der Lernstoff in kleine Einheiten zerlegt. Nach dem Durcharbeiten wird dem Lernenden eine Frage dazu gestellt, die er beantworten muß. Bei korrekten Antworten erfolgt eine Verstärkung. Da negative Rückmeldungen aus Motivationsgründen vermieden werden sollen, sind die Lerneinheiten oft sehr kleinschrittig. Die Programme sind linear (wie ein gedruckter Text), werden in eine Richtung durchlaufen, bei Fehlern müssen bestimmte Kapitel erneut durchgearbeitet werden. Wichtig bei der Entwicklung der Lernschritte ist, daß sie immer aufeinander aufbauen, daß sich im Programm keine gedanklichen Sprünge befinden. Die Fragen müssen jeweils zu der Lektion passen und dürfen nicht zu trivial sein. Solche Produkte werden heute als „drill-and-practice-Programme" bezeichnet (SCHULMEISTER 1996). Sie geben die Wege vor, die ein Benutzer einschlagen muß. Er hat keine Entscheidungsmöglichkeiten beim Durcharbeiten des Stoffs. Derartige Software unterscheidet sich nicht sehr von ausgedruckten Texten.

Im wesentlichen hat sich herausgestellt, daß der Lernerfolg mit solchen Programmen nicht den Erwartungen entsprach (KULIK et al. 1980). Oft ist es so, daß das Konzept beim ersten Einsatz bei Schülern erfolgreich ist, die Lernkurve aber bei wiederholtem Einsatz abflacht (sogenannter „Neulgkeitseffekt"). Es besteht keine Möglichkeit, solche Programme dem Denken des Nutzers anzupassen. Sie erfreuen sich im Unterricht allerdings nach wie vor relativ großer Beliebtheit. 1992 wurden etwa 15 % der schulischen Arbeit an Computern mit drill-and-practice-Programmen erbracht (PELGRUM et al. 1993).

Im Zuge der kognitivistischen Wende der Lernpsychologie wurden aus diesem Grund zunehmend Lernprogramme entwickelt, die die Steuerung des Ablaufs in die Hände der Nutzer legen. Diese Programme wurden offener und der Lernende gewann mehr Möglichkeiten, deren Ablauf selbst zu steuern. Es gibt weniger lineare Strukturen, die durchlaufen werden müssen, sondern vernetzte Anordnungen, durch die sich der Nutzer den Weg selbst sucht. In der Regel werden solche Programme in Form sogenann-

ter Hypertexte realisiert. Hypertext ist *„die Technik der nichtsequentiellen Repräsentation von Informationen in einem Netzwerk von Informationsknoten und elektronischen Verknüpfungen“* (ISSING & KLIMSA 1995: 483). Ausgangspunkt für die Konzeption von Hypertexten sind folgende Annahmen:
– Die nichtlineare Struktur von Hypertexten entspricht der Struktur von Wissen in unserem Gehirn.
– Die eigene mentale Wissensstruktur kann direkt in Hypertexte transformiert werden.
– Beim Bearbeiten von Hypertexten kann die vernetzte Struktur direkt in den mentalen Apparat aufgenommen werden (GERDES 1997).

Für solche Lernprodukte hat sich nach SCHULMEISTER (1996) der Begriff Courseware eingebürgert. Gleichzeitig wurde im Zuge der Verfügbarkeit leistungsfähigerer Computer das Spektrum der medialen Möglichkeiten erweitert. So setzten sich Komponenten, wie Graphiken, Bilder, Animationen, Video oder Ton immer mehr durch (Multimedia).

Solche offenen Programme bergen die Gefahr in sich, daß die Nutzer sich sozusagen im Programm verirren, daß sie sich in der Vielfalt der Verzweigungsmöglichkeiten verlieren, keinen roten Faden mehr erkennen können. Dem wird mittlerweile mit verschiedenen in die Programme integrierte Orientierungshilfen entgegengewirkt; beispielsweise mit:
– „Landkarten“, die in einer graphischen Übersicht den aktuellen Standort im Programm zeigen;
– Inhaltsverzeichnissen und Glossaren;
– Unterweisungen, die durch das Programm führen, aber gleichzeitig zurückführen zu linearen Strukturen;
– Speichermöglichkeiten von einmal begangenen Pfaden;
– vernetzten Strukturen, die sich an linearen Hauptwegen orientieren;
– Reduktion der Komplexität durch Filtermechanismen, d. h., daß nur ein Teil des Programms zu einem gegebenen Zeitpunkt verfügbar ist; erst wenn ein Teil bearbeitet wurde, wird der nächste Progammteil verfügbar;
– Möglichkeiten zum Rückwärtssprung, damit man den begangenen Weg zurückverfolgen kann;
– Auflistungen der bereits besuchten Programmteile;
– Möglichkeiten, Lesezeichen zu setzen.

Es gibt bis heute nur wenige zuverlässige Studien, die die Wirksamkeit von Lernprogrammen untersucht haben. In vielen Fällen wurde keine sinnvolle Wissensdiagnose durchgeführt, oder es wurde auf Kontrollgruppen verzichtet (HASEBROOK 1995). Dennoch haben KULIK & KULIK (1991) eine Metaanalyse von 248 Studien vorgelegt. Sie stellten fest, daß bei 100 Studien statistisch signifikante Ergebnisse erzielt wurden. Davon zeigten 94 positiv Effekte der Nutzung von Courseware-Programmen: Das individuelle Lernen bei freier Zeiteinteilung führt zu einer beträchtlichen Reduzierung der Lernzeit; Zeitersparnisse von 20–70 Prozent wurden festgestellt.

Einiges spricht heute dafür, daß ein gedruckter Text bei Anfängern Lernen besser fördert als ein Courseware–Programm, das aus Hypertexten besteht. Bei Lernenden mit umfangreichen Vorwissen können dagegen Hypertexte sinnvoll eingesetzt werden (GERDES 1997). Außerdem spricht vieles dafür, daß das erzielte Lernergebnis und damit die Lernwirksamkeit der Programme entscheidend vom zu vermittelnden Stoff abhängen (HASEBROOK 1995).

Bei vielen neueren Programmen handelt es sich um sogenannte Edutainment–Programme (Zusammenziehung von education und entertainment). Hierbei soll für den Nutzer die Unterhaltung im Vordergrund stehen; nebenbei soll Wissen vermittelt werden. Über die Effektivität solcher Programme ist offenbar (ähnlich wie für Fernsehfilme mit biologischem Inhalt) bislang nichts bekannt.

Lernen durch Entwicklung eigener (Multimedia-)Programme:

In den 90er Jahren wurde es immer einfacher, anspruchsvolle Programme selbst zu erstellen. Entsprechend wurde es interessant und möglich, sie für den eigenen Unterricht zu entwikkeln. Zudem können Schüler zu einem vorgegebenen Inhaltsbereich eigene Programme erstellen. Dabei sollen sie sich selbständig Informationen beschaffen bzw. diese so organisieren und aufarbeiten, daß sie in das Programm aufgenommen werden können. Dies erfordert vom Lehrer einen Rollenwechsel: weg vom Wissensvermittler, hin zum Betreuer. Folgende Fähigkeiten sind erforderlich:
– Unterstützung beim Organisationsprozeß,
– technische Hilfestellungen,

– Zurückhaltung beim Einbringen der eigenen Inhaltskompetenz.

Aus den USA liegen zahlreiche Ergebnisse derartiger Projekte vor: Beschreibung einer Zelle, Naturwissenschaftsquiz, Enzyklopädie der Vögel – sind Beispiele mit biologischem Inhalt (AGNEW et al. 1996). Leider gibt es anscheinend bis jetzt keine Überprüfung der Effektivität dieser Unterrichtsform.

13.11.4 Vorbereitung von Unterricht

Hilfsmittel für den Lehrer bei der Vorbereitung des Biologieunterrichts:

Bisher gibt es für die Biologie erst in Ansätzen Lehrbücher, Fachlexika etc. auf elektronischen Datenträgern. Durch verbesserte Suchmöglichkeiten sind diese herkömmlichen Informationsträgern überlegen. Sie haben aber auch Nachteile, da sie nur am Arbeitsplatz gelesen werden können (s. ausführlichen Medienvergleich im Zusammenhang mit der Verwendung des Internets bei GRAF 1997).

Erstellung von Unterrichtsmaterial (z.B. Arbeitsblättern):

Seit geraumer Zeit werden von Schulbuchverlagen Sammlungen von Graphiken, Arbeitsblättern u. ä. für PCs herausgegeben, die der Lehrer bei der Unterrichtsvorbereitung einsetzen kann. In der Regel handelt es sich bei diesen Hilfsmitteln um bereits in anderer Form (etwa als Buch) veröffentlichte Materialien, z. B. BioEDIT (Schroedel-Verlag) oder Zusammenstellung von Beiträgen zum Thema „Evolution" aus der Zeitschrift „Unterricht Biologie", weiterhin Zusammenstellungen aus Archiven (z.B. Sammlung von Strichzeichnungen mit biologischen Inhalten, Cornelsen Verlag: Bilderdatenbank Biologie).

Solche Sammlungen sind besonders dann sinnvoll, wenn die Materialien leicht individuellen Unterrichts-Bedürfnissen angepaßt werden können. Hierin besteht ein echter Vorteil im Vergleich zu ausgedruckten Versionen. In der Praxis gibt es in dieser Hinsicht allerdings Probleme.

Recherchen (z. B. Internet, Datenbanken):

Die weltweit umfangreichste Informationsquelle für alle Inhaltsbereiche ist heute mit Sicherheit das Internet. Es wird in zunehmendem Maß von Lehrern und Schülern zur Beschaffung von Informationen genutzt. Auch zu biologischen Themen und für den Biologieunterricht bietet es zahllose Informationen. Zu den größten praktischen Problemen bei der Arbeit mit dem Internet gehören das gezielte Auffinden von Informationen und die Beurteilung der Qualität der gefundenen Informationen (zum Vergleich zwischen der Informationsbeschaffung im Internet und der herkömmlichen Arbeit in Bibliotheken s. GRAF 1997).

Unverzichtbar bei der gezielten Informationsbeschaffung sind sogenannte Suchmaschinen. Das sind Computer mit entsprechenden Datenbank-Programmen, die man im Internet („world wide web") anwählen kann und die bei der Informationssuche helfen. Man gibt eines oder mehrere Wörter ein, nach denen der Computer suchen soll. Die meisten Suchmaschinen bieten die Möglichkeit, durch logische Verknüpfung von Suchbegriffen komplexe Abfragen zu starten. Einige der Maschinen bieten die Möglichkeit, nach Wortfolgen bzw. ganzen Sätzen zu suchen.

Das Internet ist eine multimediale Informationsquelle. D. h., außer Texten und Bildern kann man sich bei entsprechender Ausstattung des eigenen PCs Videosequenzen oder Tondokumente ansehen bzw. anhören. Weiterhin enthalten die meisten Dokumente „Links", anwählbare Verknüpfungen mit anderen Dokumenten. Alle Informationen aus dem Internet können auf dem eigenen Computer gespeichert werden und sind dadurch auf Dauer verfügbar. – Im Internet kann jeder alles veröffentlichen, was er will. So finden sich neben hochwertigen Beiträgen abseitige Privatmeinungen. Die Qualitätsbeurteilung muß demnach durch den Nutzer erfolgen.

Wenn der Unterrichtsraum einen Anschluß an das Internet besitzt, kann auch im Biologieunterricht mit ihm gearbeitet werden. So gibt es beispielsweise im Internet Bestimmungshilfen zu verschiedenen Organismengruppen, die von den Schülern verwendet werden können.

Darüber hinaus besteht die Möglichkeit, daß Lehrer bzw. Schüler durch Eingabe bestimmter Bedingungen die Information verändern, die sie erhalten. Beispielsweise können Systemanalysen durchgeführt werden. Es gibt Dokumente, in denen Fragen zu bestimmten Wissensgebieten beantwortet werden müssen, oder Bilder, denen man zugehörige Begriffe zuordnen kann.

Dokumente im Internet können damit sozusagen „interaktiv“ sein. Es gibt auch Biologie-Lehrbücher im Internet, z. B. „Botanik Online“, ein Hochschullehrbuch für Botanik.

Im Vergleich zum Internet tritt die Informationsbeschaffung z. B. durch Lexika, die auf CD-ROM verfügbar sind, deutlich in den Hintergrund. Bis heute liegen keine Biologie-Lexika in dieser Form vor. Ab 1999 wird aber das Spektrum Lexikon der Biologie auch auf CD-ROM erscheinen. Auch einige Fachzeitschriften archivieren ihre alten Ausgaben auf CD-ROM.

Der Zugang zum Internet wird durch die Initiative „Schulen ans Netz“ gefördert. Sie nennt folgende Tätigkeiten, die von den Schülern durchgeführt werden könnten:
- Versenden und Empfangen elektronischer Post (E-Mail); d. h., die weltweite Kommunikation mit anderen Schülern. Auch wissenschaftliche Daten können über E-Mail ausgetauscht bzw. abgerufen werden. Auf diese Weise stehen beispielsweise Flug-Daten ziehender Vögel zur Verfügung.
- Gezieltes Suchen von Informationen im Internet, d. h., das kompetente Durchführen von Recherchen.
- Zusammenarbeit mit anderen Schülern an einem gemeinsamen Thema.
- Publizieren im Internet, d. h., Anfertigen und Bereitstellen von Informationsangeboten für andere, z. B. mittels Internet-Seiten. Mittlerweile besitzen bereits zahlreiche Schulen eigene Internet-Seiten mit biologischen Inhalten.

Darüber hinaus kann das Internet die Durchführung gemeinsamer Projekte verschiedener Schulen fördern. Beispielsweise existieren seit Jahren zwei Arbeitsgemeinschaften, die den Austausch von Meßwerten an Fließgewässern zwischen Schulen koordinieren: Aquadata (Europa) und GREEN (weltweit). Beliebt sind auch Projekte, bei denen klimatische Daten und jahreszeitabhängige biologische Ereignisse (z. B. Blühzeitpunkt der Gartentulpe) über das Internet ausgetauscht werden.

13.11.5 Schüler lernen zu Hause

Edutainment-Programme

In diesem Bereich ist eine eigene Gattung von Programmen entstanden, die sogenannten Edutainment-Programme (s. o.). Bei ihnen steht die Unterhaltung im Vordergrund. Gleichzeitig sollen aber auch Wissen bzw. Fähigkeiten vermittelt werden. Diese Programme enthalten in der Regel keinerlei Begleitmaterialien, wie Arbeitsblätter o. ä.

Tele-Lehren (Teleteaching)

In Ansätzen verwirklicht sind bis heute Ideen, Vorträge mit Begleitmaterial über das Internet Interessenten zur Verfügung zu stellen. So werden heute bereits Vorlesungen zwischen Universitäten übertragen, wobei zum einen bewegte Bilder des Vortragenden, zum anderen sämtliche projizierten Materialien im Netz zur Verfügung stehen. Die Vorträge können bei Bedarf jederzeit von zu Hause aus abgerufen werden. Darüber hinaus werden auch Übungsmaterialien zur Verfügung gestellt, die am heimischen PC bearbeitet werden können. Die Lösungen können dann an Tutoren zum Korrigieren geschickt werden.

Diese Teleteaching genannte Form der Nutzung des Internet dürfte sich allerdings in erster Linie an Universitäten verbreiten, an der Schule dürfte sie die Ausnahme bleiben. Kritik an dieser Form der Computernutzung für Unterrichtszwecke bezieht sich vorwiegend auf die fehlende persönliche Kommunikation zwischen Lehrenden und Lernenden.

Der Einsatz von Informationstechnologien wird in Zukunft wahrscheinlich fester Bestandteil auch des Biologieunterrichts werden. Ein Lehrender wird deshalb wohl kaum um genaue Kenntnisse in diesem Bereich herumkommen. Deshalb wurde dieses Medium so ausführlich dargestellt. Die Befürchtung, daß der Computer Lehrer ersetzen könnte, ist dagegen nicht realistisch. Die Lehrerrolle wird sich aber vermutlich ändern. Kein Computer kann jedoch didaktische Fähigkeiten von Menschen ersetzen.

Begriffe: Computerprogramm, PC (Verwendung statt Experiment – Visuelles Labor, Wandtafel, Plakat, Projektor, Film etc.) Kriterien PC-Programm, Simulation, Lernprogramm, Hypertext, Multimedia, Edutainment-Programm

13.11.6 Kurzbeschreibungen der im Text erwähnten Programme

Aquadata, GREEN
AquaData und GREEN sind Projekte, bei denen Fließ-

gewässeruntersuchungen an Schulen und der Austausch der erzielten Ergebnisse über elektronische Netze gefördert werden sollen. Aquadata hat seinen Schwerpunkt in Deutschland und Europa, GREEN in den USA. – Informationen: Internet:
http://www.bionet.schule.de/aquadata/
oder: http://www.igc.org/green/

Bilderdatenbank Biologie
In dem Programm werden Strichzeichnungen mit verschiedenen biologischen Inhalten zu Verfügung gestellt. Die Abbildungen können als Grundlage für die Ausarbeitung von Arbeitsblättern u. ä. eingesetzt werden. – Bezugsquelle: Cornelsen Verlag

BIOEDIT Klasse 5/6
Auf einer CD-ROM befindet sich der gesamte Lehrerband des Schulbuches „Biologie Heute" für die 5/6. Klasse. Darüber hinaus enthält die CD ein Graphik-Programm, mit dessen Hilfe man Schüler-Arbeitsblätter erstellen kann. – Bezugsquelle: Schroedel Verlag

Biologie Online von v. Sengbusch
Das Angebot enthält u. a. ein komplettes Lehrbuch der Botanik für Hochschulen. Es beinhaltet neben ausführlichen Texten auch qualitativ hochwertige Abbildungen. – Bezugsquelle: Internet:
http://www.rrz.uni-hamburg.de/biologie/botol.htm

Computerexperimente mit Bakterien von Hiering
Das Programm soll wesentliche Merkmale und Lebenserscheinungen ausgewählter Mikroorganismen veranschaulichen. Es enthält Module zum Ansetzen und Bebrüten, zum Untersuchen sowie zum Klassifizieren von Mikroorganismen. – Bezugsquelle: FWU. Internet: http://www.fwu.de/

Ecopolicy von Vester
Die Benutzer fungieren als Steuermann eines fiktiven Landes. Sie sind für die Optimierung von acht Lebensbereichen zuständig: Politik, Sanierung, Produktion, Umweltbelastung, Bevölkerung, Vermehrungsrate, Lebensqualität und Aufklärung. Die Bereiche sind miteinander vernetzt und beeinflussen sich gegenseitig. Die Aufgabe besteht darin, verschiedene Maßnahmen zur Verbesserung der Lebenslage zu ergreifen. Je nach Maßnahme wird sich die Situation verbessern oder verschlechtern. Verschiedene Schwierigkeitsgrade können vorgewählt werden. – Bezugsquelle: Cornelsen Software

Evolution – Unterricht Biologie
Die CD-ROM enthält Texte zum Thema „Evolution" aus der Zeitschrift „Unterricht Biologie". – Bezugsquelle: Friedrich Verlag

Explorer Biologie
Ein Modellbildungssystem, mit dem ausgewählte biologische Vorgänge (Herz-Kreilauf-System, Photosynthese, Populationsökologie, Genetik) simuliert werden können. – Bezugsquelle: Cornelsen Software

Modus von Walser, Wedekind; Stella; Dynasys von Hupfeld
Es handelt sich um Modellbildungssysteme, mit deren Hilfe das Zeitverhalten dynamischer Systeme simuliert werden kann. Mittels einer graphischen Programmiersprache können charakteristische Bestandteile solcher Systeme, wie Zustandsgrößen, Änderungsraten, Konstanten und Funktionen zu Modellen zusammengestellt werden. Ein einfaches dynamisches System ist z. B. das Wachstum einer Bakterienkultur. Es können aber auch komplexe Räuber-Beute-Systeme oder auch Marktmodelle simuliert werden. Simulationsläufe können durchgeführt und die Ergebnisse graphisch dargestellt werden. Das leistungsfähigste, aber auch teuerste System ist Stella. Modus hat eine veraltete Bedienung, läuft dafür aber auch mit leistungschwacher Hardware. Dynasys wird als sogenannte Shareware vertrieben, d. h., das Programm kann vor dem Kauf unverbindlich getestet werden. – Bezugsquellen:
Modus: Cornelsen Software;
Stella: Informationen im Internet: http.//www.hps-inc.com/products/STELLA/ STELLA.html
Dynasys: Internet: http://www.ifs.uni-dortmund.de/whupfeld/software/Dynasys/beschreibung.htm

Moro von Dörner, Gerdes, Stäudel, Strohschneider
In diesem Simulations-Programm muß man als Entwicklungshelfer einem Nomadenstamm in der Sahelzone helfen, indem man Entscheidungen trifft, die die ökonomische und ökologische Situation verbessern sollen. – Bezugsquelle: Informationen im Internet:
http://www.uni-bamberg.de/~ba2dp1/szenario.htm

Regelkreise von Graf, Möltgen, Schorr
Das Programm enthält Simulationen der Regelung des pH-Wertes im Darm und der Blutzuckerkonzentration. Die Darstellung erfolgt mit Hilfe von Regelkreisen. – Bezugsquelle im Internet:
http://www.uni-giessen.de/~gf1002/institut/software/autascii.htm

Der See von Hiering
Mit diesem Computermodell können ökologische Vorgänge in einem See simuliert werden. Man kann nachvollziehen, wie sich ein See in unseren Breiten im Jahr verändert. Phosphatgehalt, Phosphatein- und -austrag, Sauerstoffgehalt, Temperatur werden jeweils dargestellt. Es können auch Analysen der Algenbiomasse, Biomasse der Fische, Lichtintensität usw. durchgeführt werden. – Bezugsquelle: FWU
Internet: http://www.fwu.de/

SimNerv von Hirsch, Braun, Rieder, Koch, Huber, Wickermann
Mit Hilfe von interaktiven, steuerbaren Videos wird die Präparation eines Krallenfrosches simuliert. In einem virtuellen Labor sollen durch selbständiges Experimentieren grundlegende Erkenntnisse zur Nervenerregung vermittelt werden. – Bezugsquelle: Thieme Verlag

14 Beispiele für Lehrformen

14.1 Allgemeines

In diesem Fall soll (statt des Hinweises auf eine „möglichen Situation") darauf hingewiesen werden, daß
– in dem folgenden Kapitel möglichst auf theoretische Erörterungen verzichtet wird und vor allem solche Fragen behandelt werden, die von unmittelbarem Nutzen für den sind, der Biologie unterrichtet;
– sich dies u. a. auch daraus ergibt, daß zu den hier behandelten Themen in unterschiedlichem Ausmaß empirische Befunde vorliegen und deshalb nicht selten Aussagen gemacht werden müssen, die auf intersubjektiven und subjektiven Erfahrungen beruhen.

Schon die verwendete Bezeichnung „Lehrformen" erscheint fragwürdig. Schwirrt doch eine Vielzahl ähnlicher oder verwandter Bezeichnungen durch die Literatur; etwa: Lehrverfahren, Unterrichtsformen, Unterrichtsverfahren, Lehrweisen, Sozialformen, Arbeitsmethoden, Interaktionsformen, Methodische Grundformen (teaching methods, teaching strategies, learning opportunities) u. a. Gelegentlich werden auch Aktions- und Sozialformen (Vorlesen, Vortragen etc. einerseits, Frontalunterricht, Partnerarbeit etc. andererseits) unterschieden.

Zudem gibt es sehr weite Definitionen des „Begriffs" Lehrformen, wie „alle Möglichkeiten und Mittel mit deren Hilfe Schüler lernen" (Tyler 1991), „alle Weisen Unterricht durchzuführen" (Groothoff & Stallmann 1971). Solche Beschreibungen erlauben keine Abgrenzung etwa zum Unterricht mit Medien (dem vorwiegend aus Gründen der Übersichtlichkeit ein eigenes Kapitel gewidmet wird).

Deshalb sollen als Lehrformen nur die Verfahren bezeichnet werden, bei denen die verbale Interaktion zwischen Lehrer und Schülern oder unter Schülern dominiert.

Die Verwendung des Begriffsnamens „Lehrform" ist also etwas willkürlich; es ist eher eine Frage der (dringend notwendigen) allgemeinen Festlegung und Übereinkunft, ob man nicht „Unterrichtsform" bevorzugen sollte. Globale Bezeichnungen wie z. B. „Offener Unterricht", „Privatunterricht" (die ja verschiedene Lehrformen beinhalten) sprechen jedoch dafür, nicht die Bezeichnung „Unterrichtsform" zu wählen.

Es gibt eine Vielzahl von Versuchen, „Lehrformen" zu typisieren; eine befriedigende und überzeugende Systematisierung konnte nicht gefunden werden. Möglicherweise ist eine solche Systematik erst möglich, wenn umfangreiche empirische Studien vorliegen.

Noch ein Beispiel, das vor allem den verwirren kann, der anfängt, Biologiedidaktik zu lernen. Die im Zusammenhang mit „Lehrformen" auch benutzten Bezeichnungen „Freie Arbeit", „Projektunterricht", „Handelnder Unterricht", „Praktisches Lernen" u. a. werden mit nur geringen Nuancen nebeneinander benutzt. Selbst Kennern dieser Materie gelingt es kaum, sie definitorisch gegeneinander abzugrenzen (s. den Versuch von Van Dick 1991). Daran zeigt sich, wie notwendig eine einheitliche Verwendung von Begriffen bzw. Begriffsnamen ist.

Die hier getroffene Auswahl der „Lehrformen" mag man für einseitig halten. Sie geht allein von der Überlegung aus, welche für den Biologieunterricht besonders wichtig sind. Man könnte solche Lehrfomen auch als „Fachgemäße Arbeitsweisen" (Frank 1990) und entsprechend als „Biologische Arbeitsweisen" bezeichnen. Mit den hier dargestellten Verfahren wird in aller Regel der größte Teil von Biologieunterricht bestritten. Eine vollständige Systematik oder auch nur ein Überblick über die Vielzahl der vor allem in der pädagogischen Literatur angegebenen Lehrformen und „Kleinformen" wird dagegen nicht angestrebt.

Folgende Zusammenstellung, von Hage et al. (1985, im Anschluß an andere Autoren), als „Methodische Grundformen" bezeichnet, erscheint einleuchtend und nützlich, um sich einen Überblick zu verschaffen:

- Vortragen (Lehrervortrag, Schülervortrag),
- Vormachen (Demonstration z. B. bestimmter Objekte),
- Vorführen (z. B. Demonstrations-Experimente),
- Katechesieren (reine Frage-Antwortketten zur Wissensabfrage, Pseudo-fragend-entwickelnder Unterricht),

Tab. 14—1: Verwendung von Lehrformen („Methodischer Grundformen") in 7. und 8. Klassen verschiedener Schulformen (181 Beobachtungsstunden) in Prozent; Unterricht in Biologie, Physik, Chemie im Vergleich mit allen Schulfächern; aus Hage et al. (1985).

Lehrform	Naturw. Fächer	insgesamt
Betreute Schüler-Aktivität	13.33	10.68
Selbständige Schüler-Aktivität	3.54	4.35
Lehrervortrag	9.58	8.33
Demonstration	7.29	3.78
Katechisieren	7.29	6.98
Unterrichtsgespräch	48.75	48.93
Diskussion	1.46	1.99
Stillarbeit	6.25	9.40
Schülervortrag	2.50	5.55

- Entwickelndes Gespräch (Unterrichtsgespräch mit Impulsfrage),
- Diskussion,
- Schülerstillarbeit (selbstständiges Tun, jedoch weitgehend mechanisch wie Abschreiben),
- Betreute Schülerarbeit (Lehrer tritt zurück, als Lernberater),
- Selbständige Schülerarbeit (z. B. Gruppenarbeit, Arbeit in Projekten, selbständiges Experimentieren).

In 7. und 8. Klassen von 10 Schulen (181 Stunden, Nordrhein-Westfalen, Hage et al. 1985: 46ff.) wurden die dort im Biologieunterricht angewandten Methoden registriert. Die Ergebnisse gehen aus Tabelle 14–1 hervor. Es zeigt sich, daß offenbar alle Appelle und Forderungen an variable, vielfältige Lehrformen wenig bewirkt haben. Vielmehr ist eine „methodische Monostruktur" erkennbar, die „zwischen der Hälfte und zwei Drittel" aller Feststellungen ausmacht. „Selbständige Schüleraktivitäten", wobei vor allem an Schüler-Experimente und Bearbeitung von Beobachtungs-Aufgaben zu denken ist, machen auch im Biologieunterricht nur einen geringen Anteil aus. Nur „Demonstrationen", also Lehrer-Experimente, Vorführen von Objekten und dergleichen, liegen im Vergleich mit anderen Fächern wesentlich höher.

Als Konsequenz aus dieser Untersuchung ergibt sich: Zukünftige Biologielehrerinnen sollten sich mehr als bisher in der Durchführung von Schülerexperimenten trainieren. Das „Unterrichtsgespräch" dominiert als Lehrform sehr stark. Deshalb ist es günstig für jede angehende Lehrerin, sich darin früh zu üben.

Begriffe: Lehrform (Unterrichtsform, Lehrverfahren, Unterrichtsverfahren, Lehrweisen, Sozialformen, Arbeitsmethoden, Interaktionsformen)

14.2 Einstieg und Kognitiver Konflikt

Jeder Lehrende steht täglich mehrmals vor der Situation: Die Schüler kommen von der Pause oder von zuhause in den Unterricht; sie sind mit ganz anderen Problemen beschäftigt als dem Thema der bevorstehenden Unterrichtsstunde. Der Lehrer muß die schwierige Leistung vollbringen, eine möglichst große Aufmerksamkeit für seine Stunde zu erreichen. Nebenbei: es kann jedem Lehrenden empfohlen werden, wenn er nur wenig Zeit zur Vorbereitung einer Stunde haben sollte, in jedem Fall einen guten Einstieg zu bedenken.

Einerseits kann der „Einstieg" sehr unterschiedliche Lehrformen umfassen, andererseits ist es eine typische Form des Unterrichts, die in jeder Stunde vorkommt und deshalb große Beachtung verdient.

Auch für „Einstieg" gibt es eine ganz Reihe verschiedener, völlig oder fast synonymer Bezeichnungen (s. Berck 1992): Eröffnungsphase, Hinwendung, Motivation, Problemgewinnung, Hinführung usw. Der Bezeichnung „Einstieg" wird der Vorzug gegeben, da sie (zumindest im naturwissenschaftlichen Unterricht) bisher schon am meisten benutzt wird, sie in der Literatur ausschließlich in dem hier erörterten Zusammenhang verwendet wird, andere Bezeichnungen dagegen eine weitere Bedeutung haben.

Man kann für Planung und Ablauf des Einstiegs keine Merkmale angeben, die ausschließlich für diese Phase des Unterrichts spezifisch sind. Typisch ist vielmehr eine bestimmte Kombination von Lehrformen.

Der in diesem Zusammenhang wesentliche Gesichtspunkt der Motivationsforschung ist die Aktivierung der Momentanen Lernmotivation (Kap. 9.2, weiterhin besonders Todt 1978, 1977). Diese sollte nicht mit einem andauernden Interesse am Fach verwechselt werden, kann dafür aber eine der Voraussetzungen sein. In diesem Zusammenhang kann der lernpsychologische Befund genutzt werden, daß jedes Individuum ein Bedürfnis nach optimaler Stimulation hat. *Als wichtigstes Mittel steht dem Lehrer nach Berlyne dabei die Manipulation der sogenannten kollativen Eigenschaften der Reizsituation zur Verfügung. Kollative oder vergleichende Eigenschaften beinhalten immer den Vergleich von Informationen aus verschiedenen Quellen, z. B. Vergleich der vorliegenden Reizsituation mit den Erfahrungen oder Erwartungen des Individuums ... Kollative Eigenschaften sind z. B. Neuheit, Komplexität, Mehrdeutigkeit, Inkongruenz* (Todt 1978: 212).

Aus dieser recht abstrakt klingenden Erkenntnis ergibt sich vielfach die konkrete Möglichkeit, biologische Themen als Kognitiven Konflikt zu formulieren (s. Berck 1992). Geeignete „Typen" des Kognitiven Konflikts, die jedoch nicht immer eindeutig zugeordnet werden können, sind (alle folgenden Beispiele wurden mehrfach im Unterricht erprobt):

- Zweifel entsteht durch Informationen, bei denen man nicht weiß, ob man sie glauben soll oder nicht, z. B.: Es hat jemand berichtet, er habe im Winter Frösche im Schnee herumhüpfen sehen; Behauptung: Dohlen können zählen.
- Verwirrung entsteht durch Konfrontation mit Problemen, zu denen man mehrere Lösungsmöglichkeiten angeben kann, ohne unmittelbar erkennen zu können, welche die richtige ist: Warum baut der Kuckuck kein Nest? Vergleich des Skeletts einer Affenart und des Menschen; wie sind die Übereinstimmungen (z. B. 7 Halswirbel) zu erklären?
- Unklarheit entsteht durch unklare und unvollständige Information; z. B.: Zeichnung eines Baums mit einem hohen Stamm; oben am Stamm befindet sich ein verwachsenes, früher einmal eingeritztes Herz; neben dem Stamm steht ein alter Mann und schaut auf das Erinnerungsstück; hat er früher einmal eine Leiter benutzt oder ist das Herzchen hochgewachsen? Warum haben Eidechsen keine Haare?
- Ungereimtheit entsteht durch Phänomene, die der Erwartung widersprechen; z. B.: Man behauptet, daß man Pflanzen wachsen sehen kann; reibt man eine Zaunrübe (Bryonia dioica) während der Wachstumsphase mit dem Finger an einer Ranke, wickelt sich diese in 1 bis 3 Minuten um den Finger. Der Mensch hat während der Fötalentwicklung am ganzen Körper ein Fell; braucht er das, um sich zu wärmen? Warum kann man beim Verzehr ungewaschener Pflaumen (Stachelbeeren) Leibschmerzen bekommen, wenn man danach Wasser trinkt?
- Widerspruch entsteht durch Informationen, die in das bisherige Wissen nicht eingeordnet werden können; Behauptung: Ohne Ohren und Gehirne gibt es in der Welt keine Töne. Warum bekommen Buntspechte beim Trommeln keine Kopfschmerzen?

Jede Biologielehrerin wird schnell erkennen, daß sich jeder dieser Kognitiven Konflikte auf ein bedeutsames biologisches Thema bezieht.

Eine zweite Möglichkeit, Momentane Motivation hervorzurufen, ist nach Heckhausen (1968) der „sachbezogene Anreiz". Ohne Zweifel ein altbekannter und schon erwähnter Faktor (s. Kap. 9.2). Gerade beim Einstieg sollte auf diesen Aspekt geachtet werden. Todt (1977, 1978) nennt in diesem Zusammenhang vor allem folgende Anregungsbedingungen:

- Anschaulichkeit, Beispiele
- Ich-Nähe, Anwendungsbezug
- manuelle und kognitive Eigenaktivität
- Nervenkitzel
- Versuche

Da die meisten dieser Faktoren an anderer Stelle ausführlicher dargestellt werden, soll hier nur noch etwas auf die „Ich-Nähe" hingewiesen werden. Gerade wenn eine betont fachliche Stunde ansteht, sollte der Einstieg möglichst von einem „Lebensproblem" ausgehen. Eine empirische Studie von Todt (1978: 196, s. auch Kap. 9.3) zeigt, daß die Verdeutlichung von Kompetenzen, die mit bestimmten Themen gewonnen werden, *bei Schülerinnen und Schülern in kurzer Zeit deutlich höhere Interessen ... bewirken können.*

Es erfordert Kreativität und oft auch „Kenntnisse über den Zeitgeist" (s. Kap. 8.2), aber bei den meisten biologischen Problemen läßt sich ein Bezug zur „Ich-Nähe" herstellen; z. B.:

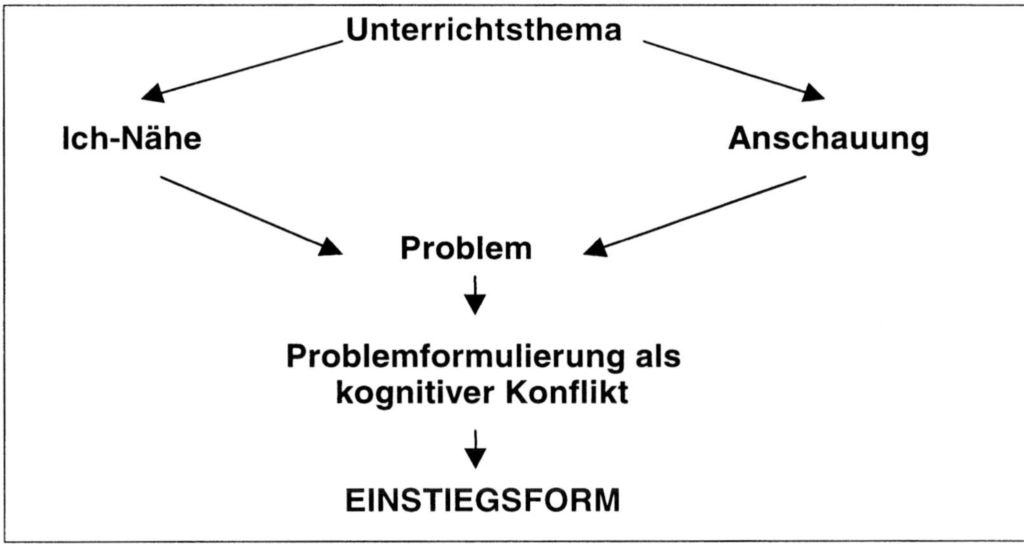

Abb. 26: Modell eines „optimalen" Einstiegs in eine Biologiestunde.

– Genetik in Klasse 10, Thema Rekombination des Erbgutes: Wie groß ist die Wahrscheinlichkeit, daß zwei Geschwister gleiches Erbgut haben (daß ein Schüler, der Geschwister hat, gleiches Erbgut wie sie hat)?
– Einführung zum Thema Naturschutz; Einstieg mit Hilfe zweier Dias: Freizeitsee im Sommer und naturnaher See.

Aufgrund der bisherigen Erörterungen erscheint es möglich, ein idealtypisches Modell des Einstiegs für eine Unterrichtsstunde zu entwerfen. Dieses Modell umfaßt folgende Abschnitte (Abb. 26):
1. Gegebenes Unterrichtsthema,
2. Überprüfung des Themas auf einen Aspekt der Ich-Nähe
3. und zugleich auf eine Möglichkeit der Veranschaulichung,
4. Formulierung des Problems in enger Beziehung zum Unterrichtsthema
5 und möglichst Formulierung des Problems als Kognitiver Konflikt,
6. aus diesen Faktoren ergibt sich die Einstiegsform.

Anhand von zwei Beispielen soll der gesamte Vorgang noch einmal erläutert werden:

Primarstufe, Thema: Zahnbau und Zahnfäule; Ich-Nähe: Zahnschmerzen, Angst vor dem Zahnarzt; Anschauung: Dias eines kariösen Gebisses, kariöse Zähne; Problem: Ursachen für gesunde und kranke Zähne; Problemformulierung als Kognitiver Konflikt: X hat jeden Tag Süßigkeiten gegessen und doch faule Zähne bekommen.

Sekundarstufe II, Thema: Wirkung von Umweltschadstoffen auf Organismen, Flechten als Bioindikatoren; Ich-Nähe: Umweltschadstoffe schädigen den Menschen und seinen Lebensraum; Anschauung: Karte der Zonierung des Flechtenbewuchses in und um eine Großstadt („Flechtenwüste"), Foto von Flechten im Hochgebirge; Problem: Wie kommt es, daß gerade Flechten empfindlich auf Luftverschmutzung reagieren? Problemformulierung als Kognitiver Konflikt: In der Großstadt gibt es keine Flechten mehr, wohl aber viele andere Pflanzen; im Hochgebirge gibt es noch Flechten, aber keine anderen Pflanzen mehr (nach KLEE & KIRSCHBAUM 1978).

Begriffe: Einstieg, Momentane Lernmotivation, optimale Stimulation, kollative Eigenschaften, Kognitiver Konflikt (Zweifel, Ungereimtheit, Verwirrung, Widerspruch), sachbezogener Anreiz

14.3 Vortrag

Der „Lehrervortrag" wird in jüngster Zeit vielfach eher negativ beurteilt. Diese Kritik geht davon aus, daß er die Schüler zur Rezeption zwinge, Selbsttätigkeit nicht oder zu wenig fordere und fördere (so z. B. schon SIEDENTOP 1968). Es gibt zur Effektivität dieser Form des Unterrichtens, so weit bekannt, nur wenige Befunde (s. jedoch unten) – weder im positiven noch im negativen Sinn.

Es erscheint bemerkenswert, daß nach einer Phase mehr oder minder starker Ablehnung das „Erzählen" im Geschichtsunterricht eine Rehabilitation erfährt und sein Stellenwert intensiv diskutiert wird; weil „wir als Menschen notwendigerweise erzählen" (s. QUANDT & SÜSSMUTH 1982).

Ein Lehrervortrag erscheint notwendig, wo schwierige biologische Sachverhalte vermittelt werden müssen; die Schüler Informationen nur uneffektiver oder unter Umständen gar nicht aus Büchern entnehmen können (z. B. für die Sekundarstufe II: Hardy-Weinberg-Regel, Erregungsleitung in einem Neuron, Hörvorgang im inneren Ohr). Es ist ja gerade eine der spezifischen Leistungen einer Lehrerin, Komplexes klar erklären zu können. Ein „pseudo-fragend-entwickelnder Unterricht", statt eines Vortrags in diesem Zusammenhang häufig verwendet, macht eine Sache dagegen schwerlich klarer.

Schüler im Grundschulalter können jedenfalls geeigneten „Erzählungen" lange und gut zuhören. Diese Bereitschaft sollte demnach auch im Biologie- bzw. Sachunterricht genutzt werden. Eine empirische Erhebung zeigt zumindest, daß eine Lehrererzählung über eine Tier- oder Pflanzenart zu einem hohen und anhaltenden Lernerfolg führt (s. Kap. 11.3). Dieses Verfahren erscheint für andere Themen ebenso geeignet.

Bei einer Befragung von Schülern 11. und 13. Klassen (n=406, Bremen, fünfstufige Antwortskala, H. U. GRAF 1994: 110) gaben diese an: In der 11. Klasse betrug der Anteil der Lehrform „Vortrag" („regelmäßig" – „fast immer") etwa 65, in der 13. Klasse etwa 70 Prozent; dagegen lag der Wert von „nie" und „selten" bei etwa 15 bzw. 10 Prozent. Zugleich gab es jedoch eine hohe Korrelation (0,5) zu der Aussage, daß diese Schüler ihre „Kenntnisse in Biologie im Biologieunterricht erworben haben". Vielleicht kann man dies so interpretieren, daß sie trotz eines hohen Anteils an Lehrervorträgen dort etwas gelernt haben.

Zwar ist Vorsicht geboten, aus einer solchen Untersuchung allgemeine Schlußfolgerungen zu ziehen. Erfahrung bestätigt jedoch den angegebenen Befund, daß zumindest in der Sekundarstufe II Lehrervorträge einen nicht geringen Teil des Biologieunterrichts ausmachen (während es gerade für diese Schulstufe eine Vielzahl von Möglichkeiten zur Eigenaktivität der Schüler gibt).

Andererseits ist die Unterrichtszeit vielfach so knapp bemessen, vor allem in „Grundkursen", daß Lehrende verständlicherweise diese Methode bevorzugen oder sogar bevorzugen müssen, um „schneller voranzukommen" (zumal nach Angaben von Lehrern nur etwa 60 Prozent des in Lehrplänen vorgesehen Lehrstoffs bearbeitet werden kann; s. WÖLLERT 1990).

Die Gefahr erscheint jedenfalls nicht gering, daß Lehrerinnen die Methode „Lehrervortrag" oft bzw. zu oft wählen, da sie den geringsten Aufwand bei der Vorbereitung zu machen scheint. Dem widerspricht jedoch die nicht geringe Anzahl folgender Anforderungen – die sich aber durchaus gut realisieren lassen (s. dazu z. B. ASCHERSLEBEN 1986 und COLLETTE & CHIAPETTA 1994):

- Vortragsdauer zehn bis höchstens fünfzehn Minuten;
- möglichst kurze Sätze, Beginn des Vortrags mit einem interessanten Aufhänger;
- deutliches Ansprechen der Zuhörer; Variieren der Stimme;
- besonders Wichtiges sprachlich hervorheben; Pausen einlegen;
- stets Augenkontakt mit den Zuhörern herstellen;
- das eigene Interesse betonen – auch durch subjektive Anmerkungen, witzige Bemerkungen und dergleichen;
- Füll- bzw. Verlegenheitswörter vermeiden (wie „so, ahh, also, okay" etc.);
- vorher bedenken, ob Fragen zugelassen werden sollen oder nicht;
- Vermeidung unnötiger Fachbegriffe, diese anschreiben, sprachlich hervorheben;
- Aussagen mit interessanten Beispielen illustrieren;
- mit einem bemerkenswerten Phänomen beginnen;
- Medien – in begrenztem Umfang – zum besseren Verständnis und zur Motivation benutzen;
- Verwendung einer Gliederung (Tafel, Overheadprojektor) erleichtert es, dem Vortrag zu folgen.

Auch Schüler der Sekundarstufe II dürften primär wenig Interesse an einem „wissenschaftlichen Vortrag" haben. Deshalb sollte der Lehrervortrag auch bei ihnen den genannten Kriterien folgen; vor allem Aspekte enthalten, die zeigen, daß das Thema sie etwas angeht. Die Schüler müssen angehalten werden, sich Notizen zu machen und nach dem Vortrag die wesentlichen Inhalte wiederzugeben sowie Fragen zu stellen.

Eine weitere Möglichkeit für Vorträge im Biologieunterricht sind Schülervorträge – die freilich eine etwas andere Funktion haben. In Hauptschulen können Vorträge von Schülern über ein selbstgewähltes Thema die beliebteste Form des Unterrichts sein, und zwar vor allem dann, wenn diese über ein Gebiet ihres speziellen Interesses berichten. Dies stellt auch eine Form der Anerkennung dar.

Dabei sind die genannten Voraussetzungen für einen guten Lehrervortrag (s. o.) auch von einem Schüler zu fordern, sonst haben alle anderen Schüler außer dem vortragenden wenig von einer solchen Darbietung. Um Vorträge von Schülern (dies gilt ebenso für Studierende) zu vermeiden, die unklar sind, nicht die wesentlichen Aspekte einer Sache enthalten, die anderen langweilen, sollte die Lehrerin diese rechtzeitig vorher korrigieren und zur Überarbeitung zurückgeben. Weiterhin ist für Schülervorträge zu beachten:

- Thema und Vortragsdauer (maximal 20 Minuten) genau festlegen,
- Literatur zur Verfügung stellen,
- Zusammenfassung begrenzten Umfangs fordern,
- Fragen der Zuhörer (außer Verständnisfragen) möglichst erst nach dem Vortrag zulassen.

Begriffe: Lehrervortrag (Kriterien), Schülervortrag

14.4 Unterrichtsgespräch – Impulsfrage

Mögliche Situation: Jeder Lehrende sollte, wenn er es nicht aus bestimmten Gründen sowieso tun muß, immer wieder einmal einen ganzen Schulmorgen lang Unterricht anhören. Sollte dieser Unterricht, was vielfach auch in Biologie der Fall ist, überwiegend aus einem „Lehrer-Schüler-Frage-Antwort-Spiel" bestehen, bekommt er einen Eindruck davon, was die Schüler oftmals fünf Stunden hintereinander erleben – man könnte auch sagen: erdulden müssen.

Das fragend-entwickelnde Unterrichtsgespräch ist wohl noch immer die Regelform des Biologieunterrichts (s. Tab. 14–1). Dafür läßt sich ein einfacher Grund angeben: Es erfordert anscheinend keinerlei oder kaum Vorbereitung. Die meisten Lehrer sind aufgrund ihres biologischen Wissens in der Lage, ein Thema spontan in ein Frage-Antwortsystem umzusetzen.

Es besteht dabei eine starke Neigung, in einer Unterrichtsstunde vorwiegend Fragen zu stellen, die kurze Antworten provozieren (solche Fragen sind allerdings vielfach auch nicht zu vermeiden). Eine solche Tendenz entsteht leicht, wenn die grundlegenden Fragen für eine Stunde nicht vorher geplant wurden.

Dem steht Unterricht mit Impulsfragen (offene Fragen, higher level questions) gegenüber, die eine umfängliche Antwort verlangen, in weit höherem Maße Nachdenken, Bereitschaft zur Hypothesenbildung, Koordination bereits vorhandenen Wissens und die Aktivität vieler Schüler erfordern. Unter Umständen kann die Beantwortung einer solchen Frage einen längeren Abschnitt einer Unterrichtsstunde in Anspruch nehmen – oder diese sogar zu einem anderen Thema führen (wovor Anfänger verständlicherweise oftmals Angst haben). Ein besonders wichtiger Teil der Unterrichtsvorbereitung ist es demnach, wenigstens eine solche Impulsfrage und die möglichen Antworten der Schüler zu bedenken.

Die „Taxonomie Kognitiver Lehrziele" (BLOOM et al. 1974: 201ff., s. auch COLLETTE & CHIAPETTA 1994) läßt sich auch dazu verwenden, die „Qualitätsstufe" oder den Anspruch einer Frage zu ermitteln; dazu zu jeder Stufe ein Beispiel:

- Wissen: Definiere den Begriff Gen!
- Verständnis: Welche Funktion hat der Zellkern im sogenannten „Ruhezustand"?
- Anwendung: Was kann man aus dem Basenverhältnis über den Bau der DNA schließen?
- Analyse: Welche Belege gibt es für die Wirkung energiereicher Strahlen?
- Synthese: Mit welchem Experiment könnte man überprüfen, ob in einer Bakterienkultur eine Mutation aufgetreten ist?
- Bewerten: Sollen gentechnisch veränderte Nahrungsmittel zum Verkauf zugelassen werden? Welche Argumente sprechen dafür bzw. dagegen?

Die Kontrolle der für eine Unterrichtsstunde vorgesehenen Fragen mit Hilfe dieses Schemas ermöglicht es, Anspruchsniveau, denkbare Antworten, mögliche Zeitdauer für deren Beantwortung u. a. einzuschätzen.

Bei dem fragend-entwickelnden Unterricht gilt es, einerlei ob „Ein-Antwort-Fragen" oder Impulsfragen gestellt werden, einige Prinzipien zu beachten:

• Anzahl: Häufig werden zu viele Fragen innerhalb eines kurzen Zeitraums gestellt; so zählte MELNIK (1968) bis maximal 150 Fragen (!) pro Unterrichtsstunde.
• Struktur: Vielfach läuft die Struktur eines solchen Unterrichts nach folgendem Schema ab: L – Sch – L – Sch – L usw. Das heißt, auf eine Lehrerfrage folgt jeweils eine Schülerantwort. Dagegen bietet folgendes Vorgehen die Chance zu wesentlich höherer Aktivität der Schüler: L – Sch – Sch – Sch – L – usw.
• Pausen und Warten: Es ist wichtig, daß sich Lehrerinnen trainieren, nach Fragen Pausen einzulegen, warten zu können. Empirische Untersuchungen (ROWE 1974a, 1974b, TOBIN 1984) zeigen eine Reihe positiver Effekte, wenn die Wartezeit zwischen Frage und Antwort mindestens drei bis fünf Sekunden dauert; z. B.: Durch längeres Nachdenken liegen die Antworten auf einem höheren kognitiven Niveau und sie sind länger; die Anzahl der Fehler ist kleiner; langsame Schüler antworten öfter; die Anzahl von Fragen, die Schüler stellen, nimmt zu.
• Vorwissen: Bei der Formulierung von Impulsfragen sollte wie stets bedacht werden, welches Wissen voraussichtlich bei den Schülern vorhanden ist, das sie zu deren sinnvoller Beantwortung verwenden können, sonst führt die Bearbeitung einer solchen Frage leicht zur „Raterei“.

Für jede Schulstufe werden beliebig gewählte Beispiele für solche Impulsfragen angegeben, deren Beantwortung jeweils spezifisches Vorwissen voraussetzt.
• Primarstufe: Kann man von einer „diebischen Elster“ (einem „frechen Sperling“) sprechen? Kann man eine Pflanze in einen Eisschrank stellen, damit sie dort wächst? Was fällt Euch bei den Wörtern „Mann“ und „Frau“ ein?
• Sekundarstufe I: Neben der einfachen Zellteilung (Mitose) muß es als Folge der sexuellen Fortpflanzung einen anderen Typ geben; welches könnten seine Kennzeichen sein? Bei tierischen Einzellern, die im Süßwasser leben, finden sich häufig pulsierende Vakuolen; wozu?
• Sekundarstufe II (dazu zahlreiche Beispiele z. B. in BILS & DÜRR 1989): Warum soll man überhaupt Arten schützen, die Ausrottung von Arten verhindern? Was muß man alles wissen, wenn aus einem Baggersee ein Naturschutzgebiet entstehen soll und sich dort bestimmte Arten ansiedeln sollen?

Begriffe: Fragend-entwickelndes Unterrichtsgespräch, Impulsfrage, Taxonomie Kognitiver Lehrziele

14.5 Gruppenarbeit

Gruppenarbeit (group learning, cooperative learning, group work) kann man definieren als die weitgehend selbständige gemeinsame Bearbeitung eines Unterrichtsthemas durch mehrere Schüler. Die Lehrerin kann dabei zwar das Thema stellen, Materialien bereitstellen, Ratschläge geben, aber sie sollte bei der Arbeit der Schüler so weit wie möglich in den Hintergrund treten. Es wird zwischen Arbeitsgleicher Gruppenarbeit, alle Schüler bearbeiten das gleiche Thema, und Arbeitsteiliger Gruppenarbeit unterschieden.

WATSON* (1992) stellt aufgrund eigener Erfahrungen und von Untersuchungsergebnissen (die nach anderen Aussagen bereits zu Tausenden vorliegen) fest: Gruppenarbeit hat den Unterricht nicht grundlegend verändert, aber sie ist eine zusätzliche nützliche Unterrichtsmethode. Danach kann es „kaum Zweifel daran geben“, daß diese Lehrform in bezug auf die Schulung wissenschaftlicher Untersuchungsmethoden, dem Erlernen wissenschaftlicher Methoden effektiv ist. Schon früher haben SEYMOUR & PADBERG (1975) Befunde zusammengetragen, die dafür sprechen, daß durch Gruppenarbeit folgende Fähigkeiten von Schülern gefördert werden: Kommunikationsfähigkeit, Einsicht in wissenschaftliche Befunde, Problemlösefähigkeit, Verbesserung des biologischen Wissens. Andererseits fanden BROPHY & GOOD (1986, USA, 8. Klassen), daß in Mathematik keine der beiden Lehrformen – Frontalunterricht oder Gruppenarbeit – der anderen deutlich überlegen war.

Mehrere Aspekte erfolgreicher Gruppenarbeit stellt ebenfalls WATSON (1992, zum Teil aus weiterer Literatur) zusammenfassend vor; z. B:
• Mehrere Schüler erhalten eine Aufgabe, mit der sie sich allein beschäftigen, dann wird in Zusammenarbeit aller die Aufgabe gelöst.
• Positiv bewertet wird ein Ergebnis nur, wenn alle Mitglieder einer Gruppe bei der Lösung erfolgreich sind.
• Jedes Gruppenmitglied muß einen Bericht abgeben; dies ist eine wesentliche Voraussetzung dafür, daß Gruppenarbeit erfolgreicher ist als normaler Unterricht.
• Die Teilnehmer einer Gruppe erhalten ein Thema; dieses müssen sie als Experten beherrschen, tragen es der eigenen und anderen

Gruppen vor (über „Gruppenpuzzle“ s. ausführlich in Kap. 13.9).
• Wettbewerb zwischen den Gruppen, die dasselbe Thema bearbeitet, fördert den Erfolg.
• Eine Gruppe wählt sich aus einem Gesamtthema einen Teil aus; einzelne Mitglieder bearbeiten Unterthemen, die zur Lösung beitragen.

Folgende Schritte werden allgemein bei der Durchführung von Gruppenarbeit empfohlen:
• Thema, Problem festlegen;
• Ziel festlegen;
• geeignete Gruppen bilden;
• die Gruppe sammelt gemeinsam Ideen, Hypothesen für die Untersuchung;
• jede Gruppe entwickelt Untersuchungsstrategien;
• jeder Gruppenteilnehmer muß genau wissen, was er tun soll (besonders dann, wenn zuhause weitergearbeitet wird);
• Lehrerin hilft bei der oder kontrolliert die Abfassung der Ergebnisse;
• möglichst alle Schüler sind bei der Darstellung der Ergebnisse beteiligt.

Gruppenarbeit ist für Lehrende keineswegs eine einfache oder gar „gemütliche“ (wie manche Außenstehende vielleicht meinen) Lehrform. Sie erfordert vielmehr, daß langfristig vielfältige geeignete Materialien gesammelt und bereitgestellt werden. Deshalb erscheint es auch kaum sinnvoll möglich, daß diese Lehrform spontan verwendet wird.

Für den Biologieunterricht gibt es vielfältige Themen für diese Lehrform; einige (erprobte) Beispiele sollen angeführt werden:
– Primarstufe/Unterstufe: Was kann man tun, um Fledermäuse zu schützen und für sie bessere Lebensbedingungen zu schaffen? Warum leben Reh und Hirsch nicht im selben Wald? Was kann sich am Verhalten während der Pubertät ändern und wie könnte man sich darauf vorbereiten?
– Mittelstufe: Welche verschiedenen Prozesse laufen in einem Muskel ab, nachdem jemand 5, 10, 20 usw. Sekunden möglichst schnell gelaufen ist? Warum ist die Anwendung von DDT heute bei uns verboten?
– Sekundarstufe II: Gibt es einen grundsätzlichen (!) Unterschied im Verhalten des Menschen und dem von Menschenaffen? Kann man aufgrund nervenphysiologischer (neurologischer) Befunde davon ausgehen, daß wir Menschen „Willensfreiheit“ haben? Sprechen embryologische (ontogenetische) Befunde für oder gegen eine Abstammung des Menschen von anderen Lebewesen?

Begriffe: Gruppenarbeit, Arbeitsgleiche Gruppenarbeit, Arbeitsteilige Gruppenarbeit

14.6 Projekt

Die Durchführung von „Projekten“ und „Projektwochen“ im Unterricht ist keineswegs neu. Schon bei Reformbemühungen in den USA um 1930 wurden entsprechende Versuche unternommen. Projektunterricht war ursprünglich keine Lehrform, sondern wurde mit der Absicht eingeführt, den gesamten Unterricht, Schule grundlegend zu verändern – etwa durch Abschaffung von Fächern und Klassenstufen. Dies ergab sich aus den Zielsetzungen einer „demokratischen Schule und eines demokratischen Rollenverständnisses“ – so die vielfach vorgetragene Meinung. – Eine Bibliographie zum Projektunterricht für die Jahre 1895–1982 hat Schäfer (1988) zusammengetragen.

In Deutschland bekommt dieses Verfahren erst um 1970 (wieder) größere Bedeutung; u. a. angeregt von den dänischen „Twind-Schulen“; deren Prinzip: Jeder Lernprozeß endet in einem Produkt, das eine Gruppe für das „Leben“ für nützlich erachtet. Wobei es nicht einfach sein dürfte, diese „Nützlichkeit“ zu überprüfen, weil Schulrealität nun einmal stets anders ist als etwa die Berufswelt.

In der englischsprachigen Literatur findet man Aussagen zum Thema heute vor allem unter den Bezeichnungen „integrated, interdisciplinary, transdisciplinary“ (dazu z. B. Blum 1991). In etwa synonym mit Projektunterricht wird auch die Bezeichnung „interdisziplinäres Lernen“ verwendet (zur Terminologie s. Zabel 1994, zum Begriff „Fächerübergreifend“ s. Kap. 18.5.1). Die hier verwendete Bezeichnung ist jedoch allgemein verbreitet, so daß sie im Zusammenhang mit Biologieunterricht verwendet wird.

Der „didaktische Ort“ von Projekten wird von Hansel (1981) etwa in folgender Weise beschrieben: Die Organisationsstruktur von Unterricht individualisieren, weg von starren Plänen, sich an den Bedürfnissen der Schüler orientieren; den Verlust des Erzieherischen mit Projekten ausgleichen; Demokratisierung des Lernens; fächerverbindende Themen auswählen. Aus einigen dieser Parameter läßt sich eine mögliche Definition ableiten:

Das Unterrichtsprojekt ist ein gemeinsam geplantes, vom Gruppeninteresse getragenes und verantwortetes Vorhaben, das zudem berufs- und gesellschaftsbezogen gestaltet werden soll (Röhrs nach Hansel 1981).

Genauere Begründungen, die für die Vorteile von Projektunterricht ins Feld geführt werden, sind zum Beispiel (Stubenrauch 1978, Heller & Semmerling 1983, Eschenhagen 1990, Zabel 1994):

- Mehr Spaß an der Schule,
- Lernen nach eigenen Vorstellungen,
- Zusammenarbeit unter den Schülern,
- Lernleistungen unterliegen nicht wie im herkömmlicher Unterricht der Konkurrenz,
- Ziele des Lernens sind nicht fremdbestimmt, Situationsbezug,
- Theorie und Praxis fallen nicht auseinander,
- die Schüler können mit Phantasie und eigenen Erfahrungen lernen,
- wirkt erziehend,
- der Lehrer wird aus seiner Rolle entlassen,
- Interdisziplinarität,
- Einbeziehung vieler Sinne.

Gegenüber solchen weitgesteckten, ja euphorischen Erwartungen – und der derzeitigen weiten Verbreitung dieser Lehrform – gibt es offenbar bis heute keine empirischen Untersuchungen, die diese bestätigen. So kommen Heller & Semmeling (1983) sowie Hansel (1981: 612) zu dem Ergebnis, daß sich kaum Hinweise auf Leistungsmessungen im Zusammenhang mit Projektunterricht finden. Und zwar weder in Hinsicht auf sozial-integrative oder interessensbildende Effekte, aber auch nicht in bezug auf den Erwerb von Wissen. Ebenso finden sich in einem Themenheft „Projekte“ (UB 188, s. auch Hedewig 1993, 1994) keine Angaben über abgesicherte Befunde.

Eine Kurzdarstellung über die Durchführung eines sechs Wochen andauernden Projekts zum Thema „Getreide“ in einer 3. Grundschulklasse liegt vor (Starosta & Kirchhöfer 1994). Die Ergebnisse haben wegen der kleinen Schülerzahl (n=21) wenig Aussagekraft, sind jedoch kaum ermutigend in bezug auf das erworbene biologische Wissen. Weitere kritische Anmerkungen zu dieser Lehrform finden sich z. B. bei Hansel (1981) und Hedewig (1994).

Befragungen von Schülern und Lehrern (die naturgemäß relativ wenig über wirkliche Effekte von Projekten aussagen können) werden von Hedewig (1994) referiert. Beide Gruppen, vor allem engagierte Lehrer, geben erwartungsgemäß positive Urteile ab. Eine dieser Erhebungen ergab aber auch gleich viele positive und negative Aussagen. Viele Schüler nehmen Projekte oft nicht ernst und sehen sie eher als Freizeit an (entsprechend Eschenhagen 1990).

In Projektwochen sind offenbar biologische Themen unterrepräsentiert. So findet sich z. B. unter etwa 70 Themen (Heller & Semmeling 1983) nur ein biologisches (Tierschutz – Naturschutz), jedoch neun aus Sport und Technik.

Lehrerinnen sind in dem Konflikt, daß von Schülern ausgewählte Themen, der Forderung nach „Schüler- und/oder Gesellschaftsrelevanz“ sowie der Vermittlung grundlegendem biologischem Wissen unter Umständen nicht entsprechen. Zu einem bestimmten Zeitpunkt für ganze Schulen angeordnete „Projektwochen“ bergen gar die Gefahr in sich (wie immer wieder festgestellt werden kann), daß auch weniger bedeutsame Themen ausgewählt werden. Eschenhagen (1990) greift in diesem Zusammenhang sogar die Bezeichnung „Ettiketenschwindel“ auf.

Konkreter als die genannten „Begründungen“ und unmittelbar auf Realisierung bezogen, fassen Eschenhagen (1990) und Hedewig (1994, im Anschluß an Dewey) Voraussetzungen für sinnvolle Projekte im Rahmen des Biologieunterrichts zusammen:

- Es muß ein für den Erwerb von Erfahrung und biologisches Wissen geeignetes Thema vorliegen,
- daraus muß sich ein echtes Problem ergeben,
- die Schüler müssen über das notwendige Wissen verfügen
- und mögliche Lösungen für das Problem selbst entwickeln können,
- vorgeschlagene Lösungswege müssen durch praktische Anwendung erprobt werden können,
- und die Schüler müssen deren persönliche und soziale Bedeutung herausfinden.

Daraus folgen wichtige, idealtypische Schritte, die bei der Durchführung von Projekten eine Rolle spielen. In der Literatur finden sich dazu zahlreiche Angaben und Variationen.

- Vorstellen einer Idee für ein Projekt durch Lehrerin oder Schüler;
- theoretische Auseinandersetzung über Ziele, mögliche Zeitdauer; Zusammenfassung in einem Verlaufsdiagramm;

- gründliche Vorbereitung der Lehrerin zu allen möglichen Aspekten des Projekts;
- gemeinsame Überlegungen über notwendige Aktivitäten, u. U. deren Aufteilung auf einzelne Schüler bzw. Schülergruppen;
- Durchführung der Arbeiten;
- Darstellung des Projekts möglichst für die „Öffentlichkeit" in Form einer Ausstellung, eines zusammenfassenden Berichts, einer (Vortrags-)Veranstaltung, einer Aktion etwa in einer Gemeinde.

Es bleibt festzuhalten: Projekte sind auch für den Biologieunterricht ein geeignetes Verfahren dann, wenn sie aus einem konkreten Anlaß oder aus einem echten biologischen Problem des Unterrichts entstehen – und zudem die genannten Kriterien erfüllen. „Angeordnete Projektwochen" bergen die Gefahr in sich, daß Themen gewählt werden, für die den Schülern primär ein Problembewußtsein oder Interesse fehlt. Dies dürfte selbst dann gelten, wenn Lehrer und Schüler gemeinsam Themen für eine solche „Projektwoche" zusammenstellen.

Da bis heute offenbar nur subjektive Urteile über den Effekt von Projekten vorliegen, die systematische empirische Erhebungen nicht ersetzen können, ist diese Lehrform stets auch kritisch zu sehen – und dies vor allen Dingen.

Begriffe: Projekt, Projektunterricht, Projektwoche

14.7 Rollenspiel

Auch bei dieser Lehrform kann man nicht umhin (wie so oft) festzustellen: Zur Bedeutung des Rollenspiels (Role Playing) für das Lernen im Biologieunterricht gibt es offenbar keine Untersuchungen. Man kann sich aber wohl folgender „sehr hohen" Meinung von Cherif & Somervill (1995) anschließen: *Wir glauben, daß das Rollenspiel ein unverzichtbarer Teil der menschlichen Entwicklung ist; es ist zudem eine einzigartige Gelegenheit, um zwischenmenschliche Beziehungen zu entwickeln.* Andererseits fragt man sich doch, ob der geringe zeitliche Umfang von Rollenspielen im Vergleich mit den ständigen sozialen Interaktionen der Schüler während des ganzen Schulvormittags für die „Entwicklung zwischenmenschlicher Beziehungen" wirklich eine zentrale Bedeutung hat.

Rollenspiele werden unabhängig von einem Schulfach verwendet, um Fähigkeiten im Umgang mit anderen zu trainieren, und zwar in bezug auf Denken, Emotionen und Handeln (Zusammenfassung bei Brandhorst 1991: 800ff.). Untersuchungen kommen zu dem Schluß, daß der Erfolg von Rollenspielen u. a. darauf beruht, daß reale Situationen eben als Spiel ablaufen: Angst vor sozialen Situationen wird „überspielt" und dadurch wird „selbstsicheres Reagieren" gefördert.

Schüler müssen sich beim Rollenspiel, entsprechende Themen vorausgesetzt, in bestimmte Rollen versetzen. Diese sind mit guten Argumenten (Wissen), Toleranz gegenüber anderen Meinungen und selbstsicher zu vertreten. Wer demnach im Biologieunterricht formale Fähigkeiten schulen will (s. Kap. 3.5) – und dies sollte eigentlich jeder – sei besonders auf diese Lehrform hingewiesen. Obwohl es sich beim Rollenspiel um eine bemerkenswerte Lehrform handelt, wird sie offenbar vergleichsweise wenig im Biologieunterricht verwendet.

Es dürfte mindesten zwei Typen von Rollenspielen geben.

– Konflikt-Rollenspiel: Bearbeitung von Themen, die auch in der Gesellschaft ungelöst sind und zu Konflikten führen, für die es demnach keine eindeutigen Lösungen gibt.

Dazu gibt es viele Beispiele mit unterschiedlichem Schwierigkeitsgrad, die im Biologieunterricht bearbeitet werden können; einige davon, zum Teil provozierend formuliert, sind: Darf man Tiere schlachten, um ihr Fleisch zu essen? Verhalten sich Frauen anders als Männer? Es muß (z. B. in einem Gemeindeparlament) entschieden werden, ob ein neu entstandener Baggersee zu einem Freizeitsee oder einem Naturschutzgebiet umgewandelt werden soll (s. schon Bleckmann et al. 1979). Soll Abtreibung vom Staat zugelassen werden, unter welchen Bedingungen; welche Argumente zur Entscheidung gibt es für den Einzelnen, wenn er vor einer entsprechenden Situation steht? Sollen biotechnologisch entstandene Lebensmittel (gekennzeichnet oder ungekennzeichnet) in den Geschäften verkauft werden?

Bei diesem Rollenspiel-Typ sollte es drei „Parteien" geben: Zwei, die die beiden Seiten des Problems vertreten („Sachverständige"), und eine weitere, die gleichsam als neutrale Instanz („Politisches Gremium") aufgrund der vorgebrachten Argumente entscheidet. Da die Vorbereitung auf die Diskussion im wesentlichen im Unterricht geschehen wird, müssen die Schüler der „Entscheidungspartei" ebenfalls beschäftigt werden. Es hat sich bewährt, daß sie in dieser Zeit etwas über die grundlegenden Begriffe, Aussagen des Problems lernen.

– Bewertungs-Rollenspiel: Beim zweiten Typ geht es nicht oder weniger um Konfliktsituationen, sondern um die Gegenüberstellung und die Verteidigung des „Wertes" zweier biologischer Situationen. Dies könnte als „unbiologisch" bezeichnet werden, spornt aber die Schüler (vor allem jüngere) zu beachtlichen Leistungen an.

Beispiele: Wer ist besser organisiert, der „Staat" der Honigbiene oder der der Roten Waldameise? Wer kommt besser über den Winter, der Igel oder eine (beliebig auszuwählende) Fledermausart? Was ist besser, eine Erkältung ohne Medikamente auszukurieren oder die Einnahme von Antibiotika?

Auch beim Rollenspiel im Biologieunterricht gibt es bestimmte Phasen, die gut geplant werden müssen:
- Festlegung eines Problems;
- inhaltliche Festlegung der Rollen;
- gründliche Beschäftigung mit den Inhalten durch die Schülergruppen (wer antwortet auf ein bestimmtes Argument der Gegenpartei, wer wird Spezialist für einen betimmten Teilbereich des Themas?);
- schriftliche Ausarbeitung von Eingangsstatements und Schlußwort;
- u. U. Besprechung bestimmter Diskussionsstrategien;
- Durchführung des Streitgesprächs (vorher Zeitrahmen bestimmen);
- nach Beendigung des Rollenspiels Abstimmung über die einleuchtendere Argumentation, ausführliche Erörterung darüber, was „gut oder schlecht, richtig oder falsch" an der Debatte war.

Dabei sollte sich die (in dieser Lehrform weniger erfahrene) Lehrerin die wichtigsten Fragen vorher überlegt haben, z. B: Wurden die Argumente von einer bestimmten Partei klar und schlüssig vorgetragen? Wurden wichtige Fragen an die Gegenpartei gestellt? Wurde versucht, die Argumente der Gegenpartei tolerant, aber eindeutig und kreativ zu widerlegen? Wurde versucht, Antworten auf mögliche Argumente der Gegenpartei vorher zu formulieren?

Diese Lehrform erfordert viel Zeit und kann deshalb wohl nicht gerade oft angewandt werden. Kriterien des „Exemplarischen Prinzips" im Sinne Wagenscheins (s. Kap. 7) sollten dabei bedacht und beachtet werden. Die Lehrerin muß rechtzeitig viele und vielseitige Materialien zur Vorbereitung des Rollenspiels sammeln, die sie verständlicherweise mehrmals verwenden wird. Deshalb sollte gut bedacht werden, ob ein Rollenspiel mit einem zufällig gefundenen Thema, spontan in die Tat umgesetzt werden kann.

Eine allgemeine Anmerkung sei noch hinzugefügt. In einer mehrjährigen Untersuchung zum Thema „Intelligenzförderung durch Spiele" wurde bei Vorschulkindern geprüft, ob Spiele ein „Überlernen" ausgewählter Strategien der Informationsverarbeitung ermöglichen. Die Evalutation ergab, daß dieses „Überlernen" nur in wenigen Fällen erreicht wurde und entsprechend keine Transfereffekte auf die zugrunde liegenden kognitiven Fähigkeiten nachgewiesen werden konnten (Hoffstätter & Wendt 1983: 194).

Begriffe: Rollenspiel, Konflikt-Rollenspiel, Bewertungs-Rollenspiel

14.8 Außerschulische Lernorte

14.8.1 Allgemeines

Das Thema „Außerschulische Lernorte" ist fast unerschöpflich. Es gibt immer wieder neue Möglichkeiten, außerhalb der Schule Unterricht zu halten und zu lernen. Zwar gibt es schon lange für den Biologieunterricht typische Formen des Unterrichts außerhalb der Schule. Aber im Zusammenhang mit dem Stichwort – oder soll man sagen Schlagwort – „Öffnung der Schule" haben sich offensichtlich solche Veranstaltungen vermehrt. Kritisch ist zu fragen, ob bei abnehmender Unterrichtszeit und gerade im Biologieunterricht ständig zunehmender wichtiger Inhalte Effektivität von Klassenunterricht und Unterricht außerhalb der Schule immer genügend gegeneinander abgewogen werden.

Zumindest zwei unterschiedliche Absichten liegen der Verwendung Außerschulischer Lernorte kombiniert mit dem Prinzip „Öffnung der Schule" zugrunde: Bei der einen dominiert die Vermittlung biologischen Wissens. Die andere verfolgt vorwiegend den Zweck, *veränderte Lebensbedingungen der Schüler zu kompensieren, weil die nur auf enge Unterrichtsarbeit aus-*

gerichtete Schule nicht in der Lage ist, jene Vielfalt von Erfahrungen zu vermitteln, die mehr denn je heute Aufgabe von Pädagogik ist (HERZOG, zit. nach STICHMANN & DALHOFF 1996). Aktivitäten außerhalb der Schule im Rahmen des Biologieunterrichts sind so unterschiedlich, daß kaum Gemeinsames über sie ausgesagt werden kann.

Wie bedeutsam diese Art des Unterrichts geworden ist, erkennt man schon daran, daß sich spezielle Richtungen der Biologiedidaktik etabliert haben (die auch von der Gesellschaft personell und finanziell unterstützt werden) wie z. B. Zoo-, Museums-, Schulgarten-, Freilandpädagogik, „Grüne Schulen“ (outdoor biology). Folglich gibt es auch eine nur schwer überschaubare Literatur und viele Arbeitsmaterialien (die in der Regel bei den betreffenden Institutionen zu erhalten sind).

Von vielen Autoren wird besonders in jüngster Zeit als Aufgabe solcher Aktivitäten neben dem Erwerb von Wissen die Schulung von „Naturbegegnung“, „Naturerleben“ betont. Damit zusammenhängende Fragen wurden bereits in Kapitel 3.6 besprochen.

Eine der wichtigsten Voraussetzungen für die Arbeit mit Schülern in den meisten der genannten Institutionen ist Artenkenntnis der Lehrerin (s. auch Kap. 11.1). Hinlänglich umfangreiche Kenntnisse dieser Art mußte jede Lehrerin sich wohl schon immer selbst erwerben. Dies ist kein Unterfangen, das von heute auf morgen zu bewältigen ist. Keine Lehrerin kann alle Arten kennen, auf die sie „draußen“ trifft. Andererseits ist es mißlich, wenn sie nie oder fast nie Arten benennen kann. Mehr zu dieser Frage findet sich in Kapitel 18.1, Punkt 4.

Bei allen Unternehmungen vor der Schultür sollte die Lehrerin folgende, vielleicht selbstverständliche, aber nützliche Punkte beachten:

- Empirische Untersuchungen (Literatur s. Kap. 11.3) haben gezeigt, daß Unterricht außerhalb des Klassenraums am effektivsten ist, wenn er vorher gründlich im normalen Biologieunterricht vorbereitet ist (damit wird auch verhindert, daß die Exkursion zu einem unterhaltsamen Ausflug wird).
- Die Lehrerin sollte den Ort, die Exkursionswege vorher genau kennenlernen, da sich daraus u. a. von den Schülern zu bearbeitende Fragen ergeben und mögliche Gefahren oder andere Schwierigkeiten vorhergesehen werden können.
- Dies sollte auch zu einer strikten Beschränkung auf wenige Unterrichtsthemen führen; bei einem Freilandgang, in einem Museum oder Zoo gibt es eine solche Fülle – die leicht zu einer Verwirrung der Schüler und/oder Oberflächlichkeit verführen kann.
- Besonders wichtig sind vorher gut geplante Arbeitsanweisungen an die Schüler (DYLLA 1965 bezeichnet dies als „Anweisenden Unterricht“).
- Man sollte den „Fachmann“, dessen Vortrag man an einem Außerschulischen Lernort einplanen möchte, bereits kennen. Nicht selten sind solche Vorträge zu lang, für die Schüler wenig motivierend – oft ist der Vortrag der Lehrerin, die ihre Klasse kennt, günstiger.
- In vielen Publikationen wird darauf hingewiesen, daß solcher Unterricht in besonderem Maße Möglichkeiten zur Selbsttätigkeit und Selbständigkeit der Schüler eröffnet. Dergleichen sollte eingeplant werden.
- Den Schülern eine Liste mit genauen Anweisungen vortragen, was unterwegs erlaubt bzw. nicht erlaubt ist. Je genauer dergleichen festgelegt ist, um so weniger Disziplinprobleme gibt es in der Regel (dies dient auch dem Schutz der Lehrerin z. B. bei Unfällen).
- Entsprechendes gilt auch für Gegenstände, die mitgebracht werden dürfen.
- Vorher festlegen, in welcher Form (z. B. Protokoll) die Schüler ihr unterwegs erworbenes Wissen dokumentieren müssen.

Obwohl vieles für eine positive Bewertung des Unterrichts an Außerschulischen Lernorten spricht, gibt es doch offenbar für die meisten kaum Untersuchungen über deren Effektivität, und zwar weder in bezug auf Wissenserwerb, Einstellungsänderungen oder „Erleben“ (s. jedoch folgenden Text).

Die Funktion diese Kapitels kann vorwiegend nur darin bestehen, eine Auswahl Außerschulischer Lernorte vorzustellen, die für die Vermittlung biologischen Wissens am wichtigsten erscheinen. Weiterhin auf die umfängliche Literatur hinzuweisen, in der eine Vielzahl von Anregungen allgemeiner Art und konkreter Vorschläge für den Unterricht in bezug auf die einzelnen Außerschulischen Lernorte enthalten ist (z. B. SIEDENTOP 1968, STICHMANN 1970, GRUPE 1977, FALKENHAN 1978, Bd. 1/II, HEDEWIG & RODI 1982, HEDEWIG & KNOLL 1986, KILLERMANN & STAECK 1990).

14.8.2 Beispiele

14.8.2.1 Biologische Exkursionen und anderer Freilandunterricht

Für „Exkursion" gibt es in der biologiedidaktischen Literatur eine ganze Reihe von Bezeichnungen, z. B. Lehrwanderung, biologische Wanderung, Unterrichtsgang (field trip), so daß man dieses Stichwort oft nur mühsam im Index von Büchern findet. Da ESCHENHAGEN et al. (1993: 186) eine – allerdings sehr breite – Definition des Begriffs vorgegeben haben, soll dieser aus Gründen der Priorität gefolgt werden: Eine Exkursion ist danach jeder Unterricht außerhalb des Schulgebäudes. Dies erfordert jedoch eigentlich eine neue Benennung der typischen biologischen „Lehrwanderung", die hier hilfsweise als „Biologische Exkursion" bezeichnet werden soll.

Eine typische Biologische Exkursion (biologische Lehrwanderung) geschieht mit der Absicht, den Schülern Kenntnisse über Pflanzen- und/oder Tierarten, Betrachtung von Lebensgemeinschaften oder bestimmter ökologischer Bedingungen zu vermitteln. Dies kann kombiniert sein mit der Behandlung von Naturschutzfragen. Während traditionell eher die Vermittlung von Artenkenntnissen im Vordergrund stand, dominieren heute vielfältige Untersuchungen. Das Buch von KUHN, PROBST & SCHILKE „Biologie im Freien" (1986) ist dafür ein gutes Beispiel und zugleich eine vorzügliche Hilfe für jeden Lehrer. ZIMMERLI (1970) hat schon früher ähnliche Anregungen gegeben und dabei auch Fragen der Umweltbelastung durch den einzelnen aufgenommen. Vor allem sogenannte Freilandlabors, Naturschutzzentren, Naturschutzinformationsstände etc. halten in aller Regel erprobtes, gut ausgearbeitetes Material für Freilandarbeit bereit, das sich zudem auf lokale Lehrpfade und andere Einrichtungen bezieht. Dieses sollte sich eine Lehrerin beschaffen.

Die Vermittlung von Artenkenntnissen durch Freilandarbeit, wurde bereits ausführlich in Kapitel 11, besonders 11.2 und 11.3 erörtert. Dort wurde auch über empirische Befunde zum Einfluß solcher Aktivitäten auf positive Einstellungen zu Natur- und Umweltschutz berichtet, ebenso über Methoden zur Vermittlung von Artenkenntnissen.

Den oben angegebenen allgemeinen Aspekten für Freilandaktivitäten mögen noch einige Empfehlungen hinzugefügt werden:

- Die überall vorgeschriebenen „Wandertage" sollten von einer Biologielehrerin nicht primär als biologische Lehrwanderung eingeplant werden. Jüngere, gar in der Stadt wohnende Schüler wollen sich zuerst austoben und spielen. Die Erfahrung lehrt, daß jedoch alsbald einige Schüler von sich aus nach biologischen Objekten fragen; dieses Interesse gilt es dann zu nutzen.
- Es ist belegt (s. Kap. 11.3), daß es effektiver ist, eine Exkursion mehrmals an derselben Stelle durchzuführen statt in wechselnde Lebensräume.
- Bei einer Exkursion sollten immer nur wenige Arten besprochen werden, aber diese ausführlich und mit besonderen Eigenheiten (man könnte auch sagen „Geschichten", s. zum Begriff „Assoziatives Umfeld" Kap. 10.3).
- Viele Schüler lernen Vogelstimmen nur schwer. Vorheriges Abspielen, Charakterisieren der Lautäußerungen von 4–5 Arten im Klassenraum (z. B. indem man versucht, die Stimme aufzuschreiben) ist für einen gewissen Erfolg fast unerläßlich. Eindrucksvoll ist es, im Frühjahr mit einem Tonträger (den man z. B. auf einem Baumstumpf abstellt und tarnt) draußen Gesänge abzuspielen, so daß eine bestimmte Art angelockt wird (s. auch LIESENFELD 1979). Vögel umgeben uns (fast) überall; sie sind für Exkursionen eine attraktive Organismengruppe.
- Insekten kann man mit einem Streifnetz fangen und kurzzeitig in einem kleinen Glas aufbewahren. Es ist gar nicht schwer, mit Hilfe eines einfachen „Bild-Bestimmungsschlüssels" dann sofort die Insekten-Gruppe zu ermitteln.
- An einem sogenannten „Krötenzaun" im Frühjahr wandernde Amphibien einzusammeln ist wegen der besonderen Situation wohl für alle Schüler (der Ausdruck darf hier einmal benutzt werden) ein Erlebnis.
- Bei Exkursionen mit älteren Schülern ist es günstig, eine geologische Karte des Gebietes zur Hand zu haben und sich vorher geomorphologische Kenntnisse anzueignen.

Der Besuch eines Naturschutzgebietes mit Schülern ist problematisch. Vor allem deshalb, weil diese vielfach enttäuscht sind; nichts „Besonderes" zu sehen ist. Der Wert solcher Gebiete besteht ja in der Regel darin, daß sie seltene, aber vielfach unscheinbare Arten beherbergen. In diesem Fall ist es wichtig, vorab im Unterricht solche Arten vorzustellen und Ausmaß und Gründe ihrer Bedrohung deutlich zu machen. Die wohl umfangreichste Zusammenstellung von Vorschlägen wie man Schüler an konkreten Naturschutz-Maßnahmen beteiligt, zum Teil mit längerfristigen Arbeiten, hat ARNOLD (1976) vorgelegt.

14.8.2.2 Schulgarten und Botanischer Garten

Schulgärten haben eine lange Tradition; sogar ihre Geschichte ist – was bislang sonst kaum einem biologiedidaktischen Spezialgebiet widerfahren ist – mehrfach ausführlich dargestellt worden (z. B. GRAEBER 1907, KILGER 1981, WINKEL 1985). Auf und ab ging ihre Bedeutung, unterschiedlich war und ist ihre Funktion.

Zurecht weist STICHMANN (1988) auf die Problematik des Begriffs „Biotop" hin. Zudem schlägt er als „fachlich angemessener" vor, für vom Menschen neu geschaffene Lebensräume die Bezeichnung „Sekundärbiotop" zu wählen. Dem ist zuzustimmen.

In Folge von Freilandunterricht und Umwelterziehung haben Schulgärten (Sekundärbiotope, Botanische Gärten) wieder an Bedeutung gewonnen, und zwar mit allen Funktionen zugleich, die sie je für die Schüler haben sollten oder hatten: Erlernen von Gartenarbeit und Gartenpflege, der Biologie von Zimmer-, Nutz-, Heil- und Giftpflanzen, der Systematik und Morphologie von Pflanzen, Kennenlernen von Anpassungen, Durchführen ökologischer Experimente, Bearbeitung von Evolutions- und Naturschutzfragen, Üben des Sachzeichnens u. a.

Lehrer in Münster sahen die Hauptaufgabe der Schulgartenarbeit im „Umgang mit und Erfahrung von Natur" (85 %), „Beitrag zur Umwelterziehung" (71 %). *Der Schulgarten wird dadurch zu einem für jede Schule unentbehrlichen Hilfsmittel des naturwissenschaftlichen Unterrichts* – meinte GRAEBER schon 1907 (S. 1). Nach einer Umfrage von HELLBERG-RODE (1992) verfügte 1990 in Deutschland jede dritte bis vierte allgemeinbildende Schule über eine solche Einrichtung. Dazu wurden auch sogenannte „Biotope" bzw. „Sekundärbiotope" gerechnet. Jede Lehrerin hat demnach die Chance, an eine solche Schule zu kommen. Auf Arbeit in einem Schulgarten, dazu gehören durchaus ja auch praktische Arbeiten, sollte sie sich vorbereiten. Man kann dergleichen nicht von heute auf morgen lernen.

Und dabei besonders die Schwierigkeiten bedenken, die damit verbunden sind, z. B. Mitarbeit des Kollegiums und der Schulleitung ist erforderlich; ein Schulgarten oder Sekundärbiotop kostet Geld, woher bekommt man es; wer betreut die Anlage in den Ferien; ist man bereit, viel Zeit in ein solches Objekt zu investieren.

Vorab ist besonders bei der Anlage eines Sekundärbiotops zu bedenken, wie und von welcher Biologielehrerin er nach der oft „euphorischen Phase des Aufbaus" genutzt wird.

Bedauerlicherweise gibt es jedoch trotz aller Bedeutung, die dieser Einrichtung zugemessen wird, offenbar keine genaueren Untersuchungen dazu, welche der erhofften Effekte in welchem Umfang eintreten. Dagegen gibt es in der genannten Literatur (z. B. KAUFMANN 1984, WINKEL 1985) viele Anregungen, wie man Schulgärten anlegt und dort mit Schülern arbeitet; dies gilt ebenso für sogenannte „Biotope aus zweiter Hand" (z. B. UB 135, 1988).

Es gibt gleitende Übergänge zwischen der Funktion von Schulgärten, Sekundärbiotopen, Freilandlabors, Botanischen Gärten („Grünen Schulen"), Lehrpfaden (z. B. WESSEL 1980). Überall dort, wo es (hauptamtliche) Lehrkräfte gibt, stehen der Lehrerin gezielt ausgewählte Objekte, fertig ausgearbeitete Unterrichtsmaterialien zur Verfügung. Wo immer möglich, sollte Biologieunterricht davon profitieren.

14.8.2.3 Zoo

Ausführliche Darstellungen zur Zoopädagogik finden sich z. B. bei KIRCHSHOFER (1978, 1984), Themenheft „Unterricht im Zoo" (Prax. Biol. 41, H. 3, 1992). Dort finden sich viele Vorschläge, wie solcher Unterricht abgehalten werden kann. Auch zahlreiche positive Erfahrungen einzelner werden dargestellt, aber keine Erhebungen über die Effektivität (so auch WEIß ER, Zoo Frankfurt a. M., mündl. Mitteilung 1998).

Dominierend sind Vorschläge wie die Beschränkung auf bestimmte Tiergruppen (z. B. Primaten) oder Durchführung ethologischer Studien (s. z. B. DYLLA 1964/65, 1965; SEGER 1992). Für ältere Schüler erscheinen als mögliche Zusatzaufgabe auch „humanethologische Studien" an Besuchern von Interesse. Zoos für Naturschutzerziehung zu nutzen, dafür plädiert KIRSCHSHOFER* (1984). Sie schlägt vor allem das Studium bedrohter Tierarten (wie Großkatzen und Kriechtierarten) vor, wobei man auch über „Rote Listen" informieren kann.

Zur Abfolge methodischer Schritte bei einem Zoobesuch: Zuerst sollte ein kurzer Rundgang eingeplant werden (um eine entsprechende, verständliche Neugier der Schüler zu befriedigen); Vortrag der Lehrerin oder eines Zoopädagogen zu dem Objekt des Themas, falls es nicht bereits im Unterricht genügend besprochen wurde; selbständiges Arbeiten der Schüler; gemeinsame Besprechung. Als Dauer des Aufenthaltes in einem Zoo schlägt KIRCHSHOFER (1978) für Grundschüler eine Schulstunde (was nach anderen positiven Erfahrungen bei guter Vorbereitung u. U. erheblich zu kurz ist), für andere Stufen zwei bis drei Stunden vor.

14.8.2.4 Naturkundliches Museum

Den Stand der Museumspädagogik bis 1980 haben ERBER & GÖTTERT (1981) durch Befragung von 145 Institutionen zusammengefaßt. Sowohl sie wie schon vorher FEUSTEL (1978) und WINKEL (1978b) geben eine lange Liste mit solchen Einrichtungen an, die sich auch auf Biologieunterricht eingestellt haben. Ebenso Themen der dort vorhandenen Arbeitsmaterialien. Bei eigenem Interesse der Museen an solcher Arbeit (machen doch Schüler einen nicht unerheblichen Teil ihrer Besucher aus), hat sich diese Situation weiter verbessert. Eine umfassende allgemeine Darstellung zur Museumpädagogik stammt von WESCHENFELDER & ZACHARIAS (1981).

Wie aus der angegebenen Literatur hervorgeht, gibt es eine Vielzahl biologischer Themen, die heute in Museen mit Schülern bearbeitet werden können; dies schließt vielfach auch Experimentieren und andere Aktivitäten ein. Museen haben dazu heute vielfach mehr Möglichkeiten als eine Schule. Sie können auch komplizierte Experimente entwickeln und auf Dauer anbieten. Besonders effektiv verspricht dies dann zu werden, wenn Schüler nach ihren Interessen befragt und diese als Grundlage für die Entwicklung neuer Exponate benutzt werden (GUICHARD 1996). Es lohnt sich deshalb für Biologielehrer, ein in der Nähe gelegenes Naturkundemuseum zu nutzen. Dies ist schon von der 3. Klasse an mit Gewinn möglich.

Über positive Äußerungen von Schülern (n= 404, unterschiedliches Alter, offene Antworten) im Zusammenhang mit Museumsbesuchen berichtet DÜRR (1986). Bemerkenswert an seinen Ergebnissen ist, daß Stopfpräparate mehr Anklang fanden als Tonbildschau und Aktionsecke. Der Vermittlung von Naturschutz-Themen und -einstellungen in Museen hat sich besonders JANSSEN (1984) gewidmet. Er schlägt dafür „Erlebnisräume" (z. B. mit Fühlobjekten, Objekte modellieren, Zuordnen von Teilen zu einem Ganzen, Gegenstände mit Lupen betrachten, biologische Spiele) und spezielle für Jugendliche abgehaltene Matinee-Veranstaltungen vor.

In einem Museum wurde verschiedenen Kindergruppen (7 bis 11 Jahre alt, n=~100, Frankreich, GUICHARD 1996) einerseits eine Videoschau über Ameisen, andererseits ein realer Ameisenhaufen angeboten. Die mittlere Anzahl der dazu gestellten Fragen verhielt sich wie 1,3:5,8; d. h., der „reale Ameisenhaufen" provozierte eine wesentlich intensivere Fragehaltung. Kinder im Alter von 6–8 Jahren konnten keine hinlänglich zutreffende Skizze des menschlichen Skeletts zeichnen. In einer Ausstellung „fuhren" sie ein Fahrrad, zugleich sahen sie in einem Spiegelbild die Bewegungen ihrer Knochen; am folgenden Tag (erneut nach 8 Monaten) zeichneten sie Skizzen, „die erkennen ließen, daß die Schüler ein perfektes Verständnis der Hauptfunktionen des Skeletts hatten" (GUICHARD 1996).

Diese Beispiele zeigen nicht nur, wie Museen mit erprobten Objekten Lernen und Fragehaltung fördern können, sondern allgemein wie schnell Schüler anhand geeigneter Objekte Wissen erwerben.

Beim Besuch eines Museums sind folgende Vorbereitungen wichtig, ja unabdingbar.

- Sich vorher über dort vorhandene Arbeitsmöglichkeiten zu informieren;
- zu prüfen, welche der vorhandenen Materialien für eine bestimmte Klasse geeignet sind;
- spezifische Arbeitsaufträge für die Schüler zu planen (man ist in einem Museum mit seinen Schülern auf oft engem Raum nicht allein!);
- sich um einen Raum zu kümmern, in dem die Ergebnisse besprochen werden können, um sie u. U. vor Ort noch einmal zu prüfen.

14.8.2.5 Landheimunterricht

Eine Biologielehrerin, die sich einen kürzeren oder längeren Aufenthalt an irgendeinem Ort vornimmt, sollte sich der Verantwortung, die sie damit hat, bewußt sein. Sie tut gut daran, die in Kapitel 14.1 genannten „Regeln" zu beachten. Sie trägt aber auch Verantwortung dafür, die Chance zu nutzen, biologisches Wissen zu vermehren und zu Freilandaktivitäten anzuregen. Auch die Bearbeitung von Naturschutzthemen dürfte bei einem mehrtägigen Landheimaufenthalt wesentlich besser möglich sein als etwa in einem Museum.

Berichte über dergleichen Unternehmungen sind leider nicht selten wenig befriedigend. Trotz der Eignung ist die Zahl von biologischen Projekten, die in Schullandheimen wirklich durchgeführt werden, verhältnismäßig klein (WINKEL 1986: 5). Dort auch eine Befragung von 1058 Lehrern über Tätigkeiten während eines Landheimaufenthaltes; „Vermittlung biologischen Wissens" wird, soweit erkennbar, nicht (!) genannt.

Es darf noch einmal betont werden: „Eigene Naturbegegnung" ist der dominierende Anregungsfaktor für Aktivitäten mit Tieren und Pflanzen im weitesten Sinn (s. Kap. 11.2, PALMER & NEAL 1994); je länger Freilandunterricht dauert, um so höher ist jede Art von Lerneffekt in diesem Bereich (z. B. SCHWAAB 1982). Dazu:

- Schon die Wahl des Aufenthaltsortes (wenn man nicht durch ein schuleigenes Landheim festgelegt ist) entscheidet naturgemäß darüber, ob man biologisch arbeiten kann.
- Es sollte in einem Landheim ein eigener Raum zur Verfügung stehen, in dem man Untersuchungen vornehmen, gesammelte Objekte ausstellen kann.
- Je nach Alter der Schüler ist zu bedenken, welche Untersuchungsgeräte mitgenommen werden können bzw. müssen.
- Dies gilt auch für notwendige Literatur.
- Welche biologischen Erkenntnisse ein solcher Aufenthalt bringen sollte, muß man vorher festlegen. Für ältere Schüler hat sich z. B. ein Exkursionsbericht bewährt, als gemeinsames, überdauerndes Werk aller.
- Besonders ist festzulegen, ob von einzelnen Schülergruppen bestimmte Themen intensiv bearbeitet werden oder ob alle gemeinsam etwas tun.
- Richtig wäre es, wenn eine Lehrerin vorher einige Tage vom Unterricht befreit werden würde, um sich vor Ort vorzubereiten; dies ist bislang wohl kaum der Fall.

Es gibt zahlreiche Literatur über spezifische Gebiete; dazu nur einige fast beliebige Beispiele, und zwar jeweils Themenhefte von Zeitschriften: Wattenmeer und Inseln (BU 9, H. 1, 1973; UB H. 136, 1988) – Hochgebirge, Alpen (BU 20, H. 1, 1984; UB H. 69, 1982) – Moor (UB H. 109, 1986) – Hecken und Feldgehölze (UB H. 116, 1986; Prax. Biol. 45, H. 6, 1996; Prax. Biol. 46, H. 1, 1997) – Bach, Stadtbach (Prax. Biol. 34, H. 2, 1994).

Einige Themen, die als erste Anregung angegeben werden, sind fast beliebig; s. dazu auch WINKEL (1986, wobei man nicht allen dort angeführten Hinweisen zustimmen möchte); sie hängen naturgemäß vom Ort des Landheimaufenthaltes ab:

– Primarstufe ab 3. Klasse: Mit Hilfe von „Steckbriefen" in der näheren Umgebung bestimmte Arten suchen (Pflanzen: leichter, Tiere: schwerer); Tiere unter den Steinen eines Bachs sammeln und mit Hilfe vom Lehrer selbst zusammengestellter Angaben etwas über ihre Lebensweise lesen; alle Pflanzen (außer Moosen) auf der abgesteckten Fläche eines Nadelwald- und eines Laubwaldbodens zählen.

– Sekundarstufe I: Mit Hilfe vorgegebener Tabellen Untersuchungen zum Waldsterben machen (s. Themenheft „Gefährdete Wälder", BU 20, H. 3, 1984); Anpassungen einzelner Arten an ihren Standort untersuchen (Lichtverhältnisse, Feuchtigkeit, pH-Wert des Bodens, gegebenenfalls Fortpflanzungstrategien usw.); Nutzung zweier unterschiedlicher abgegrenzter Flächen durch Vogelarten (Anzahl der Individuen in einem Zeitraum, Art der Nutzung, u. U. Artenspektrum).

– Sekundarstufe II: Eine pflanzensoziologische Untersuchung auf zwei kleinen Vergleichflächen durchführen (wobei nicht alle Arten identifiziert werden müssen); das Verhalten einer Vogelart beobachten, genau dokumentieren und nach Möglichkeit mit ethologischen Begriffen interpretieren; Beobachtungen und Experimente zur Orientierung von Waldameisen durchführen; nach vorheriger Beschäftigung mit dem möglichen Nutzen für bestimmte Arten und Genehmigung durch Zuständige ein Naturschutzprojekt durchführen (Tümpel für Amphibien, Steilwand für den Eisvogel, Trockenmauer bauen; s. z. B. ARNOLD 1976) – solche Aktivitäten eignen sich vor allem für eine biologisch weniger interessierte Gruppe.

Begriffe: Außerschulischer Lernort („Öffnung der Schule"), Freilandunterricht, Exkursion, Biologische Exkursion, Biologieunterricht im Schulgarten, Freilandlabor, Sekundärbiotop, Zoo, Naturkundliches Museum, Landheimaufenthalt.

15 Beispiele für Unterrichtsprinzipien

15.1 Allgemeines

Es ist ein besonders heikles Unternehmen, in der didaktischen Diskussion etwas Konkretes über Unterrichtsprinzipien zu sagen, weil die theoretischen Positionen zu verschieden und deshalb die Auffassungen über Unterrichtsprinzipien – falls man solche überhaupt als relevant ansieht – zu unterschiedlich sind (Wolf 1981).

In der Literatur werden reichlich Angaben dazu gemacht, wonach bestimmte Prinzipien (Leitideen, Leitgedanken, Leitprinzipien, Leitlinien u. a. Bezeichnungen) im Biologieunterricht berücksichtigt werden sollen. Sie werden vielfach und wohl am besten als „Unterrichtsprinzipien" bezeichnet. Man kann sie definieren als Inhalte oder Lehrformen, die falls möglich, bei jedem Thema, jeder Unterrichtseinheit berücksichtigt werden. Inhalte, die als „Unterrichtsprinzip" vorgeschlagen werden, fallen dann allerdings vielfach als eigenständige Unterrichtseinheiten fort.

Man kann dem oben zitierten Autor zustimmen: Es gibt in der biologiedidaktischen und pädagogischen Literatur nur wenige Aussagen, die so schillernd sind, mit unterschiedlichen Akzenten verwendet und mit verschiedenen Namen belegt werden. Bemerkenswert ist, daß man andererseits diese (oder eine verwandte) Bezeichnung selbst in umfangreichen Übersichtswerken nicht findet.

Auch die Bereiche, die als Unterrichtsprinzip oder „Prinzip des Unterrichts" vorgeschlagen werden, sind vielfältig und variieren im Lauf der Zeit vor dem Hintergrund allgemeiner Vorstellungen von Unterricht. Dies kann man an Beispielen zeigen:

- Prinzip des Arbeitsunterrichts, des Exemplarischen (Siedentop 1968: 43ff.);
- Unterrichtsgrundsätze (Prinzipien) für den Biologieunterricht: Lebensnähe, Zeitnähe, Anschaulichkeit, Selbsttätigkeit u. a. (Grupe 1977: 217ff.);
- das Pflegerische als Leitidee des Biologieunterrichts (Winkel 1978a);
- Umgang mit Medien als Unterrichtsprinzip; ähnlich für Verkehrserziehung (Winkeler 1980);
- Unterrichtsprinzipien als fächerübergreifende Leitlinien: Gesundheit, Sexualität, Umwelt, Frieden (Eschenhagen et al. 1993: 91); ähnlich Evolution (s .u.);
- durchgängige Integration der Formenkunde (Hedewig 1995);
- Prinzipien des Biologieunterrichts: Situationsbezug, Problemorientierung, Handlungsorientierung (Ellenberger et al. 1993: 141ff.);
- weiterhin: Ganzheitlichkeit, Erfahrungsgeleitetes Lernen, Anweisender Unterricht, Genetischer Unterricht, Entdeckendes Lernen (Problemlösendes Lernen), Erlebnisorientierung, Situiertes Lernen, Wissenschaftspropädeutik (Biophilosophie), Wissenschaftsorientierung, Schülerzentrierter Unterricht, Sachgemäßheit, Entwicklungsgemäßheit usw. (ausführlich zu einigen dieser Prinzipien s. Wolf 1981).

Diese (immer noch unvollständige) Aufzählung macht deutlich, daß sich die in der Literatur angegebenen Unterrichtsprinzipien in zwei Gruppen einteilen lassen. Man kann sie bezeichnen als

- Kognitive Unterrichtsprinzipien, die auf bestimmte Themen des Biologieunterrichts bezogen sind, und
- Formale Unterrichtsprinzipen, die sich auf allgemeine Fertigkeiten und Fähigkeiten beziehen.

Wie allgemein bei biologiedidaktischen Begriffen (s. Kap. 10.3) ist dabei jedoch nicht in allen Fällen eine eindeutige Zuordnung zu einer der beiden Gruppen möglich (z. B. Exemplarisches Prinzip, Wissenschaftspropädeutik).

Unterrichtsprinzipien entsprechen keineswegs einem Strukturansatz (s. Kap. 5). Das könnten einzelne Unterrichtsprinzipien auch schwerlich leisten. Vielmehr besteht die Absicht, sie unabhängig vom jeweils verwendeten Strukturansatz bei jedem biologischen Unterrichtsinhalt zu berücksichtigen und zu beachten. Es ergeben sich jedoch insofern Überschneidungen als bestimmte Unterrichtsprinzipien bereits essentielle Bestandteile bestimmter Strukturansätze sind (s. u.). Für die Entscheidung jeder einzelnen

Lehrerin, welche Unterrichtsprinzipien sie in ihrem Biologieunterricht verwenden will – oder auch muß, sind noch weitere Gesichtspunkte zu bedenken:

1. Es ist schwer zu entscheiden, will man sich nicht an bestimmte Moden oder an Ideen einzelner Autoren halten, welche Unterrichtsprinzipien wirklich notwendig sind – und vor allem, was die Forderung nach Beachtung so vieler und unterschiedlicher Prinzipien für den konkreten Biologieunterricht bedeutet.

Einerseits ist es wichtig, bei jeder Art von Biologieunterricht nicht nur die gerade zu behandelnden biologischen Inhalte und den Lehrplan zu berücksichtigen, sondern immer auch übergeordnete Prinzipien. Wollte ein Lehrer andererseits alle diese Vorschläge wirklich ernst nehmen und auch nur einen Teil möglichst oft im Biologieunterricht realisieren, so könnte dies auch dazu führen, daß die Vermittlung bestimmten biologischen Wissens nicht mehr mit der notwendigen Konsequenz und Klarheit erfolgt.

Bei vielen der angegebenen Unterrichtsprinzipien handelt es sich um grundlegende, eigentlich selbstverständliche Lehrformen, also Elemente oder Teilaspekte jeglichen guten Unterrichts, wie z. B. Anschaulichkeit, Arbeitsunterricht bzw. Handlungsorientierung, Problemorientierung. Sie wurden schon seit der Frühzeit des Biologieunterrichts eingefordert (s. Kap. 17), sind also keineswegs neu. Freilich ist damit nicht ausgesagt, daß sie auch tatsächlich im notwendigen Umfang gegenüber reinen Fachdarstellungen berücksichtigt werden. Insofern erscheint es gerechtfertigt, immer wieder auf sie aufmerksam zu machen: Sie sollten demnach bei jeder Unterrichtsvorbereitung bedacht werden (s. Kap. 16.2).

2. Für die Formalen Unterrichtsprinzipien gelten alle die Schwierigkeiten der Realisierung, des Nachweises ihrer Wirksamkeit, die in Kapitel 3.5 ausführlich diskutiert wurden. Trotz der unbestreitbaren Notwendigkeit, sie im Biologieunterricht zu berücksichtigen, muß man sich stets bewußt sein, daß in den meisten Fällen über ihre Effektivität wenig bekannt ist. Auch bei vielfach in der Literatur vorgetragenen und verfochtenen Meinungen in bezug auf die Verwendung bestimmter Unterrichtsprinzipien wird über deren Bedeutung für biologisches Verständnis der Schüler kaum etwas ausgesagt.

3. Das heute weithin anerkannte und oben dargestellte Leitziel des Biologieunterrichts (s. Kap. 3.2) führt notwendigerweise dazu, daß z. B. Situationsbezug, Lebensnähe und Zeitnähe bei der gesamten Planung berücksichtigt werden. Die Beachtung dieser und darüber hinaus auch Kognitiver Unterrichtsprinzipien wie Gesundheit, Sexualität, Umwelt ist konstitutives Element des Situationsanalystischen Strukturansatzes (s. Kap. 5.6). Er dürfte sich deshalb für die Beachtung der genannten Unterrichtsprinzipien besonders gut eignen.

4. Kognitive Unterrichtsprinzipien der zuletzt genannten Art sind zwar einerseits zu begrüßen; jeder nachdenkliche Lehrer wird entsprechende Fragen der Schüler wo immer möglich und nötig berücksichtigen oder auch provozieren. Andererseits besteht die Gefahr, daß wichtige Inhalte des Biologieunterrichts nicht mehr als Unterrichtseinheiten behandelt werden, da sie ja „überall als Prinzip" berücksichtigt werden. Im Zweifelsfall wird ja schon irgendein anderer Lehrer im „fächerübergreifenden Unterricht" darauf eingehen. Wenn Kognitive Unterrichtsprinzipien also so verstanden werden, daß dadurch eine eigenständige Behandlung als Unterrichtseinheit entfällt, sozusagen gespart wird (Sexualerziehung, Umwelterziehung als Prinzip), werden solche Aussagen außerordentlich problematisch.

So gehört z. B. in den Hessischen „Kursstrukturplänen für die Gymnasiale Oberstufe, Aufgabenfeld III", 1994, das Thema Evolution nicht mehr zu den für alle verbindlichen Inhaltsbereichen, sondern „soll sich als roter Faden durch den gesamten Biologieunterricht der Gymnasialen Oberstufe ziehen" (S.12). Offenbar gaben zeitliche Gründe, damit aber die Bevorzugung anderer Themen den Ausschlag für diese sachlich nicht nachvollziehbare Zurückstufung der zentralen biologischen Theorie. Man kann sich schwerlich vorstellen, wie gründliches Wissen über Evolution entsteht, wenn nicht z. B. der Homologie-Begriff, Beispiele für die Evolution einzelner Organismengruppen, Evolutionsfaktoren ausführlich in einer Unterrichtseinheit studiert werden.

5. Es soll noch einmal betont werden: Bislang gibt es offenbar keine Untersuchungen darüber, zu welchem Wissen (Interesse, positiven Einstellungen) bei Schülern die Beachtung „inhaltlicher Prinzipien" – ohne eine geschlossene Darstellung als Unterrichtseinheit – führt.

Aus den bisherigen Darstellungen kann man einige zusammenfassende Schlußfolgerung ziehen:

• Jeder Biologieunterricht erfordert neben der sachlichen Darstellung die Beachtung bestimmter Unterrichtsprinzipien.
• In der Literatur angegebene Unterrichtsprinzipien müssen von jedem Lehrer daraufhin geprüft werden, ob sie im Biologieunterricht auch zu sinnvollen Ergebnissen führen, in sich schlüssig sind.
• Entsprechend muß Biologiedidaktik solche Unterrichtsprinzipien kritisch sichten.
• Es erscheint kaum möglich, alle vorgeschlagenen Unterrichtsprinzipien etwa in einer Biologiestunde zu beachten. Deshalb gibt es nur die Möglichkeit zu entscheiden, welche davon jeweils bedeutsam sind.

15.2 Bemerkungen zu einigen Unterrichtsprinzipien

Bestimmte Themen, die von verschiedenen Autoren als Unterrichtsprinzipien bezeichnet werden, sind zugleich wesentlicher Bestandteil anderer komplexer biologiedidaktischer Fragestellungen. Sie werden deshalb dort behandelt; z. B.:

- Erlebnisorientierung: Kapitel 3.6
- Schülerzentrierter (Schülerorientierter) Biologieunterricht: Kapitel 5.9
- Situiertes Lernen: Kapitel 6.3
- Exemplarisches Prinzip: Kapitel 7
- Genetisches Lernen, Entdeckendes Lernen: Kapitel 7.3
- Vermittlung von Artenkenntnissen als Unterrichtsprinzip: Kapitel 11.3
- Handlungsorientierung: Kapitel 13.7
- Wissenschaftspropädeutik (Biophilosophie): Kapitel 19

Demnach müssen noch zwei der in der Literatur häufig erwähnten Formalen Unterrichtsprinzipien erörtert und kritisch diskutiert werden.

„Kognitive Unterrichtsprinzipien" wie z. B. Sexual-, Gesundheits-, Umwelterziehung sind inzwischen umfangreiche Teilgebiete der Speziellen Biologiedidaktik. Sie werden in diesem Buch über Allgemeine Biologiedidaktik deshalb nicht weiter behandelt.

15.2.1 Wissenschaftsorientierung – Wissenschaftsorientierter Unterricht

Unter „Wissenschaftsorientierung des Biologieunterrichts" kann man mindestens zweierlei verstehen:

1. Grundsätzlich könnte oder sollte damit eine allgemeine Wissenschaftsorientierung des Biologieunterrichts gemeint sein. D. h., daß das gesamte Lehren an biologiedidaktischen Prinzipien ausgerichtet ist. Dies schließt Genauigkeit in bezug auf die Beachtung vermittlungswissenschaftlicher und biologischer Erkenntnisse ein. Eben eine eigentlich selbstverständliche Orientierung an den Wissenschaften, die Biologieunterricht betreffen.

2. Der Begriff Wissenschaftsorientierung wird aber auch in dem Sinn benutzt, daß eine Ausrichtung entweder vorwiegend an den Inhalten oder den Methoden der Biologie erfolgen soll. Dazu wurden bereits an mehreren Stellen (Kap. 1.2, 3.5, 5.8) Aussagen gemacht.

In diesem Sinn wurde die Bezeichnung Wissenschaftsorientierung verwendet, nachdem der Deutsche Bildungsrat (1970a: 33 u. a.) gefordert hatte: *Die Bedingungen des Lebens in der modernen Gesellschaft erfordern, daß die Lehr- und Lernprozesse wissenschaftlich orientiert sind … Die Wissenschaftsorientierung von Lerngegenständen und Lernmethoden gilt für den Unterricht auf jeder Altersstufe.* Vor allem in Kapitel 5.5 (auch 3.4) wurde unter dem Gesichtspunkt „Allgemeinbiologie als Strukturansatz" auch schon auf dieses Thema eingegangen. Für die Grundschule stellt SOOSTMEYER (1988: 308ff.) diesen Aspekt unter dem Stichwort „Sachorientierung" dar.

In heftigen Debatten (z. B. mehrere Aufsätze bei WICKE 1985; Übersicht bei SCHMITZ 1977) trugen vor allem Pädagogen, besonders Grundschulpädagogen, Bedenken vor. Sie fürchteten einen Verlust an „Bildung" vor allem bei einer zu starken Betonung (natur)wissenschaftlich ausgerichteten Unterrichts; für die Grundschule gar einen Verlust des „reformpädagogischen Gedankengutes" (SCHMIDT 1980). Solcher Polemik kann man nur immer wieder entgegenhalten: Es spricht viel mehr für den Bildungswert von Wissen als für die umgekehrte Annahme. Daran sollte sich Unterricht denn auch ausrichten.

Vorübergehend wurde Biologieunterricht vor allem von angloamerikanischen Curricula in Hinsicht auf eine stärkere Wissenschaftsorientierung im engeren Sinn beeinflußt (s. Kap. 17.2). Auch die ersten IPN-Unterrichtseinheiten lassen eine entsprechende Tendenz erkennen. Im Anschluß an die Curriculum-Reform (s. Kap. 6) gab es jedoch, so weit bekannt, keine deutschsprachigen Lehrpläne für den Biologieunterricht für die Sekundarstufe I, die betont „wissenschaftsorientiert" ausgerichtet waren, wohl aber für die Sekundarstufe II.

Wissenschaftsorientierung in dem Sinn, daß ein ausgewogener Kanon grundlegender biologischer Kenntnisse vermittelt wird, ist ein selbstverständliches Element von Biologie- und Sachunterricht – und bedarf daher kaum einer Erwähnung als eigenes Unterrichtsprinzip.

15.2.2 Ganzheitlichkeit

Schwer zu fassen ist die Bezeichnung „Ganzheitlichkeit", „Ganzheitlicher Biologieunterricht". Dies könnte mit ihrem wahrscheinlichen Ursprung aus verschiedenen Wurzeln zusammenhängen – von denen man etwas wissen sollte, um die verwirrende Verwendung dieser Bezeichnung besser zu verstehen. Dies ist kein ganz leicht zu verstehender Überblick über verschiedene Denkrichtungen des zwanzigsten Jahrhunderts. Es ist jedoch wegen der verwirrenden Verwendung dieser Bezeichnung und der heute verbreiteten Forderung nach „Ganzheitlichkeit" notwendig, sich mit ihr auseinanderzusetzen, wenn man sich dazu eine eigene Meinung bilden will.

Im Zusammenhang mit der Reformpädagogik wird schon zu Beginn der 30er Jahre das „Eindringen des Ganzheitsgedankens in die Gesamtunterrichtsbewegung" festgestellt (Kochan & Neuhaus-Siemon 1979). *Das Prinzip des Gesamtunterrichts ist in reiner Form selten verwirklicht worden, da bald deutlich wurde, daß der Anspruch der Sache zu kurz kommt, wo die Ideologie der Ganzheit allein den Unterricht bestimmt* (Schmidt 1980).

„Ganzheitlichkeit" war offensichtlich keine primär pädagogische, gar empirisch abgesicherte Idee, sondern sie ist von gestaltpsychologischen, ganzheitsphilosophischen Vorstellungen abgeleitet. Danach ist das „Ganze" anders und mehr als die Summe der Teile, Wahrnehmung und Verstehen sollen vom Ganzen ausgehen und nicht von den Teilen. „Ganzheit" kann mit empirischen Methoden nicht erfaßt werden. – Inzwischen ist eine Reihe früher unerklärbarer „Gestaltwahrnehmungen" durch neurologische Modelle aufgeklärt, sozusagen des Unerklärlichen entkleidet worden (s. z. B. schon Hassenstein 1967b).

Entsprechend spielen auch im Vitalismus (der Vorstellung, daß in Organismen eine nichträumliche, also auch nicht meßbare Kraft wirkt, genaue Erklärung in Kapitel 19.2) Bezeichnungen wie „Ganzheit" und „Zweckmäßigkeit" eine zentrale Rolle. Besonders wird dieser Begriff von dem Biologen und Anthroposophen Portmann (z. B. 1961: 37) benutzt: *Statt daß da Bausteine ein Ganzes aufbauen, schafft sich das bereits bestehende, im Unsichtbar kompliziert geformte Ganze vorerst einmal seine „Bausteine".* Die Bezeichnung „Ganzheit" wird also (in diesem kompliziert formulierten Satz) verwendet, um den Organismen ein „zwecksetzendes Prinzip" unterzuschieben. Dergleichen hat seinen Ursprung wohl im Bedürfnis nach der „Rettung von Transzendenz", deutlicher gesagt: eines Schöpfers. – Dessen Wirken könnte man als Biologe jedoch nicht erforschen. Demnach sind aus solchen Annahmen abgeleitete Aussagen inhaltslos, man kann auch sagen sinnlos (Brüggemann 1958: 207).

Auch in den Biologieunterricht sind solche vitalistischen Vorstellungen eingedrungen, besonders nach dem Zweiten Weltkrieg (Beispiele in Kap. 17.3, Punkt 6). So meinte Esser noch 1972 (S.17), daß der Streit zwischen Mechanismus und Vitalismus noch nicht entschieden und es folglich Aufgabe der Biologie sei „die Ganzheitsnatur des Organismus zu erforschen".

Schließlich wurde auch in der NS-Biologie (s. Kap. 17.2) der Begriff mißbraucht: Dem übergeordneten „Volksganzen" hatte sich das Individuum bedingungslos unterzuordnen.

Eine große Rolle spielt „Ganzheitlichkeit" in allen esoterischen Betrachtungen (z. B. „Ganzheitsmedizin"); zur Problematik esoterischer Aussagen s. Kapitel 19.3.4.

Meint man mit „Ganzheitlichkeit" eine Verknüpfung biologischer Themen mit anderen Bereichen, wie z. B. Literatur, Musik, so war dies schon um die Jahrhundertwende gang und gäbe – manchmal in übertriebenem Umfang, wie Lehrerhandbücher ausweisen (z. B. Zimmermann 1891/1921, Busemann 1905).

Um die Vielzahl der Verwendungen dieses Begriffs noch zu erhöhen, wird mit ihm auch die „Autonomie" der Biologie gegenüber rein physikalisch-chemischen Erklärungen bezeichnet (s. Reduktionismusproblem, Kap. 19.2, Punkt 2). Durch die Komplexität der Organismen entstehen neue Prinzipien, die Moleküle und chemische Verbindungen nicht aufweisen – etwa „Informationen". In diesem Sinn hat der Begriff „Ganzheitlichkeit" in der Biologie zu einer nützlichen Betrachtungsweise geführt. Es fragt sich jedoch, ob „Autonomie" dafür nicht die bessere Bezeichnung ist.

Wohl in Kenntnis dieser inhaltlichen Vorbelastungen benutzen viele Biologiedidaktiker „Ganzheit" („Ganzheitlichkeit") entweder überhaupt nicht (z. B. STEINECKE 1933, GRUPE 1977, MOSTLER et al. 1975) oder vorsichtig: „Den Menschen in seiner Ganzheit erfassen", „Betrachtung einer organischen Ganzheit" (SIEDENTOP 1968: 44, 35), „ganzheitliche Erfassung von Tieren und Pflanzen", „ganzheitliche ... Betrachtungen sind wichtige Hilfen für das Verständnis biologischer Erscheinungen ..." (KILLERMANN 1995: 64, 21).

Damit ist nicht mehr und nicht weniger gemeint als die Darstellung eines Lebewesens in seinem Kontext, seine Anpassung an ein bestimmtes Habitat, eine bestimmte Lebensweise. Also nicht die isolierte Behandlung der Mägen der Kuh ohne ihre Lebensweise, des Skeletts eines Vogels ohne dessen Anpassung an das Fliegen. Ein Vorgehen, das eigentlich schon seit SCHMEILS Forderung nach einer „biologischen Betrachtung" (s. Kap. 17.2) selbstverständlich, essentiell für einen guten ist Unterricht ist – so daß man eigentlich darüber keine Worte verlieren muß.

In jüngster Zeit wird „Ganzheit" auch in der Biologiedidaktik häufig benutzt; diese Bezeichnung ist geradezu zu einem Modewort geworden. Z. B. verstehen ELLENBERGER et al. (1993: 24) darunter u. a.: Herstellung von Querverbindungen, Aufzeigen von Wirkungsgefügen, Verknüpfen bekannter Tatsachen mit aktuellen Sachverhalten, Reflexion der Erkenntnisinteressen (in ähnlicher Weise hat DRUTJONS 1982 seinen Begriff „Existenzbiologie" beschrieben). Dies ist einerseits nichts anderes als die Aufforderung zu einem Biologieunterricht, wie er mit dem Situationsanalytischen Strukturansatz (s. Kap. 5.6) gefordert wurde.

In einer Überbetonung einer solchen „Ganzheitlichkeit" liegen andererseits mindestens drei Gefahren: 1. Eine gründliche Behandlung biologischer Einzelaussagen, biologischen Wissens kann zu kurz kommen. Denn gründliches Wissen ermöglicht es überhaupt erst, alle die genannten Querverbindungen und Reflexionen herzustellen. 2. Auswirkungen und Effektivität der überwiegend angestrebten formalen Fähigkeiten sind, wie immer wieder betont werden muß (s. Kap. 3.5, 9.3.1) noch weithin unbekannt (es werden bei ELLENBERGER et al. 1993 auch keine empirischen Arbeiten zitiert, die das Gegenteil belegen). 3. Darüber hinaus soll eine „kritische Urteilsfindung" im Rahmen von „Ganzheitlichkeit" dazu führen, daß *... dieselben Erkenntnisse und Begriffe in unterschiedlichen Zusammenhängen auch unterschiedliche Bedeutung erhalten* (ELLENBERGER et al. 1993: 65). Es ist zu fragen, ob Begriffe wie Enzym, Gen, Mutation bei einem bestimmten Forschungsstand unterschiedliche Bedeutung haben können. Solche Aussagen liegen gefährlich nahe bei Anschauungen des Perspektivismus (auch des radikalen Konstruktivismus). Dieser geht davon aus, daß Naturwissenschaft keine gültigen Aussagen über die Welt machen kann. Macht unter der Perspektive einer so verstandenen „Ganzheitlichkeit" Biologieunterricht überhaupt noch Sinn?

Viele Gründe gibt es also, dem vielfach vorbelasteten Begriff „Ganzheitlichkeit" skeptisch gegenüberzustehen. Auch die folgenden polemischen Sätze von MILLER & DRESCHER (1995; s. auch KLAUTKE 1980) sollen zu einem kritischen Umgang mit „Ganzheitlichkeit" anregen: *Was „Ganzheitlichkeit" ausmachen soll, bleibt im Dunkeln, dem Zufall überlassen ... In ihrer Kritik an der „verkopften Schule" tun [Ganzheitlichkeits-Vertreter] so, als ob berufliche Fähigkeiten ohne Wissen möglich seien ... Verkannt wird, daß das „Ganze" niemals im „ganzheitlichen Akt" gefaßt werden kann. Wir können jeweils nur Segmente oder einzelne Perspektiven fassen ... Wer jedoch andauernd „ganzheitlich" und „vernetzt denkend" im Unterricht vorgehen will, verfährt, vielleicht mit einem Schuß Selbstironie, ganz nach dem Motto: Wir vernetzen ganzheitlich alles, wissen aber fast nichts, macht nix.*

Begriffe: Unterrichtsprinzip (Leitidee, Leitgedanken), Kognitives Unterrichtsprinzip, Formales Unterrichtsprinzip, Wissenschaftsorientierung, Ganzheitlichkeit, Erlebnisorientierung, Schülerzentrierter (Schülerorientierter) Biologieunterricht, Situiertes Lernen, Exemplarisches Prinzip, Genetisches Lernen, Entdeckendes Lernen,

Vermittlung von Artenkenntnissen als Unterrichtsprinzip, Handlungsorientierung, (Biophilosophie, Wissenschaftspropädeutik), Perspektivismus

16 Vorschläge für die Vorbereitung auf und Beurteilung von Biologieunterricht

16.1 Allgemeines

Jede Referendarin, jede Studentin im Schulpraktikum muß ausführliche schriftliche Unterrichtsvorbereitungen vorlegen. Ähnliches gilt für schon länger tätige Lehrer in besonderen Situationen. Manche sprechen in diesem Zusammenhang von einer für den normalen Unterricht unrealistischen „Schau". Kritiker sollten jedoch bedenken, daß solche Entwürfe und Unterrichtsstunden erkennen lassen, welche Überlegungen ein Lehrer unter besonderen Bedingungen anstellen kann – und wie er sie umsetzt.

Die Literatur zu diesem Thema ist kaum übersehbar (z. B. KLAFKI 1962, HEIMAN et al. 1970, ADL-AMINI & KÜNZLI 1980, MEYER 1994, GLÖKKEL 1992; etwa 110 Literaturangaben bei BILLER 1981). Zwar gibt es für jede Fächergruppe spezielle Aspekte, die bei der Unterrichtsvorbereitung zu beachten sind. Spezifika für den Biologieunterricht sind aber kaum auszumachen.

Aber die Vorschläge werden immer komplizierter, immer neue Modelle werden in der Literatur vorgeschlagen, so daß sie vielfach über die Möglichkeiten eines konkreten Unterrichtsentwurfs und entsprechend einer Stunde weit hinausgehen (Beispiel „Planungsmatrix" von GIBAS 1981). Man spricht geradezu von „Feiertagsdidaktik" im Gegensatz zu „Alltagsdidaktik". Dies könnte es geraten erscheinen lassen, diese Sachverhalte möglichst einfach darzustellen.

Problematisch kann es werden, wenn jemand, der Unterricht zu beurteilen hat, einem bestimmten Modell den Vorzug gibt und erwartet, daß gerade dieses in einer Unterrichtsvorbereitung verwendet wird. Da es nun einmal verschiedene Vorschläge gibt, sollte jeder begründete Weg akzeptiert werden, wenn er die Fähigkeit zu einer guten Planung erkennen läßt.

Die erste Aufgabe bei der Vorbereitung einer Unterrichtseinheit oder einer Unterrichtsstunde besteht darin, Literatur zu suchen – und zwar nicht nur biologische, sondern vor allem auch biologiedidaktische. Es gibt wohl kein Thema für den Biologieunterricht, über das nicht schon in der Literatur berichtet worden wäre. Ebensowenig wie ein Biologe sich einer Frage widmen kann, ohne sich vorher über den Stand der Kenntnisse zu informieren, ist dies für einen Biologielehrer, der eine Stunde hält, möglich.

Literaturrecherchen und Literaturauswertung sind auf dem Gebiet der Biologiedidaktik jedoch in aller Regel schwieriger als etwa in der Biologie. Patentrezepte können dafür nicht angegeben werden. Vorteilhaft ist es, wenn man die Inhalts- oder Stichwortverzeichnisse (der letzten Jahrgänge) wichtiger biologiedidaktischer Zeitschriften zur Hand hat. Auch „Handbücher" (z. B. FALKENHAN 1970–1979, ESCHENHAGEN et al. ab 1989) enthalten viele Literaturhinweise zu einzelnen Themen. Bereits gefundene Literaturstellen können als Basis für die weitere Suche verwendet werden. Erst in jüngster Zeit gibt es erreichbare bibliographische Zusammenstellungen auch für den Biologieunterricht; z. B. CD-Rom „Datenbank Schulpraxis" (Landesinstitut für Schule und Weiterbildung, Soest), die die Suche nach geeigneter Literatur erleichtern.

Zur Information darüber, „wie es andere bereits gemacht oder sich vorgestellt haben" ist auch die Lektüre oder besser kritische Analyse des Themas in mehreren Schulbüchern nützlich.

Auf die genaue Zitation von Literatur ist stets zu achten (ebenso naturgemäß darauf, daß bei übernommenen Texten oder Abbildungen die Quelle angegeben wird). Auf die Unterschiede zwischen einzelnen Fächern und vielfältige Nuancen (Zitation bei mehreren Autoren, englischsprachiger Titel usw.) soll hier nicht eingegangen werden; darüber kann man sich am besten informieren, indem man das Literaturverzeichnis einer biologiedidaktischen Publikation studiert. Festzuhalten ist aber, daß stets folgende Angaben nachvollziehbar sein müssen: Autor oder Autoren, Initiale des Vornamens bzw. der Vornamen, Titel der Publikation, bei Zeitschriftenaufsätzen: Titel der Zeitschrift, Jahrgang/Band, erste und letzte Seite des zitierten Aufsatzes, bei Büchern: Erscheinungsort, u. U. Auflage, u. U. Verlag. Im Text steht in der Regel nur der Autorenname und das Jahr seiner Arbeit, bei wörtlichen Zitaten auch eine Seitenangabe (die bei kurzen Zeitschriftenbeiträgen entfallen kann).

16.2 Vorbereitung einer Unterrichtseinheit

Übersichtlich hat bereits SIEDENTOP (1968: 58) Grundfragen zusammengestellt, die bei der Planung einer Unterrichtseinheit bedacht werden sollten; diesem Vorschlag wird hier zum Teil gefolgt. Um die Klärung solcher Fragen kommt jeder Lehrer auch dann nicht herum, wenn bestimmte Themen durch einen Lehrplan vorgegeben oder vorgeschrieben sind: Er ist letztlich für die Qualität seines Unterrichts verantwortlich. Diese Grundfragen können auch eine Hilfe bei der Abfassung einer Examensarbeit sein, die eine Unterrichtseinheit zum Inhalt hat.

Auf der Grundlage der lerntheoretischen Didaktik hat SCHAEFER (1971) „alle unterrichtsrelevanten Fragen“ zu neun Parametern zusammengefaßt und auf ihre gegenseitige Vernetzung hingewiesen; diesen kann man einen zehnten Parameter hinzufügen (Tab.16–1).

Tab.16–1. Zehn Parameter des Unterrichts (aus SCHAEFER 1971, eine Ergänzung).

- Adressatenfrage: wer wird unterrichtet?
- Zielfrage: wozu wird unterrichtet?
- Stofffrage: was wird unterrichtet?
- Sequenzfrage: in welcher Reihenfolge werden die Inhalte unterrichtet?
- Methodenfrage: wie wird unterrichtet?
- Medienfrage: womit wird unterrichtet?
- Zeitfrage: wann und wie lange wird unterrichtet?
- Milieufrage: wo wird unterrichtet?
- Personalfrage: wer unterrichtet?
- Evalutationsfrage: wie effektiv wird unterrichtet?

Grundsätzlich sollten alle diese Fragen bei jeder Planung von Biologieunterricht berücksichtigt werden – und zwar in ihrer gegenseitigen Bedingtheit und Vernetzung. Dies erscheint jedoch im konkreten Einzelfall kaum realisierbar: dieses System ist dafür zu komplex. Anders verhält es sich bei langfristigen wissenschaftlichen Planungen von Unterrichtseinheiten.

Nachdenken über folgende Fragen erscheint jedoch bei jeder Planung von Unterricht nützlich.

1. Worin besteht die Bedeutung des Themas für die Schüler?
Es geht dabei um die Didaktische Begründung in Hinblick auf die Kriterien Wissenschafts-, Schüler- und Gesellschaftsrelevanz; sie wurden in Kap. 3.2 und 5.6 ausführlich erörtert. Es ist gewiß kein überflüssiges „Spiel“, wenn man sich zu jeder der drei Kriterien ein Punktsystem entwirft, um sich einen Überblick zu verschaffen, was mit einer Unterrichtseinheit erreicht werden kann. Kommt ein Lehrer zu der Erkenntnis, daß ein (vorgeschlagenes) Thema – vor allem im Vergleich mit anderen Themen – den genannten Kriterien nur wenig entspricht, sollte, ja muß er darauf verzichten. – Im Zusammenhang mit solchen Überlegungen können bereits die „Grobziele“ für die Unterrichtseinheit festgelegt werden.

Die verbreitete Bezeichnung „Didaktische Analyse“ wird zwar heute meist in einer eher offenen Bedeutung verwendet. Sie geht aber auf ein bestimmtes Modell von Didaktik, die Bildungstheoretische Didaktik, zurück (besonders KLAFKI seit 1958). In ihr wurde – grob gesprochen – vor allem dem (vermuteten) Bildungswert von Inhalten Bedeutung zugemessen. Das hat seine Richtigkeit, ist aber einengend. Jedenfalls erscheint es günstiger, sich nicht an einen zu festgelegten Begriff zu binden.

Einige Fragen (nicht alle denkbaren) sollen genannt werden, die als Hilfe bei einer Didaktische Begründung dienen können:
– Ist das Thema jetzt oder später bedeutsam für die Schüler (Schülerrelevanz)?
– Ist es bedeutsam für das Verständnis der Gesellschaft und eine bessere Entscheidungsfähigkeit (Gesellschaftsrelevanz)?
– Führt das Thema in biologische Grundsachverhalte und/oder biologische Arbeits- und Denkweisen ein (Wissenschaftsrelevanz)?
– Bietet der Stoff genug Möglichkeiten für eigene Tätigkeiten, auch manuelle, der Schüler (Eigentätigkeit)?

– Inwieweit lassen sich die Inhalte problematisieren – statt vorwiegend darstellen – so daß die Schüler sich an seiner Entwicklung und Klärung kreativ beteiligen können (Entdeckendes Lernen)?

2. Welche Inhalte sind möglich oder notwendig? Sammlung aller möglichen biologischen und für die Schüler wichtigen, im weitesten Sinne „angewandten" Themen. Dies ist eine besonders kreative Leistung eines Lehrers, zu der auch die Kenntnis des „Zeitgeistes" (s. Kap. 8.2) gehört. Meist wird man dabei mehr Inhalte finden, als man unterrichten kann, so daß eine Auswahl erforderlich wird – vor allem unter dem Aspekt der Frage 4.

3. Welche biologischen Inhalte sind notwendig? Bei der Analyse der Inhalte ist zu prüfen, welche biologischen Aussagen, Begriffe, Beispiele sind unabdingbar oder auch überflüssig (s. Kap. 10.2). Durch welche werden die Schüler auf ein neues Niveau des Wissens gehoben und wie kann an einem aufbauenden Unterricht weitergearbeitet werden.

4. Wie viel Zeit darf auf die Unterrichtseinheit verwendet werden?
Eines der schlimmsten Probleme des Biologieunterrichts ist die zu geringe Unterrichtszeit. Deshalb muß jede Themensammlung verglichen werden mit der für ein Schuljahr, eine Schulstufe zur Verfügung stehenden Zeit und der, die für andere notwendige Unterrichtseinheiten benötigt wird. Jedes geplante Thema muß auf das unbedingt Notwendige beschränkt werden. Vor allem sollte man der Neigung widerstehen, Lieblingsthemen, „Hobby-Themen" überhaupt oder zu lange zu behandeln.

5. Welches Vorwissen kann bei den Schülern vorausgesetzt werden?
Eine Unterrichtseinheit kann „zerrissen" oder auch langweilig werden, wenn die Lehrerin zu wenig über die Vorkenntnisse der Schüler weiß. Dies kann man vermeiden, indem man die Schüler vorab nach ihrem Wissen und ihren Interessen an einem Thema befragt. Übernimmt man eine Klasse neu, erscheint es auch notwendig, sich bei dem Lehrer zu informieren, der vorher die Klasse unterrichtet hat.

6. Welche weiteren spezifischen Voraussetzungen gibt es in einer Klasse?
Neben dem Wissen sind möglichst auch weitere Aspekte zu beachten, die auf Themenauswahl und Methodik Einfluß haben; etwa: Leistungsfähigkeit und Leistungsbereitschaft, psychische Entwicklungsstufe, Umfeld (Großstadt, Land), Beherrschung bestimmter Lehrformen (Gruppenarbeit, Schülervortrag, Experimentieren). Schwierig wird Unterrichtsplanung, wenn ein großer Unterschied zwischen den Fähigkeiten der einzelnen Schüler einer Klasse besteht oder in sogenannten „Integrationsklassen". Die Gefahr ist groß, daß sich wenig geforderte Schüler langweilen – und entsprechend reagieren.

7. Wie sollen die Themen aufeinander folgen?
Liegt die Auswahl der Inhalte vor, ist es erforderlich, deren Abfolge festzulegen, und zwar nach einem möglichst gut begründbaren sachlogischen Aufbau (s. Kap. 6.4, vor allem Punkt 4). Dazu liegt bislang nur der begriffsorientierte Aufbau hinlänglich begründet vor. D. h., Biologische Begriffe zusammenstellen und (nach Möglichkeit) in eine sachlogische Reihenfolge bringen.

8. Welche übergeordneten Fragen sollen verwendet werden?
Es ist nützlich, schon bei der Planung einer Unterrichtseinheit Impulsfragen (s. Kap. 14.4), übergeordnete Fragestellungen zu bedenken, die eine Stunde mitbestimmen und strukturieren sollen. Sie können auch die Auswahl der Inhalte beeinflussen. Und sie helfen zu vermeiden, daß ein Großteil der Unterrichtszeit (s. dazu empirische Befunde in WRAGG 1984) für einfache Fragen – Antworten verwendet wird.

9. Welche Anschauungsmittel sind vorhanden und einzusetzen?
Man wird vorab bedenken, mit Hilfe welcher Medien bestimmte Sachverhalte veranschaulicht werden können. Obwohl heute für die meisten Themen des Biologieunterrichts verschiedenartige Medien vorliegen – die beste Planung kann vergeblich sein, wenn man sich dabei auf Anschauungsmittel verläßt, die man zu einem bestimmten Zeitpunkt nicht zur Hand hat („Film ausgeliehen"). Planung und Verfügbarkeit notwendiger Medien sind demnach aufeinander abzustimmen.

Empfehlenswert ist es, langfristig zu bestimmten Themen (Fortschritte der Gentechnologie, AIDS, Allergien und andere Krankheiten, lokale Wasserverunreinigungen, örtliche Naturschutzprobleme usw.) Zeitungsausschnitte, Medienangebote etc. zu sammeln.

10. Welche Lehrformen sind besonders geeignet?
Es zu bedenken, wie die Schüler am Unterricht durch Gruppenarbeit, Vorträge, außerschulische Untersuchungen, geeignete Lektüre beteiligt werden können. Solche Lehrformen müssen langfristig geplant werden.

11. Wie soll nach Beendigung der Unterrichtseinheit der Wissenszuwachs überprüft werden?
Es gibt wohl keinen Lehrenden, der nicht bei der Überprüfung von Wissen, nachdem er ein bestimmtes Thema behandelt hat, enttäuscht war. Er kommt dabei an der Frage nicht vorbei, ob er das, was er hinterher von den Schülern verlangt, gut genug gelehrt hat. Wohl die beste Chance hat man, diesem Dilemma zu entgehen, wenn man bereits bei der Stoffauswahl und Stundenplanung präzise Lehrziele formuliert und diese während des Unterrichts beachtet (s. Kap. 12).

12. Planung ist notwendig – Offenheit notwendiger
Dies ist eigentlich keine Grundfrage der Planung, sondern ein allgemeines Prinzip des Unterrichts: So notwendig eine gründliche Vorbereitung (gerade für den Anfänger), entscheidend ist, daß sie während des Unterrichts jederzeit aufgegeben werden kann, wenn z. B. Schülerfragen, auftauchende Schwierigkeiten, Erklärungsbedarf dies erfordern. „Ein Kriterium der pädagogischen Meisterschaft" (KLAFKI 1962:5) ist, wenn eine Lehrerin erkennt, welchen im Unterricht auftretenden „Seitenwegen" sie folgen muß und welchen nicht. Auch in sogenannten Lehrproben sollte jedem das Recht zustehen, von seiner Planung unter solchen Bedingungen, die eigentlich die Regel darstellen, abzuweichen.

Zum Teil heute noch lesenswerte Planungen zum Biologieunterricht gibt es schon lange; früher vorwiegend für einzelne Stunden und für Artmonographien (s. z. B. ZIMMERMANN 1891/1921, BUSEMANN 1905, SPANNER 1960/64).

Seit etwa 1970 liegt eine Vielzahl publizierter Unterrichtseinheiten für den Biologieunterricht vor, die man als „Muster" verwenden kann. Nur einige können erwähnt werden. Vorab ist die „IPN-Einheitenbank Biologie" des Instituts für die Pädagogik der Naturwissenschaften (ab 1974) zu nennen. Sie umfaßt zahlreiche Titel (z. B. Der Mensch und die Tiere, Bewegung unseres Körpers, Nahrungsmittel und Verdauung, Biologisches Gleichgewicht). Zwölf Themen für die Klassen 5–9 (z. B. Wahrnehmungsarten und Verhaltensweisen, Wärme als Umweltfaktor, Wasserhaushalt) sind in KILLERMANN (1979) zusammengestellt. Ausführliche inhaltliche Darstellungen von Themen kombiniert mit der Angabe von Unterrichtsschritten und Medien im Lehrerheft (jedoch kaum Angaben zur biologiedidaktischen Literatur) für die Sekundarstufe II bietet das „CVK Biologie-Kolleg" (ab 1974; z. B.: Energiestoffwechsel, Bodensee, Genetik). Unterrichtseinheiten zur Umwelterziehung s. z. B. EULEFELD & TROMMER (1981, Nutzung des Waldes durch den Menschen, Schutz des Waldes), BLECKMANN et al. (1979, Naturschutz), SCHILKE (1992, Agrarökologie). Kurzfassungen von Unterrichtseinheiten auf der Basis des „Strukturansatzes Situationsanalyse" (s. Kap. 5.6) finden sich bei ELLENBERGER et al. (1988). Für den Sachunterricht in der Grundschule hat SCHWARTZ (1973, ohne biologiedidaktische Literatur) Beispiele veröffentlicht (z. B.: Am Weiher; Keimen von Bohnensamen; der Vogel). Viele Vorschläge, zum Teil allerdings nur in Ansätzen, enthält die Zeitschrift „Unterricht Biologie". Es lohnt sich also meist, in der Literatur zu suchen, bevor man selbst eine Unterrichtseinheit entwirft.

16.3 Vorbereitung einer Unterrichtsstunde

Auch dazu, wie man einen Entwurf für eine Unterrichtsstunde machen kann, gibt es vielerlei Vorschläge (Literatur s. am Anfang dieses Kapitels) mit zum Teil komplizierten Systemen (z. B. HAGMÜLLER 1985, HEIMANN et al. 1970). Man kann der Meinung von LOHMANN (1987: 13) zustimmen: „Die didaktische Literatur ist in dieser Hinsicht sehr kontrovers". Da es viele verschiedene Vorschläge gibt, stellt auch der folgende nur eine Möglichkeit dar.

Die in Abschnitt 16.2 dargestellten Fragen werden entsprechend auf eine Stunde angewandt. Bei einem solchen Entwurf ist zu warnen vor der Angabe von Zielen, die sich in einer Stunde kaum verwirklichen lassen, deren Realisierung in kurzer Zeit schwerlich zu überprüfen ist; z. B.: „Die Schüler sollen experimentieren lernen; zur Förderung ihrer Gesundheit angehalten werden".

Wichtig, ja notwendig ist es, nicht nur zu beschreiben, was in der geplanten Stunde geschehen soll, sondern an möglichst vielen Stellen, warum (!) etwas Bestimmtes geschehen soll: eine bestimmte Lehrform gewählt, gerade dieses spezielle Medium ausgewählt wurde usw. Dies ist meist nur möglich durch Vergleich mit den nicht ausgewählten Aspekten.

Folgende Abschnitte sind in jedem Fall vorzusehen:
- Kopfdaten, Thema der Stunde
- Situation der Klasse
- Didaktische Begründung
- Sachanalyse
- methodische Überlegungen
- Verwendung von Medien
- Lehrziele
- Planung des Stundenverlaufs
- Literaturangaben

Realistisch ist, daß man sich bei jedem denkbaren Thema für eine Biologiestunde zuerst damit beschäftigt, was sie für die Schüler für einen Sinn haben soll; oder provokant ausgedrückt: Woher nimmt man als Lehrer die Berechtigung, Menschen mit diesem Stoff ein Stück Lebenszeit wegzunehmen?

Sachanalyse

Da offenbar kontroverse Vorstellungen über die Funktion der Sachanalyse bestehen (s. z. B. KILLERMANN 1995: 252f., LEICHT 1981: 149), wird dieser Begriff ausführlicher erörtert. Von manchen Supervisoren wird erwartet, daß ein Entwurf schlicht den sachlichen Inhalt der Stunde referiert. Man muß jedoch fragen, ob es Sinn macht und dem Anspruch der Bezeichnung „Analyse" entspricht, dergleichen aus irgendeinem Lehrbuch abzuschreiben. Daß jemand gründlich mit der Sache vertraut ist, die er zu lehren gedenkt, sollte vorausgesetzt werden. Als Alternative ist denkbar, daß am Anfang dieser „Analyse" auf wesentliche Literatur verwiesen wird, aus der man sich zu dem Thema informieren kann. Vielmehr sollte in der Sachanalyse auf Punkte eingegangen werden, die weder Teil der didaktischen noch der methodischen Überlegungen sind. Dabei werden sicher nicht in jedem Fall alle folgenden Aspekte gleichermaßen bedeutsam sein:

• Begründete Entwicklung eines Netzes der möglichen und wirklich notwendigen biologischen Begriffe (s. Kap. 10.8).

• Gegebenenfalls Begründung, warum bestimmte Begriffe aufgenommen oder weggelassen werden; ebenso wie bestimmte Begriffe in der Stunde definiert, mit welchen Beispielen sie illustriert werden sollen. Für den Unterricht geeignete Definitionen müssen vorab bedacht werden, ebenfalls am besten geeignete Begriffsnamen (s. Kap. 10.5).

• Wie können für eine Altersgruppe schwierige, aber notwendige Aussagen oder Begriffe so vereinfacht werden, daß deren Darstellung noch sachlich zutreffend, aber dennoch verständlich ist (Didaktische Reduktion). Was damit gemeint ist, soll an zwei Beispielen gezeigt werden.
– Wie soll der Begriff „Energie" in der Primarstufe vermittelt werden, da ohne ihn eine in den meisten Lehrplänen geforderte Darstellung von „Ernährung und Verdauung" kaum möglich ist? BAHL (Bd. 1, 1975: 57) erklärt diesen Begriff auf folgende Weise: Energie ist die Fähigkeit, Arbeit zu leisten ... Sie läßt sich nicht erschaffen noch vernichten, sondern nur umwandeln. Ähnlich genau ist zu bedenken, wie die Begriffe Vitamin und Enzym dargestellt werden.
– Wie soll in einer 8./9. Hauptschulklasse mit keinen oder geringen chemischen Kenntnissen, so daß eine „maximale strukturelle Reduktion" (WEBER 1976) erforderlich ist, die Photosynthesegleichnung dargestellt werden? Läßt sich die Wortgleichung „Kohlenstoffdioxid + Wasser + Lichtenergie + [Chlorophyll] ⇒ Kohlenhydrate + Sauerstoff" begründen, langt sie aus, um den Schülern notwendige Kenntnisse zu vermitteln?

Neuerdings wird statt Didaktischer Reduktion auch die Bezeichnung „Didaktische Rekonstruktion" verwendet (z. B. KATTMANN et al. 1997). Allerdings hat KUTZER schon früher (1976, 1983) die Bezeichnung „Sachstrukturanalyse" entsprechend verwendet (s. Kap.18.2.6); ebenso BÖHNKE (1978) den Begriff „Rekonstruktion". Nach KATTMANN et al. werden mit dem Modell der Didaktischen Rekonstruktion fachliche Vorstellungen, wie sie in Lehrbüchern und anderen wissenschaftlichen Quellen Ausdruck finden, mit Schülerperspektiven so in Beziehung gesetzt, daß daraus ein Unterrichtsgegenstand entwickelt werden kann. Abgesehen davon, daß dies ohne

Zweifel ein nützliches Verfahren ist, das nicht jede Lehrerin uneingeschränkt ad hoc leisten kann – ist zu fragen, ob zur Beschreibung dieses Vorgehens eine neue Bezeichnung eingeführt werden muß, während es eine allgemein verwendete bereits gibt.

- Welche besonderen sachlichen Schwierigkeiten sind bei der Durchführung eines Experiments, einer Beobachtung zu erwarten? Welche Kenntnisse müssen dazu in der Stunde vermittelt werden?

Etwa in dem beschriebenen Sinn wird die Sachanalyse in einem von KILLERMANN (1979) herausgegebenen Band vorgenommen, aus dem man Beispiele entnehmen kann.

16.4 Beispiel: Entwurf für eine Unterrichtsstunde

Es erscheint nützlich, als Orientierungshilfe den Entwurf einer Unterrichtsstunde wiederzugeben (s. folgende Seiten). Er wurde geplant und unter Kontrolle erprobt von S. MEUSER (1997, Wiedergabe mit freundlicher Genehmigung; zum Teil stark gekürzt und ohne die meisten Literaturangaben). Dieser Entwurf entspricht dem Schema eines bestimmten Studienseminars.

16.5 Beurteilung von Biologieunterricht

Unterrichten ist wohl für alle Lehrer ein wesentlicher Teil ihres Lebens. Ihre Persönlichkeit ist durch Kritik an dieser Tätigkeit unmittelbar betroffen. Viele Lehrer trauen sich nicht, Schwierigkeiten, die sie mit Schülern haben, offen auszusprechen, mit anderen zu besprechen. Auf diese Weise kann sich ihre Situation jedoch schwerlich verbessern. Es ist vielmehr nützlich für die Verbesserung ihres Unterrichts, sich Kritik auszusetzen.

Leider nutzen offenbar viel zu wenige – auch erfahrene – Lehrer die Möglichkeit, durch gegenseitige Unterrichtsbesuche etwas über die positiven und unter Umständen auch weniger positiven Seiten ihres Tuns zu erfahren. Gerade neuerdings (BUND-LÄNDER-KOMMISSION FÜR BILDUNGSPLANUNG 1997: 64) wird dieser Weg wieder empfohlen: [Es] existieren Beispiele gelingender Kooperation: Unterrichtsmaterialien werden ausgetauscht, es wird wechselseitig hospitiert ... Die folgenden Kriterien zur Beurteilung von Biologieunterricht könnten bei solchen Hospitationen benutzt werden.

Anfänger, Referendare sind zwangsläufig der Beurteilung durch andere ausgesetzt. Nach einem gelungenen Studium ist es für sie besonders problematisch, wieder als „Lehrlinge" eingestuft und entsprechend behandelt zu werden. Am besten bewahren sie sich vor dem bekannten „Praxisschock" und Kritik an ihrem Unterricht, wenn sie aufgrund eines guten biologiedidaktischen, fachlichen und praxiserprobten Wissens, das was sie tun, möglichst gut begründen können. Es gibt grundsätzlich drei Methoden, etwas über den eigenen Unterricht zu erfahren:

- Durch einen Supervisor (Universitätsdozent, Fachleiter, Mentor, Schulleiter, Schulrat usw.);
- durch eigene Überprüfung; gegenseitige Hospitationen;
- durch Schulerbeurteilung.

Eine differenzierte, gut begründete Beurteilung von Unterricht erfordert umfangreiche Kenntnisse, u. a. der Bedeutung entsprechender Kriterien (s. u.), zudem Erfahrung. Globale Urteile („es war gut", „der Unterricht hat mir gefallen") sind wenig hilfreich.

Thema der Unterrichtseinheit: Alte und neue Seuchen

Thema der Stunde: Cholera – eine unbesiegbare Krankheit?
Jahrgangsstufe: 10

1. Situation der Klasse

1.1 Institutionelle Voraussetzungen
[Stichworte: Angaben zur Schule – Unterrichtserfahrungen in der Klasse – Ausstattungen Klassenraum]
1.2 Soziokulturelle, anthropogene und entwicklungspsychologische Voraussetzungen
[Stichworte: Zusammensetzung der Klasse – Abschlußwünsche der Schüler – Interessen der Schülerinnen/Schüler – Psychischer Entwicklungsstand der Schüler und dessen Beachtung im Biologieunterricht – Hinweise auf bestimmte Schülerinnen und ihre Leistungen]
Die geistige Reife der Schüler, verbunden mit guter Ausdrucksfähigkeit, lassen z. B. Gruppenarbeit mit anschließender Präsentation und Diskussionen zu. Die verwendeten Sozialformen sind in der Klasse eingeübt. Basis dafür ist u. a. ein angenehmes Klassenklima: Akzeptanz-, Toleranz- und Kritikfähigkeit untereinander und gegenüber dem Lehrer sind vorhanden.

2. Stellung der Stunde in der Unterrichtseinheit

1. Stunde: Pest
3. Stunde: Tuberkulose – ein noch immer drängendes Problem
4. Stunde: Ebola – eine neue Seuche
5. Stunde: BSE und Creuzfeldt-Jakob-Krankheit
6. Stunde: Cholera

3. Sachanalyse

Die Cholera ist eine meldepflichtige Infektionskrankheit, die durch das Bakterium *Vibrio cholerae* hervorgerufen wird. Die Cholera-Bakterien lassen sich in über 70 Gruppen einteilen; von Bedeutung für die Cholera-Epidemien sind nur drei. Diese Gruppen (Mutanten) unterscheiden sich u. a. im Zeitpunkt ihres erstmaligen Auftretens, der Überlebensfähigkeit außerhalb des Körpers und der Mortalitätsrate. Der Name „Cholera" bedeutet nach Hippokrates gelbe Galle oder Gallensucht. Die Bakterien gelangen durch kontaminiertes Trinkwasser oder Nahrung in den Verdauungstrakt des Menschen. Sie dringen durch den Schleimbelag des Dünndarms und setzen sich an den Oberflächen der Darmwandzellen fest. Dort beginnen sie mit der Produktion von Eiweißen, sog. Endotoxinen. Die Eiweißmoleküle dringen in die Darmwandzellen ein und greifen in deren Stoffwechsel ein: Sie scheiden nun mehr Elektrolyt-Salze und als Folge davon (osmotische Vorgänge) mehr Wasser aus dem Darm aus. Es kommt zu den ersten typischen Krankheitsanzeichen: Durchfall und Erbrechen. Alle anderen Symptome, verminderte Harnausscheidung, Harnvergiftung, Schockzustand, Kollaps, Herzrhythmus-Störungen und Koma sind Folge des großen und plötzlichen Flüssigkeits- und Elektrolytverlustes. Der Tod tritt meist durch Kreislauf- oder Nierenversagen ein. Die Cholera ist unbehandelt häufig tödlich (Sterblichkeitsrate bis 70 %). Die Inkubationszeit beträgt wenige Stunden bis 5 Tage.
Mit einem schnellen Ersatz der ausgeschiedenen Flüssigkeitsmenge durch eine kochsalz- und glukosehaltige Infusion und Antibiotikagabe gegen die Erreger kann der tödliche Ausgang einer Cholera-Erkrankung in mehr als 90 % der Fälle abgewendet werden.
Der Cholera kann durch die Einhaltung strikter hygienischer Regeln vorgebeugt werden: Abkochen von Trinkwasser, Vermeidung von unabgekochten Meeresfrüchten, Obst, Salaten, Eis und aufgewärmten Speisen in Choleragebieten.

Schutzimpfungen sind möglich, jedoch wird aus folgenden Gründen meist abgeraten: Impfstoffe mit abgetöteten Bakterien bieten nur einen unzureichenden Schutz für drei bis sechs Monate; neue Impfstoffe mit lebenden Bakterien, die gentechnisch verändert wurden, sind umstritten und für die jüngst aufgetretenen mutierten Formen des Bakteriums gibt es ohnehin noch keinen wirksamen Impfstoff.
[Ausbreitung der Krankheit und deren Ursachen] Die Cholera ist heute in nahezu allen tropischen und subtropischen Gebieten verbreitet; besonders betroffen sind der indische Subkontinent, Süd- und Mittelamerika sowie Afrika. 1883 entdeckte der deutsche Arzt und Forscher Robert Koch das Cholera-Bakterium.

Wichtige Begriffe:
Bakterium (bewegliches Bakterium), Cholera, Cholera-Erreger, Kontaminierung, Salzabgabe

4. Didaktische Überlegungen

Am Beispiel der Cholera können die im Hessischen Rahmenplan Biologie vorgeschriebenen verbindlichen Inhalte: Infektionskrankheiten und Infektionswege einer bakteriellen Infektion, gesellschaftliche und persönliche Reaktionen verdeutlicht werden [vgl. HESS. KULTUSMINISTERIUM 1996, 34]. Die Cholera steht damit stellvertretend für weitere bakterielle Infektionskrankheiten wie z. B. Lepra und Fleckfieber.
Die Relevanz des Themas „Cholera" ergibt sich auch aus dem Aspekt der Gesundheitserziehung. Durch Erläuterung von Schutz- und Hygienemaßnahmen in dieser Unterrichtsstunde wird dieser Forderung besonders Rechnung getragen. Auch der sozial-ökologische Aspekt dieser Seuche ist von entscheidender Bedeutung: Die Cholera hatte Einfluß auf das Denken und Handeln der Bevölkerung und der Obrigkeiten. Ohne die Erfahrung mit Epidemien wäre die kostspielige und aufwendige Sanierung, also die Verbesserung der hygienischen Verhältnisse, vor allem Wasserversorgung und Kanalisation, in den meisten europäischen Großstädten nicht so rasch verwirklicht worden (JÜTTE 1997: 10f.).

Gegenwarts- und Zukunftsbedeutung

Die Cholera ist ein Beispiel für ein Thema, das sich aktuell aus dem Fernsehen, bei der Lektüre der Tageszeitung oder der Wochenmagazine ergibt: So ist in den vergangenen Jahrzehnten immer wieder von einzelnen Cholerafällen in Europa und den USA berichtet worden. Meldungen aus Südamerika und Afrika zeigen jedoch, daß dort nicht von Einzelfällen die Rede sein kann (z. B. Cholera-Epidemien in Ostafrika und Brasilien). Dort sind im besonderen Maße auch die Touristengebiete betroffen; die WHO fordert zu allgemeiner Vorsicht auf.
Im Hinblick auf die genannten Tatsachen sollten die Schüler in der Lage sein, *„die Angst vor Ausbreitung der Cholera und die eigene Gefährdung hier und als Tourist in fernen Ländern sachgemäß einzuschätzen. Die Erkenntnisse sollten – vor allem in bezug auf Hygienemaßnahmen – Konsequenzen für das eigene Handeln haben*" (GROPENGIESSER 1992: 43).
Da das andauernde Wachstum der Bevölkerung, katastrophale hygienische Bedingungen, fehlendes Wissen, aber auch Naturkatastrophen und Kriege die Ausbreitung der Cholera begünstigen, werden auch in Zukunft Schlagzeilen der Medien verdeutlichen, daß diese Krankheit keinesfalls „besiegt" ist. Biologieunterricht kann zumindest durch die Vermittlung von notwendigem Wissen der möglichen Entwicklung teilweise entgegenwirken: Den Schülern verdeutlichen, daß die Cholera auch heute ihr Risikopotential nicht verloren hat und den persönlichen Verhaltensweisen entscheidende Bedeutung bei ihrer Prävention zukommt.

Inhaltliche Schwerpunkte

- Cholera wird von dem Bakterium *Vibrio cholerae* übertragen.
- Die Aufnahme des Erregers erfolgt über kontaminiertes Trinkwasser und mit verseuchtem Wasser in Berührung gekommene Nahrungsmittel.
- Es kommt zu hohem Wasser- und Elektrolytverlust durch starken Durchfall und Erbrechen.
- Cholera ist heute in nahezu allen tropischen und subtropischen Gebieten verbreitet.

- Dort kann man einer Infektion durch strikte Einhaltung hygienischer Regeln vorbeugen.

Zugang zur Thematik
Fachliche Schwierigkeiten, die den Zugang zur Thematik erschweren könnten, werden aufgrund des Wissens der Schüler über Bakterien und Übertragungsmöglichkeiten von Infektionskrankheiten nicht erwartet.
Eine besondere Schwierigkeit besteht darin, die Cholera in den Erfahrungshorizont der Schüler zu bringen, d.h., zu veranschaulichen, daß diese Krankheit heute noch eine ernstzunehmende Rolle spielt. Dies kann vor allem durch den Einsatz aktueller Zeitungsartikel gelingen (vgl. methodische Überlegungen).

Didaktische Reduktion [auch als Teil der Sachanalyse möglich]
Didaktisch reduziert werden muß in dieser Unterrichtsstunde einerseits im Sinne einer gezielten Ausschnittsbildung und andererseits durch eine Umformung wissenschaftlicher Aussagen in eine schülergemäße Form, jedoch ohne Verfälschung der sachlichen Inhalte (vgl. KILLERMANN 1995: 255). Eine rein chronologische Auflistung der verschiedenen Seuchenzüge der Cholera, soweit sie in Quellen überliefert sind, würde ein ganzes Buch füllen. Die Schüler lernen daher nur den Ausgangsort und die heutigen Verbreitungsgebiete der Cholera kennen. Die heutigen Verbreitungsgebiete der Cholera zeigen, daß diese Krankheit keinesfalls „besiegt" ist, außerdem werden wichtige Orientierungshilfen für Vorbeugungsmaßnahmen in eventuellen Urlaubsgebieten gegeben.
Jüngste Cholera-Epidemien wurden besonders von neu auftretenden Mutanten des Cholera-Bakteriums verursacht, die für bestimmte Antibiotika unangreifbar sind und für die noch keine Impfstoffe zur Verfügung stehen. Dies geht auf die Fähigkeit der Bakterien zurück, sich genetisch verändern und dadurch bisherige Verbreitungsgebiete verlassen zu können. Da die Schüler keine grundlegenden Kenntnisse über mikrobielle Evolution haben, wird dieser Aspekt aus der Unterrichtsstunde ausgeklammert. Die Überflüssigkeit einer Impfung gegen Cholera wird lediglich damit begründet, daß sie keinen dauerhaften Schutz bieten kann. Sollten jedoch Schüleräußerungen bzw. Fragen auftreten, werden sie in den Unterricht einbezogen.
Der zellbiologische Infektionsmechanismus wird auf folgende Aussagen reduziert: Bewegliches Bakterium – Durchdringen der Schleimhautschicht – Anheften an Dünndarmzellen – Produktion eines Giftstoffes, der in die Darmzellen eindringt – Veränderung des Zellstoffwechsels durch das Gift – dadurch starke Wasser- und Salzabgabe der Zellen. Das Problem der Veränderung des osmotischen Wertes der Zellen, die zur Stoffabgabe führt, dürfte zu schwierig sein. Um Osmose wirklich zu verstehen, bedarf es einer Fülle von Kenntnissen und auch Experimenten; dazu ist zudem längere Unterrichtszeit erforderlich.

5. Methodische Überlegungen

Einstieg
Der Unterrichtseinstieg hat die Aufgabe, die Lernbereitschaft der Schüler zu aktivieren und das Interesse auf ein bestimmtes Thema zu lenken. Er soll besonders in Form eines „Kognitiven Konflikts" u. a. Zweifel, Verwirrung, Unklarheit oder Widerspruch entstehen lassen. Die gewählte Abbildung („Die Apotheke des Todes für Arme") eines Wasserbrunnens, an dem der „Tod" das Wasser verteilt, spricht besonders den Aspekt der Verwirrung und Unklarheit an: Die einzelnen Bildbestandteile (Brunnen, Kinder, Erwachsene, der Tod in Form eines Skelettes) dürften den Schülern bekannt sein, ihre zusammenhängende Bedeutung jedoch zu einigen Vermutungen und Spekulationen Anlaß geben. Es ist nicht zu erwarten, daß die Schüler aufgrund der Abbildung den Namen der Seuche benennen. Im L/Ss-Gespräch werden vom Lehrer solche Schüleraussagen herausgestellt, die das gewählte Stundenthema andeuten.
Durch die Präsentation des Zeitungsartikels, „Cholera-Fälle auch an Kenias Touristenküste", wird zum einen das Stundenthema deutlich und zum anderen die Schülerrelevanz offenkundig: Die Cholera stellt in einigen von Touristen besuchten Erdteilen auch heute noch eine

akute Gefahr dar. Da die bisherigen Unterrichtserfahrungen ein großes Interesse der Schüler an humanbiologischen Fragen widergespiegelt haben, werden in der Einstiegsphase keine Probleme erwartet.

Problematisierung
Das Wissen über Cholera wird mit Hilfe von vier Fragen, die die Schüler in dieser Phase nennen sollten, erarbeitet:
1. In welchen Gebieten ist die Cholera heute noch verbreitet?
2. Wie wird die Cholera übertragen und welche Vorbeugungsmaßnahmen gibt es?
3. Wie äußert sich die Cholera und wie wird sie geheilt?
4. Wer entdeckte wann den Cholera-Erreger?
Darüber hinausgehende Fragen würden keine grundsätzlichen neuen Kenntnisse ergeben und scheinen deshalb wenig sinnvoll.

Erarbeitung
Die Erarbeitung der aufgestellten Fragen erfolgt in vier arbeitsteiligen Gruppen. Solche Gruppenarbeit wird als bedeutendste und zugleich anspruchsvollste Interaktionsform angesehen, da sie als eine Art des sozialen Lernens den modernen Kommunikationsformen unserer Umwelt entspricht. Zudem werden durch ihren Einsatz Zielsetzungen, wie z. B. Förderung von Selbständigkeit, Fähigkeit zur Kooperation und Verantwortungsbewußtsein geschult (Staeck 1995: 238).
Der Sachverhalt erlaubt eine Aufteilung in verschiedene Teilaufgaben. Dabei beschäftigt sich jede Gruppe mit einer der zu erörternden Fragen und jeweils zwei Schüler tragen anschließend die Ergebnisse der gesamten Klasse vor.
Bei der Auswahl und Umformulierung der Texte, aus denen die Informationen erarbeitet werden sollen, spielten besonders zwei Gesichtspunkte eine Rolle: Die Texte sind verständlich formuliert und auf die Verwendung zu vieler Fachausdrücke wurde verzichtet, so daß sachliche Schwierigkeiten bei der Erarbeitung nicht zu erwarten sind. Dagegen dürfte es bei der Textanalyse eine entscheidende Leistung der Schüler sein, aus den umfangreichen Materialien die wichtigen Grundgedanken herauszuschreiben. Die unterschiedlichen Gruppenarbeitsaufträge wurden auf die individuellen Fähig- und Fertigkeiten der Gruppenmitglieder bzw. deren Leistungsfähigkeit abgestimmt.
Eine genaue Anweisung für das Vorgehen innerhalb der Gruppen und Textmaterial wird vom Lehrer zur Verfügung gestellt. Sollten trotzdem Hilfestellungen bei der Erarbeitung nötig sein, wird der Lehrer unterstützend eingreifen.

Präsentation
Bei der Präsentation werden die Ergebnisse der Gruppen vorgestellt und auf dem Overhead-Projektor notiert. Neben der Gruppenarbeit wurde auch die Präsentation durch Schüler in dieser Klasse vielfältig geübt. Zugleich bietet sich an dieser Stelle die Gelegenheit, folgende formale Ziele anzustreben:
Die Ergebnisse aus den Gruppenarbeiten der Klasse klar und deutlich vorstellen, dabei auch in der Lage sein, Rückfragen von Mitschülern richtig zu beantworten. Eine Alternative zu der hier gewählten Präsentationsform stellt die Auswertung der Ergebnisse anhand der Methode des „Gruppenpuzzles“ dar (Rottländer 1992: 167f.): Nach der Erarbeitung werden neue Gruppen gebildet, die sich aus je einem „Experten“ zusammensetzen; in diesen Gruppen trägt der „Experte“ den anderen die Ergebnisse der Textarbeit vor. Diese Möglichkeit wurde jedoch wegen des großen Zeitaufwandes, den diese Methode benötigt, verworfen. Sollte bereits am Ende der Präsentationsphase deutlich werden, daß die zur Verfügung stehende Zeit nur noch den Transfer oder die Ergebnissicherung möglich macht, wird die Ergebnissicherung in eine Hausaufgabe umgewandelt ...

Transfer/Vertiefung
Schließlich bietet sich ein Thema an, das noch als eine „höhere Stufe“ von Wissen angesehen werden kann, das „Beurteilen“ (Bloom et al. 1972). Bei der heute gerade auch unter Jugendlichen verbreiteten Wissenschaftskritik (Kritik an der Medizin), bietet es sich an, die au-

ßerordentliche Bedeutung der Befunde KOCHS für die Menschheit herauszustellen und zugleich auch auf deren möglichen Mißbrauch hinzuweisen. Dabei sollte sich die Erkenntnis ergeben: Wissenschaftliche Befunde dienen den Menschen, aber sie können auch mißbraucht werden.
Anhand eines Tonbandmitschnitts einer Radioreportage über den Einsatz biologischer Waffen wird der „Mißbrauch" wissenschaftlicher Erkenntnisse offenkundig ...

Ergebnissicherung und Hausaufgabe
Die Schüler erhalten ein Arbeitsblatt und übernehmen die Ergebnisse vom OH-Projektor.
Die Hausaufgabe („*Informiere dich über das Lebenswerk Robert KOCHS!*") vermeidet schlichtes reproduzieren von Gelerntem und dient vor allem der Erweiterung von Wissen und Vorbereitung auf das Thema der folgenden Stunde.

6. Lehrziele

Groblehrziel:
Die Schüler sollen notwendiges Wissen über Cholera erwerben, um zu erkennen, daß sie auch heute in einigen Gebieten eine Bedrohung darstellt und den persönlichen Verhaltensweisen des Einzelnen entscheidende Bedeutung bei ihrer Prävention zukommt.

Feinlehrziele:
Kognitive Lehrziele; die Schüler sollen
1. Gebiete, in denen Cholera heute verbreitet ist, aufzählen,
2. Krankheitsbild und Therapiemöglichkeiten schildern,
3. Übertragungsmöglichkeiten und mind. drei Vorbeugungsmaßnahmen gegen Cholera verbalisieren,
4. Robert Koch als den Entdecker des Cholera-Erregers nennen,
5. ausgehend von der Entdeckung des Cholera-Erregers und dessen mögliche Anwendung in biologischen Waffen die Zwiespältigkeit von Wissenschaft verdeutlichen.

Formale Lehrziele; die Schüler sollen
6. aus einem Text wichtige Informationen entnehmen,
7. in Gruppen kooperativ zusammenarbeiten,
8. Arbeitsergebnisse der Klasse mündlich vorstellen können.

7. Unterrichtsverlauf (s. folgende Seite)

8. Literaturverzeichnis

Anhang
[Abbildung: „Apotheke des Todes für Arme" – Text Radiosendung: biologische Kampfstoffe – Arbeitsanleitungen und Texte für vier Gruppen]
Arbeitsblatt (Gesamtergebnis)
Cholera – eine unbesiegbare Krankheit
- Wo hat die Cholera ihren Ursprung?
- In welchen Gebieten ist die Cholera heute noch verbreitet?
- Wie wird Cholera übertragen?
- Welche Vorbeugungsmaßnahmen mußt du treffen, wenn du in betroffene Gebiete reist?
- Wie äußert sich Cholera
- Wie wird sie geheilt?
- Wer entdeckte wann den Cholera-Erreger?

Stundenverlaufsplanung:

Phase	LZ	Geplanter Unterrichtsstoff und Unterrichtsverlauf	Medien	Arbeits-/ Sozialform
Einstieg		L zeigt Abbildung: „Die Apotheke des Todes für Arme" von George J. Pinwell, um 1866, England. → Ss-Äußerungen: Es ist nicht zu erwarten, daß die Schüler aufgrund des Bildes den Namen der Seuche benennen. Sie werden wahrscheinlich aufgrund der vorhergehenden Stunde eine Krankheit vermuten, die in der heutigen Zeit keine Rolle mehr spielt.	OHP-Folie OH-Projektor	L-Aktivität L/Ss-Gespräch
		L zeigt Zeitungsartikel: „Cholera-Fälle auch an Kenias Touristenküste" vom 26. Januar 1998. → Ss-Äußerungen: Zum einen wird mit diesem Zeitungsausschnitt die Krankheit benannt, zum anderen wird deutlich, daß die Cholera auch heute noch in einigen Erdteilen eine akute Gefahr darstellt. Die SS können an dieser Stelle ihr Vorwissen einbringen.	OHP-Folie OH-Projektor	L-Aktivität L/Ss-Gespräch
Problematisierung	(6) (7)	Ausgehend von der Einstiegsphase und der vorhergehenden Unterrichtsstunde werden im L/Ss-Gespräch folgende Fragen erarbeitet und an der Tafel notiert: 1. In welchen Gebieten ist die Cholera heute noch verbreitet? 2. Wie wird die Cholera übertragen und welche Vorbeugungsmaßnahmen gibt es? 3. Wie äußert sich die Cholera und wie wird sie geheilt? 4. Wer entdeckte wann den Cholera-Erreger?	Tafel	L/Ss-Gespräch
Erarbeitung	(8) (1) (2) (3) (4) (5)	Die Erarbeitung der aufgestellten Fragen erfolgt in vier arbeitsteiligen Gruppen. Eine genaue Anweisung für das Vorgehen innerhalb der Gruppen und Textmaterial werden vom L zur Verfügung gestellt. Die unterschiedlichen Gruppenarbeitsaufträge wurden auf die individuellen Fähig- und Fertigkeiten der Gruppenmitglieder bzw. deren Leistungsfähigkeit abgestimmt.	Materialien für die Gruppenarbeit	Gruppenarbeit Ss-Aktivität
Präsentation Transfer/ Vertiefung		L spielt Tonbandmitschnitt einer Radiosendung („Amerikaner experimentieren mit biologischen Kampfstoffen") vom 20. Februar 1998 vor. → Ss-Äußerungen: Ausgehend von den Ergebnissen der letzten Kleingruppe, die die Bedeutung der Erkenntnisse Robert Kochs für die Menschen hervorhebt, sollen die Schüler positive „Wissenschaftskritik" üben und den möglichen Mißbrauch wissenschaftlicher Erkenntnisse herausstellen.	OHP-Folie OH-Projektor Tonband Recorder	Ss-Aktivität L/Ss-Gespräch L-Aktivität L/Ss-Gespräch
Ergebnissicherung		Ss erhalten ein Arbeitsblatt, das die Ergebnisse der Stunde zusammenfaßt. SS übernehmen die Ergebnisse vom OH-Projektor auf das Arbeitsblatt. Gegebenenfalls Hausaufgabe; sonst: Hausaufgabe: Informiere dich über das Lebenswerk Robert Kochs!	Arbeitsblatt	Einzelarbeit Stillarbeit

16.5.1 Beurteilung durch einen Supervisor

Es ist wohl als bedauerlich zu bezeichnen, daß es keine standardisierten Beurteilungskriterien für eine Biologiestunde gibt. Es mag dazu eingewandt werden, daß Unterricht zu individuell sei. Dies ist wohl zum Teil zutreffend. Aber es wird wohl niemand bezweifeln, daß es bestimmte Kriterien gibt, die einerseits immer wieder in solchen Besprechungen vorkommen und die sich andererseits aus (fast) jedem Biologieunterricht ergeben. Deshalb wäre es für Beurteilte oder Beurteiler überaus nützlich, wenn es eine Vereinbarung über grundlegende Kriterien der Bewertung einer Unterrichtsstunde gäbe – und analog der gesamten Unterrichtstätigkeit zum Beispiel einer Referendarin, eines Referendaren. Dies könnte auch zu einer besser nachvollziehbaren, objektiveren Einschätzung beitragen. Im folgenden (Tab. 16–2) werden mögliche Kriterien zusammengestellt. Und zwar nicht alle denkbaren, sondern eine überschaubare, in der zur Verfügung stehenden Zeit auch handhabbare Anzahl notwendig erscheinender (und immer noch zahlreicher, vielleicht zu zahlreicher) Kriterien. Die Reihenfolge der Hauptkriterien ist fast willkürlich; ebenso ist die Zuordnung einzelner Kriterien zu Hauptkriterien nicht immer befriedigend. Auf die Verknüpfung von Planung und tatsächlichem Unterricht wird nicht eingegangen.

Das Symbol ⇔ steht für eine Skala wie etwa „von … bis“, „viel … keine“ oder „wenig … oft“ (L für Lehrer/Lehrerin, Ss für Schüler).

16.5.2 Selbstbeurteilung

Es ist heute gut möglich, daß eine Lehrerin ihre Stunde auf Video oder auf einem Tonband aufnimmt oder aufnehmen läßt. Anhand der angegebenen Kriterien kann jeder seinen Unterricht selbst analysieren. Dies hat jedoch den bekannten Nachteil, daß man seine eigenen Fehler selbst oft nicht recht erkennt. Deshalb wird hier erneut dazu angeregt, dies – wechselseitig – gemeinsam mit anderen zu tun. – Nebenbei: Es ist sehr empfehlenswert, Aufnahmen dieser Art zum Training von Unterrichtsbeurteilung zu verwenden.

16.5.3 Beurteilung durch Schüler

Lehrerinnen sollten öfters den Versuch machen, ihre Schüler anonym über ihren Unterricht zu befragen. Wer in einer Klasse tätig ist, wird gut beurteilen können, ob dies zu Mißbrauch führen kann. Eine solche Befragung wird Lehrende zum einen sicherer machen, zum anderen auf Mängel hinweisen, die sie nicht wahrgenommen haben und die unter Umständen leicht zu beheben sind. Allerdings erwarten die Schüler, daß sie etwas über die Ergebnisse eines solchen Tests erfahren. Und es kann zum besseren gegenseitigen Verständnis durchaus sinnvoll sein, mit ihnen und auch mit anderen Lehrern bestimmte Befunde zu besprechen

Bereits in Tabelle 8–1, Kapitel 8.2, wurden die Ergebnisse eine Befragung wiedergegeben, was Schüler von einer Biologielehrerin erwarten. Eine Liste mit 34 Fragen an Schüler zum Unterricht haben COLLETTE & CHIAPETTA (1994: 498f.) publiziert, die (zum Teil) auf Programmen der National Science Teacher Association in den USA beruhen. Ihre Verwendung erscheint empfehlenswert, und zwar in Auswahl und mit Modifikationen je nach Klassenstufe. Deshalb werden diese Fragen hier (übersetzt) wiedergegeben.

Zu jeder der folgenden Fragen gehört eine fünfstufige Beantwortungsskala; dabei entsprechen die anzugebenden Ziffern folgender Beurteilung: 1 – fast immer, 2 – häufig, 3 – manchmal, 4 – gelegentlich, 5 – niemals.

Der Lehrer
1. ist interessiert an seinen Schülern
2. hat gute Sachkenntnisse
3. ist begeistert von der Sache, der er unterrichtet
4. sieht verschiedene Arten von Aktivitäten während einer Stunde vor
5. benutzt Filme und Dias in seinen Stunden
6. verwendet Beispiele aus dem täglichen Leben, wo immer dies möglich ist
7. unterrichtet anhand bekannter Beispiele
8. bereitet seine Stunden gut vor
9. stellt die Inhalte klar dar
10. gestaltet seine Stunden interessant
11. bringt seine Schüler zum Nachdenken
12. kann Begriffe und Aussagen so erklären, daß sie gut verstanden werden
13. stellt gute Fragen
14. reagiert positiv, wenn die Klasse interessiert ist

15. benutzt häufig die Tafel, schreibt alle Begriffe dort an
16. gibt den Schülern die Möglichkeit, Projekte außerhalb des Klassenraums durchzuführen
17. stellt gute und interessante Hausaufgaben
18. läßt gut verständliche Tests schreiben
19. führt faire Tests durch
20. benutzt Tests, um die Schüler zu besserem Lernen anzuregen
21. ist bereit, einem Schüler zusätzlich zu helfen
22. plant Experimente gut
23. plant Experimente, die motivieren und interessant sind
24. läßt Experimente durchführen, die Schüler zum Nachdenken anregen
25. läßt Experimente durchführen, die zum Fragen anregen
26. regt die Schüler in seinen Stunden normalerweise zu voller Aufmerksamkeit an
27. hält in der Regel spannenden Unterricht
28. interessiert die Schüler im allgemeinen für die Unterrichtsthemen
29. wählt ein Schulbuch aus, das gut verständlich ist
30. wählt interessante Themen aus
31. hat eine gute Stimme und spricht nicht monoton
32. kommt gut mit seinen Schülern aus und sie mit ihm
33. ist von den Schülern wohlgelitten
34. sorgt für gute Disziplin

Tab.16–2. Kriterien zur Beurteilung einer Unterrichtsstunde.

1.	**Lehrer – Sprache**	
	Sprachniveau	korrekt – mundartlich; subjektive Füllwörter …
	Sprechweise	ausdrucksvoll („Höhen – Tiefen") – nuancenreich (humorvoll) – eintönig
	Lehrerecho	wenig ⇔ oft
	Fachdarstellung	klar – angepaßt – unklar
2.	**Lehrer – Einstellung zu den Schülern**	
	Grundhaltung/Zuwendung	verständnisvoll ⇔ eher abweisend; „Wärme ⇔Kälte"
	vor der Klasse	ruhig ⇔ unruhig; kontaktfreudig ⇔ kontaktscheu
	auf Ss-Fragen/Äußerungen/Einwände	einfallsreich/flexibel ⇔ eher starr
	Selbstkritik/Selbsteinschätzung	Bereitschaft vorhanden / erkennbar ⇔ kaum
3.	**Sache**	
	Fehler	keine ⇔ viele (Anzahl …); grundlegende …
	Unklarheiten	keine ⇔ viele; mangelndes Wissen oder Ausdrucksprobleme …
	Gliederung	klar ⇔ unklar; sachlogischer Aufbau – für Ss nachvollziehbar …
	Begriffe /Aussagen	Anzahl zutreffend ⇔ zu viele; Anzahl …
	Begriffe /Aussagen erklärt	zutreffend ⇔ vielfach ohne
	Reduktion	sachlich zutreffend ⇔ fehlerhaft
	Niveau der Ss	wird angehoben – gleichbleibend – eher unter
	Beispiele	zu wenige ⇔ zutreffend; hilfreich …
	Vermittlung aufbauenden Wissens	Versuche dazu ⇔ keine; effektiv ⇔ weniger
4	**Übergeordnete Themen**	
	Sache – allgemeine	genügend ⇔ keine; wie oft …
	Bezüge hergestellt	
	Kreative Auswahl	gut ⇔ kaum; biolog. Probleme der Gesellschaft beachtet …
	andere Naturwissenschaften berücksichtigt (falls erforderlich)	gut ⇔ kaum; Klärung zutreffend
	Ss-Interesse/Motivation erreicht	gut ⇔ kaum; Ss-Äußerungen dazu …

5. Verlauf	
Einstieg	Fragestellung gut ⇔ weniger; motivierend …geeignetes Medium …
Phasen – Anzahl	n = … ; aus Thema begründet …
Phasen – Länge	zutreffend ⇔ zu lang/zu kurz
Lehrziele	vorgesehen – angestrebt – an passender Stelle erreicht
Wiederholung	begründet keine … – Dauer angemessen … effektiv …
Lernsicherung	Tafel … – schriftlich … – Arbeitsblatt …
Transfer	angestrebt – erreicht …
Hausaufgabe	geplant … – kreativ … – themengemäß …; eigene Material-, Literaturbeschaffung gefordert …
6. Lehrer – Fragestellungen	
Impulsfragen	Anzahl … – einfallsreich … – führen zur Lösung von Problemen …
Kurzfragen („recall")	notwendig ⇔ überflüssig; Anteil an Einwort-Antworten etwa …
Eingehen auf weiterführende Fragen Ss	genügend ⇔ kaum; zutreffend – Ablehnungen begründet … – Beispiele …
7. Interaktionen I: Sprechen – Fragen	
Anteil Sprechen/andere Aktivitäten	etwa … – Umfang begründet …
Anteil Sprechen L	etwa … – Umfang begründet …
Fragen L – Ss – L – Ss	wenig ⇔ oft
Fragen L – Ss – Ss – Ss	oft ⇔ wenig
8. Interaktionen II	
Anteil beteiligter Ss	alle ⇔ wenige; bevorzugte Gruppe …
Ss-Beteiligung	gut – schleppend – kaum
Leistungsanforderung	zu hoch ⇔ zutreffend ⇔ zu niedrig
L Verhalten bei Störungen	geeignete Strategien ⇔ kaum; „überhören"
9. Lehrformen	
Auswahl	entspricht den Themen …
Ss-Aktivitäten ermöglicht	gut ⇔ kaum; begründet …
Ss-Kreativität ermöglicht	gut ⇔ kaum
Anwendung spezifischer Lehrformen (L-Vortrag, Gruppenarbeit usw.)	gut ⇔ weniger
10. Medien	
Auswahl	zutreffend ⇔ unzutreffend; fehlende begründet …
Anzahl	zutreffend ⇔ zu viele /zu wenige; begründet …
Verwendung	zutreffend ⇔ inadäquat
Fragestellung zur Bearbeitung	gut ⇔ weniger; genug/zu viel Zeit …
11. Experiment	
vorgenommen/nicht vorgenommen	Begründung zutreffend …
L- oder Ss-Experiment	begründet …
spezielle Funktion	für Ss erkennbar ⇔ weniger
Planung des Verlaufs	gut ⇔ weniger; für Ss durchschaubar …
Anweisungen an Ss	vollständig ⇔ unvollständig; Form geeignet …
Ss-Hypothesen	vorgesehen ⇔ nicht
Ergebnis	eindeutig ⇔ unsicher; Fehler begründbar …
Unfallgefährdung (falls erforderlich)	Hinweise ⇔ keine
12. Besonderheiten	
– positive	
– negative	

17 Geschichte des Biologieunterrichts – und was man daraus lernen kann

Man kann dasjenige, was man besitzt, nicht rein erkennen, bis man das, was andere vor uns besessen, zu erkennen weiß (GOETHE aus seiner „Farbenlehre").

17.1 Grundsätzliches

Mögliche Situation: Auch heute könnte sich ein Biologielehrer noch in folgender Weise äußern: Ich halte meinen Biologieunterricht, wie ich es immer gemacht habe. Die Schüler sollen Arten kennenlernen, das ist doch das Wichtigste. Durch die Curriculumreform wurde die Vermittlung von Artenkenntnissen verhindert, jetzt wird dergleichen wieder gefordert. Auch Schulgartenarbeit gab es schon mehrmals und ist stets untergegangen. Jetzt ist sie wieder groß in Mode.

Wozu soll man sich überhaupt mit der Geschichte des Biologieunterrichts beschäftigen, was soll dies für einen Sinn haben? Mancher mag dem bekannten Satz, „die Gegenwart versteht man nur, wenn man die Vergangenheit kennt", skeptisch gegenüberstehen. Der Besuch eines anderen Landes, eines historischen Gebäudes belehrt schnell, wie wenig man versteht, wenn man nicht etwas über die jeweilige Vergangenheit weiß. Ein Blick in die Geschichte von Unterricht und speziell in die des Biologieunterrichts zeigt:

- Unterricht war stets vom Zeitgeist abhängig, besonders von Strömungen der Pädagogik. Biologiedidaktische Notwendigkeiten traten oft dahinter zurück – und so ist es teilweise bis heute geblieben. Also muß man sich mit den jüngeren geistesgeschichtlichen Entwickungen befassen, um zu erkennen, in welcher Weise Biologieunterricht, den man halten soll, davon bestimmt wird. Inwiefern man von solchen Strömungen abhängig ist – oder sich ihnen entgegenstellen will.
- Bestimmte Strukuransätze und Methoden, die heute als völlig neu angeboten werden, gab es in der Vergangenheit schon einmal, aber sie sind wieder untergegangen. Warum war dies so? Unter welchen Bedingungen soll man sie heute erneut aufgreifen?
- Und umgekehrt: Gab es in der Vergangenheit Ansichten zum Biologieunterricht, die vergessen wurden, die aber heute nützlich sein könnten?
- Wie haben einzelne Persönlichkeiten Biologieunterricht beeinflußt, und zwar so sehr, daß aufgrund von Traditionen eine Weiterentwicklung zum Teil verhindert wurde?
- Wie ist das historische und heutige Verhältnis zwischen Biologie und Biologieunterricht? Wann wurde Biologie Teil pädagogischer Bemühungen, Element eines allgemeinen Erziehungszieles? Wie lange dauerte es, bis biologische Erkenntnisse in den Biologieunterricht aufgenommen wurden?

Über die Jahrhunderte hinweg gab es gleichsam ein Leitthema in bezug auf die Entwicklung des naturwissenschaftlichen und damit biologischen Unterrichts: Den Kampf um die Anerkennung als Schulfach – gegenüber der sogenannten „humanistischen Bildung". Sie wurde als einzig wahre für den „gebildeten Menschen" angesehen. Und solche Auseinandersetzungen sind keineswegs abgeschlossen; sie haben sich verlagert.

Einerseits ist die Stundenzahl des Biologieunterrichts (in dem so oft beschworenen „biologischen Jahrhundert") noch immer gering bzw. sie wird teilweise sogar immer geringer. Andererseits steht der Anteil von Physik, Chemie und Biologie, bei geringer Stundenzahl für alle drei Fächer, ständig neu auf dem Prüfstand. Dies betrifft auch oder vielmehr in besonderem Maß die Rolle des biologischen Aspekts im Sachunterricht der Grundschule.

Ausgelöst durch den sogenannten „Sputnikschock" (die frühere UdSSR startete als erste ein Raumschiff) wurde in den USA eine Verstärkung des naturwissenschaftlichen Unterrichts gefordert. Die Kultusministerkonferenz verlangte entsprechend in Deutschland eine Aufnahme von Physik und Chemie in den Unterricht der Klassen 5/6 – nicht etwa durch Vermehrung der

Stundenzahl, sondern zu Lasten des Biologieunterrichts (s. RIQUARTS 1990). Bemerkenswert ist: Nicht etwa Erkenntnisse der Fachdidaktiken der Naturwissenschaften, sondern politische Entscheidungen haben zu diesen Veränderungen geführt.

Es erscheint nützlich, die folgende Betrachtung in zwei Aspekte aufzuteilen:

Die äußere Geschichte des Biologieunterrichts, seine Abhängigkeit und Beziehung zur jeweiligen Zeitsituation – in eher stichwortartigen Darstellungen.

Seine innere Geschichte in bezug auf die im Lauf der Zeit verwendeten Strukturanätze und Methoden bis zur Curriculumreform (dazu s. Kap. 6).

Dabei können viele Aspekte eher nur grob, holzschnittartig dargestellt werden. Es kommt hinzu, daß es in Deutschland aufgrund der Kulturhoheit der Länder (die früher in besonders großer Anzahl existierten) fast nie einheitliche Entwicklungen gab. So können nur dominierende Tendenzen, meist die Verhältnisse in Preußen, wiedergegeben werden, zu denen fast immer Ausnahmen bestanden. – Zum besseren Einprägen wird bei einzelnen Personen hinter dem Namen nur eine Jahreszahl angegeben, die man als charakteristisch bezeichnen könnte. Einzelheiten ergeben sich aus Lexika, die man befragen muß, wenn man mehr über die angegebenen Personen erfahren will.

Überblicke zur Geschichte des Biologieunterrichts oder, wie es bis etwa 1890 hieß, des „Naturgeschichtlichen Unterrichts" (Naturbeschreibung, Naturkunde), finden sich z. B. bei STEINECKE (1951), KLAUSING (1968, mit eigenständigen Ideen), GRUPE (1977), SIEDENTOP (1968), MOSTLER et al. (1975), REICHART et al. (1984, ausführlich), ESCHENHAGEN et al. (1993), TROMMER (1986, 19. Jahrhundert), KILLERMANN (1995), SCHOLER (1970, 17.–19. Jahrhundert); eine genaue Darstellung der Zeit von 1830 bis 1933 bei SCHEELE (1981), auf die im folgenden Text mehrfach zurückgegriffen wird; KLEIN (1991) zum naturwissenschaftlichen Unterricht von 1945 bis 1990, und dessen zuweilen heftige, aber mit zahlreichen Dokumenten belegte ideologiekritische Beurteilung (1870–1980) durch KREMER (1985); POSNER (1995, USA, Naturwissenschaften seit 1910). – Vielfältige Informationen zur Geschichte der Biologie, zumindest zum Nachschlagen, kann man z. B. JAHN et al. (1985) entnehmen.

Wer den Versuch macht, sich auf die Lektüre des einen oder anderen dieser Bücher einzulassen, wird schnell erfahren, wie viele Probleme des heutigen Biologieunterrichts schon lange ungelöst, uneingelöst, uneingesehen sind – nicht eben zum Vorteil für unsere Gesellschaft.

17.2 Äußere Bedingungen

1. Wurzeln

Wo es keine oder kaum Naturwissenschaften gibt, gibt es keinen entsprechenden Unterricht. Drei Personen haben vor allem eine Wende eingeläutet:

- GALILEI 1620; dessen im Zusammenhang mit Biologieunterricht bedeutsames Prinzip: Es ist Aufgabe der Naturwissenschaft, alles Meßbare zu Messen und das Nichtmeßbare meßbar zu machen. Dergleichen sollte bis heute im Biologieunterricht bedacht werden.
- DESCARTES 1640 teilte die erkennbare Welt in „res extensa und res cogitans" ein, die ausgedehnten Dinge und die Denkdinge. Damit ergibt sich ein Dualismus, ein grundsätzlicher Unterschied zwischen „Leib" und „Seele". Grundlage des alten, bis heute anhaltenden Streites zwischen Vitalismus und Mechanismus sowie des „Leib-Seele-Problems" (s. Kap. 20). Nach seinen „Abhandlungen zur Methode" gilt nur, was vor der Vernunft bestehen kann. Deren Lektüre könnte gerade heute, da viele Schüler zur Esoterik neigen, im Biologieunterricht der Sekundarstufe II nützlich sein.
- BACON 1600 betonte die Induktive Methode (über deren Aussagewert wieder gestritten wird) und das Experiment. Er wurde damit zum Begründer des Empirismus, wonach die Erfahrung Grundlage aller Erkenntnis ist.

Alsbald wollte COMENIUS 1630 mit seiner „Didactica magna" solche Ideen auch in der Schule, die eine allgemeine und öffentliche sein sollte, verwirklicht sehen: Er forderte dort z. B. Naturbeobachtung; Worte ohne Sachkunde sind leere Worte. Wie man aus solchen Anforderungen erkennt, ist seinen Vorstellungen lange wenig Erfolg beschieden gewesen.

Dennoch ist dies der Anfang einer Wechselwirkung zwischen biologischem Wissen und Bildungsvorstellungen. Ein Prozeß, der sich mühsam durch die Jahrhunderte hingezogen hat und seiner Natur nach wohl schwerlich ein Ende finden wird. Zugleich muß sich ihm jede Generation von Biologielehrerinnen und -didaktikern auf der Grundlage historischer Kenntnisse neu widmen.

2. Erste Versuche

Mit zeitlicher Verzögerung bemühten sich einige darum, solche Ansätze voranzutreiben; auch ihnen war nur vorübergehender Erfolg beschieden. Es ist bemerkenswert, daß sie sich zwei anscheinend gegensätzliche Tendenzen der damaligen Zeit verpflichtet fühlten: der Aufklärung und dem Pietismus.

ROUSSEAU 1750 huldigte einem Menschenbild, das auch in unserem Jahrhundert (z. B. bei MONTESSORI) bedeutsam geblieben ist: Der Mensch ist von Natur aus gut; falsche Umstände machen ihn unglücklich; es muß eine (auch von kirchlicher Aufsicht) freie, kindgemäße, wenig eingreifende Erziehung geben. Der Streit zwischen mehr „Führen oder Wachsenlassen" (COPZI 1963) beeinflußt bis heute den Unterricht. Daraus ergibt sich u. a., daß jeder Biologielehrer, man könnte auch sagen: gerade ein Lehrer in diesem Fach, sich um ein begründetes Menschenbild bemühen muß, damit er solche Gegensätze und ihre Auswirkungen auf den Unterricht für sich zu klären vermag.

Konkret auf Unterricht bezogen bemühten sich: FRANKE 1700, der die erste „mathematisch-mechanische Realschule" gründete und BASEDOW 1750, der ebenfalls für solche Schulen eintrat und mit dem „Prinzip der Anschauung" ernst machte. Etwas später SALZMANN 1800, der davon ausgeht, daß durch gründliches Kennenlernen der Natur (Wie ernähren sich Pflanzen? Wie vermehren sich Pflanzen ?) und der Heimat Gemüt und religiöser Sinn veredelt werden. Sein „Ameisenbüchlein" (das nichts mit den Namensgebern zu tun hat) ist bis heute vor allem für Anfänger im Lehramt lesenswert. Zweimal in der Woche gab es bei SALZMANN „Freilandbiologie" – die also keineswegs eine Erfindung unserer Tage ist.

Die Widerstände waren zu groß. Die von diesen Männern errichteten Schulen existierten nicht lange. Und dies, obwohl durch Veränderung der wirtschaftlich-technischen Situation im naturwissenschaftlichen Bereich ausgebildete Bürger dringend benötigt wurden. Der Vergleich mag etwas gewagt sein, aber dies erinnert an die Situation zwischen 1950 und 1970 als durch einen Mangel an ökologisch Ausgebildeten Schäden in unserer Landschaft angerichtet wurden, deren „Reparatur" unbezahlbar geworden ist.

3. Erste Erfolge

Die Zeitumstände waren um 1810 günstig für neue Entwicklungen: Die deutschen Staaten lagen durch NAPOLEONS Siege danieder; Könige und Fürsten versprachen ihrem Volk viel; auch eine freiere, gründliche Schulbildung. WILHELM VON HUMBOLDT, so etwas wie Kultusminister in Preußen, setzte zusammen mit SÜVERN (Süvernsche Lehrpläne 1816) einige Reformen in der Schule durch: Ab 1812 wurde das Abitur einheitlich geregelt, nachdem es seit 1788 dafür Ansätze in Preußen gab. Zwar mußten dabei auch Kenntnisse in Naturwissenschaften nachgewiesen werden, aber es waren nur wenige, aufzählend-systematische. Noch immer ist Geringschätzung spürbar, denn „deren mangelnde Kenntnis bei befriedigenden in den alten Sprachen" schlossen ein Abitur nicht aus (s. SCHEELE 1981: 17). Bayern jedoch verteidigte gleichzeitig sein rein humanistisches Gymnasium.

Zwar sollte in den Gymnasien in allen 10. Klassen wöchentlich zwei Stunden „Naturwissenschaften" unterrichtet werden, aber dies war eher eine Absichtserklärung. Ihre Realisierung wurde den einzelnen Schulen freigestellt. Zudem gab es erst ab 1810 eine Prüfungsordnung für Lehramtskandidaten, mit der alle auch gewisse Kenntnisse in den Naturwissenschaften nachweisen mußten. Demnach lag ein Argument für die erneute Diskriminierung der Naturwissenschaften auf der Hand: Es gab zu wenig Lehrer, die ein solches Fach unterrichten konnten.

Eine Stellungnahme aus dieser Zeit (1823, s. SCHEELE 1985: 27) drückt die Situation wohl zutreffend aus: Viele verachten die Naturgegenstände als geistlose Realien, und leugnen es, daß die Erkenntnis derselben auch zu höherer Bildung führe. Allein wenn man in diesem Gebiet ein solches Resultat noch nicht gefunden hat, so liegt vielleicht der Fehler nicht in den Lehrgegenständen, sondern in der bisherigen Behandlung, in dem Mangel einer gehörigen wissenschaftlichen Bearbeitung. Eine solche Meinung muß auch mit der tatsächlichen Befindlichkeit (s. Kap. 17.3) des Naturgeschichtsunterrichts in dieser Zeit verglichen werden.

4. Kurze Phase der Etablierung

Zwischen 1830 und 1848 gab es so etwas wie eine gewisse Konsolidierung der „Naturwissenschaften" in den Schulen. Sie konnten aufgrund der Lehramtsprüfung von 1841 von Lehrern erstmals als Hauptfach gewählt werden. Die meisten, die dieses Fach unterrichteten, waren jedoch Theologen oder Altphilologen, die in der Regel weder entsprechend gute Kenntnisse noch Interesse an wichtigen neuen naturwissenschaftlichen Inhalten gehabt haben dürften. So ausgefallen ist diese Situation nicht, wenn man bedenkt, daß bis zum heutigen Tag wohl kaum ein Fach so oft „fachfremd" unterrichtet wird wie Biologie: das kann man (angeblich) ja mit „einigem gesunden Menschenverstand".

Der Staat unterstützte jetzt die „Realschulen", Realgymnasien, aus der Einsicht, daß bei zunehmender Industrialisierung auch in Naturwissenschaften ausgebildete Menschen benötigt wurden. Vor allem solche Schulen waren es auch, die aufgrund einer 1834 veränderten Prüfung für das Abitur („Kenntnis der allgemeinen Klassifikation der Naturprodukte") und einem neuen Lehrplan (1837) verstärkt dem „Unterricht in Naturgeschichte" nachkamen. Vorgeschrieben waren jedoch für alle Gymnasien von Klasse 5–9(10) je zwei Stunden „Naturbeschreibung" (Zoologie, Botanik, Mineralogie, Naturgeschichte).

5. Stagnation und Rückschlag

Lehrer waren die Bevormundung leid, der sie von vielen Seiten ausgesetzt waren. Viele von ihnen protestierten gegen bestehende Verhältnisse. So verlor z. B. der Lehrer ROSSMÄSSLER[8] (s. u.) als Mitglied der Paulskirchenversammlung seinen Beruf. Der früher rein religiös bestimmte „Lebensbegriff" z. B. wurde von der Biologie relativiert; das wurde von manchen schon als Revolution eingestuft. Gegen solche Vorstellungen und gegen soziale Unruhen sollte ein „frommer Lebenswandel" helfen. Naturwissenschaften waren eher unerwünscht.

Ist es so abwegig zu vermuten, daß die Schrift des Arztes LORINSER, die 1837 erschien (s. SIEDENTOP 1968: 15) „bestellt" war, in der von der „Überlastung der Schüler" gesprochen wurde? Und daraufhin konservative Lehrer zur „Sicherstellung der klassischen, humanistischen, sittlichen und religiösen Bildung" die Abschaffung der Naturwissenschaften verlangten.

Später kam noch der berühmte „Lippstädter Fall" von 1878 hinzu: H. MÜLLER besprach mit Primanern Probleme der Abstammungslehre. Davon soll ein Schüler seinem Religionslehrer berichtet haben. Dies führte (immerhin) zu einer längeren Debatte im Preußischen Abgeordnetenhaus. MÜLLER – und damit nicht nur er – wurde dahingehend gemaßregelt, daß Theorien und Hypothesen, wie sie in den Schriften von DARWIN, HAECKEL und CARUS STERNE vielfach zum Ausdruck kommen, nicht vor Schülerkreise preußischer Lehranstalten gebracht werden sollten (s. SCHEELE 1981: 100).

Anscheinend zu kränkend sind für manche Menschen bis heute evolutionäre Vorstellungen. Bestimmte religiöse Gruppierungen möchten bis heute in USA, Israel oder in Deutschland (s. Kap. 19.3.3) solche Gedanken aus dem Biologieunterricht verbannen. Jeder Lehrer muß sich demnach mit anti-evolutionären Vorstellungen vertraut machen.

Bereits 1856 folgte daraus der Rückschlag. Es war wieder einmal erreicht worden: Biologie wurde ausschließlich in der 5. und 6. Klasse der Gymnasien unterrichtet; zwei Stunden in der 8. Klasse nur dann, wenn es geeignete Lehrer gab. Ab 1879 (Lehrpläne 1882) wurde Biologie aus der Oberstufe aller Schulen gestrichen.

Physikunterricht jedoch wurde zweistündig (auch) an Gymnasien von Klasse 10–13 abgehalten. Er war pragmatischer und griff weniger in das Selbstverständnis ein. Ein Wettbewerb zwischen den verschiedenen naturwissenschaftlichen Fächern deutete sich schon damals an.

6. Phase der Etablierung

Inhaltlich und organisatorisch hatte sich eine große Kluft zwischen biologischer Erkenntnis und Unterricht in der Schule aufgetan. Inzwi-

---

[8] In der Originalausgabe „Der naturgeschichtliche Unterricht" steht: „Am Neujahrstage 1860 E. A. Roß mäß ler"; diese Schreibweise sollte m. E. gegenüber der oft zu lesenden „ROSSMÄSSLER" verwendet werden.

schen meldeten sich jedoch bestimmte Gruppierungen zu Wort; z. B.:

– 1891 wurde der „Deutsche Verein zur Förderung des mathematischen und naturwissenschaftlichen Unterrichts – MNU" gegründet. Sein Name steht für seine Hauptaufgabe, der er sich bis heute widmet.

– Die „Versammlung Deutscher Naturforscher und Ärzte" verabschiedete 1901 neun „Thesen über den biologischen Unterricht an höheren Schulen" (ANONYMUS 1901). Von diesen werden wenigstens einige Kernstücke wiedergegeben: 2. Im besonderen lehrt Biologie die sonst so vernachlässigte Kunst des Beobachtens ... 4. in ethischer Hinsicht weckt biologischer Unterricht Achtung vor den Gebilden der organischen Welt.. 5. [Kenntnis der organischen Welt] ist für diejenigen Abiturienten ... von Wichtigkeit, denen der spätere Beruf keinen direkten Anlaß zum Studium bietet ... 7. [Es ist] dringend notwendig, daß der biologische Unterricht an den höheren Lehranstalten – mit etwa zwei Stunden wöchentlich – durch alle Klassen geführt werde ... Diese Thesen werden hier wiedergegeben, weil sie inhaltliche und organisatorische Probleme des Biologieunterrichts ansprechen, die auch fast hundert Jahre später noch weitgehend ungelöst sind.

In der Volksschule gab es schon 1872 einen Wandel – den Beginn des Biologieunterrichts: Jeweils sechs Stunden „Realien" in Mittel- und Oberstufe (Kl. 5–8).

Die Lehrpläne von 1882 sahen (in je nach Schulform etwas verschiedener Anzahl) zwei bis sieben Stunden Naturwissenschaften vor. Biologieunterricht blieb jedoch grundsätzlich auf die Klassen 5–10 beschränkt. Unterricht in den Klassen 10–13 war im wesentlichen Physik und Chemie vorbehalten.

7. Biologieunterricht – bescheiden in der Oberstufe

Nach der Intervention bekannter Forscher, wie des Mediziners VIRCHOW und des Zoologen HERTWIG, wurde endlich um 1910 Biologieunterricht auch wieder in der Oberstufe „wahlfrei" zugelassen, und zwar mit neuen Inhalten: Mikroskopie, Vererbungslehre (aber ohne Evolution!), Physiologie etc. Dies war der verspätete Beginn der Verwendung allgemeinbiologischer Themen im Unterricht: An ihnen kam man nun offensichtlich nicht mehr vorbei. Erstmals wurde auch eine Lehramtsprüfung für das Fach Biologie eingeführt.

Zugleich breitete sich die „Arbeitsschulbewegung" aus, die sich auch auf den Biologieunterricht auswirkte. Eine besondere Bedeutung kam dabei KERSCHENSTEINER (1963) zu. Sein 1913 erstmals erschienenes Buch ist bis heute eine der gründlichsten Auseinandersetzungen mit der Rolle der „Formalen Bildung" (s. Kap. 3.5, 5.8) im naturwissenschaftlichen Unterricht geblieben. Kritisch beurteilt BRÜGGEMANN (1967) die Rolle KERSCHENSTEINERS. Für den Biologieunterricht hat vor allem HEINRICH GRUPE (1921) theoretische und praktische Grundlagen eines Arbeitsunterrichts publiziert. Sie enthalten bereits vieles von dem, was ab etwa 1980 wieder – oft als „neu" vermutet – eine große Rolle im Biologieunterricht spielt.

Mit der RICHERTschen Schulreform von 1925 wurde (nachdem biologische Forschung schon weit fortgeschritten war) Biologieunterricht wieder verbindlich in die Oberstufe aufgenommen. Und zwar mit einer denkbar geringen Stundenzahl: In den verschiedenen Schulformen 1–2 Halbjahre mit 2–3 Stunden. Gründliche Kenntnisse, die ein Fundament gegen eine Ideologisierung der Biologie im aufbrechenden Rassenwahn hätten sein können – damit wurden sie nicht erreicht.

8. Politische Ideologisierung

Von Anfang an wurde Biologieunterricht in der NS-Zeit mißbraucht (ausführlicher in Kap. 17.3, Punkt 5). Ab 1938 wurden in allen Klassen je zwei Wochenstunden in diesem Fach verordnet. Biologie war verpflichtender Teil des Abiturs.

Es ist verständlich, muß aber als falsch erachtet werden, daß nach dem Zusammenbruch 1945 Biologieunterricht erhebliche Einbußen erlitt. Man hatte ja gesehen, „wie leicht sich Biologie ideologisieren ließ". Um so mehr muß jeder, der dieses Fach unterrichtet, auf der Hut sein, daß ihm dergleichen nicht passiert. Eine Gefahr, die keineswegs gebannt scheint, wenn man manche neueren Tendenzen betrachtet.

9. Biologieunterricht nach 1945

Trotz aller Rückschläge gab es nach 1945 Schulformen und Länder, in denen Biologie mit zwei Stunden an allen Klassen unterrichtet wurde. Einen Eindruck von dem jeweils in sich nicht begründeten „Flickwerk" erhält man durch einen Blick auf die Stundentafeln um 1960 (s. SIEDENTOP 1968: 23). In manchen Bundesländern gab es im „Mathematisch-Naturwissenschaftlichem Gymnasium" 18, im Humanistischen Gymnasium 9 Jahresstunden. Eine Situation, die sich seitdem in bezug auf die Stundenzahl allerdings z. T. erheblich verschlechtert hat. – Eine ausführliche Dokumentation der Entwicklung des naturwissenschaftlichen Unterrichts zwischen 1945 und 1990 hat KLEIN (1991) vorgelegt.

Inhaltlich gab es nach 1945 kaum etwas Neues (s. u.). Einen ersten Versuch für den naturwissenschaftlichen Unterricht, diese, wie man wohl sagen muß, antiquierte Situation zu ändern, machte Ende der fünfziger Jahre WAGENSCHEIN, wie ausführlich in Kapitel 7 dargestellt – allerdings vergeblich.

Einen erheblichen Rückschlag erlitt Biologieunterricht durch die „Saarbrücker Rahmenvereinbarungen" der Kultusminister von 1960. Die Ideen von FLITNER (1959, Kommissionsvorsitzender!) und LITT (z. B. 1954) setzten sich durch: Naturwissenschaftliches Wissen ist gar nicht so wichtig, entscheidend ist die Kenntnis der „exakten Methoden": Nur [!] ein auf Methodenvermittlung und auf ein Verstehen der großen Zusammenhänge ausgerichteter Naturwissenschaftsunterricht kann im gesamten Lehrplan eine bedeutende Stellung einnehmen (DEUTSCHER BILDUNGSRAT 1970b: 73). Folglich reichte es völlig aus, wenn sich die Schüler in der Sekundarstufe II mit einer Naturwissenschaft beschäftigten. Wieder einmal hatten die Verfechter einer Prävalenz der syntaktischen Struktur, der Formalen Bildung (s. Kap. 1.2, 3.5, 5.8) obsiegt; zum Schaden des notwendigen im Biologieunterricht zu vermittelnden Wissens. – Wie es (s. BRÜGGEMANN 1967) zu diesen für den Naturwissenschaftlichen Unterricht verheerenden Beschlüssen kam, ist wahrhaft ein Lehrstück! Auch viele Lehrer, Ausbilder und Biologiedidaktiker verschrieben sich dieser Tendenz. Sie hat seitdem großen Einfluß auf den Biologieunterricht.

Die Deutsche Kultusministerkonferenz hat im Juni 1998 beschlossen, „das Abitur zu stärken". Die Fächer Deutsch, Mathematik und eine Fremdsprache sollen in größerem Umfang unterrichtet und alle Schüler im Abitur in diesen Fächern geprüft werden; für die naturwissenschaftlichen Fächer gilt dies nur sehr eingeschränkt. Dies dürfte sich als ein erneuter Rückschlag in bezug auf die Bedeutung dieser Fächer in der Schule erweisen.

17.3 Zur Geschichte der Strukturansätze und Methoden

Auch in diesem Abschnitt kann nur relativ vereinfacht darauf eingegangen werden, wie maßgebliche Vertreter des Biologieunterrichts die äußeren Umstände umsetzten oder sie beeinflußten. Besonders zwei Erkenntnisse drängen sich dabei vor allem auf:

- Biologieunterricht tritt in vielfältigen Erscheinungsformen auf, die sich zudem gelegentlich wiederholen.
- Vielfach waren die in Kapitel 17.2 dargelegten äußeren Einflüsse auch Reaktionen auf seinen unbefriedigenden inneren Zustand.

1. Extrem systematischer Strukturansatz

Mit seinem Buch „Systema naturae", erstmals 1735, schuf LINNÉ eine begründete Ordnung der Lebewesen: Er beschrieb alle ihm bekannten Arten und ordnete sie in ein System ein. Es lohnt für einen Biologielehrer, sich mit seinen Leistungen und seinem Leben vertraut zu machen (s. z. B. GOERKE 1989). Lange Zeit war es die wesentliche Forschungstätigkeit von Biologen (bzw. von Medizinern, die dieses Gebiet an der Universität vertraten), Arten ausfindig zu machen, sie zu beschreiben, das System zu vervollständigen. Eine grandiose Leistung, die z. B. für Landwirtschaft, Naturschutz, Industrie unentbehrlich ist.

Es ist verständlich, daß sich auch Biologieunterricht daran ausrichtete. Dazu stellte LÜBEN, den man vielleicht als den ersten „Biologiedidaktiker" bezeichnen könnte, sehr modern wirkende Forderungen auf, etwa: mit leicht verständlichen Objekten beginnen, „Naturkörper" möglichst oft vorführen, im Freiland aufsuchen, betrachten, untersuchen lassen (s. SCHMEIL 1900: 12, SIEDENTOP 1968). Aber das damals wohl dominierende „Schulbuch" von LEUNIS (erstmals 1844), ähnlich wie SCHILLINGS „Das Thierreich" von 1852, zeigt deutlich: Es ging ausschließlich um eine formalistische Einführung in die Systematik, das Erklären z. B. von Pflanzenteilen, Bestimmen, Auswendiglernen von Merkmalen. Eine Seite aus diesem Buch (Abb. 28) gibt davon einen Eindruck.

Extreme Systematik	„Biologischer Unterricht“	Ästhetisierender Biologieunterricht
Linné 1835 „Systema naturae“	Cuvier 1810	Kiessling & Pfalz 1888 (Rossmässler 1860 „Der naturgeschichtliche Unterricht“)
Lüben 1832 „Leitfaden zu einem method. Unterricht i. der Naturkunde“ Leunis 1844 „Synopsis der drei Naturreiche“	Junge 1885 „Dorfteich“ Schmeil 1896 „Über die Reformbestrebungen auf dem Gebiet des naturgeschichtl. Unterrichts“	A. Brehm „Tierleben“
Bis etwa 1890	Bis etwa 1965	Bis etwa 1914

Abb. 27: Hauptrichtungen des Biologieunterrichts (idealtypisch) von etwa 1800 bis 1900 (z. T. darüber hinaus wirkend).

Vorbehalte gegenüber einem solchen Unterricht, an dem zu lange festgehalten wurde, kann man nachvollziehen. Er erwies sich als Sackgasse. Auch der Schmeilsche Biologie-unterricht (s. u.), zuerst anders konzipiert, geriet immer wieder in sie.

2. Ästhetisierender Biologieunterricht

Es ist kaum verwunderlich, daß man vor allem für die Volksschule aus diesem Dilemma einen Ausweg suchte. Als Gegenposition gegen eine zu einseitig, „trocken beschreibende“ Betrachtung von Lebewesen bot sich eine „gemüthafte“, ästhetisierende, anthropomorphe an (s. dazu auch Schmeil 1900: 40ff.). Sie stand im Zusammenhang mit der ausklingenden Bewegung der Romantik: Ihr Naturbild erhielt eine aus *dichterischer Phantasie gespeiste, gemütvolle Anthropozentrik, die darunter litt, wenn der sinnlich wahrnehmbare Zauber der Erscheinungen in rationale Details zergliedert wurde* (Trommer 1986: 26).

Beispiele geben eine Vorstellung von dieser Betrachtungsweise, die es (wie das dritte Zitat zeigt) bis heute gibt:
– *Der Hase: Der Hase besitzt neben recht ergötzlichen doch auch unrühmliche Eigenschaften. Wir erfreuen uns an seinen drolligen Bewegungen. Wen erheitert es nicht, wenn sich plötzlich mitten im Felde Hasen erheben und „Männchen“ machen* (Kiessling & Pfalz 1888: 74).
– *Wohlriechendes oder Gartenveilchen: Für heute ist uns die Aufgabe geworden, dem herzigen Veilchen einmal so recht tief in sein dunkelblaues Auge zu schauen … In der Tat giebt es kaum eine Pflanze, welche vom Menschen bei dem Verschenken seiner Gunst auf gleiche Weise bevorzugt wird, wie Rose und Veilchen, Florens anmutigste Kinder …* (Auerswald 1863: 7).
– *Die Vögel in der Luft sind meine Brüder./ Alle Blumen sind meine Schwestern. /Die Bäume sind meine Freunde./…/ Denn diese grüne Erde ist unsere Mutter./ In den Lüften über uns ist der Geist verborgen.* Dieser Text stammt allerdings nicht aus dem vorigen Jahrhundert, sondern aus dem Jahr 1991 (Cornell)!

In welchem Ausmaß diese Tendenz zwischen etwa 1850 und 1890 den Biologieunterricht bestimmte, ist (offenbar) nicht mehr nachzuvollziehen. Kiessling & Pfalz (1888) betonen in ihrer Schrift immer wieder, daß es Aufgabe des Unterrichts ist, „eine auf klarem Verständnis der Natur beruhende Liebe zu derselben zu erwekken“ – was das immer sein sollte. Brüllow (1877) gibt eine umfangreiche Liste entsprechender Schriften wieder.

Rossmässler (der u. a. die ersten biologischen Wandtafeln gezeichnet hat) wird vielfach in diese Richtung eingeordnet. Bei der Lektüre seiner bemerkenswerten Schrift von 1860 „Der naturgeschichtliche Unterricht“ kommen Zweifel, ob man ihm damit nicht Unrecht tut (auch Auerswald gibt 1863 an, daß von Rossmässler zwar die Idee für sein Buch stamme, s. o., er sich dann aber offenbar davon distanziert hat).

Man könnte diese „Phase“ des Biologieunterrichts übergehen, wenn es nicht das erstaunli-

112 Erster Kreis. Wirbeltiere. I. Klasse. Säugetiere. — § 89.

†* **10. Cricētus** *frumentarĭus* Pall. **Gemeiner Hamster.** K. plump; Ohren u. Schw. kurz, letzterer dünn behaart; große Backentaschen; oben licht braungelb ins Graue spielend; Oberseite der Schnauze, Augengegend u. ein Halsband rotbraun, an den Wangen 1 gelber Fleck; Unterseite des K. schwarz; Füße weiß; L. 27 cm, Schw. 6,5 cm. In Mitteleuropa; in Dtl. in Sachsen am häufigsten; gräbt sich in Getreidefeldern eine tiefe Höhle mit mehreren Öffnungen u. hält einen Winterschlaf; ist durch sein massenhaftes Verzehren u. Wegschleppen von Getreide u. Hülsenfrüchten der Landwirtschaft sehr schädlich.

11. Mus L. **Maus.** K. schlank; Backentaschen fehlen; Schw. l., schuppig geringelt, nackt oder spärlich u. kurz behaart; Pelz weich.

Gaumenfalten in der Mitte nicht geteilt; Füße dick u. plump: = **Ratten;**		Ohr reicht nicht bis zum Auge; Schw. kürzer als der K.; Pelz zweifarbig ..	**M. decumānus.*
		Ohr reicht bis zum Auge; Schw. länger als der K.; Pelz einfarbig	**M. rattus.*
Gaumenfalten in der Mitte geteilt; Füße schlank: = **Mäuse;**	Ohr reicht bis zum Auge;	Pelz einfarbig; Schw. von Körperlänge.	**M. muscŭlus.*
		Pelz zweifarbig; Schw. etwas kürzer als der K.	**M. silvatĭcus.*
	Ohr reicht nicht bis zum Auge;	Pelz dreifarbig; Schw. kürzer als der K.	**M. agrarĭus.*
		Pelz zweifarbig; Schw. von Körperlänge.	**M. minūtus.*

†* *M. decumānus* Pall. **Wanderratte.** Zweifarbig, oben bräunlichgrau, unten grauweiß, beide Färbungen scharf von einander abgesetzt, die Mittellinie des Rückens gewöhnlich dunkler als die Seiten; Ohr 1/3 so l. wie der Kopf, erreicht angedrückt das Auge nicht; Gaumenfalten gekörnelt; 12 Zitzen; L. 24 cm, Schw. 19 cm; am Schw. etwa 210 Schuppenringe. Ist erst im Anfange des vorigen Jahrhunderts aus Asien nach Europa eingewandert; durch den Schiffsverkehr ist sie nach u. nach über die ganze Erde verschleppt worden; wo sie auftritt, vertreibt u. vernichtet sie die Hausratte; ist stärker u. gefräßiger als letztere; frißt auch junges Geflügel, sowie alles, was sie an Eßwaaren u. Küchenabfällen in Kellern, Speisekammern, Kanälen u. Kloaken finden kann; im Hunger fressen sie sich gegenseitig auf.

†* *M. rattus* L. **Hausratte.** Einfarbig, oben dunkelbraunschwarz, unten ein wenig heller, grauschwarz, Füße graubraun; Ohr 1/2 so l. wie der Kopf, reicht angedrückt bis zum Auge; Gaumenfalten glatt; 12 Zitzen; L. 16 cm, Schw. 19 cm; am Schw. 250—260 Schuppenringe. Auch die Hausratte ist wahrscheinlich erst in historischer Zeit, vielleicht aus Asien, eingewandert; erst im 12. Jahrhundert ist sie in Europa bekannt geworden; jetzt wird sie durch die Wanderratte zurückgedrängt u. ausgerottet, so daß sie sich in Dtl. nur noch selten findet. Wiederholt ist es vorgekommen, daß eine Anzahl Ratten gefunden wurde, die mit den Schwänzen mit einander verwachsen waren u. so einen sog. Rattenkönig bildeten.

†* *M. muscŭlus* L. **Hausmaus.** Einfarbig gelblich grauschwarz, unten etwas heller, Füße u. Zehen gelblichgrau; Ohr von halber Kopflänge, reicht an die Kopfseiten angedrückt bis zum Auge; 10 Zitzen; L. 9,5 cm, Schw. ebensoviel; am Schw. etwa 180 Schuppenringe. Über die ganze bewohnte Erde verbreitet; hält sich am liebsten in Wohngebäuden auf u. nascht in Küche, Keller u. Speisekammer; ihr Hauptfeind ist die Hauskatze; die weißen Mäuse, die oft gezähmt gehalten werden, sind Albinos der Hausmaus.

†* *M. silvatĭcus* L. **Waldmaus.** Zweifarbig, oben braungelblichgrau, unten scharf abgesetzt weiß, Füße u. Zehen gleichfalls weiß; Ohr von halber Kopflänge wie bei der Hausmaus; 6 Zitzen; L. 12 cm, Schw. 11,5 cm; Schw. mit ungefähr 150 Schuppenringen. In ganz Europa verbreitet, sowie auch im westlichen Asien; in Wäldern, Gärten u. Feldern; frißt außer Früchten u. Pflanzenwurzeln auch Insekten, Würmer u. kleine Vögel.

†* *M. agrarĭus* Pall. **Brandmaus.** Dreifarbig, oben braunrot, über den Rücken ein schwarzer Längsstreifen, unten scharf abgesetzt weiß, Füße weiß;

Abb. 28: Probeseite aus „Dr. Joh. Leunis: Schul-Naturgeschichte“ (1891, S. 112).

che Phänomen gäbe, daß seit einigen Jahren auch im Biologieunterricht, durch den Zeitgeist bestimmt, „Erlebnis" bis hin zur Mystifizierung der Natur wieder eine bedeutsame Rolle spielt(ausführlich dazu Kapitel 3.6; MAURER, 1978: 90ff., hat eine ganze Reihe von Beispielen dieser Art auch aus neueren Schulbüchern zusammengestellt). Die weite Verbreitung der Texte und Ideen CORNELLS (s. dazu weitere Beispiele in Kap. 3.6) sind dafür ein Indiz. Ursachen, Bedürfnishintergrund und schnelles Verschwinden solcher Strömungen im vergangenen Jahrhundert erscheinen deshalb wissenswert.

3. „Biologische Betrachtungsweise"

Eines der bekanntesten Bücher zum Biologieunterricht ist JUNGES „Der Dorfteich als Lebensgemeinschaft" von 1885. Es ist geradezu zum „Kultbuch" einer neuen ökologischen Betrachtungsweise im Biologieunterricht geworden. Er stellte das klassifizierende Verfahren gleichsam auf den Kopf: Lebensgemeinschaften mit ihren Wechselbeziehungen einschließlich aller abiotischen Faktoren sollten von den Schülern selbst untersucht und im Mittelpunkt des Unterrichts stehen. Jedes Lebewesen damit „biologisch" betrachtet werden. Acht „Gesetze des organischen Lebens", die sich seiner Meinung nach auf alle Lebewesen beziehen, sollten das Spezielle ins Allgemeine überführen; z. B.: 1. Erhaltungsmäßigkeit: Lebensweise und Einrichtung eines Lebewesens entsprechen einander, 2. Organische Harmonie: jedes Lebewesen ist ein Glied des Ganzen, 4. Arbeitsteilung: je mehr Organe, desto vollkommener ihre Arbeit.

Dieser großartige neue Entwurf, der Biologieunterricht von Grund auf modernisiert hätte, mußte damals scheitern; dazu einige Gründe: Seine Bezugswissenschaft, die Ökologie, war noch zu unvollkommen; seine „Gesetze" wurden (mit einigen guten Gründen, so schon SCHMEIL 1900: 54ff.) angegriffen; die Lehrer waren für solche Vorstellungen nicht ausgebildet; JUNGES (verdeckter) Widersacher, SCHMEIL, konnte sich – schon durch seine Schulbücher – besser durchsetzen.

SCHMEILS bis heute lesenswerte Schrift „Über die Reformbestrebungen auf dem Gebiet des naturgeschichtlichen Unterrichts" von 1896 läutete eine neue oder wenigstens doch eine andere Ära des Biologieunterrichts ein. Einige der dort vorgetragenen Hauptgedanken sind:

– Der Lehrer ist der „Handlanger der Wissenschaft", er muß sich an ihrem Fortschritt ausrichten. Die inhaltliche Kluft zwischen Biologie und Biologieunterricht muß abgebaut werden.
– Naturforschung (selbständiges elementares Forschen der Schüler) im Gegensatz zu Naturbeschreibung.
– Die Schüler müssen angehalten werden, den kausalen Zusammenhang zwischen Bau und Leben der Arten zu ergründen; d. h., Übergang zu einem morphologisch-physiologischen, einem „biologischen" Unterricht, wie SCHMEIL dies nannte.
– Dies ruft bei den Schülern Nachdenken, nicht nur Nacherzählen, hervor.
– Daraus resultiert ein wirkliches Verständnis der Natur und Biologieunterricht wird zu einer Disziplin, die an Bildungswert keiner anderen nachsteht.
– Durch Beobachten, Selbstuntersuchen den schlimmsten Feind alles geistbildenden Unterrichts verbannen – den Verbalismus.
– Verständnis führt zur Freude – und ein ästhetisches Urteil wird sich dann von selbst bilden (s. auch Kap. 3.6).
– Der Ausschluß heterogener Stoffe (auch z. B. physikalischer und chemischer, die nicht Vorgänge bei Lebewesen verständlich machen helfen) ist pädagogische Forderung – also ein selbstständiges Fach „Biologie".

Gute Ideen, zum Teil seit LÜBEN (S. O.) vertraut. Sie sind jedoch bis heute nur bedingt realisiert. Durchgesetzt hat sich SCHMEIL mit seinen Unterrichswerken: 1889 „Lehrbuch der Zoologie", 1901 „Lehrbuch der Botanik" u. a. Davon gab es über 200 Auflagen bis etwa 1965. Ihr Inhalt kam der Ausbildung der Lehrer entgegen. Gut 70 Jahre lang haben SCHMEILS Vorstellungen den Biologieunterricht beherrscht (in modifizierter Form selbst in der NS-Zeit) – und eine Weiterentwicklung verhindert. Sein Strukturansatz, auch wenn er ursprünglich verändernd wirkte, barg die Gefahr des Traditionellen in sich (s. auch Kap. 5.2):

- Die Gliederung nach systematischen Gruppen führte zu einem Rückfall in die schier endlose Aneinanderreihung von Arten, oft auch in Form zahlreicher Monographien.
- Für eigenständige andere biologische Gebiete war (sieht man von der Oberstufe der Gymnasien ab) kein oder kaum Raum.
- Menschenkunde war stets nur ein untergeordneter Aspekt, und zwar überwiegend als „Abbild" medizinischer Lehrbücher.

- Für die traditionelle Lehrerausbildung gab es kaum Veranlassung, sich angesichts dieses „Handlanger-Unterrichts" zu verändern; es gab vielmehr einen Rückkoppelungseffekt.

Zeitgleich oder kurz nach der Veröffentlichung von SCHMEILS Ideen gab es durchaus Schriften, Handreichungen für Lehrer mit ähnlicher Absicht (BUSEMANN 1905, NIEMANN & WURTHE 1907), aber auch Degenerationsformen im Rahmen der „Heimatkunde". Dazu folgendes Beispiel (ZIMMERMANN 1921: 121; 11 Auflagen zwischen 1891 und 1921): *Der Sperling: Wie wird der Sperling auch genannt? Sprecht: Der Sperling wird auch noch Spatz genannt. Was ist der Sperling? Vogel. Gib mir an, was jeder Vogel haben muß! Federn, zwei Beine, zwei Flügel usw. ... Der Sperling ist nicht so groß wie ein Huhn, nicht einmal so groß wie eine Taube, – was ist der Sperling nur für ein Vogel? Sprecht: Der Sperling ist nur ein kleiner Vogel* – usw. über drei Seiten hinweg.

Gegen solche Degenerationsformen von Unterricht wandte sich dann die Arbeitsschulbewegung.

4. Arbeitsschulbewegung

An die Stelle stofflicher Überfütterung soll ein frisch-fröhliches Erarbeiten von wertvollen Erkenntnissen und Fähigkeiten treten; die leider allzu häufig nur rezeptiv tätige Kinderschar soll zu möglichst spontaner Betätigung angeregt, durch Selbstätigkeit zur Selbständigkeit angeleitet werden, ... wenn möglich und notwendig, auch die Handbetätigung planmäßig und in genügendem Umfang heranziehen (Vorwort zu GRUPE 1921).

Solche Forderungen wurden auch in Lehrplänen aufgestellt. Danach sollte „Unterricht grundsätzlich Arbeitsunterricht" sein. Stichworte wie Selbsterarbeiten, Selbsterschließen, Betätigung von Hand und Sinnen, Lehrausflüge, Schulgartenarbeit werden überall verwendet. „Anstaltslehrpläne" sollten aufgestellt werden. Man hat dafür auch die Bezeichnung „Synthetische Unterrichtsmethode" gewählt. Sieht man von notwendigen empirischen Belegen ab, wird sich erst zeigen müssen, ob der in neuerer Zeit postulierte „Situierte Unterricht" (s. Kap. 5.7) über solche Positionen hinausgeht.

Mit seinen Vorschlägen durchbricht z. B. HEINRICH GRUPE (1921) den starren Gang durch die Systematik der Lebewesen. Sein Plan (s. Beihefter zu GRUPE 1921) ist eine Kombination von „Erleben der heimischen Natur" in ausgewählten Beispielen, Behandlung von Arten unter verschiedenen, auch experimentellen Gesichtspunkten, Besuch „außerschulischer Lernorte", Schulgartenarbeit, angewandte Biologie je nach Bezugsgruppe („Bauern-Naturgeschichte", „Großstadt-Naturgeschichte") und menschenkundlichen Themen. Man könnte dies fast schon als einen Situationsanalytischen Strukturansatz (s. Kap. 5.6) bezeichnen.

In anderer Weise hat SCHMITT mit seinen zehn Bänden „Wege zur Naturliebe" (stets o. J., wohl ab 1925) den Biologieunterricht in bezug auf die geforderte „Selbsttätigkeit und Selbständigkeit" beeinflußt. Jeder Band enthält eine Fülle von zum Teil bis heute kaum übertroffenen Beobachtungs- und Experimentieraufgaben; z. B. 311 Anregungen im Teilband 6 „Lebenskampf und Anpassung der Pflanze". Allein 25 Fragen und Aufgaben zum Thema Süßwassermuscheln finden sich in „Anleitung zur Haltung und Beobachtung wirbelloser Tiere" (Bd. 7). Mehrere Auflagen einzelner Bände belegen das Bedürfnis nach solchen Hilfen und ihrem Erfolg.

Wie viel davon freilich im konkreten Biologieunterricht realisiert wurde – offenbar ist darüber wenig bekannt (auch der Sohn von HEINRICH GRUPE, s. HANS GRUPE 1977: 59, berichtet dazu fast nichts). In der Volksschule wurden solche Ideen beachtet. Die vorwiegend an der Systematik der Lebewesen orientierten Werke SCHMEILS beherrschten jedoch vor allem im Gymnasium weiterhin den Markt.

Viel Zeit blieb nicht bis zur NS-Epoche, die ihren Schatten schon 1932 mit entsprechenden „Leitsätzen über den Biologieunterricht an höheren Schulen" (ausführlich bei KLAUSING 1968) des Deutschen Biologen-Verbandes vorauswarf: Mädchen sind für den Mutterberuf zu erziehen, Behandlung der rassenbiologisch gefährdeten Zukunft des deutschen Volkes usw.

5. Ideologische Verbiegung des Biologieunterrichts

Auch wenn der verbrecherische Mißbrauch des Biologieunterrichts durch den Nationalsozialismus bekannt sein dürfte (s. auch BUSCHE et al. 1978), er sollte immer wieder aufgezeigt werden.

Neben den Lehrbüchern von SCHMEIL waren z. B. „Das Leben – Biologisches Unterrichtswerk für höhere Schulen", „Lehrbuch der Biologie für Oberschulen und Gymnasien" verbreitet. Daraus einige Zitate:

- *Wir sorgen für unser Blut: Jeder Volksgenosse hat die Pflicht, seine körperliche und seelische Gesundheit zu erhalten. Wir halten unsere Rasse rein. Unsere höchste* [!] *Pflicht ist es, unser Erbgut rein und gesund zu bewahren ... Wichtiger als der einzelne ist unser Volk ... Du bist nichts, dein Volk ist alles* (Das Leben, 1940, Bd. 3: 142).
- *Hieraus ergibt sich, daß Mischehen mit Juden den rassischen Bestand des davon betroffenen Wirtsvolkes in höchste Gefahr bringen müssen ... Es kann daher für das deutsche Volk nur eine kompromißlose Lösung der Judenfrage geben ... Wie konnte es zu einer so weitgehenden Entartung des Erbgutes kommen? ... Die Antwort lautet: Unfruchtbarmachung der Träger von Anlagen schwerer Erbkrankheiten und damit Wiedereinschaltung der Ausmerze ...* (Das Leben, 1941, Bd. 4A: 287, 289, 290).
- *Der nordische Mensch mit seinem freien, offenen Blick, mit dem Lichten und Hellen in Haut, Haar und Augen, mit dem schlanken, hohen Wuchs und der beherrschten würdigen Haltung vermag in seiner Erscheinung wie kaum eine andere Rasse das Urbild männlicher Schönheit zu verkörpern* (VENZMER 1938: 169).

Solche Aussagen, die sich beliebig vermehren ließen, haben mit biologischen Erkenntnissen nichts zu tun. Sie dienten vorwiegend dazu, Jugendliche auf die Ausrottung bestimmter Gruppen von Menschen einzustimmen. Weiterhin spielten u. a. folgende Themen eine zentrale Rolle: „Blut und Boden", Rassenlehre, Eugenik, Frauenrolle, „Erzeugungsschlacht" in Landwirtschaft und Industrie.

Ein „Handbuch für den Biologieunterricht" (ROSSNER [1940]: Vorwort) wurde unter dem Prinzip der „Erziehung zum lebensgesetzlichen Denken und Handeln" konzipiert. Dies ist, wie auch einzelne Beiträge zeigen, nichts anderes als ein radikaler Sozialdarwinismus: die rücksichtslose Durchsetzung des „Rechtes des Stärkeren".

Erstaunlich ist, um das Mindeste zu sagen, daß sich Biologielehrer (die zum Teil nach 1945 wieder in Erscheinung traten, s. auch Beispiele in Kap. 3.6) dazu hergaben, solche Texte zu schreiben. Niemand hat sie dazu gezwungen.

Man muß sich vor Augen halten, daß dies nicht nur Vergangenheit ist, sondern daß Biologieunterricht stets in Gefahr ist, von ungeprüften oder allenfalls subjektiv geprüften Ideologien beeinflußt zu werden. So macht sich z. B. in der Mitte der neunziger Jahre in der Öffentlichkeit erneut „völkisches" Gedankengut (s. BERCK 1997) von verschiedenen Seiten breit.

6. Nach 1945

Inhaltlich knüpfte man an die Zeit vor 1933 und damit vor allem an den SCHMEILschen Biologieunterricht an – trotz der beachtlichen Entwicklung der Bezugswissenschaft (zum Versuch einer kritischen Darstellung der Entwicklung von 1946–1977 s. EWERS 1978a). Woher sollte man auch neue Erkenntnisse nehmen? Biologiedidaktische Forschung im strengen Sinn hatte es bislang nicht gegeben.

Ein Muster für die damalige Situation ist die Wiederholung von STEINECKEs (1951) im Jahr 1933 konzipertem „Ideallehrplans" (s. Kap. 5.1). Selbst in der Sekundarstufe II war z. B. ein halbes Jahr den „Bauplänen der Tiere und Pflanzen" gewidmet.

In der Volksschule wurde mit der Behandlung von „Lebensgemeinschaften" (s. Kap. 5.4) oder einer Orientierung an Jahreszeiten anscheinend neue Wege eingeschlagen. Sie knüpften zum Teil an die Arbeitsschulbewegung (s.o.) an.

Bestimmt durch den Zeitgeist nach 1945 wurden dem Biologieunterricht (erneut) verstärkt sinnstiftende und sogar religiöse Aufgaben zugeschrieben: *Wir lernen* [im Biologieunterricht] *unser eigenes Sein begreifen und die Schöpfungsordnung verstehen* (ESSER 1972: 21). *Uns Biologen als Lehrern ist aber aufgegeben, dem Jugendlichen die Augen zu öffnen, daß er sich selbst als das größte Wunderwerk des lebendig Geschaffenen begreift* (KOCH 1960: 25). *Die Schüler zu einer liebevollen, fürsorglichen Haltung allen Geschöpfen gegenüber – zu ihnen gehört auch der Mitmensch! – zu bringen* (SIEDENTOP 1968: 11). Wie solche Aussagen zu verbinden sind mit Aussagen der Biologie als Naturwissenschaft und dem Verbot zur Indoktrination im Unterricht, bleibt ungeklärt. Auch die Ideologisierung des Biologieunterrichts in der NS-Zeit war offenbar nicht ausreichend und nicht in rechter Weise als Warnsignal wahrgenommen worden. Man hat den Eindruck, die genannten Vorstellungen waren so etwas wie der Versuch einer Wiedergutmachung der Fehler des NS-Biologieunterrichts mit falschen Mitteln.

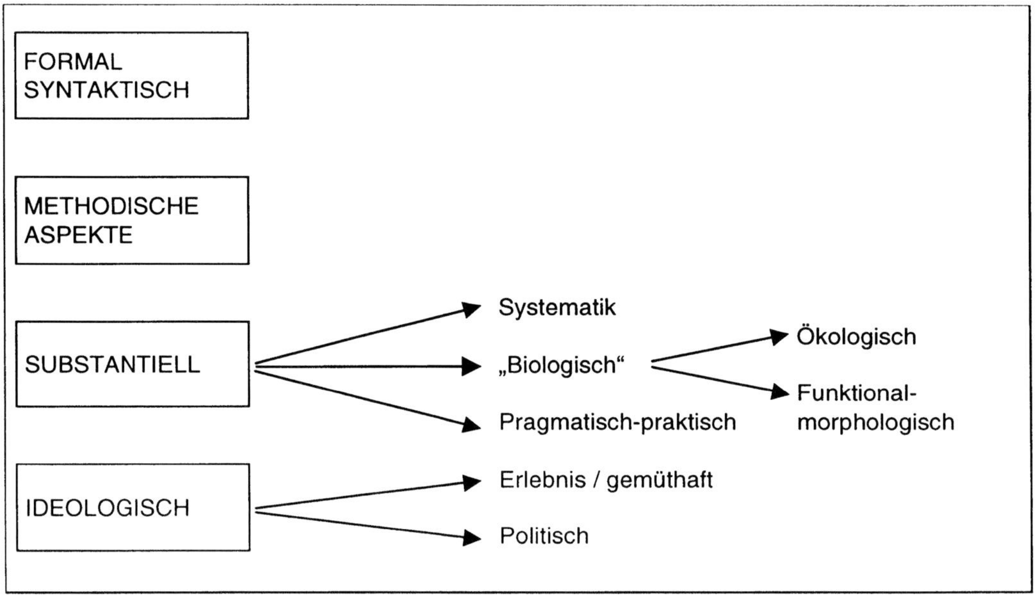

Abb. 29: Grundansätze von Biologieunterricht (idealtypisch) im Lauf seiner Geschichte.

So vollzog sich Biologieunterricht nach 1945 vorwiegend in traditionellen Bahnen. Dies änderte sich erst mit der Curriculumreform (s. Kap. 6).

Zum Teil bestimmt durch den Zeitgeist und die gesellschaftliche Entwicklung gab es nach dieser Reform im Biologieunterricht Schwerpunkte oder Wellen (man könnte auch sagen „Moden“). Bestimmte Themen wurden zeitweise verstärkt behandelt. In zeitlicher Reihenfolge sind dies etwa: Verhaltenslehre, Sexualerziehung, Biokybernetik, Umwelterziehung und Freilandbiologie. Biologieunterricht profitierte in der Weise von diesen Wellen, daß nach einem Höhepunkt der Behandlung der jeweiligen Themen ein realistischer Anteil in das Grundrepertoire aufgenommen wurde. Wichtig in diesem Zusammenhang ist die Erkenntnis, daß man solche Wellen kritisch bedenkt und ihre Relativität erkennt. Ein zu rückhaltloses Eingehen auf sie kann leicht zu einem modernistischen Biologieunterricht führen.

7. Ein Blick über die Grenzen

Biologischer Unterricht in der Bundesrepublik wurde und wird seit 1945 wesentlich durch Entwicklungen im englischsprachigen Raum beeinflußt. Dort verwendet man meist den allgemeineren Begriff „Science Education“. Über die Tendenzen in bezug auf diesen Unterricht in den USA kann man sich ausführlich bei Collette & Chiapetta (1994) informieren.

Nach 1945 wurden dort vor allem Lehrpläne entwickelt, deren Schwerpunkt auf der Vermittlung von Wissen lag; beklagt wird die geringe Berücksichtigung von wissenschaftlichen Methoden. Im Zusammenhang mit dem „Sputnik-Schock“ kam es zu einer „Revolution“ des naturwissenschaftlichen Unterrichts. Ihm wurde nun große Aufmerksamkeit gewidmet. Zahlreiche neue, anspruchsvolle Curricula wurden entwickelt. Vermittlung von Wissen, dessen Entstehung und Forschungsmethoden wurden betont, während „Alltagsbezüge“, Themen zur Anthropologie und Ökologie weithin fehlten. Kirchliche Gruppen, die Evolution ablehnten, hatten Einfluß.

Nach 1980 kam es zu Kritik an diesem Vorgehen. „Die Welt der Schüler“ und die Probleme, die sie in Zukunft bewältigen müssen, traten in das Blickfeld. „STS-science-technology-society“, Wissenschaft – Technik – Gesellschaft, war eine der zentralen Forderungen, an denen sich Lehrpläne zukünftig ausrichten sollten. Bis heute wird kontrovers diskutiert, in welchem Ausmaß naturwissenschaftlicher Unterricht vor allem die Wechselwirkungen zwischen „Wissenschaft und Gesellschaft“ behandeln muß.

Das Stichwort von der „scientific literacy“ taucht etwa 1982 auf; es ist schwer zu übersetzen, vielleicht mit „naturwissenschaftliche Allgemeinbildung“. Schüler mit „scientific literacy“ verstehen *wie Wissenschaft, Technik und Gesellschaft sich gegenseitig beeinflussen; sie sind in der Lage, dieses Wissen bei Entscheidungen in ihrem Alltag zu verwenden … Auf der Grundlage genauer Kenntnisse von Begriffen und Methoden sind Menschen in der Lage, weiter zu lernen und logisch zu denken …* (s. Collette & Chiapetta 1994: 20). Ähnlichkeiten mit dem in Kapitel 3.2 dargestellten Leitziel für den Biologieunterricht sind offensichtlich. Die Diskussionen um Stellenwert und Bedeutung von „scientific literacy" und damit „STS" sind offenbar noch nicht beendet.

Inzwischen werden neue Curricula auf der Basis solcher Vorstellungen entwickelt und erprobt; vor allem: „Project 2061: Science for all Americans" und „Scope, Sequence and Coordination Project". 1990 (National Science Teacher Association – NSTA 1990) wurde mit einer Dauer von mindestens zehn Jahren bis zur Fertigstellung dieser Materialien gerechnet (während in der Bundesrepublik neue Lehrpläne in kürzester Zeit aus dem Boden der Kultusverwaltungen schießen). Diese Entwicklung in den USA sollte intensiv beobachtet werden, ob sich daraus neue Impulse auch für den Unterricht in der Bundesrepublik ergeben.

17.4 Ein Fazit – den Biologieunterricht gibt es nicht

Die Geschichte zeigt demnach, daß Biologieunterricht von sehr unterschiedlichen Schwerpunkten ausgehen kann, die man heute als Strukturansatz (s. Kap. 5.1) bezeichnet. Betont werden muß die Bezeichnung „Schwerpunkt", nach dem sich ein Strukuransatz primär ausrichtet, während zugleich noch andere Aspekte bedeutsam sein können. Diese Schwerpunkte tauchen in der Geschichte von Biologieunterricht auf, verschwinden wieder und werden erneut aufgegriffen. Abbildung 29 stellt einen Versuch dar, sie zusammenzustellen. Eine historische Betrachtung lehrt also, daß es den Biologieunterricht nicht gibt.

Am besten macht man sich das an einem fiktiven Beispiel klar. Der Schwarze Holunder könnte demnach z. B. unter folgenden Aspekten behandelt werden:

- Methodisch: Das Mark von Holunderstengeln dient dazu, einfache mikroskopische Schnitte anzufertigen.
- Systematisch: Der Holunder ist ein Geißblattgewächs, mit drei Griffeln oder Narben, gefiederten Blättern …
- Biologisch-funktionell: Blüten und Früchte des Holunders sind weithin auffallend …
- Biologisch-ökologisch: Den Holunder findet man vorwiegend in der Nähe menschlicher Siedlungen.
- Pragmatisch – angewandt: Wir sammeln Holunderbeeren für die Winterfütterung von Vögeln, der Holunder ist eine Heilpflanze.
- Erlebnis-gemüthaft: Unterm Hollerbusch …
- Politisch – völkisch: Der Holunderstrauch – ein Sinnbild germanischen Glaubens, er war der Göttin Freya oder Holla geweiht …

Begriffe: Naturgeschichte – Biologieunterricht, Äußere Bedingungen (mögliche Stichworte: Wurzeln, Franke - Basedow, Süvernsche Reform, Anerkennung Realgymnasien, Lippstädter Fall, MNU, Arbeitsschulbewegung, Kerschensteiner, Richertsche Reform, NS-Ideologisierung, Stagnation nach 1945), Phasen: Extreme Systematik, Ästhetisierender Biologieunterricht, Biologische Betrachtungsweise (Junge, Schmeil), Arbeitsschulbewegung (Grupe), Synthetische Unterrichtsmethode, Biologieunterricht in der NS-Zeit, nach 1945: Systematik, Lebensgemeinschaften, Curriculum-Reform; Scientific Literacy, Idealtypische Aspekte: Methodik, Systematik, biologisch-ökologisch, biologisch-funktional-morphologisch, pragmatisch-praktisch, erlebnis-gemüthaft, politisch

18 Anmerkungen über den Biologieunterricht in verschiedenen Schulformen

18.1 Biologie im Sachunterricht der Grundschule

Wir alle müssen sehr gut vorbereitet sein, um in Zukunft einen Beitrag für Veränderungen leisten zu können – und nicht Opfer zufälliger Strömungen zu werden (THE ASSOCIATION FOR SCIENCE EDUCATION: Primary science teachers handbook, 1995: 1).

Einige Fragen von Grundschülern allein aus dem Bereich Sexualerziehung (zum Teil aus MILLHOFFER & MAIER 1975; eigene Sammlung): Wie kriegt ein Mädchen seine Tage? Warum gehen die Jungen so schnell ran? Wie sieht ein Samen aus? Wofür sind Anti-Baby Pillen gut? Woraus entsteht die Fruchtblase? Warum muß das Baby mit dem Kopf zuerst aus dem Bauch? Wodurch entstehen Zwillinge? Wie kommen die Wehen zustande? Warum wollen Kinder Geschlechtsverkehr machen?

Über kaum ein anderes fachdidaktisches Gebiet ist in den letzten Jahrzehnten so viel geschrieben worden wie über den Sachunterricht. Für die Zeit bis 1975 hat GÄRTNER (1976) dazu eine Bibliographie vorgelegt. Schulbücher werden von RAUCH & TOMASCHEWSKI (1986) analysiert. Einige zusammenfassende Bücher sind: BÄUML-ROSSNAGEL (1979, 1989), ZIECHMANN (1980), LAUTERBACH & MARQUARDT (1982), EINSIEDLER & RABENSTEIN (1984), DUNCKER & POPP (1994, Aufsätze zu einzelnen Themen), SPRECKELSEN (1985), KAISER (1997). Das wohl umfassendste und klarste Werk stammt von SOOSTMEYER (1988 [3. Aufl. 1998]). Aber als den besten Überblick über Aufgaben, Ziele und Methoden des naturwissenschaftlichen Unterrichts in der Primarstufe muß man wohl den Beitrag von BLACK bezeichnen (in: THE ASSOCIATION FOR SCIENCE EDUCATION 1995).

In allen diesen Büchern werden kaum Arbeiten angegeben, die einige der zahlreichen vorgetragenen Hpothesen belegen könnten. Forschungsergebnisse stellt EINSIEDLER (1997; s. auch GARLICHS et al. 1983) dar. Nach 25 Jahren Sachunterricht muß man die Ausbeute als gering bezeichnen. *Selbst in den Hauptgebieten Evaluation von Unterrichtsansätzen, Schülervorstellungen und Unterrichtsmethodik gibt es keine umfangreichen und kontinuierlichen Forschungsstränge* (EINSIEDLER 1997: 27).

Sachunterricht ist ein wichtiges Fach. Ihm steht relativ viel Zeit zur Verfügung verglichen mit der für Biologieunterricht in der Sekundarstufe I: Im Mittel je zwei Stunden in den Klassen 1 und 2, je vier Stunden in den Klassen 3 und 4. Er trifft auf eine besondere Aufgeschlossenheit und Lernbereitschaft „Sachen gegenüber". Er muß genutzt werden, um Schülern auch spezifisches Wissen zu vermitteln.

Grundsätzlich gilt: *Über das fernere Bildungsschicksal eines Menschen wird fast durchweg schon in der Grundschule entschieden* (ESCHENHAGEN 1974); dies ist für dort tätige Lehrer eine hohe Verpflichtung.

Wegen der vorliegenden Darstellungen sind neben einigen allgemeinen vor allem Anmerkungen zum biologischen Anteil des Sachunterrichts zu machen (dazu spezielle Buchpublikationen: SCHWARTZ et al. 1971, KNOLL 1979; s. auch KILLERMANN 1995: 147ff.; 142 Literaturangaben für die Jahre 1968–1978 in: BIB-report, Beiheft 6).

1. Ausbildung

Auf mindestens zwei Wegen werden zukünftige Lehrer für dieses Fach vorbereitet (ausführliche Darstellung für die einzelnen Bundesländer s. SCHMITT 1994). Entweder sie studieren einen bis zwei „beteiligte" Bereiche als Nebenfächer. Oder sie sollen sich Wissen in bis zu sieben Teilfächern erwerben (Physik, Chemie, Biologie, Geographie, Sozialkunde, Werken). Beide Verfahren sind unbefriedigend. Im ersten Fall sind keine oder kaum Kenntnisse in anderen Bereichen vorhanden. Im zweiten Fall kann – man muß wohl sagen: unmöglich – genügend fachdidaktisches und fachliches Wissen auf so verschiedenen Gebieten erworben werden (kritische Anmerkungen zur Ausbildung von Lehrern für den Sachunterricht s. z. B. WINNENBURG 1987). Eine solche Lösung kann eigentlich nur anordnen, wer die Vielzahl von Fragen nicht kennt, die Grundschüler zu einem Thema stellen können – aus diesem Grund wurden oben Beispiele angegeben.

Die Alternative, den „naturwissenschaftlichen" und den „geisteswissenschaftlichen Aspekt" des Sachunterrichts zu Studien-Hauptfächern zu machen, wurde dagegen offenbar nicht erwogen.

Studierenden und Lehrerinnen mit diesem Fach kann man nachdrücklich empfehlen, sich nach Möglichkeit etwa zwei Schwerpunkte auszusuchen. Und zwar solche, die im Sachunterricht von besonderer Wichtigkeit sind – damit sie sich dort kompetent fühlen.

Gelegentlich wird die Vorstellung geäußert (s. z. B. DUNCKER & POPP 1994: 13 u.a.), eine Ausbildung für das Fach Sachunterricht sei überwiegend oder ausschließlich Aufgabe einer „Allgemeinen Grundschulpädagogik". Dem muß man die bereits angegebene Meinung von HEINTEL (1978, s. Kap. 1.2) gegenüberstellen: Didaktische Forschung und Ausbildung, die sich nicht auf bestimmte Inhalte beziehen, reduzieren sich auf allgemeine, weitgehend unverbindliche Aussagen. Diese bleiben meist unbefriedigend. Sie müssen fast immer an spezifische Bedingungen und spezifisches Wissen eines Faches angepaßt werden (weitere entsprechende Zitate in Kapitel 8.2).

Immer wieder muß darauf hingewiesen werden, wie problematisch die zum Teil hohe Stundenzahl ist, die Referendare heute in eigenverantwortlichem Unterricht halten müssen; in der Regel 6–10, in Bayern bis zu 16 Stunden (s. SCHMITT 1994). Diese Überlastung verhindert es geradezu, daß die „zweite Phase" der Ausbildung zur intensiven Fortbildung genutzt werden kann. Um so wichtiger ist u. a. ein gründliches fachdidaktisches Studium.

2. Entwicklung seit 1945 – Strukturansatz

Sachunterricht hat seit 1945 eine vielfältige, stürmische Entwicklung hinter sich – die sicher noch nicht zu Ende ist. Diese Phasen hat z. B. SOOSTMEYER (1988) ausführlich dargestellt. Er analysiert, vergleicht und kritisiert nicht weniger als zehn verschiedene Strukuransätze, die seitdem für diesen Bereich vorgeschlagen wurden; z. B. Wissenschaftsorientierung als Prozessorientierung (s. auch Kap. 5.8), Exemplarisch-genetisch-sokratischer Strukturansatz, „Kinder in ihrer natürlichen Umgebung" (Kombination aus genetischen, fachlichen, sozialen Komponenten, auch motorischen Elementen). Hinzugekommen ist in den letzten Jahren in Vorschlägen und Lehrplänen eine Dominanz der „Erlebnisorientierung" (s. Kap.3.6).

Den von SOOSTMEYER vorgeschlagenen und von ihm gut begründeten Strukturansatz bezeichnet er als „situations-handlungs-sachorientierten Unterricht". Dabei ist die Berücksichtigung von Lernformen der Kinder, besonders auch vielfältiger sinnlicher Erfahrung, von besonderer Bedeutung. Diesen Vorschlag darf man weitgehend gleichsetzen mit dem Situationsanalytischen Strukturansatz (Kap. 5.6), wobei grundschulspezifische Lern- und Handlungsweisen sowie Integration verschiedener Bereiche betont werden.

Wie dialektisch, gleichsam schwebend der damit angesprochene Prozeß ist, beschreibt zutreffend BLACK (in: THE ASSOCIATION FOR SCIENCE EDUCATION 1995: 10): *Weder Begriffe und andere Inhalte noch Fähigkeiten und Fertigkeiten können isoliert voneinander verstanden oder angewandt werden. So ist es zum Beispiel nicht möglich, Hypothesen aufzustellen, es sei denn, man hat eine Vorstellung von der Sache, um die es geht. Umgekehrt kann ein Verständnis dafür, wie Wissen entstanden ist, nur vermittelt werden, indem bestimmte Fertigkeiten angewandt werden.*

Sieht man von der in manchen Lehrplänen inzwischen vorgesehenen und auch in mancher Schulpraxis vorkommenden Überbetonung (!) von „Erlebnis" ab (dazu Kap.3.6) – bei oft zu starker Vernachlässigung der Sachorientierung – dürfte der von SOOSTMEYER beschriebene Strukturansatz derzeit den tatsächlichen Sachunterricht am besten widerspiegeln.

An dieser Stelle ist erneut an die Problematik des „Offenen Unterrichts" im strengen Sinn, d. h., ohne festgelegten Lehrplan, zu erinnern. Er wird nicht selten gerade für den Sachunterricht gefordert. Dieses Thema wurde ausführlich in Kapitel 5.8 besprochen. Zudem sollte „Offener Unterricht" nicht mit „Offenheit im Unterricht" verwechselt werden.

3. Kriterien für die Praxis

Zur Realisierung seines Ansatzes hat Soostmeyer (1988: 320ff.) nicht weniger als 66 „Kriterien für die Praxis des Sachunterrichts" zusammengetragen und erläutert. Sie alle zu beachten, dürfte jedoch für normalen Unterricht schwerlich möglich sein. Was den biologischen Anteil betrifft, erscheinen vor allem die folgenden Kriterien (z. T. nach Soostmeyer) beachtenswert, von denen die meisten jedoch schon einmal genannt wurden (s. besonders Kap. 9.3.2, Tabelle 9–1; 9.4):

- Welche Möglichkeiten der Veranschaulichung und des eigenen Handeln gibt es?
- Welche Möglichkeiten gibt es, in kurzen Abständen (etwa alle 10–15 Minuten) die Lehrform zu wechseln?
- Worin besteht ein für die Schüler erkennbarer Anwendungszweck?
- Welches sind die entscheidenden Grundbegriffe, sachlichen Aussagen?
- Wie kann man diese Begriffe und Aussagen am besten vermitteln, so daß sie auch auf Dauer behalten werden?
- Bin ich als Lehrer bereit, neben der Unterrichtsverpflichtung (viel) Zeit aufzubringen, um Anschauungsmaterial zusammenzutragen, um den Versuch zu machen, durch zusätzliche biologische Exkursionen u. a. die Schüler für ein Interesse an Tieren und Pflanzen zu gewinnen?
- Und auch dies soll hinzugefügt werden: Finde ich als Grundschullehrer den richtigen „Ton" beim Umgang mit den Schülern – zwischen notwendiger Strenge und und freundlicher Zuwendung, witzig-schlagfertiger Reaktion ohne Schärfe, Eingehen auf deren Bedürfnisse ohne sich ablenken zu lassen und vor allem ständige Kreativität?

Zur Realisierung von „Handeln" und zu Handlungsmöglichkeiten finden sich ausführliche Erörterung in den Kapiteln über Schüleraktivitäten (13.7), Beobachten (13.6), Experimentieren (13.3), Entdeckendes Lernen (7.4) u. a., ebenso bei Soostmeyer (1988: 299ff.). Anwendungsbeispiele für verschiedene Arbeitstechniken wie Sammeln, Ordnen, Vergleichen, Beobachten, Experimentieren erläutert z. B. Schurius (1985).

4. Unterricht – Inhalte

Im Sachunterricht dürften Schüler derzeit in vielen Fällen unterfordert werden. Erhebungen zum biologischen Anteil zeigen, daß ihr Wissen und ihr Interesse zum Teil beachtlich sind (s. z. B. Eckert 1980, Engel & Kasbohm 1988). Dies entspricht Angaben bei Einsiedler (1997), wonach Schüler dieses Alters formal-logisch schlußfolgern und auch schwierigere Begriffe bilden können. Auch die Meinung, daß „ihre Wahrnehmung lediglich ganzheitlich" (entsprechende Zitate in Kap. 3.6.1) sei, wird von diesem Autor bezweifelt. Weiterhin konnte z. B. überprüft werden (Kasbohm 1973), daß „stets die Gruppen die besten Ergebnisse aufwiesen, die Schülerexperimente zum Stoff durchgeführt haben". Lehrer ohne entsprechende Fachausbildung meiden (verständlicherweise) eher solche Experimente. – Was also kann man für den biologischen Anteil des Sachunterrichts mindestens empfehlen?

– Interesse
Man muß einfach feststellen: Es besteht bei Grundschülern hohes Interesse gerade an biologischen Themen (s. Kap. 9.3.1; s. auch Schaal 1959, Zillig 1961, Plötz 1970). Genschel (1975: 32) berichtet über drei Untersuchungen, in denen zusammen 15 525 Fragen von Volks-, also auch Grundschülern gesammelt und ausgewertet wurden; rund 22 Prozent waren Fragen zur Biologie, 78 Prozent betrafen alle (!) anderen Fächer. Hannig (zit. nach Werner 1973) hat schon 1971 durch Untersuchungen gezeigt, daß z. B. das Interesse an Tieren im 3. Schuljahr am größten ist, aber auch noch im 6. relativ hoch liegt; dies wurde seitdem mehrfach bestätigt (s. Kap. 11.2).

Trotz der (nirgendwo begründeten) zunehmenden Beschneidung biologischer Themen in Lehrplänen erscheint es demnach legitim, diese zu einem Schwerpunkt des Unterrichts zu machen. Als „Fachegoismus" dürfte dies schwerlich zu bewerten sein.

– Themen
Es gibt biologische Themen, auf die im Sachunterricht nicht verzichtet werden kann, wenn man die Schüler nicht „allein lassen", ihnen wesentliches Wissen nicht vorenthalten will. Dazu gehören Fragen der Sexualität, Ernährung, Gesundheit und des „richtigen" Umgangs mit dem Körper (Zahnpflege, Überernährung, auch Gefahr durch Drogen, Schutz der Sinnesorgane, Verhalten bei Verletzungen und bestimmten Krankheiten, notwendige Impfungen usw.), Umgang mit Tieren und Pflanzen (besonders Haustieren, dazu auch einige ethologische Aussagen), Kennenlernen wichtiger Pflanzen

und Tiere, Verhalten gegenüber der Umwelt, Schutz von Pflanzen- und Tierarten.

Es ist jeweils zu fragen, ob dies für Themen aus anderen Bereichen (Aggregatzustände von Wasser, Grundlagen des elektrischen Stroms, Grundbegriffe des Magnetismus usw.) mit gleicher Dringlichkeit gilt. KAISER (1997) z. B. gibt unter 22 Themenvorschlägen für Unterrichtseinheiten nur noch vier mit biologischem Inhalt an (Körper, Sinne, Pflanzen, Tiere). Übersehen oder für unwichtig gehalten wird in solchen Plänen besonders das Thema „Vermittlung von Artenkenntnissen".

Bedauerlich ist, daß nicht einmal in den einzelnen Bundesländern ein in etwa einheitlicher Bestand an Grundwissen für den Sachunterricht festgelegt oder bekannt ist, auf dem in den folgenden Klassen aufgebaut werden könnte. In bezug auf Deutsch- und Mathematikunterricht wäre ein solches Vorgehen undenkbar. In England schreibt seit 1988 das „National Curriculum" auch für die Primarstufe verbindliche Inhalte vor.

– Begriffsvermittlung

Die grundsätzliche Bedeutung von Wissen und damit des Erlernens von Begriffen wurde bereits belegt (z. B. Kap. 10.1, 10.8). Ausführlich beschäftigt sich auch SOOSTMEYER (1988: 353) mit diesem Thema. Daß Grundschüler auch kompliziertere biologische Begriffe lernen und beherrschen, haben z. B. ENGEL & KASBOHM (1988), ECKERT (1980), belegen können. Bemerkenswert ist: EINSIEDLER (1997) fand aufgrund von Untersuchungen, daß „hierarchische Begriffsstrukturen", also einfache Begriffsnetze, dem Lernen mit Lückentexten überlegen waren. Dazu dienten auch präzise bildliche Darstellungen.

Eine Analyse von 68 biologiedidaktischen Dokumenten überwiegend für den Sachunterricht in bezug auf die Begriffsverwendung (H. BERCK 1986; Werte dazu in Kap. 10.6) ergab eine außerordentliche Überladung mit Begriffen vor allem von Schulbüchern. Die meisten erscheinen überflüssig, oft auch nicht klar genug dargestellt.

Die Hoffnung, daß Grundschullehrer gegenüber diese „Flut" in Schulbüchern im Unterricht anders vorgehen und nur wenige Begriffe verwenden, dürfte kaum zutreffen. Lehrer einer kleinen Stichprobe (s. Kap. 10.6) verwendeten in Klasse 4 im Mittel 23 verschiedene biologische Begriffe – in einer Unterrichtsstunde.

Genaue Untersuchungen zum Umfang des Begriffslernens in der Grundschule fehlen (liegen jedoch für die Klassen 5/6 vor; s. Kap. 10.8). Man kann davon ausgehen, daß auf Dauer nur je ein Begriff pro Unterrichtsstunde behalten wird. Aufgrund der Stundenzahl könnte man dann aber erwarten, daß am Ende der Grundschule etwa 80–100 biologische Begriffe bekannt sind.

Konsequenzen aus solchen Erkenntnissen wurden zwar in Kapitel 10 schon dargestellt. Die vier wichtigsten sollen wiederholt werden:

– Es sind nur die zum Verständnis einer Sache unbedingt erforderlichen Begriffe zu verwenden.

– Dazu ist vor einer Unterrichtseinheit eine strenge Auswahl der Begriffe erforderlich; Schulbücher sind dazu in der Regel keine Hilfe.

– Alle Begriffe sind, wenn irgend möglich, mit Hilfe von Anschauungsmaterial zu erarbeiten.

– Die Beachtung von Regeln zur Vermittlung von Begriffen (s. Kap. 10.9) erscheint dem Lernerfolg förderlich.

Das Thema „Ernährung und Verdauung" ist derzeit in fast allen Lehrplänen für den Sachunterricht enthalten. Deshalb folgen als Beispiel die Sachbegriffe – und nur diese – zu diesem komplexen Inhalt. Die erwähnten Dokumente enthalten dazu über 70 verschiedene Begriffe. Nach ausführlicher Diskussion der dort angegebenen Begriffe (H. BERCK 1986: 134–170) kann man etwa folgende als notwendig erachten (in Klammern solche, die nur bedingt wichtig erscheinen):

Nahrung – Ernährung: (Hunger), (Durst), Nährstoff, Energie, (Ballaststoff), Mineralstoff, Vitamin, Wasser;

Verdauung: Enzym bzw. Verdauungssaft, Mundspeichel, (Galle);

Organe: Mund, Zunge Gebiß, Zahn, Zahnschmelz, (Zahnzement), Zahnbein, Zahnhöhle, Zahnnerv, (Zahnwurzel), Drüse, Mundspeicheldrüse, Speiseröhre, Magen, Darm, Oberflächenvergrößerung, (Leber), (Bauchspeicheldrüse), After.

Weitere Beispiele für andere Gebiete der Grundschul-Biologie am angegebenen Ort und ein Beispiel in Kapitel 10.8.5. Es dürfte allerdings ohne umfängliches Sachwissen für den einzelnen Lehrer nicht einfach sein, eine begründete Auswahl von Begriffen für ein biologisches Thema vorzunehmen. Dies sollte eine Aufgabe biologiedidaktischer Untersuchungen sein.

Das Problem der Verwendung von Begriffsnamen (Umgangssprache–Wissenschaftssprache) stellt sich in besonderer Deutlichkeit in der

Grundschule. Einerseits wird die Meinung vertreten, dort vor allem Alltagsbezeichnungen zu verwenden, also „Verdauungssaft“ statt Enzym, „Blattgrünkörnchen“ statt Chloroplast, „Samen“ statt Spermium. Begründet wird dies mit der besseren sprachlichen Verständlichkeit solcher Bezeichnungen. Andererseits erfordert die Verwendung solcher Namen später Umlernen, wenn man auch nur Texte einer Tageszeitung verstehen will. Also muß man sich schon fragen, ob man mit der Verwendnung von Alltagsbezeichnungen den Schülern wirklich einen Gefallen tut. Bei einer Entscheidung ist zu bedenken, daß Grundschüler durchaus komplizierte Bezeichnungen lernen (wie sie etwa ein „Auto-Quartett“ verwendet). Mathematikunterricht benutzt konsequent fachliche Bezeichnungen, so daß viele Schüler überhaupt nicht mehr wissen, was etwa „teilen“ bedeutet. Aber eine Entscheidung in dieser Sache kann wohl erst aufgrund empirische Untersuchungen erfolgen.

– Monographien
Die Verwendung von Artmonographien zur Darstellung einzelner Tier- oder Pflanzenarten wurde in Kapitel 5.3 erörtert.

– Vermittlung von Kenntnissen über Tier- und Pflanzenarten
Auch dieses Thema wurde in Kapitel 11 ausführlich behandelt, und zwar mit Begründungen, Interessen von Grundschülern (Kap. 11.1.5) und möglichen Auswirkungen der Beschäftigung mit Arten.

Ein wesentlicher Hinderungsgrund für ein Eingehen oder besser Einlassen auf dieses Thema dürfte vielfach mangelnde Artenkenntnis der Lehrer sein. Auch wenn während des Studiums dergleichen in etwa vermittelt wurde, hinreichende Kenntnisse kann man sich in der Regel nur erwerben, wenn man sich selbst immer wieder mit Arten beschäftigt. Dies muß keine mühsame „Bestimmungsarbeit“ sein. Heute sind viele bebilderte Darstellungen von Pflanzen und Tieren erhältlich. Damit ist ein gewisses Kennenlernen von Arten leicht, ja fast mühelos möglich. Besonders hilfreich zum schnellen Zurechtfinden, auch draußen im Gelände, sind z. B. die Bücher von Kelle & Sturm (1979, 1984) und besonders Grupe (1963, sofern noch erhältlich).

Gerade Grundschüler bringen regelmäßig irgendwo gefundene Tiere oder deren Teile, oft von einem entfernten Urlaub, mit in den Unterricht. Auch auf Wanderungen wollen sie die Namen von Arten wissen. Voraussetzung dafür, daß ein Lehrer solche Anregungen seiner Schüler, die Ausgangspunkt vieler Unterrichtsgespräche sein können, aufgreifen kann, sind Artenkenntnisse.

Es wurden bereits Befunde vorgestellt (s. Kap. 11.2), wonach das Interesse an Tier- und Pflanzenarten ganz überwiegend im Alter zwischen etwa 9 und 11 Jahren entsteht. Daraus ergibt sich für den Sachunterricht, Tiere und Pflanzen vor allem in der 3./4. sowie in der 5. Klasse zu behandeln. Bei der Darstellung von Pflanzen ist zudem die Bedeutung solcher Kenntnisse „für das tägliche Leben“ herauszustellen. Heute ist solchem Wissen in bezug auf Umwelt- und Naturschutz sowie Freizeitverhalten große Bedeutung beizumessen. Aber es dient auch einem grundlegenden Verständnis und der Freude an unserer Umwelt. Deshalb kommt gerade der Grundschule bei der Vermittlung von Artenkenntnissen eine große Verantwortung zu.

Dem steht eine Befragung von Schülern 5. Klassen (n=230, nach Soostmeyer 1988) in bezug auf ihre Erfahrungen im Sachunterricht gegenüber. Auf die folgenden Fragen antwortete der angegebene Prozentsatz von Schülern mit „häufig“ (Alternativen: „selten“, „nie“): „Dem Lehrer Tiere/Pflanzen mitgebracht“ 11 Prozent, „lebende Tiere im Klassenzimmer beobachtet“ 11, „Pflanzen angeschaut und darüber gesprochen“ 27, „Ausflüge unternommen, um Tiere/ Pflanzen zu beobachten“ 24, „hälst Du zu Hause ein Tier/Tiere“ 58 Prozent. Dieser Befund muß nachdenklich stimmen.

Methoden zur Vermittlung von Artenkenntnissen, auch zu deren (soweit bekannt) Effektivität wurden in Kapitel 11 aufgelistet. Hinzufügen kann man einige Beispiele, die für die Grundschule besonders geeignet sind:

- Pflanzen, Tiere oder ihre „Spuren“ sammeln und im Klassenraum ausstellen, dazu Texte verfassen;
- Blätter, Früchte, Federn usw. sammeln und ausstellen;
- Arbeitsauftrag vergeben, wer die meisten Frühblüher, Nadelhölzer, Früchte von Bäumen usw. findet;
- Pflanzen mit einfachen (auch selbst angefertigten) Bestimmungsschlüsseln bestimmen;
- Spiele (Quartette, Memory) mit Bildern von Tieren und/oder Pflanzen) selbst herstellen oder gekaufte verwenden;
- Tiergeschichten vorlesen; Bücher mit guten Tiergeschichten an die Schüler ausleihen, besprechen (Lesen solcher Schriften ist ein wichtiger Anregungsfaktor für Interesse an Arten);

• jedes Kind erhält eine „Geburtstagspflanze, ein Geburtstagstier“ (und sei es als Bild).

Man ersieht aus diesen Beispielen, daß die Forderung nach Eigentätigkeit der Schüler dabei besonders gut zu realisieren ist.

– Menschenkunde
Schon mit den oben angegebenen Themen zur Menschenkunde sollte gezeigt werden: Sie ist ein zentraler Bestandteil des biologischen Sachkundeunterrichts. Eine Auswahl der auf S. 215f. angeführten humanbiologischen Begriffe für die Hauptschule kann vielleicht als Hilfe dienen, welche auch für den Sachunterricht in Frage kommen. Beispiele für den Unterricht zu einer Vielzahl humanbiologischer Themen enthalten viele Themenhefte der Zeitschrift „Unterricht Biologie“.

18.2 Biologieunterricht in der Schule für Lernhilfe

Von Anke Fischer

18.2.1 Einführung

Zur Didaktik des Biologieunterrichts an der Schule für Lernhilfe[9] – je nach Bundesland auch als Förderschule bzw. Schule für Lernbehinderte bezeichnet – findet sich nur wenige, zum großen Teil veraltete Literatur. Beispielsweise wird diese Schulform in keinem von vier am meisten verbreiteten Lehrbüchern zur Fachdidaktik Biologie erwähnt. Unter anderem deshalb wird dieses Thema hier ausführlich dargestellt.

Veröffentlichungen beschränken sich in vielen Fällen auf Praxisberichte und Unterrichtsvorschläge. Offenbar besteht in der Forschung sowohl zur Biologiedidaktik als auch Lernbehindertenpädagogik kaum Interesse an diesem Themenbereich. Vielleicht hängt dies damit zusammen, daß allgemein über die Auflösung dieser Schulform diskutiert wurde. Auch in der Lehrerausbildung zeigt sich dieses Defizit deutlich im Mangel an Veranstaltungsangeboten und dafür ausgebildeten Dozenten.

Dieses Defizit hat sicherlich verschiedene Ursachen. In vielen Fällen wird Biologie gerade an Sonderschulen als untergeordnetes Nebenfach angesehen, da die Lösung anderer, sich unmittelbar aufdrängender Probleme der Lebensbewältigung (z. B. Erwerb der Kulturtechniken, angemessenes Verhalten usw.) Priorität besitzt. Andererseits wird u. U. von Lehrern und Didaktikern angenommen, Zielsetzung und Vorgehensweise des Biologieunterrichts an der Schule für Lernhilfe entsprächen denen anderer Schulformen. Dies wirft die Frage auf, ob es „sonderschuleigene Grundsätze“ gibt oder zwischen dem Unterricht in Biologie in der Schule für Lernhilfe und dem anderer Schulformen nur „graduelle, nicht prinzipielle Unterschiede“ (Memmert 1983, S. 342) bestehen.

18.2.2 Didaktische Grundsätze

Als lernbehindert gelten Kinder und Jugendliche, *die umfänglich und langandauernd in ihrem Lernen beeinträchtigt sind, dadurch deutlich von der Altersnorm abweichende Leistungs- und Verhaltensformen aufweisen und trotz des Angebotes besonderer Lernhilfen in der Grund- und Hauptschule nicht oder nicht hinreichend gefördert werden können* (Kultusministerkonferenz 1977, in Myschker 1983). Nach Kanter (in Hensle 1979) gibt es drei Gruppen von als lernbehindert bezeichneten Kindern und Jugendlichen:
– Schüler mit deutlichen Intelligenzausfällen, d. h., einem IQ zwischen 55 und 75.
– Schüler mit Lernstörungen, -schwächen oder -irregularitäten. Diese Schüler zeigen zwar Teilleistungsschwächen, aber nur knapp unterdurchschnittlichen IQ.
– Schüler mit Verhaltensauffälligkeiten aufgrund sozio-kultureller Benachteiligung und normalem IQ.

Die in einem Überprüfungsverfahren als „lernbehindert“ diagnostizierten Schüler können eine Schule für Lernhilfe (Sonderschule) oder, wenn möglich, im Rahmen des „gemeinsamen Unterrichts“ eine Regelschule besuchen. 2,2 Prozent aller Schüler in Deutschland werden an einer Schule für Lernhilfe unterrichtet (Schröder 1992).

Noch bis in die 70er Jahre wurde eine Lernbehinderung als unheilbares Intelligenzdefizit, als unabänderliches Fixum angesehen und entsprechende Unterrichtsprinzipien daraus abgeleitet. So wurde den Schülern beispielsweise kein Transfer und keine Abstraktion der erlernten Inhalte abverlangt. Der Unterrichtsstoff sollte

[9] Dieses Kapitel bezieht sich auch auf sogenannte „lernbehinderte Schüler“ an anderen Schulformen.

in möglichst kleine Schritte zerlegt werden. Da die Schüler nach dem Abgang aus der Sonderschule kaum Neues dazu lernen würden, sollte alles Essentielle während der Schulzeit vermittelt werden (Klein 1975).

Zahlreiche Pädagogen wenden sich heute entschieden gegen diese Einstellung und betonen den dynamischen Charakter der Lernbehinderung (z. B. Klein 1975, Frank 1977, Kutzer 1983, Willand 1994). Sie weisen darauf hin, daß Lernverhalten und Lernerfolg durch den Aufbau notwendigen Vorwissens im weitesten Sinne und systematisches didaktisches Vorgehen maßgeblich beeinflußt werden können. Lernbehinderte Schüler besitzen im Vergleich zu Regelschülern oft weniger außerschulisch gewonnene Vorerfahrungen. Dieser Mangel ist in vielen Fällen eine der Ursachen für geringe Leistungen (s. dazu Untersuchungen von Gehrecke & Mohr 1973, Kutzer 1983). Daraus folgt, daß die in der Regelschule als selbstverständlich vorausgesetzten Vorerfahrungen zunächst erkannt und dann nachgeholt werden müssen, um diesen Schülern Lernerfolg zu ermöglichen.

Beschränkung auf die genannten, über 200 Jahre tradierten Unterrichtsprinzipien (s. Myschker 1983) nimmt den Schülern dagegen wie in einer „sich selbst erfüllenden Prophezeiung" die Möglichkeit, die ihnen abgesprochenen Fähigkeiten – z. B. abstraktes Denken – zu erlernen. Ohne eine Lernbehinderung zu verharmlosen und Schüler durch zu hoch gesteckte Erwartungen zu überfordern und entmutigen, sollte das angestrebte Unterrichtsziel daher nicht voreilig auf einen zu engen Rahmen beschränkt werden. Dies betrifft sowohl Kognitive, Affektive als auch Formale Lehrziele.

Im folgenden werden einige in Rahmenlehrplänen und von Didaktikern für den Biologieunterricht an der Schule für Lernhilfe geforderte Prinzipien aufgeführt (Hess. Kultusministerium 1996, 1978, Frank 1977, Langenohl 1976, Memmert 1983, Gehrecke & Mohr 1973, Bayr. Staatsministerium etc. 1991). Diese Grundsätze sind nicht nur für diesen Bereich, sondern auch für den Unterricht an anderen Schulformen und in anderen Fachgebieten von großer Bedeutung. Sie sind jedoch im Biologieunterricht mit lernbeeinträchtigten Schülern unabdingbar.

- Handlungsorientierung (s. Kap. 13.7), die sowohl praxisorientiertes Lernen als auch Eigentätigkeit der Schüler beinhaltet;
- Elementarisierung der Inhalte;
- Differenzierung und Individualisierung des Unterrichts, da gerade an Schulen für Lernhilfe sehr heterogene Lerngruppen zu finden sind und auch die durchschnittlichen Leistungen von Gruppe zu Gruppe sehr stark differieren;
- „konkret anschauliche" Lernzugänge bei „geringen Transfer- und Abstraktionsleistungen" der Schüler;
- Naturobjekte als Medien, Naturbegegnung;
- Wiederholung biologischer Themen in verschiedenen Klassenstufen mit aufbauendem Schwierigkeitsgrad (Spiralcurriculum);
- Bekanntgabe der jeweiligen Lehrziele, um zu motivieren und selbstgesteuertes Lernen zu ermöglichen;
- weiterhin soll auch der Biologie- bzw. Sachkundeunterricht dazu beitragen, grundlegende Fähigkeiten der Schüler – z. B. im sprachlichen Bereich – zu fördern.

Einige dieser Grundsätze könnten im Sinne des oben beschriebenen statischen Verständnis von Lernbehinderung (miß)interpretiert werden. Andererseits sind sie unbestreitbar sinnvoll und notwendig. Wichtig ist es daher, Unterricht nicht ausschließlich an diesen Grundsätzen auszurichten, sondern weiterführende Perspektiven (z. B. Abstraktion und Verallgemeinerung des Gelernten) zu ermöglichen.

Besonders von Bedeutung ist die „Vermittlung" von Interesse und Lernbereitschaft, so daß Schüler dazu angeregt werden, sich auch außerhalb der Schule mit biologischen Themen zu beschäftigen und sich somit möglichst neue Bereiche der Freizeitgestaltung zu erschließen. Wenn möglich, sollten Schüler dazu befähigt werden, sich relevante Informationen selbst zu erarbeiten, um nach Beendigung der Schulzeit neue Erkenntnisse – z. B. der Medizin – nutzen zu können. Biologieunterricht kann unter günstigen Umständen auch zur Bildung neuer Perspektiven der Berufswahl beitragen.

18.2.3 Zentrale Aussagen von Rahmenlehrplänen

Rahmenlehrpläne spiegeln die zu ihrer Entstehungszeit allgemein akzeptierten didaktischen Konzepte wider. Daher sollen in diesem Abschnitt beispielhaft zwei Rahmenlehrpläne in Hinblick auf ihre Charakteristika – insofern sie über die o. g. Grundsätze hinausgehen – und Kritikpunkte vorgestellt werden.

– Hessischer „Rahmenlehrplan Sachunterricht für die Schule für Lernhilfe" (HESS. KULTUSMINISTER 1996):

Er betont die Grundsätze des fächerübergreifenden, ganzheitlich fördernden Unterrichts und der Orientierung an der kindlichen Lebenswelt. Aus diesem Grund werden die Lerninhalte nicht nach Fachgebieten getrennt, sondern zu Aufgabenbereichen wie „Ich und meine Person" und „Kind und Natur" zusammengefaßt. Ziel des Sachunterrichts in diesen ersten vier Lernstufen ist es, durch die „Erschließung der Lebenswirklichkeit" die „Erkenntnis- und Handlungsfähigkeit der Schülerinnen und Schüler zur Bewältigung gegenwärtiger und zukünftiger Lebenssituationen" zu erweitern. Als Kriterien zur Auswahl der Unterrichtsinhalte werden „Bedeutsamkeit" (für wen?), „Zugänglichkeit" und „Gesellschaftsrelevanz" aufgeführt. Die Aufgabenbereiche „Ich und meine Person" und „Menschen leben zusammen", in denen in erster Linie grundlegende Fähigkeiten (wie z. B. über sich Auskunft geben können, sich angemessen kleiden können) fächerübergreifend und -integrierend vermittelt werden, sind offensichtlich an den kindlichen Bedürfnissen und Vorerfahrungen orientiert.

Der Aufgabenbereich „Kind und Natur", in dem Grundkenntnisse, -fähigkeiten und Einstellungen aus den Bereichen Tier- und Pflanzenkunde, Natur- und Umweltschutz gelehrt werden sollen, ist dagegen offenbar weniger sorgfältig geplant. So werden nur sehr allgemeine Anregungen gegeben. Einzelne davon lassen den geforderten Bezug zur kindlichen Lebenswelt vermissen bzw. dürften die meisten Grundstufenschüler überfordern ("Gefahr durch Hormoneinsatz in der Tiermast"). Die Begegnung mit Natur, z. B. auf Unterrichtsgängen – ein offensichtlich (s. Kap. 11) bedeutsames Unterrichtselement für die oft „naturfern" aufwachsenden Schüler – wird nicht explizit gefordert.

Der hessische Rahmenlehrplan Biologie für die dritte bis neunte Lernstufe der Schule für Lernhilfe (HESS. KULTUSMINISTER 1978)[10] gibt detailliertere Informationen zu Lehrzielen und Methoden als der Entwurf für den Sachunterricht. Wichtigstes Kriterium für die Auswahl der Themen ist auch hier der lebenspraktische Bezug – dieser scheint bei einigen Themen jedoch fraglich, z. B.: „*Eine Kirschblüte untersuchen und ihre Teile benennen (Kelchblätter, Blütenblätter, Staubblätter, Stempel und Fruchtknoten, Griffel und Narbe)*. Ausdrücklich sollen auch affektive Lehrziele im Unterricht berücksichtigt werden. Die Anordnung der Themen im Lehrplan der unteren Lernstufen ist weithin „jahreszeitenorientiert". Unterrichtsvorschläge wie „Unsere Haut als Schutz- und Sinnesorgan" in den oberen Lernstufen gehen stets von der anatomisch-physiologischen Beschreibung des Organs aus und stellen – anders als es bei einem schülerorientierten Ansatz sinnvoll wäre – erst danach den lebenspraktischen Bezug her. Wünschenswert wären weiterhin didaktische Hinweise zur übergreifenden Zielsetzung von Themen wie „Laubwald, Nadelwald und Mischwald": Tragen diese Lerninhalte nur zur Allgemeinbildung bei oder sollen die Schüler durch das Beschreiben und Beurteilen von Wald weiterführende Fähigkeiten (wie z. B. die Bewertung von Biotopen unter bestimmten Gesichtspunkten) erlernen?

– Bayrischer „Lehrplan zur individuellen Lernförderung" Biologie (BAYR. STAATSMINISTERIUM FÜR UNTERRICHT etc. 1991):

Mit diesem Plan wird eine Konkretisierung des geforderten fachübergreifenden Unterrichts angestrebt. Die im Lehrplan aufgeführten biologischen Lerninhalte und methodischen Hinweise werden mit Anregungen zur individuellen Förderung und zur Unterrichtsgestaltung in anderen Fächern verknüpft. So ergibt sich ein sehr detailliertes Netz an Vorschlägen und Hinweisen. Dieses Netz ist jedoch nicht frei von Widersprüchen und Lücken. Das System, nach dem Lerninhalte zu Themenbereichen gruppiert wurden, ist nicht immer nachvollziehbar.

Grundsätzlich unterscheidet dieser Lehrplan zwei Bereiche der Biologie: „Belebte Natur" und „Gesundheits-, Familien- und Sexualerziehung", wobei letzterer größeren Raum einnimmt (ähnlich im entsprechenden Lehrplan Niedersachsens). Im Bereich „Belebte Natur" wird von einer Art „Ökologischem Strukturansatz" ausgegangen. In diesem Kontext steht auch die Forderung nach einer „*Zusammenschau der Lebensvorgänge*" und Einblick in das „*Beziehungsgefüge der Lebewesen*", dessen Teil der Mensch ist. Dies ist eins der übergreifenden Unterrichtsziele. Explizit gefordert werden sowohl Erlebnisse als auch Erkenntnisse – d. h., affektive und kognitive Zugänge zum Unterrichtsinhalt – , durch die Werthaltungen und fachliches Grundwissen aufgebaut werden sollen.

[10] Zur Zeit wird an einem neuen Entwurf gearbeitet.

18.2.4 Didaktische Ansätze und Schwerpunkte

In diesem Absatz sollen Hauptaussagen dreier Didaktiker zu verschiedenen Aspekten des Biologieunterrichts in der Schule für Lernhilfe dargestellt werden.

1. Lebensbezug und Verwendbarkeit als Hauptkriterien der Stoffauswahl

FRANK konzentriert sich in seinen Schriften zur Biologiedidaktik an Schulen für Lernhilfe in erster Linie auf das „Was?" des Biologieunterrichts, d. h., auf die Stoffauswahl. Wichtigstes Kriterium, um aus der Fülle biologischen Wissens Unterrichtsinhalte auszuwählen, ist nach FRANKS Meinung die Lebensnotwendigkeit der Information für den Schüler in seiner Eigenschaft als Mitglied einer einkommensschwachen Bevölkerungsschicht. *Die Schule für Lernbehinderte sollte daher Abstand nehmen von praxisentrückten Bildungsträumereien und jede Ausrichtung am humanistischen Ideal zweckfreier Allgemeinbildung aufgeben* (1990: 53).

Unterrichtsinhalte sollten situationsanalytisch, nicht systematisch oder nach anderen „klassischen", für Lernbehinderte jedoch unbrauchbaren Gesichtspunkten angeordnet werden. Der Hauptakzent des Biologieunterrichts sollte daher auf der Gesundheitserziehung liegen, um den Schülern Basiswissen über Krankheits- und Verletzungsprophylaxe und gesunde Ernährung zu vermitteln. Analog fordert auch QUENSTEDT (1988) die Einführung eines eigenständigen Unterrichtsfaches „Gesundheitslehre" an der Schule für Lernhilfe.

Der zweite wichtige Themenbereich ist nach FRANK die Erziehung zum Umwelt- und Naturschutz in für lernbehinderte Schüler sinnvollen Grenzen. Menschen-, Tier- und Pflanzenkunde dienten in erster Linie der inhaltlichen Vorbereitung dieser beiden Themenbereiche. Insbesondere die Tierkunde gewinne darüberhinaus besondere Bedeutung aus *erziehlichen, emotionalen, sozialen und praktischen Nutzeffekten* (FRANK 1990: 54).

Biologieunterricht ist für FRANK Erziehung (*weniger Kunde, mehr Verhaltensbeeinflussung*, 1990: 57), die darauf basiert, bei den Schülern emotionale, nicht rationale Reaktionen auf den Unterrichtsgegenstand zu provozieren. So will FRANK beispielsweise durch *possierliche Tiere wie Hase, Goldhamster, Igel ... positive Gefühlserlebnisse und Gefühlsbindungen zur Natur* und damit eine *generelle Wertschätzung der lebenden Natur* und Naturliebe (1977: 71) hervorrufen. Hier stellt sich jedoch die Frage, ob der Kontakt zu ohnehin attraktiven positiv besetzten Naturelementen nicht eben eine „wahre Naturliebe" verhindert. Liebe zur Natur scheint doch wohl dauerhafter und verläßlicher zu sein, wenn sie auf Wissen und Interesse basiert (s. Kap. 3.6). Die Fähigkeit dazu sollte „lernbehinderten" Schülern nicht abgesprochen werden.

Neben den rein lebensnotwendigen Informationen sollte der Biologieunterricht auch zur sinnvollen Freizeitgestaltung in der Natur anregen. Im Gegensatz zu LANGENOHL (1976) sieht FRANK (1977) die Vermittlung von Freude und Interesse an der Natur und an Naturphänomenen nicht zweckfrei und als lebensbereicherndes Grundprinzip, sondern als Instrument des persönlichen und gesellschaftlichen Wohles. Für LANGENOHL (1976) ist dagegen die allgemeinbildende, nicht unmittelbar anwendungsbezogene Funktion des Biologieunterrichts z. B. im Bereich der Artenkenntnis nicht zu vernachlässigen; ein Aspekt, den FRANK ausdrücklich ablehnt.

2. Der Mensch im Zentrum

MEMMERT (1983) stimmt in bezug auf Inhaltsauswahl und situationsanalytische Strukturierung des Unterrichts mit FRANK überein. Darüberhinaus skizziert er Anwendungsmöglichkeiten für Methoden und Medien im Unterricht der Schule für Lernhilfe. Der von ihm geforderte „Primat einer anthropologischen Betrachtungsweise" zeigt sich nicht nur in der Inhaltsauswahl, sondern beispielsweise auch in der Bezeichnung anderer Lebewesen als „Ungeziefer" oder „Schädling" (1983: 340).

MEMMERTS (1988/1990) umfassendes Unterrichtswerk entspricht in mehreren Aspekten nicht den von ihm postulierten Grundsätzen (1983). So macht er sowohl im Lehrer- als auch im Schülerband keinerlei Lehr- bzw. Lernziele kenntlich (s. o.). Nur vereinzelt werden Inhalte situationsanalytisch aufgearbeitet. Meist dient eine Situationsbeschreibung nur als Aufhänger für die darauffolgenden konventionell angeordneten humanbiologischen, botanischen oder zoologischen Inhalte. In vielen Fällen werden erarbeitete Begriffe – wie z. B. zum Stockwerkaufbau des Waldes (1988) – nicht, wie gefordert, zum Verständnis ökologischer Zusammenhänge genutzt, sondern bleiben ohne Anwendung und damit isoliert.

3. Wissenschaftlichkeit als Unterrichtsprinzip

Andere Didaktiker betonen dagegen, daß sich auch der Biologieunterricht an der Schule für Lernhilfe an grundlegenden wissenschaftlichen Arbeits- und Denkweisen orientieren kann und muß – obwohl und gerade weil wissenschaftliches Denken vielen lernbehinderten Schülern schwerfällt. Wissenschaftsorientierung ist für LANGENOHL (1976: 16) wichtigster Grundsatz dieses Unterrichts: *Alle in einem Industriestaat lebenden Menschen müssen zur ... Situationsbewältigung ... die Resultate von Wissenschaften nutzen, deren Erkenntnisstrukturen nach Möglichkeit verstehen und zweckrational beherrschen können.* Er betont die Bedeutung von Schlüsselbegriffen und Theorien für das rationale, intersubjektive Verständnis biologischer Phänomene: *Auf dem ihm zugänglichen Niveau ... sollte es der Schüler verstehen, begriffsgeleitet zu beobachten und theoriegeleitet zu fragen* (S. 21). Problemlösen und eigenständiger Erkenntnisgewinn werden hier sowohl als Methode der effektiven Wissensvermittlung betrachtet, als auch in ihrer Bedeutung als Fähigkeit an sich gesehen.

Problemlösender, nachforschend-entdeckender Biologieunterricht kann z. B. folgendermaßen verlaufen: Ausgehend von einer praxisorientierten Problemstellung experimentieren die Schüler mit anschaulichem Material und äußern Vermutungen (Hypothesen). Diese werden gemeinsam überprüft, eventuell modifiziert und schließlich als eine induktiv gewonnene, allgemeingültige Erkenntnis formuliert. Daß Schüler der Schule für Lernhilfe ebenso wie Hauptschüler zum induktiven Erkenntnisgewinn in der Lage sind, zeigt eine Untersuchung von GEHRECKE & MOHR (1973). Es fällt diesen Schülern jedoch offenbar schwer, wissenschaftliche Begriffsnamen zu lernen, auch wenn der Begriffsinhalt verstanden wurde. Gerade an der Schule für Lernhilfe fehlen vielen Schülern zunächst die Voraussetzungen zur aktiven, konstruktiven Auseinandersetzung mit Material und Fragestellung. Daher weisen WERNING & BANNACH (1992) darauf hin, daß „entdeckendes Lernen" als Unterrichtsverfahren durch das spielerische Erkunden des Unterrichtsgegenstandes und die Anbahnung von fachgemäßen Arbeitstechniken vorbereitet werden sollte.

18.2.5 Empirische Untersuchungen

Zur Effektivität verschiedener Unterrichtsmethoden im Biologieunterricht der Schule für Lernhilfe gibt es bislang kaum empirische Untersuchungen. An Hauptschulen gewonnene Ergebnisse lassen sich jedoch in ihrer Tendenz auf lernbehinderte Schüler übertragen (s. dazu schon Angaben in Kap. 11.2, 11.3).

REXER & BIRKEL (1986) verglichen den Lernerfolg von 152 Hauptschülern nach eintägigem Unterricht im Freiland bzw. im Klassenraum. Vom Freilandunterricht profitierten vor allem die jüngeren, die intelligenzschwächeren Schüler und die Jungen. Die Autoren weisen darauf hin, *daß der Lernerfolg im Klassenunterricht wesentlich von der Intelligenz der Schüler abhängt, während im Freilandunterricht eher alle Schüler profitieren.* PFLIGERSDORFFER (1984) kommt in seiner Studie mit einer Stichprobe von 157 Schülern eines Realgymnasiums zu einem ähnlichen Ergebnis. Eine Untersuchung von STAROSTA (1990) mit 97 Schülern einer Hauptschule zeigt jedoch eine gegensätzliche Tendenz. Grundsätzlich scheint Unterricht im Freiland jedoch in bezug auf kognitive Lehrziele gerade bei weniger intelligenten und schulleistungsschwächeren Schülern erfolgreicher als Klassenunterricht zu sein und ist damit besonders für die Schule für Lernhilfe geeignet.

MASENDORF (1995) untersuchte den Effekt längerer Lernzeit auf die kognitiven Lernleistungen am Beispiel von zwei Unterrichtseinheiten zum Thema „Luftfahrt" mit 18 bzw. 36 Stunden Dauer. Beiden Einheiten gemeinsam war der 18stündige frontal informierende Unterricht, die zusätzlichen Stunden der zweiten Einheit wurden für handelnden, praxisorientierten Unterricht genutzt. An der Untersuchung nahmen 30 Schüler einer Schule für Lernhilfe teil. Wie zu erwarten, erzielten Schüler, die mit der längeren Unterrichtseinheit unterrichtet worden waren, bessere Werte im anschließenden Wissenstest als Schüler, die nach der kürzeren Einheit gelernt hatten. Besonders intelligenzschwächere Schüler profitierten von der längeren Lernzeit bzw. vom handelnden Unterricht.

Die Untersuchung von FISCHER (1996) mit 20 Schülern der sechsten und siebten Klassen einer Schule für Lernhilfe zeichnet ein differenzierteres (wenn auch nicht repräsentatives) Bild. Die Auswirkungen einer etwa 15 Schulstunden dauernden Unterrichtseinheit wurden sowohl in bezug auf kognitive Lehrziele als auch auf Interessiertheit und Motivation erfaßt. Verglichen wurde eine Zusammenstellung von Lerneinheiten aus einem Schulbuch (MEMMERT 1988; 1990) mit einer inhaltsgleichen Unterrichtseinheit, in der eine Synthese aus Naturerleben, Handlungs- und Wissenschaftsorientierung angestrebt wurde. Im Bereich der kognitiven Lehrziele zeigte sich der alternative Unterricht fast durchgehend erfolgreicher als der Unterricht nach dem Schulbuch. Bei den Schülern der sechsten rief der alternative, bei den Schülern der siebten Klasse der Unterricht nach dem Schulbuch größere Interessiertheit und Motivation hervor. Besonders einige Jungen bevorzugten die Lernabschnitte im Freiland, andere Schüler lehnten den Unterricht in der Natur nach einiger Zeit jedoch deutlich ab. Insgesamt zeigten die Schüler beim Alternativunterricht signifikant mehr Reaktionen der emotionalen Nähe zum Unterrichtsgegenstand als beim Unterricht nach dem Schulbuch. Die Ergebnisse weisen darauf hin, daß ein auf Naturerfahrung basierender Unterricht durchaus dazu geeignet sein kann, bei lernbehinderten Schülern Motivation, Interesse und ein tieferes Verständnis der Lerninhalte zu erzielen. Diese Unterrichtsform erscheint jedoch vor allem für jüngere Schüler geeignet – nicht aufgrund der Effektivität im kognitiven Bereich (s. REXER & BIRKEL 1986 und STAROSTA 1990), sondern wegen der abnehmenden Motivation älterer Schüler für Freilandunterricht.

18.2.6 Ausblick

Dieser kurze Literaturüberblick weist auf die Notwendigkeit eines neuen, an aktuellen didaktischen Erkenntnissen orientierten Konzepts für den Biologieunterricht an der Schule für Lernhilfe hin. Im folgenden seien nur einige besonders relevante Anforderungen an die Schule für Lernhilfe genannt:

Unterricht muß sich den Lernvoraussetzungen der einzelnen Schüler anpassen und mit individuell differenzierten Lernschritten und methodischen Zugängen jedem Schüler das Erreichen seiner Lehrziele ermöglichen. Dies erfordert

- eine Analyse der Sachstruktur des Lerninhalts (KUTZER 1976), um
- zunächst zu ermitteln, welche Vorerfahrungen zum Verständnis des Lerninhalts notwendig sind und diese gegebenenfalls mit den Schülern nachzuholen (s. GEHRECKE & MOHR 1973).
- Weiterhin gilt es, eine sachlogische Folge der Unterrichtsschritte zu entwickeln (s. Kap. 6.4). Dies bedeutet nicht starres Festhalten am einmal geplanten Unterrichtsverlauf, sondern im Gegenteil die Möglichkeit, den Unterricht dem Lernverhalten der Schüler individualisiert anzupassen. Anhand der Sachstrukturanalyse und des tatsächlichen Lernprozesses kann der Lernstand jedes Schülers jederzeit festgestellt werden (s. KUTZER 1976).
- Biologieunterricht sollte Schülern wissenschaftliche, rationale Denk- und Arbeitsweisen nahebringen, um so zu ihrer Emanzipation beizutragen (s. LANGENOHL 1976).

Eine Adaption der von KUTZER und Mitarbeitern für den mathematischen Bereich entwickelten Theorie „Struktur-niveauorientierten Lernens" würde diese Ansprüche wohl am besten erfüllen. Dies erfordert jedoch von der Forschung die empirische Strukturanalyse aller relevanten Themenbereiche, die ein einzelner Lehrer schwerlich leisten kann. Mit ihrer Hilfe kann der Unterricht an die jeweilige Lerngruppe angepaßt werden. Neben der Sachstrukturanalyse ist die Beschreibung des Lernprozesses in den Dimensionen Komplexität, Niveau und Lernart (z. B. Versuch und Irrtum-Lernen, Einsichtiges Lernen) zentrales Element der Theorie KUTZERS.
Biologieunterricht zum Thema „Nahrungskreislauf" könnte auf den verschiedenen Niveaustufen beispielsweise folgendermaßen realisiert werden:
– Auf der „Ebene der konkreten Handlung" erfahren die Schüler mit Hilfe von Spielen, in denen sie selbst ein Element einer Nahrungskette darstellen, die Auswirkungen der Zunahme oder Abnahme eines Elements der Kette.
– Die im Spiel erlebten Beziehungen zwischen einzelnen Elementen werden zeichnerisch in einfachen Diagrammen dargestellt. Dies kann man als „teilweise vorstellende Ebene" bezeichnen.
– Auf der „vollständig vorstellenden Ebene" können sich die Schüler ohne weitere Anschauungshilfen die Beziehungen zwischen einzelnen Elementen eines Nahrungskreislaufs vorstellen und Konsequenzen von Veränderungen antizipieren.
– Der Unterricht wird auf jeder Ebene begleitet und unterstützt durch die Versprachlichung der erlebten/dargestellten/gedachten Beziehungen.
Auf einer weiteren Ebene erfolgt die Verkürzung und Zusammenfassung der erlernten Zusammenhänge zum Begriff „Nahrungskreislauf". Dieser Begriff kann nun von den Schülern als „Werkzeug" benutzt werden, um die Welt besser sehen und verstehen zu können (AEBLI 1983).

Gleichzeitig sollten die Schüler in der Lage sein, den Begriff „Nahrungskreislauf“ weiter zu entfalten und auf konkrete Beispiele anzuwenden.

Mit Sicherheit ist dieses Konzept nicht für alle Unterrichtsinhalte geeignet, da es sich in erster Linie auf kognitive Lehrziele bezieht. Die Integration formaler und affektiver Lerninhalte in den Unterrichtsverlauf auf den verschiedenen Niveaustufen sollte keinesfalls vernachlässigt werden.

Dieser didaktische Ansatz basiert also auf einer empirischen Analyse der Sachstrukturen und Lernprozesse. So ist es grundsätzlich möglich, ihn nicht nur auf den Unterricht an der Schule für Lernhilfe, sondern auf den aller Schulformen anzuwenden, da Schüler sich wohl in ihrem Lerntempo und in der Größe der Lernschritte voneinander unterscheiden, die Abfolge der Strukturelemente und Lernschritte jedoch gleichbleibt. Es kann wohl auch für den Biologieunterricht behauptet werden, *daß es eine weitgehend eigenständige, sonderpädagogische Didaktik im engeren Sinne wohl kaum gibt, ja sogar im Interesse der Chancengleichheit nicht geben darf* (KUTZER 1976).

Begriffe: Lernbehinderter Schüler (Charakterisierung), Unterrichtsprinzipien (Schule für Lernhilfe), Struktur-niveauorientiertes-Lernen, Sachstrukturanalyse

18.3 Hauptschule

Aussagen über den Biologieunterricht in der Hauptschule (seit 1964, vorher „Volksschule“) werden meist verbunden mit solchen über die Sekundarstufe I; dies gilt auch für entsprechende Lehrpläne vieler Bundesländer. Sekundarstufe I wird aber bekanntlich auch die entsprechende Stufe an Gesamtschulen und Gymnasien genannt. Andererseits gibt es nun einmal die Hauptschule; und sie hat ihre spezifischen Probleme, sollte ihre speziellen Aufgaben haben. – Biologieunterricht der Sekundarstufe I ist der Unterricht in diesem Fach schlechthin – deshalb wird ihm auch kein eigener Abschnitt gewidmet.

Sucht man jedoch nach solchen Spezifika des Biologieunterrichts an der Hauptschule: es ist meist vergebens. Und zwar einerlei, ob man die älteren Bücher von BROCKHAUS (1958), BEILER (1965), beide vor allem für den Biologielehrer der Volksschule gedacht, oder neuere Darstellungen (ENTRICH & STAECK 1992) zu Rate zieht (s. z. B. auch WERNER 1971, STIEREN 1974, KLAUTKE 1980, mehrere Aufsätze zur Sekundarstufe I in HEDEWIG & RODI 1982). Viele Übersichtswerke über Biologiedidaktik enthalten das Stichwort „Hauptschule“ überhaupt nicht. DER DEUTSCHE BILDUNGSRAT (1970b: 148) gibt zwar Ziele für die Sekundarstufe I an, aber keine eigenen für diese Schulform. Allgemein stellt NICKLIS (1981: 37) fest: „Geschlossene Darstellungsformen unter dem Titel 'Didaktik der Hauptschule' gibt es so wenig wie etwa Didaktik der Realschule ...“. Es gibt auch keine Studiengänge, die spezifisch auf die Hauptschule vorbereiten.

Mit anderen Worten: Für die Hauptschule werden weithin dieselben Ziele genannt wie allgemein für den Biologieunterricht. Immer wieder erhobene allgemeine Forderungen, wonach besonders diese Schulform Bezüge zur Arbeitswelt, zur Berufspraxis herstellen soll, werden wohl vor allem in dem Fach „Arbeitslehre“ realisiert.

Es gibt die heute verbreitete Klage über die „Hauptschule als Restschule“, da alle Schüler, die (hinlänglich) dazu in der Lage sind, andere weiterführende Schulen besuchen. Viele Hauptschüler haben in der Regel wenig Aufstiegschancen. Sie sind aus vielerlei Gründen sozial gefährdet, schließen sich oft an „auffällige Jugendgruppen“ an, wollen mit Politik nichts zu tun haben. Der Anteil ausländischer Schüler ist hoch. Vielfach arbeiten beide Eltern.

Es steht nicht in der Macht eines Biologielehrers, daran etwas zu ändern, wohl aber, sich nach Möglichkeit auf diese Schüler einzustellen. Dazu sollte er über gewisse Fähigkeiten von Sozialpädagogen verfügen und sich darauf möglichst schon während des Studiums vorbereiten.

Vielfach wird der negative Einfluß betont, der durch den hohen Anteil des Biologieunterrichts entsteht, der gerade an dieser Schulform „fachfremd“ unterrichtet wird. Lehrer (Schulleiter, Personalräte!) sollten sich mit allen zur Verfügung stehenden Mitteln gegen solches Vorgehen wehren. Es muß eigentlich nicht erneut betont werden, daß niemand ohne umfangreiche biologiedidaktische Kenntnisse solchen Unterricht zufriedenstellend halten kann (man könnte mit demselben Effekt einen Biologie- als Englischlehrer einsetzen).

Auch eine Schwächung des Biologieunterrichts – vor allem in den Klassen 5 und 6 – durch die Aufnahme physikalischer und chemischer Themen oder direkt durch „Integrierten Naturwissenschaftlichen Unterricht" ist festzustellen. Dies steht nicht im Einklang mit empirischen Erhebungen über die wesentlichen Interessen in diesem Bereich, die sich vor allem auf biologische Themen beziehen (s. Kap. 9.3). Gewiß sind Schüler-Interessen nicht das einzige Kriterium für die Auswahl von Inhalten. Aber es hatte ja durchaus Sinn, wegen der Komplexität physikalischer und chemischer Aussagen diese erst später zu behandeln. Umgekehrt ist die Lernbereitschaft und Lernfähigkeit für bestimmte biologische Themen in diesen Klassen vergleichsweise hoch (s. Kap. 11.2).

Es soll der Versuch gemacht werden, einige Prinzipien für den Biologieunterricht in der Hauptschule anzugeben, die der erfahrenen Lehrerin jedoch bekannt sind.

1. Alltagsbezug
Mehr noch als in anderen Schulformen muß versucht werden, die biologischen Themen stets mit Fragen aus dem Alltag der Schüler zu verbinden. Hat man die Wahl, ist Problemen, die Mädchen interessieren, der Vorzug zu geben (s. Kap. 9.3, 9.4). Falls es nicht möglich ist, solche Bezüge herzustellen, muß überlegt werden, ob ein biologisches Thema nicht entfallen kann.

Daß dabei alle Möglichkeiten für Eigenaktivitäten jeglicher Art genutzt, angestrebt werden, ist inzwischen – nicht nur für den Biologieunterricht der Hauptschule – allgemein bekannt und anerkannt (s. Kap. 13.7).

2. Biologische Freizeitaktivitäten
Besonders wichtig und der Mühe wert erscheint der Versuch, bei Hauptschülern Interesse oder Interessiertheit an biologischen Freizeitaktivitäten hervorzurufen. In Naturschutzverbänden z. B. sind überdurchschnittlich viele Menschen mit Hauptschulabschluß aktiv, kenntnisreich und intensiv engagiert. Sie weisen hohe Werte in bezug auf positive Einstellung zur „Natur" und zu „Naturschutzaktivitäten" auf (Berck & Klee 1992: 37, 60f.; Einschränkungen bei Langeheine & Lehmann 1986: 136). Menschen, die vielfach nicht so leicht einen Zugang zu (anderen) Kulturaktivitäten finden, können also für Freilandbiologie und Naturschutzarbeit gewonnen werden – vor allem auch zu ihrem eigenen Nutzen.

Freilich sind für eine solche Interessensbildung genaue Kenntnisse möglicher Bedingungen erforderlich; s. dazu Kapitel 11.1.4 und 11.3. Dort wurde auch bereits der Vorschlag gemacht, daß sich Schüler über einen längeren Zeitraum mit einer von ihnen selbst ausgewählten Gruppe von Arten oder eben auch Pflanzenpflege, Gartenbau u. a. beschäftigen. Auch außergewöhnliche Exkursionen dürften einen positiven Effekt haben und nebenbei zu einer guten Beziehung zwischen Lehrer und Schülern beitragen.

3. Wahlpflichtunterricht
In den meisten Stundentafeln für die Hauptschule sind Wahlpflichtfächer oder andere zusätzliche Kurse vorgesehen. Biologielehrer sollten, wann immer möglich, dieses Angebot nutzen. Es gibt meist eine – sicher oft kleine – Gruppe von Schülern, die für biologische Fragen zu interessieren ist. Zudem ermöglichen solche Kurse den Schülern „Erfolgserlebnisse".

Je nach Standort der Schule bieten sich dafür sehr unterschiedliche Themen an; auf einige Vorschläge soll nicht verzichtet werden (Literatur nur Beispiele, meist Themenhefte verbreiteter Zeitschriften). Einfach ist die Wahl in einer Schule, die in einer eher freien Landschaft liegt:

– Positive Entwicklung und negative Belastung eines Landschaftsausschnittes und seiner Tier- und Pflanzenwelt auch unter dem Aspekt der Naherholung;
– Bearbeitung ausgewählter Beispiele der Tier- und/oder Pflanzenwelt eines solchen Raums (s. Punkt 2);
– Ausarbeitung von Naturschutzvorschlägen und mögliche Hilfsmaßnahmen durch Schüler für ein bestimmtes Gebiet; Planungen erarbeiten, wie man Sportaktivitäten und Schonung von Landschaft sinnvoll kombinieren kann usw.

In einer Großstadt wird man eher (scheinbar) theoretische Themen bearbeiten müssen:
– Ethologische Grundlagen der Ausländerfeindlichkeit (Prax. Biol. 42, H. 6, 1993: „Soziobiologie");
– entsprechend, ob es biologische Grundlagen der Aggression gibt (BU 17, H. 1, H. 3, 1981; UB H. 7, 1977; H. 212, 1996);
– wie man besser Lernen kann (Prax. Biol. 36, H. 1, 1987; Kugemann 1967, Berck 1968, Leitner 1972, Keller 1984);
– Sexualität in der Großstadt (UB H. 191, 1994; Aids, UB H. 152, 1990; Prax. Biol. 36, H. 7, 1987);
– vernünftige Ernährung (reichlich Literatur, z. B. UB H. 161, 1991; Prax. Biol. 39, H. 5, 1990);
– ein Park, ein Stadtteich als Lebensraum für Tiere und Pflanzen sowie Erholungsort (UB H. 193,1994; „Hecke": Prax. Biol. 45, H. 1, H. 5,

1996; „Stadtteich“: Prax. Biol. 40, H. 6, 1991; „Stadtökologie“: Prax. Biol. 39, H. 7, 1990; weitere Beispiele in Kap. 14.8.2.5).

4. Biologische Begriffe
Es sollte ein eng begrenzter Katalog grundlegender biologischer Begriffe ausgewählt, jeweils mit mehreren Beispielen belegt und immer wieder gründlich geübt werden. Empirische Untersuchungen (s. Kap. 10.8) legen nahe, daß ein solcher Katalog kaum mehr als etwa 300 Begriffe umfassen sollte.

Damit dies nicht theoretisch bleibt, wird als Vorschlag und Hilfe eine Liste mit grundlegenden biologischen Begriffen für die Klassen 5–10 wiedergegeben. Sie wurde von GRAF (1989a, 1998b, pers. Mitteilung; verändert und ergänzt; ohne häufig genannte Bezeichnungen für Krankheiten) erstellt; und zwar aufgrund von Häufigkeitsanalysen von Begriffen (25 Themenbereiche in 15 Schulbüchern). Diese Liste stellt also keineswegs eine subjektive Auswahl dar, sondern spiegelt wider, welche Begriffe Schulbuchautoren am häufigsten benutzen und damit offenbar als besonders wichtig erachten. Demnach können einem Lehrer bedeutsam erscheinende Begriffe in dieser Liste fehlen – und andere als überflüssig angesehen werden. Häufig verwendete Synonyme stehen in Klammern. Je nach Leistungsvermögen einer Klasse werden in der Hauptschule einige der im folgenden aufgeführten Begriffe entfallen.

Abschlußgewebe (Epidermis), Adaptation (Anpassung), Adenosindiphosphat, Adenosintriphosphat, Aggression, Ähnlichkeit, Alge, Alkohol, Aminosäure, Amphibium (Lurch), Ansteckung (Infektion), Antibiotikum, Antikörper, Aorta (Schlagader), Art, Arterhaltung, Arterie, Artgenosse, Atmung, Auflösungsvermögen (Auge), Auge, Auslese (Selektion), Außenskelett

Backenzahn, Bakterium, Bandscheibe, Base, Bauchspeichelsdrüse, Baum, Baustoff, Befruchtung, Bewegung, Biotop (Lebensraum), Biozönose (Lebensgemeinschaft), Blatt, Blattader (Blattrippe), Blattgrün (Chlorophyll), Blattgrünkorn (Chloroplast), Blut, Blutflüssigkeit, Blutdruck, Blüte, Blutgruppe, Blutkörperchen (Blutzelle), Blutkreislauf, Blutplasma, Blutplättchen (Thrombocyt), Blutzuckerkonzentration, Bronchie

Chitin, Chromosom, Chromosomenpaar, Chromosomensatz

Darm, Darmwand, Dickdarm, Diffusion, Desoxyribonukleinsäure (DNS), Droge (Rauschgift), Dünndarm

Ei (Eizelle), Eibläschen (Follikel), Eisprung (Ovulation), Eidechse, Eierstock, Eigenschaft (Merkmal), Einfachzucker (Monosacharid), Eileiter, Einzeller, Eiweiß (Protein), Embryo, Energie, Energiebedarf, Entzündung, Enzym (Biokatalysator), Erbanlage, Erbgang, Erbkrankheit, Ernährung, Erreger, Erregung, Evolution (Stammesgeschichte)

Feder, Feind, Fett, Fettsäure, Fetus, Filialgeneration (F1-Gen.), Fisch, Fortbewegung, Fortpflanzung, Fossil (Versteinerung), Frosch, Frucht, Fruchtblatt, Fruchtknoten

Galle, Gasaustausch, Gattung, Gebärmutter (Uterus), Gebärmutterschleimhaut, Gebiß, Geburt, Gehirn, Gehörgang, Gehörknöchelchen, Gelenk, Gen, Generation, Genotyp (Erbbild), Geruchssinn, Geschlecht, Geschlechtlichkeit (Sexualität), Geschlechtshormon (Sexualhormon), Geschlechtsorgan, Geschlechtsverkehr (Koitus), Gewebe, Gift (Toxin), Glomerulus (Nierenkörperch.), Gras, Großhirn

Haar, Handlung, Harn (Urin), Harnstoff, Haut, Herz, Herzkammer (Hauptkammer), Herzschlag, Herzvorhof (Vorkammer), Hirnanhangsdrüse (Hypophyse), Hoden, Holz, Homologie, Homologiekriterien, Hormon, Hormondrüse, Hornhaut, Hörsinn

Immunität, Impfung (Schutzimpfung), Impuls, Infektionskrankheit, Information, Innenskelett, Insekt (Kerbtier), Instinkthandlung

Kapillare (Haargefäß), Keimblatt, Keimling (Keimpflanze), Keimung (Samenkeimung), Keimzelle, Kelchblatt, Kieme, Klasse, Knochen, Knochengewebe, Knochenmark, Kohlenstoffdioxyd, Kohlenhydrat, Kohlenstoffmonoxyid, Körperkreislauf, Körpertemperatur, Körperzelle, Krankheitserreger, Kreislauf, Kronblatt

Larve, Laubblatt, Laubwald, Leber, Lebewesen (Organismus), Lederhaut, Leitbündel, Leitungsbahn, Lernen (Lernprozeß), Lichtsinneszelle, Linse, Luftröhre, Lunge, Lungenbläschen (Alveole), Lungenflügel, Lymphgefäß (Lymphbahn), Lymphknoten

Magen, Magensaft, Membran, Mensch, Menschenaffe, Menstruation (Monatsblutung), Milch, Milchzahn, Mineralstoff (Mineralsalz), Mischwald, Mitochondrium, Molekül, Moos, Mundschleimhaut, Muskel, Muskelfaser, Muskelzelle, Mutation

Nadel (Nadelblatt), Nährstoff, Nährstoffgruppe, Nahrung, Nahrungskette, Nerv, Nervensystem, Nervenzelle, Netzhaut (Retina), Niere, Nikotin

Ohr, Ökosystem, Ordnung, Organ

Pflanze, Phänotyp (Erscheinungsbild), Photosynthese, Pilz, Plasma (Zellplasma), Plasmalemma, Plazenta (Mutterkuchen), Pollen (Pollenkorn), Population, Primärharn, Pubertät, Pupille

Rangordnung, Rasse, Reaktion, Regelung, Reiz, Reizbarkeit, Reptil (Kriechtier), Revier (Territorium), Röhrenknochen, Rückenmark

Same, Samenpflanze, Spermium (Samenzelle), Sauerstoff, Säugetier (Säuger), Saurier, Schädel, Scheide (Vagina), Schilddrüse, Schlange, Schlüsselreiz, Schmerz (Schmerzempfindung), Schnecke, Schwangerschaft, Schweiß, Schwingung, Sehne, Sehzelle, Siebteil, Sinn, Sinnesorgan, Sinneszelle, Skelett, Spaltöffnung, Speichel, Sprache, Sproß, Stäbchen, Stamm, Stammbaum, Stärke, Staubblatt (Staubgefäß), Stengel, Stoffwechsel, Strauch, Synapse, System

Taschenklappe, Tastsinn, Tier, Tochterchromosom, Tochterzelle, Transpiration, Traubenzucker (Glucose), Trommelfell

Umwelt

Vakuole (Zellsaftraum), Vene, Verdauung, Verdauungssaft, Vererbung, Verhalten, Verhaltensweise, Vermehrung, Verwandtschaft, Vielzeller, Virus, Vitamin, Vogel

Wachstum, Wald, Wasser, Wiese, Winterschlaf, Wirbel, Wirbelsäule, Wirbeltier, Wuchsstoff, Wurzel, Wurzelhaar

X-Chromosom
Y-Chromosom

Zahn, Zahnbein (Dentin), Zahnschmelz, Zapfen (Auge), Zelle, Zellkern (Nucleus), Zellsaft, Zellteilung, Zelltyp, Zellwand, Zentralnervensystem, Zotte (Darmzotte), Züchtung, Zucker (Saccharid), Zwerchfell, Zwilling, Zwischenhirn, Zyklus (Monatszyklus)

Eine sogenannte „volkstümliche Bildung“ wurde lange als ein Kennzeichen der Hauptschule angesehen. Es wird in diesem Zusammenhang auch von „alltagsweltlichem Denken“ gesprochen (s. NICKLIS 1981: 41), das in der Hauptschule eine besondere Rolle spielen soll. Was man immer von solchen Vorstellungen halten mag – Unterricht in der Hauptschule, ja gerade er kann schwerlich von einem wohlüberlegten und eng begrenzten Kanon biologischen Wissens absehen, falls er sich nicht in einer fragwürdigen „Volkstümlichkeit“ erschöpfen soll.

18.4 Gymnasium – Sekundarstufe II

Mit einem Beschluß der Kultusministerkonferenz (KMK) von 1972 wurde die strukturelle Einheit des Gymnasiums zumindest formal beendet. Manche Bundesländer haben Lehrpläne für die Sekundarstufe I gemeinsam für alle, andere getrennt für die einzelnen Schulformen erlassen – und eigene Lehrpläne (auch „Kursstrukturpläne“ genannt) für den Biologieunterricht in der Sekundarstufe II (hier kurz: SII BU).

Aufgrund dieses KMK-Beschlusses wurde Biologie in den Rang eines Hauptfaches erhoben, das im schriftlichen Abitur gewählt werden kann. Wenn jedoch die Entscheidungen dieses Gremiums vom Sommer 1998 realisiert werden sollten, dürfte dies ein „Zwischenspiel“ gewesen sein. Die bedeutsame Rolle, die Biologie im Abitur seit 1972 hat – und die ihr in diesem „biologischen Jahrhundert“ zukommt – könnte erneut eingeschränkt werden. Zukünftige Untersuchungen mögen vielleicht zeigen, ob solche Entscheidungen damit begründet werden können, wie in den 90er Jahren Biologie in der Sekundarstufe II unterrichtet wird – oder allein politisch.

18.4.1 Lehrer

Vor allem die Kultusbehörden sind für die Ausbildungspläne der Gymnasiallehrer zuständig. Und diese sehen oder sahen in vielen Bundesländern bis vor kurzem fast keine Pflichtveranstaltungen in Vermittlungswissenschaften (Fachdidaktiken) vor. Zudem beschäftigen sich viele Gymnasiallehrer mit bestimmten in Lehrplänen für den SII BU immer wieder genannten Themen (Umwelt, Bioproduktion, Sexual-, Gesundheitserziehung, Gentechnologie, Biophilosophie usw.) während ihres Studiums nur unzulänglich. Dies ist schon lange bekannt: Bereits 1974 beklagte LENTKE diesen Zustand – weiterhin vergeblich.

Verständlich ist, daß viele Gymnasiallehrer aufgrund ihrer Ausbildung ihre „wissenschaftliche Heimat“ in der Fachbiologie und nicht in der Biologiedidaktik haben. Dies kann auch die vergleichsweise kurze Referendarzeit (s. Kap. 8.3) in aller Regel nicht mehr ändern.

18.4.2 Forderungen nach Studierfähigkeit

In den genannten KMK-Beschlüssen wurde 1972 eine Reihe von Forderungen an den SII BU gestellt. Schüler sollen dort lernen: Verständnis für den Vorgang der Abstraktion, logisches Schließen, naturwissenschaftliche Methoden, Modellvorstellungen und ihre Anwendungen zu beherrschen. Wissenschaftspropädeutik bzw. Biophilosophie soll eine Grundlage dieses Unterricht sein usw.

Es ist allerdings fraglich, ob solche Forderungen ohne eine gezielte Ausbildung, ein spezifisches Training der Lehrenden erfüllt werden können. Denn es mangelt *an einer wirkungsvollen fachdidaktischen Ausbildung speziell für die Anforderungen des Kursunterrichts in der Sekundarstufe II* (DAUMER 1982: 140); und ebenso an einer entsprechenden Weiterbildung. Befragungen von Biologielehrern in Bremen führen zu entsprechenden Aussagen (ENTRICH 1982: 131). Der Vergleich hinkt keineswegs: Man kann auch von niemanden erwarten, der gelernt hat, Geige zu spielen, daß er ohne weitere Übung auch Cello spielen kann.

Wie ein roter Faden ziehen sich Forderungen nach einer Verstärkung der „formalen Bildung" zumindest seit 1950 durch viele Deklarationen. Deren letztes Ziel soll es sein, „Studierfähigkeit" bei Schülern der Sekundarstufe II zu erreichen. Auf negative Folgen der Überbetonung, nicht etwa Beachtung, dieses Aspekts für den naturwissenschaftlichen Unterricht z. B. durch die Saarbrücker Rahmenvereinbarungen wurde bereits hingewiesen (s. Kap. 17.2). Es wird zudem immer wieder die folgende, aber nach wie vor unbewiesene Annahme ausgesprochen (STUCKMANN 1981: 95): *Die Kritiker der Oberstufenreform fordern verstärkten Unterricht in Deutsch, Mathematik und in den Fremdsprachen, ... weil der Unterricht in diesen Fächern die Beherrschung der formalen Fähigkeiten, Grundlage für jede selbständige und wissenschaftliche Arbeit, nach aller bisherigen Erfahrung am besten sichert und vertieft.* Um so mehr muß und kann Biologieunterricht zeigen, daß er solche Leistungen, sofern dies überhaupt möglich ist, in gleicher Weise schult.

Am Beispiel der „Entdeckungsgeschichte der DNS-Verdoppelung" hat BÖHNKE (1978) ausführlich dargestellt, wie man wissenschaftliche Erkenntnisverfahren mit den Schülern erarbeiten kann; ähnlich ROTTLÄNDER 1992 (s. auch Kap. 13.3, 13.9). BÖHNKE ist der Meinung, daß *Entwicklung und kritische Diskussion von Hypothesen mit relativ geringfügigen Hilfen von Schülern selbständig geleistet werden können.*

18.4.3 Effektivität und Konsequenzen

Es gibt mehrere Untersuchungen über die Effektivität des Biologieunterrichts in der Sekundarstufe II. Sie kamen vorwiegend durch Wissens-Befragungen von Studenten – in der Regel der Biologie! – am Anfang ihres Studiums zustande. Die Ergebnisse sind vor dem Hintergrund der sehr unterschiedlich langen Unterrichtszeit in Biologie zu interpretieren (Extrem: Abwahl nach der 11. oder gar 10. Klasse). Zudem muß nachdrücklich betont werden, daß diese enttäuschenden Ergebnisse nicht etwa eine Spezifikum des Biologieunterrichts sind. Dies wird beim Vergleich mit den Kenntnissen in anderen Bereichen deutlich, denen wesentlich mehr Unterrichtszeit zur Verfügung steht.

Diese Befunde, mit Literaturangaben und genauen Werten bereits in Kapitel 10.7. dargestellt, zeigen unter anderem:
- Es fällt schwer, eine durchschnittliche Verbesserung des biologischen Wissens zwischen etwa 1972 und 1990 in Folge der veränderten Sekundarstufe II zu erkennen.
- Vor allem grundlegende biologische Aussagen und Begriffe werden vielfach in einem so geringen Ausmaß beherrscht, den man wohl als erschreckend bezeichnen darf („katastrophale biologische Fehlvorstellungen", WERNER schon 1971).
- Auch zum Selbst- und Weltverständnis wichtiges biologisches Wissen (etwa Bedeutung DARWINS, Verständnis der Evolution, Anwendung ethologischer Erkenntnisse) ist nur in geringem Umfang vorhanden.
- Noch immer wird relativ wenig experimentiert.

Jeder Lehrer, der Biologie in der Sekundarstufe II unterrichtet oder unterrichten wird, kommt um einige Schlußfolgerungen aus solchen Befunden schwerlich umhin:

1. Um die „Wissenschaftlichkeit" von Biologie (etwa gegenüber Physik und Chemie) zu betonen, werden vielfach spezielle Themen der neueren Biologie ausführlich, oft zu ausführlich behandelt.

Dazu Zitat eines Hochschullehrers für Biologie (WINKLER 1989): *Studenten der Biologie, die gerade von der Schule kommen, können zwar mit Operon, Repressor ... herumwerfen, haben aber keine blasse Ahnung von chemischen Bindungen, dem Aufbau von Polypeptiden ... sowie vielen anderen Grundlagen.* Und noch weniger, so kann man hinzufügen (Studentenbefragungen) von dem Wert biologischer Erkenntnisse für das Selbstverständnis.

Ein „Musterbeispiel“ für die „exzessive“ Behandlung eines Teilgebietes der Biologie, der Genetik, ist der Unterrichts-Vorschlag von DAUMER (1979) im Umfang von ca. 315 Seiten. Entsprechend weist schon der bayrische Lehrplan für die Kollegstufe von 1975 (Amtsblatt 1975, Nr.4: 330) für dieses Thema 85 Stunden aus, die jedoch aufgrund der vorgeschlagenen Themen schwerlich ausreichen dürften.

2. Demgegenüber ist der Schulung, ja geradezu dem Training biologischen Grundwissens (wieder) zentrale Bedeutung zuzuweisen.

3. Zielvorgaben und Aufnahme übergeordneter Themen in viele Lehrpläne für den SII BU klingen umfassend. Dem muß nicht entgegenstehen, daß die Kursthemen „fachlich formuliert“ sind (s. KRUMWIEDE 1982b, auch SCHAEFER 1976a). Fast stets sind, bei unterschiedlicher Reihenfolge, die Themen Zellbiologie – Stoff- und Energiewechsel – Ökologie – Neurobiologie und Verhalten – Genetik – Evolution vorgesehen. Dies entspricht im Prinzip den Vorschlägen des „Rahmenplans für Biologie des VDBiol“ von 1987 (BERCK & GRAF 1987c). In manchen Fällen werden zudem bei den Themen die „Organisationsebenen der Lebewesen“ berücksichtigt, also „molekulare – organismische Ebene – Populationsebene“, um so eine zu einengende Betrachtung zu vermeiden.

Eine solche fachlich begründete Auswahl ist auch erforderlich, wenn so etwas wie ein einheitliches biologisches Wissen im Abitur erreicht werden soll. Und um zudem eine hinlängliche Übereinstimmung mit anderen Ausbildungsgängen in Europa zu gewährleisten, die der Sekundarstufe II entsprechen. Dies zeigt eine im Auftrag des Europarates durchgeführte umfangreiche Analyse der in vielen Ländern vorgesehenen Themen für etwa diesen Ausbildungsabschnitt (SAUNDERS 1972; dort als „upper academic secondary level“ bezeichnet). Ebenso die englischen „National Science Content Standards“ (1995[11]) für die Klassen 9–12 mit folgenden Hauptthemen: Zelle, molekulare Grundlagen der Vererbung, Evolution, Wechselwirkungen in Ökosystemen, Organisation von Lebewesen, Nervensystem und Verhalten.

Zu einzelnen Themen sehr unterschiedlicher Art, die in der Sekundarstufe II behandelt werden können, enthält die empfehlenswerte CD-ROM „Datenbank Schulpraxis – Literaturnachweise für Schule und Unterricht“ (Landesinstitut Schule und Weiterbildung, Soest) für die Jahre 1980 bis 1996 über 350 Nachweise.

4. In neueren Lehrpläne gibt es Vorschläge, wie Anwendungsbezüge biologischer Erkenntnisse im Unterricht berücksichtigt werden sollen. KRUMWIEDE (1982b) hat die 1981 gültigen Lehrpläne SII BU der (alten) Bundesländer im Überblick dargestellt. Es ergab sich, daß vor allem die Kurspläne Berlins, Hessens und Nordrhein-Westfalens deutliche Bezüge zu „Erfahrungsfeldern“ der Schüler, zu den Kriterien Weltverständnis, Selbstverständnis und Berufsbezug aufweisen. In anderen Plänen fehlen dagegen solche Bezüge weithin.

Zugleich kommen ECKERT & GRIMME (1982: 123) für das Thema „Gesundheitserziehung“ zu dem Schluß, daß die Frage, ob Gesundheitserziehung in den Lehrplänen SII BU enthalten ist, *mit einem weitgehenden Nein zu beantworten ist.* Sie machen zugleich Vorschläge, welche Inhalte aus diesem Bereich in solche Lehrpläne aufzunehmen wären (z. B. Illegale und legale Drogen, Maßnahmen der Gesundheitsvorsorge, umweltbedingte Gesundheitsgefährdungen, Ernährungserziehung). Sie lassen sich durchaus mit allgemeinbiologischen Themen verbinden.

Um Anwendungsbezüge zu erkennen, und zwar immer wieder neue und aktuelle, ist – was schon mehrmals betont wurde – „biological awarenes“ der Lehrenden erforderlich. Die Vermutung, daß es hauptsächlich von dem einzelnen Lehrer abhängt, ob vielfältige allgemeine Bezüge im SII BU berücksichtigt werden, konnte durch Untersuchungen bestätigt werden (H. U. GRAF 1994: 464).

18.4.4 Wahlverhalten und Interesse der Schüler

Obwohl das Interesse am Biologieunterricht im Lauf der Sekundarstufe I an den meisten biologischen Themen in der Regel abnimmt (s. Kap. 9.3), wählen 70–90 Prozent eines Gesamtjahrgangs Biologie als Grund- oder Leistungskurs (WELTNER 1979, WÖLLERT 1990). Daraus ergibt sich nicht nur eine große Verantwortung in bezug auf die naturwissenschaftliche Ausbildung dieser Schüler, sondern ohne Zweifel auch eine erhebliche und bedenkenswerte Konkurrenz zu den Fächern Chemie und Physik.

Konkrete Schlußfolgerungen für den SII BU lassen sich aus dem Wahlverhalten der Schüler ziehen. Dieses hat WÖLLERT (1990, n=747, 11.

[11] Internet 14.7.98: http://www.teamlabs.com/nscs.html

Klassen, dort weitere Literatur, s. auch BERCK & WÖLLERT 1994) ausführlich untersucht. Wichtige Ergebnisse sind:

– Der „Gebrauchswert“ von Biologie wird von den Schülern als wesentliches Motiv angegeben, um einen Leistungskurs zu wählen. Dies kann durchaus positiv gesehen, und dieser „Gebrauchswert“ im Unterricht verstärkt beachtet werden.

– Entsprechend beantworten 59 Prozent der Schüler das Item: „Der Unterrichtsstoff im Biologie-Leistungskurs ist [im Vergleich mit Physik und Chemie] nicht so abstrakt“ mit „trifft weitgehend zu/völlig zu“. Dies darf man im Zusammenhang mit der vorhergehenden Aussage als ein zu förderndes Kennzeichen dieser Kurse ansehen.

– Im Schuljahr 1987/88 waren 63 Prozent der Teilnehmer von Biologie-Leistungskursen Mädchen (entsprechende Werte von anderen Autoren bei WÖLLERT 1990); vergleichsweise nahmen nur 12 Prozent der Schülerinnen an Physikkursen teil. Dies spiegelt das belegte höhere Interesse von Mädchen an „Alltagsbezügen“ (s. z. B. Kap. 9.3) wieder. Diese sollten denn auch als legitimer Bestandteil solcher Kurse angesehen und betont werden.

– Schüler wählen einen Kurs in Biologie, weil ihre bisherige Note in diesem Fach gut war, in Hauptfächern der Sekundarstufe I eher weniger gut. Zudem werden in Biologie eher bessere Noten gegeben als in anderen (naturwissenschaftlichen) Fächern (jeweils Mittel: Sport 1,8, Biologie 2,3, Physik 2,6, Latein 2,8). Dies ist sicher unterschiedlich zu interpretieren, aber keineswegs voreilig als ausschließlich pragmatisches Verhalten der Schüler. Es ist auch denkbar, daß man aufgrund der Struktur und Inhalte von Biologiekursen dort tatsächlich bessere Ergebnisse erzielen kann.

– Leistungskurse in Biologie werden von 48 Prozent der Schüler mit einem Kurs im „sprachlich-literarisch-künstlerischen Bereich“ kombiniert (anders als bei der Wahl von Chemie oder Physik). Das bedeutet einerseits, daß genau bedacht werden sollte, welches chemische Grundwissen in Biologie vermittelt werden muß, da viele Schüler auf andere Weise davon nichts hören. Andererseits bietet es sich an, „sprachliche Verbindungen“ herzustellen; etwa Lektüre wichtiger Stellen aus DARWINS Grundwerk, HAECKELS „Welträtsel“ oder MENDELS „Versuche über Pflanzenhybriden“.

– Zu erwähnen ist schließlich noch der wenig erfreuliche Befund, daß (Befragung durch H. U. GRAF 1994: 486ff.) 48 Prozent der Schüler 11. Klassen angeben, Leistungskurse aus „allgemeinem Interesse an Biologie“ gewählt zu haben; in der 13. Klasse dagegen nur noch 26 Prozent. Offensichtlich sind demnach Veränderungen im SII BU erforderlich.

18.4.5 Grundkurse – Leistungskurse

Schüler wählen in der Sekundarstufe II zwischen Grund- und Leistungskursen.
Diese sollen sich in einer Reihe von Merkmalen unterscheiden (KULTUSMINISTERKONFERENZ 1975, s. auch KRUMWIEDE 1982b). Einige dieser Charakteristika s. Tabelle 18-1.

In dieser Liste fehlen entsprechende Angaben zum Erwerb biologischen Wissens; etwa: Vermittlung eines begrenzten Grundwissens – Vermittlung von Grundwissen und speziellem Wissen in einigen wichtigen biologischen Bereichen. Eine entsprechende Auswahl müssen die Lehrenden alleine treffen.

Für den einzelnen Lehrer dürfte es nicht einfach sein, die unterschiedlichen Forderungen an die beiden Typen von Kursen zu realisieren. Wobei zusätzlich verwirren muß, wenn es heißt: *Grund- und Leistungskurse unterscheiden sich nicht grundsätzlich in Inhalten und Zielen* (Hessische „Kursstrukturplänen für Biologie“ 1994).

Bemerkenswert ist aber, daß 76 Prozent der befragten Schüler von Leistungskursen angeben (WÖLLERT 1990), daß „hauptsächlich“ Frontalunterricht stattfand. Entsprechend fand ALT-STUTTERHEIM (1980): Der Anteil schülerbezogener im Verhältnis zu lehrerzentrierten Unterrichtsformen ist in der Biologie gering. Dagegen konnten sich Leistungskurse in jedem Fall darin unterscheiden (wie es nach subjektiven Auskünften auch vielfach geschieht), daß dort Themen auch experimentell behandelt werden. Der Kursplan für Baden-Württemberg (von 1977) sieht ein „Praktikum“ als Teil des Leistungskurses vor. Eine solche „Vorschrift“ in allen Plänen könnte u. U. zu einem verstärkten Experimentalunterricht führen. Effektiver wäre es jedoch, wenn Lehrer von sich aus diese Lehrform verstärkt wählen würden.

18.4.6 Abituranforderungen

In Bundesländern mit Zentralabitur, in denen notwendigerweise das geforderte Wissen gelehrt werden muß, kommt den dafür zuständigen Kommissionen eine besondere Verantwortung zu. Sie sollten beachten, daß wichtiges

Tab. 18–1: Unterschiede in den Anforderungen in Grund- und Leistungskursen (KULTUSMINISTERKONFERENZ 1975).

Grundkurs	Leistungskurs
Kenntnis einiger Methoden	Kenntnis verschiedenartiger Methoden
Fähigkeit, einfache Verfahren anzuwenden	Sicherheit in der Anwendung einfacher Verfahren
Einsicht in Grenzen naturwissenschaftlicher Arbeitsweisen	Verständnis für Grenzen naturwissenschaftlicher Arbeitsweisen
Kenntnis einiger Ergebnisse und Probleme biologischer Forschung	Vertiefte Kenntnis von Ergebnissen und Problemen - auch solcher neuerer Forschung – auf einzelnen kleinen Gebieten
Einsicht in die Bedeutung von Erkenntnissen für das Selbstverständnis des Menschen	Einsichten in die Bedeutung von Erkenntnissen für das Selbstverständnis des Menschen auf verschiedenen Gebieten
Einsicht in die Wechselbeziehungen zwischen Biologie und den anderen Natur- / Geisteswissenschaften	Einsicht in die Wechselbeziehungen zwischen Biologie und den anderen Natur-/Geisteswissenschaften

Grundwissen geschult, übertriebene Spezialisierung vermieden und Anwendungsbezüge eingefordert werden. Aber auch alle Lehrer müssen sich „einmischen“ und aufgrund begründeter biologiedidaktischer Urteile auf notwendige Veränderungen drängen.

In der Abiturprüfung in Biologie werden 27 „Fähigkeiten“ erwartet (die wegen des Umfangs nicht wiedergegeben werden können, aber Lehrern bekannt sein sollten, KULTURMINISTERKONFERENZ 1975). Unter diesen wird auch folgende angegeben: *Biologische Sachverhalte beurteilen im Hinblick auf Konsequenzen für die eigene Lebensführung, auf Konsequenzen für die Gestaltung der gesellschaftlichen Lebensbedingungen.* Soweit Aufgaben von Abiturprüfungen veröffentlicht sind (mehrere Kleindrucke des Bayrischen und Baden-Württembergischen Philologenverbandes; FIUCZYNSKI 1977), werden zwar gelegentlich Alltagsbezüge als „Aufhänger“ benutzt, die eigentliche Bearbeitung bezieht sich aber ganz vorwiegend auf rein biologisches Wissen. Ein anderes Vorgehen ist zwar offensichtlich legitim, aber nur schwer (zumal ohne spezifisches Vorwissen und Training der Schüler) möglich.

MEINHARD & MOISL (1995) haben in zwei Bänden Inhalte, Aufgaben mit Lösungen zum „Abiturtraining“ auf der Grundlage der Bayrischen Lehrpläne zusammengestellt, die Lehrern in allen Bundesländern nützlich sein können. Entsprechende Hilfen bieten aufgrund „erprobter Klausur- und Abituraufgaben“ JAENICKE & JUNGBAUER (1987); FALKENHAUSEN et al. (1992). – Weitere Angaben zum schriftlichen und mündlichen Abitur siehe Kapitel 12.3.5.

18.4.7 Einige Befunde

Bei aller Vielfalt aufgrund unterschiedlicher Pläne und Situationen lassen sich doch einige Grundzüge des Biologieunterrichts in der Sekundarstufe II erkennen, die bei seiner Realisierung beachtenswert sind:

- Biologieunterricht folgt auch nach der Curriculumreform und den Beschlüssen der Kultusministerkonferenz weithin dem Strukturansatz „Allgemeine Biologie“. Ein grundlegendes anderes Verfahren erscheint auch kaum möglich, wenn ein „europäischer Standard“ erreicht werden soll.
- Dennoch sollte dieser Strukturansatz viel deutlicher oder besser benannt werden als „Allgemeine Biologie auf der Grundlage schüler- und gesellschaftsrelevanter Fragestellungen“. Dies ergibt sich eigentlich schon aus den genannten KMK-Beschlüssen.
- Diese Beschlüsse beziehen sich jedoch (fast) ausschließlich auf formale Leistungen, die im SII BU erreicht werden sollen. Inhaltliche Festlegungen besonders in bezug auf Basiswissen fehlen dagegen fast völlig. Diese müssen also die Lehrer vornehmen.
- Der Umfang des biologischen Basiswissens dürfte sich gegenüber der Situation vor 1972

kaum geändert haben. Diesem ist jedoch größte Aufmerksamkeit zu widmen.

- Eine Abgleichung oder Verknüpfung mit dem in der Sekundarstufe I erworbenen Wissen, auf dem im SII BU aufgebaut werden könnte, gibt es offenbar kaum. Deshalb muß in der Sekundarstufe II meist viel Zeit verwendet werden, um ein hinlänglich gleiches Wissensniveau der Schüler zu erreichen. Durch Schullehrpläne kann versucht werden, diesen („amtlichen") Mangel zu korrigieren.
- Es sind dringend Untersuchungen erforderlich (an denen sich auch Lehrer beteiligen könnten), in welchem Umfang tatsächlich formale Fähigkeiten bei den Schülern entwickelt werden bzw. werden können. Dies gilt auch für den Umfang der von den Schülern erworbenen Kenntnisse über „Alltags- und/oder Existenzbezüge".
- Die biologiedidaktische Ausbildung für Studierende des Lehramtes an Gymnasien, zudem noch speziell für den SII BU, ist noch immer weithin unzulänglich. Es ist demnach viel Eigeninitiative der Studierenden erforderlich, wenn sie sich adäquat auf diesen Unterricht vorbereiten wollen.

18.5 Integrierter Naturwissenschaftlicher Unterricht

18.5.1 Begriff und Situation

Integrierter naturwissenschaftlicher Unterricht (INU) *ist ein Lehrgefüge, das Informationen aus oder zu naturwissenschaftlichen Disziplinen behandelt, die aufgrund eines didaktischen Konzepts mit verschiedenen Elementen umstrukturiert und in Hinsicht auf gemeinsame Bildungsabsichten funktionalisiert wird* (BUCK 1992: 159, schon FREY 1974). Dies ist absichtlich eine so offene Definition, daß sie verschiedene Spielarten von Unterricht umfaßt, der sich nicht nur unmittelbar auf Aussagen eines Fachs beschränkt.

Es gibt eine Flut von Bezeichnungen, die zum Teil mit ähnlicher Bedeutung, meist aber auch synonym verwendet werden. Sie werden hier aufgelistet als Beispiel dafür, wie es nicht sein sollte: fächerübergreifender, fachübergreifender, fachüberschreitender, fächerkoordinierender, fächerverbindender, fächerergänzender, integrierend-fächerübergreifender, interdisziplinärer, multidisziplinärer, supradisziplinärer Unterricht (crossdisciplinary, unified science); auch „Lernbereich Natur", „Lernbereich Naturwissenschaften" (s. schon FREY 1974). KREMER & STÄUDEL (1997) definieren einige dieser Bezeichnungen – jedoch unter Aussparung des Begriffs „Integrierter Naturwissenschaftlicher Unterricht".

BUCK sieht sich veranlaßt, zwischen einem „harten Integrierten Naturwissenschaftlichen Unterricht – INU" („echten" bei FREY 1974) und einem „weichen INU" zu unterscheiden. Das macht deutlich, daß es dabei eigentlich um zwei unterschiedliche Formen von Unterricht geht. Sie sollte man dann auch mit verschiedenen Namen belegen. Zumal in der Biologiedidaktik durchaus zwischen INU und „fächerübergreifendem Biologieunterricht" (z. B. STAECK 1982, ESCHENHAGEN et al. 1985: 127) unterschieden wird. Deshalb wird hier folgende Festlegung gewählt:

- Integrierter Naturwissenschaftlicher Unterricht (INU): Ein auf einem einheitlichen Lehrplan beruhender Unterricht ohne Aufteilung in die Fächer Biologie, Chemie und Physik; dabei werden deren Inhalte und Methoden neu strukturiert und zusammengestellt. Dafür können unterschiedliche Strukturansätze ausgewählt werden (s. u.). Von diesem Unterricht ist im folgenden vor allem die Rede.

- Fachübergreifender Unterricht: Behandlung von Inhalten aus anderen Wissenschaften und Bereichen, die zum Verständnis eines Themas in einem bestimmten Fach entweder notwendig oder allgemein sinnstiftend sind. Häufig wird dieses Vorgehen auch als Unterrichtsprinzip (s. Kap. 15.1) bezeichnet. Es ergibt sich aus dem heute weithin akzeptierten Leitziel für den Biologieunterricht – und es zeichnet einen erfolgreichen Lehrer aus.

Zur Unterscheidung vom INU wird also die Bezeichnung „Fachübergreifender Unterricht" gewählt (so auch BAUMANN 1975, SCHAEFER 1976b, ZABEL 1994). Das mag sprachlich nicht ganz schlüssig sein. Immerhin ist dafür die Interpretation möglich: Aufnahme von Inhalten, Themen, die ein bestimmtes Fach überschreiten.

Neben diesem meist situativen, aber auch in Lehrplänen vorgesehenen Fachübergreifenden Unterricht (mehrere Aufsätze z. B. in einem Sammelband s. BAYRHUBER et al. 1994) gibt es im Biologieunterricht Themen mit spezieller Struktur. Von einem „biologischen Kern" ausgehend müssen zwangsläufig andere Aspekte aufgenommen werden, wenn die Behandlung des biologischen Anteils sinnvoll sein soll. Dazu gehören die bekannten Themen Gesundheitserziehung, Naturschutzerziehung, Biologie und Industrie usw. Es sind eigenständige Teilgebiete der Speziellen Biologiedidaktik (s. auch Kap. 15.2), die von ESCHENHAGEN et al. (1993: 92) auch als „Aufgabendidaktik" oder „Bereichsdidaktik" bezeichnet werden. Diese Gebiete sind inzwischen so umfangreich geworden, daß sie sinnvollerweise in eigenen Lehrbüchern dargestellt werden müssen.

- Schließlich könnte man unter Fächerübergreifendem Unterricht verstehen, daß mehrere Fächer nach Absprache gleichzeitig ein bestimmtes Thema bearbeiten. Ein typisches Beispiel dafür ist Drogen-Erziehung.

Zurück also zum INU. Eine ausführliche Darstellung für die Bundesrepublik unter dem Aspekt der angegebenen offenen Definition ist bei BUCK (1992) nachzulesen; die neuere Situation stellen KREMER & STÄUDEL (1997) dar. Unter anderem ergibt sich daraus: In den USA und in England lagen schon länger Versuche mit INU vor (mehrere Beispiele erörtert bei BLOCH et al. 1976, TÜTKEN & SPRECKELSEN 1970). Etwa ab 1970 wurde diese Form von Unterricht intensiv in der Bundesrepublik diskutiert, Beispiel: FREY & BLÄNSDORF (1974).

Es gab eine ganze Reihe von Modellen, auf verschiedenen Zugangswegen solche Lehrpläne zu entwickeln. Sie decken sich weithin mit den Strukturansätzen (s. Kap. 5), die auch sonst mit Beginn der Curriculumreform herausgearbeitet wurden; etwa prozeß-, problem-, anwendungsorientierte, situationanalytische, kybernetische Ansätze. Daneben werden Themen des INU als Projekte (s. Kap. 14.6) behandelt.

ZABEL (1994) stellt die Situation in der ehemaligen DDR vor. Sie war von Entwicklungen in der früheren UdSSR beeinflußt. Es gab dort Ansätze einer Gliederung des Unterrichts nach naturwissenschaftlichen Grundbegriffen wie „Energie – Stoff – Information". Letztlich aber blieb es bei getrennten Fächern und gelegentlichen Projekten mit übergeordneten Themen.

Untersuchungen aus der Bundesrepublik über die Effektivität des INU liegen offenbar bis heute kaum vor. BLUM (1991: 165) stellt allgemein fest: *Es wurden bisher nur wenige Aufsätze veröffentlicht, die sich mit der Überprüfung befassen; es gibt keinen empirischen Beweis, daß integrierter naturwissenschaftlicher Unterricht bessere Ergebnisse erzielt als Unterricht in verschiedenen Fächern.* Auch in zusammenfassenden Beiträgen etwa von WHITE & TISHER (1985) sowie COLLETTE & CHIAPPETTA (1994) kann man keine Aussagen zur Effektivität finden. Selbst in einer jüngsten Darstellung wird (nach mehr als zwanzigjährigen Bemühungen) nur festgestellt, daß Erkenntnisse zur Effektivität „vielversprechend" seien, aber weiterer Absicherung bedürften (KREMER & STÄUDEL 1997).

Eine Diskussion über die Notwendigkeit und Konzeption eines integrierten naturwissenschaftlichen Unterrichts hat im Berichtszeitraum in der Bundesrepublik Deutschland nicht stattgefunden. Seit Mitte der 70er Jahre gibt es eine verbreitete Tendenz, in Lehrplänen der Fächer Physik, Chemie – vor allem aber Biologie – situations- und anwendungsbezogene Themen aufzunehmen. Dies hat wohl auch dazu geführt, daß das Interesse an einem eigenständigen INU nachgelassen hat. So die Schlußfolgerung von BUCK (1992: 164).

Die Situation hat sich jedoch insofern inzwischen geändert, als Bundesländer wie Hessen und Nordrhein-Westfalen eigene Pläne für den „Lernbereich Naturwissenschaft" erlassen haben. Dieser kann z. B. in Hessen auf Beschluß bestimmter Schulgremien an die Stelle der herkömmlichen Fächer treten. Diese Entscheidung von Kultusministern ist insofern erstaunlich, als kaum genügend Belege für die Effektivität oder auch nur Notwendigkeit solchen Unterrichts vorliegen (s. o.).

Inzwischen gibt es wiederum eine neue Entwicklung: Nach einen Beschluß der Kultusminister (nach einer Pressenotiz, 1998) sollen/müssen in den Klassen 9 und 10 die naturwissenschaftlichen Fächer getrennt unterrichtet werden.

18.5.2 Beispiele

– Besonders bekannt geworden ist das vom IPN ab 1973 für die Klassen 7–10 entwickelte „PING-Projekt" (Projekt Integriertes Naturwissenschaftliches Curriculum). Ein Modellversuch an Schulen wurde 1998 beendet. In diesem Projekt werden allgemeine, grundlegende Naturgesetzlichkeiten als Grundlage der Integration verwendet und zugleich betont gesellschaftliche Bezüge dieser Themen hergestellt. Dabei wurden aber getrennte Unterrichtseinheiten für die einzelnen naturwissenschaftlichen Fächer entwickelt. Jedoch: *Die PING-Materialien haben keinen Einzug in die Schulpraxis gehalten* (BUCK

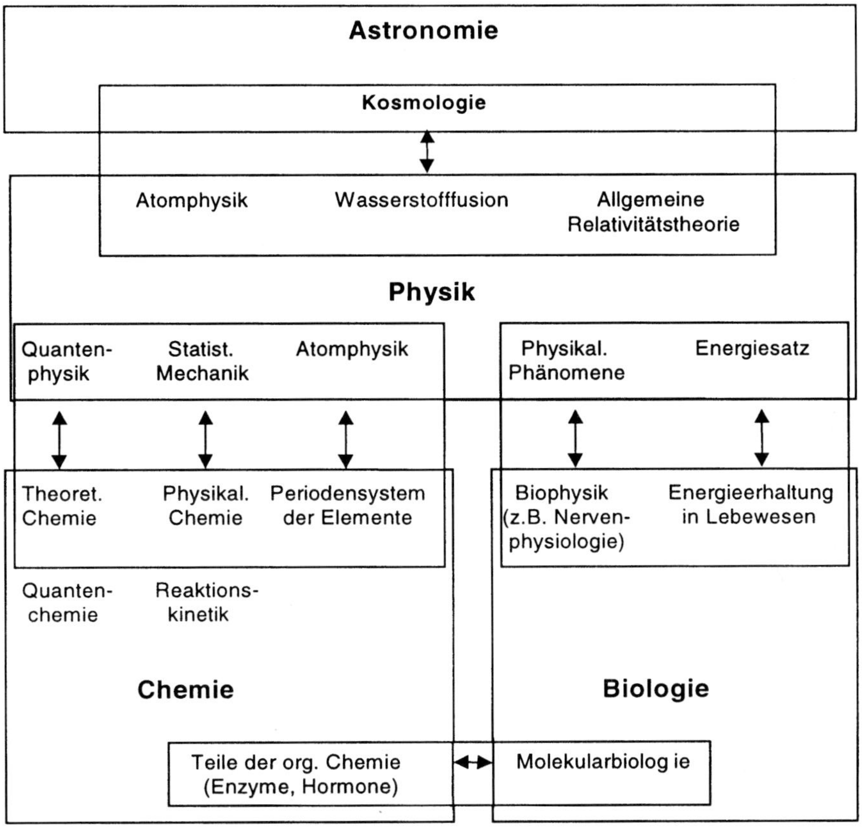

Abb. 30: Vorschlag für „interdisziplinäre Themen“ (aus HÄUSSLER 1976).

1992: 175) – ohne daß dafür Gründe angegeben werden. Optimistischer stellt BÜNDER (1998) die Situation dar. In Interviews äußerten sich Lehrer positiv hinsichtlich des Interesses der Schüler an diesem Fach und in bezug auf deren Arbeitshaltung. Eine Schüler-Studie ist (1998) noch nicht ausgewertet.

– Themen des „Hessischen Rahmenplans Naturwissenschaften Sekundarstufe I“: Klasse 5/6: Pubertät, Mikroskopieren, Körper und Leistung, Sinne, Stoffe im Alltag, Umgang mit Pflanzen/Tieren, Wetter; Klasse 7/8: Energie- und Stoffwechsel, Fortbewegung, Kommunikation mit Schall und Licht, Lebensgrundlage Wasser, Rohstoffe, Stoffe verändern sich, Strom im Haus, Vielfalt der Lebewesen und Evolution; Klasse 9/10: Sexualität, bedrohte Lebensräume, Werkzeuge und Maschinen, Energie und Umwelt, Rohstoffe, Gene, Gesundheit/Krankheit, Grundchemikalien für Industrie und Haushalt, Landwirtschaft/ Nahrungsmittel, Modelle/ Symbole, Naturwissenschaft und Gesellschaft. Es ist Aufgabe der einzelnen Schule, die Sequenz dieser Themen festzulegen. Aber es dürfte schwer fallen (s. Kap. 6.4), diese sachlich zu begründen.

– Der Bremer Plan „Naturwissenschaften“ für die 7. Klasse der Hauptschule (Senator für Bildung etc. Bremen 1990) sieht acht Themen vor: Mit Tieren leben, Grüne Pflanzen – Grundlage des Lebens, Atmung und Luftqualität, Synthese von Schwefelverbindungen, Chemische Verbindungen zerlegen, Wasser als Lösungsmittel, Optik, Mechanik. Diese Auswahl wird – ebensowenig wie die vorhergehende – nicht begründet. Eine Ähnlichkeit der Themen mit dem vorhergehenden Plan ist nicht zu erkennen.

– HÄUSSLER (1976) gibt einen Plan für einen INU wieder, den er „als guten Ausgangspunkt“ bezeichnet. Dieser Vorschlag (Abb. 30) zeigt, daß wesentliche biologische Inhalte (Evolution, Grundlagen der Ökologie usw.) bei einem solchen Verfahren wegfallen können.

Ob man aufgrund der Themenauswahl in den angeführten Beispielen überzeugt davon sein kann, daß damit eine naturwissenschaftliche oder biologische Grundbildung erreicht wird – sei dahingestellt.

18.5.3 Gründe für – gegen Integrierten Naturwissenschaftlichen Unterricht (INU)

Folgende Gründe sollen für INU sprechen (Buck 1992: 171 und andere, ausführlich auch bei Blum 1991):

1. „Ganzheitlichkeit" (s. Kap. 15.2.2): Schüler erfahren ihre Umwelt als komplexe Phänomene; herkömmlicher Unterricht gewährleistet nicht deren Einordnung in einen Gesamtzusammenhang.

2. Umfassende Theorienbildung: Die Bewältigung konkreter naturwissenschaftlicher Probleme ist bei der Beschränkung auf fachspezifische Methoden nicht möglich. Fachspezifische Probleme sollen nicht additiv, sondern an der „Komplexität von Problemen" angewandt werden.

3. Motivation durch Situationsbezug: *Es ist anzunehmen, daß integrierte Curricula den Aufbau intrinsischer Motivation erhöhen, da für den Schüler Zusammenhang und außerschulischer Lebensbezug gewährt bleiben.*

4. Begriffe: Naturwissenschaften haben grundlegende Begriffe gemeinsam, die in einem Fach gelehrt werden können.

5. Stundenkürzungen: Sie nehmen für die Fächer Biologie, Chemie und Physik (in der Sekundarstufe I) dramatisch zu. Durch Zusammenfassung dieser Fächer zu einem vierstündigen Hauptfach „INU" erhalten die Naturwissenschaften einen neuen Stellenwert.

Schon früh hat Schaefer (1976; s. auch Lepel 1997) alle wesentlichen Argumente aus der Sicht eines Biologen zusammengestellt, die gegen INU sprechen. Folgende Gründe lassen sich anführen:

1. Ein wohl nur als „schlimm" zu bezeichnender Grund wäre es, wenn INU vor allem dazu dienen sollte, die geringe Stundenzahl für die naturwissenschaftlichen Fächer in der Sekundarstufe I zu kompensieren. Zu diesem Vertuschungsmanöver vermag wohl niemand die Hand zu reichen.

Es müssen in den Klassen 5/6 je 2 bis 3, den Klassen 7/8 je 4 bis 5 und den Klassen 9/10 je 6 Stunden mindestens zur Verfügung stehen. Anderenfalls wird naturwissenschaftliche Bildung in der Bundesrepublik dilletantisch, unzureichend – mit entsprechenden Folgen für die Gesellschaft. Die Einführung von Lehrplänen für INU in manchen Bundesländern hat aber (trotz aller Versuche einer „rationalen Begründung") wohl vorwiegend nur einen Grund: Unterrichtszeit einzusparen.

2. Aus finanziellen Gründen dürften nur ausnahmsweise mehrere Lehrer gemeinsam in einer Klasse solchen Unterricht abhalten. Wie viele Lehrer aber gibt es, die eine Fakultas für alle drei Fächer haben? So auch Demuth (1995): Es ist daran zu zweifeln, daß für ein Sammelfach „Naturwissenschaften" kompetente Lehrer zur Verfügung stehen. Geradezu zwangsläufig führt ein solcher Unterricht demnach zur fachlichen und fachdidaktischen Laienhaftigkeit. Dies ist – zumindest derzeit – ein zwingendes Argument gegen INU.

3. Daß „Gesamtzusammenhänge" in der Regel erst erkannt, verstanden werden können, wenn man genügend Wissen auf einem Gebiet hat (s. auch Kap. 3.5, 15.2), dürfte inzwischen durch kognitionspsychologische Befunde deutlich geworden sein. Selbst ein Verfechter des INU (Häussler 1976: 39) meint: *Die Gefahr bei dieser Art der Integration besteht vor allem darin, daß man relativ komplexe Inhalte zu vermitteln sucht, ohne die entsprechende Fundierung durch Basiswissenschaften bereitzustellen.* Auch für Grundschüler wird die Vorstellung, daß deren „Wahrnehmung lediglich ganzheitlich" sei, inzwischen bezweifelt (s. Kap. 18.1).

4. Wie grundlegendes und aufbauendes Wissen durch INU in den drei Fächern erreicht werden soll, lassen die bisher vorliegenden Lehrpläne und Entwürfe nicht erkennen. Schlägt man z. B. das umfangreiche „Herder-Lexikon Biologie" auf, ist beispielhaft auszuzählen, daß die Anzahl der grundlegenden mit Physik und Chemie gemeinsamen Begriffe – vor allem für Unterstufenklassen – nicht eben hoch ist. Für das Verständnis biologischer Themen notwendige Begriffe dieser Art werden dort sowieso behandelt. Es sei denn, der sehr eingeengte Zeitrahmen zwingt zu Oberflächlichkeit. Ein Problem, das sich im INU verstärkt stellen würde.

5. Es wurde schon oft betont: Schüler- und gesellschaftsrelevante Bezüge sind inzwischen in Lehrplänen und im Unterricht, vor allem aber im Biologieunterricht vorgesehen. Man darf davon ausgehen, daß sie am besten von Lehrern und Schülern gefunden und hergestellt werden, die sich gründlich mit einem speziellen Thema auseinandergesetzt haben.

SCHAEFER (1976a; Werte s. dort) hat in Schulbüchern für den Physik-, Chemie- und Biologieunterricht vorhandene fachübergreifende Bezüge ausgezählt. Er kommt zu dem Schluß: *Es zeigt sich erneut ..., daß Biologieunterricht stärker von fachübergreifenden Fragestellungen und Begriffen durchsetzt und auf sie angewiesen ist als Chemie und Physik.*

6. Es kann ebenfalls wiederholt werden (s. Kap. 9.3): Untersuchungen zeigen zur Genüge, daß vor allem Schüler der unteren Klassen, aber nicht nur diese (s. Kap. 18.4.4), überwiegend an biologischen Themen interessiert sind. Die (verfrühte) Aufnahme oder gar Betonung physikalischer und chemischer Aspekte könnte nicht nur das Interesse an diesen, sondern auch an biologischen Themen abschwächen, und zwar im Gegensatz zu der oben zitierten Vermutung.

7. Daß Biologieunterricht zudem wohl am besten in der Lage sein dürfte, unterschiedliche Methoden – etwa Analytisches- und Systemdenken – sowohl der Naturwissenschaften als auch allgemeiner Art zu bearbeiten, hat SCHAEFER (1976a) ausführlich begründet.

8. Sollte vielleicht doch das Interesse von Physikern und Chemikern mehr ihrer Themen als bisher und in niedrigeren Klassen in den Unterricht einzubringen, ein wesentliches Motiv sein? Es sind fast ausschließlich Didaktiker aus diesen Bereichen, die sich um die Einführung des INU bemüht haben. Auch wenn man solchen Fach-Lobbyismus verstehen mag, ist zu fragen, ob er gut begründbar ist.

9. Es ist zwar kein Argument gegen den INU, aber bemerkenswert: In den USA werden derzeit getrennte Lehrpläne für die Klassen 6–12 für vier Fächer entwickelt: Biologie, „Erd- und Weltraumwissenschaften“, Chemie und Physik (NATIONAL SCIENCE TEACHER ASSOCIATION 1990).

Insgesamt kann man sagen: Stichhaltige Gründe für einen INU sind wohl kaum belegt. Für den Biologieunterricht sind keine Vorteile, aber viele Nachteile erkennbar – vor allem für die Schüler. Selbst Wahlpflichtkurse in der Sekundarstufe I sollten sich eher an spezifischen Themen eines naturwissenschaftlichen Fachs ausrichten. Etwas anderes ist es, wenn in einzelnen Projekten (von mehreren Lehrern gemeinsam) integrierte Themen behandelt werden.

Begriffe: Integrierter Naturwissenschaftlicher Unterricht, Fachübergreifender Unterricht, Fächerübergreifender Unterricht

19 Ohne philosophischen Hintergrund kann man Biologie nicht unterrichten

Mitarbeit: DITTMAR GRAF

Auskunft eines Biologielehrers: „Ich bin doch Biologe und kein Philosoph".

Ohne philosophischen Hintergrund kann man kein Wort Physik lehren (PASCAL JORDAN) – und Biologie erst recht nicht.

Nun ist es aber so, daß im gesamten Lehrstoff der Biologie kein einziger Satz formuliert werden kann, bei dem nicht eine oder mehrere philosophische Grundfragen implicite beantwortet werden muß (BRÜGGEMANN 1958: 168).

19.1 Allgemeines

Anhand von Beispielen kann man sich einen Eindruck davon verschaffen, welche der beiden angegebenen Positionen wohl eher zutrifft – die des Lehrers oder die von JORDAN und BRÜGGEMANN. Bei der Lektüre der folgenden Texte kommt es darauf an zu erkennen, welche biophilosophischen Probleme darin enthalten sind.

– *Die Katze hat Krallen, um Mäuse zu fangen.* – Eine Aussage, die man so oder ähnlich nicht selten im Biologieunterricht hört.

– *Es handelt sich beim Erwerb der aufrechten Körperhaltung nicht um eine Summation von Einzelmerkmalen, sondern um eine echte Integration. Die physiologische Harmonie, die Planmäßigkeit und innere Zusammenstellung des Organismus … kann nicht allein als Ergebnis eines Spiels des Zufalls oder der Auslese … betrachtet werden, sondern zugleich als Ergebnis einer zielgerichteten Entwicklung* (KUHN 1967a: 35f.). – Erschienen in einer biologiedidaktischen Zeitschrift; s. dazu auch Zitate von PORTMANN in Kapitel 7.6.; Angaben in Lehrplänen in Kapitel 17.3, Punkt 6.

– *Die Experimental-Physik ist es in den letzten Dezenien des 19. Jahrhunderts gelungen, alle gasförmigen Körper in den tropfbar flüssigen und die meisten auch in den festen Aggregatzustand überzuführen … Wenn nun die Seelensubstanz wirklich … gasförmig wäre, so müßte man auch imstande sein, sie durch Anwendung von hohem Druck und sehr niederer Temperatur in den flüssigen Zustand überzuführen. Man könnte dann die Seele, die im Moment des Todes ausgehaucht wird, auffangen … und in einer Glasflasche als „unsterbliche Flüssigkeit" aufbewahren* (HAECKEL 1902: 95). – Solche Aussagen haben um 1900 großen Einfluß auf das Denken vieler Menschen gehabt.

– *Eine Vernunft, die sich vollständig aus der Geschichte der Natur erklärt, sollte sich wenigstens über die vorangehenden Fragen wundern, die sie immer noch an diese Geschichte hat – z. B. über die Frage: Wozu eigentlich Evolution?* (INGENSIEP 1994: 229). – Eine subtile, aber einschneidende Aussage.

– *Ein Nagetier lebt ungern und nur in Angstzuständen. Was der Mensch als krankhaften Seelenzustand in Form von Lebensunlust, Platzangst, Todesfurcht, Zwangsvorstellungen und tiefgreifendem Pessimismus kennt, zeigt die Natur als normale seelische Konstitution in den Nagetieren. Das Nagetier ist zu oberflächlich, das Huftier zu tief inkarniert* (STEINER nach PROKOP 1995: 137).

Man kann voraussetzen, daß auch Biologieunterricht einen Beitrag zum Selbstverständnis, zum Menschenbild der Schüler leisten muß. Folglich ist es eine wichtige Aufgabe einer Lehrerin, die Bedeutung der Aussagen in den zitierten Texten und der früher angeführten Fragen von Schülern (s. Anfang Kapitel 7) zu erkennen und auf sie einzugehen – oder auch sie zu stellen. Dies ist jedoch schwerlich möglich, wenn keinerlei „biophilosophische Kenntnisse" vorhanden sind. Schülerfragen müssen zudem einem biophilosophischen Problem zugeordnet werden. Dazu sollten vom Lehrer mögliche Antworten vorgedacht sein.

Bei den oben angeführten Textbeispielen geht es nicht vorwiegend um biologische Fragen. Vielmehr um solche, die sich beschäftigen mit

• Methoden der Biologie und den damit gegebenen Aussage- und Erkenntnismöglichkeiten und Grenzen;
• Grundfragen des Selbstverständnisses, die sich aus biologischen Sachverhalten ergeben;
• Grundfragen der Steuerung unseres Verhaltens, die sich aus der Anwendung biologischer und anderer naturwissenschaftlicher Erkenntnisse ergeben;
• Grundfragen des Weltverständnisses, die sich aus biologischen Erkenntnissen ergeben.

Mit solchen Problemen und Werthaltungen beschäftigt sich Biophilosophie (Philosophie der Biologie, Philosophie der Biowissenschaften). Sie versucht, mit Hilfe allgemeiner Kriterien Möglichkeiten zur Lösung dieser Probleme zu erörtern oder vorzuschlagen.

Es geht also um die „Frage aller Fragen", was der Mensch ist. Sie kann heute nicht mehr ohne biologische Erkenntnisse angegangen werden. Damit wird sie – man möchte sagen zwangsläufig – auch zu einem zentralen Thema des Biologieunterrichts. Erkenntnisse der Biologie und deren biophilosophische Interpretation relativieren manche Bilder vom Menschen. Da ist auf der einen Seite die Vorstellung vom Menschen, nach der „Geist", „Seele" oder andere psychische Erscheinungen nicht weiter erklärbar, unableitbar, transzendent (übernatürlich) seien – und damit einer wie immer gearteten natürlichen Erklärung entzogen. Auf der anderen Seite gibt es Vorstellungen (in Anlehnung an Empirismus und Marxismus), wonach der Mensch allein „Produkt" der persönlichen oder vor allem gesellschaftlichen Bedingungen ist. Als „Biologismus", der Verwendung „unerlaubter Analogieschlüsse" von bestimmten Tierarten auf den Menschen, wird von manchen schon angesehen, wenn etwa von einer möglichen genetischen Disposition von Eigenschaften oder der phylogenetisch bedingten Abhängigkeit unseres Verhaltens die Rede ist.

Gewiß: Gerade Ergebnisse der Biologie sind immer wieder in erheblichem Ausmaß ideologisch mißbraucht worden (s. z. B. Kap. 17.2; eingangs angeführte Beispiele). Sie müssen also mit großer Vorsicht interpretiert werden. Dies ist ein weiterer Grund, sich mit ihren Grenzfragen zu beschäftigen.

Jedoch: Abhängigkeiten des Menschen von biologischen Gegebenheiten kann man nicht dadurch begegnen, daß man sie aus Furcht, ihre Anerkennung würde z. B. bestehende Verhältnisse unverändert lassen, leugnet. Nur ihre Kenntnis eröffnet die Chance, sie zu überwinden. Auch darin liegt eine der Bedeutungen der Biophilosophie.

Auch in diesem Zusammenhang gibt es wieder verschiedene Benennungen. VOLLMER verwendet einerseits die „weite" Bezeichnung „Naturphilosophie" (1986: XVII); deren Aufgabe ist *vor allem eine synthetische. Sie versucht (oder sollte versuchen), die aspekthaft gewonnenen faktischen Erkenntnisse der einzelnen Disziplinen zu einem konsistenten und möglichst umfassenden Gesamtbild des Universums, vom Menschen und von seiner Stellung in eben diesem Kosmos zusamenzufügen.* Von der „alten Naturphilosophie" grenzt sich VOLLMER mit der Bemerkung ab, daß *es sowohl in der Natur als auch in unserer Vernunft ausschließlich mit natürlichen Dingen zugeht* (1986: XVIII). Andererseits verwendet er (1995, als Buchtitel) auch die Bezeichnung „Biophilosophie".

Der von WAGENSCHEIN verwendete Begriff des „Fundamentalen" bezieht sich in der Hauptsache ebenfalls auf biophilosophische Fragestellungen und deren Verwendung im Unterricht. Er wurde in Kapitel 7.6 dargestellt (was dort gesagt wurde, wird hier z. T. wiederholt).

In diesem Zusammenhang ist auch der Begriff „Wissenschaftstheorie" zu erwähnen: *Sie untersucht nicht die reale Welt, sondern unser Wissen über diese Welt; ... insbesondere untersucht sie die Methoden, mit denen wir solches Wissen erlangen* (VOLLMER 1995: 99). Insofern spielt Wissenschaftstheorie auch in der Biophilosophie eine Rolle.

In Lehrplänen und in der biologiedidaktischen Literatur wird meist der Begriff „Wissenschaftspropädeutik" verwendet. Propädeutik bedeutet „Einführung in die Kenntnisse, die zu einem Studium gehören"; in engerem Sinn auch „Einführung in die Philosophie". Unterricht, der sich an diesem Prinzip ausrichtet, *läßt die Struktur der Naturwissenschaften und des Faches Biologie erkennen, [reflektiert sie] und zielt damit auf besseres Weltverständnis* (FALKENHAUSEN 1988: 11). Die KULTUSMINISTERKONFERENZ (1978) hat Wissenschaftspropädeutik zu einem Prinzip des Unterrichts in der Sekundarstufe II erklärt. Danach soll Unterricht dort u. a. folgendes beachten: *Kenntnis wesentlicher Strukturen und Methoden von Wissenschaft ...; Erkennen von Grenzen wissenschaftlicher Aussagen und Einsicht in Zusammenhang und Zusammenwirken von Wissenschaften, Verstehen wissenschaftlicher und philosophischer Fragestellungen.* Einerseits hat „Wissenschaftspropädeutik“ demnach ihren Schwerpunkt in der Bearbeitung von Methoden der Wissenschaft, andererseits soll sie aber auch „philosophische Fragestellungen“ umfassen. Damit ergibt sich eine Überschneidung, wenn nicht gar eine synonyme Verwendung der Bezeichnung „Wissenschaftspropädeutik“ mit dem Begriff „Biophilosophie“ – der jedoch auf Themen begrenzt ist, die in irgendeiner Weise etwas mit Lebewesen zu tun haben. Da dieser umfassender und zugleich offener ist, wird ihm der Vorzug gegeben.

Man muß es wohl als ein Problem bezeichnen, daß die meisten Gymnasiallehrerinnen geringe oder keine biophilosophischen Kenntnisse haben. Eine Umfrage zum Teilgebiet „Ethik im Biologieunterricht“ (Kruse 1997; verschiedene Schulformen, n=72 Schulen) ergab eine hohe Zustimmung (70 Prozent) zur Aufnahme entsprechender Themen. Zugleich fühlten sich 90 Prozent der Befragten dem Thema aufgrund von Aus- und Fortbildungsdefiziten nicht gewachsen. Einerseits liegt der Erwerb solchen Wissens schon während des Studiums vorwiegend in der Verantwortung jedes einzelnen. Andererseits sollten gerade in der biologiedidaktischen Ausbildung spezielle Veranstaltungen mit biophilosophischen Themen vorgesehen oder diese zumindest an möglichst vielen Stellen ausführlich behandelt werden.

Zwar sind Vorschläge für Literatur, die zum Selbststudium geeignet erscheint, wohl immer subjektiv. Dennoch wird auf solche Angaben nicht verzichtet (wobei in diesem Fall die Reihenfolge eine Hilfe sein könnte): Vollmer (1995), Wuketitis (1982), Vollmer (1980), Wuketitis (1983), Brüggemann (1958; als Grundlage noch immer lesenswerte Darstellung); Arber (1960, leider heute weithin unbeachtet); umfassend, aber umfangreich Vollmer (1985/86); Mayr (1998, eher breit erzählend). Besonders nützlich sind entsprechende Stichworte im „Lexikon der Biologie“ (früher Herder-Verlag, Neuauflage im Spektrum-Verlag). Eine Liste von Zielen des „wissenschaftspropädeutischen Biologieunterrichts“ hat Falkenhausen (1988) aufgestellt und mit zahlreichen erprobten Beispielen illustriert.

Es ist sicher ein zeitaufwendiges Unterfangen, sich im Selbststudium in solche Fragen einzuarbeiten; Lehrerinnen sind ohnehin schon über Gebühr belastet. Dennoch wird jeder erfahren, der einmal biophilosophische Fragen in seinem Unterricht berücksichtigt hat, wie sehr sie diesem zugute kommen und ihn bereichern.

Begriffe: Biophilosophie, Naturphilosophie, das Fundamentale, Wissenschaftstheorie, Wissenschaftspropädeutik, Propädeutik

19.2 Einige Grundprobleme – Überblick

Biophilosophie ist nicht zuletzt durch zunehmende Einflußnahme des Menschen auf die Natur zu einem umfangreichen Gebiet geworden. Es ist hier nicht möglich und auch nicht Zweck des Buches, alle ihre Themen (und die damit verbundene verwirrende Vielzahl von Begriffen) zu behandeln. Deshalb wird versucht, ausgewählte „Grundfragen“ mit einigen schlagwortartigen Erklärungen zusammenzustellen. Ein wegen der Differenziertheit der Probleme schwieriges, kaum zufriedenstellend zu lösendes Unternehmen. Diese Anmerkungen sollen eine „erste Hilfe“ für Lehrer sein, die mit diesem Gebiet wenig vertraut sind. Deshalb werden in diesem Kapitel auch einige biophilosophische Sachinformationen gegeben. Beispiele, die für den Biologieunterricht besonders wichtig erscheinen, werden anschließend ausführlicher dargestellt.

Viele dieser „Grundfragen“ gehen auf dasselbe biophilosophische Kernproblem zurück, werden aber in der Literatur unter getrennten Bezeichnungen besprochen. Andere sind zugleich uralte Fragen der Philosophie, die aufgrund von jüngeren Erkenntnissen neu bedacht werden.

Themen wie Kreationismus, Umwelt-Naturschutz-Ethik, „esoterische Heilverfahren“ und auch die „Frage nach dem Menschen“ stoßen bei manchen Schülern auf Interesse (es sind allerdings keine Erhebungen über solche Interessen bekannt). Zu den meisten anderen dürfte dagegen weniger Zugang bestehen. Sie werden dennoch kurz dargestellt, damit Lehrerinnen gegebenenfalls entsprechende Fragen einordnen können.

1. Methoden-Grenz-Problem: Welche Aussagen erlauben biologische Methoden und welche nicht?

Biologie ist eine Naturwissenschaft mit entsprechenden Methoden. Auch wenn sich die Grenzen immer wieder verschieben: Niemand würde behaupten, daß Biologie alle Phänomene, die uns betreffen, erforschen, messen und abbilden kann.

Die oben angegebene Äußerung HAECKELS ist eine unerlaubte Grenzüberschreitung, weil „Seele" nicht definiert, zugleich als gasförmige Substanz bezeichnet wird, aber als Summe vieler psychischer Eigenschaft nicht mit biologischen Methoden gemessen werden kann. Dies trifft ebenfalls auf die Aussage von KUHN zu: Wenn es eine zielgerichtete Entwicklung gibt, muß es ein Ziel und damit einen „Zielgeber" geben. Ein „Wesen", das ein solches Ziel setzen könnte, wäre aber grundsätzlich kein „Forschungsobjekt" der Biologie.

Andererseits werden Aussagen von „Esoterikern" (s. u.) vielfach so dargestellt, als seien sie bewiesen. Hierbei werden Grenzen insofern überschritten, daß man vorgibt, mit naturwissenschaftlichen Methoden zu arbeiten. Dies ist jedoch nicht der Fall.

Auf einen Aspekt sei noch hingewiesen. Eine Klärung des Begriffs „Theorie" im Biologieunterricht erscheint erforderlich. Denn nicht selten hört man die Aussage: „Die Evolutionstheorie ist ja nur eine Theorie." Notwendige Merkmale einer guten Theorie sind Zirkelfreiheit, Widerspruchsfreiheit, Erklärungswert, Prüfbarkeit und Testerfolg (s. VOLLMER 1995: 38). Und selbstverständlich die empirische Überprüfbarkeit der einer Theorie zugrunde liegenden Befunde. Dies trifft auf die Evolutionstheorie ebenso zu wie auf die Atomtheorie oder Quantentheorie.

In diesem Zusammenhang ergibt sich auch die Aussage, daß wir die Welt nicht „an sich" erkennen, sondern sie immer nur abbilden, „nur" Theorien über sie aufstellen können. Zugleich verlassen wir uns im Alltag (zum Beispiel beim Autofahren) ständig darauf, daß naturwissenschaftliche Theorien „stimmen", daß wir in der Welt mit ihnen vernünftig und praktisch leben können.

2. Reduktionismusproblem: Sind Lebewesen ausschließlich mit Hilfe physikalischer und chemischer Prinzipien erklärbar (Lebensbegriff)?

„Reduktionismus" meint die Erklärung aller Phänomene aus physikalischen und chemischen Prinzipien; oder: Biologie ist nichts anderes als ein Spezialfall von Physik und Chemie. Organismen können in der Tat nicht gegen physikalische oder chemische Prinzipien „verstoßen". Andererseits gibt es durch die Komplexität ihrer Organisation neue Prinzipien, die heute oft als „emergente Eigenschaften" bezeichnet werden. Hierzu gehören z. B. Systemeigenschaften, Information (Information eines Gens, eines Hormons, die durch ihre Wirkung im System festgelegt ist), die „Bedeutung" einer Verhaltensweise (s. dazu VOLLMER 1995: 22, 1980: 61).

Im Biologieunterricht ist darauf hinzuweisen, daß solchen Systemeigenschaften keine „geheimnisvolle Kraft" zugrunde liegt. Allen Versuchen, eine solche Kraft ausfindig zu machen, war bislang kein Erfolg beschieden. Sie ist auch zur Erklärung emergenter Eigenschaften nicht notwendig. Niemand würde sich im täglichen Leben auf etwas verlassen, das man trotz aller Bemühungen nicht kennt – nur von manchen vermutet wird.

3. Vitalismusproblem: Besitzen Lebewesen eine besondere Fähigkeit, die sich biologisch nicht erklären läßt?

Eng verknüpft mit dem vorhergehenden Problem ist die Suche nach einer „Entelechie", einem „Élan vitale", „Nichträumlichen Werdebestimmer". Diese u. a. sind Bezeichnungen, mit der eine „Kraft" in Lebewesen bezeichnet wurde oder wird, die nicht mit physikalisch-chemischen Prinzipien erklärbar sein sollte. Dieser alte Erklärungsversuch wird als Vitalismus bezeichnet. In unserem Jahrhundert hat besonders DRIESCH (1928) ihn wieder verfochten. Er wurde und wird gelegentlich noch vor allem vertreten, wo theologische Vorstellungen eine Rolle spielen (s. dazu bei WUKETITS 1983: 37ff.). Selbst wenn es eine solche Kraft geben sollte, Biologie kann dazu keine Aussagen machen, da sie mit ihren Methoden nicht zu beweisen oder zu widerlegen ist.

Von seriösen Wissenschaftlern werden vitalistische Ideen heute nicht mehr vertreten. Man muß jedoch davon ausgehen, daß eine „naive" vitalistische Betrachtung von Lebewesen vielen Menschen naheliegt. Der große Erfolg von „Naturheil-Mythen" belegt dies deutlich.

4. System-Problem: Gibt es Möglichkeiten, Spezifika von Lebewesen naturwissenschaftlich-biologisch zu erklären?

Bereits unter Punkt 2 wurde dieses Thema angesprochen. Biologie beschäftigt sich vor allem mit komplexen Systemen. Ein „System" ist ein Komplex von Elementen, der Gesetzlichkeiten entwickelt, die seinen Elementen fehlen. Lebewesen sind hierarchisch organisiert, zwischen allen Elementen bestehen wechselseitige Beziehungen usw. (s. WUKETITS 1983: 246, 126ff., 1979, 1982). Diese Vorstellungen werden auch als „organismische Biologie" bezeichnet.

Anhand der beispielhaften Behandlung des einen oder anderen Regelkreises können solche „Systemeigenschaften" im Biologieunterricht dargestellt werden. Besonders geeignet erscheint dafür z. B. das Reafferenzprinzip (s. z. B. Software Programm „Regelkreise", GRAF et al. 1992; HASSENSTEIN 1967, viele weitere Beispiele mit Versuchen), Fließgleichgewicht in einem Organismus (s. KATTMANN 1980b).

5. Schichten-Problem: Besteht unsere Welt aus mehreren „Schichten", die sich nicht auseinander ableiten lassen?

Lange wurde davon ausgegangen, daß die Materie in „Schichten" angeordnet sei, die sich nicht auseinander ableiten lassen. Besonders nach 1945 waren solche „ontologischen Vorstellungen", „Schichten-Lehren", weit verbreitet (s. LÖW 1980). Dabei wurde zwischen anorganischer, organischer, beseelter und geistiger Schicht unterschieden. Aufgrund von Forschungsergebnissen (zumindest plausibles Modell des Übergangs zwischen Anorganischem und Organischem, Denken bei bestimmten Tierarten usw.) wird wohl niemand mehr solche Vorstellungen aus biologischer Sicht vertreten.

Dennoch gab es auch Biologiedidaktiker, die sich in dieser Weise geäußert haben. ESSER (1972: 49) gibt als „Fundamentalerkenntnis" an: *Der Mensch ist ein Glied der Natur und ragt zugleich über die Natur hinaus, indem sein Leib eine Einheit mit der Geist-Seele bildet ... Das Fundamentale im aufgezeigten Fall erhellt die Sonderstellung des Menschen in der Schöpfungsordnung, verweist auf wesenhafte Unterschiede zwischen Tier und Mensch ...* Entsprechend KUHN (1970: 15): *So muß also das exemplarische Lehren im Biologieunterricht hinführen an jene Grenze, die zum Nachdenken und zur Ehrfurcht vor dem naturwissenschaftlich nicht mehr Faßbaren zwingt: der unbegreiflichen 'Ordnung' alles Lebendigen, seiner Harmonie, seiner Planmäßigkeit und seinem Sinn.*

Schüler (nicht wenige haben ja ein Haustier) stellen z. B. die Frage, auf die eine Lehrerin vorbereitet sein sollte: Haben Tiere eine Seele? In diesem Fall ist zuerst zu klären, was „Seele" bedeuten könnte (metaphysische Vorstellungen sollten Schülern nicht vorab ausgeredet werden). Sieht man sie als eine Verknüpfung von Wahrnehmungen, Empfindungen und Denkvorgängen an, dann gibt es viele, ja zwingende Hinweise, daß es dergleichen bei vielen Tierarten gibt. Aber es sind immer nur Analogieschlüsse von uns auf Tiere, die wir ziehen können: Was sie genau fühlen, empfinden usw. wissen wir nicht (übrigens ebensowenig wie bei einem Mitmenschen). Es wäre eine unerlaubte Grenzüberschreitung, darüber im strengen Sinn etwas auszusagen.

Wenig hilfreich ist es, von „Leben", dem „Lebendigen" etc. zu sprechen. Was Biologie beschreiben kann, sind nur Kennzeichen von Lebewesen (s. SCHAEFER 1968). SO zitieren z. B. GREBER & GREBER (1996) den Autor NACHTIGALL: *Biologie ist die Lehre von den Eigenschaften lebender Systeme. Sie ist nicht die Lehre vom Leben. Der Begriff 'Leben' ist ein metaphysischer Begriff.* Dennoch benutzen diese Autoren die Bezeichnung „Leben".

6. Leib-Seele-Problem: Wie soll man sich die Wechselwirkung zwischen Geist-Seele, Empfindungen und Körper vorstellen?

Es gibt dazu eine Reihe von Erklärungsmodellen (s. VOLLMER 1980: 55). Zum Beispiel solche, die eine nicht weiter erklärbare „geistige Substanz" voraussetzen (dualistische Deutung). Aus biologischer Sicht hat sich das menschliche Denk- und Erkenntnisvermögen zugleich mit dem Gehirn entwickelt; Veränderungen der Gehirnstruktur haben zu veränderten psychischen Leistungen geführt, Denken ist eine Leistung des Gehirns. Geistige Prozesse sind neuronale Prozesse, mit diesen identisch (Identitätstheorie). „Geist" haben wir immer nur nach Maßgabe der Möglichkeiten unseres Gehirns.

Dabei ist aber die Erkenntnis wichtig, daß beim Menschen vor allem die erworbenen Gedächtnisinhalte unser Denken – und damit unser Handeln – bestimmen. Es hängt damit wesentlich auch von jedem selbst ab, was er gelernt hat, wie sein „Geist" beschaffen ist und was er zu leisten vermag.

7. Teleologieproblem: Haben sich Lebewesen (in der Evolution) zielgerichtet entwickelt?

Auch davon wurde schon gesprochen. Viele Eigenschaften, Organe (Musterbeispiel: Auge der Wirbeltiere) usw. von Lebewesen sind in ihrer Perfektion scheinbar nur verständlich, wenn sie sich „zielgerichtet" entwickelt haben. Unter der Voraussetzung, daß Mutationen zufällig sind, kann es aber eine solche zielgerichtete Entwicklung im strengen Sinn nicht geben.

Etwas anderes ist es, daß bestimmte Mutationen selektiv besonders vorteilhaft sind, wenn sich bereits vorhandene Strukturen dadurch in eine „optimale Richtung" weiterentwickeln. Dies trifft auf phylogenetische und ontogenetische Vorgänge zu. Diese Art von „Zweckmäßigkeit" wird inzwischen als Teleonomie bezeichnet: Programmgesteuerte, arterhaltende Zweckmäßigkeit als Ergebnis eines evolutiven Prozesses (s. Lexikon der Biologie). Ein „allgemeines, transzendent entworfenes Ziel" kann dagegen, da nicht erforschbar, im Rahmen der Biologie keinen Erklärungswert besitzen.

Die Katze hat Krallen, um .... kann zwar auch eine teleonomische Aussage sein: Ergebnis der Optimierung eines genetischen Programms. Aber es liegt die Gefahr einer teleologischen Erklärung nahe: „Jemand gab der Katze Krallen, um damit Mäuse zu fangen". Besser ist sicher eine nicht final (teleologisch) klingende Ausdrucksweise: *Die Katze hat Krallen; sie fängt damit Mäuse.*

8. Erkenntnisproblem: Ist das Erkennen der „Welt" von der Evolution unseres Erkenntnisapparates abhängig oder in unser Belieben gestellt?

Etwa seit Mitte der 60er Jahre wurde die „Evolutionäre Erkenntnistheorie" besonders von Vollmer (1980, 1995; die folgenden Angaben gehen überwiegend auf ihn zurück) weiter entwickelt und theoretisch untermauert. Sie geht von dem empirischen Befund aus, daß unser Apparat zum Erkennen der Welt in hervorragender Weise auf die Umwelt paßt – sonst wären wir längst ausgestorben. Jakob von Uexküll (1956) wies bereits früh darauf hin, daß jede Tierart in ihrer jeweils eigenen „Umwelt" lebt als Anpassung an ein bestimmtes Habitat. Dies ist ein Beleg dafür, daß auch wir eine spezifische Umwelt haben, daß wir primär nur Ausschnitte der Welt erkennen.

Unser Erkenntnisapparat ist demnach Ergebnis der biologischen Evolution. Strukturen der Erkenntnis sind zum Teil angeboren – und daher bei den Menschen (weithin) gleich. Leistungen und Fehlleistungen unseres Gehirns können von der Evolutionären Erkenntnistheorie (grundsätzlich, wenn auch derzeit nicht in allen Einzelheiten) erklärt werden. Sie kann damit auch auf „metaphysische Begründungen" etwa über den Ursprung von „Geist" verzichten.

Und die Bedeutung solcher Einsichten für den Biologieunterricht? Es gibt z. B. einen „Bruch" zwischen unserer „naiven" Erkenntnis der Welt und einer wissenschaftlichen, von den unmittelbaren Sinneseindrücken abgehobenen (siehe dazu auch Kap. 10.1, Beispiele 1 bis 4 in Kapitel 7.5.). Naive Erkenntnis der Welt geht primär von unserem angeborenen Erkenntnisapparat aus; wissenschaftliche versucht, über ihn hinauszukommen. Einige von Vollmers (1995: 129) Fragen zum Verständnis von „Fehlleistungen" eignen sich in diesem Zusammenhang für Diskussionen im Biologieunterricht; z. B.: *Warum haben wir kein Gefühl für das exponentielle Wachstum der Erdbevölkerung? Warum bestehen zwischen objektiven und subjektiven Entscheidungskriterien oft so große Unterschiede? Warum haben wir so wenig Einsicht in Systeme mit positiver Rückkoppelung?*

9. Evolutionäres-Ästhetik-Problem: Betrachten wir „Naturschönheit" vorurteilsfrei, aufgrund historischer Gewohnheiten oder gibt es dafür phylogenetisch entstandene „Vor-Urteile"?

Warum empfinden wir manche Landschaften, Lebewesen als schön? Wie Kiemstedt (1967), Ruppert (1972) u. a. durch Befragungen herausgefunden haben, gibt es in der Vorstellung vieler Menschen z. B. „idealtypische Wälder", die sie am liebsten aufsuchen möchten. Warum empfinden Männer manche Frauen als besonders schön? Warum finden die meisten Frauen Babys „süß"? Neben persönlichen Erfahrungen könnten solchen Einstellungen auch angeborene „ästhetische Urteile" zugrunde liegen: Schön ist, was dem Überleben der Art dient.

„Naturerlebnis" wird derzeit im Biologieunterricht vielfach ein hoher Stellenwert eingeräumt (s. dazu einige Zitate in Kap. 3.6, Kap. 3.7). Deshalb wären Antworten auf solche Fragen nützlich oder sogar notwendig: Hat Naturbetrachtung einen nachhaltigen Effekt auf unser Bewußtsein, könnte es sogar einen „Heileffekt" haben? Führt das Erlebnis von „Naturschönheit" zur Bereitschaft, dieses Schöne auch zu erhalten und zu schützen? So interessant es sein dürfte, solche Themen im Biologieunterricht anzusprechen, derzeit sind wohl schwerlich befriedigende Antworten auf die meisten dieser Fragen möglich.

10. Bioethik-Problem: Ergeben sich aus biologischen Erkenntnissen und deren Anwendung

ethische Verpflichtungen, die die Gesellschaft regeln muß?

Ergebnisse der Biologie und Medizin haben zu zahlreichen Anwendungen geführt (z. B. in der Gentechnologie, bei Organtransplantationen, Möglichkeiten des Schwangerschaftsabbruchs), die Regelungen in der Gesellschaft verlangen. Sie ergeben sich als Folge naturwissenschaftlicher Erkenntnisse und bilden deren Basis.

Bioethik (Bioethics) wird heute oft weit definiert: *Ethische Reflexion jener Sachverhalte, die den verantwortlichen Umgang des Menschen mit Leben betreffen* (MIKAT et al. 1998: 5). Diese Definition umfaßt demnach nicht nur den Umgang mit menschlichem Leben, sondern auch den mit anderen Lebewesen und der Umwelt. Verbreitet ist allerdings auch die engere Auffassung, wonach Bioethik sich mit der ethischen Einordnung von Erkenntnissen und Anwendungen der Biowissenschaften auf den Menschen beschäftigt (s. z. B. KREBS 1997).

Es ist gewiß, daß man aus biologischen Erkenntnissen keine Normen ableiten kann; man unterliegt dann dem sogenannten „Naturalistischen Fehlschluß“. Andererseits verlangen solche Kenntnisse auf der Grundlage allgemeiner, von der Gesellschaft gesetzter Normen, „Ergänzungsnormen“: Ohne Gentechnik benötigt man keine Normen zu ihrer Anwendung. In einigen Bereichen mußten sogar neue Grundnormen gefunden werden, wie das Beispiel „Naturschutz“ zeigt (§1 Bundesnaturschutzgesetz). Man könnte auch sagen: Der Mensch muß seine Fähigkeit, positiv und negativ in die Evolution eingreifen zu können – mit Normen absichern.

Die Aufnahme bioethischer Themen in den Biologieunterricht erscheint heute, zumal unter dem dargestellten Leitziel (Kap. 3.2), unverzichtbar. Andernfalls würde man auf wesentliche Aspekte zahlreicher biologischer Themen verzichten. Absichtlich wird in Kapitel 16.3 die Planung einer Unterrichtsstunde wiedergegeben, die ein „ethisches Thema“ zum Inhalt hat.

Inzwischen liegen biologiedidaktische Publikationen vor, die solchen Unterricht erleichtern; vor allem: BREHMER (1993) mit ausführlicher Darstellung verschiedener ethischer Grundpositionen, die im Biologieunterricht anhand von Beispielen geprüft werden können; DULITZ & KATTMANN (1990) mit zahlreichen Texten über einzelne Fallbeispiele; HEDEWIG & STICHMANN (1988) mit theoretischen Überlegungen und praktischen Beispielen; umfassende Sachinformationen in dem „Lexikon der Bioethik“ (MIKAT et al. 1998); biophilosophische Begründungen bei VOLLMER (1995: 162 ff.) und IRRGANG (1997).

11. Verhaltens-Problem: Inwiefern ist unser Verhalten, unser Lernvermögen „frei“ oder wird es von angeborenen Strukturen beeinflußt?

Eine Vielzahl ethologischer und soziobiologischer Untersuchungen zeigt, daß der Mensch Verhaltensweisen hat, die offensichtlich, zumindest in ihrer Grundstruktur, angeboren sind (grundlegende Darstellung durch Biologen und Psychologen s. IMMELMANN 1988). Sie kommen zudem homolog bei verschiedenen Tierarten vor. Auch wenn unser Verhalten durch Lernprozesse überlagert, verändert werden kann – es ist notwendig, bei uns mit angeborenem Verhalten zu rechnen. Andererseits kann man beim Menschen keine „Kaspar-Hauser-Versuche“ durchführen, mit deren Hilfe man erst mit völliger Sicherheit auf angeborenes Verhalten schließen könnte. Bestimmte Verhaltensweisen, die z. B. taubblind geborene Kinder zeigen, belegen jedoch dessen Existenz.

Auch das Ausmaß, in dem unsere allgemeinen Fähigkeiten wie z. B. Intelligenz, Reaktionsgeschwindigkeit, spezielle Fähigkeiten wie etwa Musikalität von genetischen Faktoren abhängen, sollte im Biologieunterricht besprochen werden. Dergleichen mag auch dazu dienen, daß jeder sich bemüht, seine besonders ausgeprägten Fähigkeiten zu erkennen – und sie zu nutzen.

Im Biologieunterricht werden solche Themen schon lange behandelt. Es muß im Einzelfall allerdings genau geprüft werden, ob ein bestimmtes Verhalten mit großer Wahrscheinlichkeit auf angeborene Komponenten zurückgeführt werden kann.

12. Sozialdarwinismus-Problem: Darf das Selektionsprinzip „Recht des Stärkeren“ auf den Menschen angewandt werden?

Man kann DARWINS Evolutionsfaktor der Selektion zum „Recht des Stärkerem“ („Kampf ums Dasein“) verkürzen und zur gesellschaftlichen Norm erheben – wie es zumindest faktisch weithin z. B. in der Zeit der NS-Diktatur der Fall war.

Gerade dieses Beispiel macht deutlich: Grundnormen menschlichen Zusammenlebens lassen sich nicht unmittelbar aus biologischen Befunden ablesen oder ableiten, sondern aus der vernünftigen Zusammenschau der Grundbedürfnisse möglichst vieler Menschen. Zugleich erfordert aber der Befund, daß Menschen dazu neigen, sich nicht selten „sozialdarwinistisch“ zu verhalten, die Aufstellung bestimmter sie begrenzender Normen. Je deutlicher wir Formen solchen Verhaltens beschreiben, auch etwa als genetische Disposition erkennen können, um so „gerechtere“ Normen können oder könnten eingeführt werden.

Im Biologieunterricht ist es nun wahrhaftig nicht schwer (wie in anderem Unterricht auch) sozialdarwinistisches Verhalten der Schüler zu erkennen, und zwar je jünger die Schüler, um so deutlicher. Biologielehrer sind in der Lage, die meisten Erscheinungen dieser Art auf „vormenschliches Verhalten“ zurückzuführen – und damit die Schüler zum Nachdenken anzuregen.

Begriffe: Theorie, Welterkenntnis, Reduktionismus, Vitalismus (Entelechie), Organismische Biologie, System, Systemeigenschaften, Schichten-Lehre (Ontologie), „Leben“, Leib-Seele-Problem, Dualismus, Identitätstheorie (Identismus), Teleologie, Zweckmäßigkeit, Teleonomie, Evolutionäre Erkenntnistheorie, Umwelt, Evolutionäre Ästhetik, Naturschönheit, Bioethik, Naturalistischer Fehlschluß, Sozialdarwinismus

19.3 Für Biologieunterricht besonders wichtige Beispiele

19.3.1 Stellung des Menschen unter den Lebewesen – oder das Menschenbild-Problem

Die Frage nach der Stellung des Menschen unter den Mit-Lebewesen ist keineswegs nur theoretisch. Sie hat vielmehr subjektive Bedeutungen; u. a.: Jeder benötigt ein Menschenbild, um sich selbst zu verstehen (s. Landmann 1964). Er muß sich damit erst selbst „feststellen“, um in persönlichen und gesellschaftlichen Fragen urteilen zu können. Man kann auch sagen: Wer kein Menschenbild hat, der wird – unreflektiert – von einem beeinflußt. Unser Verhältnis zu den anderen Lebewesen wird wesentlich davon mitbestimmt, ob wir „zu ihnen gehören“ oder etwas „ganz anderes“ sind.

Schließlich kommt eine Lehrerin schon gar nicht ohne Menschenbild aus: Ihr Handeln gegenüber, ihr Verständnis von Schülern wird z. B. auch davon abhängen, ob sie diese „wachsen lassen“ will. Oder ob sie davon ausgeht, daß Schüler als Wesen, die auch biologische Eigenschaften besitzen (mit Neigung zu Rangordnungs-, Imponier- und Aggressionsverhalten, mit individuellem Lernvermögen usw.) – erzogen werden müssen.

Aus biophilosophischer Sicht kann man sich auf die Suche nach „Anthropina“ machen: Gibt es Eigenschaften, Spezifika, die nur dem Menschen zukommen? Durch deren Vorhandensein eine unüberbrückbare Kluft zwischen ihm und den Tieren besteht (etwa: *Der Mensch läßt sich vom Tier her in seinem eigentlichen Wesen nicht begreifen,* Ballauff 1962: 7, Beispiel von Kuhn s.o.; etwas salopp könnte man das die „humanistische Hybris“ nennen). Nun füllt der Streit darüber ganze Bibliotheken; er kann folglich auch hier nicht definitiv entschieden werden. Und mancher wird mit der hier vorgeschlagenen Lösung nicht einverstanden sein – aber er wird vielleicht dadurch angeregt, eine eigene Lösung zu suchen.

An der Abstammung des Menschen von anderen Lebewesen ist mit rationalen Gründen nicht zu zweifeln. Es gibt jedoch eine Vielzahl von Bezeichnungen, die jeweils eine psychi-sche Eigenheit des Menschen betonen: Homo loquens (der Sprechende), ludens (der Spielende), faber (der Techniker), ironicus (der Ironiefähige) usw. Wer nun etwa „Geist“ oder „Seele“ als solche besonderen Eigenschaften ansicht, muß sie erklären, ohne zusätzliche übernatürliche Annahmen zu machen.

Anthropologie und Ethologie haben alle diese Anthropina entzaubert (was hier nicht im einzelnen belegt werden kann; ausführliche Zusammenstellung bei Paul 1999). Jedes einzelne Anthropinon kommt im Prinzip auch bei Tieren vor. Das gilt für Spielen, Sprache, Denken, Tradition, Werkzeugherstellung und -gebrauch, Bewußtsein, ja Selbstbewußtsein. Auch „Geist“ läßt sich rational schwerlich anders beschreiben als besonders ausgeprägte und raffinierte Denkfähigkeit. Die Suche nach Anthropina muß man wohl als gescheitert erklären. Es sei denn, man will den quantitativen Unterschied bestimmter dieser Eigenschaften zwischen Tieren und dem Menschen als Anthropinon bezeichnen.

Offenbar gibt es zahlreiche Menschen, denen eine solche Erkenntnis „unsympathisch" ist und die sie deshalb ablehnen. Man muß sich jedoch klar machen, wie problematisch ein unzutreffendes Bild vom Menschen ist – auch bei dessen Erziehung. Eigentlich gibt es aber keinen Grund, sich unserer Verwandtschaft mit Tieren zu schämen.

Man kann das Thema „Sonderstellung des Menschen" im Biologieunterricht an verschiedenen Stellen behandeln. Gut bietet es sich am Ende eines Kurses über Ethologie an, indem man etwa Schimpanse und Mensch miteinander vergleicht. Geeignet ist auch die Anknüpfung an die Darstellung der menschlichen Evolution oder der Genetik; stets auch situativ, falls z. B. ein Schüler eine entsprechende Frage stellt.

Dabei können u. a. folgende Aspekte – ohne vorgegebene (oder sichere) Lösungen – als Diskussionsgrundlage dienen:

– Darf man psychische Fähigkeiten des Menschen mit denen von Tieren vergleichen (gemeinsamer Genbesitz, homologe Verhaltensweisen usw.)?

– Kann man bestimmte Verhaltensweisen des Menschen aus Notwendigkeiten einer langen „vorkulturellen" Evolution erklären?

– Führt die Erkenntnis biologischer Abhängigkeit des Menschen zu Fatalismus („daran ist ja doch nichts zu ändern")? Oder kann man daraus gerade Einsichten über notwendige Prinzipien unseres Verhaltens gewinnen (Überwindung des Rollenverhaltens Frau-Mann, Wahl eines Partners vorwiegend aufgrund sexueller Reize, Gefahren der Aggression usw.)?

– Toleranz gegenüber bestimmten psychischen Eigenheiten einzelner Menschen (Homosexualität als überwiegend biologisch bedingt, ist kein schuldhaftes Verhalten; Überwindung von „Ausstoßreaktionen" gegenüber geistig Behinderten; die Aussage „der Mensch ist nicht begabt, er wird begabt" ist zu prüfen; Akzeptanz von Menschen mit anderer Begabung usw.).

– Wie lassen sich religiöse – christliche, auch muslimische – Vorstellungen vom Menschen und Evolution miteinander verbinden?

– Muß sich unser Verhalten gegenüber anderen Arten verändern, wenn sie unsere „Brüder und Schwestern" sind (s. u.)?

Eine ausführliche Sachdarstellung des Problems findet sich z. B. bei HOFER & ALTNER (1972); ebenso bei RENSCH (1959), WUKETITS (1983: 223ff.), VOLLMER (1980: 77ff.). Für den Biologieunterricht finden sich viele, zum Teil auch kritisch zu lesende Informationen für unterschiedliche der genannten Gesichtspunkte z. B. in Themenheften der Zeitschrift „Unterricht Biologie": Verhalten des Menschen (H. 110, 1985), Primaten (H. 121,1987), Evolution des Menschen (H. 200, 1994), Instinkt und Intelligenz (H. 208, 1995). In KATTMANNS (1974) Unterrichtseinheit „Der Mensch und die Tiere" für die Klassen 5/6 wird nicht versucht, die Frage, ob denn der Mensch unter allen Tieren etwas „Besonderes" sei, mit Schülern dieses Alters zu besprechen – was durchaus möglich erscheint. Entsprechend meint SOOSTMAYER (1988: 424): *In ersten Ansätzen fragen Grundschulkinder auch nach dem Sinn der eigenen Existenz.*

Unterdessen machen Schulbücher vielfach keine biologisch begründeten Aussagen zur Frage nach der Stellung des Menschen unter den Lebewesen (s. PAUL 1999). Um so wichtiger ist es, daß ein Lehrer eigene Vorstellungen hat.

19.3.2 Begründungen für Naturschutz – oder das Naturschutzethik-Problem

Eine Reihe von Begründungen für Naturschutz, besonders für den Erhalt von Arten, wird immer wieder genannt: Ökologische, wissenschaftliche, ökonomische, psychische (wohl zuerst WILMANNS 1971). Auch das Bundesnaturschutzgesetz argumentiert in §1 ähnlich; ebenso HARTKOPF & BOHNE (1983: 63): *Die Pflicht zur Erhaltung der natürlichen Lebensgrundlagen ergibt sich aus unserer Verantwortung für das Wohl der lebenden und zukünftigen Menschen.* Sie alle haben eine anthropozentrische Begründung: Naturschutz zum Wohl des Menschen. Dahinter steht, daß der Mensch nur Pflichten gegenüber anderen – heute und in der Zukunft lebenden – Menschen hat, nicht aber gegenüber anderen Arten.

Der Schutz einer seltenen Vogelart, zudem noch in einem begrenzten Gebiet, vor Ausrottung tangiert jedoch (so weit erkennbar) keinen der angegebenen Gründe. Und dies gilt für viele vergleichbare Fälle. Will man Arten dennoch schützen, bedarf es einer weitergehenden Begründung. Auch wenn es eine hohe Zustimmung dazu gibt, daß „Tier- und Pflanzenarten unabhängig vom Nutzen für den Menschen einen eigenen Wert besitzen" (BERCK & KLEE 1992: 85), „ein Recht auf Leben haben", es „Ehrfurcht vor dem Leben" geben soll – schlüssige Begründungen sind dies nicht.

Die Position, die der Natur einen eigenständigen Wert zugesteht, wird im Gegensatz zum Anthropozentrismus als Physiozentrismus bezeichnet (KREBS 1997). Dabei kann zwischen verschiedenen Ansatzpunkten unterschieden werden:

- Pathozentrismus: Diese ist die schwächste der physiozentristischen Positionen. Hierbei wird der Umfang des Begriffs „Ethik" über den Menschen hinaus auf alle leidensfähigen Tierarten ausgedehnt.
- Beim Biozentrismus (Vertreter z. B. SCHWEITZER: „Ich bin Leben, das leben will inmitten von Leben, das leben will") wird argumentiert, daß allen Lebewesen eine Rücksichtnahme um ihrer selbst willen zukommt. Es gibt kein wertvolleres oder weniger wertvolles Leben. Diese Position ist niemals konsequent durchzuhalten. Beispielsweise würde sie Ärzte, die einen menschlichen Krankheitserreger bekämpften, zu unmoralisch Handelnden abstempeln.
- Holismus: Der Mensch wird als integraler Bestandteil der Natur aufgefaßt. Es ist nach dieser Auffassung nicht möglich, daß der Mensch ein gutes Leben auf Kosten der Gesamtnatur führt. Dieser Ansatz wird wegen der Vieldeutigkeit der Aussage „Mensch ist Teil der Natur" kritisiert: Ist der Mensch mit der Natur identisch, ist er nur von ihr abhängig (s. KREBS 1997)?
- Phylogenetisches Modell: Evolution belegt die gemeinsame Abstammung aller Lebewesen. Diese Verwandtschaft begründet zugleich Verantwortung. Prinzipiell kann jede Art oder ihr Vorkommen an einem bestimmten Ort zum Verständnis der Genese dieses Entwicklung beitragen. Der Mensch hat kein Recht, Arten (nicht einzelne Individuen) als historisch gewordene Einmaligkeiten ohne unabwendbare Not zu vernichten. Aus biologischer Sicht kann man sich diesem Modell anschließen.

Die Entwicklung einer schlüssigen Naturschutz-Ethik ist noch keineswegs abgeschlossen. BIRNBACHER (1980, s. auch HARTKOPF & BOHNE 1983, KREBS 1997; IRRGANG 1997) stellt eine ganze Reihe weiterer Modell-Entwürfe vor.

Man wird im Biologieunterricht wohl in jeder Altersstufe breite Zustimmung für die physiozentrische Position bekommen. Nüchtern betrachtet sind dies wohl vorwiegend verbale Bekenntnisse – ohne tiefere Einsichten und Konsequenzen. Mit geeigneten Beispielen (s. z. B. BLECKMANN et al. 1979) kann man vor allem die genannten anthropozentrischen Begründungen für Naturschutz bearbeiten und ihnen physiozentrische gegenüberstellen; Arbeitsblätter mit Texten zum Thema verwendet KRÖNIG (1997) im Unterricht. – Erwähnenswert ist, daß Naturschutz- gegenüber Umweltschutzthemen allgemein im Biologieunterricht in den Hintergrund treten; zu schweigen von der Bearbeitung von Begründungen für Naturschutz.

19.3.3 Kreationismusproblem

Ist die von manchen Gruppen vertretene „absolute Schöpfungstheorie" unter Ablehnung von Evolution rational begründbar, gar eine wissenschaftliche Theorie? Gibt es Verknüpfungsmöglichkeiten zwischen theologischen und biologischen Vorstellungen?

Kreationistische Vorstellungen lehnen Evolution strikt ab. Sie gehen davon aus, daß der Mensch, wie alle anderen Lebewesen, von Gott erschaffen wurde. Damit könnte es man bewenden lassen. Lehrerinnen, die so eingestellte Schüler vor sich haben, sollten dennoch versuchen, diesen einerseits die Grundlagen der Evolution und andererseits den Kreationismus darzustellen (s. Texte von MIRAM & SCHERF, 1998, in „Biologie heute SII", wobei jedoch der Gegensatz zwischen Evolutionstheorie und Kreationismus noch deutlicher herausgestellt werden sollte). Nicht in dieser Weise eingestellte Schüler sollen in die Lage versetzt werden, gegen kreationistische Ideen zu argumentieren.

Wohl alles, was Kreationisten gegen Evolution und für ihre Vorstellungen an sogenannten Fakten vorgetragen haben, hat JESSBERGER (1990) ausführlich analysiert und widerlegt. Auf das Studium dieses Buches sollte man nicht verzichten, wenn man sich mit diesem Thema auseinandersetzen will oder muß. Das Themenheft „Evolution – Kreationismus" (Prax. Biol. 38, H. 8, 1989) beschäftigt sich unter mehreren Aspekten mit dem Thema; es enthält dazu auch Arbeitsblätter. Beispielhaft sollen einige Prinzipien der Evolutionstheorie und des Kreationismus gegenübergestellt werden.

1. Evolutionstheorie entspricht allen Anforderungen, die man an eine gut begründete wissenschaftliche Theorie (s. 19.2., Punkt 1) stellen kann.

Kreationismus kann grundsätzlich keine wissenschaftliche Theorie sein (eine Forderung, die gerne erhoben wird): Sie entspricht keiner der Anforderungen an eine erfahrungswissenschaftliche Theorie. Diese Theorie geht nicht von einer überprüfbaren Prämisse aus (ist grundsätzlich auch nicht falsifizierbar, also widerlegbar), sondern von einem Schöpfungsakt. Selbst wenn Kreationismus Beweise für Evolution widerlegen könnte (was bis heute nicht in einem einzigen Fall gelungen ist), er wäre aus diesem Grund noch immer keine wissenschaftliche Theorie.

Der Forderung, Kreationismus im Unterricht gleichberechtigt neben der Evolutionstheorie zu behandeln, darf nicht entsprochen werden (in den USA wollen dies jedoch rund 40 Prozent der Lehrer, Osif 1997; rund 50 Prozent befragter Lehrer war es „wichtig", daß „Schüler belebte Natur als geplante Schöpfung" erleben, Etschenberg 1979: 172; „Biologieschulbuch" von Junker & Scherer, 1986). Unterricht muß grundsätzlich wissenschaftsorientiert sein (s. Kap. 15.2.1). Diese Forderung kann Kreationismus nicht erfüllen.

2. Kreationismus geht von einer speziellen Theologie aus, der Verbalinspiration; d. h., alle Texte der Bibel wurden von Gott unmittelbar in die Feder der Autoren „diktiert". Sie müssen deshalb wörtlich verstanden werden. Daraus ergibt sich das oberste Interesse des Kreationismus: eine bestimmte theologische Vorstellung zu verteidigen. – Kritische Theologie lehnt Verbalinspiration aufgrund der heterogenen Entstehung der biblischen Texte ab. Entsprechend verhalten sich die großen christlichen Kirchen.

Evolutionstheorie ist dagegen in der Lage, einen Ausschnitt unserer Welt rational zu erklären. Kreationismus verteidigt eine bestimmte Theologie. Phänomene sollen gerade nicht erklärt werden.

3. Evolutionstheorie beruht auf wissenschaftlichen Methoden. Nach dem Kreationismus sind die Lebewesen dagegen durch eine metaphysische Geisteskraft entstanden (s. auch Vitalismus). So werden z. B. physikalische Methoden der Altersbestimmung konsequent abgelehnt. Die Erde wurde nach bestimmten kreationistischen Vorstellungen vielmehr am „22. Oktober 4004 v. Chr." erschaffen. Da manche Kreationisten nun doch an der Evidenz eines großen Alters von Fossilien nicht vorbeikommen, muß ein (wie man wohl sagen darf) Trick her: Gott hat die Erde so geschaffen, als sei sie 4,5 Milliarden Jahre alt (also um Forscher zu täuschen). Für eine „Sintflut" hätte das auf der Erde vorhandene Wasser nicht ausgereicht. Also muß dieses Wasser auf übernatürlichem Weg „über das Firmament" gelangt sein (Jessberger 1990: 70).

Die Aufzählung solcher erstaunlicher Verteidigungsargumente (die sich zum Teil nicht einmal mehr mit biblischen Aussagen belegen lassen) ist leicht zu vermehren. Kreationismus zwingt damit seine Vertreter, in einem Bereich Fakten zu leugnen, irrational zu denken (was diese im Alltag sonst ja keineswegs tun).

Ein Lehrer sollte dennoch nicht darauf verzichten, Wege zu ebnen, den Versuch zu machen, subjektive Hilfe zu geben. Evolutionstheorie muß als ein Stück belegter Welterklärung akzeptiert und als ein zentrales Thema von Biologieunterricht präzise und ausführlich (!) behandelt werden. Jedermann kann „hinter" dem Beobachtbaren einen Schöpfer, einen Schöpfungsplan annehmen, wenn er dies will (Biologie kann nichts gegen und nichts für eine solche Annahme aussagen). Nebenbei: Dies ist eine Lösung, die (subjektiver Erfahrung zufolge) von kreationistisch eingestellten Schülern nicht selten akzeptiert wird.

19.3.4 Esoterik-Problem

Die Revolte gegen die Naturwissenschaften wendet sich gegen die Vorstellung, daß man sich der Wahrheit annähern kann durch diszipliniertes, geduldiges und kritisches Denken. Der Rebell gegen Naturwissenschaften sucht die Wahrheit entweder bei einem Okkultisten oder durch direkte Intuition .... Sein Interesse besteht darin, sich egoistisch selbst zu entwikkeln, nicht in der Kultivierung einer Wissenschaft, einer Kunst, die unabhängig von ihm existiert (Passmore 1975: 58).

In Deutschland und anderen Ländern ist es in den letzten Jahren zu einer vordergründig erstaunlichen Renaissance vorwissenschaftlicher Vorstellungen zur Erklärung der Welt gekommen (Belege hierzu s. Graf 1998a). Diese Denkweisen werden gemeinhin unter dem Sammelbegriff „Esoterik" zusammengefaßt. Es werden transzendente Wirklichkeiten postuliert. Mit deren Hilfe sollen unsere Alltagsprobleme einfach gelöst werden können. Diese „Wirklichkeiten" sind nur Esoterikern zugänglich, „Normalbürgern" aber bleiben sie verschlossen.

Esoterisches Denken ignoriert wissenschaftliche Erkenntnisse. Viele Esoterik-Erklärungsmodelle werden trotzdem mit dem Gütesiegel „Wissenschaftlichkeit" versehen. Man stellt vielfach spirituelle oder paranormale Erklärungen als ganzheitliche, sanfte, menschliche o. ä. Wissenschaften den sogenannten Schulwissenschaften gegenüber.

Ursachen für das Anwachsen dieser „Bewegung" sind sicher vielfältig und schwierig zu ergründen. Neben einer allgemeinen Suche nach Lebenssinn dürfte dabei ein wesentlicher Faktor die immer weiter zunehmende Wissenschaftsfeindlichkeit sein; deren Auftreten in der Literatur hat ZÖLLER (1974b) schon früh mit zahlreichen Beispielen belegt (ohne daß daraus offenbar Schlußfolgerungen gezogen wurden). Vielfach sind unspezifische Ängste im Spiel: Atomenergie, Atombombe, zunehmende Umweltverschmutzung, Gentechnologie, sogenannte Apparatemedizin (vgl. BERCK 1997) sind beispielhafte gesellschaftliche Diskussions- bzw. Problemfelder, für die der Wissenschaft Verantwortung zugeschrieben wird.

Vielfach kommt es auch zu dem fundamentalen Mißverständnis, Wissenschaften würden „letzte Wahrheiten" erkennen. Daß sie dies gerade nicht tun und sich dadurch von spirituellen und paranormalen Glaubenssystemen unterscheiden, wird nicht gesehen.

GRAF (1998a) nennt etwa 30 verschiedene Themenfelder aus dem Inhaltsbereich des Biologieunterrichts, bei denen esoterisches Denken eine Rolle spielt. Bis heute jedoch wird im Biologieunterricht das Aufkommen der Esoterik-Welle weitgehend ignoriert. In Schulbüchern finden sich sogar moderate bis unkritische Stellungnahmen zu bestimmten esoterischen Praktiken (z. B. Homöopathie). Insgesamt ist festzustellen, daß es offenbar weder dem Biologieunterricht noch anderen Unterrichtsfächern gelingt, Schüler über das Wesen der Wissenschaft und den Unterschied zu esoterischen Denkweisen ausreichend aufzuklären. Der amerikanische Philosoph KURTZ (1996: 305) befürchtet, *daß die zunehmende irrationale Wissenschaftsfeindlichkeit die Überlebensfähigkeit der wissenschaftlichen Forschung einschließlich der aus ihr stammenden Lösungsansätze untergräbt. Der Schlüssel liegt in der Bildung ... Wir müssen das Verständnis [über die Ziele von Wissenschaft] ... unter Schülern und Studenten ... verbessern.*

Es reicht in diesem Zusammenhang allerdings nicht aus, Ziele und Methoden von Wissenschaft zu vermitteln: Unterricht, der esoterische Inhalte in Form angeblicher medizinischer Heilverfahren, psychologischer Hilfesysteme, okkulter Abenteuer etc. nicht (kritisch) zum Thema macht, der die Thematik totschweigt, kann die zunehmend distanzierte bis feindliche Einstellung gegenüber Wissenschaft nicht verringern. Ansatzpunkte zur unterrichtlichen Aufarbeitung finden sich bei GRAF (1998a). Eine Zusammenstellung „theoretischer Mängel", die im Unterricht besprochen werden können, gibt Tabelle 20–1. Freilich liegen bis heute keine gesicherten Erkenntnisse darüber vor, was eine kritische Thematisierung im Unterricht bewirkt.

Soll man im Unterricht also Sachverhalte ansprechen, die offensichtlich falsch sind? In Anbetracht der knappen Unterrichtszeit ist man geneigt, die Frage zu verneinen. Dann bliebe ja noch weniger Zeit für biologische Themen.

Tab. 20–1. Darstellung empirischer und theoretischer Mängel von Aussagen als Indizien für Parawissenschaften (aus GRAF 1998a, gekürzt).

- Subjektive Messungen, anekdotische Schilderungen, subjektive Einschätzungen
- Geringe Unterschiede zwischen Kontroll- und Testgruppe; Statistik wird mißbraucht oder gar nicht verwendet
- Es wird auf das Vorhandensein von Phänomenen geschlossen, ohne daß direkte Belege vorliegen
- Keine immer besseren Belege, keine Weiterentwicklung der Theorien im Lauf der Zeit
- Vorausgesagte Phänomene bleiben unsicher; aus der Theorie abgeleitete Phänomene treten nur unvorhersehbar auf; immer, wenn man ein Phänomen messen will, verschwindet es
- Unzureichende Suche nach Alternativen (wissenschaftlichen) Erklärungen
- Behauptung, man habe Beweise, die aber die Wissenschaft nicht akzeptiert

Bei genauerer Betrachtung spricht jedoch einiges für das kritische Behandeln ausgewählter esoterischer Themen. Wenn man das seit Jahrzehnten allgemein anerkannte Oberste Lehrziel für den Biologieunterricht (s. Kap. 3.2) ernst nimmt, kommt man an deren Behandlung nicht vorbei. Wie sonst sollen Schüler kritische Argumente – z. B. zu esoterischen Heilslehren – entwickeln können?

Darüber hinaus erscheint es wichtig, verstärkt allgemein den Charakter von Wissenschaften bzw. den grundsätzlichen Unterschied zwischen

Wissenschaften und esoterischem Denken herauszuarbeiten. Auf diese Weise ist es vielleicht möglich, den Schülern Beurteilungsmaßstäbe an die Hand zu geben.

Kritisch thematisiert werden könnte beispielsweise die Homöopathie, die vermutlich die verbreitetste esoterische Heilslehre ist. Würden die Prinzipien der Homöopathie zutreffen, müßte das gesamte naturwissenschaftliche Lehrgebäude umgeschrieben werden. Aus heutiger Sicht sind z. B. angebliche Phänomene, wie „Potenzierung durch Verdünnung“, „Wassergedächtnis“ o. ä. nicht zu erklären. Dies ist allerdings auch gar nicht notwendig, weil sämtliche Heilungserfolge nach Verabreichung homöopathischer Medikamenten durch Placebowirkungen erklärt werden können.

In Deutschland gibt es nur wenige Veröffentlichungen für die Schulpraxis, die Esoterik kritisch beleuchten (z. B. HUND 1995). Nicht viel besser sieht es im englischen Sprachraum aus (z. B. ALLEN 1995, SHERMER 1995).

Begriffe: Anthropinon, Anthropozentrismus, Physiozentrismus, Naturschutz–Ethik (Modelle), Kreationismus, Esoterik

Ergänzungen zu Seite 1 bis 234

Auf den Bezug zum Text von Seite 1 bis 234 wird in der Regel durch Angabe des entsprechenden Kapitels und die entsprechende Seitenangabe [...] hingewiesen.

3.6.2 Naturerleben [S. 19]

Ästhetische Wahrnehmung

Eine Ergänzung und Bestätigung zu der Darstellung über „Naturerleben" [S. 19] legt STRAY (1999) vor. Seine Hauptthesen sind: Natur kommt nicht pur vor, sondern stets in bestimmten Lebenszusammenhängen; jeder hat ein individuelles, von Erfahrung bestimmtes Bild von „Natur" mit persönlicher Wertbesetzung. Dies ist abhängig von der allgemeinen kulturellen Tradition zum Thema „Natur". Um zu einer persönlichen Beziehung zur „Natur" zu kommen, bedarf es bestimmter Erlebnisse, Begegnungen, Erfahrungen, Kenntnisse [so auch S. 102]. Seine Vorschläge, wie eine solche Beziehung, etwa im Biologieunterricht, gefördert werden kann, gehen allerdings über die bekannten kaum hinaus (u. a. Ästhetik der Objekte beachten; müssen die Fantasie anregen, Eigenaktivität ermöglichen).

Da in den Empfehlungen „Biologieunterricht und Bildung" (DEUTSCHER VEREIN MNU 2001) unter den Kompetenzen, die vermittelt werden sollen, auch „ästhetische Wahrnehmung" angegeben wird, erscheinen Hinweise auf Untersuchungen zu diesem Thema geboten. Es ist eine außerordentlich schwierige Frage, wie man die vielfach geforderte ästhetische Naturbegegnung von Schülern (jenseits aller bislang vorwiegend vorliegenden Lippenbekenntnisse), denn nun tatsächlich fördern könnte. Zumal SEEL [s. S. 21] die Meinung vertritt, ästhetische Betrachtung schließe eine instrumentelle geradezu aus. Wie kann man die beiden Domänen Wissenschaft und Kunst vernetzen, fragen sich RETZLAFF-Fürst & HORN (2000; ausführlich RETZLAFF-FÜRST 2000), die dazu eine empirischer Untersuchung vorgelegt haben (n=260, 6. und 9. Klassen). Sie gehen dabei von einer Aufschlüsselung in verschiedene ästhetische Faktoren aus: Formale (Formelemente, Farben etc.) und inhaltliche (Stimmungen und Assoziationen, bereits vorhandene Vorstellungen – aufgeteilt in eine sozial-kulturelle, ökonomische und ökologische Ebene). Die Schüler beurteilten verschiedene Bilder, ob sie diese „schön" oder „nicht schön" finden; und zwar (a) Bilder einzelner Tiere/Pflanzen auf farbigem Hintergrund, (b) „künstlerisch" gezeichnete Bilder, (c) komplexe naturnahe Bilder, (d) Bilder von Lebewesen, die wirtschaftlich genutzt werden. Insgesamt wurden dabei von den Schülern zur Beurteilung zu 62 Prozent formale, zu 38 Prozent inhaltliche ästhetische Faktoren verwendet [s. S. 19, persönliche Erfahrung]. Man wird schwerlich erwarten, daß bei einem so neuen, aber endlich begonnenen Forschungsbereich schon viele praktische Empfehlungen möglich sind. Abbildungen mit Organismen mit naturnahem/ökologischem Kontext regen eher inhaltlich begründete Urteile der Schüler an – mit der Hoffnung auf Förderung der Urteilsfähigkeit; vielleicht auch in bezug auf „schöne" und „häßliche", vom Menschen ruinierte Landschaft. Formale Kategorien sollten direkt durch bestimmte Arbeitsschritte (etwa Vergleichen von Formen und Farben) erkennbar und geschult werden. Es wird davon ausgegangen, daß Schönheitsempfinden gegenüber Naturobjekten positiven Effekt auf Umwelthandeln hat.

Für den Biologieunterricht macht RETZLAFF-FÜRST (2000) erste, durchaus realistische erscheinende Vorschläge: 1. Der Lehrer sollte zuerst auf ein ästhetisches Urteil verzichten („heute zeige ich euch einen besonders schönen Schmetterling"). 2. Tiere und Pflanzen bzw. deren Bilder, die wahrscheinlich von den Schülern als „schön" empfunden werden, sollten bevorzugt ausgewählt werden. 3. Es sollte neben auf inhaltliche auch auf formalästhetische Faktoren bei der Auswahl und Präsentation von Ojekten und Bildern geachtet werden (z. B. Abbildungen von Pflanzen und Tieren in ökologischem, naturnahem, ökonomischem Kontext regen auf inhaltlicher Basis auch ästhetische begründete

Urteile an). 4. Die Bearbeitung formaler Details eines Objekts („Schlangenhaut") oder inhaltlicher (ökologische Bedeutung von Spinnen) bevor mit der Darstellung u. U. eher inhaltlich/ formal abgelehnter Gesamtdarstellungen begonnen wird, kann zu positiven Einstellungen führen.

5.6 Situationsanalyse [S. 39]

Nach TIMSS werden die Rufe immer lauter, naturwissenschaftlichen Unterricht zu ändern. Und zwar, wie es scheint, im wesentlichen genau in Richtung auf den Strukturansatz „Situationsanalyse". Entsprechend ist als „bildungstheoretische Grundlage von Biologieunterricht" nach der BUND-LÄNDER-KOMMISSION (1997:47) „das Lernen auf gegenwärtige und zukünftige Lebenssituationen" ausgerichtet. (Ähnlich auch die Tendenz im schweizerischen Stoffplan für das Abitur „Maturität 98", s. BAMERT & RUTZ 1998; s. auch Ergänzung zu 17.3: Biologiedidaktik in Frankreich.) Bedauerlich ist dabei jedoch in bezug auf Fachdidaktik, daß immer wieder neue Bezeichnungen dafür gewählt werden. Verbreitet ist inzwischen „Bezug zur Lebenswirklichkeit" (s. BAYRHUBER et al. 1997). RALLE (2000) nennt dies für den Chemieunterricht „Lernen im Kontext". UMBREIT (2001) dehnt sogar den Begriff „Wissenschaftspropädeutik" [s. S. 228] so weit aus, daß er der Situationsanalyse entspricht. MAYER (2000) benutzt die inzwischen nicht selten verwendete Bezeichnung „Mehrperspektivischer Unterricht". Auch STES (science/technology/ environment/society) wird verwendet. Lehrer sollten solche Bezeichnungen kennen und eingedenk sein, daß es sich dabei schwerlich um neue Strukturansätze handelt. – In der früheren DDR wurde die Bezeichnung „Linienführung" in etwa analog zu Strukturansatz verwendet (ZABEL 1987:58, 1998:3, ZABEL pers. Mitt.).

Dreizehnmal (!) wird in dem Band „Biologie und Bildung" (BAYRHUBER et al. 1999) von verschiedenen Autoren versucht, der Frage nachzugehen, welchen Beitrag Biologieunterricht zur „Bildung/Allgemeinbildung" leisten kann bzw. sollte. Typische Vokabeln, mit denen dies angegangen wird, sind z. B. Erschließung der Lebenswirklichkeit, vielseitige Entwicklung und Entfaltung eines Menschen, Vernetzung von Wissen, Entwicklung diverser Kompetenzen, sich Erfreuen-lernen an der Welt. Man fragt sich, ob das [s. S. 11] angegebene Leitziel für den Biologieunterricht, das auf dem Situationsanalytischen Strukturansatz beruht, sich mit solchen Forderungen in etwa deckt. Dann vermißt man bei diesem Ansatz im wesentlichen nur einen Aspekt: Die Entwicklung der Fähigkeit zum Vernetzen des biologischen Wissens mit möglichst vielen Bereichen unserer Welt.

8.3 Biologiedidaktik im Studium und Referendariat [S. 66]

Der folgende Plan enthält klar umrissene Aussagen über eine zutreffende biologiedidaktische Ausbildung und damit der notwendigen Kenntnisse und Fähigkeiten zukünftiger Biologielehrer.

Biologiedidaktik Studienrahmenplan

(Verband Deutscher Biologen, Sektion Fachdidaktik; stark gekürzte Fassung; s. Zeitschrift „Biologen heute" 3/2000; Autoren: W. LERCHNER, K.-H. GEHLHAAR, R. HEDEWIG, F. HORN, S. KLAUTKE)

Grundlagen der Biologiedidaktik (Allgemeine Biologiedidaktik) 6 SWS (Vorlesung 2 SWS, Seminar/Übung 4 SWS – Semesterwochenstunden)

Die grundlegenden Erkenntnisse der Biologiedidaktik nach dem neuesten Forschungsstand können am besten in Form eines detaillierten Überblicks in einer Vorlesung im Umfang von 2 SWS geboten werden. Die Vorlesung bietet auch eine Einführung in Inhalte und Methoden biologiedidaktischer Forschung. Die Vertiefung und Bezugnahme zur Schulpraxis erfolgt in den Seminaren und/oder Übungen. Im Seminar werden die theoretischen Konzepte, in die die Vorlesung einführte, konkretisiert, wobei der Theorie-Praxis-Bezug von besonderer Bedeutung ist. Im Seminar werden auch die fächerübergreifenden Aufgaben des Biologieunterrichts formuliert, ausgearbeitet und diskutiert. In den Übungen werden stärker schulpraktische Themen und Methoden bearbeitet.

1 Ziele und Aufgaben des Biologieunterrichts und der Biologiedidaktik
- Biologie als Wissenschaft und Unterrichtsfach
- Geschichte des Biologieunterrichts
- Biologiedidaktik als Wissenschaft (Aufgaben, Forschungsmethoden, wichtige Theorien)

- Aufgaben der Biologiedidaktik in der Lehre

2 Strukturansätze und Lehrpläne des Schulfaches Biologie
- Leitziel des Biologieunterrichts
- Bedeutung der Inhaltsauswahl
- Strukturansätze des Biologieunterrichts
- Grundsätze für Stoffauswahl und Stoffanordnung
- Kennzeichen eines zeitgemäßen Curriculums
- Lehrpläne, Rahmenrichtlinien in Deutschland
- Biologieunterricht in anderen Ländern

3 Philosophische Aspekte
- Erkenntnistheoretische Grundlagen des Biologieunterrichts
- Wissenschaftspropädeutik
- Bioethische Fragestellungen

4 Lehrer und Schüler
- Berufsprofil des Biologielehrers
- Schüler: Interessen, Motivation, Alltagsvorstellungen, weitere psychologische Aspekte
- Lehrer-Schüler-Interaktionen
- Anwendung von Lerntheorien im Unterricht

5 Methoden und Arbeitsweisen im Biologieunterricht
- Exemplarisches Lehren und Lernen
- Didaktische Reduktion, Transformation und Rekonstruktion
- Ebenen des methodischen Handelns, z. B. Handlungssituationen, Sozialformen, Methodische Großformen
- Methodenkonzepte, z. B. Problemlösender Unterricht, Offener Unterricht
- Fachgemäße Arbeitsweisen
- Begriffsbildung und Begriffslernen
- Freilandbiologie/Exkursionen
- Originale Naturbegegnung, Naturerleben

6 Fächerübergreifender Unterricht
- Bereichsdidaktische Aufgaben: Umwelt-, Gesundheits-, Sexualerziehung
- Fächerübergreifende biologische Themen
- Vorleistungen aus dem Heimatkunde- und Sachunterricht

7 Medien im Biologieunterricht
- Unterrichtsmedien und deren Funktionen im Lernprozeß
- Einsatz und Effektivität von Medien, Multimedia und Internet
- Biologiefachraum, Vorbereitungsraum, biologische Sammlung und Experimentierraum

8 Planung, Durchführung und Analyse von Biologieunterricht
- Unterrichtsvorbereitung, Unterrichtsdurchführung
- Auswertung und Beurteilung des Unterrichts

9 Evaluation von Schülerleistungen
- Funktion der Leistungsmessung
- Methoden der Leistungsmessung, Aufgabentypen und deren Beurteilung

Praktisches Arbeiten im Biologieunterricht (4 SWS Übung)

In den Schulexperimenten lernen die Studierenden fachgemäße Arbeitsweisen, insbesondere das Prinzip der experimentelle Methode kennen. Sie führen Untersuchungen und Experimente mit den biologischen Objekten, Geräten und Chemikalien durch, die für den Einsatz an Schulen geeignet sind. Die Studierenden sollen in diesen Veranstaltungen Untersuchungen und Experimente möglichst eigenständig planen und durchführen.

Inhalte:
- Erkenntnistheoretische Grundlagen und Methoden des Experimentierens
- Empirische Befunde zum Experimentieren
- Auswahl geeigneter Experimente, Lehrplanbezug, Lernziele, didaktische Begründung und Bewertung
- Planung, Durchführung und Auswertung der Experimente durch die Studierenden
- Übung fachgemäßer Arbeitsweisen, z. B. Mikroskopieren, Bestimmen, Herbarisieren, Tier- und Pflanzenhaltung in der Schule

Schwerpunktthemen des Biologieunterrichts (Spezielle Biologiedidaktik, 2 SWS Vorlesung/Seminar)

Schwerpunktthemen der Primarstufe sind z. B.: Tiere und Pflanzen aus dem Erfahrungsbereich der Schüler, der Mensch und seine Umwelt, Gesundheit des Menschen

Schwerpunktthemen der Sekundarstufe I sind z. B.: Humanbiologie, Sexualität, Drogenmißbrauch, Ökosysteme und deren Gefährdung

Schwerpunktthemen der Sekundarstufe II sind z. B.: Zellbiologie, Genetik, Gentechnik, Ökologie und Umweltschutz, Evolution, Biophilosophie

Hierbei werden fachliche Sachverhalte ausgewählt, für den Unterricht didaktisch strukturiert und methodisch aufbereitet.

Freilandbiologie/Exkursionen/ Mehrtägige Exkursionen (2 SWS)
Die Studierenden sollen in diesen Veranstaltungen die Methodik der Planung, Durchführung und Auswertung von Schulgartenarbeit und Exkursionen mit Schülern erarbeiten und deren didaktische Begründungen reflektieren. Hierzu gehören Exkursionen, bei denen die Studierenden mit Schülern an außerschulischen Lernorten arbeiten.
Inhalte:
- Methodik der Exkursionen und des freilandbiologischen Arbeitens in der Schule
- Untersuchungen im Schulgarten und in Freiland-Ökosystemen, z. B. Wald, Gewässer, Wiese
- Erwerb von Formen- und Artenkenntnissen sowie systematischen Bezügen
- Arbeiten an Einrichtungen, die sich als außerschulische Lernorte eignen, z. B. Botanischer Garten, Umweltzentrum, Zoo, Kläranlage, Naturkundliches Museum
- Anleitung von Schülern auf Unterrichtsgängen und Exkursionen

Schulpraktische Studien
Die schulpraktischen Studien dienen der Überprüfung der Wahl des Berufszieles Biologielehrer, der Motivation für die Beschäftigung mit fachdidaktischen Fragestellungen und der Arbeit mit Kindern und Jugendlichen im Unterricht. Sie sollen befähigt werden, die eigene Unterrichtstätigkeit und die der anderen Studierenden auszuwerten und einzuschätzen. [Dazu folgende Veranstaltungen:]
- Ein semesterbegleitendes Schulpraktikum (schulpraktische Studien), 3–4 SWS.
- Mindestens ein Blockpraktikum (4–5 Wochen in der vorlesungsfreien Zeit)
- Begleitveranstaltungen zu den Schulpraktika (Seminare zur Vor- und Nachbereitung)

10.7 Bedeutung des Begriffslernens [S. 86]

Erneut unterstreicht eine Untersuchung, diesmal an Erwachsenen (n=132; Hesse & Lumer 2000), wie gering grundlegendes biologisches Wissen ist. Blätter vier häufiger Bäume (die Schülern im 4. Schuljahr in hohem Maße bekannt sind) konnten nur von 35 Prozent ehemaliger SI-Schüler und 50 Prozent ehemaligen SII-Schüler richtig erkannt werden. Noch schlechter war das Ergebnis, als vier wirbellose Tiere genannt werden sollten. An die chemische Formel von Kochsalz konnten sich nur noch 55 Prozent der Befragten erinnern. Ähnlich schlechte Befunde ergaben sich durch Befragung doch offenbar besonders interessierter Besucher einer Ausstellung zum Thema „Gentechnik“ (Krüger 2000); nur geringes ökologisches Wissen bei Schülern fanden Müller & Gerhardt (2000).
Mit den Autoren kann man (wieder einmal) feststellen, daß weithin das biologische Basiswissen fehlt (s. auch Hedewig 1998). Entsprechend meldet sich Langlet (2001) zu Wort: *Könnte der Biologieunterricht so wenig nachhaltig sein, weil er in Einzelheiten und in einer Unmenge von Begriffen erstickt und das Verstehen vernachlässigt?* Weiterhin wird über die mangelnde „Anschlußfähigkeit“ des biologischen Wissens geklagt (Bund-Länder-Kommission 1997). – Aus den sich häufenden Klagen über schlechtes biologisches Grundwissen kann man zwei Erkenntnisse gewinnen:
1. Die Notwendigkeit der Festlegung dieses Wissens, der Auswahl und des gründlichen Trainings grundlegender Begriffe, Verzicht auf alle nicht zu diesem Wissen gehörender Be-griffe (s. [S. 215]; ebenso: Graf 1998b; Vorschläge zur Auswahl von Grundbegriffen zu Biologie, Chemie, Physik: Schaefer 2000). Lehrende sollten bei jedem Begriff, den sie behandeln, bedenken, ob er wirklich notwendig ist; kein Biologiebuch für den Unterricht wählen, das sich nicht auf grundlegende Begriffe beschränkt.
2. Neue, etwa ab 1972 publizierte Lehrpläne und veränderter Unterricht haben leider offenbar zu keinen erkennbaren Verbesserungen des biologisches Wissens geführt. Dies muß durchaus nicht an diesen Lehrplänen liegen, sondern vielmehr daran, daß nur eine Minderheit der Lehrer neue Lehrpläne auch in Unterricht umsetzt. – Der gesamte Bereich der Erforschung der Auswirkungen von Lehrplänen, ihrer Umsetzung durch Lehrer steht auch in der Biologiedidaktik aus (s. Künzli & Hopmann 1998).
Einen Überblick über Forschungen zur Begriffsbildung im Biologieunterricht in der DDR (zahlreiche Promotions- und Habilitationsarbeiten) mit daraus sich ergebenden konkreten Anweisungen gibt Lepel (1996).

Für alle Ausbilder ist eine umfangreiche empirische Arbeit von Mende (1994) über Biologiedidaktische Begriffe (aus Lehrbüchern der Biologiedidaktik n=1514, Chemie- und Physikdidaktik n=1490 sowie Lehrplänen) wichtig. Der Liste aller gefundenen Begriffe werden die „wichtigsten“ (häufigsten) gegenübergestellt.

Diese Untersuchung zeigt vor allem: Es ist ein *möglichst einheitlich verwendetes verständlich definiertes Repertoire an didaktischen Begriffen* zu fordern – und *Autoren sollten nach Möglichkeit vermeiden, bei Veröffentlichungen neue didaktische Begriffe einzuführen* (MENDE 1994: 287). Befragungen von (n=430) Studenten und Referendaren zeigen einerseits, daß Begriffskenntnisse in hohem Maß als „wichtig" eingestuft werden, andererseits aber nur geringe Kenntnisse bei genauen Definitionsversuchen (um 17 Prozent) vorhanden sind. Eine Wissenschaft lebt vor allem auch von einer genauen Begrifflichkeit. Demnach ist es wichtig, daß Ausbilder zentrale Biologiedidaktische Begriffe aussuchen und diese gründlich schulen.

10.8.1 Begriffslernen mit Begriffsnetzen [S. 86]

Es ist bemängelt worden, daß genauere Angaben zur Erstellung eines Begriffsnetzes bislang in diesem Buch fehlen. Deshalb hier einige ergänzende Hinweise (s. auch GRAF 1989a, 1989b).

- Zuerst alle Begriffe heraussuchen, die zum Verständnis eines Themas wichtig/unabdingbar erscheinen, die Schüler am Ende der Behandlung eines Themas beherrschen sollten.
- Zusammenhänge der Begriffe in Hierarchien ermitteln: Über- und untergeordnete Begriffe ermitteln (s. Abb. 14: Vitamin – Fettlösliches Vitamin); entsprechend nebengeordnete Begriffe (Kohlenhydrat – Fett – Eiweiß); entsprechend Hierarchien aus mehreren Stufen (Nahrung – Nährstoff – Fett);
- oder entsprechend auch funktionale Zusammenhänge zwischen Begriffen (zur Photosynthese wird Kohlenstoffdioxid benötigt).
- Jeder Begriff sollte (nach Möglichkeit) in einem Netz nur einmal vorkommen.
- In der Regel werden zwei Begriffe durch eine Relation (in Abb. 14 Striche) miteinander verknüpft; die Bedeutung einer Relation kann z. B. sein – deskriptiv: „Teil von, Element von, Beispiel für" (Wasser ist Teil der Nahrung); funktional: „führt zu, bewirkt, resultiert aus"; eher offen: „läßt sich einteilen in, hängt zusammen mit, ist Eigenschaft von" (Vitamin – Einteilung in Fettlösliches Vitamin etc.).
- Man kann diese Relationen ausschreiben (bessere Information, einfacher zu lesen) oder durch Striche symbolisieren (übersichtlicher, verlangt mehr eigenes Nachdenken von den Schülern).
- Mit den Relationen muß die Leserichtung eines Begriffsnetzes festgelegt werden. Man kann die Leserichtung von oben nach unten, von links nach rechts oder auch anders wählen.
- Manchmal ist es schwierig, bestimmte Begriffsgruppen innerhalb eines Themas miteinander zu vernetzen; es kann hilfreich sein, wenn man dann mit einer zusätzlichen (Begriffs)Erklärung eine Verbindung zwischen solchen Gruppen von Begriffen herstellt.
- Das ideale, für ein Thema „absolute" Netz gibt es nicht.
- Der Lehrer kann in einem solchen Netz die Begriffe markieren, die er in einer Stunde behandeln will.

11.3 Naturbegegnung [S. 75, 99]

In mehreren empirischen Studien hat MAYER (z. B. MAYER & BÖGEHOLZ 1999, MAYER 2000a, 2000b) aufbauend auf KELLERT (1980) den bislang nur unbefriedigend geklärten Zusammenhang zwischen dem hohen Effekt von „eigener Naturbegegnung" und „Interesse an der Natur", „Handeln mit Natur" untersucht. Er beschreibt fünf Typen der Naturbegegnung, die zu spezifischen Interessen und Aktivitäten führen können. Dabei dürfte es in einem Individuum vielfach Überschneidungen zwischen diesen Typen geben.

Bei Kindern und Jugendlichen dominiert erwartungsgemäß (etwa 80 Prozent) eine „sozial-partnerschaftliche Naturbeziehung", die sich vor allem in der Haltung von Heimtieren zeigt. Diese Beziehung beinhaltet (wie schon KELLERT 1980 und ZILLIG 1961 betonten) jedoch wenig Wissen und Handlungsbereitschaft. Mit zunehmendem Alter (12–14/16 Jahren) verstärkt sich vor allem bei Jungen eine „ökologische Orientierung". Die Frage, mit Hilfe welcher Unterrichtsmethoden Grundschullehrer vorwiegend emotionale „soziale Naturbeziehungen" in wirklich dauerhafte „biologische Interessen" umwandeln können, ist offenbar noch nicht untersucht. So lange solche Unterrichtsverfahren nicht bekannt sind, können bestimmte Formen der „Naturbegegnung" auch im rein affektiven Bereich verharren.

Hilfreich sollte es sein, wenn ein Lehrer versucht herauszufinden, welchen der genannten „Typen" seine Schüler zuzuordnen sind. Dazu könnte eine konkrete Hilfe die Studie von BOECK & BOYER

Tab. 11–1: Typen der Naturbegegnung (aus Mayer 1999, 2000; leicht verändert).

individuelle Orientierung	Kultureller Bezug	Tätigkeit
erkundend, erkennend	Wissenschaftlich	Naturkundliche Studien, Hobbys
ökologisch, schützend	Naturschutz	Naturschutzaktivitäten u.ä.
instrumentell, nutzenorientiert	Wirtschaftliche Nutzung	Jagen, Fischen etc.
ästhetisch	Ästhetische Naturbetrachtung, Zimmerpflanzen	Wandern, Fotos, Naturzeichnen
sozial, partnerschaftlich	Haus-, Heim-, Kuscheltiere	Pflegen, Spielen, Heimtiere

(1997) sein. Personen (n= 125, Alter 16–48), die direkte Beziehung zu einem Tier hatten (Heimtiere, Vögel beobachten/füttern), zeigen höhere Werte in bezug auf ökologische, ästhetische („humanistische") und allgemein positive Einstellungen („naturalistische") zu Lebewesen; auch ein erhöhtes Interesse an der Beschäftigung mit anderen Arten („wissenschaftlich"); ähnlich haben dies Löwe (1992a) und Gehlhaar et al. (1999) herausgefunden.
Es wird mehrfach bestätigt, daß „Naturerfahrung, Naturbegegnung" (gemessen an 1243 Jugendlichen naturbezogener Verbände, Bögeholz 1999) sich positiv auf Umwelthandeln auswirkt, jedoch deutlich abfallend zwischen „sozialem Typ" und „ökologischem Typ". Grundsätzlich gilt aber auch, daß *die Vermittlung von Naturerfahrung allein noch kein hinreichendes Kriterium ist, um Kinder und Jugendliche für eine Auseinandersetzung mit der Natur zu interessieren* (Mayer 2000:36). So ist es bemerkenswert, daß nach dem Bericht „Umweltbewußtsein 2000" (Studie Umweltbundesamt) 18- bis 20-Jährige im Gegensatz zu früheren Jahren nur noch ganz geringes Umweltinteresse haben – trotz (oder gerade wegen zu?) intensiver Unterweisung vor allem im Biologieunterricht zu diesem Thema.
In diesem Zusammenhang ist eine Untersuchung an einer kleinen Gruppe von Schülern (s. Mayer 2000) erwähnenswert. Sie wurden nach dem Besuch eines Wildparks zum Interessenszuwachs bzw. -rückgang (eigentlich der „Interessiertheit", [s. S. 71]) befragt. Bei der Auswertung getrennt nach Schulklassen ergab sich, daß die größten Abweichungen (jeweils +/–15 Prozent) sich auf den Parameter „wahrgenommene Güte der Unterweisung" bezogen. Sollte sich dieser Befund in weiteren Untersuchungen bestätigen, so hängt die Effektivität von „Naturbegegnung" vor allem (auch) davon ab, wie gut der Unterricht dabei war! Dies wäre auch in diesem Bereich ein wichtiger Aspekt für den Biologieunterricht – der sich schon vielfach als dominierend erwiesen hat.

Vogt et al. (1999) haben ein ganzes Jahr lang sieben 6. Klassen in bezug auf die Entwicklung von Biologieinteressen durch Unterricht untersucht (durch Messung der Interessiertheit an einzelnen Themen). Dabei ergaben sich auffällige Schwankungen bei einzelnen Stunden mit hohen Werten z. B. beim Thema „Wale", bei interessanten Filmen. Aber insgesamt wurde im Jahresverlauf „kaum ein durch Biologieunterricht hervorgerufenes Interesse festgestellt". Leider wurde dabei die „wahrgenommene Güte der Unterweisung" (s. o.) offenbar nicht erhoben. [S. 96]. Der Beziehung von Grundschülern zur Tieren hat Mörbe (1999) eine weitere Untersuchung hinzugefügt (ähnliche Befunde schon bei Plötz 1970, Zillig 1961). Beklagt werden u. a. stark anthropomorphe und klischeehafte Tierdarstellungen in Lesebüchern (auf die Biologielehrer ihre Kollegen hinweisen sollten) und entsprechende Äußerungen von Grundschülern im Unterricht. Es wurde auch eine Überbetonung der Behandlung von Haus- und Heimtieren festgestellt. Im Sachunterricht sollten dagegen eher unbekannte Wildtiere behandelt werden (s. Berck & Erber 1996) – damit die Schüler neue Arten kennenlernen. Zudem gibt es dabei (anders als bei „Fuchs und Hase") kaum schwer zu überwindende „Vorurteile".

13.11.3 Nutzung von Computern im Biologieunterricht [S. 143]

Das Medium ‚Internet' hat für den Biologieunterricht in den letzten Jahren immer größere Bedeutung erlangt. Es wird bis jetzt in erster Linie als Informationsquelle für die Vorbereitung von Unterricht verwendet. Viele Schüler erledigen Hausaufgaben u. ä. mit Hilfe des Internet bzw. laden sich komplette Referate aus dem Netz herunter. Eher in den Kinderschuhen stecken dagegen Konzepte, bei denen das Internet im Biologieunterricht als Lernangebot genutzt wird. Einige interessante Initiativen für den Biologieunterricht sind jedoch u. a. in Heft 1/2001 der Zeitschrift MNU vorgestellt. – Im folgenden werden einige grundlegende Nutzungsweisen des Internet im Zusammenhang mit dem Biologieunterricht aufgezeigt.

1. Internet als Recherche-Instrument

Das Internet ist die größte Ansammlung von Information, die die Menschheit jemals hervorgebracht hat. Daraus ergibt sich u. a. die Schwierigkeit des gezielten Findens benötigter Inhalte (Informationen über prinzipbedingte Unterschiede zwischen herkömmlichen Informationsquellen und dem Internet finden sich bei GRAF 1997). Im Internet gibt es zwei grundsätzliche Lösungsversuche des Problems, gezielt Informationen aufzufinden: Suchmaschinen und Inhaltsverzeichnisse. In Suchmaschinen werden Begriffe oder Wortfolgen eingegeben. Die Suchmaschine gibt die Webseiten aus, auf denen exakt die gesuchte Information vorhanden ist. Web-Inhaltsverzeichnisse bieten nach Inhaltsbereichen hierarchisch gegliederte Information.
Spezial-Datenbanken enthalten für Biologielehrer interessante Angebote, z. B. elektronenmikroskopische Aufnahmen oder interaktive Darstellungen von Strukturen organischer Moleküle (RAUSCH 2000, BECK 2001, SCHICKOR 2001). – Mittlerweile bieten auch viele Zeitungen und Zeitschriften die Möglichkeit an, in ihren Datenbeständen zu recherchieren.

In jüngster Zeit haben sogenannte Internet-Rallyes im Biologieunterricht eine gewisse Verbreitung gefunden. Bei dieser Form der Internet-Nutzung müssen die Schüler gezielt Recherche-Aufträge zu vorgegebenen Themen durchführen (einige von Studierenden erstellte Beispiele für den Biologieunterricht finden sich unter http://www.uni-giessen.de/biodidaktik-/institut/intseite. htm).
Ein großes Problem ist die nicht vorhandene Qualitätskontrolle von Beiträgen im WWW. Obskurantistisches findet sich oftmals direkt neben hochkompetenter wissenschaftlicher Information. Lehrerinnen können Informationen aus den Fächern, die sie studiert haben, wohl im wesentlichen beurteilen. Was aber ist mit den Schülern? Wie sollen sie feststellen, ob die gefundene Information qualitativ hochwertig ist? In diesem Zusammenhang ist es sicher angebracht, genau auf den Ursprung der Quelle (Universität, Verein, private Homepage etc.) zu achten.

Es gibt Autoren, die in der Tatsache, daß man die Qualitätsbeurteilung der Informationen aus dem Web selbst vornehmen muß, einen Vorteil gegenüber herkömmlichen Medien ausmachen, weil dadurch insgesamt der aktive und kritische Umgang mit Informationen und Expertenaussagen geübt wird (DÖRING 1995).

2. Datenaustausch

Das Internet eignet sich hervorragend zum schnellen und unkomplizierten Austausch von Daten. Neben der asynchronen ist auch synchrone Kommunikation möglich. In diesem Fall wird von synchroner Kommunikation gesprochen, wenn die Teilnehmer gleichzeitig online sein müssen (Chats, Netmeetings); von asynchroner, wenn dies zur Informationsübermittlung nicht notwendig ist (E-Mail, Schwarze Bretter). Für den Unterricht kann die synchrone Kommunikation (z. B. Klassen, die an einem Projekt arbeiten, deren Schulen aber an unterschiedlichen Standorten liegen) durchaus von Interesse sein, in den meisten Fällen aber wird wohl asynchron miteinander kommuniziert.
Dazu gibt es aus dem Inhaltsbereich der Biologie bereits einige interessante Projekte;
hier einige Beispiele:

- „Hello Spring": „Es handelt sich um ein internationales Projekt, bei dem Schüler aller Schularten im Alter von 10 – 14 Jahren an ihren jeweiligen Schulorten die ersten Frühjahrsboten (Fauna und Flora) beobachten, registrieren und per E-Mail den anderen teilnehmenden Schulen (bisher über 100 Schulen aus 11 europäischen Ländern) mitteilen (MEYER & MUULI 1997).
- Projekt „Naturdetektive": Schüler sollen verschiedene Tier- (z. B. Weißstorch, Kuckuck) und Pflanzenarten (z. B. Löwenzahn) aufspüren und jedes Frühjahr ihr erstes Auftauchen dokumentieren. Die Ergebnisse werden in eine Datenbank eingetragen und über Landkarten visualisiert. Die Teilnehmer sollen auf spielerische Weise Artenkenntnisse erwerben.
- GLOBE: Schulen auf der ganzen Welt erheben Meßgrößen aus den Bereichen Klima, Gewässer, Boden und Biologie. Eingabe und Visualisierung der Daten erfolgt über das Internet (GRÜMANN 2000).
- Aquadata und HESSNET: Bei diesen Projekten werden biologische, chemische und physikalische Fließgewässeruntersuchun-

gen durchgeführt. Der Datenaustausch erfolgt über das Internet (SCHOLL 2000).

- Albatros-Projekt: Die Wanderungen von Hawaii-Albatrossen werden über Satellitentelemetrie erfaßt und ins Internet eingespeist. Die Schüler sollen dabei Hypothesen über die Wanderungen der Tiere aufstellen und diese anschließend mit Hilfe der Originaldaten überprüfen.

3. Das Internet als Werkzeug

Für den Biologieunterricht sind in diesem Zusammenhang besonders Simulationen und Bestimmungshilfen von Interesse.

Deutschsprachige Internetangebote mit Simulationen findet man bis heute wenige. Dies wird sich vermutlich im Laufe der nächsten Jahre ändern. Wer sich schon heute über Möglichkeiten informieren will, findet auf englischsprachigen Seiten interessante Angebote, z. B. zur Systemanalyse oder zur Simulation evolutiver Prozesse.

Das virtuelle Labor HyperLAB, das sich immer noch im Aufbau befindet, ist in der Zeitschrift MNU ausführlich vorgestellt worden (HÖLZENBEIN 1998).

Interessant sind auch Bestimmungshilfen im Internet (s. Tab. 13–3).

Organismen	Autoren	URL
Kaulquappen	F. BERNINGHAUSEN, A. WECK-HEIMANN	www.kaulquappe.de/quappe01.htm
Wirbellose des Süßwassers (im Aufbau)	B. KATHÖFER	http://www.hyperlab.uni-muenster.de/bestimm/menue.html
Gehäusetragende Landschnecken	D. FLUCK – H.-J. LEHNERT	http://www.rz.uni-frankurt.de/~hlehnert/schnecke/schnecke.htm
Einheimische Laubbäume	B. BAUM – H.-J. LEHNERT	http://didaktik.biologie.uni-frankfurt.de/Baum/baumsite.html
Wirbellose des Süßwassers		http://158.64.48.220/sapro/sapro.html

Tab. 13–3: Beispiele für Bestimmungshilfen im Internet.

4. Das Internet als Lehr- und Lernhilfe

Lernangebote, die über das Internet verbreitet werden, werden in Ermangelung eines deutschen Terminus oft unter den Oberbegriffen Web-Based Teaching (WBT) oder Web-Based Instruction (WBI) zusammengefaßt. Entscheidend bei solchen Angeboten ist, daß das Internet nicht nur als Medium zur Bereitstellung von Instruktionsmaterial genutzt wird. Das Material sollte darüber hinaus durch Kommunikations- und Interaktionsstrukturen flankiert werden, die das Lernen unterstützen sollen (s. GRAF 2001).

Im Gegensatz zum Tele-Lehren ändert sich bei WBT-Veranstaltungen die Rolle der Lehrenden stark. Sie stehen nicht vor einer Klasse, sondern müssen vor Kursbeginn Inhalte erstellen und während das Kurses den Teilnehmern zur elektronischen Kommunikation zur Verfügung stehen. Aber auch die Rolle der Lernenden wird eine andere, da sie eine aktivere, mitgestaltende Rolle einnehmen können (s. GRAF & KLEE 1999). Als besonderer Vorteil von WBT gegenüber Klassenraumunterricht wird die zeitliche und räumliche Unabhängigkeit angesehen. Die Teilnehmer sind nicht gezwungen, zu einem bestimmten Zeitpunkt an einem bestimmten Ort zu sein. Sie können sich die Zeit frei einteilen und mit dem Programm bei Vorhandensein eines Internet-Anschlusses von zuhause aus arbeiten. Damit eng verbunden ist die freie Einteilung der Lerngeschwindigkeit. Jeder arbeitet so schnell er mag bzw. kann. Im Unterricht im Klassenraum ist eine derartige Individualisierung der Arbeitsgeschwindigkeit in der Regel nicht möglich.

Erste Erfahrungsberichte zeigen, daß die Abbruchrate in WBT-Kursen höher ist als in konventionellen Kursen (CARR 2000a). Eine andere Untersuchung kommt zu dem Ergebnis, daß Studierende, die einen WBT-Kurs absolviert haben, in Tests besser abschneiden, aber mit dem Kurs unzufriedener sind als Kommilitonen, die einen Kurs gleichen Inhalts auf konventionelle Weise absolviert haben (CARR 2000b). Die Beurteilung der Kursqualität hängt stark vom Betreuungsverhalten der Kursleiter ab. Das Arbeiten mit den Kursen wird durch technische Schwierigkeiten (z. B. bei den Browser-Einstellungen) behindert (s. GRAF & KLEE 1999).

In den USA sind WBT-Kurse bereits weit verbreitet. Dies gilt in erster Linie für die Universitäten, aber auch an Schulen finden sich bereits entsprechende Angebote. Inwieweit derartige Angebote auch für deutsche Schulen Relevanz bekommen werden, bleibt abzuwarten. U. U. werden sie konventionellen Unterricht ergänzen. Für den Biologieunterricht ist aus dem deutschen Sprachraum bis jetzt kein einziges voll ausgebautes WBT-Programm bekannt. Ansätze mit gewissen Interaktionsmöglichkeiten wurden z. B. von BECK (2001) oder MALLIG (2001) entwickelt. Für den Bereich der Biologie-Lehrerausbildung wurde an der Universität Gießen ein Prototyp eines WBT-Programms zum Thema „Wasser“ erstellt und bereits eingesetzt (GRAF & KLEE 1999).

Mittlerweile beginnen auch die Lehrbuchverlage, sich für WBT zu interessieren. So hat die 1999 erschienene CD-ROM zu CAMPBELLS Hochschullehrbuch der Biologie einen Internetzugang. Neben zahlreichen Links ist geplant, daß auf einer speziell eingerichteten Seite kostenlos interaktive Tutorien eingerichtet und genutzt werden konnen (CAMPBELL 1999).

13.12 Verwendung und Effektivität von Medien und Biologischer Arbeitsweisen

Stationenarbeit [S. 149]

Eine derzeit häufig verwendete Arbeitsmethode – vor allem in der Primarstufe, aber nicht nur dort, ist das „Stationenlernen“. HEGELE (1999: 58; s. auch BEUREN & DAHM 2000) bekennt jedoch: *Empirische Befunde zu der spezifischen Leistungsfähigkeit von Stationenlernen liegen allerdings bisher nicht vor* (obwohl diese Unterrichtsform inzwischen fast zwanzig Jahre alt ist). Statt dessen wird auf die allgemeine Effektivität von Offenem Unterricht hingewiesen, die mit dieser Arbeitsweise verbunden ist (auch wenn es dazu ebenfalls nur wenige repräsentative empirische Studien gibt).

Kennzeichnend ist für diese Arbeitsform, auch „Arbeiten im Lernzirkel“ genannt, daß die Schüler das in verschiedenen Teilaspekten differenzierte Thema weitgehend selbständig durcharbeiten. Damit sollen übergreifende Lehrziele erreicht werden. Die Schüler bestimmen dabei Reihenfolge und Verweildauer an jeder Lernstation selbst. Mit dieser Lernform soll den „verschiedenen Lerntypen“ (deren Existenz jedoch umstritten ist) Gerechtigkeit widerfahren. Auch besteht die Hoffnung, daß damit Selbsttätigkeit und Selbständigkeit gefördert werden. Es geht dabei also vorwiegend um die Schulung Formaler Fähigkeiten. Zum Erwerb von Sachwissen werden dagegen kaum Aussagen gemacht. Klassenarbeiten zum Stationenlernen sind offenbar weniger erwünscht; denn die Schüler erbringen *sehr unterschiedliche Leistungen,... die mithilfe eines für alle gleichen Messinstruments überhaupt nicht meßbar sind* (HEGELE 1999: 65).

Wichtig ist, daß der Lehrer das erforderliche Material für die einzelnen Stationen, die zugehörigen Fragen und die „Laufzettel“ für die Schüler gut überlegt und präzise vorbereitet. Es müssen so viele „Stationen“ vorbereitet werden, daß alle Schüler die gesamte vorgesehene Lernzeit beschäftigt sind. Über die Arbeitsphasen muß nichts weiter ausgeführt werden, da sie sich zwangsläufig aus der Sache ergeben. Es wird jedoch meist ein gemeinsamer Einstieg und ein gemeinsames Schlußgespräch, Quiz, Ausstellung etc. vorgeschlagen. Ausgearbeitete, eher traditionelle Beispiele für diese Arbeitsweise (s. Themenheft „Lernen in Stationen, UB 259, 2000; mit benötigter Stundenanzahl, so weit angegeben) sind Maulwurf, Rind als Nutztier 4, Kartoffel 11, Weichtiere, Trinkwasser 9, Spinnen 6 Unterrichtsstunden.

An dieser Stelle kann noch hinzugefügt werden, daß immer wieder neue Bücher über „Unterrichtsmethoden“ geschrieben werden: neue Sortierungen, neue Begriffe. Dagegen fehlen jedoch Hinweise auf empirische Untersuchungen, die den Wert bzw. Unwert bestimmter Methoden belegen. So auch in dem Buch von WIECHMANN (1999).

Mikroskopieren versus Video [S. 119]

Bei vierzehn-/fünfzehnjährigen Schülern (n=794) konnten KILLERMANN & RIEGER (1996; s.

auch RIEGER 1995) einen wesentlichen höheren Lernerfolg beim Thema „Zellen und ihre Bestandteile“ feststellen – wenn Schüler selbst mikroskopieren konnten, statt sich entsprechende Bilder von Videos anzuschauen.

14 Lehrformen

Lernen durch Lehren
Gleichsam jenseits des Schülervortrags [S. 156] erinnert LAUMEYER (2000; s. auch GRAEF 1994) an eine Lehrform, die besonders für den Biologieunterricht interessant sein dürfte. Zwei Schüler bekommen etwa zwei Wochen bevor sie für die anderen Schüler Unterricht halten, eine Arbeitsanleitung, Vordruck für Tafelanschrift, Stundenablauf, Informationsmaterialien (besonders aus Schulbüchern) und Übungsaufgaben. Zwei Besprechungen mit der Lehrerin vor dem Schüler-Unterricht werden vorgesehen; eine zur inhaltlichen Klärung und zur Unterrichtsgestaltung, eine weitere zum Unterrichtsverlauf. Während des eigentlichen Schüler-Unterrichts greift die Lehrerin nur im Notfall ein. Es ist unmittelbar einleuchtend, daß neben einem Thema auch andere Fähigkeiten der Schüler intensiv geschult werden; vielleicht bekommen Schüler höherer Klassen bei einer solchen Gelegenheit sogar Hinweise darauf – ob sie als Lehrende geeignet sind. Jeder, der es selbst tut, ist sicher, daß „Lernen durch Lehren“ effektiv ist. Es wird denn auch über recht positive Ergebnisse diese Lehrform bei Schülern berichtet (wobei empirische Untersuchungen offenbar noch ausstehen). Solche Erfolge sind aber nur durch harte Arbeit eines Lehrers möglich. Aber kaum eine Lehrform dürfte der Forderung nach Handlungs- und Produktionsorientierung näher kommen (Hilfen für die Lehrerin zur Vorbereitung von Vorträgen bei ROSSIG & PRÄTSCH, 1998: Gute Anleitung zur Abfassung von Vorträgen, Hausarbeiten, Erarbeitung eines Themas, Zitieranweisungen etc.).

14.4 Unterrichtsgespräch – Direktes Unterrichten

Dem Unterrichtsmodell des Direkten Lernens wird vorgeworfen, es ermutige Lehrer, (1) daß sie ihren Schülern etwas beibringen wollen, (2) daß die Lehrer den Unterricht zu diesem Zweck steuern und (3) daß sie überprüfen, ob die Schüler, das, was sie lernen sollen, auch wirklich gelernt haben (GRELL 1999:37; s. auch GRELL & GRELL 1987). Dieser und weiterer Kritik stellt GRELL positive empirische Befunde über die Effektivität des Direkten Lernens gegenüber. Er faßt Grundzüge dieser Lehrform mit Stichworten zusammen wie z.B.: Klar strukturierte Lernerfahrungen; kleine Schritte, flottes Tempo; detaillierte und redundante Erklärungen; viele Fragen und Aufgaben; alle Schüler üben aktiv; kurze Stillarbeitsphasen; alle Schüler müssen drankommen, diese u. U. aufrufen. Dies sind alles eigentlich „triviale“ Elemente von Unterricht, aber Lehrer sollen ermutigt werden, sie wieder mehr und bedacht zu verwenden – gewiß neben „indirekteren Lehrformen“. Sie sollen sich nicht von Äußerungen, wie z. B. der folgenden, davon abhalten lassen (MEYER 1994, zitiert nach GRELL 1999:37): *Wir ... müssen lernen, darauf zu verzichten, den Kindern dauernd etwas beibringen zu wollen.* Würde man dieser (freilich extremen) Botschaft folgen, dann hätte man eine zentrale Aufgabe als Lehrer verfehlt. – GRÄSEL (2000) macht dagegen für „Träges Wissen“ [s. S. 17] – also Wissen, daß zwar in Prüfungen, aber nicht in komplexen und realitätsnahen Situationen angewandt wird – „Instruktion“ verantwortlich, die eine weithin rezeptive Haltung bewirke und ein eigenständiges Durchdringen der Lerninhalte verhindere. Es ist zu fragen, ob diese Gegenüberstellung wirklich zutrifft.
Positiv zum Frontalunterricht äußern sich auch KRONER & SCHAUER (1997:65): *Es steht fest, daß Frontalunterricht auf absehbare Zeit die mit Abstand wichtigste Sozialform der Schule bleiben wird. Sie ist die flexibelste, effizienteste, billigste und bei entsprechendem Lehrgeschick wohl befriedigendste Unterrichtsform.*
In diesem Zusammenhang kann auch auf „acht Regeln für Lehrerfragen“ (BAMERT & RUTZ 1998) hingewiesen werden. 1. Nicht nach unbekannten Begriffen fragen. 2. Keine Ja-Nein-Fragen stellen. 3. Keine Ratefragen stellen. 4. Keine unfertigen Fragen stellen. 5. Keine rhetorischen bzw. Meinungs-Fragen stellen („ihr seid doch auch der Meinung, man müsse im Fall der Gentechnologie von einer fehlgeleiteten Forschung sprechen“; s. dazu auch [S. 30]). 6. Nach der Frage drei Sekunden warten. 7. Alle Schüler gleichmäßig aufrufen.

14.5 Gruppenarbeit – Kooperatives Lernen [S. 157]

Über 300 Veröffentlichungen hat LORD (2001) ausgewertet und „101 Gründe“ angeführt für

den Vorteil von Kooperativem Lernen, also im wesentlichen Gruppenarbeit. Mehrfach durch empirische Erhebungen sind folgende Effekte für den Biologieunterricht belegt:
1. Verbesserung des Lernens und des Interesses an Biologie; 2. Zusammenarbeit und andere soziale Interaktionen unter den Schülern werden verbessert; 3. Lehrer können ihre Schüler besser beurteilen; 4. Schüler beschäftigen sich mehr/intensiver mit allgemeinen Ideen, biologischen Prozessen, arbeiten auch zu Hause, um ihre Ideen und Behauptungen belegen zu können; 5. Schreiben und Lesen biologischer Texte wird gefördert; 6. sogar die Beziehungen zwischen Jungen und Mädchen verbessern sich und Frauen lernen allgemeine Fähigkeiten („leadership skills") besser.
Ausgehend von Möglichkeiten zur Verbesserung des Lernens stellen auch REISS & TUNNICLIFFE (1999) positive Wirkungen von Gruppenarbeit heraus. Vor allem betonen sie die motivierende Wirkung für Schüler, da sie sich selbst Themen (zu einem Globalthema) auswählen können. Die positiven Effekte von Gruppenarbeit sind also gut belegt. Es gibt Gründe genug, diese Lernform verstärkt im Biologieunterricht zu wählen (s. auch MEHRMANN 1994).
Für Gruppenarbeit kann man aus dem Sammelband von JÜDES & FREY (1993) über „Projekte" Beispiele und allgemeine Hilfen entnehmen.

17.3 Zur Geschichte der Strukturansätze und Methoden

Zur Biologiedidaktik in Frankreich [S. 200]

Über Biologieunterricht und Biologiedidaktik in Frankreich, unserem wichtigen Nachbarn, wird allgemein wenig berichtet – obwohl deutsche Lehrer dort inzwischen unterrichten können. In zwei längeren Publikationen berichten COQUIDÉ & BORGHT (1998) sowie CLÉMENT (1998) über biologiedidaktische Forschungen der letzten zehn Jahre (leider nicht über positive Ergebnisse und gültige Lehrpläne). Es gibt Auseinandersetzungen über verschiedene Ansätze („Finalités"): Lehrziele für den Biologieunterricht sollten mehr auf den Nutzen für die Schüler (z. B. Fragen der Hygiene, Gesundheit) und zum Verständnis der Anwendung biologischer Erkenntnisse (z. B. Biotechnologie) ausgerichtet sein. Auch die Behandlung von Normen, ethischen Prinzipien sollte eine zentrale Rolle spielen, ebenso wie formale Fähigkeiten („kritische Rationalität"). Offensichtlich beschäftigt auch in Frankreich Biologiedidaktik die Spannung zwischen Schüler-, Gesellschafts- und Wissenschaftsrelevanz. Wie auch sonst, wird die Diskrepanz zwischen den Lehrplänen und deren tatsächlicher Umsetzung beklagt; ebenso, daß Lehrer und Schüler in bezug auf bestimmte Themen der Biologie ähnliche „Fehlvorstellungen" haben.

Untersucht werden in zahlreichen Arbeiten Aspekte wie z. B. Schülervorstellungen; Anwendung von Modellen; Effektivität von Medien, vor allem Schulbüchern; Lerneffekte bei der Vermittlung von „Werten"; Schüler-Lehrer-Interaktionen; Nutzen von Experimenten; Prinzipien der Auswahl von Inhalten (Basiswissen und „aufbauender Biologieunterricht"). – RUMELHARD (1998) beschäftigt sich mit der Verunsicherung von Lehrern durch neue pädagogische und biophilosophische Theorien. Besonders interessiert ihn das Problem, wie man die Spezifika der Biologie gegenüber Ansätzen aus Physik und Chemie erhalten und einen Mittelweg zwischen Reduktionismus und Vitalismus finden kann.
Wie man erkennt, werden in Frankreich ähnliche Themen wie in Deutschland und anderen Ländern [USA, s. S. 200] bearbeitet; dies dürfte auf die erfreulich zunehmende Internationalisierung von Biologiedidaktik hinweisen. Vielleicht kann man aus diesem kurzen Überblick eine Schlußfolgerung ziehen: Eine Lehrerin, die sich in Deutschland intensiv mit ihrer Vermittlungswissenschaft beschäftigt hat, dürfte auch für Biologieunterricht in Frankreich nicht schlecht vorbereitet sein.

18.1 Biologie im Sachunterricht der Grundschule [S. 203]

Einen Band mit mehreren Beiträge zur „Kindheit" und zu „Forschungen zum Sachunterricht" haben FÖLLING-ALBERS et al. (2001) herausgegeben. In einer umfangreichen Darstellung kann man sich über Kindheitsforschung informieren. Leider erfährt man nichts über „Kinder und Natur", so daß man in bezug auf eine unterrichtliche Auswertung solcher Erkenntnisse weitgehend im Stich gelassen wird (s. jedoch FÖLLING-ALBERS 1995). Bemerkenswert ist die Äußerung, daß Schule zwar „offener und liberaler geworden" sei – aber Kinder weniger gern zur Schule gehen (jüngere noch eher als ältere)! Dies wird (vielleicht zu einseitig) vor allem mit „Streßbelastung“ erklärt. Aus dem Beitrag von Kahlert über Forschungen zum Sachunterricht ist vielfach nicht erkennbar, ob es sich wirklich um empirische Befunde handelt. Interessant sind Ergebnisse, wonach die Behandlung physikalisch/chemischer Themen (z. B. Gewicht, optische Phänomene, Elektrizität) bei Grundschülern kaum zu echten Einsichten führt. Ein weiterer Beleg dafür, im Sachunterricht biologische Themen zu bevorzugen. Biologiedidaktische Forschungsergebnisse werden in diesem Beitrag übrigens kaum erwähnt. – Kahlert stellt neben den bekannten [S. 203] einen Strukturansatz „Bipolares Raster“ für den Sachunterricht dar. Dieser dürfte jedoch gegenüber dem „situations-handlungs-sach-orientierten“ Ansatz von Soostmeyer [S. 203] kaum etwas Neues sein. – Ein Wandel deutet sich insofern an, als mehrfach betont wird, daß auch im Sachunterricht auf die systematische Vermittlung von Wissen nicht verzichtet werden kann.

Für Lehrerinnen dürften folgende empirische Befunde zum Sachunterricht vorwiegend aus England (Klassen 1–6) interessant sein (Zusammenfassung durch Harlen 2001). Fragen von Schülern sind ein wichtiger Hinweis darauf, was sie denken. Schon deshalb sollten diese ausdrücklich zum Fragen ermuntert werden. Primarstufenschüler können (offenbar im Gegensatz zu Piagéts Annahme) bei geeignetem Wissen ebenso argumentieren, denken wie Erwachsene; ein Grund mehr, sie nicht zu unterfordern. – Vielfach belegt ist, daß viele Grundschullehrer über unvollkommenes bis ungeeignetes naturwissenschaftliches Wissen verfügen und folglich oft über wenig Selbstvertrauen. Dadurch können sie auch oft die Bedeutung einer Schülerfrage nicht erkennen. Sie halten sich an die Vermittlung formaler Kenntnisse – unter Vernachlässigung des sachlichen Wissens, ebenso an „Schritt-für-Schritt“-Unterricht aus Büchern; Schülerfragen und Diskussionen spielen eher eine geringe Rolle. Man kann nur hoffen, daß die Verhältnisse in Deutschland besser sind; die derzeitige Ausbildungssituation spricht eher nicht dafür.

Eine Übersicht über die neusten Lehrpläne der Bundesländer zum Sachunterricht (Müller 1998) vermittelt einerseits eine beachtliche Heterogenität der Inhalte, andererseits besteht Konsens bei einer Reihe von Themen: Gesundheitserziehung, Ernährung, Körperhygiene, Sexualerziehung, Haltung und Pflege von Tieren und Pflanzen, Lebewesen und Jahreszeiten, Natur-/Umweltschutz, Formenkenntnis „Wildpflanzen“. „Ordnen und Bestimmen von Tieren und Pflanzen“ wird dagegen nur in wenigen Lehrplänen vorgeschrieben. Eine Analyse von 16 Lehrplänen zum Sachunterricht (Schilke & Weiß ler 2000) ergab: Es werden dort null bis 86 Namen von Tierarten und einer bis 22 Lebensräume angegeben. Müller (1998) stellt fest, daß die nach seiner Meinung positiv zu beurteilenden Lehrpläne kaum umgesetzt werden und es *somit mehr oder weniger dem Zufall überlassen bleibt, ob Schüler einen guten Sachunterricht erhalten oder nicht.*

Noch immer gibt es demnach keinen allgemeinen Konsens über die biologischen Themen, die im Sachunterricht vermittelt werden sollen. Dies bürdet jeder Lehrerin die Verantwortung auf, für ein aufbauendes biologisches Wissen wirklich wesentliche Inhalte auszusuchen und sachgemäß zu vermitteln. Es sollte auch die Empfehlung von Schilke & Weiß ler (2000) beachtet werden, mit Schülern im Freiland zu arbeiten, damit diese auf diese Weise Artenkenntnisse erhalten.

Erschreckend ist der Befund von Strunck et al. (1998), daß der Anteil naturwissenschaftlicher Themen im Sachunterricht in den letzten Jahren immer mehr abnimmt. Biologie ist mit etwa 15 Prozent in Lehrplänen und Sachbüchern, mit etwa 25 Prozent im Unterricht (bei einer Schwankungsbreite von null bis 84 Prozent; Analyse von Klassenbüchern) vertreten. Ein unbefriedigende Situation, die bislang nur – von der Notwendigkeit biologischen Wissens für Grundschüler überzeugte Lehrer ändern können.

Aussagen zum Sachunterricht von etwa 20 Autoren zu „Handlungsorientiertem Unterricht“, „Praktischem Lernen“, „Lernen mit allen Sinnen“ etc. werden von Möller & Tenberge (1997) kritisiert. Dem wird das neue Modell eines „Handlungsintensiven Lernens“ gegenübergestellt. Es soll durch Beachtung der Zusammenhänge zwischen Lernen, Denken, Entwicklung und Handlung charakterisiert sein. Empirische Untersuchungen zur Effektivität dieser Verfahrens werden angekündigt, sind aber bislang nicht bekannt geworden.

18.5 Integrierter Naturwissenschaftlicher Unterricht

Sekundarstufe II [S. 224]

Von Klasse 11–13 unterrichtete man (nur n=24) Schüler in fünf Kursen jeweils zu 50 Prozent in Biologie oder Physik und zu 50 Prozent in kursübergreifenden Projekten (z. B. Radioaktivität und ihre Wirkungen; zum Thema Evolution wurde das „Time-Journal“ ausgewertet – !; NIEDDERER et al. 2000:131). Ergebnisse wurden durch Schülerbefragung (offenbar nicht durch Wissensüberprüfung) ermittelt. Dabei nahmen die Fähigkeiten „in Projekten zu arbeiten“ leicht zu. Mehr „Freude“ an diesem Unterricht gegenüber „normalem“ empfanden die Schüler nicht. Die integrierte Bearbeitung biologischer/physikalischer Themen hielten sie für „eher überflüssig“; ihre Aussagen über einen größeren Lerneffekt bei dieser Art von Unterricht gegenüber normalem tendierten gegen Null. *Nur wenige Schülergruppen näherten sich wissenschaftlichen Problemen/Fragen, die meisten Ergebnisse blieben auf Alltagsniveau (common sense level).* Man muß dieses Unternehmen wohl als gescheitert bezeichnen, zumal keine Kontrollgruppe mit normalem Unterricht und dessen möglichem Lerneffekte untersucht wurde.

Sekundarstufe I – PING [S. 223]

Es sollte in Ergänzung zu den Aussagen auf [S. 223] der „Abschlußbericht“ über PING erwähnt werden (BÜNDER & WIMBER 1997). Danach ergab sich u. a. für Schüler 5./6. Klassen, die mit PING unterrichtet wurden, daß *die Lernenden die Vielfalt und Differenziertheit möglicher Erkenntniswege mit Hilfe der Erkenntnismethoden nicht nachvollziehen konnten. Ein Verständnis und eine Differenzierung in bestimmten Erkenntnismethoden ... konnte nicht festgestellt werden* (S. 13). Schüler 11. Klassen, die Chemieunterricht hatten, verfügten über größeres Wissen als solche mit PING-Unterricht (S.18). – Wie KREMER & STÄUDEL (1997: 60; mit einem Überblick zum gesamten Thema) ihre Behauptung begründen wollen, daß Integrierter Naturwissenschaftlicher Unterricht „mit überdurchschnittlichem Erfolg“ praktiziert worden sei, bleibt offen.
In Hessen hatten von 50 Lehrern, die Integrierten Naturwissenschaftlichen Unterricht in Klasse 5–7(8) hielten, drei kein, 33 ein, 10 zwei und nur einer drei der Fächer Biologie/Chemie/ Physik studiert (DÖRGES 2001). Diese Zahlen sprechen für sich.

19 Biophilosophie – 19.3 Verhaltensprobleme

Natur oder Kultur? [S. 233, auch S. 234]

Auch für den Biologieunterricht ist die alte Streitfrage ein wichtiges Thema, in welchem Ausmaß unser Verhalten vorwiegend von biologischen / genetischen („Biologisten“) oder von kulturellen („Kulturisten“) bestimmt wird. Dem setzt VOLAND (2000) aufgrund verhaltensphysiologischer Befunde das „interaktionistische Lernmodell (Kultur via Natur)“ gegenüber: Die Unterscheidung von „vermeintlich angeborenen und erworbenen Verhaltensanteilen ist äußerst irreführend“; Gene definieren die Reaktionsnorm auf äußere Entwicklungsabläufe. Die Umwelt entscheidet mit darüber, zu welchem Ergebnis die genetisch programmierten Entwicklungsabläufe führen. Wir haben in der Evolution notwendigerweise entstandene Verhaltens-/Lernstrategien, die wesentlich unser Verhalten bestimmen. Zweckmäßige Reaktionen des menschlichen Verhaltens auf jeweils herrschende kulturelle Bedingungen, können als eine evolutionäre Ausstattung angesehen werden. Anpassung an spezifische kulturelle Bedingungen eines Menschen und seiner Verwandten kann zu einer besseren „Gesamtfitneß“ mit höherer Reproduktionsrate führen.
Es gibt neben den dualistischen (etwa Kultur als das ganz andere) verschiedene Erklärungen für die Ursachen der kulturellen Entwicklung, z. B. Bindungsprozesse innerhalb von Gruppen, Kultur führt zur Erhöhung der Lebenschancen (Wachstum der Bevölkerung). VOLAND vertritt (mit anderen) die Hypothese des evolutionären Vorteils der „Imitation“: Imitiere die Erfolgreichen, wähle schnell und gefahrlos Verhalten, mit dem andere Erfolg hatten (wobei freilich auch subjektiv Nachteiliges gelernt werden kann). Nur biologisch, d. h. letztlich in bezug auf Vorteile bei der Fortpflanzung, erfolgreiches Verhalten wird in die jeweilige kulturelle Tradition aufgenommen – wofür es in der Tat zahlreiche Beispiele gibt. Dieses „Fitnessrennen“ verhindert auch Stillstand. Sobald ein Verhalten von vielen angenommen wird, verliert es leicht seinen Selektionsvorteil, dann wird Alternatives erfolgversprechender. – Zahlreiche soziobiologische Beispiele, die den Aussagen von VOLAND entsprechen, enthält der

Beitrag von PAUL (1999). VERBEEK (1999) untersucht die biologischen Wurzeln von Rassismus [S. 234], der sich als Abneigung gegenüber allen Fremden recht deutlich aus den Überlebensstrategien unserer Vorfahren erklären läßt.
Ein „Kulturist" würde gegen solche Vorstellungen einwenden: Kultur ist ein qualitativ andersartige „Umgebung" als „Natur". Sie enthält Gestaltungselemente, die nicht natürlich sind (Sprache, Symbole); Artefakte also, die sich nicht allein nach dem Kriterium „Nützlichkeit" (so die Kunst) beurteilen lassen.[1] Der „Interaktionist" könnte dazu erwidern, daß gerade die Anwendung der genannten Elemente von Kultur auf der Grundlage der biologisch programmierten Lernfähigkeit unter bestimmten Bedingungen positiven Selektionsvorteil für ein Individuum hat. – Es handelt sich also um wichtige, noch immer kontroverse Themen, auf die im Biologieunterricht (zumindest) der Sekundarstufe II nicht verzichtet werden sollte. Anstatt diesen Problemkreis zu verdängen, weil er für viele eine „narzißtische Kränkung" (VERBEEK) darstellt – muß er in der Hoffnung behandelt werden, Abhängigkeiten unseres Verhaltens durch Wissen zu verändern.
Zahlreiche Literaturangaben zum Thema „Mensch und Evolution" finden sich in der schon mehrmals erwähnten „Datenbank Schulpraxis".
– Bearbeitung verschiedener biophilosophischer Themen mit sehr guten und hilfreichen Arbeitsanleitungen für den Unterricht bei BRETSCHNEIDER (1998) und FALKENHAUSEN (2000). Auch weniger in diesem Bereich erfahrene Lehrerinnen sind nicht mehr ohne Hilfen.

[1] So G. HENRTICH, Professor für Ethik, dem ich für ausführliche Korrespondenz zu diesem Thema sehr zu danken habe!

Anhang

Kurzfassung der Themen aus dem Rahmenplan 1987 des VERBANDES DEUTSCHER BIOLOGEN (VDBIOL1987)

Themen für den biologischen Anteil des Sachunterrichts

a) Tiere aus dem Erfahrungsbereich der Schüler
   - Lebensäußerungen, vor allem Ernährung, Fortpflanzung, Fortbewegung, Verhalten (Revierverhalten, Spielverhalten, Brutpflege)
   - Lebensraum und Angepaßtheit
   - Umgang, Haltung und Pflege

b) Pflanzen aus dem Erfahrungsbereich der Schüler
   - Lebensäußerungen, vor allem Keimung und Wachstum, Fortpflanzung
   - Lebensraum und Angepaßtheit
   - Umgang, Haltung, Pflege

c) Der Mensch unter besonderer Berücksichtigung von
   - Gesundheitserziehung (Körperpflege, Atmung, Bewegung), Infektionen
   - Sexualerziehung (Geschlechtsunterschiede, Zeugung, Schwangerschaft, Geburt)
   - Abhängigkeit des Menschen von bestimmten Tieren und Pflanzen (Nahrungs- und Genußmittel, Heilpflanzen)

d) Der Mensch und seine Umwelt
   - Umwelterziehung (Beispiele für Umweltgefährdung, individuelle Beiträge zum Umweltschutz)
   - Naturschutzerziehung (Schutz von Pflanzen und Tieren; Freilandarbeit)

Themen für die Sekundarstufe I

Klassen 5/6

a) Kennzeichen von Lebewesen (z. B. Bewegung, Reizbarkeit, Stoffwechsel, Fortpflanzung); erste Einführung in den Aufbau von Lebewesen (Organ, Gewebe, Zelle)

b) Einführung in den Verwandtschaftsbegriff und die Kenntnis wichtiger Bestandteile des Baus ausgewählter Gruppen von Wirbeltieren und Blütenpflanzen, an Beispielen von Arten aus dem Erfahrungsbereich der Schüler und unter Berücksichtigung der Angepaßtheit von Arten an verschiedene Umweltbedingungen

c) Funktionale Betrachtung insbesondere von Pflanzen (Bau und Funktion von Blatt, Stengel, Wurzel und Blüte) unter besonderer Berücksichtigung der Angepaßtheit von Arten an verschiedene Umweltbedingungen (z. B. Luft, Wasser, Temperatur, Jahreszeiten) und der Nutzpflanzen

d) Funktionale Betrachtung des menschlichen Körpers – unter dem Gesichtspunkt funktionaler Einheiten und enger Verknüpfung mit Themen zur Gesundheit; z. B. Bewegung, Ernährung und Verdauung, Atmung, Reaktion auf Reize

e) Physische und psychische Aspekte der menschlichen Sexualität und Entwicklung (z. B. Pubertät, Bau und Funktion der Geschlechtsorgane, Zeugung, Befruchtung, Schwangerschaft, Geburt, Eltern-Kind-Beziehungen)

f) Verhaltensweisen bei Tieren, insbesondere Haustieren (z. B. angeborenes und erlerntes Verhalten, Merkmale der Instinkt- und Lernhandlung, Sozialverhalten wie Rangordnung, Revierverhalten) und beim Menschen – unter besonderer Berücksichtigung des Lernverhaltens der Schüler

g) Freizeitbiologie und Artenkenntnis; z. B. Aquarium, Terrarium, Herbarium, einfache Bestimmungsmöglichkeiten von Tier- und Pflanzenarten, Einübung in Freilandarbeit, Behandlung von Naturschutzfragen

Klassen 7/8

h) Stoffaufnahme bei Pflanzen durch Wurzel und Blatt, Photosynthese, Atmung bei Pflanzen (mit einfachen Versuchen)
i) Zelle und ausgewählte Zellfunktionen, besonders Zellteilung
j) Formen der Fortpflanzung unter besonderer Berücksichtigung des Gesichtspunktes der Angepaßtheit von Arten an verschiedene Umweltbedingungen (z. B. geschlechtliche und ungeschlechtliche Fortpflanzung, Bildung von Geschlechtszellen, Fortpflanzung und Entwicklung bei Samenpflanzen, Beispiel für einen Generationswechsel bei Nichtsamenpflanzen, Fortpflanzung und Entwicklung bei Insekten)
k) Untersuchung ökologischer Gesetzmäßigkeiten und Zusammenhänge
   - an Einzelorganismen und einem beispielhaften Ökosystem (z. B. Acker, Wald, Teich, Bach, Meer)
   - an ausgewählten Umwelt- und Naturschutzfragen (z. B. Müll, Waldsterben, Emissionen, Begründungen für Naturschutz, Naturschutzmaßnahmen)
l) Grundphänomene des Verhaltens und ihre Bedeutung für das Verständnis menschlichen Verhaltens (z. B. Elemente einer Verhaltensweise, Instinkthandlung und ihre Komponenten, Lernen und Lernkomponenten, höchste Lernleistungen bei Tieren, Lernformen, Beispiele für Sozialverhalten bei Insekten, Wirbeltieren und Mensch: Kommunikation, Aggressionsverhalten, Rangordnungsverhalten, Körpersprache)

Klassen 9/10

m) Bau und Funktion von Organen und Organsystemen des Menschen; darin integriert Fragen der Gesundheitserziehung (Ernährung, Bewegung, Krankheiten, Sucht und Drogen, Gesundheitsvorsorge)
n) Humanökologie (Gesundheit und Umweltbelastung, Auswirkung energiereicher Strahlen, biologischer Aspekte von Arbeitsplatz, Wohnung und Freizeitgestaltung)
o) Fortpflanzung, Individualentwicklung sowie Sexualverhalten des Menschen und dessen Ausprägung durch Kultur und Gesellschaft (Einfluß der gesellschaftlichen Situation, Werbung, gruppenspezifische Probleme)
p) Grundlagen der Genetik unter besonderer Berücksichtigung der Humangenetik; Mendel-Regeln, Chromosomen, Mutationen, Modifikationen, Tier- und Pflanzenzüchtung, Analyse von Familienstammbäumen, wichtige Erbkrankheiten, genetische Familienberatung, Einfluß von Umweltfaktoren auf das Erbgut, sozialgenetische Probleme
q) Grundlagen der Evolution, besonders
   - Belege für das Faktum der Evolution
   - ausgewählte Beispiele des Evolutionsverlaufs einer Tier- bzw. Pflanzengruppe
   - Beispiele für Evolutionsmechanismen
   - Grundzüge der Abstammung des Menschen, ihre Bedeutung für Selbstverständnis und Weltbild, kulturelle Evolution
   - Bevölkerungsexplosion und ökologische Ressourcen

Themen für die Sekundarstufe II

Zellbiologie
- Aufbau prokaryontischer und eukaryontischer Zellen
- Feinbau der Organellen, Feinbau der Chromosomen
- Mitose
- Stofftransport; aktive und passive Transportmechanismen
- Energieumsatz in der Zelle

- Spezialisierung der Zellen
- Beispiele für biotechnisch und gesundheitlich bedeutsame Mikroorganismen

Genetik
- Klassische Genetik und Zytogenetik (Mendel-Regeln, Meiose, Befruchtung, Vererbung des Geschlechts, geschlechtschromosomale Mutationen, Modifikationen)
- Grundlagen der Molekulargenetik (Nukleinsäuren, genetischer Code, Proteinbiosynthese, Genregulationen)
- Beispiele aus der angewandten Genetik (Züchtung, Gentechnologie)
- Aspekte der Humangenetik (Einfluß von Anlage und Umwelt; Erbkrankheiten, Genetische Familienberatung, Sozialgenetik)

Stoffwechsel- und Entwicklungsphysiologie
- Photosynthese und ihre Bedeutung für Menschheit und Biosphäre
- Biologische Oxidation und Gärung (aerobe und anaerobe Energiegewinnung, einschließlich arbeits- und sportphysiologischer Betrachtungen)
- Entwicklungsprozesse bei Pflanzen (genetische und hormonelle Steuerung; Wirkung von Herbiziden)
- Entwicklungsprozesse bei Tieren (genetische und hormonelle Steuerung; Furchung, Keimblattbildung, Organdifferenzierung)
- Immunbiologie
- Pränatale und postnatale Entwicklung beim Menschen, einschließlich wichtiger Entwicklungsstörungen

Informationsverarbeitung und Verhalten
- Sinnes- und Nervenphysiologie
- Einfluß von Drogen und Medikamenten, Suchtgefährdung
- Hormonphysiologie (Regelungsprozesse, Fehlsteuerungen, Krankheiten)
- Angeborenes Verhalten, (Reflex, Instinkthandlung, Beispiele für Verhaltensgenetik) und erlerntes Verhalten (Lernmechanismen, Lernformen)
- Sozialverhalten (z. B. Kommunikation, Sozialverbände, Spiel)
- Vergleich des Verhaltens von Tieren und Mensch, Möglichkeiten und Grenzen verhaltensbiologischer Betrachtung des Menschen

Ökologie und Umweltschutz
- Abhängigkeit ausgewählter Arten von abiotischen und biotischen Faktoren, ökologische Nische
- Beziehungen zwischen Lebewesen (Nahrungskette – Nahrungsnetz – Nahrungspyramide; Symbiose, Parasitismus)
- Ökosysteme (Stoffkreisläufe und Energiefluß, biologisches Gleichgewicht)
- Mensch und Umwelt (biologische und soziale Aspekte der Umweltveränderung durch den Menschen, Begründungen und Maßnahmen des Naturschutzes; umweltbedingte Krankheiten und Mutationen)
- Mensch und Biosphäre (Bevölkerungswachstum, Geburtenregelung; biologische Aspekte der Rohstoff-, Nahrungs-, Raum- und Energieprobleme; ethische Aspekte)

Evolutionslehre
- Belege für die Evolution
- Ursachen der Evolution
- Populationsgenetik
- Grundzüge der Abstammung der Wirbeltiere
- Grundzüge der Abstammung des Menschen
- Biologische Aspekte der kulturellen Evolution
- Erkenntnistheoretische, weltanschauliche und ethische Aspekte der Evolutionslehre

Literatur

Abkürzungen:

ABT	American Biology Teacher
Beitr.	Beiträge
biol. didac.	biologica didacta
Ber. IDB	Berichte Institut Didaktik Biologie Universität Münster
Biol. Schule	Biologie in der Schule
BU	Der Biologieunterricht
Educ.	Education
Europ. J. Science Educ.	European Journal of Science Education
Int. J. Science Educ.	International Journal of Science Education
IPN	Institut für die Pädagogik der Naturwissenschaften
J. Biol. Educ.	Journal of Biological Education
J. Environm. Educ.	Journal of Environment Education
J. Exp. Educ.	Journal of Experimental Education
J. Res. Science Teach.	Journal of Research in Science Teaching
MNU	Der mathematische und naturwissenschaftliche Unterricht
NiUB	Naturwissenschaft im Unterricht Biologie
Päd. Welt	Pädagogische Welt
Prax. Biol.	Praxis der Naturwissenschaften Biologie
Rev. Edic. Res.	Review Education Research
Schr.	Schrift, Schriften
SMP	Sachunterricht und Mathematik in der Primarstufe
SSR	School Science Review
UB	Unterricht Biologie
VDBiol	Verband Deutscher Biologen
ZfDN	Zeitschrift für Didaktik der Naturwissenschaften
Zt.	Zeitschrift

Heftangaben (H.) erfolgen nur, wenn mehrere Hefte eines Bandes oder Jahrgangs jeweils neu paginiert werden.

Da für die Schreibweise mit Kapitälchen das Zeichen für „ß“ fehlt, müssen alle Personennamen mit „ß“ bedauerlicherweise mit „ss“ geschrieben werden.

Bei Autoren mit gleichem Namen werden bei Literaturangaben im Text zur Vermeidung von Verwechselungen gelegentlich die Initialien der Vornamen angegeben.

Literaturangaben im Text mit * weisen darauf hin, daß dieses Werk eine besonders umfangreiche Literaturliste zum angeschnittenen Thema enthält.

Abraham, M. R. (1998): The learning cycle approach as a strategy for instruction in science. – In: Fraser, B. J. & K. G. Tobin (Hrsg.): International Handbook of Science Education. – Dordrecht.

Adl-Amini, G. & R. Künzli (Hrsg.) (1980): Didaktische Modelle und Unterrichtspraxis. – München.

Aebli, H. (1983): Zwölf Grundformen des Lehrens. – Stuttgart.

Agnew , P. W. – A. S. Kellermann – J. Meyer (1996): Multimedia in the classroom. – Boston.

Ajzen, I. & M. Fishbein (1980): Understanding attitudes and predicting social behavior. – New Jersey.

Allen, R.D. (1995): Biology. A critical thinking approach. – Dubuque.

Alt-Stutterheim, W. v. (1980): Schülerurteile zur Arbeitsbelastung. – UB 48/49: 66–70.

AMESBERGER, G. – K. SCHÖRGHUBER – V. SOTZKO (1995): Innere und äußere Natur – zum Naturverständnis bei Outdoor-Aktivitäten. – Umwelt-Erziehung 1: 19–23.

ANDERSON, J. R. (1988): Kognitive Psychologie. – Heidelberg.

ANONYMUS (1901): Über die gegenwärtige Lage des Biologischen Unterrichts an höheren Schulen. – Verh. 73. Vers. deutscher Naturforscher und Ärzte [ohne Bd.). – Jena.

ANONYMUS (1997): Multimedia CD-ROMs: Neuerscheinungen 1996. – Multimedia-Magazin o. J. H. 1: 2 – 35.

ARBER, A. (1960): Sehen und Denken in der biologischen Forschung. – rowohlts deutsche enzyklopädie 110.

ARBINGER, R. (1975): Zum Problem des Entdeckenden Lernens. – Manuskript Fachbereich Psychologie, Universität Gießen, Projekt: „Motivation im naturwissenschaftlichen Unterricht".

ARBINGER, R. et al. (1976): Stabilität und Veränderung der Interessen von Schülern der 5. bis. 9. Klassenstufe an Problemen der Physik und Biologie. – In: SPITZNAGEL, A. & E. TODT (Hrsg.): Beiträge zur pädagogischen Psychologie der Sekundarstufe I. – Schr. Univ. Gießen 2.

ARMBRUSTER, B. B. & T. H. ANDERSON (1991): Textbook analysis. – In: LEWY, A. (Hrsg.): The international encyclopedia of curriculum.

ARNOLD, N. (1976): Wildlife conservation by young people. – London.

ASCHERSLEBEN, R. (Hrsg.) (1986): Moderner Frontalunterricht. Neubegründung einer umstrittenen Unterrichtsmethode. – Frankfurt a. M.

AUERSWALD, B. (1863): Botanische Unterhaltungen – Vollständiges Lehrbuch der Botanik. – Leipzig.

AUSUBEL, D. (1973): Entdeckendes Lernen. – In: NEBER, H. (Hrsg.): Entdeckendes Lernen. – Weinheim.

AUSUBEL, D. – J. D. NOVAK – H. HANSIAN (1981): Psychologie des Unterrichts. – Weinheim.

BAHL, E. et al. (1975/77): Arbeitsbuch für den Sachunterricht in der Grundschule, 4. Schuljahr. – Frankfurt a. M.

BALLAUFF, TH. (1962): Die pädagogische Unzulänglichkeit biologischer Anthropologie. – neue päd. bemühungen 3 (Essen).

BAMBACHER, H. et al. (Hrsg.) (1996): Prüfen und Beurteilen. – Friedrich Jahresheft XIV.

BANNERT, U. & G. RUTZ (1998): Fachdidaktik Biologie, Teil 1, Teil 2 . – Univ. Zürich Fachdidaktik Biologie (zwei Hefter).

BARRASS, R. (1979): Vocabulary for introduction courses in biology: Necessary, unnecessary and misleading terms – J. Biol. Educ. 13: 179–181.

BAUHARDT, V. (1990): Veränderung der Einstellung gegenüber Gliedertieren durch Interaktion mit lebenden Tieren im Biologieunterricht. – Münchner Schr. zur Didaktik Biologie 7.

BAUMANN, K. (1975): Fachübergreifender Naturwissenschaftlicher Unterricht in der Sekundarstufe I. – MNU 28: 117.

BÄUMER-SCHLEINKOFER, Ä. (1992): NS-Biologie und Schule. – Frankfurt a. M.

BÄUMERT, J. & R. LEHMANN (1997): TIMSS – Mathematisch-naturwissenschaftlicher Unterricht im internationalen Vergleich. – Berlin.

BÄUML-ROSSNAGEL, M. A. (1979, 1989): Sachunterricht in der Grundschule. – München.

BAYERISCHES STAATSMINISTERIUM FÜR UNTERRICHT, KULTUS, WISSENSCHAFT UND KUNST (1991): Lehrplan zur individuellen Lernförderung. – KWMBl I Nr. 1/1991: 8–27, 57–63, 404–416, 628–654.

BAYRHUBER, H. et al. (Hrsg.) (1994): Interdisziplinäre Themenbereiche und Projekte im Biologieunterricht. – Kiel (IPN).

BAYRHUBER, H. & F. BRINKMANN (Hrsg.) (1998): What – Why – How? Research in Didaktik of Biology. – Kiel (ipn-materialien).

BAYRHUBER, H. & J. MAYER (Hrsg.) (2000): Empirical research on environmental education in Europe. – Münster.

BAYRHUBER, H. & U. UNTERBRUNNER (Hrsg.) (2000): Lehren und Lernen im Biologieunterricht. – Forschungen z. Fachdidaktik 1 (Wien).

BAYRHUBER, H. et al. (Hrsg.) (1995): Biologieunterricht und Lebenswirklichkeit. – Kiel (IPN 150).

BAYRHUBER, H. et al. (Hrsg.) (1999): Biologie und Bildung. – Kiel (IPN 166).

BEASLEY, W. F. (1978): The effect of physical and mental practice of psychomotor skills on chemistry student laboratory performance. – J. Res. Science Teach. 16: 473–479.

BECK, E.-G. (2001): Der Biologiekurs Klasse 11-12-13 im Internet und Unterricht. – MNU 54: 43–45.

BECK, G. et al. (1995): Das neue Sach- und Machbuch 2 (Cornelsen). – Berlin.

BECKER, P. & K.-H. BERCK (1992): Ohne genaue Kenntnis des Homologiebegriffs kein Verständnis für Evolution auch in der Sekundarstufe I. – MNU 45: 419–425.

BEIER, W. (1971): Auswahl von Biologiebüchern durch den Lehrer. – Blickpunkt Schulbuch H. 14: 20–24.

BEILER, A. (1949): Fachliche und schulpraktische Fragen zum Problem der Lebensgemeinschaft. – Päd. Rundschau 3: 356–360.

BEILER, A. (1965): Die lebendige Natur im Unterricht. – Ratingen.

BEISENHERZ, W. (1982): Die Bedeutung des Experimentes für den Biologieunterricht der gymnasialen Oberstufe. – Prax. Biol. 29: 216–219.

BERCK, H. (1986): Begriffe im Biologieunterricht. – Didaktik der Naturw. Bd. 10. – Köln.

BERCK, K.-H. (1966): Vom subjektiven Wert der Ornithologie. – Luscinia 39: 5–8.

BERCK, K.-H. (1968): Tier- und Humanpsychologie – eine methodische Anleitung für den Unterricht. – Heidelberg.

BERCK, K.-H. (1970): Der Homologiebegriff im Biologieunterricht. – MNU 23: 27–33.

BERCK, K.-H. (1975a): Neue Tendenzen im Biologieunterricht – der Einfluß von Curriculumtheorien. – Prax. Biol. 24: 169–176.

BERCK, K.-H. (1975b): Quellen und Arbeitstexte Biologie, Sekundarstufe I. – Bonn.

BERCK, K.-H. (1976): Fundamentalthemen – notwendiges oder nutzloses Element von Biologieunterricht ? – MNU 29: 471–474.

BERCK, K.-H. (1980): Biologie in der Sekundarstufe I. – In: ROTH, L. (Hrsg.): Handlexikon zur Didaktik der Schulfächer. – München.

BERCK, K.-H. (1987a): Aufgaben des Biologieunterrichts – vor einer Gegenreform. – Prax. Biol. 36, H.8: 43–45.

BERCK, K.-H. (1987b): Warum so wenig Interesse der Schüler am naturwissenschaftlichen Unterricht? – MNU 40: 387–389.

BERCK, K.-H. (1992): Der Einstieg in eine Biologiestunde. – MNU 45: 44–48.

BERCK, K.-H. (1997): Lebenswirklichkeit und Biologieunterricht. – In: BAYRHUBER, H. et al. (Hrsg): Biologieunterricht und Lebenswirklichkeit; Tagungsband 10. Int. Tagung Sektion Fachd. im VDBiol. – Kiel (IPN).

BERCK, K.-H. et al. (1975): Biologiedidaktische Veranstaltungen im Studium von Biologielehrern. – Mitt. VDBiol. 228: 1079–1082.

BERCK, K.-H. & D. ERBER (1993): Hagenbuttentee und Hermelinmantel – Vermittlung von Artenkenntnissen usw. – UB 189: 14–17.

BERCK, K.-H. & D. ERBER (1996): Tiere und Pflanzen kennenlernen – Lehrererzählungen und Arbeitsblätter, vierzig Beispiele für den Unterricht in den Klassen 3–6. – Gießen (Institut für Biologiedidaktik).

BERCK, K.-H. & D. GRAF (1987a): Begriffslernen im Biologieunterricht – Begriffe zur Unterrichtseinheit „Zelle". – MNU 40: 161–168.

BERCK, K.-H. & D. GRAF (1987b): Rahmenplan des Verband Deutscher Biologen für das Schulfach Biologie, Kurzfassung. – MNU 41: 182–185.

BERCK, K.-H. & D. GRAF (1987c): Rahmenplan des Verband Deutscher Biologen für den Biologieunterricht – VDBiol Veröffentl. 7

BERCK, K.-H. & D. GRAF (1991): Begriffsbildung – Hypothesen über das schlechte biologische Grundwissen der Schüler. – Biologie heute 390: 1–3.

BERCK, K.-H. & D. GRAF (1992): Begriffsauswahl und Begriffsvermittlung – Überblick über den Forschungsstand für den Biologieunterricht. – In: ENTRICH, H. & L. STAECK (Hrsg.): Sprache und Verstehen im Biologieunterricht. – Alsbach.

BERCK, K.-H. & R. KLEE (1992): Interesse an Pflanzen- und Tierarten und Handeln im Natur-Umweltschutz. – Frankfurt a. M.

BERCK, K.-H. & J. WEISS (Hrsg.) (1984): Naturschutz – Thema des Biologieunterrichts. – Wetzlar (Naturschutzzentrum Hessen).

BERCK, K.-H. & W. WÖLLERT (1994): Biologieunterricht in Gymnasien. – In: RIQUARTS, K. et al. (Hrsg.): Naturwissenschaftliche Bildung in der Bundesrepublik Deutschland, Bd.II. – Kiel (IPN 125).

BESCHLÜSSE DER KULTUSMINISTERKONFERENZ (1975): Einheitliche Prüfungsanforderungen in der Abiturprüfung – Biologie. – Neuwied.

BEUREN, A. & M. DAHM (2000): Lernen in Stationen. – UB 259: 4-9.

BEYER, I (1995): Aktuelle Biologie – Zeitungs- und Zeitschriftenartikel als Grundlage zu Aufgaben. – Prax. Biol. 44, H.1: 1–36.

BILLER, K. (1981): Die Vorbereitung des Unterrichts. – In: TWELLMANN, W. (Hrsg.): Handbuch Schule und Unterricht, Bd. 4.2. – Düsseldorf.

BILS, W. (1992): Übungsaufgaben und Antworten zum Biologieunterricht in den Klassen 5 und 6. – Wiesbaden.

BILS, W. (1994): Übungsaufgaben zum Biologieunterricht in den Klassen 7 und 8. – Wiesbaden.

BILS, W (1996): Übungsaufgaben zum Biologieunterricht in den Klassen 9 und 10 – Humanbiologie. – Wiesbaden.

BILS, W. & G. DÜRR (1989): Übungsaufgaben und Antworten zu Kernthemen des Biologieunterrichts. – Wiesbaden.

BINGER, D. & K.-H. BERCK (1993): Begriffsverwendung in Filmen für den Biologieunterricht. Analyse ausgewählter Beispiele. – MNU 46: 489–49.

BIRETT, H. (1974): Funktionsmodelle – Versuche zur biologischen Nachrichtenverarbeitung. – Frankfurt a.M.

BIRETT, H. (1979): Modelle für biologische Prozesse. – MNU 29: 103–107.

BIRKNER, C. (1990): Die Konstruktion von Aufgaben für die mündliche Abiturprüfung. – Prax. Biol. 39, H.5: 39–46.

BIRNBACHER, D. (1980): Ökologie und Ethik. – Stuttgart.

BLANKERTZ, H. (1970): Theorien und Modelle der Didaktik. – München.

BLECKMANN, H. – K.-H. BERCK – CH. SCHWAB (1979): Unterrichtseinheit Naturschutz, Lehrerausgabe. – Bonn.

BLOCH, J. R. et al. (Hrsg.) (1976): Curriculum Naturwissenschaft. – Köln.

BLOOM, B. S. et al. (1972): Taxonomie von Lernzielen im kognitiven Bereich. – Weinheim.

BLOOM, B. S. et al. (1974): Taxonomy of education objectives, Handbook I: Cognitive Domain. – New York.

BLUM, A. (1991): Integrated Science Studies. – In: LEWY, A. (Hrsg.): The international encyclopedia of curriculum. – Oxford.

BÖDDEKER, W. et al. (1974): Forschungen über mathematisch-naturwissenschaftlichen und fremdsprachigen Unterricht. – Weinheim.

BOECK, L. & S. BOYER (1997): College students´ attitudes towards living organisms: the influence of experience and knowledge. – ABT 59: 558-563.

BÖGEHOLZ, S,. & J. MAYER (1998): Haben Naturerfahrungen Einfluß auf umweltgerechtes Handeln? – In: BAYRHUBER, H. et al. (Hrsg.): Biologie und Bildung. – Kiel (IPN 166).

BÖGEHOLZ, S. (1999): Qualität primärer Naturerfahrung und ihr Zusammenhang mit Umweltwissen und Umwelthandeln. – Opladen.

BÖHMER, M. (1979): Lernerfolgskontrolle. – Königstein/Taunus.

BÖHNKE, H. (1978): Die Behandlung wissenschaftlicher Erkenntnisweisen im Biologieunterricht der gymnasialen Oberstufe. – MNU 31: 490–495.

BOGNER, F. (1997). Einstellungen gegenüber der Natur und Bereitschaft zu umweltbezogenem Verhalten bei Schülerinnen und Schülern der Sekundarstufe I. – In: BAYRHUBER, H. et al. (Hrsg) Biologieunterricht und Lebenswirklichkeit. – Kiel (IPN 150).

BOLSCHO, D. & H. SEYBOLD (1996): Umweltbildung und ökologisches Lernen. – Berlin.

BOLSCHO, D. (1990): Environmental education in practice in the FRG: an empirical study. – Int. J. Science Educ. 12: 133–146.

BONNSTETTER, R.J. (1984): Characteristics of teachers associated with an exemplary programm compared with science teachers in general. – Iowa: Doctoral dissertation Univ. Iowa /USA.

BOSSEL, H. (1985): Umweltdynamik. – München.

BOUD, D. – J. DUNN – E. HEGARTY-HAZEL (1989): Teaching in Laboratories. – Stony Stratford (Society for research into Higher Education, Open Univ. Press).

BRANDHORST, A. R. (1991): Social skills educational programs. – In: LEWY, A. (Hrsg.): The international encyclopedia of curriculum. – Oxford.

BRAUN, A. (1983): Umwelterziehung zwischen Anspruch und Wirklichkeit. – Frankfurt a. M.

BREHMER, K (1993): Ethik im Biologieunterricht. – Prax. Biol. 42, H.3: 41–47.

BRETSCHNEIDER, J. (1992): Wie konsequent ist die biologische Fachsprache? – In: ENTRICH, H. & L. STAECK (Hrsg.): Sprache und Verstehen im Biologieunterricht. – Alsbach.

BRETSCHNEIDER, J. (1998): Philosophieren im Biologieunterricht; Arbeitsmaterial für Schülerinnen und Schüler der Sek. I und II; Handreichung für Lehrerinnen und Lehrer. – Neustadt.

BRINKMANN, F. G. (1997): Die Bedeutung von vorunterrichtlich geprägten Vorstellungen für das Verständnis von Biologie. – In: BAYRHUBER, H. et al. (Hrsg). Biologieunterricht und Lebenswirklichkeit. – Kiel (IPN 150).

BROCKHAUS, W. (1958): Biologie in unserer Zeit. – Essen.

BROHMER, P. (1932): Biologie-Handbuch der Volksschulpädagogik. – Frankfurt a.M.

BROHMER, P. (1935): Biologieunterricht unter Berücksichtigung von Rassekunde und Erbpflege. – Osterwieck.

BROHMER, P. (1952): Die deutschen Lebensgemeinschaften. – Weinheim.

BROMME, R. & W. BÜNDER (1994): Fachbegriffe und Arbeitskontext: Unterschiede in der Struktur chemischer Fachbegriffe bei verschiedenen Nutzergruppen. – Zt. Sprache u. Kognition 13: 178–190.

BROMME, R. (1995): What exactly is „Pedagogical Content Knowledge"? – In: HOPMANN, S. & K. RIQUARTS (Hrsg.): Didaktik and/or Curriculum. – Kiel (IPN 147).

BROPHY, J. E. & T. L. GOOD (1986): Teacher behavior and student achievement. – In: WITTROCK, M. C. (Hrsg.): Handbook of research on teaching, 3 Ed. – New York.

BRÜGELMANN, H. (1972): Offene Curricula. – Zt. f. Pädagogik 1972, H. 1: 95–118.

BRÜGGEMANN, O. (1958): Philosophie im biologischen Unterricht. – In: BALLAUFF, TH. (Hrsg.): Philosophie im mathematischen und naturwissenschaftlichen Unterricht. – Heidelberg.

BRÜGGEMANN, O. (1967): Naturwissenschaft und Bildung. – Heidelberg.

BRÜLLOW, F. (1877): Der Unterricht in der Naturgeschichte. – Essen.

BRUNER, J. S. (1966). Towards a theory of instruction. – Cambridge.

BRUNER, J. S. (1970): Der Prozeß der Erziehung. – Düsseldorf.

BRUNER, J. S. (1973): Der Akt der Entdeckung. – In: NEBER, H. (Hrsg.): Entdeckendes Lernen. – Weinheim.

BSCS – BIOLOGICAL SCIENCES CURRICULUM STUDY (1968): High School Biology, Green version. – New York.

BUCK, P. (1992): Didaktik integrierten naturwissenschaftlichen Unterrichts. – In: RIQUARTS, K. et al. (Hrsg.): Naturwissenschaftliche Bildung in der Bundesrepublik Deutschland, Bd.III. – Kiel (IPN 125).

BÜNDER, W. & F. WIMBER (1997): BLK-Modellversuch: Praxis integrierter naturwissenschaftlicher Grundbildung. – Kiel (IPN).

BUND-LÄNDER-KOMMISSION FÜR BILDUNGSPLANUNG UND FORSCHUNGSFÖRDERUNG (1997): Gutachten zur Vorbereitung des Programms „Steigerung der Effizienz des mathematischen-naturwissenschaftlichen Unterichts". – Mat. z. Bildungsplanung u. z. Forschungsförderung Heft 60.

BÜNDER, W. (1998): Blk-Modellversuch beendet – PING lebt. – IPN-Blätter 15, H.1: 4–5.

BUNK, B. & J. TAUSCH (1980): Verhaltenslehre, Handbuch der Unterrichtsversuche. – Braunschweig.

BUSCHE, E. (1978): Vererbung bei Krupp, Krause und im Schulbuch oder warum und wozu reaktionäre Erblehre im Biologieunterricht. – In: BUSCHE, E. – B. MARQUARDT – M. MAURER (Hrsg.): natur in der schule. – Reinbek.

BUSCHE, E. – B. MARQUARDT – M. MAURER (1978) (Hrsg.): natur in der schule. – Reinbek.

BUSEMANN, L. (1905): Lebensbilder aus dem Tierreich. Entwürfe für den tierkundlichen Unterricht in der Volksschule auf biologischer Grundlage. – In: BETZ, K. O. & A. RUDE (Hrsg.): Der Bücherschatz des Lehrers. – Osterwieck.

CAMPBELL, N. (1999): Der Bio-Trainer. – Heidelberg.

CARR, S. (2000a): As distance education comes of age, the challenge is keeping the students. – The chronicle of Higher Education. – http://chronicle.com/free/v46/i23/ 23a00101.htm.

CARR, S. (2000b): Psych students learn more through distance but are less satisfied. – The Chronicle of Higher Education. – http://chronicle.com/free/2000/02/2000021401u.htm.

CARSEN, S. R. (1996): Foxes and Rabbits – and a Spreadsheet. – SSR 79: 129.

CHERIF, A. H. & C. H. SOMERVILL (1995): Maximizing Learning: Using Role Playing in the Classroom. – ABT 5: 28 – 33.

CHIAPPETTA; E. L. – G. H. SETHNA – D. A. FILLMANN (1991): A quantitative analysis of high school chemistry textbooks for scientific literacy themes and expository learning aids. – J. Res. Science Teach. 28: 939–951.

CLARK, R. E. & G. SALOMON (1986): Media in Teaching. – In: WITTROCK, M. C. (Hrsg.): Handbook of research on teaching, 3. Ed. – New York.

CLEFFMANN, G. (1979): Stoffwechselphysiologie der Tiere. – Stuttgart.

CLÉMENT, P. (1998): La biologie et sa didactique dix ans de recherche. – Aster 27: 57-89.

COLLETTE, A. T. & E. L. CHIAPETTA (1994): Science instruction in the Middle and Secondary Schools. – New York.

COMBER, L. & J. KEEVES (1973): Science education in 19 countries. – Stockholm.

COMMITTE ON HIGH-SCHOOL BIOLOGY EDUCATION NATIONAL RESEARCH COUNCIL (1990): Biology education in the nation's schools. – Washington.

CONDORET, A. (1973): L'animal et les étapes du dévelopment des l'enfant. – Paris.

COPEI, F. (1963): Der fruchtbare Moment im Bildungsprozeß. – Heidelberg.

COQUIDÉ-CANTOR, M. & C. V. BORGHT (1998): Des recherches en didactique de la Biologie: Finalités, problématiques, concepts et production (1988-1998). – Aster 27 : 96-117.

CORNELL, J. (1989): Flow learning. – In: NATURSCHUTZZENTRUM HESSEN (Hrsg.): Umwelt und Natur in der Lebenswelt der Kinder. – Wetzlar.

CORNELL, J. (1991): Mit Kindern die Natur erleben. – Mühlheim an der Ruhr.

COULTER, J. C. (1966): The effectiveness of inductive laboratory, inductive demonstration and deductive laboratory in biology. – J. Res. Science Teach. 4: 185–186.

COWARD, R. (1995): Nur Natur? Die Mythen der Alternativmedizin. – München.

CRAIG, N. L. (1963): Handbook of research in teaching. – Chicago.

DALLAS, D. (1980): Teaching biology today. – London.

DARWIN, CH. (1900): Die Entstehung der Arten. – Leipzig.

DAUMER, K. (1979): Klassische und molekulare Genetik. – In: FALKENHAN, H. H. (Hrsg.) (1970–1979): Handbuch der praktischen und experimentellen Schulbiologie. – Köln.

DAUMER, K. (1982): Bericht der Arbeitsgruppe „Lehrpläne für die Sekundarstufe II. – In: HEDEWIG, R. & D. RODI (Hrsg.): Biologielehrpläne und ihre Realisierung. – Köln.

DAUMER, K. (1988): Genetik. – München.

DE JONG, O. – F. KORTHAGEN – T. WUBBELS (1998): Research on science teacher education in europe: Teacher thinking and conceptual change. – In: FRASER, B. J. & K. G. TOBIN (Hrsg.): International Handbook of Science Education. – Dordrecht.

DE LANDSHEERE, V. (1991): Taxonomies of educational objectives. – In: LEWY, A. (Hrsg.): The international encyclopedia of curriculum. – Oxford.

DEMUTH, R. (1995): Naturwissenschaftlicher Unterricht am Scheideweg? – Prax. Chemie 44: 1f.

DE ROSNEY, J. (1979): Das Makroskop. – Reinbek.

DEUTSCHER BILDUNGSRAT (1970a): Empfehlungen der Bildungskommission zur Förderung praxisnaher Curriculumentwicklung. – Bonn.

DEUTSCHER BILDUNGSRAT (1970b): Strukturplan für das Bildungswesen. – Bonn.

DEUTSCHER VEREIN ZUR FÖRDERUNG DES MATHEMATISCHEN UND NATURWISSENSCHAFTLICHEN UNTERRICHTS (1989): Empfehlungen zur Lehrerausbildung in Mathematk und den Naturwissenschaften. – MNU 42, H. 3 (Beihefter).

DEUTSCHER VEREIN Z. FÖRDERUNG D. MATHEM. U. NATURW. UNTERRICHTS – MNU (2001): Biologieunterricht und Bildung. – MNU 54: Beihefter zu Heft 4.

DIAS DE BUSTAMANTE, J. & M. P. JIMÉNEZ ALEIXANDRE (1998): Interpretation and drawing of images in biology learning. – In: BAYRHUBER, H. & F. BRINKMANN (Hrsg.): What – Why – How? Research in Didaktik of Biology. – Kiel (ipn-materialien).

DIETRICH, G. (1962): Die Sicherung der Lernergebnisse im Biologieunterricht. – Berlin.

DIETRICH, G. (1976): Methodik – Biologieunterricht. – Berlin.

DÖRGES, A. (2001): Erfahrungen mit dem integrierten naturwissenschaftlichen Unterricht. – MNU 54:230-232.

DÖRING, N. (1995): Internet: Bildungsreise auf der Infobahn. – In: ISSING, L. J. & P. KLIMSA: Information und Lernen mit Multimedia. – Weinheim.

DÖRNER, D. (1992): Die Logik des Mißlingens – Hamburg.

DÖRNER, D. (1996): Der Umgang mit Unbestimmtheit und Komplexität und der Gebrauch von Computersimulationen. – In: DIEKMANN, A. & C. C. JAEGER (Hrsg.): Umweltsoziologie. – Köln.

DRIESCH, H. (1928): Philosophie des Organischen. – Leipzig.

DRUTJONS, P. (1973): Biologieunterricht – Erziehung zur Mündigkeit. – Frankfurt a. M.

DRUTJONS, P. (1982): Biologieunterricht 5–10. – Weinheim.

DRUVA, C. A. & R. D. ANDERSEN (1983): Science teacher characteristics by teacher behavior and by student outcome. – J. Res. Science Teach. 20: 467–480.

DUIT, R. & CH. VON RHÖNECK (1996): Lernen in den Naturwissenschaften. – Kiel (IPN).

DUIT, R. & J. MAYER (Hrsg.) (1999): Studien zur naturwissenschaftlichen Lern- und Interessensforschung. – Kiel (IPN 165).

DULITZ, B. & U. KATTMANN (1990): Bioethik – Fallstudien für den Unterricht. – Stuttgart.

DUMPERT, K. (1976): Eine Umfrage über die Verwendung lebender Organismen im Biologie- und Sachkundeunterricht an Schulen der Bundesrepublik. – Prax. Biol. 25: 57–68, 100–104.

DUNCKER, L. & W. POPP (1994) (Hrsg.): Kind und Sache – zur pädagogischen Grundlegung des Sachunterrichts. – München.

DÜPPERS, W. (1975): Wieweit ist der Biologieunterricht experimenteller Unterricht? – MNU 28: 197–199.

DÜRR, CH. (1986): Das Naturkundemuseum aus der Sicht von Schülern. Befragung von Schülern vor und nach Museums- und Ausstellungsbesuchen im städtischen Museum Schwäbisch-Gmünd. – In: HEDEWIG, R. & J. KNOLL (Hrsg.): Biologieunterricht außerhalb des Schulgebäudes. – Köln.

DYLLA, K. (1964/65): Schüler beobachten und experimentieren im zoologischen Garten. – MNU 17: 123–128

DYLLA, K. (1965): Methoden des Unterrichtens im Zoologischen Garten. – BU 1, H. 5: 52–65.

DYLLA, K. (1965/66): Ein für die Schule geeigneter Modellversuch zum Nachweis verschiedener Selektionsprinzipien. – MNU 18: 168–176.

DYLLA, K. (1972): Eine Untersuchung über die Transformierbarkeit moderner biologischer Erkenntnisse in den Unterstufenunterricht. – MNU 25: 37–46.

DYLLA, K. (1974): Zur Didaktik eines zeitgemäßen Biologieunterrichts – Zur Didaktik des Faches. – MNU 27: 139–144.

DYLLA, K. (1976): Zur Relevanz der Schülerinteressen für den Biologieunterricht auf der Orientierungsstufe. – Prax. Biol. 25: 312–329.

ECKERT, A. & H. GRIMME (1982): Lehrpläne der Sekundarstufe II und ihre inhaltliche Ausfüllung unter dem Gesichtspunkt der Gesundheitserziehung. – In: HEDEWIG, R. & D. RODI (Hrsg.): Biologielehrpläne und ihre Realisierung. – Köln.

ECKERT, G. (1980): Kenntnis biologischer Be-griffe bei Schülern nach Abschluß der Grundschulzeit – analysiert aufgrund eines Leistungstests. – Univ. Gießen, Examensarbeit Inst. f. Biologiedidaktik.

EINSIEDLER, W. (1997): Probleme und Ergebnisse der empirischen Sachunterrichtsforschung. – In: MARQUARDT-MAU, B. – W. KÖHNLEIN – R. LAUTERBACH (Hrsg.): Forschung zum Sachunterricht. – Bad Heilbrunn.

EINSIEDLER, W. & R. RABENSTEIN (1984): Grundlegendes Lernen im Sachunterricht der Grundschule. – Nürnberg.

ELLENBERGER, W. (Hrsg.) (1993): Ganzheitlich-kritischer Biologieunterricht. – Berlin.

ELLENBERGER, W. et al. (1988): Beiträge zur Weiterentwicklung des Biologieunterrichts, Hefte 1–3. – Hess. Inst. f. Lehrerfortbildung, Fuldatal.

ELLIS, H. (1965): The transfer of learning. – New York.

ENGEL, J. & P. KASBOHM (1988): Bearbeitungserfolge verbindlicher biologisch-orientierter Lehrplaneinheiten des Heimat- und Sachunterrichts. – SMP 16: 101–195.

ENTRICH, H. (1982): Stellungnahme und Thesen – Lehrpläne für die Sekundarstufe II: Das Verhältnis von Theorie und Praxis in der reformierten Oberstufe. – In: HEDEWIG, R. & D. RODI (Hrsg.): Biologielehrpläne und ihre Realisierung. – Köln.

ENTRICH, H. (1994): Wie biologisch muß der Biologieunterricht von heute sein? – Biol. Schule 43: 161–168.

ENTRICH, H. & H. U. GRAF (1984): Untersuchungen zum biologischen Wissen und zur Studienmotivation von Studienanfängern im Fach Biologie. – In: HEDEWIG, R. & L. STAECK (Hrsg.): Biologieunterricht in der Diskussion. – Köln.

ENTRICH, H. & L. STAECK (1992): Biologieunterricht in der Hauptschule. – In: RIQUARTS, K. et al. (Hrsg.): Naturwissenschaftliche Bildung in der Bundesrepublik Deutschland Band II. – Kiel.

ERAUT, M.R. (1991): Defining educational objectives. – In: LEWY, A.: The international encyclopedia of curriculum. – Oxford.

ERBER, D. & E. GÖTTERT (1981): Biologieunterricht im Naturkundemuseum – Eine Untersuchung zum Stand der Museumspädagogik. – MNU 34: 129.

ERBER, D. (1983): „Fertiges Insekt oder „Imago" ? Ein Beitrag zur Vereinheitlichung biologischer Begriffe. – MNU 36: 288– 294.

ESCHENHAGEN, D. (1974): Zur Situation der Grundschulbiologie in der Bundesrepublik Deutschland. – BU 10, H.1: 4–23.

ESCHENHAGEN, D. (1984): Untersuchungen zu Pflanzen- und Tierkenntnissen von Schülern. – In: HEDEWIG, R. & L. STAECK (Hrsg.): Biologieunterricht in der Diskussion. – Köln.

ESCHENHAGEN, D. (1990): Das Projekt, eine auch für den Biologieunterricht wichtige methodische Grundform. – In: KILLERMENN, W. & L. STAECK (Hrsg.): Methoden des Biologieunterrichts. – Köln.

ESCHENHAGEN, D. – U. KATTMANN – D. RODI (1985, 1993): Fachdidaktik Biologie. – Köln.

ESCHENHAGEN, D. – U. KATTMANN – D. RODI (1991): Umwelt, Bd. 8: Handbuch des Biologieunterrichts. – Köln.

ESCHENHAGEN, D. – U. KATTMANN – D. RODI (ab 1989): Handbuch des Biologieunterrichts. – Köln.

ESCHENHAGEN D. & V. LÄNGSFELD (1981): Biologie in der Grundschule im Lichte der Aussagen von Schülern des 5. Schuljahres. – NiUB 29: 71–77.

ESCHENHAGEN, D. & K. SCHILKE (1973): Untersuchungen zum biologischen Wissen von Studienanfängern. – Prax. Biol. 22: 253–263.

ESSER, H. (1972, 1978): Der Biologieunterricht. Handbuch der Realschulpädagogik. – Berlin.

ETSCHENBERG, K. (1979): Zielorientierter Biologieunterricht in der Sekundarstufe I. – Hamburg.

EULEFELD, G. (Hrsg.) (1981): Ökologie und Umwelterziehung. – Stuttgart.

EULEFELD, G. et al. (1975): Thesen zur Strukturierung des Biologiecurriculums. – In: KATTMANN, U. & W. ISENSEE (Hrsg.): Strukturen des Biologieunterrichts. – Köln.

EULEFELD, G. & K. JARITZ (Hrsg.) (1995): Umwelterziehung/Umweltbildung. – Kiel (IPN 146).

EULEFELD, G. & G. TROMMER (Hrsg.) (1981): Didaktik der Ökologie. – Köln.

EVANS, J.D. (1975):Technical terms in school textbooks of human biology. – J. Biol. Educ. 9: 118–122.

EVANS, J.D. (1976): The treatment of technical vocabulary in textbooks of biology. – J. Biol. Educ 10: 19–30.

EWERS, M. (1974): Bildungskritik und Biologiedidaktik. – Frankfurt a. M.

EWERS. M. (1978a): Einführung in die wissenschaftliche Didaktik. – texte zur mathem.-naturw. tech. forschung u. lehre 3: 1–28.

EWERS, M. (1978b): Geschichte der Naturwissenschaft und Unterricht – Paradigma Biologie. – texte zur mathem.-naturw. tech. forschung u. lehre 3: 127–140.

FAHRENBERGER, G. (1972): Biologische Aspekte im Sachunterricht der Grundschule. – In: HESSISCHES INSTITUT FÜR LEHRERFORTBILDUNG: Protokoll der Lehrgänge F 696, F 724 der Zweigstelle Frankfurt a. M.

FALKENHAN, H. H. & D. MÜLLER-SCHWARZE (1976): Biologische Quellen. – In: FALKENHAN, H. H. (Hrsg.): Handbuch der praktischen und experimentellen Schulbiologie, Bd. 5. – Köln.

FALKENHAN, H. H. (Hrsg.) (1970/1979): Handbuch der praktischen und experimentellen Schulbiologie. – Köln.

FALKENHAUSEN, E. v. (1971): Das Experiment im Biologieunterricht. – MNU 24: 108–111.

FALKENHAUSEN, E. v. (1979): Leistungsmessung im Biologieunterricht. – In: FALKENHAN, H. H. (Hrsg.): Handbuch der praktischen und experimentellen Schulbiologie, Bd.1/I. – Köln.

FALKENHAUSEN, E. v. (1983): Abituraufgaben im Vergleich. – Prax. Biol. 32: 81–89.

FALKENHAUSEN, E. v. (1988): Wissenschaftspropädeutik im Biologieunterricht. – Köln.

FALKENHAUSEN. E. v. (2000): Biologieunterricht – Materialien zur Wissenschaftspropädeutik. – Köln

FALKENHAUSEN, E. v. et al. (1992): 50 neue Abituraufgaben Biologie. – Köln.

FALLER, A. (1976): Der Korper des Menschen. – Stuttgart.

FEUSTEL, H. (1978): Biologieunterricht im Naturkunde-Museum. – In: FALKENHAN, H. H. (Hrsg.): Handbuch der praktischen und experimentellen Schulbiologie, Bd. 1/II. – Köln.

FINKE, E. (1998): Interesse an Humanbiologie und Umweltschutz in der Sekundarstufe I – Empirische Untersuchung zu altersbezogenen Veränderungen und Anregungsfaktoren. – Hamburg (Diss. Univ. Gießen).

FISCHER, A. (1996): Erkenntnisse und Erlebnisse im Wald zur Differenzierung von Wissen und Einstellung. – Marburg (Staatsexamensarbeit Univ. Marburg).

FISCHER, T. (1995): Theoretische Überlegungen zu Methoden und Instrumenten empirischer Forschung in der Erlebnispädagogik. – Zt. Erlebnispäd. 15, H. 5: 1–70.

FISCHBACH, U. (1991): Vermittlung von Artenkenntnissen in der Grundschule mit Hilfe von Lehrererzählung und Schülerarbeitsblatt. – Gießen (Staatsexamensarbeit Univ. Gießen).

FIUCZYNSKI, D. (1977): Berliner Abiturthema in Biologie. – Schr. MNU H. 22.

FLITNER, W. (1959): Hochschulreife und Gymnasium. – Heidelberg.

FLÖRKE, W. (1967): Unfallverhütung im naturwissenschaftlichen Unterricht. – Heidelberg.

FÖLLING-ALBERS, M. et. al. (Hrsg.) (2001): Kindheitsforschung, Forschung zum Sachunterricht. – Jahrbuch Grundschule III. – Frankfurt a. M. (Grundschulverband).

FÖLLING-ALBERS, M. (1995): Interessen von Grundschulkindern. – Grundschule 27: 24-26.

FORRESTER, J.W. (1968): Principles of Systems. – Cambridge.

FRANK, W. (1977): Biologieunterricht bei Lernbehinderten. – Donauwörth.

FRANK, W. (1978): Biologie ist kein Nebenfach. – In: BAIER, H. (Hrsg.): Unterricht in der Schule für Lernbehinderte. – Donauwörth.

FRANK, W. (1985): Vorschläge zur Neugestaltung des amtlichen Biologielehrplans der Schulen für Lernbehinderte. – Behindertenpädagogik in Bayern 28: 321–324.

FRANK, W. (1990): Konzept zum Biologieunterricht an der Schule für Lernbehinderte. – In: KILLERMANN, W. & L. STAECK (Hrsg.): Methoden des Biologieunterrichts. – Köln.

FRASER, B. J. (1998): Science learning environments: assessment, effects and determinants. – In: FRASER, B. J. & K. G. TOBIN (Hrsg.): International Handbook of Science Education. – Dordrecht.

FRASER, B. J. & K. G. TOBIN (Hrsg.) (1998): International Handbook of Science Education. – Dordrecht.

FREY, K. & K. BLÄNSDORF (1974): Integriertes Curriculum Naturwissenschaft. – Weinheim.

FREY, K. (1974): Integrierter Naturwissenschaftlicher Unterricht in der Bundesrepublik Deutschland; Beitrag für das Symposion über „An Interdisciplinary Approach Towards the Teaching of Science Subjects at the Secondary Level“, 8.14.8.1974. – Straßburg (Europarat).

FREY, K. (1980): Curriculum – Lehrplan. – In: ROTH, L. (Hrsg.): Handbuch zur Didaktik der Schulfächer. – München.

FREYER. M. (1995): Von mittelalterlicher Medizin zum modernen Biologieunterricht. – Passau.

FREYTAG, K. (1973): Schulversuche zur Bakteriologie. – Köln.

FREYTAG, K. – G. HAGENS – E. THOMAS (1974): Die naturwissenschaftlichen Fächer Physik, Chemie und Biologie. – In: AHRENS, E. (Hrsg.): Einführung in die Schulpraxis. – Heidelberg.

FÜLLER, F. (1992): Biologische Unterrichtsexperimente – Bedeutung und Effektivität. – Münchner Schr. zur Didaktik der Biologie 8.

GAGNÉ, R. M. (1973): Die Bedingungen menschlichen Lernens. – Hannover.

GAPSKI, H. (1998): Lernen in der Informationsgesellschaft. – Spektrum der Wissenschaft Dossier: Die Welt im Internet. – Heidelberg.

GARDNER, P. L. (1969): Prerequisite concepts and principles for High School biology. – J. Biol. Educ. 3: 11–16.

GARDNER, P. L. (Hrsg.) (1975): The structure of science education. – Victoria (Australien).

GARLICHS, A. – D. KNAB – F.E. WEINERT (Hrsg.) (1983): CIEL II, Fallstudie zu einem Förderungsprogramm der Stiftung Volkswagenwerk zur Elementarerziehung. – Göttingen.

GÄRTNER, H. (1976): Bibliographie Sachunterricht der Primarstufe. – Paderborn.

GEBHARD, U. (1994): Kind und Natur. – Stuttgart.

GEHLHAAR, K.-H. (1980): Möglichkeiten der Gestaltung von Arbeitsblättern zur Festigung der Lernergebnisse. – Biol. Schule 29: 63–68.

GEHLHAAR, K.-H., G. KLEPEL & K. FRANKHÄNEL (1999): Analyse der Ontogenese der Interessen an Biologie, insbesondere an Tieren und Pflanzen, an Humanbiologie und Natur- und Umweltschutz. – In: DUIT, R. & J. MAYER (Hrsg.): Studien zur naturwissenschaftlichen Lern- und Interessensforschung. – Kiel (IPN 165).

GEHRECKE, S. & C. MOHR (1973): Naturlehre in der Schule für Lernbehinderte. – Berlin.

GERDES, H. (1997): Lernen mit Text und Hypertext. – Lengerich.

GERHARDT-DIERCKSEN, A. (1995): Mehr Formenkunde im Biologieunterricht?! – In: MAYER, J. (Hrsg.): Vielfalt begreifen – Wege zur Formenkunde. – Kiel.

GERHARDT, A. & CH. PIEPENBROCK (1992): Untersuchungen zu Alltagsvorstellungen von Schülern im Biologieunterricht der Sekundarstufe I. – In: ENTRICH, H. & L. STAECK (Hrsg.): Sprache und Verstehen im Biologieunterricht. – Alsbach.

GERNER, B. (1966): Das exemplarische Prinzip. – Darmstadt.

GENSCHEL, R. (1951): Naturkundlicher Arbeitsunterricht. – Berlin.

GIBAS, H. (1981): Unterrichtsplanung im Sinne kritisch-kommunikativer Didaktik; Entwurf einer Planungsmatrix. – In: TWELLMANN, W. (Hrsg.): Handbuch Schule und Unterricht, Bd. 4.2. – Düsseldorf.

GIRODAN, A. (1996): Learning beyond constructivism. – In: GIORDAN, A. & Y. GIRAULT (Hrsg.): The new learning models. – Nice.

GIORDAN, A. (1998): Modes of thinking and learning. – In: BAYRHUBER, H. & F. BRINKMANN (Hrsg.): What – Why – How? Research in Didaktik of Biology. – Kiel (ipn-materialien).

GIORDAN, A. & Y. GIRAULT (Hrsg.) (1996): The new learning models. – Nice.

GLÖCKEL, H. (Hrsg.) (1992): Vorbereitung des Unterrichts. – Bad Heilbrunn.

GLYNN, S. M. & R. DUIT (Hrsg.) (1995): Learning science in the schools: Research reforming practice. – New Jersey (USA).

GOEKRE, H. (1989): Carl von Linné. – Stuttgart.

GRAEBER, C. (1907): Ideal-Schulgärten im XX. Jahrhundert. – Frankfurt/Oder.

GRAEF; J. P. (1994): Lernen durch Lehren. – Rimbach.

GRÄSEL, C. (2000): Gestaltung problemorientierter Lernumgebung. – In: BAYRHUBER, H. & U. UNTERBRUNNER (Hrsg.): Lehren und Lernen im Biologieunterricht. – Forschungen z. Fachdidaktik 1 (Wien).

GRAF, D. (1986): Begriffsbildung im Biologieunterricht am Beispiel der Begriffe „Ernährung" und „Verdauung" – MNU 39: 335– 341.

GRAF, D. (1989a): Begriffslernen im Biologieunterricht der Sekundarstufe I. – Frankfurt a. M.

GRAF, D. (1989b): Anwendung der Mapping-Methode zur Begriffsvermittlung und Begriffsüberprüfung am Beispiel der Unterrichtseinheit „Ernährung und Verdauung" für die Klassen 5/6. – MNU 42: 427–432.

GRAF, D. (1995) Vorschläge zur Verbesserung des Begriffslernens im Biologieunterricht – ein Literaturvergleich. – MNU 48: 341–345, 392–395.

GRAF, D. (1997): Biologen und Internet – Das World Wide Web als Informationsquelle. – Biologen heute o. Jg., H. 430: 5 – 7.

GRAF, D. (1998b): Häufigkeitslisten biologischer Begriffe in Schulbüchern. – Bonn.

GRAF, D. (1999): Parawissenschaften – ein Thema für den Biologieunterricht? – MNU 52: 170–174.

GRAF, D. (2001): Das Internet und der Biologieunterricht. – MNU 54: 4–9.

GRAF, D. & K.-H. BERCK (1998): Das Sequenzierungsproblem von Inhalten für den Biologieunterricht. – MNU 51: 135–141.

GRAF, D. – M. MÖLTGEN – E. SCHORR (1992): Regelkreise (Software zu LINDER Biologie: Lehrbuch für die Oberstufe – mit Handbuch). – Duisburg.

GRAF, D. & R. KLEE (1999): Online-Lernen mit Studierenden. – Ber. IDB Münster 8: 43-52.

GRAF, H. U. (1994): Die Realität des Biologieunterrichts unter dem Einfluß unterrichtsbestimmender Faktoren. – Bremen (Diss. Fachbereich Biologie/Chemie, Univ. Bremen).

GREBER, E. & W. GREBER (1996): Phänomen Leben. – UB 211: 4–13.

GRELL, J. (1981): Das Lehrerverhalten und seine Auswirkungen auf die Schüler. – In: TWELLMANN, W. (Hrsg.): Handbuch für Schule und Unterricht, Bd.1. – Düsseldorf.

GRELL, J. (1999): Direktes Unterrichten. – In: WIECHMANN, J. (Hrsg.): Zwölf Unterrichtsmethoden. – Weinheim.

GRELL, J. & M. GRELL (1987): Unterrichtsrezepte. – Weinheim.

GRIESEL, H. (1980): Mathematik. – In: ROTH, L. (Hrsg.): Handlexikon zur Didaktik der Schulfächer. – München.

GRODDECK, N. (1983): Offener Unterricht. – In: Enzyklopädie Erziehungswissenschaft Bd. 8. – Stuttgart.

GRÖNKE, O. (1991): Gesetzmäßigkeiten in der Biologiedidaktik? – In: LEPEL, W. & U. KATTMANN (Hrsg.): Sprache, Begriffe und Gesetze in der Biologiedidaktik. – Oldenburg (Univ. Oldenburg).

GROOTHOF, H. H. & M. STALLMANN (Hrsg) (1971): Neues Pädagogisches Lexikon. – Stuttgart.

GROPENGIESSER, I. (1992): Neue Zeiten der Cholera. – UB 176: 16.

GROTE, A. (1998): Versuchstier Computer. – c't H. 1: 60 – 63.

GRÜMANN, R. (2000): Deutsche Schulen forschen für die Umwelt. – MNU 53: 111–113.

GRUPE, H. (1921): Natur und Unterricht – Eine Wegweisung im Sinne der Arbeits- und Heimatschule. – Frankfurt a. M.

GRUPE, H. (1951): Naturkundliches Arbeitsbuch. – Frankfurt a. M.

GRUPE, H. (1952): Kinder begegnen der Natur. – Stuttgart.

GRUPE, H. (1963): Naturkundliches Wanderbuch. – Frankfurt a. M.

GRUPE, H. (1977): Biologie-Didaktik. – Köln.

GUENTHER, K. (1919): Der Naturschutz. – Stuttgart.

GUICHARD, J. (1996): Can children learn in an exhibition? – In: GIORDAN, A. & Y. GIRAULT (Hrsg.): The new learning models. – Nice.

GUTH, S. (1990): Tier- und Pflanzenmonographien als Methode zur Verbesserung der Artenkenntnis bei Grundschülern. – Gießen (Staatsexamensarbeit Univ. Gießen).

HAECKEL, E. (1902 [1899]): Die Welträtsel. Gemeinverständliche Studien über Monistische Philosophie. – Leipzig.

HÄFNER, P. (1977): Testmodelle zur objektivierten Leistungsmessung. – MNU 30: 460–464.

HAGE, K. et al. (1985): Das Methoden-Repertoire von Lehrern. – Opladen.

HAGMÜLLER, P. (1985): Einführung in die Unterrichtsvorbereitung. – Düsseldorf.

HAHN, M. (1983). Zum Einsatz von Arbeitsblatt und Schulbuch. – NiUB 31: 165–170.

HAINZ, M.R. (1983): Verhaltensbiologische Aspekte zum Sport. – Prax. Biol. 32: 312–320.

HALBACH, U. (1977): Modelle in der Biologie. – In: SCHAEFER, G. – G. TROMMER – K. WENK (Hrsg.): Denken in Modellen. – Leitthemen Beitr. z. Didaktik Naturw. 2/77.

HALBACH, U. (1979): Modelle und Modellvorstellungen in der Biologie. – In: FALKENHAN, H. H. (Hrsg.): Handbuch der praktischen und experimentellen Schulbiologie, Bd. 1/I. – Köln.

HANCOCK, J. M. (1988a): Junior- und senior-highschool biology courses. – Portland (USA).

HANCOCK, J.M. (1988b): Project starters for biology classes. – Portland (USA).

HANSEL, T. (1981): Projektunterricht – didaktischer Ort und unterrichtliche Realisation. – In: TWELLMANN , W. (Hrsg.): Handbuch für Schule und Unterricht, Bd. 4.1. – Düsseldorf.

HANSEN, K.-H. & M. LANG (1993): Computer in der Schule. – Kiel.

HAPPEL, M. (1997): Begriffsverwendung im Sachunterricht der Primarstufe. – Eine empirische Untersuchung. – Gießen (Staatsexamensarbeit Inst. f. Biologiedidaktik).

HARLEN, W. (1998): Teaching for understanding in Pre-Secondary Science. – In: FRASER, B. J. & K. G. TOBIN (Hrsg.): International Handbook of Science Education. – Dordrecht.

HARLEN, W. (2001): Research in primary science education. – J. Biol. Educ.35: 61-65.

HARTKOPF, G. & E. BOHNE (1983): Umweltpolitik I. – Opladen.

HARTMANN, M. (1956): Einführung in die Allgemeine Biologie. – Berlin.

HASEBROOK, J. (1995): Multimedia – Psychologie. – Heidelberg.

HASSENSTEIN, B. (1954): Abbildende Begriffe. – Verh. d. Deutschen Zoolog. Ges. 1954: 197–202.

HASSENSTEIN, B. (1967a): Erklären und Verstehen in den Naturwissenschaften. – Freiburger Dies Universitatis 14.

HASSENSTEIN, B.(1967b): Biologische Kybernetik. – Heidelberg.

HAUG, E. et al. (o. J.): Erfahren und Begreifen – ein Sachbuch für die Grundschule, 1. Schuljahr. – München.

HÄUSSLER, P. (1976): Ansätze zu einem integrierten Curriculum Naturwissenschaften. – In: BLOCH, J. R. et al. (Hrsg.): Curriculum Naturwissenschaft. – Köln.

HAVEL, P. D. (1995): Assignments: an important means of learning subject matter and the writing process. – ABT 57: 330–334.

HECKHAUSEN, H. (1968): Förderung der Lernmotivation und der intellektuellen Tüchtigkeit. – In: ROTH, H. (Hrsg.): Begabung und Lernen. – Stuttgart.

HEDEWIG, R. (1990): Bericht der Arbeitsgruppe „Experimentieren im Biologieunterricht". – In: KILLERMANN, W. & L. STAECK (Hrsg.): Methoden des Biologieunterrichts. – Köln.

HEDEWIG, R. (1993): Biologieunterricht und Projekte. – UB 188: 4–12.

HEDEWIG, R. (1994): Theorie und Praxis interdisziplinärer Projekte im Biologieunterricht der alten Bundesländer. – In: BAYRHUBER, H. et al. (Hrsg.): Interdisziplinäre Themenbereiche und Projekte im Biologieunterricht. – Kiel (IPN).

HEDEWIG, R. (1995): Die Vermittlung von Formenkunde bei überwiegend allgemeinbiologischer Orientierung des Unterrichts. – In: MAYER, J. (Hrsg.): Vielfalt begreifen – Wege zur Formenkunde. – Kiel.

HEDEWIG, R. (1998): Die Entwicklung der Biologielehrpläne in Deutschland. – Schriften MNU 59: 33-39.

HEDEWIG, R. & J. KNOLL (Hrsg.) (1986): Biologieunterricht außerhalb des Schulgebäudes. – Köln.

HEDEWIG, R. & D. RODI (Hrsg.) (1982): Biologielehrpläne und ihre Realisierung. – Köln.

HEDEWIG, R. & L. STAECK (1984) (Hrsg.): Biologieunterricht in der Diskussion. – Köln.

HEDEWIG, R. & W. STICHMANN (1988): Biologieunterricht und Ethik. – Köln.

HEDGES, L. V. – R. M. GIACONIA – N. L. GAGE (1981): Meta-analysis of the effect of open and traditional instruction. – Stanford (USA).

HEGELE, I. (1999): Stationenarbeit. Ein Einstieg in den offenen Unterricht. – In: HEGELE, I. (Hrsg.): Lernziel: Stationenarbeit. – Weinheim.

HEIMANN, P. – G. OTTO – W. SCHULZ (1970): Unterricht – Analyse und Planung. – Hannover.

HEINTEL, P. (1978): Modellbildung in der Fachdidaktik. – Klagenfurter Universitätsreden, Heft 7/8.

HEINZEL, I. (1988): Der Beitrag des Biologieunterrichts zur Verhaltensbildung unserer Schüler – dargestellt am Beispiel der Aneignung von Normen. – In: ZABEL, E. (Hrsg.): Auswahl von Vorträgen des III. Symposiums zur Methodik des Biologieunterrichts. – Greifswald.

HEINZEL, I. & F. SCHUBERT (1969): Das Bilden von Begriffen. – Wiss. Zt. Univ. Jena mathem./ naturw. 18: 461–469.

HELL, P. (1980): Das Arbeitsblatt im Biologieunterricht. – Päd. Welt (ohne Bandnr.) S. 182–187.

HELLBERG-RODE, G. (1992): Schulgärten und naturnah gestaltete Schulgelände. – Ber. Inst. Didaktik Biol. Univ. Münster 1: 101–115.

HELLER, A. & R. SEMMERLING (1983): Das ProWo-Buch – Leben, lernen, Arbeiten in Projekten und Projektwochen. – Königstein.

HELLER, K. (1975): Leistungsbeurteilung in der Schule. – Heidelberg:

HELM, H. & J. D. NOVAK (1983): Proceedings of the international seminar: Misconceptions in science and mathematics. – Ithaca (USA).

HEMMER, P. (1979): Ein Punktsystem zur Leistungsbewertung im Biologieunterricht der Sekundarstufe I. – MNU 32: 173–175.

HENDEE, J. C. et al. (1968): Wilderness users in the pacific northwest – their characteristics, values and management preferences. – U.S. Department Agric. Forest Service Research Paper PNW 61. – Portland (USA).

HENSLE, U. (1979): Einführung in die Arbeit mit Behinderten. – Heidelberg.

HENTIG, H. v. (1993): Schule neu denken. – München.

HERRMANN, N. (1969): Film und Lichtbild im Biologieunterricht. – BU 5, H.3: 35–49.

HESSE, M. (1984): Empirische Untersuchungen zum Biologie-Interesse bei Schülern der Sekundarstufe I. – NiUB 32: 344–350.

HESSE, M. (2000): Erinnerungen an die Schulzeit – Ein Rückblick auf den erlebten Biologieunterricht junger Erwachsener. – ZfDN 6: 187-201.

HESSE, M. & J. LUMER (2000): Was blieb von der Schule? – Ber. IDB Münster 9: 27-40.

HESSISCHE BEITRÄGE ZUR SCHULREFORM (1950): II. Bericht des Ausschusses für Biologie. 2. Jg., H. 9.

HESSISCHER KULTUSMINISTER (o. J. [1972]): Rahmenrichtlinien Sekundarstufe I, Biologie. – Wiesbaden.

HESSISCHER KULTUSMINISTER (Hrsg.) (1976): Rahmenrichtlinien Primarstufe Sachunterricht – naturwissenschaftlich-technischer Aspekt. – Amtsbl. Hess. Kultusm. 1976, Nr. 3.

HESSISCHER KULTUSMINISTER (1983): Ausbildungspläne für die pädagogische Ausbildung für die Lehrämter, Teil I. – Wiesbaden.

HESSISCHES KULTUSMINISTERIUM (1978): Rahmenlehrpläne für die Schule für Lernbehinderte Biologie. – Amtsblatt des Hessischen Kultusministers 11/31: 1–32.

HESSISCHES KULTUSMINISTERIUM (1996): Rahmenplan Sachunterricht – Schule für Lernhilfe. – Wiesbaden.

HEUBGEN, G. (1987): Verbesserung der Lernfähigkeit – Hilfen zum Problemlösen. – Prax. Biol. 36, H.1: 33–37.

HIERING, P. G. (1990): Computersimulation im Biologieunterricht – Möglichkeiten und Grenzen. – In: KILLERMANN, W & L. STAECK (Hrsg.): Methoden des Biologieunterrichts. – Köln.

HIERING, P.G. (1997): Versuche mit Bakterien – Realexperimente und Computersimulation. – UB 221: 40–43.

HIGHET, G. (1956): The art of teaching. – New York.

HILLS, G. (1982): Misconceptions misconcieved? – In: HELM, H. & J. D. NOVAK : Proceedings of the international seminar: Misconceptions in science and mathematic. – Ithaca (Cornell Univ.).

HÖBEL-MEVERS, M. et al. (1976): Offenes Curriculum als Konstruktion im Handlungsfeld. – Ahrensburg b. Hamburg.

HODSON, D. (1985): Philosophy of science, science and science education. – Studies Science Education 12: 25–57.

HÖLZENBEIN, St. (1998): HyperLAB – ein offenes Internet-Projekt für die Biologie. – MNU 51: 478-484.

HOFER, H. & G. ALTNER (1972): Die Sonderstellung des Menschen. – Stuttgart.

HOFER, M. (1981): Lehrer-Schüler-Interaktion. – In: SCHIEFELE, H. & A. KRAPP (Hrsg.): Handlexikon zur Pädagogischen Psychologie. – München.

HOFFMANN, J. (1986): Die Welt der Begriffe. – Weinheim.

HOFFMANN, L. & M. LEHRKE (1985): Eine Zusammenstellung erster Ergebnisse aus Querschnittserhebungen 1984 über Schülerinteressen an Physik und Technik vom 5. bis 10. Schuljahr. – Kiel (IPN).

HÖFLING, O. (1960/61): Neugestaltung der Oberstufe der Gymnasien. – MNU 13: 275–276.

HOFSTÄTTER, P. & D. WENDT (1983): Intelligenzförderung durch Spiele. – In: GARLICHS, A. – D. KNAB – F.E. WEINERT (Hrsg.): CIEL II, Fallstudie zu einem Förderungsprogramm der Stiftung Volkswagenwerk zur Elementarerziehung. – Göttingen.

HOPMANN, S. & K. RIQUARTS (1995): Didaktik and/or Curriculum: basic problems of comparative didaktik. – In: HOPMANN, S. & K. RIQUARTS (Hrsg.): Didaktik and/or Curriculum. – Kiel (IPN 147).

HÖRMANN; M. (1965): Methodik des Biologieunterrichtes. – München.

HORNEMAN, G. (1993): Umweltinterpretation in den USA. – In: ANT, H. & A. STIPPROWEIT (Hrsg.): Beiträge zur Geschichte und Didaktik der Biologie. – Frankfurt am Main.

HORWITZ, R. A. (1979): Psychological effects of open classroom. – Rev. Educ. Res. 49: 71–86.

HOSTE, R. (1971): A bibliography of biology teaching method. – J. Biol. Educ. 5: 67–70.

HOWIE, T. R. (1974): Indoor or outdoor environmental education? – J. Environm. Educ. 6: 32–36.

HUBER, G. L. (1970): Begriffsbildung im Unterricht. – Empirische Untersuchung über Denkprozesse bei Schülern. – München.

HÜBNER, H. (1993): Die schriftliche Reifeprüfung im Spiegel exemplarischer Arbeit. – Biol. Schule 42: 61–68.

HUND, W. (1995): Okkultismus – Materialien zur kritischen Auseinandersetzung. – Mülheim/Ruhr.

HUNGERFORD, H. R. & T. L. VOLK (1990): Changing learner behavior through environmental education. – J. Environm. Educ. 21: 8–21.

IMMELMANN, K. et al. (1988): Psychobiologie – Grundlagen des Verhaltens. – Stuttgart.

INGENKAMP, K. (1985): Lehrbuch der pädagogischen Diagnostik. – Weinheim.

INGENSIEP, H. W. (1994): Möglichkeiten und Grenzen der Evolutionären Erkenntnistheorie. – In: BAYRHUBER, H. et al. (Hrsg.): Interdisziplinäre Themenbereiche und Projekte im Biologieunterricht. – Kiel (IPN).

INSTITUTE OF BIOLOGY LONDON (1989): Biological nomenclature. – London.

IRRGANG, B. (1997): Forschungsethik, Gentechnik und neue Biotechnologie. – Stuttgart.

ISSING, L. J. & P. KLIMSA (Hrsg.) (1995): Information und Lernen mit Multimedia. – Weinheim.

IWON, W. (1992): Formenlernen im Freiland und im Klassenraum. – UB 172: 43.

JAENICKE, J. & W. JUNGBAUER (Hrsg.) (1987): Klausur- und Abiturtraining Biologie. – Köln.

JAHN, I. – R. LÖTHER – K. SENGLAUB (1985): Geschichte der Biologie. – Berlin.

JANK, W. & H. MEYER (1993): Didaktische Modelle. – Heidelberg.

JANSSEN, W. (1984): Naturschutzerziehung im Naturkundemuseum. – In: BERCK, K.-H. & J.

Weiss (Hrsg.): Naturschutz – Thema des Biologieunterrichts. – Wetzlar (Naturschutzzentrum Hessen).

Janssen, W. (1988): Naturerleben. – UB 137: 2–7.

Jessberger, R. (1990): Kreationismus – Kritik des modernen Antievolutionismus. – Berlin.

Jörg, W. (1982): Fachdidaktik Physik – Technizistisches Mißverständnis oder liebenswerte Marotte? – In: Fischler, H. (Hrsg.): Lehren und Lernen im Physikunterricht. – Didaktik der Naturw. 8. – Köln.

Jüdes, U. & K. Frey (Hrsg.) (1993): Biologie in Projekten. – Köln.

Jung, W. (1978): Geschichte der Naturwissenschaften im naturwissenschaftlichen Unterricht. – texte zur mathem.-naturw. tech. forschung u. lehre 3: 29–54.

Junge. F. (1885): Der Dorfteich als Lebensgemeinschaft. – Kiel.

Junker, R. & S. Scherer (1986): Entstehung und Geschichte der Lebewesen. – Gießen.

Jürgens, E. (1995): Leistung und Beurteilung in der Schule. – St. Augustin.

Jütte, R. (1997): Seuchen im Spiegel der Zeit. – Spektrum der Wissenschaft. Dossier: Seuchen, S. 6–13.

Kahlow, E. (Hrsg.) (1986): Grundwissen für Lehrer – Schulgartenunterricht. – Berlin.

Kaiser, A. (1997): Einführung in die Didaktik des Sachunterrichts. – Hohengehren.

Kaminski, G. (1965): Ordnungsstrukturen und Ordnungsprozesse. – In: Bergius, R. (Hrsg.): Allgemeine Psychologie I. – Göttingen.

Kant, I. (1949): Die drei Kritiken. Kröners Taschenausgabe Bd. 104. – Stuttgart.

Kasbohm, P. (1973): Schülergruppenexperimente zur Physiologie des Menschen. – Prax. Biol. 22: 291–302.

Kasper, H. (1980): Offener Unterricht in der Diskussion. – Grundschule 5: 62–66.

Kattmann, U. (1974): Der Mensch und die Tiere; IPN-Einheitenbank Biologie. – Köln.

Kattmann, U. (1980a): Bezugspunkt Mensch. Grundlegung einer humanzentrierten Strukturierung des Biologieunterrichts. – Köln.

Kattmann, U. (1980b): Fließgleichgewicht und Homöostase – Zur kybernetischen Beschreibung von Biosystemen I, II. – MNU 33: 202–209, 283–289.

Kattmann, U. et al. (1997): Das Modell der Didaktischen Rekonstruktion – Ein Rahmen für naturwissenschaftlich-didaktische Forschung und Entwicklung. – ZfDN 3, H. 1: 3–18.

Kattmann, U. & W. Isensee (Hrsg.) (1975): Strukturen des Biologieunterrichts. – Köln.

Kaufmann, W. (1984): Biologische Schulgärten. – Krefeld/Viersen (Deutscher Bund f. Vogelschutz).

Keckstein, R. (1981): Die Geschichte des biologischen Unterrichts in Deutschland. – biol. didac. 3, Heft 4 (Sonderheft).

Keil, S. (1974): Soziologische Aspekte. – In: Bundeszentrale für Gesundheitliche Aufklärung (Hrsg.): Sexualerziehung. – Stuttgart.

Kelle, A. & H. Sturm (1979): Pflanzen leicht bestimmt. – Bonn.

Kelle, A. & H. Sturm (1984): Tiere leicht bestimmt. – Bonn.

Keller, G. (1984): Lernen will gelernt sein! Ein Lerntraining für Schüler. – Heidelberg.

Kellert, S. R. (1980): American´s attidues and knowledge of animals. – Transactions of the 45th North American Wildlife a. Natural Resources Conference. – Washington (Wildlife Managament Institute).

Kellough, R. D. (1994): A resource guide for teaching: K-12. – New Jersey (USA).

Kelly, A. (1985): The development of girls' and boys' attitudes to science: a longitudinal study. – In: Lehrke, M. – L. Hoffmann – L. Gardner (Hrsg.): Interests in science and technology education. – Kiel (IPN).

Kerschensteiner, G. (1963): Wesen und Wert des naturwissenschaftlichen Unterrichts. – München.

Kerstan, Th. (1998): Mathe schockt. – DIE ZEIT Nr. 11 vom 5.3.1998.

Kettling, A. (1987): Möglichkeiten und Grenzen wissenschaftsorientierten Biologieunterrichts in Klasse 5 und 6 – eine empirische Untersuchung. – MNU 40: 237–243, 288–294.

Kiemstedt, H. (1967): Zur Bewertung der Landschaft für die Erholung. – Beitr. z. Landschaftspflege, Sonderh. 1.

Kiessling, F. & E. Pfalz (1888): Wie muß der Naturgeschichts-Unterricht sich gestalten, wenn er der Ausbildung des sittlichen Charakters dienen soll. – Braunschweig.

Kilger, U. (1981): Schul- und Lehrgärten. – München (Techn. Universität).

Killermann, W. (1979): Biologie in Unterrichtsmodellen für die Jahrgangsstufen 5–9. – Donauwörth.

Killermann, W. (1995): Biologieunterricht heute (10. Aufl.). – Donauwörth.

Killermann, W. (1996): Biology education in Germany: research into the effectiveness of different teaching methods. – Int. J. Science Educ. 18: 333–346.

Killermann, W. & A. Schmitt (1996): Unterricht mit Video oder Mikroskop? – ZfDN 2, H. 2:15-20.

KILLERMANN, W. & L. STAECK (1990): Methoden des Biologieunterrichts. – Köln.

KILLERMANN, W. & E. STÖHR (1980): Didaktische Vereinfachung, insbesondere Modellmethode im Biologieunterricht. – In: RODI, D. & W. BAUER (Hrsg.): Biologiedidaktik als Wissenschaft. – Köln.

KIRCHSHOFER, R. (1978): Biologieunterricht im zoologischen Garten. – In: FALKENHAN, H. H. (Hrsg.) (1970/79): Handbuch der praktischen und experimentellen Schulbiologie. – Köln.

KIRCHSHOFER, R. (1984): Naturschutzerziehung im Zoounterricht. – In: BERCK, K.-H. & J. WEISS (Hrsg.): Naturschutz – Thema des Biologieunterrichts. – Wetzlar (Naturschutz-zentrum Hessen).

KLAFKI, W. (1962): Analyse als Kern der Unterrichtsvorbereitung. – In: ROTH, H. & A. BLUMENTHAL (Hrsg.): Didaktische Analyse. – Hannover.

KLAFKI, W. (1971): Das Elementare, Fundamentale, Exemplarische. – In: GROOTHOFF, H. H. & M. STALLMANN (Hrsg.): Neues Pädagogisches Lexikon. – Berlin.

KLASSEN, TH. F. (1981): Eine Grundschule in England. – Gießen.

KLAUER, K. J. (Hrsg) (1978): Handbuch der pädagogischen Diagnostik. – Düsseldorf.

KLAUSING, O. (1968): Biologie in der Bildungsreform. – Weinheim.

KLAUSMEIR, H. J. & R. E. RIPPLE (1975): Moderne Unterrichtspsychologie 3 – Lernen und Lernerfolg. – München.

KLAUSS, B. & G. BRILLA (1985): Politik in Schulbüchern. – In: PÖGGELER, F. (Hrsg.): Politik im Schulbuch. – Schriftenr. Bundeszentr. f. politische Bildung Bd. 231.

KLAUTKE, S. (1974a): Kriterien zur Beurteilung von Schulbüchern für Biologie. – Blickpunkt Schulbuch H. 16: 30–32.

KLAUTKE, S. (1974b): Grundsätze für die Stoffauswahl und Anordnung in der Schulbiologie. – NiUB 22: 536–545.

KLAUTKE, S. (1980): Aktuelle Fragen des Biologieunterrichts in Grund- und Hauptschulen. – Päd. Welt 34: 130–139.

KLAUTKE, S. (1997) : Experimentieren im Biologieunterricht. – MNU 50: 323–329.

KLEE, R. (1997): Alle sind dafür, doch nur wenige handeln: Ein Dilemma des Natur- und Umweltschutzes. – Jb. Naturschutz in Hessen 2: 197–202.

KLEE, R. & S. VOGEL (1978): Temperaturmessung an einem „Laubwaldbodenmodell“ – Schülerversuch für den Sachunterricht zum Thema Frühblüher. – SMP 6: 61–63.

KLEIN, A. (1991): Ringen um die mathematisch-naturwissenschaftliche Bildung. – Bonn.

KLEIN, G. (1975): Kritische Analyse gegenwärtiger Konzeptionen der Sonderschule für Lernbehinderte. – In: BAIER, H. & G. KLEIN (Hrsg.): Aspekte der Lernbehindertenpädagogik. – Berlin.

KLEMM, J. (1974): Vergleichende Untersuchungen über den Pflanzenbegriff von Schülern. – Prax. Biol. 23: 13–22.

KLOPFER, L. E. (1971): Evaluation of learning in science. – In: BLOOM, B. S. – J. TH. HASTINGS – J. F. MADAUS (Hrsg.): Handbook on formative and summative evaluation of student learning. – New York.

KLUMPP, W. (1953): Das Grundphänomen in der Biologie. – MNU 6: 104–109.

KNIRSCH, R. (1986): Umwelterziehung in den USA. – Frankfurt a. M.

KNOLL, J. (1979): Biologieunterricht in der Grundschule. – Bad Heilbrunn.

KOBALA, T. R. & F. E. CRAWLEY (1990): A summary of research in Science Education. – Science Educ. 74: 315–333.

KOCH, H. (1960): Bildende Elemente im Biologieunterricht. – Frankfurt a. M.

KOCH, K. (1977): Kriterien zur Auswahl von Biologiebüchern für einen effektiven Unterricht. – UB 9: 47–49.

KOCHAN, B. & E. NEUHAUS-SIEMON (Hrsg.) (1979): Taschenlexikon Grundschule. – Königstein.

KOLLOTSCHEK, C. (1995): Mathematikunterricht – wozu? – MNU 48: 306–309.

KOSCHWITZ, H. (1985): Der Mikrocomputer im Biologieunterricht. – MNU 38: 487 – 501.

KOSCHWITZ, H. & J. WEDEKIND (1985): BASIC Biologieprogramme. – Stuttgart.

KOSSEL, A. (1997): Mehr Schulen ans Netz. – c´t H. 5: 48.

KRAMER, L. M. J. (1975): Teaching the Life Sciences. – London.

KRAPP, A. (1989): Neuere Ansätze einer pädagogisch orientierten Interessenforschung. – Zt. zu Theorie u. Praxis erziehungsw. Forschung 3: 233–255.

KRAPP, A. (1992): Das Interessenskonstrukt. – In: KRAPP, A. & M. PRENZEL (Hrsg.): Interesse, Lernen, Leistung. – Münster.

KRAPP, A. & M. PRENZEL (Hrsg.) (1992) : Interesse, Lernen, Leistung. – Münster.

KRATHWOHL, D. R. et al. (1973): Taxonomy of educational objectives II: Affektive Domain. – New York.

KRATHWOHL, D. R. – B. S. BLOOM – D. T. MILES (1964): Taxonomy of educational objectives:

The classifikation of Educational Goals, Handbook II: Affective Domain. – New York.

KREBS, A. (1997): Naturethik im Überblick. – In: KREBS, A. (Hrsg.): Naturethik. – Frankfurt a. M.

KREMER, A. (1985): Naturwissenschaftlicher Unterricht und Standesinteresse. – Reihe Soznat. Mythos Wissenschaft Bd.9 (Marburg).

KREMER, A. & L. STÄUDEL (1997): Zum Stand des fächerübergreifenden naturwissenschaftlichen Unterrichts in der Bundesrepublik Deutschland. – ZfDN 3, H. 1: 52–66.

KROH, O. (1956): Die veränderte Gesellschaft und ihr Einfluß auf die Erziehung. – In: [Ohne Hrsg.]: Erziehung wozu? – Stuttgart.

KRONER, B. & H. SCHAUER (1997): Unterricht erfolgreich planen und durchführen. – Köln.

KRÖNIG, M. (1997): Ökologie und Ethik. – Prax. Biol. 46, H.8: 39– 43.

KRÜGER, D. (2000): Evaluation der Gen-Welten-Ausstellung. - Ber. IDB Münster 9: 41–57.

KRUMWIEDE, D. (1982a): Schwerpunkt Biologie-Didaktik. – Mitt. VDBiol 292: 1345–1348.

KRUMWIEDE, D. (1982b): Trends im Biologieunterrichts der Sekundarstufe II – Versuch eines Überblicks über die Länderrichtlinien. – In: HEDEWIG, R. & D. RODI (Hrsg.): Biologielehrpläne und ihre Realisierung. – Köln.

KRUSE, H. (1997): Auf dem „ethischen Auge blind"? Ergebnisse einer Lehrerbefragung zum Thema „Ethik im Biologieunterricht". – Typoskript Erziehungsw. Fakultät Univ. Kiel (September 1997).

KUBLI, F. (1981): Piaget und Naturwissenschaftsdidaktik. – Didaktik der Naturw. 3 (Köln).

KUCHENBECKER, D. (1978): Naturwissenschaftlicher Unterricht in der UdSSR – Studien zur Bildungsforschung. – Husum.

KÜNZLI, R. & S. HOPMANN (1998): Zum Stand der empirischen Lehrplanforschung. – Chur.

KUGEMANN, W. F. (1967): Kopfarbeit mit Köpfchen. – München.

KUHN, K.- W. PROBST – K. SCHILKE (1986): Biologie im Freien. – Stuttgart.

KUHN, W. (1967a): Der aufrechte Gang des Menschen. – BU 3, H.1: 35–48.

KUHN, W. (1967b): Methodik und Didaktik des Biologieunterrichts. – Schriften für die Schulpraxis Bd. 22 (München).

KUHN, W. (1970): Exemplarische Biologie in Unterrichtsbeispielen, 1. Teil. – München.

KÜHNEMUND, H. (1993): Lebenswirklichkeit und Wissenschaft. – In: KÜHNEMUND, H. & H. D. FREY (Hrsg.): Lebenswirklichkeit und Wissenschaft I. – Tübingen (Arbeitsber. Naturw. 15: 7–15, DIFF).

KULIK, C. L. & J. A. KULIK (1991): Effectiveness of computer-based instruction: an updated analysis. – Computers in Human Behavior 7: 75 – 94.

KULIK, C. L. – J. A. KULIK – P. COHEN (1980): Effectiveness of computer-based college teaching – a meta analysis of findings. – Rev. Educ. Res. 50: 525 – 544.

KULTUSMINISTERKONFERENZ (1972): Vereinbarung zur Neugestaltung der gymnasialen Oberstufe. – Neuwied.

KULTUSMINISTERKONFERENZ (1975): Einheitliche Prüfungsanforderungen in der Abiturprüfung – Biologie. – Neuwied.

KULTUSMINISTERKONFERENZ (1978): Empfehlungen zur Arbeit in der Sekundarstufe II vom 7. Juli 1972. – Neuwied.

KUMERICS, M. (1984): Anleitung zur Entwicklung von Lernstrategien für den Biologieunterricht in der Sekundarstufe II. – Prax. Biol. 33: 97–117.

KÜNZLI, R. (1988): Von sinnlichen Vorstellungen zu deutlichen Begriffen. – Friedrich Jahresh. VI: 80–81.

KÜNZLI, R. & S. HOPMANN (1998): Zum Stand der empirischen Lehrplanforschung. – Chur.

KURTZ, P. (1996): Das Anwachsen der Wissenschaftsfeindlichkeit. – In: SHERMER, M. et al. (Hrsg.): Skeptisches Jahrbuch. – Aschaffenburg.

KUTZER, R. (1976): Zur Kritik gegenwärtiger Didaktik der Schule für Lernbehinderte. – Dissertation Univ. Marburg.

KUTZER, R. (1983): Mathematik entdecken und verstehen, Bd. 1: Lehrerband. – Frankfurt a. M.

LANDMANN, M. (1964): Philosophische Anthropologie. – Berlin.

LANGEHEINE, R. & J. LEHMANN (1986): Die Bedeutung der Erziehung für das Umweltbewußtsein. – Kiel (IPN).

LANGENOHL, H. (1976): Biologieunterricht an der Lernbehindertenschule. – Berlin.

LANGLET, J. (2001): Wider die Chemisierung des Biologieunterrichts. - MNU 54: 67.

LAUDENBACH, B. (1983): Materialien und Gedanken zum Problem der Lehrerarbeitslosigkeit. – Mitt. Bundesarbeitskr. Seminar- und Fachleiter 3/1983.

LAUMEYER, U. M. (2000): Lernen durch Lehren – Schüler halten Unterricht. – MNU 53: 179-183.

LAUTERBACH, R. & B. MARQUARDT (Hrsg.) (1982): Sachunterricht zwischen Alltag und Wissenschaft. – Frankfurt a.M.

LAUTERBACH, R. et al. (1991): Wie Kinder erkennen. – Kiel (IPN).

LAWSON, A. E. (1988): The aquisition of biological knowledge during childhood. – J. Res. Science Teach. 25: 185–199.

LAZAROWITZ, R. (1981): Correlations of Junior High School students' age, gender, and intelligence with ability in construction classification in biology. – J. Res. Science Teach. 18: 15–22.

LEHMANN, J. & K. SCHILKE (1987): Games and simulations in biology teaching. – In: UNESCO (Hrsg.): New trends in biology teaching, Vol. V. – Paris.

LEHRKE, M. – L. HOFFMANN – P. GARDNER (1985): Interests in science and technology education. – Kiel (IPN).

LEICHT, W. H. (1981): Repetitorium Fachdidaktik Biologie. – Bad Heilbrunn.

LEICHT, W. H. & K. HOCHMUTH (1979): Eine empirische Untersuchung über die Effektivität von Tonfilm und Lichtbild im Biologieunterricht. – NiUB 27: 65–69.

LEITNER, S. (1972): So lernt man lernen. – Freiburg.

LEMKE, W. (1948): Biologieunterricht – zur Methode und Praxis des Biologieunterrichts in der Grundschule. – Berlin.

LENTKE, H. M. (1974): Zur fachlichen Vorbildung der Referendare mit Biologiefakultas. – MNU 27: 344–349.

LENZEN, D. (1976): Offene Curricula – Leidensweg einer Fiktion. – Jb. Erziehungswissenschaften 1976: 138–162.

LEPEL, W. (1996): Begriffsbildung im Biologieunterricht – ein Rückblick auf die Greifswalder Forschungen zum Themenbereich „Organismengruppen". – MNU 49: 12-16.

LEPEL, W. & U. KATTMANN (Hrsg.) (1991): Sprache, Begriffe und Gesetze in der Biologiedidaktik. – Carl von Ossietzky Univ. Oldenburg.

LEPEL, W. (1997): Fachunterricht oder „Integrierter Naturwissenschaftlicher Unterricht"? – MNU 50: 243–244.

LEWY, A. (Hrsg.) (1991): The international encyclopedia of curriculum. – Oxford.

LIEB, E. (1986): Aufgaben des Biologieunterrichts. – Praxis Biol. 35: 45–47.

LIESENFELD, F. J. (1979): Ein methodischer Vorschlag zum Unterricht über Vogelstimmen in Klasse 6. – BU 15, H.1: 48–56.

LIND, G. (1992): Physikunterricht und formale Bildung. – MNU 45: 108–113.

LINDER, H. (1950): Arbeitsunterricht in Biologie. – Stuttgart.

LINDNER-EFFLAND, M. (1997): Messung von Nervenaktivitäten mit dem Computer. – UB 221: 19–22.

LINNÉ, C.V. (1964): Lappländische Reise. – Frankfurt a. M.

LITT, TH. (1954): Naturwissenschaft und Menschenbildung. – Heidelberg.

LITT, TH. (1955/56): Selbstbewußtsein und Grenzbewußtsein der Naturwissenschaften. – MNU 8: 250 – 259.

LOHMANN, K. (1987): Die schriftliche Unterrichtsplanung in der zweiten Staatsprüfung aus der Sicht der Hochschule und der didaktischen Theorie. – Mitt. Bundesarbeitskreis Seminar-Fachleiter 1987, H. 4: 7–23.

LOIDL, E. (1980): Schulbücher für den Biologieunterricht. – Erziehung u. Unterricht (o. Jg.): 690–695.

LORD, T. R. (2001): 101 reasons for using Kooperative Learning in Biology teaching. – ABT 63: 30-38.

LÖW, R. (1980): Philosophie des Lebendigen. – Frankfurt a.M.

Löwe, B. (1990): Biologische Arbeitsweisen im Spiegel der Schülerinteressen. – In: KILLERMANN, W. & L. STAECK (Hrsg.): Methoden des Biologieunterrichts. – Köln.

LÖWE, B. (1992a): Biologieunterricht und Schülerinteresse an Biologie. – Schriftenr. Päd. Hochschule Heidelberg Bd.9.

Löwe, B. (1992b): Wozu empirische Untersuchungen über Formen- bzw. Sippenkenntnisse? – UB 172: 42–43.

LÖWE, B. (1992c): Vergleich der Entwicklung biologischer Interessen von Schülern aus Brandenburg und Baden-Württemberg. – Biol. Schule 41: 283–291.

LUMER, J. (1996): Chemie im Biologieunterricht der Sekundarstufe II. – Dissertation Univ. Münster.

LUMER, J. – F. PICARD – M. HESSE (1998): Concept-Mapping-Verfahren zur Konsolidierung des Lernstoffes. – Prax. Biol. 47, H.1: 31–36.

MAGER, R. F. (1977): Lernziele und programmierter Unterricht. – Weinheim.

MAGER, R. F. (1994): Lernziele und Unterricht. – Weinheim.

MALLIG, H. D. (2001): Biologie-online-Unterricht mit und aus dem Internet. – MNU 54: 47-50.

MARQUARD, O. (1986): Apologie des Zufälligen. – Stuttgart.

MARQUARDT, B. & U. UNTERBRUNER (1981): Das Biologieschulbuch als Unterrichtsmedium. – UB 60/61: 10–15.

MARQUARDT-MAU, B., W. KÖHNLEIN & R. LAUTERBACH (Hrsg.) (1997): Forschungen zum Sachunterricht. – Bad Heilbrunn.

MARTIN, T. (1982): Erfahrungen und Vorschläge zur Arbeit mit dem Lehrbuch im Biologieunterricht. – Biol. Schule 31: 16–21.

MASENDORF, F. (1995): Wissenserwerb Lernbehinderter im Sachunterricht als Funktion der Zeit, dargestellt am Beispiel des Unterrichtsgegenstandes „Luftfahrt". – Heilpäd. Forschung 21: 122–129.

MAURER, M. (1978): Naturverständnis und Weltanschauung in Biologieschulbüchern. – In: BUSCHE, E. – B. MARQUARDT – M. MAURER (Hrsg.): natur in der schule. – Reinbek.

MAYER, J. (1992): Formenvielfalt im Biologieunterricht. – Kiel (IPN 132).

MAYER, J. (1993): Vielfalt begreifen – Wege zur Formenkunde. IPN-Symposium. – Kiel.

MAYER, J. (1996): Biodiversitätsforschung als Zukunftsdisziplin. – Ber. Inst. Didaktik Biol Münster 5: 19–41.

MAYER, J. (2000a): Dimensionen der Naturbeziehung bei Kindern und Jugendlichen. – In: SIMANTKE, CH. & W. FÖLSCH (Hrsg.): Pädagogische Zugänge zum Mensch-Nutztier-Verhältnis. – Witzenhausen (Gesamthochschule Kassel).

MAYER, J. (2000b): Naturbeziehung als motivationales Konstrukt. – In: BAYRHUBER, H. & U. UNTERBRUNNER (Hrsg.): Lehren und Lernen im Biologieunterricht. – Wien.

MAYER, J. & F. HORN (1993): Formenkenntnis – wozu? – UB 189: 4–13.

MAYR, E. (1998): Das ist Biologie – die Wissenschaft vom Leben. – Heidelberg.

MEADOWS, D. et al. (1973): Die Grenzen des Wachstums. – Reinbek.

MEHRMANN, E. (1994): Moderierte Gruppenarbeit mit Metaplan-Technik. – Düsseldorf (ECON-Taschenbuch).

MEINHARD, B. & F. MOISL (1995): Abiturtraining Biologie 1 und 2. – Freising.

MELCHERT, H. (1985): Die erste Ausbildungsphase im Urteil Berliner Lehramtsanwärter. – Frankfurt a. M.

MELNIK, A. (1968): Questions: an instructional-diagnostic tool. – J. of Reading 11: 509ff.

MEMMERT, W. (1970): Grundfragen der Biologiedidaktik. – Essen.

MEMMERT, W. (1983): Biologie. – In: BAIER, H. & U. BLEIDICK (Hrsg.): Handbuch der Lernbehindertenpädagogik. – Stuttgart.

MEMMERT, W. (Hrsg.) (1990): Natur begreifen – Biologie 2. – Hannover.

MENDE, P. (1994): Zur Rolle didaktischer Begriffe in der Lehrerausbildung. – Gießen (Dissertation Univ. Gießen).

MERZYN, G. (1987): Die Sprache unserer Schulbücher. – MNU 40: 75–80.

MERZYN, G. (1994): Physikschulbücher, Physiklehrer und Physikunterricht. – Kiel (IPN 139).

MERZYN, G. (1998): Sprache im naturwissenschaftlichen Unterricht. – Physik in der Schule 36: 203-205, 284-288.

MERZYN, G. (2000): Lehrerausbildung in der Zerreißprobe. – MNU 53: 455-460.

MESSNER, R. (1979): Lernziele. – In: KOCHAN, B. & E. NEUHAUS-SIEMON (Hrsg.): Taschenbuch Grundschule. – Königstein i.Taunus.

MEYER, G. (1972): Notwendigkeit und Möglichkeit der Leistungskontrolle im Biologieunterricht dargestellt an Testbeispielen. – MNU 25: 430–436.

MEYER, G. (1973): Leistungskontrolle. – Schr. MNU. 18: 79–100.

MEYER, G. R. (1988): Overcoming constraints on the teaching of Biology – a global perspective. – Unesco (Sydney).

MEYER, H. (1990): Modelle. – UB 160: 4–10.

MEYER, H. (1994): Unterrichtsmethoden. – Frankfurt a. M.

MEYER, H. U.& V. MUULI (1997): Hello Spring. – UB 21, H. 221: 44-46.

MIKAT, P. – L. BECK – W. KORFF (Hrsg.) (1998): Lexikon der Bioethik (3 Bde.). – Gütersloh.

MILLER, M. & K. J. DRESCHER (1995): Zum Bluff der Handlungsorientierung und Ganzheitlichkeit. – Hess. Lehrer-Zeitung H. 1/1995: 20–21.

MILLHOFER, P. & B. MAIER (Hrsg.) (1975): Sexualerziehung zwischen Elternhaus und Grundschule. – Beitr. z. Reform der Grundschule Bd. 70 (Frankfurt a.M.).

MILLS, J. & R. JACKSON (1997): Analysis of microbial growth data using a spreadsheet. – J. Biol. Educ. 31: 34–38.

MIRAM, W. (1975): Zur Vereinfachung der Korrektur von Klassen- und Testarbeiten im Fach Biologie. – Prax. Biol. 24: 204–212.

MIRAM, W. & K.-H. SCHERF (Hrsg.) (1998): Biologie heute S II. – Hannover.

MÖRBE, K. (1999): Zur Mensch-Tier-Beziehung bei Kindern der 1.–4. Klasse einer Berliner Großstadtschule. – Berlin (Freie Univ., Dissertation Veterinärmedizin).

MOHR, H. (1981): Biologische Erkenntnis. – Stuttgart.

MORRIS, D. (1963): Biologie der Kunst. – Düsseldorf.

MOSTLER, G. – D. KRUMWIEDE – G. MEYER (1975): Methodik und Didaktik des Biologieunterrichts. – Heidelberg.

MÜLLER, H. (1999): Vergleichende Analyse des Lernbereichs Biologie in den Lehrplänen für den Sachunterricht in der Grundschule. – In:

BAYRHUBER, H. et al. (Hrsg.): Biologie und Bildung. – Kiel (IPN 166).

MÜLLER, J. (1964): Einige Aufgaben und Probleme bei der Entwicklung des logischen Denkens der Schüler im Biologieunterricht. – Wiss. Z. Univ. Greifswald 13: 253–264.

MÜLLER, J. (1973): Modellierung der didaktisch-logischen Grundstruktur des Erkenntnisprozesses als Führungshilfe für den Biologieunterricht. – Biol. Schule 7: 297–301, 336–342, 383–391, 481–484, 524–535.

MÜLLER, K. – G. SCHNEIDER – W. SCHULZ (1982): Zum Verhältnis von Biologiedidaktik und Mediendidaktik. – Prax. Biol. 31: 197–200.

MÜLLER, S. & A. GERHARDT-DIRCKSEN (2000): Nur geringes Wissen über Ökologie – eine empirische Studie. – MNU 53: 202-209.

MUTSCHELLER, F. (1957): Die Ausbildung der Studienreferendare für Biologie. – Schr. MNU H. 2 (Fachleitertagung für Biologie 1957).

MYSCHKER, N. (1983): Lernbehindertenpädagogik. – In: SOLAROVÁ, S. (Hrsg.): Geschichte der Sonderpädagogik. – Stuttgart.

NATIONAL RESEARCH COUNCIL – COMMITTEE ON HIGH-SCHOOL BIOLOGY EDUCATION (1990): Fulfilling the promise. – Washington.

NATIONAL SCIENCE TEACHER ASSOCIATION – NSTA (1990): Scope, sequence, and coordination of secondary science: A rationale. – Washington (NSTA).

NEFF, G. (1975): Probleme des verfahrensorientierten Sachunterrichts. – Grundschule 7: 250–255.

NEWE, H. (1963): Der exemplarische Unterricht als Idee und Wirklichkeit. – Kiel.

NICKLIS, W. S. (1981): Didaktik der Hauptschule. – In: TWELLMANN, W. (Hrsg.): Handbuch Schule und Unterricht, Bd. 5.1. – Düsseldorf.

NIEDERER, H., M. HARTMANN-WÖHRLE & I. ZORN (2000): Integrating course and project teaching in environmental physics and biology – concept, evaluation and open research questions. – In: BAYRHUBER, H. & J. MAYER (Hrsg.): Empirical research on environmental eduction in Europe. – Münster.

NIEMANN, G. & W. WURTHE (1907): Präparation für den naturgeschichtlichen Unterricht. – In: BEETZ, K. O. (Hrsg.): Der Bücherschatz des Lehrers. – Osterwieck.

NOACK, W. & G. WINKEL (1988): Wasserspiele. – UB 137: 22–23.

NOLL, A. (1984): Biologie und Schülerinteresse. – Frankfurt a. M.

NORRIS, J. P. (1984): Defining observational competence. – Science Educ. 68: 129–142.

NOVAK, J. D. (1990): Concept maps and Vee diagramms: two metacognitive tools to facilitate meaningful learning. – Instructional Science 19: 29–52.

NUFFIELD FOUNDATION (Hrsg.) (1966ff.): Nuffield Biology Text I–V, Teachers Guide I–V. – Harmondsworth (England).

OEHMIG, B. (1990a): Begriffsbildung im Biologieunterricht der Sekundarstufe II. – Diss. Universität Berlin.

OEHMIG, B. (1990b): Die Rolle biologischer Fachausdrücke für die Verständlichkeit von Schulbuchtexten – Ergebnisse einer empirischen Erhebung. – In: KILLERMANN, W. & L. STAECK (Hrsg.): Methoden des Biologieunterrichts. – Köln.

OERTER, R. & L. MONTADA (1995): Entwicklungspsychologie, 3. Auflage. – Weinheim.

OLSON, J. M. & M. P. ZANNA (1993): Attitudes and attitude change. – Annual Rev. Psychologie 44: 117–154.

ORTH, U. (1995): Methoden der Leistungsüberprüfung im Biologieunterricht. – Gießen (Staatsexamensarbeit Inst. Biologiedidaktik).

OSIF, B. A. (1997): Evolution and religious beliefs: a survey of Pennsylvanian High School teachers. – ABT 59: 552– 556.

OTTO, A. (1984): Möglichkeiten zur Förderung selbstgeregelten Lernens als Einführung in die Lernweise der gymnasialen Oberstufe. – Prax. Biol. 33: 56–64.

OTTO, G. (1992): Verstehen und Verständigung im Blick auf die Verwendung von Bildern im Biologieunterricht. – In: ENTRICH, H. & L. STAECK (Hrsg.): Sprache und Verstehen im Biologieunterricht. – Alsbach.

PALM, W. (1964/65): Bestimmungsübungen an Blüten- und Farnpflanzen. – MNU 17: 70–74.

PALMER, J. A. (1993): Development of concern for the environment and formative experiences of educators. – J. Environm. Educ. 24: 26–30.

PALMER, J. A. & P. NEAL (1994): The handbook of environmental education. – London.

PASSMORE,J. (1975): The revolt against science. – In: GARDNER, P. L. (Hrsg.): The structure of science education. – Victoria (Australien).

PAUL, A. (1999): Die „Sonderstellung“ des Menschen im Lichte neuerer Erkenntnisse der Evolutionsbiologie. – MNU 52: 4–9.

PEARSON, J. T. & W. J. HUGHES (1986): Designing a A-Level genetic course. – J. Biol. Educ. 20: 47ff.

PELGRUM, W. J. – I. A. M. JANSSEN-REINEN – T. PLOMP (Hrsg.) (1993): School teachers, students and computers: a cross-national perspective. –

International Association for the Evaluation of Educational Achievement IEA.

PENZLIN, H. (1977): Lehrbuch der Tierphysiologie. – Stuttgart.

PETERSEN, A. (1928): Kind und Natur – Der Anfangsunterricht in der Naturkunde. – Langensalza.

PETERSON, N. J. & H. R. HUNGERFORD (1981): Developmental variables affecting environmental sensitivity in professional environmental educators: a research abstract. – In: SACKS, A. B. et al. (Hrsg.): Current issues in environmental education. – Environmental Studies VII (Ohio State Univ.).

PFLIGERSDORFFER, G. (1984): Empirische Untersuchungen über Lerneffekte auf Biologie-Exkursionen. – In: HEDEWIG, R. & L. STAECK (Hrsg.): Biologieunterricht in der Diskussion. – Köln.

PFUNDT, H. & R. DUIT (1991): Bibliographie Schülervorstellungen und naturwissenschaftlicher Unterricht. – Kiel (IPN).

PLOSS, G. (1987): Lernprogramme im Biologieunterricht. – Münchner Schr. zur Didaktik der Biologie 4.

PLÖTZ, F. (1970): Kind und lebendige Natur. – München.

PORTMANN, A. (1961): Neue Wege der Biologie. – München.

PORTMANN, A. (1963): Der Pfeil des Humanen – über Teilhard de Chardin. – Freiburg.

POSNER, G. (1995): Curriculum theory, school science and the Natural Sciences. – In: HOPMANN, S. & K. RIQUARTS (Hrsg.): Didaktik and/or Curriculum. – Kiel (IPN 147).

POSNER, G. & A. N. RUDNITSKY (1994): Course design – a guide to curriculum development for teachers. – New York.

POSTMAN, N. (1997): Keine Götter mehr – das Ende der Erziehung. – München.

PRENZEL, M. (1997): Situiertes Lernen. Möglichkeiten im Unterricht. – In: BAYRHUBER, H. et al. (Hrsg.): Biologieunterricht und Lebenswirklichkeit. – Kiel (IPN 150).

PREUSS, G. (Hrsg.) (1966): Naturschutz und Schule. – Beitr. Landespf. Rheinland-Pfalz Bd 1.

PREUSS, H. (1987): Analogon oder Modell? – MNU 40: 81–84.

PROKOP, O. (1995): Homöopathie. – Was leistet sie wirklich? – Frankfurt a. M.

PURVES, A. C. (1991): Composition instruction. – In: LEWY, A. (Hrsg.): The international encyclopedia of curriculum. – Oxford.

PUTHZ, V. (1987): Über die Benennungen bei Mitose und Meiose und Vorschläge zu ihrer Verbesserung. – Prax. Biol. 36, H. 5: 40–46.

QUALTER, A. (1993): I would like to know more about that: a study of the interest shown by girls and boys in scientific topics. – Int. J. Science Educ. 15: 307–317.

QUANDT, S. & H. SÜSSMUTH (Hrsg.) (1982): Historisches Erzählen. – Göttingen.

QUENSTEDT, F. (1988): Plädoyer für ein eigenständiges Fach Gesundheitslehre an Sonderschulen für Verhaltensgestörte und Lernbehinderte. – Zt. f. Heilpäd. 39: 679–683.

RABINOWITZ, M. & W. H. SCHUBERT (1991): Prerequisite knowledge. – In: LEWY, A. (Hrsg.): The international encyclopedia of curriculum. – Oxford.

RALLE, B. (2000): Lernen von Mathematik und Naturwissenschaften im Kontext. – MNU 53: 131.

RAMSEY, J. et al. (1981): The effects of environmental action and environmental case study etc. – J. Environm. Educ. 13: 24–29.

RAPP, G. (1970): Informelle, objektive Leistungsmessung im Unterrichtsfach Biologie. – BU 6, H.1: 53–71.

RAPP, G. (1975): Messung und Evaluierung von Lernergebnissen. – Bad Heilbrunn.

RAUCH, M. & L. TOMASCHEWSKI (1986): Schulbücher für den Sachunterricht. – Beitr. zur Reform der Grundschule Bd. 66.

RAUSCH, M. (2000): Unterrichtsideen mit dem Internet – Teil 3: DNA im Internet. – Prax. Biol. 49, H. 7: 29-33.

REED, H. B. (1961): Teacher variables of warmth, demand and utilization of intrinsic motivation related to pupils' science interests. – J. Exp. Educ. 29: 205–229.

REICHART, G. (1979): Modelle im Unterricht. – In: WENK, K. & G. TROMMER (Hrsg.): Unterrichten mit Modellen. – Beitr. z. Didaktik Naturw. 2/78.

REICHART, G. – N. REICHART – G. TROMMER (1984): Die Geschichte des Unterrichtsfaches Biologie. – In: MANNZMANN, A. (Hrsg.): Geschichte der Unterrichtsfächer III. – München.

REICHELT, G. (1974): Ökologie exemplarisch – der Bodensee, CVK-Biologie-Kolleg. – Bielefeld.

REID, D. J. (1984): The picture superiority effect and biological education. – J. Biol. Educ. 18: 29–35.

REISS, M. J. & S. D. TUNNICLIFFE (1999): Conceptual development. – J. Biol. Educ. 34: 13-16.

REITHER, F. (1977): Über das Denken mit Analogien und Modellen. – In: SCHAEFER, G. – G. TROMMER – K. WENK (Hrsg.): Denken in Modellen. – Beitr. z. Didaktik Naturw. 2/77.

RENKL, A. (1996): Träges Wissen: Wenn Erlerntes nicht genutzt wird. – Psychol. Rundschau 47: 78–92.

RENSCH, B. (1959): Homo sapiens – Vom Tier zum Halbgott. – Göttingen.

RENSCH, B. (1963): Das Problem der Willensfreiheit in biologischer und philosophischer Sicht. – Hippokrates 24: 1019–1032.

RENSCH, B. (1965): Über ästhetische Faktoren im Erleben höherer Tiere. – Naturw. u. Medizin 2, H. 9: 43–59.

RESNICK, L. B. (1987): Instruction and the cultivation of thinking. – In: DE CORTE, E. et al. (Hrsg.): Learning and instruction. – Europ. Research in an Int. Context , Vol. 1 (Oxford).

RETZLAFF-FÜRST, C. (2000): Die Ästhetik des Lebendigen – Analysen und Vorschläge zum Biologieunterricht am Gegenstand der Formenkunde. – Rostock (Diss. Mathem.-Nat. Fakultät Univ.).

RETZLAFF-FÜRST, C. & F. HORN (2000): Ästhetisches Urteilen im Biologieunterricht. – In: BAYRHUBER, H. & U. UNTERBRUNNER (Hrsg.): Lehren und Lernen im Biologieunterricht. – Forschungen z. Fachdidaktik 1 (Wien).

REXER, E. & P. BIRKEL (1986): Größerer Lernerfolg durch Unterricht im Freiland? – UB 117: 43–45.

RIEDL, R. (1987): Begriff und Welt. – Berlin.

RIEGER, W. (1995): Das Mikroskop als Arbeitsmittel im Biologieunterricht der Hauptschule etc. – Münchner Schr. z. Didaktik d. Biologie 10.

RIQUARTS, K. (1990): Beeinflussung der naturwissenschaftlichen Bildung in der Bundesrepublik Deutschland von außen: Internationale Entwicklungen. – In: RIQUARTS, K. et al. (Hrsg.): Naturwissenschaftliche Bildung in der Bundesrepublik Deutschland, Bd.I. – Kiel (IPN 125).

RIQUARTS, K. et al. (Hrsg.) (1994): Naturwissenschaftliche Bildung in der Bundesrepublik Deutschland Band II. – Kiel.

ROBINSOHN. S. B. (1969): Ein Struktur-Konzept für Curriculum-Entwicklung. – Zt. f. Pädagogik 15: 631–653.

ROBINSOHN, S. B. (1971): Schulreform als Revision des Curriculum. – Neuwied.

ROCK, R. (1985): Dick taite and b. damned [!] – a comparison of three approches to getting notes into pupil exercise books. – J. Biol. Educ. 19: 119–124.

RODI, D. (1975): Ein Strukturierungsansatz für den Biologieunterricht in der Sekundarstufe I durch das ökologische Konzept. – In: KATTMANN, U. & W. ISENSEE (Hrsg.): Strukturen des Biologieunterrichts. – Köln.

RÖPKE, R. (1990): Messen und Experimentieren – Anleitungen und Versuche zur biologischen Meßwerterfassung. – Bonn.

ROSSIG, W. E. & J. PRÄTSCH (1998): Wissenschaftliche Arbeiten – Ein Leitfaden. – Bremen.

ROSSMÄSSLER, E. A. (1860): Der naturgeschichtliche Unterricht. – Leipzig.

ROSSNER, F. ([1940]): Handbuch für den Biologieunterricht (Lieferung 1). – Langensalza.

ROTFUCHS, G. (1982): Wir untersuchen Eulengewölle. – UB 68: 19–24.

ROTH, L. (Hrsg.) (1980): Handlexikon zur Didaktik der Schulfächer. – München.

ROTH, W. M. (1998): Teaching and learning as everyday acitivity. – In: FRASER, B. J. & K. G. TOBIN (Hrsg.): International Handbook of Science Education. – Dordrecht.

ROTTLÄNDER. E. (1992): Quellenarbeit im Biologieunterricht mit der Methode des Gruppenpuzzles – Texte von Robert Koch über die Ursache von Infektionskrankheiten. – MNU 45: 82–87 (Teil 1), 45: 167–172 (Teil 2).

ROWE, M. B. (1974a): Wait-time and rewards as instructional variables. Part I. – J. Res. Science Teach. 11: 81–94.

ROWE, M. B. (1974b): Relations of wait-time and rewards to the development of language, logic and fate control. Part II. – J. Res. Science Teach. 11: 291–308.

ROYAL SOCIETY (1985): The public understanding of science. – London.

RUMELHARD, G. (1998): Au milieu des courants, constituion d'une didactique des sciences de la vie et de la terre. – Aster 27 : 47-55.

RUPPERT, K. (1972): Zur Beurteilung der Erholungsfunktion siedlungsnaher Wälder. – Mitt. d. Hess. Landesforstverwaltung 8.

RÜTHER, F. (1978): Biologie – Biologiedidaktik – Biologieunterricht. – biol. didac. 1: 59–68.

RUTHER, F. (1991): Ökosystem Wald. – In: ESCHENHAGEN, D. – U. KATTMANN – D. RODI (Hrsg.): Umwelt, Bd. 8: Handbuch des Biologieunterrichts. – Köln.

SACHER, W. (1990): Prüfen – Beurteilen – Benoten. Theoretische Grundlagen und praktische Hilfestellungen für den Primar- und Sekundarbereich. – Bad Heilbrunn.

SAUERLAND, H. (1966/67): Bestimmungsübungen an Pflanzen. Ein Beitrag zum Arbeitsunterricht nach Kerschensteiner. – MNU 19: 26–30.

SAUNDERS, A. (1972): European curriculum studies No. 3: Biology. – Strasbourg (Council for Cultural Cooperation, Council of Europe).

SCARDAMALIA, M. & C. BEREITER (1986): Research on written composition. – In: WITTROCK, M. C. (Hrsg.): Handbook of research on teaching, 3 Ed. – New York.

SCHAAL, R. (1959): Das Miterleben mit dem Lebendigen. – Westermann Päd. Beitr. 11: 330–335.

SCHÄFER, U. (1988): Internationale Bibliographie zur Projektmethode in der Erziehung 1895–1982. – Berlin.

SCHAEFER, G. (1968): Lebewesen und lebende Systeme. – MNU 21: 88–100.

SCHAEFER, G. (1971): Probleme der Curriculum-Konstruktion. – BU 7, H. 4: 6–17.

SCHAEFER, G. (1972): Fach – Didaktik – Fachdidaktik. – MNU 24: 390–396.

SCHAEFER, G. (1973): Informationstheoretische Bemerkungen zur Ableitung von Unterrichtszielen. – Prax. Biol. 22: 1–6.

SCHAEFER, G. (1976a): Integrierte Naturwissenschaft oder mehr Biologie? – MNU 29: 271–276.

SCHAEFER, G. (1976b): Die Oberstufenbiologie im Lichte des Normenbuches. – MNU 29: 65–70.

SCHAEFER; G. (1976c): Was ist „Wachstum"? – Beitr. Didaktik Naturw. 1/17: 58–89.

SCHAEFER, G. (1980a): Biologie. – In: ROTH, L. (Hrsg.): Handlexikon zur Didaktik der Schulfächer. – München.

SCHAEFER, G. (1980b): Die Wissenschaftssprache im Lichte inklusiven Denkens. – In: SCHAEFER, G. &.W. LOCH (Hrsg.): Kommunikative Grundlagen des naturwissenschaftlichen Unterrichts. – Weinheim.

SCHAEFER, G. (1984): Naturwissenschaftliches Denken auf dem Weg vom exklusiven zum inklusiven Denken. – MNU 37: 324–336.

SCHAEFER, G. (Hrsg.) (2000): Wittenberger Initiative – Vorschläge zur Allgemeinbildung durch Naturwissenschaften. – Bad Honnef (Ges. Deutscher Naturforscher u. Ärzte).

SCHAEFER, G. – G. TROMMER – K. WENK (Hrsg.) (1977): Denken in Modellen. – Beitr. z. Didaktik Naturw. 2/77.

SCHAEFER, G. & R. YOSHIOKA (1999): Thinking – an educational perspective for 2000+ on the basis of cross-cultural German/Japanese study. – Frankfurt a. M.

SCHÄFER, D. & K.-H. BERCK (1995): Zentrale Begriffe zum Thema Ökologie. – MNU 48: 110–117.

SCHEELE, I. (1981): Von Lüben bis Schmeil. – Berlin.

SCHEERER-NEUMANN, G. (1989): Was kommt schon dabei raus? – Grundschule 1: 51–55.

SCHERF, G. (1986): Zur Bedeutung pflanzlicher Formenkenntnisse für eine schützende Einstellung gegenüber Pflanzen und zur Methodik formenkundlichen Unterrichts. – Münchner Schr. z. Didaktik d. Biologie 3.

SCHERF, G. (1989): Vom deutschen Wald zum deutschen Volk. – In: DITHMAR, R. (Hrsg.): Schule und Unterricht im Dritten Reich. – Hannover.

SCHEUERL, H. (1958): Die exemplarische Lehre. – Tübingen.

SCHICKOR, H. (2001): Arbeit mit dem bzw. im Internet. – MNU 54: 51-52.

SCHIEFELE, H. & A. KRAPP (1981): Handwörterbuch zur Pädagogischen Psychologie. – München.

SCHIEFELE, H. (1994): Motivation und Lernen mit Texten. – Habilschrift Univ. Bundeswehr München.

SCHIETZEL, C. (1973): Exakte Naturwissenschaft in der Grundschule? – Grundschule 5: 153–164.

SCHILKE, K. (Hrsg.) (1992): Agrarökologie. – Hannover.

SCHILKE, K. & B. WEIß LER (2000): Die Vielfalt von Pflanzen und Tieren in Grundschullehrplänen zum Sachunterricht und zum Schulgartenunterricht. – ZfDN 6: 129–137.

SCHILLING, S. (1852): Grundriß der Naturgeschichte, erstes Bändchen: Das Thierreich. – Breslau.

SCHIMPF, D. (1980): Anforderungen an das biologische Wissen unserer Mitbürger – eine Analyse von Tageszeitungen. – Gießen (Staatsexamensarb., Inst. f. Biologiedidaktik).

SCHMEIL, O. (1900): Über die Reformbestrebungen auf dem Gebiet des naturgeschichtlichen Unterrichts (4. Aufl.). – Stuttgart.

SCHMID, B. (1988): Untersuchungen zum Einfluß biologischer Unterrichtsfilme auf den Lernerfolg: Empirische Arbeiten in der gymnasialen Unter- und Mittelstufe zum Einsatz von Super-8–Kurzfilmen. – Münchner Schr. zur Didaktik der Biologie 5.

SCHMIDT, E. (1971): Zur Methodik von Insektenbestimmungen in der Schule. – MNU 24: 16–25.

SCHMIDT, E. (1991): Binnengewässer. – In: ESCHENHAGEN, D. – U. KATTMANN – D. RODI: Umwelt, Bd. 8: Handbuch des Biologieunterrichts. – Köln.

SCHMIDT, H. J. (1980): Primarstufe (Grundschule). – In: ROTH, L. (Hrsg.): Handlexikon zur Didaktik der Schulfächer. – München.

SCHMIDT, S. J. (1991): Der Diskurs des Radikalen Konstruktivismus. – suhrkamp taschenbuch wissenschaft 636.

SCHMITT, C. (o. J. [ab 1925]): Wege zur Naturliebe, 10 Teilbände. – Freising-München.

SCHMITT, R. (1987): Das Zusammenspiel von Kognition und Emotion in der ästhetischen

Erziehung. – In: MATTHIES, K. et al. (Hrsg.): Ästhetische Erziehung in der Grundschule. – Beitr. z. Reform d. Grundschule Bd. 69.

SCHMITT, R. (1994): Ausbildung für die Grundschule. – Beitr. z. Reform d. Grundschule Bd. 94

SCHMITZ, K. (1977): Wissenschaftsorientierter Unterricht: Didaktische Konzepte – Projekte – Konsequenzen. – München.

SCHOLER, W. (1970): Geschichte des naturwissenschaftlichen Unterrichts im 17.–19. Jahrhundert. – Berlin.

SCHOLL, E. (2000): Umweltprojekt HESSNET - Fließgewässer in Hessen. – MNU 53: 358-361.

SCHORB, A. (o.J.): Pädagogisches Taschenlexikon. – Bochum.

SCHREIER, H. (1986): Wege zum Naturschönen. – Grundschule 16: 20–22.

SCHRÖDER, H. (1985): Grundwortschatz Erziehungswissenschaft. – München.

SCHRÖDER, U. (1992): Lernbehindertenpädagogik. – In: KLAUER, K. J. (Hrsg.): Grundriß der Sonderpädagogik. – Berlin.

SCHRÖER, W. (1973): Zur unzureichenden Ausbildung von Biologielehrern im Bereich Humanbiologie. – MNU 26: 472–477.

SCHULMEISTER, R. (1996): Grundlagen hypermedialer Lernsysteme. – Bonn.

SCHULZ, W. (1985): Einstellung zur Natur. – Diss. Univ. München.

SCHULZE, G. (1992): Die Erlebnisgesellschaft – Kultursoziologie der Gegenwart. – Frankfurt a. M.

SCHURIUS, L. (1985): Relevante Arbeitstechniken im Biologieunterricht der Grund- und Hauptschule. – Päd. Welt 39: 173–177.

SCHWAAB, K. E. (1982): Instructional methods: their use and effectiveness in environmetal education. – J. Environm. Educ. 14: 8–12.

SCHWAB, J. J. (1962): The teaching of science as inquiry. – In: SCHWAB, J. J. & P. BRANDWEIN (Hrsg): The teaching of science. – Cambrigde (USA).

SCHWAB, J. J. (1964): Structure of the disciplines: Meanings and significances. – In: FORD, G. W. & L. PUGNO (Hrsg.): The structure of knowledge and the curriculum. – Chicago.

SCHWARTZ, E. (Hrsg.) (1973): Entdeckendes Lernen im Lernbereich Biologie. – Beitr. z. Reform der Grundschule Bd.16/17.

SCHWARTZ, E. et al. (Hrsg.) (1971): Materialien zum Lernbereich Biologie im Sachunterricht der Grundschule. – Beitr. zur Reform der Grundschule Bd.6/7.

SEEL, M. (1991): Eine Ästhetik der Natur. – Frankfurt a. M.

SEGER, J. (1992): Forschungsorientiertes Lernen – Unterrichtsanregungen für zoopädagogisches Arbeiten in der Sekundarstufe II. – Prax. Biol. 41, H. 3: 6–13.

SEIBT, M. & G. PFLIGERSDORFFER (1997): Kriterien zur Beurteilung von Unterrichtssoftware. – UB 221: 51 – 52.

SEKTION FACHDIDAKTIK IM VDBIOL (1978): Qualifikationen eines Biologielehrers. – Mitt. VDBiol 247: 1156–1158.

SENATOR FÜR BILDUNG ETC. BREMEN (1990): Sekundarstufe I, Lehrplanentwurf Naturwissenschaften – Hauptschule Klasse 7. – Bremen.

SEYMOUR, L. A. & L. PADBERG (1975): The relative effectiveness of small group and individual settings in a simulated problem solving game. – Science Educ. 59: 297–301.

SHERMER, M. (1995): Teach your child science. – Los Angeles.

SHYMANSKY, J. A. – W. C. KYLE – J. M. ALPORT (1983): The effects of new science curricula on student performance. – J. Res. Science Teach. 20: 398–404.

SIEDENTOP, W. (1965): Der Mensch – Gegenstand und Leitmotiv des Biologieunterrichts. – Schr. MNU 10: 13–18.

SIEDENTOP, W. (1968): Methodik und Didaktik des Biologieunterrichts. – Heidelberg.

SIMANTKE, CH. & W. FÖLSCH (Hrsg.) (2000): Pädagogische Zugänge zum Mensch-Nutztier-Verhältnis. – Witzenhausen (Gesamthochschule Kassel).

SOLOMON, J. (1986): Motivation for learning science. – SSR 67: 437–442.

SOOSTMAYER, M. (1988 [3. Aufl. 1998]): Zur Sache Sachunterricht. – Frankfurt a. M.

SPAIN, J. (1982): BASIC computer models in biology. – London.

SPANNER, L. (1960/1964): Lehrerhandbuch Botanik, Bd. 1–3. – München.

SPRECKELSEN, K. (Hrsg.) (1985): Schülervorstellungen im Sachunterricht der Grundschule. – Kassel (Gesamthochschule, Fachbereich Physik).

STAECK, L. (1980): Medien im Biologieunterricht. – Königstein.

STAECK, L. (1982): Zeitgemäßer Biologieunterricht. – Stuttgart.

STAROSTA, B. (1990): Erkundungen der belebten Natur nach dem Prinzip des entdeckenden Lernens – didaktische Konzepte und Ergebnisse einer Untersuchung. – In: KILLERMANN, W. & L. STAECK (Hrsg.): Methoden des Biologieunterrichts. – Köln.

Starosta, B. & R. Kirchhöfer (1994): Projektorientierter Unterricht mit formenkundlichen Übungen in der Grundschule am Beispiel Getreide in einer 3. Jahrgangsstufe. – In: Bayrhuber, H. et al. (Hrsg.): Interdisziplinäre Themenbereiche und Projekte im Biologieunterricht. – Kiel (IPN).

Stawinski, W. (1984): Die Entwicklung von Erhebungsinstrumenten zur Erfassung der Prozesse und Wirkungen von Schülerübungen im Biologieunterricht. – In: Hedewig, R. & L. Staeck (Hrsg.): Biologieunterricht in der Diskussion. – Köln.

Stawinski, W (1986): Research into the effectiveness of student experiments in biology teaching. – Europ. J. Science Educ. 8: 213–224.

Stebbins, R. C. & A. Brockenbrough (1979): Schulversuche zur Evolution – Simulation der natürlichen Auslese. – MNU 32: 37–44.

Stein, G. (Hrsg.) (1979): Schulbuch-Schelte als Politikum und Herausforderung wissenschaftlicher Schulbucharbeit. – Stuttgart.

Steinecke, F. (1933): Methodik des biologischen Unterrichts. – Leipzig.

Steinecke, F. (1951): Methodik des biologischen Unterrichts an höheren Lehranstalten. – Heidelberg.

Steinecke, F. (1963): Experimentelle Biologie. Biologische Arbeitsbücher 3. – Heidelberg.

Steiner, G. (1957): Die Ausbildung zukünftiger Biologielehrer an der Universität. – Schr. MNU H.2.

Stewart, I. (1986): Research Reviews. – ABT 48: 63–64.

Stichmann, W. (1970): Biologie. – Düsseldorf.

Stichmann,W. (1981): Schulbiologie auf neuen Wegen. – In: Twellmann, W. (Hrsg.): Handbuch Schule und Unterricht, Bd. 5.2. – Düsseldorf.

Stichmann, W. (1988): Biotope aus zweiter Hand. – UB 135: 4–13.

Stichmann, W. & B. Dalhoff (1996): Schule öffnen. – UB 217: 4–11.

Stieren, B. (1973): Struktur und Effektivität des erlebten Biologie-Unterrichts. – Die Scholle (o.Jg.),S. 450–452.

Stieren, B. (1974): Fachbereich Biologie. – In: Meissner, O. & H. Zöpfel (Hrsg.): Handbuch der Unterrichtspraxis, Bd.3: Der Unterricht in der Hauptschule. – München.

Stinner, A. (1995): Science Textbooks: Their present role and future form. – In: Glynn, S. M. & R. Duit (Hrsg.): Learning science in the schools: Research reforming practice. – New Jersey (USA).

Stöhr, E. & W. Killermann (1982): Empirische Untersuchungen zur Bedeutung der Modellmethode für den Biologieunterricht. – In: Hedewig, R. & D. Rodi (Hrsg.): Biologielehrpläne und ihre Realisierung. – Köln.

Strasburger, E. (1983): Handbuch der Botanik, 31. Aufl. – Stuttgart.

Strey, G. (1999): Die Muschel auf dem Vertiko – Gedanken zur Rolle der Natur in der Freizeit. – In: Kattmann, U. (Hrsg.): Biologiedidaktik in der Praxis; Dieter Eschenhagen zum 65. Geburtstag. – Köln.

Strunk, U., G. Lück & R. Demuth (1998): Der naturwissenschaftliche Sachunterricht in Lehrplänen, Unterrichtsmaterialien und Schulpraxis – Eine quantitative Analyse der Entwicklung in den letzten 25 Jahren. – ZfDN 4, H.1: 69-80.

Stubenrauch, H. (1978): Projektorientiertes Lernen im Widerspruch des Systems. – In: Geisler, W. et al.: Projektorientierter Unterricht. – Weinheim.

Stuckmann, E. (1981): Die Aufgabe der Gymnasialdidaktik. – In: Twellmann, W. (Hrsg.): Handbuch Schule und Unterricht, Bd. 5.1. – Düsseldorf.

Stückrath, F. (1952): Kindeseigene Zoologie. – Westermanns Päd. Beitr. 4: 574–582.

Sturm, H. (1974): Beobachtung im Biologieunterricht – ein Versuch zur Begriffsklärung. – MNU 27: 339–344.

Sturm, H. (1975): Bestimmungsübungen im Biologieunterricht. – BU 11, H.1: 53–78.

Šula, J. (1968): Das Vergleichen und seine Bedeutung für die Bildung elementarer biologischer Begriffe. – BU 4, H. 3: 21–39.

Sumfleth, H. (1991): Mentale Repräsentationen – ein lernpsychologisches Konstrukt mit Bedeutung für die Chemiedidaktik? – MNU 44: 458–463.

Sutton, C. & D. Tomley (1980): Teaching for action beyond school: Theoretical and practical problems. – In: Kelly, P. J. & G. Schaefer (Hrsg.): Biological Education for community development. – London.

Talton, E. L. & R. D. Simpson (1987): Relationships of attitude todward classroom environment with attitude towards and achievement in science among tenth grade biology students. – J. Res. Science Teach. 24: 507–525.

Tamir, P. (1991): Reforms in Science Education. – In: Lewy, A. (Hrsg.): The international encyclopedia of curriculum. – Oxford.

Tanner, L. N. (1991): Educational Psychology. – In: Lewy, A. (Hrsg.): The international encyclopedia of curriculum. – Oxford.

TAUSCH, R. & A. M. TAUSCH (1977): Erziehungspsychologie. – Göttingen.

TERGAN, S. O. (1986): Modelle der Wissenspräsentation als Grundlage qualitativer Wissensdiagnostik. – Beitr. z. psych. Forschung 7.

TEUTLOFF, G. (1994): Natur- und Umweltfilme im Biologieunterricht. – UB 192: 4–13.

THE ASSOCIATION FOR SCIENCE EDUCATION (1995): The ASE primary science teachers handbook. – Cheltenham (England).

THORNDIKE, E. L. (1924): Mental discipline in high school studies – J. Educ. Psych. (1924) 33ff.

TIMMERNMANN, F. (1972): Fachdidaktik in Forschung und Lehre. – Hannover.

TOBIN, K. (1984): Effects of extended wait-time on dicours caracteristics and achievment in middle school grades. – J. Res. Sciene Teach. 21: 779.

TOBIN, K. – D. F. TREAGUST – B. J. FRASER (1988): An investigation of exemplary biology teaching. – ABT 50: 142–147.

TODT, E. (Hrsg.) (1977): Motivation. – Heidelberg.

TODT, E. (1978): Das Interesse – empirische Untersuchungen zu einem Motivationskonzept. – Bern.

TODT, E. (1990): Entwicklung des Interesses. – In: HETZER, H. et al. (Hrsg.): Angewandte Entwicklungspsychologie des Kindes- und Jugendalters. – Wiesbaden.

TODT, E. & B. HÄNDEL-MATTES (1990): Motivation und Motivierung im Unterricht. – Unveröff. DFG-Bericht, Gießen Fachbereich Psychologie.

TODT, E. – G. SCHÜTZ – A. MOSER (1978): Gesundheitsbezogene Interessen in der Sekundarstufe I. – Stuttgart.

TROMMER, G. (1986): Zur Kritik am naturgeschichtlichen Unterricht des 19. Jahrhunderts. – Mitt. Techn. Univ. Braunschweig XXI, H. 2: 20–37.

TROMMER, G. (1988): Draussen Naturerleben – historische Beispiele. – UB 137: 8–12.

TROMMER, G. (1989): Umwelt und Natur in der Lebenswelt der Kinder. – In: NATURSCHUTZZENTRUM HESSEN (Hrsg.): Umwelt und Natur in der Lebenswelt der Kinder. – Wetzlar.

TROTTER, R. J. (1986): Wie man Meister wird: Wissen, Erfahrung, Intuition. – Psych. Heute, Okt. 1986: 22–27.

TÜTKEN, H. & K. SPRECKELSEN (1970): Zielsetzung und Struktur des Curriculum. – Frankfurt a. M.

TWELLMANN, W. (Hrsg.) (1981ff.): Handbuch Schule und Unterricht – Düsseldorf.

TYLER, L. L. (1991): Learning Experiences. – In: LEWY, A. (Hrsg.): The international encyclopedia of curriculum. – Oxford.

UEXKÜLL, J. v. (1956): Streifzüge durch die Umwelten von Tieren und Menschen. – Hamburg.

UHE, E. (1979): Schulbuchanalyse mit Hilfe eines allgemeinen Beurteilungsrasters. – In: STEIN, G. (Hrsg.): Schulbuch-Schelte als Politikum und Herausforderung wissenschaftlicher Schulbucharbeit. – Stuttgart.

UHLIG, A. et al. (1962): Didaktik des Biologieunterrichts. – Berlin.

UMBREIT, H. (2000): Wissenschaftspropädeutik im Sekundarbereich I – zwischen Banalität und Überforderung. – MNU 53: 72-76.

VAN DEN AKKER, J. (1998): The science-curriculum: between ideals and outcomes. – In: FRASER, B. J. & K. G. TOBIN (Hrsg.): International Handbook of Science Education. – Dordrecht.

VAN DICK, L. (1991): Freie Arbeit, Offener Unterricht, Projektunterricht, Handelnder Unterricht, Praktischer Unterricht – Versuch einer Synopse. – Zt. Pädagogik 6/1991: 31–34.

VDBIOL-VERBAND DEUTSCHER BIOLOGEN (1973): Rahmenplan des Verbandes Deutscher Biologen für das Schulfach Biologie. – Mitt. VDBiol 192 (Beilage Naturw. Rundschau 25: Heft 6).

VDBIOL-VERBAND DEUTSCHER BIOLOGEN (1987): Rahmenplan des VDBiol für das Schulfach Biologie. – Veröff. des VDBiol 7.

VENZMER, G. (1938): Der Mensch und sein Leben – ein Volksbuch. – Stuttgart.

VERBEEK, B. (1999): Fremdenfeindlichkeit, Rassismus und weltanschauliche Intoleranz - ein wichtiges Thema für den Biologieunterricht. – MNU 52: 196-201.

VERFÜRTH, M. (1984): Jugendarbeit im Naturschutz aus der Sicht eines Biologiedidaktikers. – In: HEDEWIG, R. & L. STAECK (Hrsg.): Biologieunterricht in der Diskussion. – Köln.

VERFÜRTH, M. (1987): Kompendium Didaktik Biologie. – München.

VLIJM, L. et al. (1981): Biology in Secondary Schools. – Kiel (IPN 22).

VOGT, H. et al. (1999) : Einfluß von Biologieunterricht auf die Entwicklung von Interessen und Einstellungen bei Schülern einer sechsten Jahrgangsstufe eines Gymnasiums. – In: DUIT, R. & J. MAYER (Hrsg.): Lern- und Interessenforschung. – Kiel (IPN 165).

VOLAND, E. (2000): Natur oder Kultur? Eine Jahrhundertdebatte entspannt sich. – Kolloquium zum Kulturbegriff. 18.-21.2.1999, S.41-43. – Halle (Saale).

VOLLMER, G. (1980): Evolutionäre Erkenntnistheorie. – Stuttgart.

VOLLMER, G. (1985/86): Was können wir wissen?, Bd.1 und 2. – Stuttgart.

VOLLMER, G. (1995): Biophilosophie. – Stuttgart (Reclam 9386).

VÖLP, B. – W. BEIER. – G. SCHLOSSER-DREFAHL (1984): Die Bedeutung der Hausaufgaben im Biologieunterricht aus der Sicht der Schüler. – NiUB 32: 127–130.

WAGENSCHEIN, M. (1961): Erwägungen über das exemplarische Prinzip im Biologie-Unterricht. – Schr. MNU, ohne Heftnr. (2. Fachleitertagung für Biologie).

WAGENSCHEIN, M. (1961/62): Erwägungen über das Exemplarische im Biologieunterricht. – MNU 15: 1–9.

WAGENSCHEIN, M. (1970): Verstehen lehren. – Weinheim.

WAGENSCHEIN, M. (1977): Rettet die Phänomene! – MNU 30: 129–137.

WAGENSCHEIN, M. – A. BANHOLZER – S.THIEL (1973): Kinder auf dem Wege zur Physik. – Stuttgart.

WAGNER, A. (1992): Biologie unterrichten. – Heidelberg.

WALBER, H. J. (1986) Synthesis of research on teaching. – In: WITTROCK, M. C. (Hrsg.): Handbook of research on teaching, 3. Aufl. – New York.

WALBERG, H. J. & R. A. PASCHAL (1995): Homework. – In: ANDERSON, L. W. (Hrsg.): International Encyclopaedia of teaching and teacher education. – Oxford.

WANDERSEE, J. H. (1985): Are there too many terms to learn in biology? – ABT 47: 364.

WATSON, S.B. (1992): The essential elements of Cooperative Learning. – ABT 54: 84–86.

WEBER; H. E. (1976): Das Problem der didaktischen Reduktion im Biologieunterricht. – BU 12, H. 3: 4–26.

WEBER, W. (1992): Das Biologie-Schulbuch in der Unterrichtspraxis. – Prax. Biol. 41, H. 4: 44–46.

WEIDENMANN, B. et al. (Hrsg.) (1993): Pädagogische Psychologie. – Weinheim.

WEIGELT, C. & E. GRABINSKI (1996): VDBiol-Schulumfrage zum Biologieunterricht. – [ohne Ortsangabe].

WEINERT, F. E. (1986): Lernen – gegen die Abwertung des Wissens. – Friedrich Verlag Jahresheft IV Lernen: 102–104.

WEINERT, F. E. (1997): Wissen und Denken. – Naturw. Rundschau 50: 169–174.

WEISS, J. (1984): Ermittlung von naturschutzbezogenen Interessen bei Mitgliedern naturkundlicher Verbände. – In: BERCK, K.-H. & J. WEISS (Hrsg.): Naturschutz – Thema des Biologieunterrichts. – Wetzlar (Naturschutzzentrum Hessen).

WELLERNHOFER, W. (1991): Grundlagen einer modernen Arbeitsblatt-Praxis. – München.

WELTNER, K. (1979): Wahlverhalten der Oberstufenschüler in den mathematisch-naturwissenschaftlichen Fächern. – MNU 22: 245 –247.

WENK, K. & G. TROMMER (Hrsg.) (1979): Unterrichten mit Modellen. – Beitr. z. Didaktik Naturw. 2/78.

WERNER, H. (1971): Die Misere des Biologieunterrichts und des biologischen Curriculums in Grund- und Hauptschulen. – Blätter f. Lehrerfortbildung 1971, H. 1: 7–17.

WERNER, H. (1973): Biologie in der Curriculumdiskussion. – München.

WERNER, H. (1980): Wo steht die Fachdidaktik Biologie ? – In: RODI, D. & W. BAUER (Hrsg.): Biologiedidaktik als Wissenschaft. – Köln.

WERNING, R. & M. BANNACH (1992): Möglichkeiten des entdeckenden Lernens im Sachunterricht der Primarstufe der Schule für Lernbehinderte. – Zt. f. Heilpädagogik 43: 606–615.

WESCHENFELDER, K. & W. ZACHARIAS (1981): Handbuch Museumspädagogik. – Düsseldorf.

WESSEL, V. (1980): Lehrpfade von Schülern gestaltet. – BU 16, H. 3: 36–70.

WHITE, R. T. & R. P. TISHER (1985): Research on natural sciences. – In: WITTROCK, M.C. (Hrsg.): Handbook of research on teaching, 3. Aufl. – New York.

WICHLER, G. (1963): Charles Darwin. – München.

Wicke, E. (Hrsg.) (1985): Wissenschaftsorientierter Unterricht in der Krise. – Arbeitsber. 5 Gesamthochschule Kassel.

WIECHMANN, J. (Hrsg.) (1999): Zwölf Unterrichtsmethoden. – Weinheim.

WILD, K. P. – A. KRAPP – A. WINTELER (1992): Die Bedeutung von Lernstrategien zur Erklärung des Einflusses von Studieninteressen auf Lernleistungen. – In: KRAPP, A. & M. PRENZEL (Hrsg.): Interesse, Lernen, Leistung. – Münster.

WILLAND, H. (1994): Naturwissenschaftliche Bildung in Sonderschulen. – In: RIQUARTS, K. et al. (Hrsg.): Naturwissenschaftliche Bildung in der Bundesrepublik Deutschland Band II. – Kiel.

WILMANNS, O. (1971): Ökologie und moderner Naturschutz. – Biol. in unserer Zeit 1147–1156.

WILSON, E. O. (1977): Sociobiology. – Cambridge.

WILSON, V. L. (1983): A meta-analysis of the relationship between science achievement and science attitude. – J. Res. Science Educ. 20: 839–850.

WINKEL, G. (1978a): Das Pflegerische als Leitidee der Schule unter besonderer Berücksichtigung des Biologieunterrichts. – Prax. Biol. 26: 163–170.

WINKEL, G. (1978b): Naturkundemuseum und Schule. – UB 24/25: 4–15.

WINKEL, G. (1986): Biologie im Schullandheim. – UB 186: 4–12.

WINKEL, G. (Hrsg.) (1985): Das Schulgarten-Handbuch. – Seelze.

WINKELER, R. (1980): Verkehrserziehung. – In: ROTH. L. (Hrsg.): Handlexikon zur Didaktik der Schulfächer. – München.

WINKLER, U. (1989): Leserbrief zu einem Aufsatz „Mikroorganismen im Biologieunterricht". – Biologie heute Nr. 369: 6.

WINNENBURG, W. (1987): Sachunterricht – Quo vadis? – SMP 15: 382–389.

WISNIESWKI, H. (1994): Einsatzmöglichkeiten, kognitive Effizienz und emotionale Wirkung ausgewählter Schulfernsehsendungen im Biologieunterricht der Realschule. – Münchner Schr. z. Didaktik Biologie 9.

WITTE, H. (1974): Zur Rollenproblematik und zum Selbstverständnis des Lehrers. – Heidelberg.

WITTROCK, M. C. (1986) (Hrsg.): Handbook of research on teaching, 3. Ed. – New York.

WOOD-ROBINSON, C. (1995): Children's biological ideas: Knowledge about ecology, inheritance, and evolution. – GLYNN, S. M. & R. DUIT (Hrsg.): Learning science in the schools: Research reforming practice. – New Jersey (USA).

WOLF, A. (1981): Prinzipien des Unterrichts. – In: TWELLMANN, W. (Hrsg.): Handbuch Schule und Unterricht, Bd. 4.1. – Düsseldorf.

WÖLLERT, W. (1990): Wahlverhalten in der Sekundarstufe II. – MNU 43: 439–443.

WRAGG, E. C. (Hrsg.) (1984): Classroom teaching skills. – London.

WUKETITS, F. M. (1979): Die Bedeutung des Systemdenkens in der Biologie. – Biol. in unserer Zeit 9: 73–79.

WUKETITS, F. M. (1981): Biologie und Kausalität. – Hamburg.

WUKETITS, F. M. (1982): Biophilosophie heute – Argumente, Probleme, Perspektiven. – MNU 35: 65–76, 206–208, 332–335, 460–462.

WUKETITS, F. M. (1983): Biologische Erkenntnis: Grundlagen und Probleme. – Stuttgart.

YAGER, R. E. (1982): The crisis in biology education. – ABT 44: 128–135.

Yager, R. E. (1984): The major crisis in science education. – School Science and Mathematics 84: 189–198.

YAGER, R. E. (1995): Constructivism and the Learning of Science. – In: GLYNN, S. M. & R. DUIT (Hrsg.): Learning science in the schools: Research reforming practice. – New Jersey (USA).

ZABEL, E. (1965): Untersuchungen über die Bedeutung der Sippenkenntnis und über Prinzipien der Auswahl von Sippen für den Unterricht. – Biol. Schule 14: 489–504.

ZABEL, E. (1994): Konzeptionen und Entwicklungen des interdisziplinären, projektorientierten Lernens im Biologieunterricht der neuen Bundesländer (vor 1989). – In: BAYRHUBER, H. et al. (Hrsg.): Interdisziplinäre Themenbereiche und Projekte im Biologieunterricht. – Kiel (IPN).

ZABEL, E. (1995): Vermittlung von Sippen-(Formen-)kenntnissen in einem allgemeinbiologisch orientierten Unterricht. – In: MAYER, J. (Hrsg.): Vielfalt begreifen – Wege zur Formenkunde. – Kiel.

ZABEL, E. (Hrsg.) (1988): Auswahl von Vorträgen des III. Symposiums zur Methodik des Biologieunterrichts. – Greifswald.

ZABEL, E. (1998): Beiträge zur Fachdidaktik Biologie aus drei Jahrzehnten (1965 bis 1997). – Güstrow (Selbstverlag).

ZACHARIAS, R. (Hrsg.) (1981): Allgemeine Didaktik und Fachdidaktik. – Zeitschr. Erziehungswissenschaft und Beruf, Päd. ReiheH.

ZAHORIK, J. A. (1995): Evaluation. – Heidelberg.

ZIECHMANN, J. (Hrsg.) (1980): Sachunterricht in der Diskussion, Konzepte und Projekte des modernen Sachunterrichts. – Braunschweig.

ZILLIG, M. (1961): Mädchen und Tier. – Heidelberg.

ZIMMER, D. E. (1988): Weißt Du, wieviel Wörtlein – Zahlen, Fakten und Vermutungen über ein immer wichtigeres Thema: Die Menge der Wörter. – Die ZEIT v. 4.11.1988.

ZIMMERLI, E. (1970): Tragt Sorge zur Natur. – Aarau.

ZIMMERMANN, H. (1891): Handbuch für den Anschauungsunterricht und die Heimatkunde, 2. Bd. – Braunschweig.

ZÖLLER, W. (1971): Die Erstellung informeller Tests. – BU 7, H.1: 11–26.

ZÖLLER, W. (1974a): Testähnliche Verfahren zur Ermittlung des Lehr- und Lernerfolges im Biologieunterricht. – MNU 26: 501–506.

ZÖLLER, W. (1974b): Einige Anmerkungen über abwertende Haltungen gegenüber Naturwissenschaften. – MNU 27: 463–467.

ZÖLLER, W. (1975): Über Zweck, Formen und Lernziele von Testaufgaben; mit Beispielen aus Themenbereichen der Mittel- und Oberstufe. Teil 1 u. 2. – Prax. Biol. 23: 317–319; 24: 11–16.

ZÖLLER, W. (1977): Einige Anmerkungen zum „Relationsindex" im Rahmen der Leistungsbeurteilung im Biologieunterricht. – MNU 30: 242–243.

Stichwortverzeichnis

A

B

O

P

Q

R

S

Z